Der Erste Weltkrieg

Uniform des Thronfolgers Erzherzog Franz Ferdinand, getragen bei seiner Ermordung. Heeresgeschichtliches Museum Wien (Foto: akg–images)

Bruno Cabanes
und Anne Duménil (Hrsg.)

Der Erste Weltkrieg

Eine europäische Katastrophe

Aus dem Französischen von Birgit Lamerz-Beckschäfer

Mit einem Vorwort von Gerd Krumeich

Originalausgabe: Larousse de la Grande Guerre
© Larousse 2007

Die Deutsche Nationalbibliothek verzeichnet diese Publikation
in der Deutschen Nationalbibliografie; detaillierte bibliografische
Daten sind im Internet über http://d-nb.dnb.de abrufbar.

© 2013 by WBG (Wissenschaftliche Buchgesellschaft), Darmstadt
Die Herausgabe des Werkes wurde durch die Vereinsmitglieder
der WBG ermöglicht.
Redaktion: Christina Kruschwitz, Berlin
Satz: Peter Lohse, Heppenheim
Gedruckt auf säurefreiem und alterungsbeständigem Papier

Besuchen Sie uns im Internet: www.wbg-wissenverbindet.de

ISBN 978-3-534-25637-2

Die Buchhandelsausgabe erscheint im Konrad Theiss Verlag,
ein Imprint der Wissenschaftlichen Buchgesellschaft.
www.theiss.de

ISBN 978-3-8062-2764-2

Inhalt

Vorwort

Eine Geschichte des Ersten Weltkrieges wie diese hat es auf dem deutschen Buchmarkt noch nicht gegeben. Dabei mangelt es nicht an guten Gesamtdarstellungen dieses epochalen Ereignisses, das auch hundert Jahre nach seinem Ausbruch nicht nachlässt, sowohl die Fachhistoriker als auch historisch interessierte Leser zu bewegen und zu faszinieren. Es finden sich auch schon seit längerem lesenswerte Gesamtdarstellungen ausländischer Provenienz, die ins Deutsche übersetzt wurden, etwa die Arbeiten von Jay Winter, Hew Strachan oder David Stevenson. Aber die hier vorliegende Übersetzung eines in Frankreich erschienenen Standardwerkes hat doch einige Besonderheiten, die es zu einem außergewöhnlichen und innovativen Werk machen.

Zunächst sind die hier versammelten Historikerinnen und Historiker mit ganz wenigen Ausnahmen zutiefst geprägt von der kulturhistorischen Sicht auf den Ersten Weltkrieg, wie sie sich vor allem durch die Publikationen und Ausstellungen des »Historial de la Grande Guerre« in Péronne (Somme) und seines internationalen »Centre de Recherche« seit Beginn der 1990er Jahre ausgebildet hat. Mehr noch: Nahezu alle an diesem Band Mitwirkenden kommen aus der »Schule« des Historial, sei es als ehemalige oder heutige Mitglieder des Forschungszentrums, sei es als deren Schülerinnen und Schüler.

Neu an der vom Historial geprägten Historiographie zur *Grande Guerre*, zum Ersten Weltkrieg war vor allem der ›zivilistische‹ Blick auf den Krieg und der Gesichtspunkt der permanenten und unauflöslichen Verwobenheit von Front und Heimat in allen kriegführenden Nationen. Frühere Darstellungen hatten meist nur ganz marginal auf die Tatsache geachtet, dass dieser ›Große Krieg‹ von vielen Millionen junger Männer ausgeführt wurde, die in keiner Weise professionelle Soldaten waren, sondern in Wirklichkeit Zivilisten, die in Uniform gesteckt und in den Krieg geschickt wurden. Wie sie sich in diesem gleichermaßen ›einrichteten‹, wie sie versuchten, mit einem Leben in Dreck und Schlamm, begleitet von Hunger und Durst, Hitze und Kälte, vor allem aber mit der ständigen Todeserwartung und Todeserfahrung, zurechtzukommen, war ein zentraler Aspekt des kulturhistorischen Interesses am Ersten Weltkrieg. Aber zumindest ebenso wichtig wurde auch die Frage, wie sich der Krieg auf die ›Heimat‹ auswirkte, wobei hier weniger die seit den 1960er Jahren breit behandelten Fragen von Kriegswirtschaft und Frauenarbeit im Zentrum standen, sondern neue Forschungsinteressen, etwa wie die Kinder den Krieg erlebt hatten, welche Formen von Religiosität der Krieg hervorbrachte, wie Überzeugungen von einer immer totaleren Propaganda verstärkt oder auch erst erzeugt wurden. Es geht im Kern darum zu verstehen, wieso es möglich war, diesen Krieg über mehr als vier Jahre hinaus trotz aller Trauer und Entbehrungen an der Front und der Heimatfront durchzuhalten – um die Frage schließlich, wie weit dieser Große Krieg tatsächlich ein Totaler Krieg war bzw. im Laufe der Jahre dazu wurde.

Solche Themenstellungen durchziehen dieses Buch wie ein roter Faden. Hinzu kommt noch, dass der Weltkrieg kaum einmal so räumlich und zeitlich umfassend dargestellt worden ist, wie es hier der Fall ist. Ins Blickfeld gerät somit etwa das für die britischen Soldaten so entscheidende »Gallipoli«-Unternehmen von 1915 genauso wie die unerbittliche Ausgrenzung, Verfolgung und Deportation der Juden und Deutschbalten im zaristischen Russland. Andere weiterführende Kapitel betreffen die weltweite Ausdehnung und Bedeutung des Ersten Weltkrieges, beispielsweise das Kapitel über die Armenier–Gräuel 1915, dem ersten vollendeten Genozid in der Geschichte der Neuzeit. Man merkt diesem Beitrag an, wie viel stärker doch in der französischen Geschichtsschreibung dieser Mord an einem ganzen Volk beachtet wird. Die Diskussion hierüber war und ist in Deutschland nicht annähernd so lebendig und für die Forschung perspektivisch wie dies in Frankreich und anderen Ländern der Fall ist.

Die Kraft und die Herausforderung dieses Buches liegen also nicht zuletzt in der Tatsache, dass die leider nach wie vor überwiegende nationale Einseitigkeit hier dezidiert verlassen und eine Geschichte des Weltkriegs aus den verschiedensten Blickwinkeln geleistet wird. Hilfreich hierfür war sicherlich auch die Grundidee des Werkes, allgemeine Probleme und Ereignisse übergreifender Relevanz aus einem einzelnen Datum, aus einer einzigen Begebenheit bzw. Episode entstehen zu lassen, beispielsweise aus der Torpedierung der *Lusitania* im Mai 1915 eine ganze Geschichte des U-Boot-Krieges zu entwickeln.

Die meisten der hier schreibenden Autoren sind französischer Nationalität, was dazu führt, dass bei aller Internationalität im methodischen Ansatz und bei den gewählten Themen doch eine gewisse französische Sicht auf die Ereignisse festzustellen ist. Vordergründig könnte man dies für eine Beschränkung halten. In Wirklichkeit aber liegt für den deutschen Leser gerade hierin eine starke Herausforderung und eine große Bereicherung in der Möglichkeit, den Ersten Weltkrieg angemessen zu erfassen. Es gilt ja auch nicht zu vergessen, dass sich die heftigsten, blutigsten und zerstörerischsten Schlachten des Weltkriegs auf französischem Boden abgespielt haben und dass die französische Nation von diesem Krieg ganz besonders stark betroffen war – weshalb die Erinnerung an die »Grande Guerre« noch heute ganz andere Dimensionen hat, als dies in Deutschland der Fall ist. Dieser Band bietet uns Deutschen eine große und willkommene Chance, diese Intensität zu spüren und uns mit den Ergebnissen einer daraus entsprungenen Forschung auseinanderzusetzen. In manchen Beiträgen – etwa in demjenigen über die Verschleppung der Frauen von Lille im April 1916 – kommt diese Verwobenheit von kollektiver Kriegserinnerung und historischer Erzählung besonders stark zum Vorschein. Und manchmal wäre sogar auch Widerspruch vonnöten – etwa wenn diese Verschleppung als ein Unternehmen gebrandmarkt wird, das auf die Demütigung der Frauen gezielt habe und bereits eine Vorform der zutiefst unmenschlichen Behandlung der Zivilbevölkerung im Zweiten Weltkrieg gewesen sei. Vielleicht gilt es ja tatsächlich, in der Geschichtsschreibung der Zukunft auch der Kriegführung und dem Kriegserlebnis der Deutschen mehr ›verstehende‹ Beachtung zu schenken, als dies heute noch bei vielen ausländischen Historikern der Fall ist. Man möge sich als Beispiel einmal ansehen, wie in verschiedenen Beiträgen die Zerstörungen thematisiert werden, die im Zusammenhang mit den deutschen Rückzugsbewegungen von 1917 (»Alberich«) und Ende 1918 zu verzeichnen gewesen sind. Das Argument der damaligen Deutschen, dass Engländer, Amerikaner und vor allem Franzosen die Landschaften der Picardie, des Artois und Flanderns mindestens so sehr in Schutt und Asche gelegt hätten wie die Deutschen, bleibt immer noch vollständig ungehört. Ist es deshalb so ganz von der Hand zu weisen?

Genauso wichtig aber ist es, dass wir in Deutschland endlich in unserer Sprache zur Kenntnis nehmen können, welchen Blickwinkel Historiker anderer Nationen auf diese Ereignisse haben. Das ist eine große und begrüßenswerte Bereicherung unserer eigenen Perspektiven. Nie würden wir in einem Buch aus deutscher Hand auf die Idee kommen, der Geschichte von Edith Cavell, der von den Deutschen als Spionin erschossenen engagierten Kämpferin für Recht und Freiheit, einen solchen Platz zu geben, wie dies hier der Fall ist. Und über das Schicksal dieser Protagonistin hinaus lernen wir in diesem Zusammenhang unendlich viel Neues über die Formen des Widerstandes gegen die deutsche Kriegsbesatzung in Frankreich und in Belgien. Auch die Darstellung der deutschen Angriffe von 1918 kann uns Deutsche auf neue Gedanken bringen bei einer Gesamteinschätzung des Krieges. Hier wird spürbar, wie stark doch die »Operation Michael« und die nachfolgenden Angriffe zwischen April und Juli 1918 den Krieg zugunsten Deutschlands zu ›kippen‹ drohten, bevor die Amerikaner eingreifen konnten. Man spürt in dieser Darstellung förmlich etwas, was im deutschen Historikerdiskurs über diese Zeit vollständig verloren gegangen ist, nämlich die Tatsache, dass eventuell noch im Sommer 1918 Deutschland den Krieg hätte siegreich beenden können. In der französischen Kriegserzählung jedenfalls sieht dies noch heute so aus. Wenn man dies als eine Anregung zur Diskussion versteht, wird man den damaligen Vorwurf vieler deutscher Soldaten, von der Heimat im Stich gelassen worden zu sein, wieder vertieft diskutieren können. Denn solchen Erfahrungen nachzugehen ist heute möglich, ohne deshalb der – früher so starken – Gefahr ausgesetzt zu sein, nationalistischen Stereotypen wie etwa der »Dolchstoß«-Legende zu dienen, die das Geschichtsdenken von Generationen von Deutschen belastet und verzerrt haben. Wir haben heute die große Chance, solche Fragen aus genügender zeitlicher Distanz und mit neuen vergleichenden Fragestellungen internationaler Forschergemeinschaften anzugehen. Hierfür bietet dieses Buch eine solide und zugleich innovative Grundlage. Man kann der Wissenschaftlichen Buchgesellschaft wirklich nur sehr dankbar dafür sein, dass sie mit diesem Buch eine Tür geöffnet hat zu einem besseren und vollständigerem Verständnis des Ersten Weltkrieges.

Gerd Krumeich   Februar 2013

Die Balkankriege

18. Oktober 1912 Vier verbündete Balkanstaaten erheben sich gegen das Osmanische Reich: Bulgarien (seit 1908 unabhängig), Serbien (seit 1878), Griechenland (seit 1830) und Montenegro (seit 1878). Es geht dabei um die Neuordnung der Grenzen auf dem Balkan und um die Teilung der noch osmanischen Regionen Thrakien und Makedonien. Vom Ersten Weltkrieg, der nur wenige Monate später ausbricht, unterscheiden sich die beiden Balkankriege von 1912 und 1913 kaum: Sowohl auf dem Schlachtfeld als auch gegenüber der Zivilbevölkerung zeichnen sie sich durch eine bis dahin nie erlebte Barbarei aus. Sie läuten eine neue Ära ein und geben einen Vorgeschmack auf die Schrecken der ersten weltweiten bewaffneten Auseinandersetzung.

■ »Pulverfass« nennt man in diplomatischen Kreisen Anfang des 20. Jahrhunderts den Balkan mit seinen religiös und ethnisch sehr unterschiedlichen Völkern, die von den Osmanen unterworfen wurden und nun nach Unabhängigkeit oder einer Ausweitung ihrer Staatsgebiete streben. Gleich zwei Imperien – das Osmanische Reich und die Doppelmonarchie Österreich-Ungarn – beherrschen das Gebiet gegen mehr oder weniger große Widerstände, doch auch die übrigen europäischen Staaten sind durch Allianzen oder die Zugehörigkeit zu Religionsgemeinschaften aktive Mitspieler im Gleichgewicht der Kräfte. Die Lage ist hochbrisant. Nach einem ruhmlosen Krieg verliert das Osmanische Reich 1912 Tripolitanien und die Kyrenaika (das heutige Libyen) an Italien. Ermutigt durch Russlands panslawistische Ambitionen sehen Bulgarien und Serbien in der großen Reform des Osmanischen Militärs ihre lang ersehnte Chance: Am 29. Februar 1912 bilden sie den Balkanbund, dem im Mai Griechenland und im Juni Montenegro beitreten. Am 30. September rufen die vier Länder zu den Waffen, am 18. Oktober bricht Krieg aus.

Die Balkanstaaten nutzen die Gunst der Stunde

Zwei Gebiete sind schon bald heiß umkämpft. Das südlich von Bulgarien gelegene Thrakien ist für die bulgarischen Truppen Zwischenstation auf dem Weg nach Konstantinopel. Sie belagern die osmanische Festung Adrianopel und testen auf dem Schlachtfeld die Schlagkraft ihrer Geschütze, allen voran ihrer Maschinengewehre. Schon wenige Tage nach Kriegseintritt brechen sie damit den türkischen Widerstand, doch der Triumph ist nicht von Dauer: Cholera und Ruhr dezimieren die bulgarischen Truppen um ein Sechstel, und der Traum von der Blitzeroberung

Konstantinopels verpufft, als die Bulgaren in Chataldzha (18. November 1912) den schweren türkischen Geschützen unterliegen. Die zweite heiß umkämpfte Region, wenn auch keine unmittelbare Bedrohung für die osmanische Hauptstadt, ist das von allen Bündnispartnern beanspruchte Makedonien. Die Serben siegen bei Kumanovo (23./24. Oktober 1912), die Griechen in Saloniki (8. November 1912). Im Norden der albanischen Provinzen hingegen gerät das montenegrinische Heer vor Skutari in Schwierigkeiten und muss die Stadt unter dem Druck der Westmächte aufgeben.

Auch Belgrad möchte die Gelegenheit nutzen, um endlich einen Adriahafen zu erhalten, aber Wien widersetzt sich. Sankt Petersburg unterstützt mit diskretem Rückhalt aus Paris die serbischen Forderungen: Die Kräfte, die im Sommer 1914 die Krise und damit den Ersten Weltkrieg auslösen werden, sind bereits vorhanden. Doch dann macht Russland einen Rückzieher: »Wir werden uns nicht in einen Krieg treiben lassen, nur weil Serbien einen Hafen an der Adria haben will«, erklärt der russische Außenminister Sasonow. Also wird es Zeit für Gespräche: Nach der Unterzeichnung eines Waffenstillstands am 3. Dezember 1912 geht der Krieg am 3. Februar 1913 weiter. Am 26. März erobern die Bulgaren Adrianopel und schüren damit die Sorge der Russen, sie könnten die Meerenge zwischen Ägäis und Schwarzem Meer in ihre Gewalt bringen. Am 30. Mai 1913 endet der Erste Balkankrieg: Das Osmanische Reich verliert seine Gebiete in Thrakien westlich der Linie Enez–Midia. Mit Zustimmung der Großmächte entsteht 1913 der selbstständige Staat Albanien.

Die Sieger zerfleischen sich wechselseitig

Die Teilung Makedoniens zwischen den Mitgliedern des Balkanbunds liefert neuen Zündstoff. Während Bulgarien geltend macht, es habe die wichtigsten Siege errungen, fordert Serbien eine Entschädigung für den eigentlich erhofften Adriahafen. Angesichts eines drohenden Kriegs gegen Bulgarien unterzeichnen Serben und Griechen am 1. Juni 1913 ein auf zehn Jahre angelegtes Verteidigungsbündnis. Wien verfolgt wachsam die Entwicklungen. »Uns ist ein Großbulgarien lieber als ein Großserbien«, räumt Generalstabschef Conrad von Hötzendorf ein und plant für den Fall, dass Sofia den Kürzeren zieht, gegen Belgrad zu marschieren. Den Russen würde eine Verschiebung der Grenzen zwar nichts einbringen, doch sie haben keine Zeit, schlichtend einzugreifen.

Am 26. Juni 1913 bläst der Chef des bulgarischen Generalstabs zum Angriff gegen Serbien. Das bulgarische Militär ist renommiert und müsste allein zahlenmäßig dem Druck seiner beiden ehemaligen Verbündeten Griechenland und Serbien standhalten können: 360 000 gegen 420 000 Mann. Doch dann muss Bulgarien an allen Fronten gleichzeitig kämpfen: nicht nur gegen die Griechen, sondern auch gegen die Rumänen, deren Kampfflugzeuge bei der Bevölkerung in Sofia Angst und Schrecken verbreiten, und sogar gegen die Türken, die am 23. Juli eine günstige Gelegenheit sehen, das ungeschützte Adrianopel zurückzuerobern. Österreich-Ungarn will eigentlich Bulgarien zu Hilfe eilen und die serbischen Pläne durchkreuzen, doch die übrigen Mitglieder des Dreibunds sind dagegen, weil sie Konflikte zwischen Österreich und Russland und eine Ausweitung des Kriegs auf ganz Europa befürchten, zumal für sie entscheidend ist, dass Wien Serbien erfolgreich um seinen Adriahafen gebracht hat. Trotz der Vermittlungsangebote Russlands setzen die Balkanstaaten ihre Angriffe gegen Bulgarien fort. Der Frieden von Bukarest am 10. August 1913 ist für die Bulgaren eine bittere Niederlage: Von den 1912 eroberten Gebieten behalten sie nur noch einen Teil West-Thrakiens. Makedonien wird aufgeteilt: Die Serben behalten das Landesinnere, die Griechen bekommen den Küstenstreifen um Saloniki und die Stadt Ioannina in Epirus. Die Rumänen sichern sich den von Bulgarien eroberten Südteil der Dobrudscha, die Osmanen Adrianopel.

Eine ganz neue Art der Kriegsführung

Diese Kriege kennzeichneten nicht nur eine Wende in der Geschichte der Balkanhalbinsel, deren Grenzen sie neu zogen. Wie der Historiker Olivier Cosson nachwies, eröffneten sie zugleich neue Perspektiven für künftige Kriege, die westlichen Beobachtern nicht immer ersichtlich waren, weil diese auf überkommenen Schemata beharrten (allen voran der unantastbaren Überlegenheit der Offensive gegenüber der Defensive).

In den Balkankriegen kommen erstmals moderne Waffen wie Schnellfeuergeschütze und sogar Kampfflugzeuge zum Einsatz, deren Zerstörungskraft bereits im Russisch-Japanischen Krieg (1904–1905) deutlich wurde. Serben ebenso wie Bulgaren werden von Frankreich mit schlagkräftigen schweren Geschützen versorgt. Endloser Dauerbeschuss löst die traditionellen Schlachten ab. Schwere Verwundungen, vor allem durch Granatsplitter, sind an der Tagesordnung. Selbst Feldärzte und Sanitäter sind solchen Gefahren ausgesetzt, sodass die Verwundeten oft nicht einmal versorgt werden können: »Man muss davon ausgehen, dass auf den

Osmanisches Reich vor Ausbruch des Ersten Balkankrieges

1913
Osmanisches Reich:

Vertrag von London
(30. Mai)

Vertrag von Bukarest
(10. August)

Annektierte Gebiete nach Ende des Zweiten Balkankriegs:

durch Bulgarien

durch Rumänien

durch Griechenland

durch Serbien

durch Montenegro

Schlachtfeldern nur diejenigen Verwundeten versorgt wurden, die selbst aufstehen konnten und es bis zum nächsten Sanitätsposten schafften. Von denen, die wir gesehen und gesprochen haben, wurde kein Einziger von Sanitätern hergeschafft«, berichtet ein französischer Rotkreuzarzt aus Bulgarien. Auch Epidemien, die eigentlich seit Jahrzehnten auf dem Rückzug sind, fordern zahlreiche Opfer unter den Soldaten.

Massaker an Zivilisten und Kriegsgefangenen: Verstümmelungen und Leichen

Die Balkankriege machen auch eine neue Form der Gewalt deutlich: die Totalisierung des Krieges. Die im Zweiten Balkankrieg noch zunehmende Rohheit gegenüber den Zivilbevölkerungen verstört und fasziniert die Menschen im Westen. Die »Gräuel« auf dem Balkan, die schon bei der blutigen Niederschlagung des bulgarischen Aufstands durch irreguläre Truppen des Osma-

Links

Im 19. Jahrhundert beginnen
die Balkanvölker eines nach
dem anderen, sich der
osmanischen Herrschaft zu
entziehen. 1830 wird ein Teil
Griechenlands unabhängig,
1878 folgen Serbien,
Rumänien und Bulgarien.
1912 ist die ethnische und
religiöse Situation auf
der Balkanhalbinsel hoch
kompliziert: Slawen und
Nichtslawen, die ihrerseits
nochmals in verschiedene
Völker unterteilt sind,
überwiegend orthodoxe
Christen (daneben eine nicht
unerhebliche römisch-katho-
lische Minderheit) und
Muslime (aufgrund der langen
osmanischen Besetzung).
In den beiden Balkankriegen
versuchen die Osmanen, die
Überreste ihres Imperiums
zu retten. Das Foto zeigt
osmanische Infanteristen im
Oktober 1912 beim Marsch
durch Konstantinopel
(Istanbul).

Linke Seite

Die Balkanhalbinsel nach den
Kriegen von 1912/1913.
Angesichts des kränkelnden
Osmanischen Reichs sehen die
kleinen Balkanstaaten 1912
eine Chance, das Imperium
mit vereinten Kräften rasch
zu schlagen. Als der Krieg
1913 über die Aufteilung
der Kriegsbeute zwischen
Bulgarien und seinen
ehemaligen Verbündeten
wiederaufflammt, setzen die
besorgten Großmächte eine
Lösung durch, die einen
Ausgleich zwischen den
streitenden Parteien
herbeiführen soll, jedoch im
Sommer 1914 in die Krise
mündet.

nischen Reichs (die berüchtigten Başı Bozuk) 1876 schockierten, gewinnen nun neue Brisanz. Grundlage ist unter anderem ein Orientbild, das den Balkan als von Natur aus »kompliziertes« Gebiet und Schauplatz unablässiger ethnischer Konflikte von archaischer Barbarei sieht. Die Carnegie-Stiftung für internationalen Frieden entsendet eigens eine Untersuchungskommission unter Führung von Baron d'Estournelles de Constant, der Frankreich 1899 bei der Ersten und 1907 bei der Zweiten Haager Konferenz vertreten hatte.

Nach fünfwöchigen Untersuchungen vor Ort fällt sein Urteil vernichtend aus: »Im Interna-tionalen Recht gibt es keine Vorschrift für den Landkrieg und die Behandlung von Verwunde-ten, die nicht von sämtlichen Kombattanten mit Füßen getreten wurde, bis hin zur rumänischen Armee, die im strengen Sinn nicht einmal kriegsbeteiligt ist.« Die Kommission sammelt Augen-zeugenberichte und Zeugnisse aus erster Hand (Briefe von Soldaten, Schriftstücke der diversen Kommandozentralen etc.). Ihr geht es dabei vorrangig um das Schicksal der Kriegsgefange-

Links oben

Griechische Truppen beim Einmarsch in Ioannina am 13. März 1913. Bei Kriegsende behielt Griechenland die Stadt in Epirus. Griechenland gehörte zu den großen Gewinnern der beiden Balkankriege, die sein Staatsgebiet um 70 Prozent und seine Bevölkerung von 2,8 Millionen auf 4,8 Millionen anwachsen ließen.

Links unten

Während der Balkankriege 1912/1913 war die Zivilbevölkerung erstmals unmittelbar vom Kriegsgeschehen betroffen. Das bezeugen viele Fotos toter Zivilisten auf Landstraßen (hier 1913 bei Doxato in Griechenland). Die siegreichen Eroberer misshandelten die Einwohner ebenso brutal wie die flüchtenden unterlegenen Armeen. Vielerorts kam es auch zwischen Besatzern und einheimischer Guerilla zu erbitterten Gefechten, die zahlreiche Massaker nach sich zogen. Im Zuge gezielter ethnischer Säuberungen terrorisierten die Soldaten die Bevölkerung in den eroberten Gebieten: Die Menschen wurden vertrieben oder kaltblütig ermordet. Die Folge war die sogenannte Totalisierung des Krieges.

nen – es sind nur wenige, und meist entledigt man sich ihrer kurz
nach der Gefangennahme. »Wir nahmen dreihundert bulgarische
Soldaten gefangen. Man befahl uns, in einem Tal ein Maschinengewehr aufzustellen. Ich ahnte schon, worauf das hinauslief. Die
bulgarischen Gefangenen beobachteten uns bei den Vorbereitun-
gen und begriffen offenbar auch, was auf sie zukam«, schreibt
ein serbischer Soldat, dessen Bericht im August 1913 veröffentlicht wird. »Wir stellten sie in einer Reihe auf. Dann bestrich das
Maschinengewehr die Reihe von einem Ende zum anderen ...«
Ein griechischer Augenzeuge dazu: »Wir haben fünfzig Bulgaren
gefangen genommen und unter uns aufgeteilt. Ich habe sechs
bekommen und weggeputzt.« Getötet werden auch Gefangene,
die nicht mehr laufen können oder die zu fliehen versuchen. Als
eine Offensive des osmanischen Heeres in Sofia und Stara Sagora
angekündigt wird, massakrieren Bulgaren in Panik massenweise
ihre Gefangenen. Andere Augenzeugen berichten von verstümmelten Leichen mit zerstochenen Augen, deren abgeschnittene
Ohren als Kriegstrophäen dienten. Ein montenegrinischer Kämp-

fer erklärte der britischen Anthropologin und glühenden Verfechterin der albanischen Sache
Mary Edith Durham: »Wie soll ein Soldat denn seinen Heldenmut beweisen, wenn er keine Na-
sen mit nach Hause bringt? Natürlich schneiden wir denen die Nase ab! Das haben wir immer
so gemacht.«

In beiden Balkankriegen reagieren Soldaten ihre Frustration auch an Zivilisten ab. Niederlagen auf dem Schlachtfeld rächen sie mit brutalen Übergriffen auf die Bewohner der jeweiligen Region, besonders dann, wenn die reguläre Armee von einer lokalen Guerilla in Bedrängnis
gebracht wird wie bei der serbischen Besetzung des Kosovo. Auch im Zuge der ethnischen »Bereinigung« bestimmter Gebiete kommt es zu Ausschreitungen gegen Zivilisten, um die Vertreibung
unerwünschter Volksgruppen zu beschleunigen. Der Unterschied zwischen Zivilbevölkerung und
Kombattanten verwischt in den Balkankriegen rapide, zumal die Verrohung aller Beteiligten
Gräueltaten gegen den Feind begünstigt: »In mündlichen und schriftlichen Zeugnissen taucht
immer wieder eine Wendung auf, die verdeutlicht, wie die Griechen die Bulgaren sehen: ›Dhen
einai anthropoi!‹« (»Das sind keine Menschen!«), so der Bericht der Carnegie-Stiftung.

Bei allen Schrecken bleiben die beiden Balkankriege regional begrenzt, denn die Großmächte
halten sich 1912 und 1913 noch bedeckt. Lediglich Österreich-Ungarn würde gern auf Seiten der
Bulgaren gegen Serbien eingreifen, aber was kann es ohne deutsche Unterstützung ausrichten?
Doch auf dem Balkan gärt es gefährlich weiter. Überzeugte serbische Nationalisten empfinden
das Verhalten ihrer Regierung als zu zaghaft und fordern, sie solle den unter k. u. k. Verwaltung stehenden Serben in Bosnien-Herzegowina helfen, wieder unabhängig zu werden. Für die
Österreicher hingegen ist die Versuchung groß, die serbische Macht ein für alle Mal zu brechen.
1912 und 1913 steht man kurz vor einer Ausweitung des Konflikts auf ganz Europa, doch greift
das Feuer der Balkankriege noch nicht über. Erst das Attentat auf Erzherzog Franz Ferdinand
in Sarajevo liefert wenige Monate später dafür genügend Zündstoff.

Oben
Vor ihrer Vertreibung aus
Skutari nehmen eine
Montenegrinerin und ihr
Sohn Abschied vom Grab
des Mannes. Die Stadt im
Grenzgebiet zwischen
Albanien und Montenegro
(heute offiziell Shkodër oder
Shkodra) wurde zum
Zankapfel zwischen Serbien
und Montenegro. Sieben
Monate lang leisteten die
albanischen Einwohner der
Stadt erbitterten Widerstand
gegen die serbischen und
montenegrinischen Truppen.
Erst 1913 gelang den
Montenegrinern der Durch-
bruch, wenn auch nur bis
zum 14. Mai, als die Stadt
Albanien zugeschlagen wurde.
Als kleinster Balkanstaat
gehörte Montenegro trotzdem
zu den Kriegsgewinnern, denn
es konnte sein Staatsgebiet
um mehr als die Hälfte
vergrößern.

Drei Jahre unter der Fahne

5. August 1913 Der französische Senat ratifiziert ein Gesetz, das am 19. Juli von der Nationalversammlung verabschiedet wurde und den Militärdienst von zwei auf drei Jahre verlängert. Jean Jaurès und die gesamte französische Sektion der Arbeiter-Internationale (SFIO) sind dagegen. Der Journalist André Tardieu wettert in *Le Temps* gegen Jaurès: »Wieder einmal arbeitet er gegen Frankreich, damit es seine Partei bequem hat. Seit zehn Jahren widersetzt er sich in jeder Hinsicht den nationalen Interessen und macht sich zum Fürsprecher ausländischer Belange. Jetzt ist er da, wo wir ihn längst erwartet haben: in Opposition zur Vaterlandspflicht.« Die Schmähung spiegelt das vergiftete politische Klima 1913 in Frankreich.

■ Für Tardieu und andere Befürworter des Gesetzes ist Jaurès' Widerstand schlichtweg Verrat, denn die nationale Sicherheit scheint in diesem Moment auf dem Spiel zu stehen. Die »*antitroisannistes*« – die Gegner der dreijährigen Wehrpflicht – werden als deutsche Agenten gebrandmarkt. Sollte die Tatsache, dass Frankreich seit der Dreyfus-Affäre nicht mehr derart verstritten war, auf eine neue Blüte des Nationalismus im Jahr vor der Julikrise 1914 hindeuten?

Seit dem Ende des Ersten Weltkriegs untersuchen Historiker immer wieder die Rolle des Nationalismus bei der Entstehung des Krieges. Anfang der 1930er-Jahre sah Jules Isaac 1905 einen »Wandel des Schicksals«: »Von da an ging man auf den Krieg zu.« Am 31. März 1905 trifft Kaiser Wilhelm II. per Schiff in Tanger ein. In einer Ansprache unterstützt er das Unabhängigkeitsstreben Marokkos und löst damit eine diplomatische Krise mit Frankreich aus, das am Protektorat

L.V.C.   LA MITRAILLEUSE

Links und linke Seite
Der Militärdienst ist für junge Männer eine wichtige Institution. Zeitgenössische Postkarten spotten zwar über die Offiziere, schwelgen jedoch zugleich in der Kameradschaft zwischen den Rekruten (linke Seite). Der Wehrdienst gibt jungen Männern zudem die Möglichkeit, etwas zu lernen und sich mit modernen Waffen wie dem 1900 entwickelten Hotchkiss-MG vertraut zu machen. Das Foto links zeigt das Maschinengewehr im Manöver, das Bild unten deutsche Rekruten 1907 bei Schießübungen.

In Frankreich und Deutschland gilt die Militärzeit als Initiationsritus und wichtige Phase in der Erziehung zum Staatsbürger und zum Mann. In mehreren Etappen soll der Rekrut mit der kollektiven Identität verschmelzen. Schon die Musterung in der Kreisstadt wird als Männlichkeitstest erlebt (Foto im Medaillon einer Rekrutenkokarde [4]). Junge Männer eines Geburtsjahrgangs flanieren durch die Straßen, herausgeputzt mit Schleifen, Hüten und Stöcken (1, 2, 3, 6). In Deutschland erzählen Tabakspfeifen (7) und Bierseidel (8) vom Stolz der Reservisten auf den geleisteten Wehrdienst, vor allem wenn er in einer angesehenen Truppengattung wie der Artillerie absolviert wurde. Sie demonstrieren damit ihren Eintritt ins Erwachsenenalter, die Abnabelung von ihrer Familie und auch die Bereitschaft zur Ehe, wie dieser Ausschnitt (5) erkennen lässt.

festhalten will; die Folgen sind die Entlassung von Außenminister Théophile Delcassé und eine Welle deutschfeindlicher Bekundungen. Heute gilt die Erste Marokkokrise nur als vorübergehende Verschärfung der deutsch-französischen Spannungen. Hätte Frankreich ernsthaft mit einem Krieg gerechnet, wäre dann am 21. März 1905 die Verkürzung des Wehrdiensts von drei auf zwei Jahre gesetzlich verankert worden? 1905 ist insofern kein Wendepunkt, auch wenn der Schriftsteller Charles Péguy lautstark mit den Sozialisten und Dreyfus-Anhängern brach und die Glorie des Krieges pries.

Ein neues Militärgesetz in Deutschland – und die französische Reaktion

Anderen Stimmen zufolge stehen eher in der Phase 1911–1913 die Zeichen auf Krieg. »Nach vierzig Jahren Frieden freunden sich die Menschen leichter mit dem Gedanken an den Krieg an«, meinte der Historiker Pierre Renouvin. Nach der Zweiten Marokkokrise im Juli 1911 scheint die Gefahr vom deutschen Militärgesetz vom 30. Juni 1913 auszugehen, das nach zwei bereits verabschiedeten Gesetzen (März 1911 und Juni 1912) den Weg für eine erhebliche Aufstockung der aktiven Streitkräfte ebnet. Dabei richtet sich dieses Gesetz gar nicht gegen Frankreich, wie der Historiker Gerd Krumeich nachwies, sondern sollte die Folgen des Ersten Balkankriegs ausgleichen. Da das mit Deutschland verbündete Osmanische Reich nämlich von Oktober 1912 bis Mai 1913 fast sämtliche europäischen Gebiete an den von Russland unterstützten Balkanbund verlor (Griechenland, Bulgarien, Serbien, Montenegro), ist der Ausbau der aktiven deutschen Streitkräfte vorrangig ein Signal an die Adresse Russlands. Die Franzosen sehen nicht den strategischen Sinn eines Gesetzes, das die deutschen Truppenreserven aufwerten will, um sie im Kriegsfall von Anfang an einsetzen zu können – während der französische Generalstab im Gegenteil erwartet, Deutschland werde vorrangig seine aktiven Streitkräfte einsetzen.

Wie man es auch dreht und wendet, empfindet Paris das deutsche Militärgesetz jedenfalls als Drohung und rüstet deshalb im Sommer 1913 selbst auf. Ab Anfang Juni 1913 debattiert die Nationalversammlung intensiv über eine gesetzlich verankerte Wehrdienstverlängerung. Das Militär hatte die 1905 beschlossene Verkürzung der Wehrzeit auf zwei Jahre ohnehin nie gut-

4

5

6

Drei Jahre unter der Fahne – 5. August 1913

geheißen, obwohl sie in der Praxis nicht viel bewirkte. Durch die Abschaffung der seit 1889 gesetzlich vorgesehenen Freistellungsgründe ermöglicht das Gesetz von 1905 nämlich die Ein-berufung von 72 000 Mann, sodass die Heeresstärke insgesamt gleich blieb. 1911 gibt die Er-nennung General Joffres zum neuen Chef des Generalstabs dann Anlass zum erneuten Vorstoß gegen den vom Linken Block durchgesetzten Truppenabbau. Im April 1913 verabschiedet man für den Kriegsfall den ausgesprochen offensiven »Plan XVII«, der u. a. eine Aufstockung der ak-tiven Truppen vorsieht. Da der am 17. Januar 1913 gewählte Staatspräsident Raymond Poincaré sich zudem um eine engere Allianz mit Russland bemüht, soll die Wehrdienstverlängerung nicht zuletzt die Russen von der Schlagkraft der französischen Truppen überzeugen.

Frankreich spaltet sich in »troisannistes« und »antitroisannistes«

Innenpolitisch jedoch spielt das Gesetz eine wichtige ideologische Rolle, denn es geht um viel mehr als organisatorische Fragen: Die intellektuelle Militärelite pflegt nach wie vor den Kult der Offensive um jeden Preis. »(Kultivieren wir) leidenschaftlich und übertrieben bis ins kleins-te Detail alles, was auch nur im Mindesten den Kampfgeist fördert«, erklärt beispielsweise Stabsabteilungsleiter Oberstleutnant de Grandmaison. »Treiben wir es bis zum Äußersten, doch selbst dann wird es vielleicht nicht reichen.« Er fügt hinzu: »Die Defensive ist eine Gefechtsform untergeordneter Natur; bei denjenigen, die sie einsetzen, bewirkt sie eine moralische Unterlegen-heit, die kein Materialvorteil aufwiegen kann.« Für die Politiker steht die Zukunft Frankreichs auf dem Spiel. Als Louis Barthou, ein Freund Poincarés, am 18. März 1913 Ministerpräsident wird, verkündet er deshalb, das Dreijahresgesetz diene nicht »der Aggression oder Provokation«, sondern der Verteidigung: »Es geht um Leben oder Tod.« »Wir wollten, dass Frankreich lebt«, er-läutert er 1914 im Wahlkampf. Man müsse in der Lage sein, einen »Überraschungsangriff« des deutschen Heers zu parieren, das bereits 519 000 Mann mehr zählt als das französische. Trug-bilder wie dieses sind allgegenwärtig: In einem Artikel in *L'Écho de Paris* warnt Paul Bourget im Februar 1913 vor der »deutschen Lawine«, und im April 1913 beschwört Major Patrice Mahon in der *Revue des Deux Mondes* die Mutation des deutschen Heers in eine »Stoßarmee« herauf, die nur darauf warte, sich auf Frankreich zu stürzen.

Für die Gegner des Gesetzes (Jean Jaurès' Sozialisten und Joseph Caillaux' Radikale) steht ein solcher »Überraschungsangriff« allerdings technisch außer Frage: Deutschland werde seine Truppenreserven einsetzen müssen, und deshalb müsse sich auch Frankreich auf die Umstruktu-rierung seiner eigenen Reserven konzentrieren. In seinem Buch *Die neue Armee* schreibt Jaurès 1910: »Der Grundfehler unserer Heeresorganisation ist der, dass es den Anschein hat, als wäre sie die bewaffnete Nation, und dass sie es in Wirklichkeit nicht ist oder kaum ist.« Die Lösung besteht in seinen Augen nicht in längeren Wehrdienstzeiten, sondern in Bürgerwehren nach Schweizer Vorbild, die von Berufsoffizieren ausgebildet und kontinuierlich betreut werden. Mit Argumenten wie diesen fordern viele »*antitroisannistes*« anstelle der Wehrdienstverlängerung eine bessere Reservistenausbildung und Bewaffnung, also letztlich die konsequentere Umsetzung des zweijährigen Wehrdienstes.

Die Debatte zwischen Befürwortern und Gegnern des Dreijahresgesetzes hält auch nach dessen Verabschiedung an, denn im Vorfeld der Parlamentswahl im Frühjahr 1914 geht es nach wie vor im Wesentlichen um diese Frage. Heißt das, in Frankreich weht ein kräfti-ger nationalistischer Wind? Wie steht es damit anderswo in Europa?

Defensiver Patriotismus

1913 publizieren zwei junge französische Autoren aus dem Umfeld der Nationalisten eine Meinungsumfrage, die auf Anhieb ein Riesenerfolg wird. Unter dem Titel *Les jeunes gens d'aujourd'hui* (Die Jugend von heute) zeichnet »Aga-thon« (Pseudonym von Henri Massis und Alfred de Tarde) das Bild eines Landes, in dem der Krieg »plötzlich sein Pres-tige wiedererlangt hat«: »Es ist ein junges, ganz neues Wort, begabt mit jener Verführungskraft, die der ewig kriegslüs-terne Instinkt im Herzen der Menschen wiederbelebt hat«, heißt es darin. Doch was für die untersuchte Stichprobe (Pariser Jura- und Politologiestudenten) zweifellos stimmt, gilt nicht für die ganze Jugend, geschweige denn für ganz Frankreich. Das zeigt sich auch bei den Wahlen im April/ Mai 1914: Das Wehrdienstverlängerungsgesetz wird von seinen Befürwortern eher zurückhaltend verteidigt, aber von seinen linken Gegnern auch nicht so scharf kritisiert, dass es ernsthaft gefährdet wäre. Frankreich erlebt inso-fern keine Nationalismuswelle, sondern ist im Hinblick auf

Unten
Elsass und Lothringen, die seit dem Krieg 1870/1871 zu Deutschland gehörten, hatten für französische Nationalisten Kultstatus und entfachten Rachegelüste. Am 10. August 1914 schmückten Vertreter der *Ligue des patriotes* ge-meinsam mit Elsässern und Lothringern das Denkmal auf der Straßburger Place de la Concorde mit Blumen. Wie der Historiker Jean-Jacques Becker jedoch nachwies, spielte die Rückgabe dieser Provinzen in der öffentlichen Meinung Frankreichs zu Kriegsbeginn nur eine Nebenrolle.

dieses Gesetz in zwei gleich starke Lager gespalten. In einem Punkt sind sie sich am Vorabend des Kriegs einig: Beide vertreten einen defensiven Patriotismus, der die Frage der Rückgabe von Elsass-Lothringen an Frankreich weitgehend ausklammert. Das Thema »Vergeltung« wurde in den 1880er-Jahren zunächst von der Linken, dann von der Rechten ausgeschöpft und später in regelmäßigen Abständen von Politikern und Publizisten aufgegriffen, doch seine Brisanz ist Anfang des 20. Jahrhunderts schon weitgehend verpufft. Trotz etwa der »Zabern-Affäre« vom 28. Oktober 1913, als ein deutscher Offizier in Saverne (Zabern) Elsässer Rekruten beleidigte, hat sich die Lage im Elsass und in Lothringen beruhigt. Die Menschen haben sich im Großen und Ganzen mit ihrer Eingliederung ins Deutsche Reich abgefunden, die ihnen durchaus wirtschaftliche und soziale Vorteile beschert. Bei allen frankophilen Neigungen wünscht sich kein Elsässer und kein Lothringer, um den Preis eines Krieges wieder Franzose zu werden.

Die Angst der Deutschen vor »Einkreisung«

Dennoch gibt Kaiser Wilhelm II. beim Besuch des belgischen Königs Albert I. im November 1913 großer Sorge Ausdruck: »Frankreich selbst wünscht den Krieg und bewaffnet sich dazu, wie allein das Gesetz über die Verlängerung des Wehrdienstes auf drei Jahre bezeugt. Auch die Wortwahl der französischen Presse beweist eine zunehmend feindliche Gesinnung uns gegenüber. Die Rachsucht des französischen Volks macht sich immer aggressiver bemerkbar.« Während Bismarck bis zu seiner Entlassung im März 1890 das Gleichgewicht der Allianzen weise zu wahren wusste, fühlt sich das Deutsche Reich Anfang des 20. Jahrhunderts »eingekreist« – im Westen von Frankreich und vor allem der weltgrößten Seemacht England, mit der es durch den Bau von Großkampfschiffen nach dem Vorbild der *Dreadnought*-Schlachtkreuzer mitzuhalten versucht (britisches Flottengesetz von 1905, deutsche Flottennovelle von 1908), und im Osten von Russland, dessen Bevölkerungswachstum es mit Besorgnis beobachtet. Wie der Historiker Thomas Lindemann zeigte, war Russland aus der damals in der deutschen Führungsriege verbreiteten sozialdarwinistischen Perspektive wegen seiner demografischen Situation zur künftigen Großmacht prädestiniert, im Gegensatz beispielsweise zu Frankreich. Dass Russlands Armee erheblich schlechter ausgerüstet war als die deutsche, war dabei unerheblich. Kanzlerberater Karl Riezler gibt in seinem Tagebuch eine Aussage von Bethmann Hollweg wieder: »Die Zukunft gehört Russland, das wächst und wächst und sich als immer schwererer Alb auf uns legt.« Dieser »Alb« ebenso wie die fatalistische Hinnahme des nahenden Krieges kennzeichneten offenbar weite Teile der deutschen Bevölkerung. Überzeugt, dass von den »Slawenvölkern« grundsätzlich aggressive Machenschaften zu erwarten seien, nahmen viele Deutsche den Rassenkampf zwischen Germanen und Slawen als unmittelbar bevorstehende, unabwendbare Bedrohung wahr. Der Reichskanzler war sich dessen so sicher, dass er auf seinem Gut in Ostpreußen keine Bäume mehr pflanzte, weil dort ja in Kürze Russen siedeln würden. »Jede Partei unterstellte der anderen Angriffspläne (...) und sah ihre eigene Lage deshalb als legitime Verteidigungshaltung«, meinte der französische Historiker Jules Isaac. Was den Krieg unabwendbar machte, war gerade der Glaube an seine Unabwendbarkeit. So gesehen war wesentlicher Auslöser der Krise, die Europa in den Krieg stürzte, die Angst.

Das Attentat auf Erzherzog Franz Ferdinand in Sarajevo

28. Juni 1914 Als bosnische Nationalisten den Neffen des österreichischen Kaisers ermorden, ist dies der Auftakt zu einer Kettenreaktion, die in den Ersten Weltkrieg mündet. »Wer wollte behaupten, dieser Krieg sei unabwendbar gewesen? Die Julikrise 1914, sprich die vom Attentat in Sarajevo ausgelöste neuerliche Balkankrise, hätte genau wie viele andere ohne Krieg vorübergehen können. Grundsätzlich ähnelte die Situation stark der Lage 1909: Österreich-Ungarn wollte gegen Serbien antreten, auch auf die Gefahr eines Kriegs gegen Russland. Doch das Russland von 1914 war stärker als das von 1909 und nicht willens, eine neuerliche Demütigung hinzunehmen. Frankreich sah sich gezwungen, entschiedener vorzugehen als während der Bosnienkrise, sofern es die Allianz nicht platzen lassen wollte. Die Mittelmächte kannten das Risiko; sie gingen es ein, um mit aller Macht ihren Willen durchzusetzen; als sie feststellten, dass Russland nicht einlenken würde, nahmen sie lieber einen Krieg in Kauf, als ihren Plan aufzugeben.« PIERRE RENOUVIN

■ 1914 absolvieren zwei Korps der kaiserlichen und königlichen Armee ihr Sommermanöver in Bosnien-Herzegowina, das 1908 von Österreich annektiert wurde. Im März wird angekündigt, dass Erzherzog Franz Ferdinand, Neffe des Kaisers Franz Joseph, daran teilnehmen und bei dieser Gelegenheit der bosnischen Hauptstadt Sarajevo einen offiziellen Besuch abstatten will. Das ist nicht ungefährlich, denn in der Region kommt es immer wieder zu Verschwörungen nationalistischer Gruppierungen, die den Sturz der k. u. k. Herrschaft in Bosnien und die Annexion der Provinz durch Serbien anstreben. In den vorangegangenen vier Jahren wurden fünf Anschläge auf Vertreter der Habsburgerregierung verübt, die allesamt scheiterten und vermehrte Repressionen zur Folge hatten. Franz Ferdinand bietet sich als Zielscheibe geradezu an.

Ein spektakuläres Attentat

Am 28. Juni fährt der Erzherzog mit seiner Frau Sophie im offenen Automobil vom Bahnhof zum Rathaus. Die Sicherheitsvorkehrungen sind an diesem Sonntag seltsamerweise auf ein Minimum reduziert, denn Wachposten entlang der ganzen Strecke hätten signalisiert, dass in Sarajevo Gefahr droht. Auch der Kaiser wäre wohl nicht entzückt gewesen, hätte man seinen Neffen und dessen Gattin mit Ehren empfangen, die nur ihm selbst zustanden. Als das Paar in Sarajevo den Appel-Kai am Ufer der Miljacka erreicht, stehen dort schon sechs junge Verschwörer in Zweiergruppen bereit. Einer von ihnen – Nedeljko Čabrinović – wirft eine Granate auf den Konvoi, die jedoch vom zurückgelegten Verdeck des Autos abprallt und Offiziere der Eskorte sowie mehrere Schaulustige verletzt. Dass die übrigen Attentäter passiv bleiben, erklären sie später damit, sie seien von der Anwesenheit Sophies ebenso überrascht gewesen wie vom Jubel der Menge am Straßenrand – Sarajevo steht der k. u. k. Monarchie weniger feindselig gegenüber als der Rest des Landes.

Trotz des Anschlags wird das Programm wie geplant fortgesetzt. Franz Ferdinand fährt zum Rathaus, macht seinem Ärger vor den wartenden Würdenträgern Luft, absolviert hastig die Feierlichkeiten und eilt ins Krankenhaus zu seinen verwundeten Offizieren. An der Ecke Franz-Joseph-Straße/Appel-Kai verfährt sich der Chauffeur, hält an und wendet. Dort auf dem Trottoir, nur wenige Meter vom Fürstenpaar entfernt, steht jedoch der Initiator des Attentats, Gavrilo Princip. Er ist zunächst verblüfft, ergreift dann jedoch die unverhoffte Gelegenheit beim Schopf, springt auf das Trittbrett und feuert aus nächster Nähe auf den Erzherzog und seine Frau. Beide erliegen Minuten später ihren Verletzungen.

Die entsetzte Bevölkerung von Sarajevo beteiligt sich aktiv an der Jagd auf die Verschwörer, und innerhalb weniger Stunden werden alle sechs dingfest gemacht. Der erste Täter war in die Miljacka gesprungen, wird jedoch herausgezogen und von der Menge um ein Haar gelyncht. Überall in der Stadt wird serbisches Eigentum geplündert; das Ausmaß der Gewalt ist so groß, dass der Militärgouverneur der Provinz den Notstand ausrufen muss.

Vier Revolver und sechs Bomben

Wer sind die Mörder des Thronerben von Österreich-Ungarn? Was bezwecken diese jungen Männer mit ihrer Tat? Um das zu verstehen, muss man sich die Stunden davor ansehen. Am Morgen des 28. Juni steht Gavrilo Princip am Grab von Bogdan Žerajić, der sich nach zwei gescheiterten Anschlägen – am 3. Juni 1910 auf Kaiser Franz Joseph und am 15. Juni 1910 auf den Gouverneur von Bosnien-Herzegowina – selbst gerichtet hat. Obwohl kein Held im eigentlichen Sinn, zählt Žerajić zu den mythischen Widerstandskämpfern für die serbische Sache. Bedeutsam ist auch das Datum des Attentats auf Franz Ferdinand, denn am 28. Juni jährt sich die berühmte Schlacht auf dem Amselfeld. Aus ihr gingen zwar die Osmanen 1389 als Sieger hervor, doch schlich sich nach der Schlacht ein Serbe ins Zelt des Sultans und erstach ihn. In der politischen

Vorstellung der Attentäter von Sarajevo jedenfalls gilt der Tyrannenmord als das heiligste und heldenhafteste aller Verbrechen.

Ihr Anführer Gavrilo Princip ist 1914 fast 20 Jahre alt. Der Sohn bosnischer Kleinbauern geht 1912 zum Studium nach Belgrad. Während der Balkankriege bewirbt er sich für die Milizen der serbischen Armee, wird jedoch wegen seiner schwachen körperlichen Verfassung abgelehnt. Der glühende Nationalist ist Mitglied der Studentenorganisation *Mlada Bosna* (Junges Bosnien). Als er und einige Freunde vom Besuch des Thronfolgers erfahren, wollen sie endlich Taten sehen. Die dazu benötigten Waffen liefert ihnen der 1911 gegründete nationalistische Geheimbund »Vereinigung oder Tod«, besser bekannt als »Schwarze Hand«, deren Anführer Oberst Dragutin Dimitrijević zwei Jahre später Chef des Geheimdienstes des serbischen Generalstabs wurde. Mit Unterstützung hilfsbereiter Nationalisten werden Anfang Juni vier Revolver und sechs Spreng-sätze von Serbien nach Bosnien geschmuggelt.

Den serbischen Nachbarn zur Räson bringen

Schon damals gaben viele Serbien die Hauptschuld an den Attentaten. In der Rückschau wird klar, dass die serbischen Behörden zwar involviert, jedoch nicht aktiv beteiligt waren. Der An-schlag war das Werk einer kleinen Gruppe junger Männer. Georges Clemenceau warnte in seiner Zeitung *L'Homme libre:* »In den Ermittlungen zum Mordfall von Sarajevo deuten alle Spuren auf Belgrad, so jedenfalls lautet noch vor Beginn der Ermittlungen das Fazit nicht nur der österrei-chischen Presse, sondern auch der öffentlichen Meinung in Österreich-Ungarn, soweit sich dies beurteilen lässt. Doch das ist höchst ungerecht, denn niemand macht sich die Mühe, den gerings-

Unten

Die als »Dokument des per-fiden Albion« ausgegebene deutsche Karikatur zeigt den deutschen Reichsadler zwischen seinen zähneflet-schenden europäischen Nachbarn, darunter der russische Bär, Marianne mit phrygischer Mütze und ein englischer Zivilist. Die lange vor Kriegsausbruch schon ausgeprägte Angst der Deutschen vor einer Einkrei-sung erklärt weitgehend die Bündnispolitik Berlins und seine Reaktionen auf die Julikrise 1914.

ten Beweis anzutreten. Es ist zudem höchst gefährlich, denn die absurde Idee, der Regierung in Belgrad und dem serbischen Volk die Schuld am Attentat zu geben, hätte so schwerwiegende Konsequenzen, dass es gar nicht auszudenken ist …«

Am Tag nach dem Anschlag machen die Ereignisse Schlagzeilen in der europäischen Presse, doch noch wirkt niemand übermäßig besorgt. Die Öffentlichkeit interessiert sich im Großen und Ganzen herzlich wenig für außenpolitische Fragen, schon gar nicht, wenn es um die verworrene Lage auf dem Balkan geht. Die Regierung in Wien ist gespalten: Während der Kaiser und der österreichische Ministerpräsident zunächst den Ausgang der Ermittlungen abwarten wollen und der ungarische Ministerpräsident Tisza gegen jegliche militärische Intervention ist, fordern General Conrad von Hötzendorf, Chef des k. u. k. Generalstabs, und Außenminister Graf Berchtold, das Nachbarland Serbien unverzüglich zur Raison zu bringen.

Die Julikrise 1914

Die folgenden Wochen standen jahrzehntelang im Mittelpunkt der Geschichtsforschung und lösten hitzige Debatten aus. In den 1920er- und 1930er-Jahren wurde die »Kriegsschuldfrage« mit großer Vehemenz und Polemik diskutiert, denn es ging letzten Endes um die Bestätigung oder aber Entkräftung von Artikel 231 des Versailler Vertrags, der Deutschland und Österreich-Ungarn die moralische Schuld am Ausbruch des Ersten Weltkriegs zuweist. Schon 1925 jedoch gelang es dem französischen Historiker Pierre Renouvin in einem schmalen Band mit dem Titel *Les Origines immédiates de la guerre* mit einer für seine Zeit erstaunlichen Stringenz, die »unmittelbaren Kriegsauslöser« aufzuzeigen.

Unten Mitte
Wenige Tage vor Kriegsausbruch hält sich der französische Staatspräsident Raymond Poincaré vom 20. bis 23. Juli 1914 in Russland auf, um das Bündnis mit Zar Nikolaus II. zu vertiefen. Das Foto zeigt sie beim Abschreiten der Front der Garde-Matrosen in Kronstadt.

Unten rechts
In diesem eigenhändig verfassten Telegrammentwurf fordert Reichskanzler Bethmann Hollweg seinen Botschafter in Sankt Petersburg auf, den Russen ein Ultimatum zu übermitteln: »31.07.14. Dringend. Trotz noch schwebender Vermittlungsverhandlungen, und obwohl wir selbst bis zur Stunde keinerlei Mobilmachungsmaßnahmen getroffen hatten, hat Russland ganze Armee und Flotte, also auch gegen uns, mobilisiert. Durch diese russischen Maßnahmen sind wir gezwungen worden, zur Sicherung des Reiches die drohende Kriegsgefahr auszusprechen, die noch nicht Mobilisierung bedeutet. Die Mobilisierung muss aber folgen, falls nicht Russland binnen 12 Stunden jede Kriegsmaßnahmen gegen uns und Österreich Ungarn einstellt (…).«

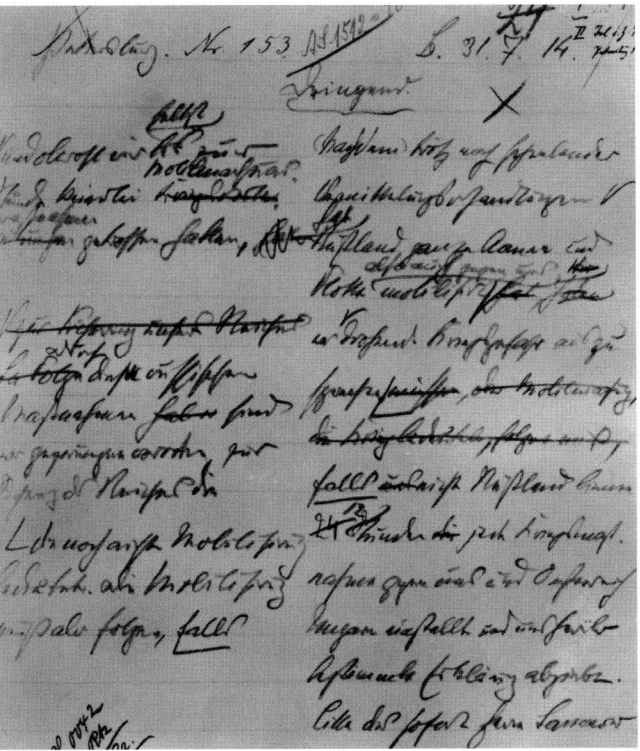

Zunächst drängte Deutschland die verbündete Doppelmonarchie mit dem berühmten »Blankoscheck« zum Vergeltungsschlag gegen Serbien. Pierre Renouvin erkannte jedoch, dass am 5. Juli, als Kaiser Wilhelm II. mit seinen Beratern konferierte, »offenbar kein genereller Krieg geplant wurde (...); allerdings konnte er eine mögliche Konsequenz sein. Dieses Risiko gingen die Mittelmächte ganz offensichtlich ein.« Mit Rückendeckung Deutschlands formuliert die österreichisch-ungarische Regierung innerhalb von zwei Wochen unter größter Geheimhaltung ein Ultimatum, das sie der serbischen Regierung am 23. Juli unterbreitet. Heikel sind vor allem die Punkte 5 und 6: Sie sehen eine Einbeziehung von k. u. k. Kriminalbeamten in die Ermittlungen und die Verfolgung subversiver Elemente auf serbischem Boden vor. Eine Hinnahme dieser Bedingungen käme für Serbien der Aufgabe seiner Souveränität gleich. Wien gewährt 24 Stunden Bedenkzeit: Das Ultimatum läuft am 25. Juli um 18 Uhr ab.

Dieses Datum ist mit Bedacht gewählt. Staatspräsident Raymond Poincaré und Ministerpräsident René Viviani befinden sich auf dem Rückweg vom Staatsbesuch in Sankt Petersburg und können sich vom Schiff aus nicht mit ihrem Verbündeten Russland abstimmen. Zugleich bereitet sich die österreichische Bevölkerung auf einen Militärschlag vor. »Eine Absage oder Verschiebung des Kriegs gegen Serbien würde zweifellos große Enttäuschung hervorrufen, denn das ganze Land freut sich unbändig auf den Krieg«, berichtet der britische Botschafter in Wien. Am 25. Juli betrifft das Attentat von Sarajevo noch ausschließlich das Verhältnis zwischen Österreich und Serbien. Dass die Situation innerhalb weniger Tage umschlägt, ist vor allem Schuld der russischen Regierung. Diese steht unter dem Druck der Mittelschicht und der städtischen Arbeiterschicht, die Unterstützung für ihre russisch-orthodoxen slawischen Brüder in Serbien fordern. Am 28. Juli erklärt Österreich-Ungarn Serbien den Krieg, obwohl dessen Regierung das Ultimatum bis auf einen Punkt akzeptiert hatte. Allerdings hatte die Kriegserklärung zunächst eher symbolischen Charakter. Österreich feuert lediglich ein paar Kanonen auf Belgrad ab, denn sein Heer ist noch längst nicht kampfbereit.

Nun kommen gleich mehrere Mechanismen in Gang. Innerhalb des komplexen Bündnissystems steht die 1907 zwischen Frankreich, Großbritannien und Russland geschlossene Triple Entente gegen den Dreibund von 1882 zwischen Deutschland, Österreich-Ungarn und Italien (auch Tripel-Allianz genannt); eine wesentliche Rolle spielen dabei die diplomatischen Verflechtungen. Die zeitverzögerte Kommunikation und der Mangel an Informationen erschweren den Diplomaten oft die Arbeit, doch auch die Angst ist in diesen entscheidenden Tagen ein wesentlicher Faktor: Zum einen die Angst der Politiker, die einen Krieg als »unvermeidbar« ansehen. Der britische Historiker James Joll schreibt dazu: »Darüber hinaus hatten während der Krise viele der Verantwortlichen (...) das Gefühl, das Opfer von Kräften zu sein, die stärker waren als sie (...).« Nicht zuletzt auch die Angst der Generäle, durch die Verzögerung werde man mit der Mobilmachung in Rückstand geraten. Obschon erst die Kriegserklärung der Doppelmonarchie an Serbien offene Fronten eröffnet, als die Krise schon fast einen Monat im Verborgenen gärt, löst Russland einen Krieg auf europäischer Ebene aus, als es am 30. Juli 1914 als Erster die allgemeine Mobilmachung verfügt. Am nächsten Tag droht Deutschland in einem Ultimatum, »die deutsche Mobilisierung müsse folgen, falls nicht Russland binnen zwölf Stunden jede Kriegsmaßnahme [...] einstelle«. Weder kann Russland diese Forderung akzeptieren, noch Deutschland sein Ultimatum zurücknehmen: Von nun an ist der Krieg unabwendbar.

Frankreich und Deutschland machen mobil

1. August 1914 An diesem Samstag verkünden um 17 Uhr die Sturmglocken überall in den Städten und Dörfern Frankreichs die allgemeine Mobilmachung. In einem bretonischen Dorf murmelt eine alte Frau: »Das ist die Totenglocke für unsere Jungs.« Zur selben Zeit erfährt auch die deutsche Bevölkerung die Neuigkeit. Die Bildhauerin Käthe Kollwitz zitiert in ihrem Tagebuch einen Freund: »Gott sei Dank, dass mobil gemacht ist, die Spannung war nicht mehr zu ertragen.«

■ Das Attentat von Sarajevo sorgt zwar vorübergehend für Aufsehen, doch sind seine internationalen Auswirkungen vielen nicht ersichtlich. In Frankreich ereifern sich Journalisten und Zeitungsleser weit ausgiebiger über den Prozess gegen Madame Caillaux, die nach dem Mord am Chefredakteur des *Figaro* ab 20. Juli vor Gericht steht. Auf dem Land sind die Menschen mitten in der Ernte. Das Ultimatum an Serbien lässt die öffentliche Meinung umschlagen. Am 23. Juli um 18 Uhr wird es der Regierung in Belgrad gestellt, noch am selben Tag von den Wiener Abendzeitungen und am nächsten Morgen von der deutschen Presse verbreitet. Nun überschlagen sich die Ereignisse, und gerade das erweist sich als wesentlicher Faktor für den weiteren Verlauf der Krise – in erster Linie wegen des enormen Drucks, der auf den Regierungen lastet –, aber auch

für die Wahrnehmung des Geschehens im Volk. In den deutschen Großstädten fordern Demonstranten die Unterstützung der Doppelmonarchie, doch zugleich verstärkt sich die Angst vor der ungewissen Zukunft. Wer kann, hortet Lebensmittel und hebt sein Erspartes von der Bank ab. Lediglich die britische Bevölkerung glaubt sich zu diesem Zeitpunkt noch gefeit gegen die Krise auf dem Kontinent.

Der letzte Versuch der Kriegsgegner

Massenstreiks im Kriegsfall waren bei der Sozialistischen Internationale zwar im Gespräch, doch hatte August Bebel beim Stuttgarter Kongress 1907 eine Festschreibung der Arbeitsniederlegung als politisches Mittel verhindert. Nun braucht die Arbeiterbewegung viel Zeit, um sich über das Ausmaß der Krise klar zu werden. Erst am 25. Juli ruft die SPD als stärkste Reichstagsfraktion zu Kundgebungen gegen den Krieg auf: In 160 Städten gehen 750 000 Demonstranten auf die Straße. In Frankreich erklärt Jean Jaurès als Führer der französischen Sektion der Arbeiter-Internationale (SFIO), die bei der Parlamentswahl 1914 gesiegt hatte: »[...] angesichts der jetzigen Bedrohung durch Mord und Barbarei haben wir nur noch eine Chance, Frieden und Zivilisation zu bewahren; das Proletariat muss all seine Truppen versammeln, denen neben französischen auch viele englische, deutsche, italienische [und] russische Brüder angehören; wir müssen diese Tausende Männer auffordern, sich zusammenzuschließen, damit ihr synchroner Herzschlag diesen Alptraum abwehrt.« Der Demonstration am 27. Juli, zu der die Zeitung *La Bataille syndicaliste* aufruft, schließen sich die Sozialisten an. Auch an den folgenden Tagen kommt es zu Kundgebungen: In Montluçon, einer Stadt mit 33 000 Einwohnern, protestieren 10 000 gegen den Krieg. Am 29. Juli trifft sich die sozialistische Führungsriege in Brüssel. Die Internationale glaubt noch immer, sie könne die Krise steuern – und habe genug Zeit dazu. Sie hält den Krieg für ebenso abwendbar wie 1905 oder 1911. Immerhin wird der Kongress der Internationale von Wien nach Paris und vom 23. auf den 9. August verlegt. Bis dahin sollen die französischen und deutschen Aktivisten auf ihre Regierungen einwirken, ihre Verbündeten Russland und Österreich im Zaum zu halten. Da man Österreich-Ungarn für die globale Lage verantwortlich macht, sind die deutschen Sozialisten vom guten Willen ihrer Regierung überzeugt: Am 30. Juli grüßt der *Vorwärts* Wilhelm II. als »aufrichtigen Freund des Friedens«. Bei seiner Rückkehr aus Brüssel erfährt Jaurès am selben Tag bestürzt von der bereits angelaufenen Teilmobilisierung Russlands. Europa taumelt in einen Krieg, den die Internationale nicht mehr stoppen kann. Dieses Versagen räumt der Gewerkschafter Ludovic Froissart 1918 beim Kongress des Gewerkschaftsbunds CGT ohne Umschweife ein: »Die Wahrheit – und wir müssen den Mut haben, sie auszusprechen – die Wahrheit ist, dass es ohne Streikende keinen Generalstreik und ohne Aufständische keinen Aufstand gibt.«

Die Mobilmachung – endlich!

Am 31. Juli stellt die deutsche Regierung Russland ein Ultimatum für die Einstellung seiner Kriegsvorbereitungen, obwohl ihr die Fruchtlosigkeit klar ist. Um 13 Uhr ruft sie die »unmittelbare Kriegsgefahr« aus. Frankreich fordert sie in einem weiteren Ultimatum auf, sich innerhalb von 24 Stunden für den Fall eines Kriegs zwischen Deutschland und Russland zu entscheiden, doch die Franzosen antworten ausweichend. Den ganzen Tag über versucht Generalstabschef Joffre, einen Mobilisierungsbefehl zu erzwingen. Jaurès, der sich gerade in einer Besprechung

Vorangehende Seite
Der Ausschnitt aus einem anonymen kolorierten Stich zeigt die Stimmung bei der Mobilmachung; hier ist es kein Jubel, sondern Entschlossenheit: Die Männer stemmen die Fäuste in die Hüften, verschränken die Arme vor der Brust und ziehen nach einer letzten Umarmung an die Front, um das Vaterland und die Daheimgebliebenen zu schützen. Die schluchzenden Frauen drücken ihre Kinder an sich und machen sich gegenseitig Mut.

Linke Seite
Am Tag nach der Mobilmachung preist dieses Plakat die nationale Geschlossenheit gegenüber der Bedrohung von außen. Offiziere, Geistliche, Beamte, Bürger im Gehrock, Bauern und Arbeiter: Alle sozialen Schichten, alle Generationen sind vereint (zwei Männer halten Kinder auf dem Arm). Männer und Frauen bejubeln gemeinsam Kaiser Wilhelm II., der in seiner Thronrede die Einigkeit des ganzen deutschen Volks verkündet hat.

mit Unterstaatssekretär Abel Ferry im Außenministerium befindet, appelliert an die Regierung, den Frieden zu schützen. Auf dem Weg in sein Büro trifft er sich mit weiteren Mitarbeitern der Zeitung *L'Humanité* im Café du Croissant und wird dort vom Nationalisten Raoul Villain erschossen. Durch Paris hallt der Ruf »Jaurès ist ermordet worden!«, doch schon am nächsten Tag gibt es neue, fettere Schlagzeilen: Am 1. August 1914 erklärt Deutschland Russland den Krieg. Frankreich ruft zu den Fahnen.

Im deutschen Volk löst die Mobilmachung Erleichterung aus, denn endlich ist die Ungewissheit vorüber, die seit dem Ultimatum an Serbien auf dem Land gelastet hat. »Auf dem Heimweg konnte ich die Mienen der Massen beobachten, die mich umgaben oder deren Weg ich kreuzte. Zuallererst fielen mir große Betroffenheit und Ernst auf, denn die Menschen waren sich über die schwerwiegenden Konsequenzen dieser unfassbaren Entscheidung im Klaren. Ich selbst fühlte letztlich nur noch Erleichterung nach der immer unerträglicher werdenden Anspannung der letzten Tage«, bezeugt Studienrat und Reserveoffizier Hermann Lohrisch. Am Abend finden in den Großstädten patriotische Kundgebungen statt, in Berlin mit über 50 000 Teilnehmern. Die

Oben und links
Abschied der Soldaten von ihren Familien in Deutschland (oben) und in Frankreich (links). Beiderseits der Grenze glaubten viele, der Krieg sei unvermeidbar, werde aber bald vorüber sein. Da sich alle kriegsbeteiligten Nationen als Opfer eines Angriffs empfanden, zogen die Soldaten im Glauben an die Front, sie verteidigten die gerechte Sache.

bekannten Bilder jubelnder Menschen vor Eisenbahnwaggons, die mit kämpferischen Parolen versehen zur Front aufbrechen, bestätigten in den Augen vieler die undifferenzierte Einschätzung als Hurrapatriotismus. Unterstellt man aber, solche Szenen seien nicht repräsentativ, unterschätzt man hingegen die spontane Bereitschaft der Menschen, sich für ihr Volk einzusetzen. Der Komplexität der Mobilmachung entspricht die Komplexität dieser Emotionen, die jedoch auch einem Wandel unterliegen. Bei Kriegseintritt wissen die Menschen noch nicht, was sie erwartet, aber sie ahnen, dass ihnen großes Leid bevorsteht.

Zwischen Resignation und Entschlossenheit

In Russland segnet Nikolaus II. am 2. August die Menschenmassen vor dem Winterpalast. Die Streiks, die das Land noch im Juli lahmlegten, werden ausgesetzt. Dafür macht sich unter den Bauern Unmut breit, es kommt zu Unruhen. Die Franzosen reagieren auf die Mobilmachung bestürzt und schließlich resigniert. Es feiern nur wenige. Der Jubel wirkt oft aufgesetzt; die lautstarken Umzüge am Abend des 1. August locken nur wenige Tausend Teilnehmer auf die Pariser Boulevards. Als Clemenceau in *L'Homme libre* schreibt: »In Paris kein Aufschrei, keine Massenbewegung. Nichts als der Ernst der Entschlossenheit«, nimmt er damit die Stimmung vorweg, in der die Männer sich in den folgenden Tagen bei ihren Garnisonen melden. Marc Bloch schildert im Frühjahr 1915 in seinen Erinnerungen an den Kriegsausbruch die Atmosphäre in Paris: »Die meisten waren nicht fröhlich, sondern entschlossen, und das ist mehr wert.« Ein Grundschullehrer aus der Charente erklärt: »Frankreich hat den Krieg nicht gewollt, es wurde angegrif-

Unten
An der Pariser Gare de l'Est kritzeln Soldaten unmittelbar vor dem Aufbruch zur Front letzte Grüße an ihre Lieben. Die Stimmung ist gedrückt und friedlich. Auch Zivilisten sehen der Abfahrt der Züge zu.

fen; wir werden unsere Pflicht tun.« Am Montag, dem 3. August marschieren deutsche Truppen in Belgien ein, nachdem die Regierung Alberts I. die deutsche Durchmarschforderung empört zurückgewiesen hat. Außenminister Sir Edward Grey gibt am 4. August den Anstoß zum Kriegseintritt Großbritanniens in der Überzeugung, sein Land dürfe sich nicht aus einem Krieg heraushalten, der das Kräftegleichgewicht in Europa zutiefst verändern würde.

Die französische Bevölkerung fühlt sich dadurch bestätigt: Ihre Regierung ist am Kriegsausbruch völlig unschuldig und das überfallene Vaterland muss verteidigt werden. Diese Überzeugung löst einen massiven defensiven Patriotismus aus, der zwar in der zweiten Kriegshälfte abflaut, insgesamt jedoch die öffentliche Meinung durchweg dominiert. Paradoxerweise erleben auch die Deutschen nach Einschätzung des Historikers John Horne »den Krieg von Anfang an als Bedrohung der nationalen Identität und Existenz durch einen Feind«, wenn auch aufgrund der diplomatischen und kulturellen Entwicklungen unter Wilhelm II. In seiner Thronrede vom 4. August 1914 erklärt der Kaiser: »In aufgedrungener Notwehr, mit reinem Gewissen und reiner Hand ergreifen wir das Schwert.«

Union sacrée und Burgfrieden

Im August 1914 stellen sich die Volksgemeinschaften auf die Lage ein; die Parteien begraben für die Dauer eines vermeintlich kurzen Krieges das Kriegsbeil. Der französische Innenminister Malvy verzichtet auf Verhaftungen gemäß »Carnet B« wegen versuchter Behinderung der Mobilmachung; die Präfekten werden per Rundschreiben angewiesen, Maßnahmen gegen

Links
Gare de l'Est, Reservisten beim Einsteigen in Züge, die sie zur Front bringen sollen. Allein am 15. August sind fast 4 Millionen Franzosen von der Mobilmachung betroffen. Eine logistische Herausforderung!

Ordensgemeinschaften zu unterlassen. In einer Verlautbarung an das Parlament prägt Raymond Poincaré am 4. August die Formel *Union sacrée* (heilige Einheit), die in der Rückschau die Ausnahmesituation plastisch wiedergibt: »Im nunmehr beginnenden Krieg wird Frankreich [...] von allen seinen Söhnen heldenhaft verteidigt werden, deren heilige Einheit angesichts des Feindes nichts zu brechen vermag, sie alle sind heute brüderlich geeint in der Entrüstung vor dem Aggressor und in patriotischem Glauben.« In dasselbe Horn stößt auch Wilhelm II. in seiner Thronrede: »Ich kenne keine Partei mehr, ich kenne nur Deutsche!« Die Beisetzung Jaurès' vereint am selben Tag vor den Augen einer großen Menschenmenge die Minister und Abgeordneten sämtlicher Parteien einschließlich Maurice Barrès und Vertretern der *Ligue des patriotes* und wird damit zum Inbegriff der *Union sacrée*. CGT-Generalsekretär Léon Jouhaux erklärt in seiner berühmten Grabrede: »Wir haben immer danach gestrebt, die Rechte des Volkes zu stärken und ihm mehr Freiheit zu erstreiten. Im Einklang mit eben diesem Streben antworten wir auf die Mobilmachung: ›zur Stelle!‹.«

In beiden Ländern werden die Kriegskredite einstimmig bewilligt, auch von den Sozialisten: In der Erklärung der SPD beschwört Hugo Haase im Reichstag »Schrecknisse feindlicher Invasionen« herauf: »Für unser Volk und seine freiheitliche Zukunft steht bei einem Sieg des russischen Despotismus [...] viel, wenn nicht alles auf dem Spiel.« Dass die Arbeiterschicht also in Deutschland wie in Frankreich fest zu ihrem Vaterland steht, kann als Zeichen für den starken emotionalen Rückhalt beider Staaten in ihrem Volk gewertet werden. Allen inneren Konflikten zum Trotz zeigt sich das deutsche Kaiserreich dem Feind gegenüber unvermittelt als Einheit: Das Schlagwort »Burgfrieden« erinnert an die Belagerung mittelalterlicher Festungen und das Gefühl, gemeinsam von Feinden »eingekreist« zu sein. Die patriotischen Jubelkundgebungen unterstützen den Eindruck, dass Deutschland vom »Augusterlebnis«, vom »Geist von 1914« beseelt war, der die Volksgemeinschaft durch die Beilegung ihrer Zwistigkeiten stärkte. Nach Einschätzung von Jean-Jacques Becker bewirkte der Kriegseintritt insofern einen entscheidenden Wandel: »Dieser zum Teil zufällige Konflikt verwandelte sich augenblicklich in einen Völkerkrieg.«

Das Schild in einem Pariser Schaufenster lässt im August 1914 keinen Zweifel daran, dass die Soldaten schon in wenigen Wochen, spätestens in einigen Monaten, wieder da sein werden – den Sieg in der Tasche (»Die Familie und das Personal wurden mobilgemacht. Wiedereröffnung nach dem Sieg«).

Lord Kitchener ruft Freiwillige zu den Waffen

7. August 1914 Lord Herbert Horatio Kitchener startet eine Kampagne zur Rekrutierung Hunderttausender Freiwilliger für das britische Heer. Im Handumdrehen kennt jeder Brite das schnauzbärtige Konterfei des Kriegsministers, das im ganzen Land Anschlagwände und öffentliche Gebäude ziert. Sir Alfred Leetes zugkräftiges Plakat, das erstmals am 5. September in der Zeitschrift *London Opinion* erschien, geht tausendfach in Druck.

■ Als Kitchener am 5. August zum Kriegsminister ernannt wird, ist der Held der Kolonialkriege in Großbritannien sehr beliebt. Da es dort keine Wehrpflicht gibt, strebt er umgehend den Aufbau einer neuen Freiwilligenarmee an. Aufgrund seiner Erfahrungen im Deutsch-Französischen Krieg von 1870 (auf französischer Seite) erkennt Kitchener als einer von wenigen, dass ein mehrjähriger Krieg bevorsteht, doch insgesamt sind seine Leistungen als Kriegsminister bis zu seinem Tod 1916 eher zwiespältig. Elizabeth Asquith schrieb über ihn: »Kitchener war vielleicht kein großartiger Mann, gab aber auf jeden Fall ein großartiges Plakat ab.«

G. R.
YOUR KING & COUNTRY
NEED YOU
A CALL TO ARMS
TERMS OF SERVICE
HOW TO JOIN
GOD SAVE THE KING
Marylebone

Großbritannien als Garant der Neutralität Belgiens

Kitcheners martialische Darstellung auf Leetes Plakat hebt sich eklatant von der Haltung der Regierungsmitglieder ab, die den britischen Kriegseintritt beschlossen haben. Die im August 1914 von den Liberalen gestellte Regierung ist ansonsten nicht mit Kämpfernaturen bestückt, sondern neigt überwiegend zum Pazifismus. Deutschland ist für die Briten ein wichtiger Handelspartner. Britische Truppen dienen in erster Linie für Einsätze in den Kolonien. Allerdings sind die Briten seit der Entente mit Frankreich 1904 in das Kräftegleichgewicht Europas stärker involviert, und ein Krieg zwischen Frankreich und Deutschland mit der denkbaren Folge einer deutschen Hegemonie auf dem Kontinent wäre für die britischen Interessen eine Katastrophe. Insbesondere die Vorstellung, Deutschland könne Belgien kontrollieren und seine Flotte in den belgischen Häfen stationieren, machte den Briten Angst, denn sie fürchteten um die Vormachtstellung ihrer Marine in der Nordsee und im Ärmelkanal. Am 2. August fordert die Regierung Deutschland offiziell auf, die Neutralität Belgiens zu respektieren, zu deren Schutz sich Großbritannien 1839 bei der Londoner Konferenz verpflichtet hat. Sieben Stunden vor Ablauf des Ultimatums marschieren deutsche Truppen am 4. August in Belgien ein. Noch in derselben Nacht erklärt Großbritannien Deutschland den Krieg. Nach Einschätzung des Historikers Adrian Gregory diente die Invasion in Belgien »gleichermaßen als Vorwand wie als Deckmantel« für die Interessen der britischen Realpolitik. Dennoch sind viele Regierungsmitglieder pessimistisch. Außenminister Sir Edward Grey spricht eine düstere Ahnung aus: »In ganz Europa gehen die Lampen aus; zu unseren Lebzeiten werden wir sie nicht wieder leuchten sehen.«

Die Aushebung von Freiwilligen

Unmittelbar nach der Kriegserklärung entschließt sich die britische Regierung zur Entsendung eines Expeditionskorps nach Frankreich, das unter einem Kommandeur mit dem passenden Namen Sir John French die linke Flanke der französischen Truppen verstärken soll. Die *British Expeditionary Force*, kurz BEF, die im Zuge der britischen Militärreform unter Kriegsminister R.B. Haldane gebildet wurde, nachdem der Burenkrieg die Schwächen des bestehenden Systems aufgezeigt hatte, dient der Regierung als schnelle Eingreiftruppe für den Fall eines Kriegs auf dem Kontinent. Sie umfasst sechs Infanteriedivisionen und eine Kavalleriedivision – alles in allem rund die Hälfte der regulären britischen Streitmacht, die im August 1914 aus insgesamt 247 432 Soldaten besteht (die andere Hälfte ist in den Kolonien stationiert). Eine weitere Division des Expeditionskorps ist von vornherein für einen eventuellen Angriff deutscher Truppen zur Verteidigung der Heimatfront abgestellt. Bei Kriegsbeginn im August 1914 kann Großbritannien deshalb nicht mehr als 80 000 Mann entsenden; das deutsche Heer hingegen ist über vier Millionen Mann stark. Dieses Ungleichgewicht veranlasst Kitchener zur Rekrutierung einer freiwilligen Massenarmee.

Sein Aufruf wird im ganzen Land unterstützt. In Großbritannien ebenso wie in Deutschland und Frankreich ist nach der Kriegserklärung das Gefühl des nationalen Zusammenhalts sehr ausgeprägt. Nachdem die Briten sich bis Ende Juli 1914 im Wesentlichen über einen drohenden Bürgerkrieg in Irland Sorgen gemacht haben, erfordert der Krieg gegen Deutschland einen radikal anderen Ansatz. Für seine Dauer beschließen die Parteien eine *All-Party Truce* (»Allparteien-Waffenruhe«). Die militante Suffragettenbewegung, die hartnäckig für das Frauenwahlrecht

Vorangehende Seite
Bei Kriegsausbruch gibt es in Großbritannien als einziger Großmacht Europas keine Wehrpflicht. Kriegsminister Lord Kitchener, den Sir Alfred Leete auf seinem martialischen Plakat verewigte, appelliert an den Patriotismus seiner Landsleute. Das berühmte Poster arbeitet auf zwei Ebenen: einerseits mit der Autoritätsfigur und andererseits mit den visuellen Mitteln der Werbung. Das außerordentlich erfolgreiche Motiv griffen später vor allem in den USA zahllose Plakate auf.

Linke Seite
Innerhalb weniger Wochen meldeten sich zahllose Freiwillige, allein im August 1914 knapp 300 000. Das Foto oben links zeigt den Ansturm auf ein Londoner Rekrutierungsbüro. Kitcheners Armee verpflichtete überwiegend junge Männer aus dem Arbeitermilieu oder wie hier – in Anzug und Strohhut – aus der Mittelschicht. Ausgebildet wurden sie von Offizieren und Unteroffizieren der regulären Truppen, beispielsweise im Umgang mit dem Bajonett (unten), das noch aus den vor 1914 praktizierten Angriffstaktiken stammt.

kämpfte, unterstützt die Kriegsanstrengungen ebenso wie die irische Nationalpartei. Die liberale und ländliche Presse, die bis zum 4. August 1914 gegen den Krieg gewettert hatte, unterstützt nun die Entscheidung der Regierung. Sozialisten, Labour Party und Gewerkschaften sind gegen den Krieg, doch gelingt es ihnen nicht, echten Rückhalt im Volk zu gewinnen. Daran ändert auch eine große Antikriegskundgebung am 2. August auf dem Trafalgar Square nichts, bei der die Sozialisten die Regierung auffordern, »dafür zu sorgen, dass das Land nicht in den Krieg hineingezogen wird«. Nicht einmal die überwiegend pazifistischen nonkonformistischen Religionsgemeinschaften wie Methodisten, Presbyterianer und Quäker können dies noch verhindern.

Der Mythos der allgemeinen Kriegsbegeisterung im Volk wurde inzwischen korrigiert, vor allem durch den Nachweis des Historikers Adrian Gregory, dass es keine »einzige, einheitliche Reaktion« gab und der Enthusiasmus sich sehr in Grenzen hielt. Wegen der internationalen Handelsbeziehungen hält man 1914 einen Krieg noch für ausgeschlossen, nicht zuletzt aufgrund der vielgelesenen Artikel von Norman Angell, der für den Fall eines Kriegs den wirtschaftlichen Zusammenbruch vorhersagt.

Massenrekrutierung in der Arbeiterschicht

Angells Prognose scheint sich im Laufe des Sommers 1914 zu bewahrheiten. Die britische Wirtschaft erlebt einen massiven Einbruch; die Zahl der Arbeitslosen steigt im August stark an: Von Juli bis September geht der Anteil der Beschäftigten unter den erwerbsfähigen Männern um zehn Prozent zurück. Dieser Umstand erklärt zum Teil, warum gerade aus der Arbeiterschicht so viele Männer Kitcheners Aufruf folgen. Wirtschaftsfaktoren sind jedoch nicht allein für die enorme Zahl Freiwilliger verantwortlich: Allein im August 1914 eilen 298 923 Mann zu den Fahnen; im September sind es 462 901. Ausschlaggebend hierfür ist die Schlacht bei Mons am 23. August 1914. Dort hatte das Expeditionskorps, wie die Zeitungen berichten, nach tapferem Kampf gegen die zahlenmäßig weit überlegenen deutschen Truppen unter schwierigen Umständen den Rückzug antreten müssen und wäre um ein Haar aufgerieben worden, bevor es an der Marne die französischen Truppen erreichte. Unter den völlig erschöpften Soldaten kursiert schon bald die Legende, Engel hätten bei Mons auf Seiten der Briten gekämpft. Der fromme Wunsch ist nachvollziehbar, denn in knapp drei Monaten an der Front (vom 23. August bis 18. November 1914) musste das Expeditionskorps empfindliche Verluste hinnehmen.

Am 25. August stellt die *Times* unter dem Titel »Mons Despatch« (Meldung aus Mons) die Schlacht als heroische Niederlage dar und ermutigt die britischen Männer, sich zum Kriegsdienst zu verpflichten. In den folgenden vier Tagen melden sich täglich 10 000 Freiwillige. Am 3. September zählt man die meisten Rekruten (33 304 Mann) an einem Tag während des gesamten Kriegs. Diese Chronologie spricht für sich: Der Ansturm erfolgt nicht in der Begeisterung der ersten Woche, sondern erst, als beunruhigende Neuigkeiten bekannt werden. Auch die schockierenden Berichte über deutsche Gräueltaten in Belgien und Frankreich stellen für die britische Öffentlichkeit einen wesentlichen Ansporn dar. Die über 10 000 belgischen Flüchtlinge, die zwischen dem 9. und 12. Oktober in Großbritannien Schutz vor den deutschen Truppen suchen, und die Geschichten, die sie mitbringen, tragen erheblich zur Mobilmachung des britischen Volkes bei.

Bis Dezember 1915 wächst die Truppenstärke um rund 2,5 Millionen neue Rekruten an. Insgesamt verpflichten sich 40 Prozent der diensttauglichen Akademiker und Handelsangestellten,

Lord Kitchener ruft Freiwillige zu den Waffen – 7. August 1914   **43**

aber nur 22 Prozent der Landarbeiter. Im Dezember 1914 muss die Regierung der Flut Einhalt gebieten, denn weil die Arbeiter aus den Rüstungsfabriken strömen, herrscht dort bald Fachkräftemangel. Nicht wenige Teenager geben sich als älter aus, um gemustert zu werden.

Die Freundesbataillone

Die Grundeinheit dieser neuen Armee ist das *service battalion* (Dienstbataillon), zu dem die Freiwilligen für drei Jahre oder die gesamte Kriegsdauer angeworben werden. Diese Einheiten werden den bestehenden Regimentern der regulären Armee angegliedert und die Rekruten möglichst von deren Offizieren und Unteroffizieren ausgebildet. Dank Kitcheners Freiwilligen steigt die Zahl der Divisionen im britischen Heer auf über 70. Da die Rekrutierungskampagne die Kapazitäten der regulären Streitkräfte für die Rekrutenausbildung sprengt, holt man Offiziere aus dem Ruhestand. Männer, die zum Teil seit dem Burenkrieg nicht mehr gedient haben, werden mit der schwierigen Aufgabe betraut, aus Zivilisten ohne die geringste militärische Erfahrung Soldaten zu machen.

Kitcheners Kampagne macht sich den verbreiteten Lokalpatriotismus zunutze: Ganze Freundes- und Bekanntenkreise erhalten die Erlaubnis, sich zu sogenannten *Pals Battalions* zusammenzuschließen. Diese »Freundesbataillone« sind durch Beruf, Ausbildung oder Hobbys miteinander verbunden. Nach Einschätzung des Historikers Hew Strachan entstanden auf diese Weise 145 aktive Bataillone und 79 Reservebataillone, darunter die von Werftarbeitern, Büroangestellten oder Sportlern. Es gab Bataillone wie das *Stockbrokers' Battalion* der Börsenmakler (10th Royal Fusiliers) oder das *Glasgow Corporation Tramways Battalion* (15. Korps der Highland Light Infantry), in dem Mitarbeiter der Glasgower Straßenbahn dienten. Bei Großveranstaltungen verpflichten sich ganze Fußballmannschaften oder Rugbyclubs. Die *Pals Battalions* vereint ein ausgeprägtes Kameradschaftsgefühl, weil sich die Rekruten von ihrem Heimatort oder Arbeitsplatz her bereits kennen. Hohe Verluste bei Kampfeinsätzen stürzen dementsprechend ganze Dörfer oder Stadtviertel in Trauer. Die meisten Freiwilligen, die sich Kitcheners neuer Armee anschließen, erleben ihren ersten Kampfeinsatz 1916 an der Somme.

Doch während die Mobilmachung der Bevölkerung sehr erfolgreich abläuft, gerät die britische Rüstungsindustrie massiv ins Hintertreffen. 1914 werden wöchentlich nicht mehr als 2000 Gewehre produziert. Nach Angaben des Historikers J. M. Bourne erhält die Armee im Feld im November 1914 nur 40 Handgranaten pro Woche, zudem fehlt es an Ausrüstung für den Ausbau der Schützengräben, an Großkalibergewehren und Sprengstoff. Erst angesichts der alarmierenden Munitionsknappheit bei der Truppe im Mai 1915 wird ein Rüstungsministerium gebildet und die Waffenproduktion nachhaltig umstrukturiert.

Der Feind im Innern

Dass Kitcheners Rekrutierungskampagne schon früh bei britischen Intellektuellen Unterstützung findet, verdeutlicht ein Flugblatt von sechs Historikern der Universität Oxford: *Why We Are At War: Great Britain's Case* (»Warum wir uns im Krieg befinden: Großbritanniens Rechtfertigung«). Am 2. September 1914 organisiert Charles Masterman, Leiter des Kriegspropagandabüros, im Wellington House eine Veranstaltung, die namhafte Schriftsteller zur Kriegspropaganda anregen soll. Autoren wie Sir Arthur Conan Doyle und Rudyard Kipling lassen sich nicht lange bitten. Rupert Brookes Sonettzyklus *1914* veranschaulicht die Geisteshaltung vieler junger Intellektueller dieser Zeit: »*Nun sei Gott Dank, dass uns die Stunde traf, die unsre Jugend riss aus Schlaf und Enge (...)*« Brooke stirbt 1915 auf dem Weg zur Front in Gallipoli an einer Blutvergiftung.

In den ersten Kriegsmonaten verschärft sich der Fremdenhass der Briten. Im August 1914 kommt es in den Arbeitervierteln des Londoner East End zu deutschfeindlichen Ausschreitungen, im Oktober 1914 in Aberystwyth (Essex) und Deptford. Ende Oktober 1914 fordert die Presse die Internierung sämtlicher in Großbritannien ansässigen Ausländer. Mit einer gezielten Kampagne versucht sie, den Boykott deutscher Arbeitnehmer durchzusetzen, mit dem Erfolg, dass die Londoner Nobelhotels ihre deutschen und österreichischen Kellner nach Hause schicken. In den ersten Kriegsmonaten breitet sich im ganzen Königreich panische Angst vor Spitzeln aus, vor allem als am 2. Oktober 1914 der deutsche Spion Carl Hans Lody verhaftet und später von einem Kriegsgericht zum Tode verurteilt und hingerichtet wird. Die Angst vor einer Invasion fördert die abstrusesten Gerüchte, etwa von der Landung russischer Truppen in Schottland.

Kitchener selbst ertrinkt im Juni 1916 beim Untergang der *HMS Hampshire* vor den Orkneyinseln, und auch von seinen freiwilligen Rekruten kehren viele nicht zurück. Schon im Juli wird seine Neue Armee in der Schlacht an der Somme brutal dezimiert. Zu dieser Zeit ist seine Idee, das Heer mit Freiwilligen aufzustocken, schon Schnee von gestern, denn im Januar 1916 musste Großbritannien sämtliche Junggesellen zwangsweise einberufen. Die romantische Vorstellung vom Freiwilligen, der sich auf dem Schlachtfeld opfert, prägt dennoch bis heute das britische Andenken an den Großen Krieg.

Rechts
Im August 1914 erzählt man sich in Großbritannien, Engel seien in der Schlacht bei Mons den britischen Truppen erschienen und hätten Seite an Seite mit ihnen gekämpft.

Legenden wie diese spiegeln einen weitverbreiteten Glauben an das Eingreifen übernatürlicher Mächte in Kriegszeiten und das Vertrauen auf die eigene moralische Überlegenheit gegenüber dem Feind.

From the painting by W. H. Margetson

"THE ANGELS OF MONS."

Deutsche Kriegsgräuel in Belgien

23. August 1914   Die Gemeinde Dinant wird Schauplatz eines der abscheulichsten Massaker, die deutsche Soldaten an der Westfront verübten. 674 Zivilisten werden erschossen, darunter viele Frauen, Kinder und Greise. »Ich sah genau, wie die Soldaten ihre Gewehre luden, sich vor uns aufstellten und anlegten; instinktiv warf ich mich zu Boden. Kaum lag ich, als ich eine erneute Salve hörte, diesmal viel heftiger als die erste. Die Menge brach in furchtbaren Lärm aus, als hundert Kehlen einen Schmerzensschrei ausstießen. Von Sekunde zu Sekunde fühlte ich, wie die Toten immer schwerer auf mir lasteten. Als kein Zivilist mehr aufrecht stand, hörten die Deutschen auf zu schießen«, so der Augenzeuge Félix Bourdon, der das Massaker überlebte.

■ Das Städtchen Dinant in der belgischen Provinz Namur liegt zwischen steilen Felswänden an der Maas und bietet sich als ideale Stelle für die Flussüberquerung an. Seit dem 4. August sind deutsche Truppen auf dem Vormarsch zum strategischen Knotenpunkt Lüttich, das durch einen imposanten Festungsring geschützt ist. Die hartnäckige Verteidigung der Stadt überrascht die Deutschen wie die Alliierten und wird zum Symbol für den erbitterten Widerstand der Belgier gegen die Eindringlinge. Ab dem 15. August fallen jedoch die letzten der zwölf Forts unter den Kanonenkugeln der »Dicken Bertha«. Das belgische Heer zieht sich nach Namur und an die Gete zurück. Bereits am 15. August versuchen deutsche Soldaten, die Maas-Brücke in Dinant zu erobern, werden jedoch von französischen Truppen abgewehrt. Der Lärm des ersten Artilleriegefechts, ohrenbetäubend verstärkt von den umgebenden Felsen, treibt die Zivilbevölkerung in

ihre Keller. Als gegen Abend klar wird, dass die Franzosen die Oberhand behalten, machen die Belgier aus ihrer Freude kein Hehl, was den Deutschen oben auf den Felsen nicht entgeht. Drei Tage später erhält die 3. Armee unter General von Hausen den Marschbefehl ins Zentrum der Provinz Namur. Dort trifft sie auf die zahlenmäßig weit unterlegene 5. französische Armee. In Dinant steht derweil ein einziges Regiment einem kompletten deutschen Armeekorps gegenüber. Am 21. August brechen erste Deutsche trotz heftigen Widerstands in die Stadt ein, schießen in die Fenster, schlagen mit der Axt Türen ein und werfen Brandbomben in die Häuser. Mehrere Menschen kommen in den Flammen um. Diese ersten Übergriffe auf die Bewohner von Dinant rechtfertigen die Deutschen als statthafte Repressalien gegen »Franktireurs«, denn die Soldaten glauben fest an Partisanen, die von der Zivilbevölkerung gedeckt werden. Viel wahrscheinlicher ist jedoch, dass die Schüsse von den Franzosen abgefeuert werden, die nach wie vor die Brücke verteidigen. Die verängstigte Bevölkerung versucht, am anderen Maas-Ufer hinter die französischen Stellungen zu flüchten, doch im Laufe des 22. August verbietet das Grand Quartier Général Zivilisten die Überquerung der Brücke. Zwei Drittel der Bevölkerung sind nun schutzlos den deutschen Angreifern ausgeliefert.

Am 23. August stürmen sie die Stadt und richten unter den Einwohnern ein Blutbad an. Systematisch durchkämmen sie Viertel für Viertel auf der Suche nach vermeintlichen Freischärlern. Die Aktion dient auch zur Einschüchterung der Belgier und ihres Nationalgefühls, dem die kompromisslose Haltung Alberts I. Auftrieb gegeben hatte.

Der Tag des Gemetzels

Das Blutvergießen an diesem düsteren Tag beginnt in der Abtei Leffe. Seit fünf Uhr morgens sind die Deutschen im Viertel unterwegs. In einer Sägemühle stöbern sie Einwohner auf, die dort Schutz gesucht haben, und töten die Männer. Den ganzen Tag über durchkämmen die Soldaten Haus für Haus und töten an Ort und Stelle alle Männer. Frauen und Kinder werden in die Abtei getrieben. Sobald französisches Geschützfeuer ertönt, machen die Deutschen noch exzessiver Jagd auf Zivilisten. Am späten Vormittag erschießen sie im Hof der Abtei eine Gruppe Männer. Während des ganzen Tages müssen Zivilisten, die sie als Franktireurs bezichtigen, vor den Leichenberg treten, bevor sie dasselbe Schicksal erleiden. In einer Tuchfabrik versteckte Zivilisten werden entdeckt und verschleppt, die Gebäude in Brand gesetzt. Wer sich ergibt, wird standrechtlich erschossen, die übrigen treibt man zur Abtei. Nachmittags errichteten die Deutschen überall in der Stadt Barrikaden und benutzten Zivilisten als menschliche Schutzschilde, im Stadtzentrum etwa bei der Überquerung der Place d'Armes, die unter französischem Beschuss steht. Rund hundert Einwohner müssen sich an einer Gartenmauer gegenüber dem Haus des Staatsanwalts Tschoffen aufstellen, und obwohl die Deutschen ganz genau wissen, dass unter ihnen nur wenige oder gar keine Heckenschützen sind, erschießen sie die ganze Reihe. Der Befehlshaber des Exekutionskommandos bestätigt, sein Vorgesetzter habe »beschlossen, ein Exempel zu statuieren, und mir befohlen, möglichst viele Männer in waffenfähigem Alter zu töten. Ein Teil der Männer wurde im Gefängnis erledigt, ein anderer Teil in einer Gruppe. Ich nehme an, dass es sich um die Männer handelte, die auf uns geschossen oder sich sonstwie feindselig gegenüber unseren Truppen verhalten hatten.« Je länger die Deutschen den ganzen Tag über von der französischen Artillerie jenseits der Maas beschossen werden, desto brutaler rächen sie sich an der Zivilbevöl-

kerung. Am Spätnachmittag können die Franzosen die Stellung nicht mehr halten und sprengen die Brücke in die Luft. Wenige Stunden später ziehen sie sich in Richtung Grenze zurück.

An diesem einen Tag büßt Dinant ein Zehntel seiner Bevölkerung ein. Am Tag darauf sieht man dort apokalyptische Szenen: Soldaten machen weiter Jagd auf Zivilisten, sie plündern ihre Häuser und stecken sie dann in Brand. Tagelang brennen private und öffentliche Gebäude, in der Sommerhitze ist die Luft erfüllt von unerträglichem Gestank. Bis November werden rund 400 Bürger unter unsäglichen Bedingungen nach Deutschland verschleppt.

Panische Angst vor »Franktireurs«

Das Martyrium von Dinant ist bis heute Sinnbild für die Ausschreitungen gegen Zivilisten in Belgien und Nordfrankreich durch deutsche Truppen von August bis Oktober 1914. In Andenne erschießen sie am 20. August rund hundert Zivilisten; zwei Tage später unterrichtet das deutsche Oberkommando die Lütticher Bürger auf Plakaten über das Geschehen. In Tamines nehmen deutsche Soldaten am 21. August die Hälfte der Bevölkerung als Geiseln; am folgenden Tag sondern sie die Männer von den Frauen und Kindern ab und richten fast 400 von ihnen auf der Place Saint-Martin kaltblütig hin. In Löwen (Louvain) lösen betrunkene Landser am 25. August mit einer Schießerei in den eigenen Reihen Tumulte aus. Die Stadt wird geplündert, die berühmte Bibliothek niedergebrannt. Rund 200 Bürger kommen ums Leben. Erst als sich die Fronten stabilisieren, hören die Massaker an Zivilisten auf, doch die Zahlen sprechen da bereits für sich: Nicht weniger als 6500 Menschen sind ihnen zum Opfer gefallen.

Oben

Der Krieg von 1870 hinterließ bei den deutschen Soldaten die zwanghafte Angst vor »Franktireurs« – bewaffneten Freischärlern, denen sie schlimmste Gewalttaten mit Unterstützung der Zivilbevölkerung unterstellten. Das Foto zeigt acht Bauern, die in Südbelgien gefangen genommen und von einem deutschen Kriegsgericht zum Tode verurteilt wurden. In den ersten Kriegswochen kam es gehäuft zu standrechtlichen Erschießungen.

Anders als von den deutschen Soldaten geargwöhnt, gibt es gar keinen »Volkskrieg«, und anders als von den Alliierten behauptet, sind die Ausschreitungen gegenüber Zivilisten nicht von vornherein geplant. Der unerwartete Widerstand der kleinen belgischen Armee in Lüttich ist für die Deutschen ein Schock und schürt ihre panische Angst, Heckenschützen ausgeliefert zu sein. Die strategische Einkreisung Frankreichs gemäß Schlieffen-Plan basiert auf dem schnellen Vorstoß durch belgisches Gebiet. Die meist jungen deutschen Soldaten werden nicht geschont: Erschöpft von den Gewaltmärschen in glühender Hitze, sind viele zum ersten Mal mit der brutalen Realität von Kampfhandlungen konfrontiert und müssen mit ansehen, wie moderne Feuerwaffen Menschen in Stücke reißen. Die letzte Etappe des Schlieffen-Plans bilden konventionelle Schlachten gegen französische Truppen, doch die belgische Strategie der Störmanöver und »Nadelstiche« weckt bei den Deutschen gleichermaßen Angst und Frustration, aber auch Verachtung für die »Feiglinge«, die hartnäckig jede direkte Konfrontation scheuen, und Rachegelüste. Als die erwarteten Schlachten im September und Oktober an Marne und Yser endlich stattfinden, verblasst die Angst vor Franktireurs, und das Blutvergießen endet.

Die ersten Gerüchte über Freischärler kursieren schon am 4. August 1914 und werden von der deutschen Presse ab 9. August verbreitet. Sie erklären so gut wie alle eigentlich nicht nachvollziehbaren Geschehnisse. Der Heckenschütze ist das genaue Gegenteil vom Selbstbild, das deutsche Soldaten von sich hegen. Er ist feige und unsichtbar, ein getarnter, skrupelloser Betrüger und somit ein Verbrecher. Ein deutscher Soldat vermerkt am 19. August in seinem Notizbuch: »Unsere berittenen Patrouillen, so hört man, werden in den Dörfern ständig angepöbelt. Mehrere arme Kerle sind schon umgekommen. Eine Schande! Eine ehrliche Kugel im ehrlichen Kampf, ja! So vergießt man sein Blut für das Vaterland. Aber aus dem Hinterhalt abgeknallt zu werden, vom Fenster eines Wohnhauses aus, wo das Trommelgewehr hinter einem Blumentopf verborgen bleibt – nein, das ist kein würdiger Tod für einen Soldaten!« Jeder Mann in wehrfähigem Alter gilt als potentieller Heckenschütze. Tatsächlich aber gehen viele Männer auf den Feldern oder in den Fabriken weiter ihrer Arbeit nach, da die Einberufung in Belgien noch nicht abgeschlossen ist. Zudem ist diese Vorstellung gekoppelt mit der völlig falschen Annahme, die belgische Regierung und ihr König hätten einen kollektiven Widerstand auf die Beine gestellt. Die Opfer der Massaker werden in der Fantasie der deutschen Soldaten zu gefährlichen Raubtieren, die ihnen im Feindesland aufgelauert haben. Dass solche Gerüchte praktisch überall an der Front zeitgleich auftauchen, lässt erkennen, dass diese fixe Idee längst vorhanden war und beim Einmarsch reaktiviert wurde. Ursache sind u. a. die Erfahrungen von 1870, insbesondere die von der französischen Übergangsregierung angeordnete Massenaushebung *(levée en masse)*. Die Offiziere hassen die Franktireurs als Verräter und Mörder, weil sie die unter Berufssoldaten geltenden militärischen Spielregeln missachten. Die Soldaten selbst erwarten vom ersten Augenblick der Invasion an, im Feindgebiet ins Visier von Heckenschützen zu geraten.

Oben
Gedenkteller der Königlich-Sächsischen Porzellan-Manufaktur Meißen, der 1914 an die Einnahme von Antwerpen erinnerte. Die Kapitulation der Stadt am 10. Oktober 1914 nach zwölftägiger Belagerung bedeutete das Ende des belgischen Widerstands gegen die Invasion.

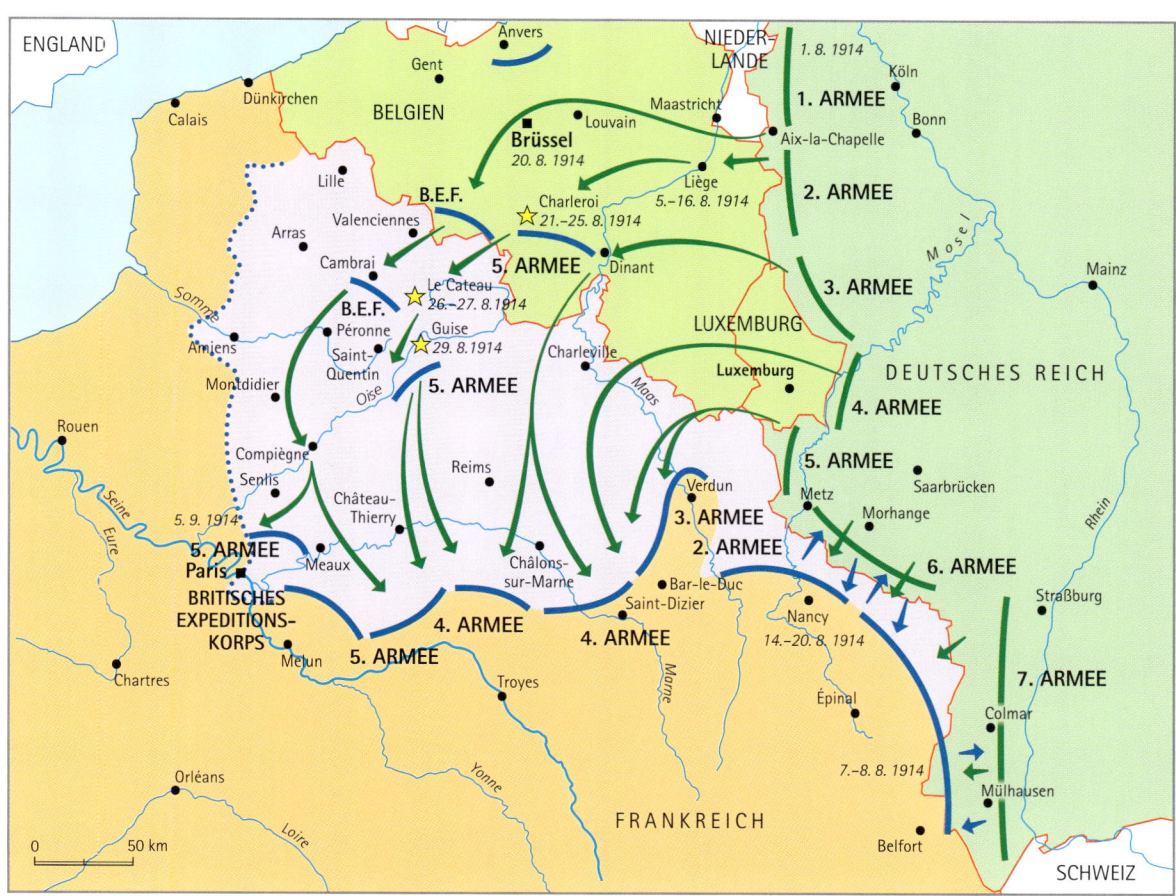

Oben und links

Schon am 7. August starten
die Franzosen eine Offensive
in Elsass-Lothringen, doch der
Grenzkrieg scheitert. Wenige
Wochen später marschieren
deutsche Truppen nach dem
Durchmarsch durch Belgien
in französisches Territorium
ein. Schon vor ihrer Ankunft
erzählt man sich von furchtbaren Untaten und Hinrichtungen unter der Zivilbevölkerung. Oben: Einmarsch in
Amiens am 31. August; links:
Verlauf der Westfront vom
7. August bis 9. September
1914.

 Deutsche Angriffe

―――― Alliierten-Linie

∙∙∙∙∙∙∙ Weitester deutscher Vorstoß
(5. September 1914)

⭐ Schlacht

Deutsche Kriegsgräuel in Belgien – 23. August 1914   **51**

Die »Gräueltaten« der Deutschen in der Propaganda

Die Alliierten nehmen die Ausschreitungen als Gräueltaten wahr, für die sie das gesamte deutsche Heer, sogar die ganze Nation verantwortlich machen. Flüchtlinge, die in panischer Angst vor den Invasoren aus ihrer Heimat in Belgien und Nordfrankreich fliehen, und Verwundete auf Heimaturlaub bringen grausige Geschichten mit, die unverzüglich von Presseberichten, Illustrationen und Plakaten weitergegeben werden. Manche davon lassen den Versuch erkennen, die entsetzlichen Erlebnisse zu ordnen und irgendwie nachvollziehbar zu machen. Sie bestätigen, dass die Deutschen französische oder belgische Soldaten mit Heckenschützen verwechselt oder sogar aufeinander geschossen haben – ein Missverständnis also. Die Presse veröffentlicht zudem zahllose Horrorgeschichten über Verstümmelungen, von abgehackten Kinderhänden bis zu gekreuzigten Priestern. Auch wenn kein Beweis vorliegt, dass sie tatsächlich stattfanden, spiegeln sie das durchlittene Grauen sowie das Gefühl, ohnmächtig der Gewalt ausgeliefert zu sein und die traditionelle Rolle des Mannes als Beschützer nicht ausfüllen zu können, aber auch den steigenden Wert des Kindes in der damaligen Gesellschaft. Die Presse bringt solche Schauergeschichten, die sich ja von realen Begebenheiten ableiten, nicht als absichtlich falsche Propaganda, sondern quasi als Gleichnisse für die dahinterstehende Angst und moralische Entrüstung. Ebenso wie die Legende von den Franktireurs ermöglichten es auch die Horrormeldungen über deutsche Gräueltaten den Menschen, die bei der Invasion gemachten Erfahrungen zu verarbeiten. Im Gegensatz zum Märchen von den Freischärlern hatten allerdings die Gräuel einen allzu wahren Kern.

Die unterschiedlichen Sehweisen werden immer rabiater und unversöhnlicher in einem beeindruckenden Papierkrieg vertreten. Alle betroffenen Staaten entsenden Untersuchungskommissionen, die vor Ort offizielle Berichte erstellen. Auf ein deutsches Weißbuch von 1915, das die angebliche Bedrohung durch Franktireurs bestätigt, antwortet die belgische Regierung 1916 mit einem Graubuch, nachdem Frankreich bereits einen aufsehenerregenden ersten Bericht veröffentlicht hat. International den größten Widerhall findet zweifellos der Bericht der britischen Bryce-Kommission. Obwohl Deutschland den Propagandakrieg verliert, schwelt der Streit auch in der ganzen Zwischenkriegszeit weiter. Als Mitte der 1920er-Jahre eingeräumt wird, dass die alliierte Propaganda zum Teil mit Übertreibungen arbeitete, bezweifeln manche sogar, dass im August 1914 überhaupt Gräuel gegen Zivilisten stattfanden. Angesichts dieser skeptischen Haltung im Ausland beanspruchen die betroffenen Orte in Belgien umso vehementer ihren Status als »Märtyrerstädte«, der im kollektiven Gedächtnis ihrer Einwohner tief und oft sehr dauerhaft verankert ist. Erst 2001 darf die deutsche Fahne wieder neben den übrigen europäischen Flaggen auf der Brücke von Dinant wehen.

Unten
Propaganda mit Darstellungen deutscher Kriegsgräuel. Die Klötzchen des Legespiels zeigen ein Kind, das die Deutschen erschossen haben, »weil es ein Holzgewehr besaß«.

Tannenberg

26. – 30. August 1914 In der berühmten Schlacht nahe dem ostpreußischen Tannenberg an der Ostfront prallen das deutsche Kaiserreich und das zaristische Russland aufeinander. Seit der Weigerung Deutschlands 1890, den Bündnisvertrag mit dem Zarenreich zu verlängern, hatte sich das Verhältnis zwischen beiden Staaten stetig verschlechtert. Im Kaiserreich ist man sich nun gewiss, im nächsten Krieg würden russische Truppen wie eine Dampfwalze bis nach Berlin vorrücken. Als der Krieg tatsächlich ausbricht, sind die deutschen Ostgebiete akut bedroht, und damit die Rittergüter der Junker, die als Offiziere die preußische Militärtradition in der deutschen Armee hochhalten. Die Bevölkerung Ostpreußens flüchtet im Sommer 1914 aus dem Grenzgebiet ins Deutsche Reich. Der allgegenwärtige Aufschrei »Die Kosaken kommen!« spiegelt die panische Angst vor der gnadenlosen russischen Reiterei.

■ Zur Verteidigung Ostpreußens steht lediglich die 8. Armee mit 135 000 Mann unter dem Kommando von General Max von Prittwitz und Gaffron bereit. Gemäß Schlieffen-Plan sollte zunächst die Westfront eröffnet und dort der Hauptteil der Truppen konzentriert werden, bevor ein Angriff an der Ostfront folgen sollte. Um jedoch ihrem Verbündeten Frankreich zu Hilfe zu kommen, machten die Russen schneller als erwartet mobil und marschierten am 12. und 13. August 1914 mit zwei Armeen in Deutschland ein: vom russischen Litauen aus die 1. Armee unter General Paul von Rennenkampf und von Polen aus die 2. Armee unter General Alexander Samsonow, mit insgesamt 650 000 Mann den deutschen Einheiten zahlenmäßig weit überlegen. Am 20. August siegt die 1. Armee in der Schlacht bei Gumbinnen. Am Abend befiehlt von Prittwitz

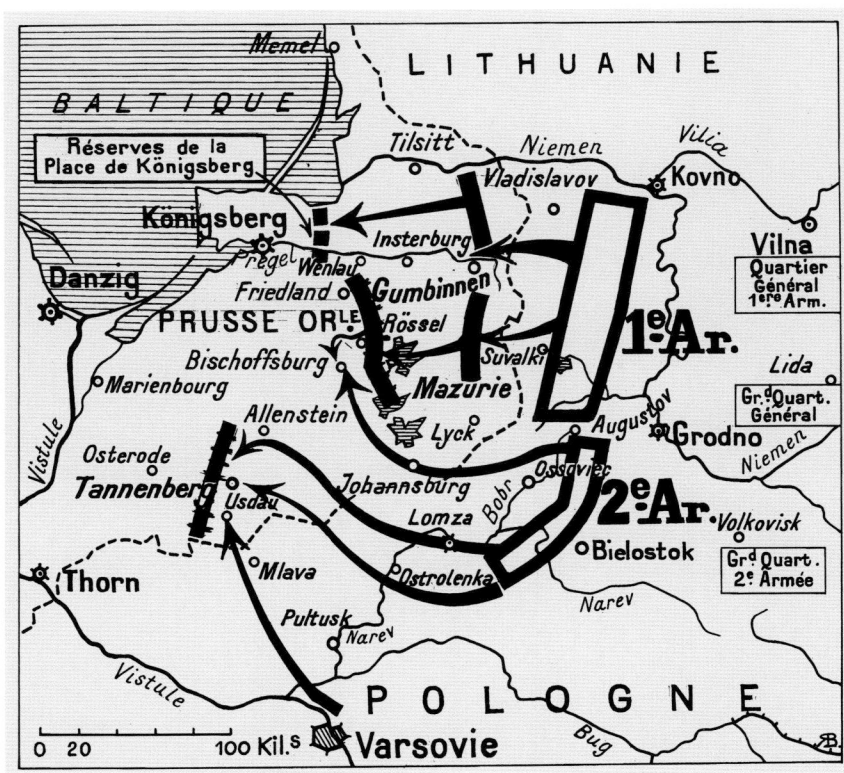

Vorangehende Seite und rechts Paul von Hindenburg, seit 21. August Oberbefehlshaber der 8. Armee, und sein Stabschef Erich Ludendorff beobachten den Verlauf der Schlacht in der Nähe von Allenstein. Nach der Schlacht bei Gumbinnen ist die Lage höchst besorgniserregend, doch trotz ihrer zahlenmäßigen Unterlegenheit ergreifen die Deutschen die Initiative. Gegenüber der 1. russischen Armee lassen sie lediglich die Königsberger Landwehr und eine Kavalleriedivision zurück. Schon am 27. August zeichnen sich erste Erfolge ab: Sie kreisen beide Flügel von Samsonows 2. Armee ein und schneiden ihnen den Rückweg ab. Daraufhin kann die 8. Armee erneut gegen von Rennenkampfs Armee antreten.

seinen Truppen, sich an die Weichsel zurückzuziehen, änderte dann jedoch den Plan. Als der Generalstab von seinem Rückzieher erfährt, beschließt General von Moltke als sein Vorgesetzter, von Prittwitz durch General Paul von Hindenburg abzulösen, den er mit 67 Jahren aus dem Ruhestand holen lässt. Erich Ludendorff wird sein Stabschef.

»Im Osten aber tränkt das Blut der von russischen Horden hingeschlachteten Frauen und Kinder die Erde [...]«

Die Eroberung und Besetzung Ostpreußens sind in dieser Kriegsphase eine Besonderheit insofern, als bis Kriegsende kein anderes deutsches Gebiet Vergleichbares erlebt. Erfundene und tatsächliche Gräueltaten wie Brandstiftung, Hinrichtungen, Vergewaltigungen, Plünderungen und Verschleppungen versetzen die Bevölkerung in Angst und Schrecken, es kommt zu einer überstürzten Massenflucht. Spätere deutsche Untersuchungen zeichnen ein differenzierteres Bild: Zwar waren in der Tat vereinzelte Übergriffe nachweisbar, doch verhielten sich viele russische Einheiten diszipliniert und korrekt; immerhin töteten sie 1500 Zivilisten, verschleppten 13 600 nach Russland. 39 Städte und 1900 Dörfer wurden geschleift oder niedergebrannt. Fotos, Zeichnungen und Gemälde, die schon bald kursieren, zeigen die Verwüstungen in den ländlichen Gegenden, die Trostlosigkeit der Städte und die Flüchtlingstrecks. In ihrem berühmten *Aufruf an die Kulturwelt* erklären 93 deutsche Intellektuelle im Oktober 1914: »Im Osten aber tränkt das Blut der von russischen Horden hingeschlachteten Frauen und Kinder die Erde [...].«

Die traumatischen Erlebnisse der Invasion und Besetzung werden von der offiziellen deutschen Propaganda umgehend ausgeschlachtet. Sie dienen als Belege dafür, dass Deutschland den Krieg gar nicht wollte und sich lediglich gegen die von allen Seiten drohende Einkreisung zur Wehr setzt. Dieses entscheidende Argument untermauert den *Burgfrieden* innerhalb der deutschen Gesellschaft und schwört auch die seit Langem gegen das zaristische Terrorregime kämpfenden Sozialdemokraten auf die nationale Sache ein. Schon 1891 hatte August Bebel verlauten lassen, da von Russland »Terror und Barbarei [ausgehe] (...), [bedeute] ein Sieg Russlands die Niederlage der Sozialdemokratie«. Der Hass der Revolutionsbewegung auf das als »Gendarm Europas« wahrgenommene Zarentum wird 1914 wirkungsvoll aktiviert. In den Augen der Weltöffentlichkeit sind Schilderungen russischer Gräueltaten an der Ostfront bestens geeignet, um von den Berichten abzulenken, die Frankreich und Großbritannien über deutsche Gräueltaten in Belgien und Nordfrankreich verbreiten.

Eine gewagte deutsche Strategie

Zur Befreiung der besetzten Gebiete versucht der deutsche Schlachtplan, die zahlenmäßige Unterlegenheit durch Wendigkeit wettzumachen. Die beiden russischen Armeen, die diesseits und jenseits der Masurischen Seen stehen, sollen nacheinander angegriffen werden. Die deutschen Truppen sollen sich vor der langsam von Nordosten aus anrückenden 1. russischen Armee zurückziehen, mit Hilfe der Eisenbahnverbindung schnell sammeln und die 2. russische Armee

Oben
Trotz ihrer zahlenmäßigen Überlegenheit unterlag die sechs Millionen Mann starke russische Armee den deutschen Truppen aufgrund unzureichender Ausbildung, schlechter Ausrüstung (es waren nicht genügend Gewehre für alle Soldaten vorhanden, die schwere Artillerie fehlte ganz) und nicht zuletzt der Fehleinschätzungen ihrer Befehlshaber. Das Foto von der russischen Front (1914) zeigt Artilleristen beim Durchqueren einer Furt.

attackieren, die sich von Süden her nähert. Die Generäle gehen dabei bewusst das Risiko ein, bei der Zusammenziehung sämtlicher Kräfte gegen die eine Armee ihre Truppen der anderen schutzlos auszuliefern. Allerdings senden die Russen ihre Funksprüche gewöhnlich unverschlüsselt – nicht aus Unfähigkeit, sondern um sicherzustellen, dass sie klar und exakt ankommen. Sie abzufangen, ist für deutsche Funker ein Kinderspiel. So erhalten sie wertvolle Informationen über die russischen Truppenbewegungen.

In den letzten Augusttagen 1914 stimmen sich die beiden Invasionsarmeen so gut wie gar nicht miteinander ab. Samsonows Männer rücken weiter vor und erobern die wichtige Stadt Allenstein. Kurz darauf wird den Russen klar, dass deutsche Truppen aus drei Richtungen auf sie zumarschieren. Im Süden beginnt der Angriff am 26. August 1914. Als Samsonow zum Rückzug bläst, ist es schon zu spät. Die gewaltige Schlacht, bei der Samsonows Armee am 31. August eingekesselt wird, endet auf russischer Seite mit 50 000 Gefallenen oder Verwundeten und über 90 000 Gefangenen. General Samsonow selbst erschießt sich im Wald. Die einprägsamen Propagandabilder der Schlachten im Osten zeigen endlose Reihen russischer Kriegsgefangener auf dem Marsch zu den Lagern. Von denen, die flüchten können, ertrinken angeblich viele in den ostpreußischen Seen und Sümpfen. Die Genugtuung, mit der solche Schauergeschichten verbreitet werden, spiegelt den rapiden Wertverfall des menschlichen Lebens im Zuge des totalen Kriegs.

Nach dem Triumph über Samsonows Armee marschieren die Deutschen nach Nordosten und treffen dort auf die 1. Armee. In der Schlacht an den Masurischen Seen vom 6. bis 15. September 1914 entscheidet sich General Rennenkampf für den Rückzug, um nicht dasselbe Schicksal zu erleiden wie Samsonows Truppen – Ostpreußen ist gerettet, rund 125 000 weitere Russen kommen in Kriegsgefangenschaft. Im folgenden Herbst und Winter jedoch hat der Sieg von Tannenberg ein Nachspiel. Während die deutschen Truppen im Oktober 1914 im Süden das russische Polen angreifen, rücken die Russen weiter vor und besetzen Ostpreußen erneut. Wieder flüchten die Bewohner zu Tausenden. Erst nach der »Winterschlacht« in Masuren vom 7. bis 21. Februar 1915 ziehen die Russen endgültig aus Ostpreußen ab.

Hindenburg, der »Retter Ostpreußens«

Der deutsche Sieg gewinnt im Handumdrehen Kultstatus. Die Mythenbildung beginnt mit dem Offensichtlichsten: dem Namen der Schlacht. Die Depesche, die den Sieg in der Heimat meldet, wählt bewusst nicht den eigentlich korrekten, aber unpoetischen Ortsnamen Frögenau, sondern den des nahe gelegenen Dorfes Tannenberg. Zufällig hatte nämlich 1410 ausgerechnet dort die Litauisch-Polnische Union den deutschen Ritterorden geschlagen und seine weitere Expansion in Osteuropa verhindert. Die Wahl Tannenbergs soll Assoziationen an den säkularen Kampf zwischen Germanen und Slawen wecken. Ludendorff macht sich bedenkenlos zu seinem Vorreiter.

Die Nachricht vom Sieg bei Tannenberg erfolgt obendrein zu einem günstigen Zeitpunkt. Den Deutschen wird allmählich klar, dass ihnen der entscheidende Sieg an der Westfront nicht gelungen ist. Als »Retter von Ostpreußen« wird Hindenburg deshalb in einer zunächst spontanen, zunehmend aber gezielten Propagandawelle zum Kriegshelden hochstilisiert. Am 4. September 1915 lässt man in der Nähe des Berliner Reichstags von 97 Bildhauern einen 13 Meter hohen Wehrmann aus Holz und Eisen errichten. In diesen monumentalen »Eisernen Hindenburg« dürfen dankbare Bürger gegen eine Gebühr Nägel aus verschiedenen Metallen einschlagen; der

Oben und rechts

Der deutsche Sieg bei
Tannenberg wird im
Handumdrehen zum Mythos.
Die Propagandamaschinerie
verwertet ihn vor allem mit
Bildern Tausender russischer
Kriegsgefangener, die nach
der Schlacht abgeführt
werden (oben das Gefängnis
in Augustowo, in dem ab
August 1914 15000 der
150000 russischen Gefange-
nen untergebracht wurden).
Rechts eine Schokoladendose,
wie sie die Firma Hartwig und
Vogel in deutschen Groß-
städten an jeder Ecke in
Automaten vertrieb. Auf dem
Blechdeckel sieht man die
Untaten der Kosaken in
Ostpreußen (Brandstiftung,

Mord, Misshandlung von
Frauen und Kindern) neben
dem berühmten Konterfei von
General Ludendorff, der in der
Schlacht bei Tannenberg eine
wichtige Rolle spielte. Neben
dem im Volk beliebteren
Hindenburg überschritt der
»Erste Generalquartiermeister«
(der Titel wurde eigens für ihn
geschaffen) oft die Befugnisse, die die Verfassung des
Kaiserreichs dem Militär
zugestand. Alltägliche
Konsumartikel wie dieser
machen deutlich, dass die
Gesellschaft die Schlüssel-
bilder der Kriegskultur
unabhängig vom direkten
Einfluss des Staates selbst
prägt.

Erlös kommt den Kriegsanstrengungen zugute. Die mit Nägeln übersäte Statue wird auf diese Weise zum ostentativen Symbol des nationalen Zusammenhalts. Hindenburgs Konterfei ziert alle erdenklichen Souvenirs von Postkarten bis zu Plakaten. Eine Stadt, ein Panzerkreuzer und unzählige Großstadtstraßen und -plätze werden nach ihm benannt. In Ostpreußen preist ein protestantischer Pastor die Schlacht bei Tannenberg als »Gottesurteil« gegen die russischen Invasoren. Auf politischer Ebene hat der volkstümliche Heldenkult erhebliche Konsequenzen. Während Kaiser Wilhelm II. die Steuerung des Kriegsgeschehens immer mehr entgleitet, errichten Hindenburg und sein energischer Mitstreiter Ludendorff nach der Übernahme der Obersten Heeresleitung im August 1916 de facto in Deutschland eine Militärdiktatur.

Ein hartnäckiger Kriegsmythos

Paradoxerweise erschütterte nicht einmal der Zusammenbruch Deutschlands 1918 Hindenburgs Status als Volksheld, sondern verstärkte ihn sogar noch: In der Zwischenkriegszeit wird der General für die verunsicherten Deutschen zu einer Art Ersatzkaiser, der dem Volk allerdings in letzter Konsequenz einen Bärendienst erweist. 1919 nährt er mit seiner Stellungnahme vor dem parlamentarischen Untersuchungsausschuss die »Dolchstoßlegende«, Deutschland habe den Krieg nicht auf dem Schlachtfeld verloren; vielmehr hätten subversive Elemente den Zusammenhalt des Kaiserreichs von innen her zermürbt und seinen Niedergang bedingt. In den Augen vieler Deutscher untergrub Hindenburg damit die Legitimität der Weimarer Republik. Als er 1925 mit 77 Jahren zu ihrem Präsidenten gewählt wurde, fand sich zumindest ein Teil seiner Bewunderer mit der Demokratie ab. Durch sein unheilvolles Vermächtnis – die Ernennung Adolf Hitlers 1933 zum Reichskanzler – ebnete er jedoch dem Nationalsozialismus mit all seinen Konsequenzen den Weg. Nach Hindenburgs Tod 1934 wurde der Mythos Tannenberg auch von den neuen deutschen Machthabern weiter ausgeschlachtet. Die Gedenkfeiern zu diesem Sieg gerieten zwischen den Weltkriegen zu nationalistischen Kundgebungen gegen den verabscheuten Versailler Vertrag. 1927 entstand mit Hilfe von Spenden auf dem einstigen Schlachtfeld das monumentale Tannenbergdenkmal, das bewusst provokativ als Verherrlichung des Pangermanismus im Osten konzipiert war. Es diente als eine Art rassischer Vorposten in umlagertem Gebiet, dem Polnischen Korridor zwischen Ostpreußen und dem übrigen deutschen Staatsgebiet. Hindenburg selbst wurde im Gruftturm des Denkmals beigesetzt.

Der Nimbus der Schlacht bei Tannenberg als einziger grandioser Sieg Deutschlands im Ersten Weltkrieg hatte weitreichende Folgen. Auf die russischen Truppen wirkt die Niederlage gegen die zahlenmäßig unterlegenen Deutschen demoralisierend. Das Gefühl der Unterlegenheit verfolgt die russische Militärführung den gesamten Krieg über. Allein in Ostpreußen büßt Russland ab Beginn der Offensive eine Viertelmillion Frontsoldaten ein. Alexander Solschenizyns Roman *August Vierzehn* schildert sehr anschaulich den tragischen Ablauf der Geschehnisse. Auf deutscher Seite weckt der Triumph die fatale Hoffnung auf weitere bahnbrechende Siege, die sich jedoch nie erfüllt. Anstatt an der Westfront, wie vom Schlieffen-Plan angestrebt, stellt sich der Erfolg unversehens an der Ostfront ein, bringt jedoch keinen entscheidenden Fortschritt gegenüber Russland. Der Krieg gegen das Zarenreich geht trotz Tannenberg bis zum Zusammenbruch des Kaiserreichs weiter.

Oben

Kriegsweihnacht: Patriotische Christbaumkugeln schmücken die Tannenbäume vieler deutscher Familien. Hindenburg als »Held von Tannenberg« ist eines der beliebtesten Motive, das merken die Hersteller schnell. Nach Ansicht des Historikers George Mosse spiegelt der Vertrieb solcher Massenwaren den »Prozess der Trivialisierung« des Kriegserlebnisses, der den Mythos bewahrt, das Grauen der Realität jedoch ausklammert. Zugleich machen diese Waren deutlich, wie massiv die Zivilbevölkerung in den Krieg einbezogen war.

Das »Wunder an der Marne«

9. September 1914 »Soldaten! Nun da die Schlacht beginnt, von der das Schicksal unseres Landes abhängt, mahne ich alle, dass niemand mehr zurückblicken darf. Jede Anstrengung muss unternommen werden, um den Feind anzugreifen oder zurückzuwerfen. Kann eine Einheit nicht weiter vorrücken, muss sie das eingenommene Gelände halten, koste es was es wolle, und sich eher an Ort und Stelle töten lassen als weiter zurückzuweichen. Unter den derzeitigen Umständen kann keinerlei Schwäche mehr toleriert werden.« Nur wenige Soldaten kannten den heute berühmten Tagesbefehl von Generalstabschef Joffre, mit dem er seine Truppen in die Schlacht an der Marne schickte. Mit ihrem Sieg wendeten die Franzosen die drohende Besetzung ihres Landes ab.

■ Im August 1914 glauben die beteiligten Parteien zuversichtlich an einen kurzen Krieg, denn eine lange Auseinandersetzung zwischen Massenarmeen überwiegend aus Zivilisten in Uniform kann sich niemand vorstellen. Kern der Kriegspläne ist ein schneller Gewaltstreich, der in sechs Wochen zum Sieg führt – so jedenfalls der Plan des deutschen Generalstabs. Seit dem Bündnis zwischen Frankreich und Russland 1894 steht er vor dem Dilemma eines Zweifrontenkriegs. Als strategische Lösung entwarf Alfred von Schlieffen, von 1891 bis 1906 Chef des Generalstabs, eine überfallartige Invasion in Frankreich mit anschließender Offensive gegen Russland. Ein großes Truppenaufgebot sollte Belgien durchqueren, um die französische Armee in die Zange zu nehmen und zu vernichten. Sein Nachfolger Helmuth von Moltke behält die Zielsetzung bei, stärkt jedoch den linken Flügel, um einer absehbaren Gegenoffensive in Elsass-Lothringen zuvorzukommen. Allerdings bedenkt er dabei nicht die diplomatischen und strategischen Verschiebungen, die seit der letzten Aktualisierung des Schlieffen-Plans 1905 stattgefunden

Wir mög'n a mit nach Paris!

haben. Die 1912 von Frankreich mit Großbritannien und Russland geschlossenen Militärbündnisse machen die Situation für das Kaiserreich weitaus komplizierter, zumal die Modernisierung des Schienennetzes die Mobilmachung im Zarenreich erheblich beschleunigt. Auch die Folgen einer Verletzung der belgischen Neutralität unterschätzen die Deutschen.

Die Grenzschlachten

Am 2. August 1914 marschieren deutsche Truppen in Luxemburg und Belgien ein. Ludendorff gelingt es, die Zitadelle von Lüttich zu erobern, doch leistet die belgische Armee unerwartet Widerstand. Die letzten Festungsgarnisonen ergeben sich erst nach 13 Tagen. Zeitgleich greifen die Franzosen im Elsass an, bevor die deutschen Truppenverschiebungen abgeschlossen sind. Am 8. August marschieren Soldaten des 7. französischen Korps in Mülhausen ein, müssen jedoch schon am nächsten Tag vor dem deutschen Gegenangriff zurückweichen. Die Episode hat einen hohen Symbolwert und nährt beim begeisterten Volk die Illusion, der Krieg werde wie vorgesehen kurz sein.

In Wahrheit steht der Grenzkrieg für die Alliierten gar nicht gut. Entsprechend der französischen Planung, *plan XVII* genannt, startet am 14. August in Lothringen und im Elsass die Gegenoffensive der 1. und 2. Armee. In Saint-Blaise erbeutet ein Jägerbataillon eine deutsche Fahne und schickt sie unverzüglich an Joffre. Am 18. August wird Saarburg besetzt, doch den 20 französischen Divisionen stehen 24 deutsche der 6. und 7. Armee gegenüber, die ab 20. August zum Gegenangriff übergehen. Das 20. Armeekorps unter General Foch erreicht zwar Morhange, doch die 2. Armee muss über die Meurthe zurückweichen. Am 23. August zieht sich die 1. Armee auf die Hügel von Le Grand Couronné bei Nancy zurück. Zwischen dem 20. und 23. August fallen 40 000 französische Soldaten, davon allein am 22. August 27 000.

Am 21. und 22. August stößt die französische 3. und 4. Armee in Richtung Ardennen und Südbelgien vor. Joffre unterschätzt die deutsche Truppenreserve und glaubt, das Aufgebot an den Flanken müsse auf Kosten des Zentrums gehen. Diese Fehleinschätzung hat fatale Folgen. In den Schlachten bei Virton und Arlon unterliegen die Franzosen; ab dem 24. August ziehen sie sich hinter die Maas zurück: Die Gegenoffensive im Zentrum ist gescheitert. Der neuralgische Punkt befindet sich nun im Norden.

Am Abend des 21. August kommt die 5. Armee in Berührung mit Einheiten der 2. deutschen Armee, die zwischen Namur und Charleroi die Sambre überqueren. Der Versuch, sie zurückzudrängen, fordert hohe Verluste, sodass noch in der Nacht auf den 23. August der Rückzug befohlen wird. Obwohl General Lanrezac es versäumt, das Kommando des Britischen Expeditionskorps am Canal du Centre bei Mons über diesen Schritt zu informieren, müssen die Briten der Truppenbewegung folgen; innerhalb von 13 Tagen legen sie geschlagene 320 Kilometer zurück.

GOUVERNEMENT MILITAIRE DE PARIS

Armée de Paris,
Habitants de Paris,

Les Membres du Gouvernement de la République ont quitté Paris pour donner une impulsion nouvelle à la défense nationale.

J'ai reçu le mandat de défendre Paris contre l'envahisseur.

Ce mandat, je le remplirai jusqu'au bout.

Paris, le 3 Septembre 1914

Le Gouverneur Militaire de Paris,
Commandant l'Armée de Paris,

GALLIÉNI

Paris — Imprimerie MARCEL PICARD, 140, rue du Faubourg Saint-Martin (Tél. 420.74 et 436.78)

Links und unten
Auf der Flucht vor den anrückenden deutschen Truppen schließen sich Einwohner aus Nordfrankreich und Belgien dem französischen Rückzug an und gelangen bis nach Paris (unten die Ankunft von Flüchtlingen im August 1914). Als die Hauptstadt selbst bedroht ist, holt Joffre General Gallieni aus dem Ruhestand zurück. Ihm gelingt es, die Stadt trotz begrenzter Mittel in den Verteidigungszustand zu versetzen. Soldaten und dienstverpflichtete Arbeiter verwandeln die Stadt mit Befestigungsanlagen (links an der Porte de Vincennes) in eine Art befestigtes Lager.

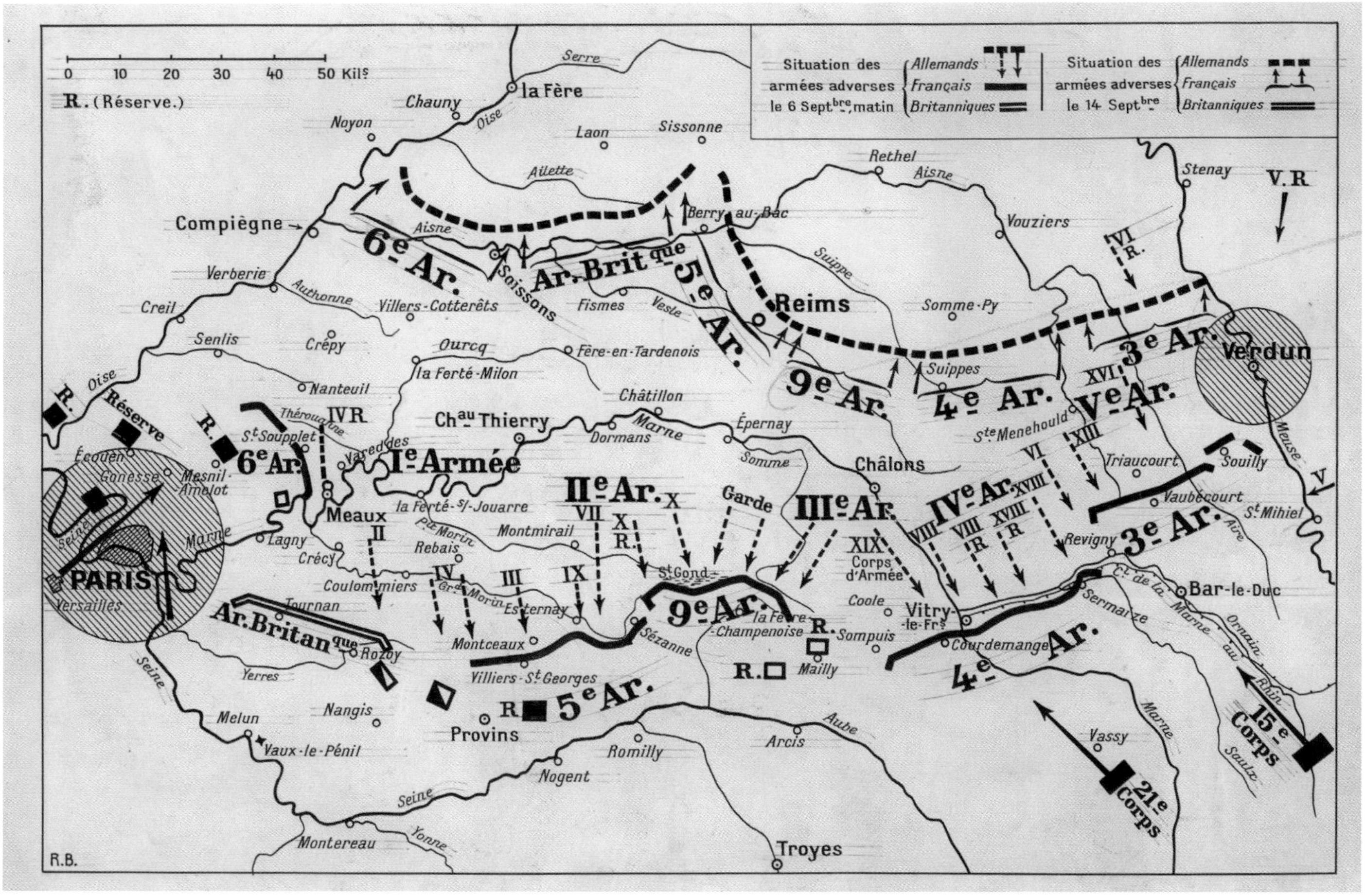

0 10 20 30 40 50 Kils
R. (Réserve.)
Situation des armées adverses le 6 Septbre matin
Allemands
Français
Britanniques
Situation des armées adverses le 14 Septbre
Allemands
Français
Britanniques
Serre
la Fère
Chauny
Oise
Noyon
Laon
Sissonne
Rethel
Aisne
Stenay
V.R.
Ailette
Compiègne
Berry au Bac
Vouziers
6e Ar.
Ar. Brit que
5e Ar.
Soissons
Verberie
Suippe
VI R.
Creil
Authonne
Villers-Cotterêts
Fismes
Vesle
Reims
Somme-Py
Senlis
Crépy
Ourcq
Fère-en-Tardenois
3e Ar.
Verdun
Nanteuil
la Ferté-Milon
Suippes
9e Ar.
4e Ar.
Ve Ar.
R.
Réserve
Thérouanne
IV R.
Châtillon
XVI
Chau Thierry
Marne
Épernay
Ste Menehould
XIII
Meuse
St Soupplet
Dormans
6e Ar.
Ier Armée
Somme
Châlons
Triaucourt
Souilly
Écouen
Gonesse
Mesnil-Amelot
VI
Meaux
IIe Ar.
X
Garde
IIIe Ar.
IVe Ar.
XVIII
Vaubecourt
St Mihiel
la Ferté-s/-Jouarre
VII
X R.
VIII
XVIII R
XVIII R
Lagny
Montmirail
XIX Corps d'Armée
Revigny
3e Ar.
Aire
II
Rebais
Crécy
IV
St Gond
Bar-le-Duc
PARIS
Coulommiers
III
IX
9e Ar.
Coole
Vitry-le-Fs
Sermaize
Ornain
Versailles
Tournan
Esternay
la Fère-Champenoise
R.
Sompuis
Ar. Britan que
Rozoy
Montceaux
Sézanne
Mailly
Courdemange
4e Ar.
Yerres
Villiers-St Georges
R.
Seine
Nangis
R
5e Ar.
15e Corps
Melun
Provins
Aube
Vassy
Vaux-le-Pénil
Romilly
Arcis
Nogent
21e Corps
Seine
Montereau
Yonne
Troyes
R.B.

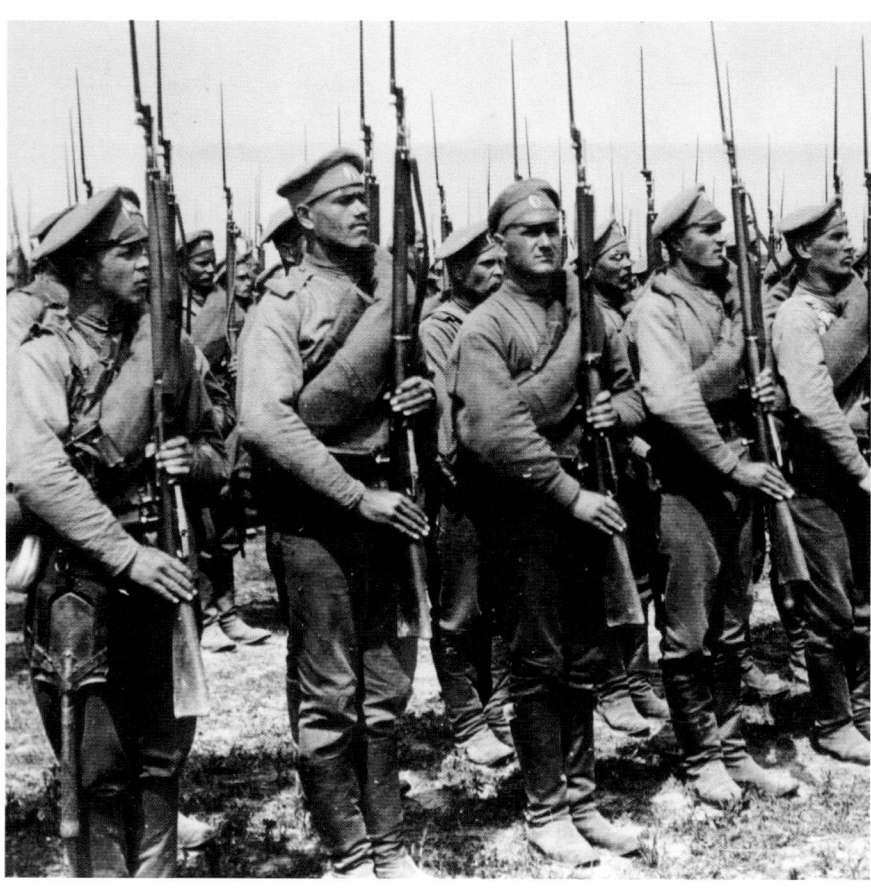

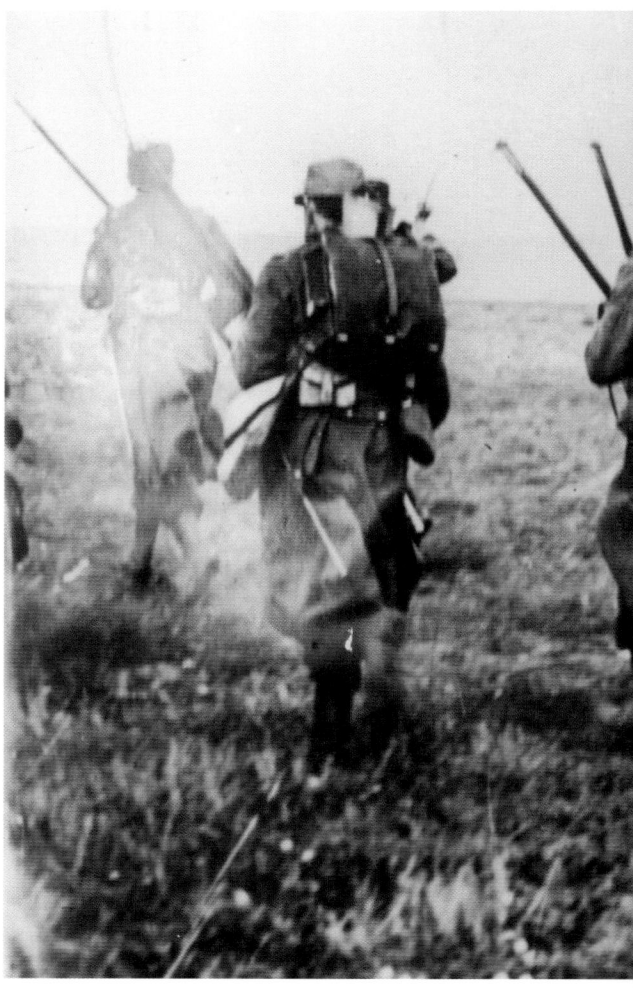

Geordneter Rückzug

Die Stimmung in Frankreich befindet sich nun auf dem Tiefpunkt. Der Presse ist es strikt untersagt, über Kriegsgeschehnisse zu berichten, doch gerade das Schweigen beunruhigt die Menschen. Erst durch eine amtliche Meldung vom 29. August erfährt die Bevölkerung vom Ausmaß des französischen Rückzugs: »Lage zwischen Somme und Vogesen unverändert«. Das Gespenst der Niederlage ist dem Land noch von 1870 wohlbekannt und spukt auch jetzt durch viele Köpfe. Zahlreiche Einwohner der betroffenen Gebiete flüchten vor Schlachtgetümmel und Übergriffen und schüren im ganzen Land die Angst. Vergeblich bemühen sich die Behörden, die Flüchtlinge aufzuhalten, damit sie die militärischen Operationen nicht stören. 500 000 Pariser Bürger verlassen die Hauptstadt, die Regierung folgt ihnen am 2. September. Überall im Land treffen die ersten Konvois mit Verwundeten ein. In Vichy sind es am 24. August bereits 3000. Die Franzosen begreifen, dass der Krieg tötet.

Der Rückzug der Alliierten erfolgt dennoch geordnet, und Joffre bereitet schon eine neue Offensive vor. Am 25. August befiehlt er, am linken Flügel eine Armee zu bilden und den marschierenden feindlichen Flügel an der Flanke anzugreifen. Eine solche Neuausrichtung ist nicht ungefährlich, doch Joffre hat erkundet, dass sie machbar ist, zumal das dichte Schienennetz schnelle Truppentransporte zulässt. Die Befestigungsanlagen an der Maas und in Lothringen sichern die Verteidigung des rechten französischen Flügels ab. Die sich formierende 6. Armee wird in der Umgebung von Amiens stationiert, da Joffre eine Offensive an der Linie Somme–Aisne–Verdun vermutet. Doch am 31. August überschreiten die Deutschen die

Linke Seite und links
Trotz des anstrengenden Rückzugs gehen die französischen Truppen an der Marne energisch zum Angriff über. General von Kluck selbst würdigt ihr Stehvermögen: »Dass Männer, die zehn Tage auf dem Rückzug waren und halbtot vor Erschöpfung auf dem Boden liegen, das Gewehr packen und angreifen, sobald das Signalhorn ertönt, das ist etwas, mit dem wir nie zu rechnen gelernt hatten. Von dieser Möglichkeit war an unseren Militärschulen niemals die Rede.« Linke Seite unten: französische Infanteristen vor einem Bajonettangriff. Linke Seite oben: Verlauf der Marne-Schlacht (6.–14. September 1914). Auf der Karte sieht man die Positionen der 1., 2., 3. und 4. deutschen Armee, der 6., 5., 9., 4. und 3. französischen Armee und des britischen Kontingents am Morgen der Schlacht (6. September 1914) sowie ihre Stellungen am 14. September nach der Gegenoffensive der Alliierten. Links russische Infanteristen 1914.

Somme, und am 2. September erreichen sie Senlis. Joffre entschließt sich nun erneut zum Rückzug. Die 6. Armee wird im befestigten Lager bei Paris zusammengezogen und General Gallieni unterstellt.

Am 23. August standen die drei Armeen im rechten deutschen Flügel 17 Divisionen der Entente gegenüber. Am 6. September sind es nun 41. Zudem ist der Flügel von Gewaltmärschen erschöpft, zumal Einheiten in Belgien und im Umkreis von Maubeuge bleiben mussten, das die Franzosen hartnäckig verteidigen. Gemäß Vereinbarung von 1913 tritt Russland am 14. Tag der Mobilmachung in die Kampfhandlungen ein. Da die Lage der deutschen Truppen in Ostpreußen am Tag nach der Schlacht bei Gumbinnen prekär ist, beschließt Moltke, die 8. Armee mit zwei Armeekorps aus dem Westen aufzustocken.

Während ursprünglich geplant war, Paris von Westen aus zu umkreisen und die französischen Truppen dann im Bogen nach Osten abzudrängen, schwenkt von Klucks 1. Armee am 28. August nach Südosten. Schon am 31. August ist Joffre über die Änderung der Marschroute im Bild, denn die unverschlüsselten Meldungen werden abgefangen und von Aufklärungsflugzeugen bestätigt. Es eröffnet sich so eine Chance, die ursprünglich im Sektor Amiens vorgesehene Offensive wiederzubeleben. Joffre ergreift sie.

Rechts und rechte Seite
Da es der französischen Armee an motorisierten Transportmitteln mangelt, werden mehrmals Beschlagnahmungen angeordnet. Gleich zu Kriegsbeginn zieht man die Pariser Omnibusse für den Transport von Verpflegung und Soldaten heran (rechte Seite), bis spezielle Lastwagenkolonnen zur Verfügung stehen. Menschentrauben vor der Pariser Gare du Nord beobachten die Abfahrt der Verstärkungstruppen an die Marne (rechts). Am 7. September ordnet Gallieni die Requisition von Pariser Taxis an. Über Nacht bringen sie rund 4000 Mann an die Front. Obwohl Züge eine ungleich wichtigere Rolle bei den Truppenverschiebungen spielten, wurden die »Marne-Taxis« zum Sinnbild der unerschütterlichen Entschlossenheit der Franzosen in einem Krieg, bei dem es inzwischen um die Befreiung besetzter Gebiete ging.

Siegreiche Gegenoffensive

Die Schlacht an der Marne erstreckt sich über eine 300 Kilometer lange Front von Meaux bis Verdun. Die ersten Kämpfe finden schon am 5. September statt. Beim Vormarsch in Richtung Ourcq trifft die 6. Armee auf Truppen des 4. Reservekorps, das die Flanke der deutschen Armee deckt. Von Kluck bringt daraufhin zwei Armeekorps nördlich der Marne in Stellung und verschiebt am 7. und 8. September weitere Einheiten nach Norden. Da ihm Joffres Angriffsbefehl bekannt ist, hofft er, dessen Pläne durch einen raschen Sieg zu durchkreuzen. Die in Bedrängnis geratene 6. Armee erhält Verstärkung aus Paris, zum Teil mit Taxis, die zwar nur wenige Tausend Mann zur Front bringen, aber zum Inbegriff der Entschlossenheit Frankreichs werden. Durch die Truppenbewegungen von Klucks entsteht allerdings zwischen der 1. und 2. Armee eine Bresche, in die das Britische Expeditionskorps und der linke Flügel der französischen 5. Armee vorstoßen. Von Bülow, der die 2. Armee kommandiert, versucht, seine Truppen wieder auf Kurs nach Paris zu bringen, und schickt deren linken Flügel ins Moor von Saint-Gond. Am Morgen des 8. September schlägt er mit einem überraschenden Bajonettangriff ohne Artillerievorbereitung das 11. Korps. Fochs 9. Armee wird schwer angeschlagen. Zwischen ihr und der 4. Armee klafft eine 30 Kilometer breite gefährliche Lücke.

Mit der Marne-Schlacht endet der Bewegungskrieg mit Artilleriegefechten in offenem Gelände (linke Seite: Schlacht von Vareddes) und Bajonettangriffen (unten: Die Franzosen stürmen Rembercourt). Es beginnt der Stellungskrieg. Als die Deutschen nach ihrer Niederlage zum Rückzug gezwungen sind, befestigen sie ausgewählte strategische Stellungen. Es sind die ersten, noch behelfsmäßigen Schützengräben (oben).

Diesen Erfolgen zum Trotz ist von Bülow über die 35 Kilometer breite Bresche zwischen den deutschen Armeen besorgt. Am Abend des 8. September kommt er mit dem von Moltke entsandten Oberstleutnant Hentsch überein, dass die Lage kritisch wird, falls die Engländer die Marne überqueren. Für den nächsten Tag befiehlt Joffre jedoch, »die rechte Spitze der deutschen Truppen außer Gefecht zu setzen, bevor sie durch Einheiten verstärkt wird, die nach dem Fall von Maubeuge verfügbar sind«. Dazu müssen zwei britische Armeekorps die Marne überqueren. Von Bülow entgehen diese Bewegungen nicht; er ordnet den Rückzug an. Zur selben Zeit tobten am Ourcq heftige Kämpfe, und von Kluck glaubt bereits an einen Sieg. Gegen Mittag trifft jedoch Hentsch an seinem Kommandoposten ein und befiehlt ihm, den Kampf abzubrechen, da der Rückzug der 2. Armee ihm keine andere Wahl lasse.

Da dem französischen Kommando diese neue Situation am Abend des 9. September noch nicht klar ist, weil Aufklärungsritte im Geschützfeuer nicht möglich sind, kann Joffre die Lage nicht strategisch ausnutzen. Am 11. September begibt sich Moltke persönlich zu den Komman-

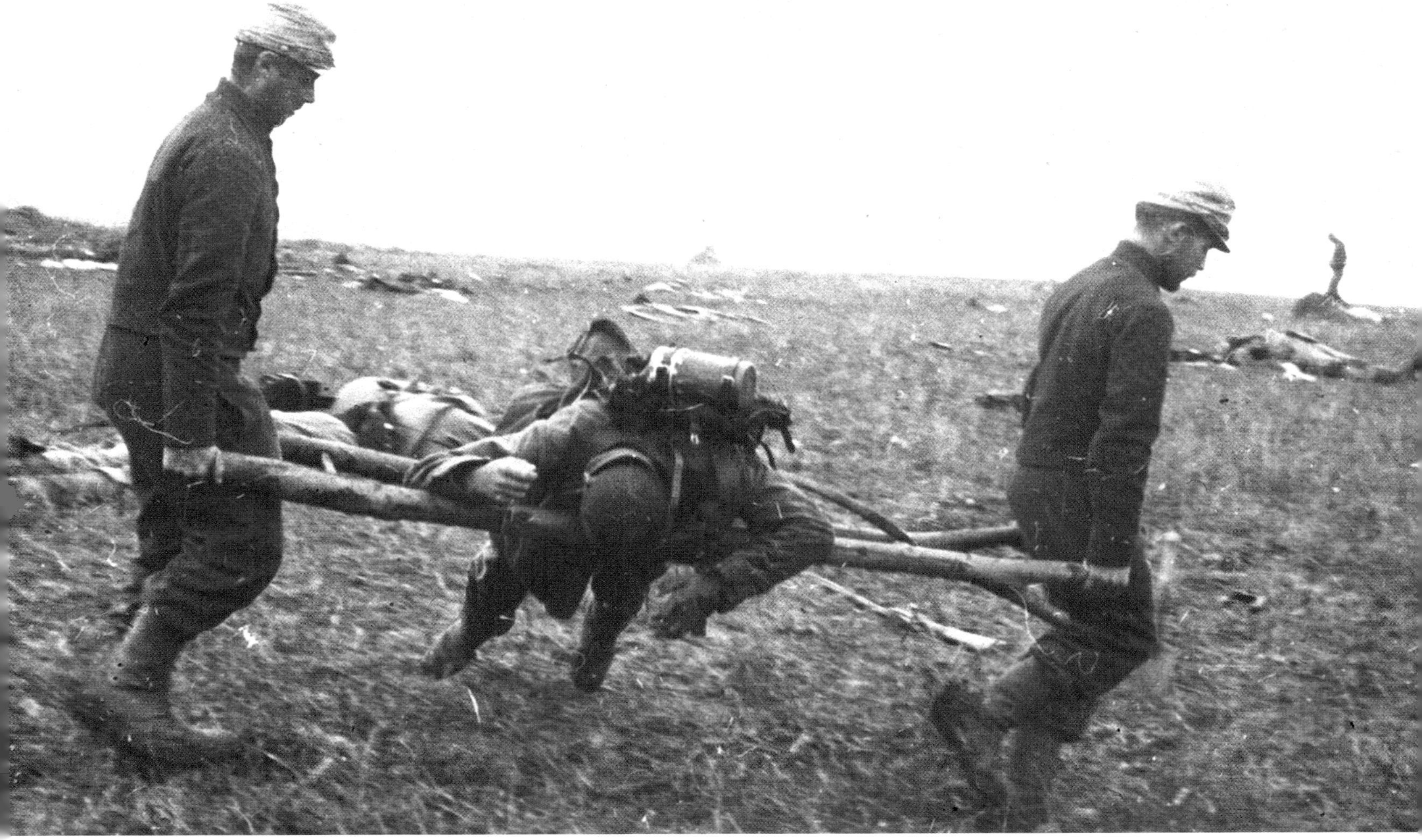

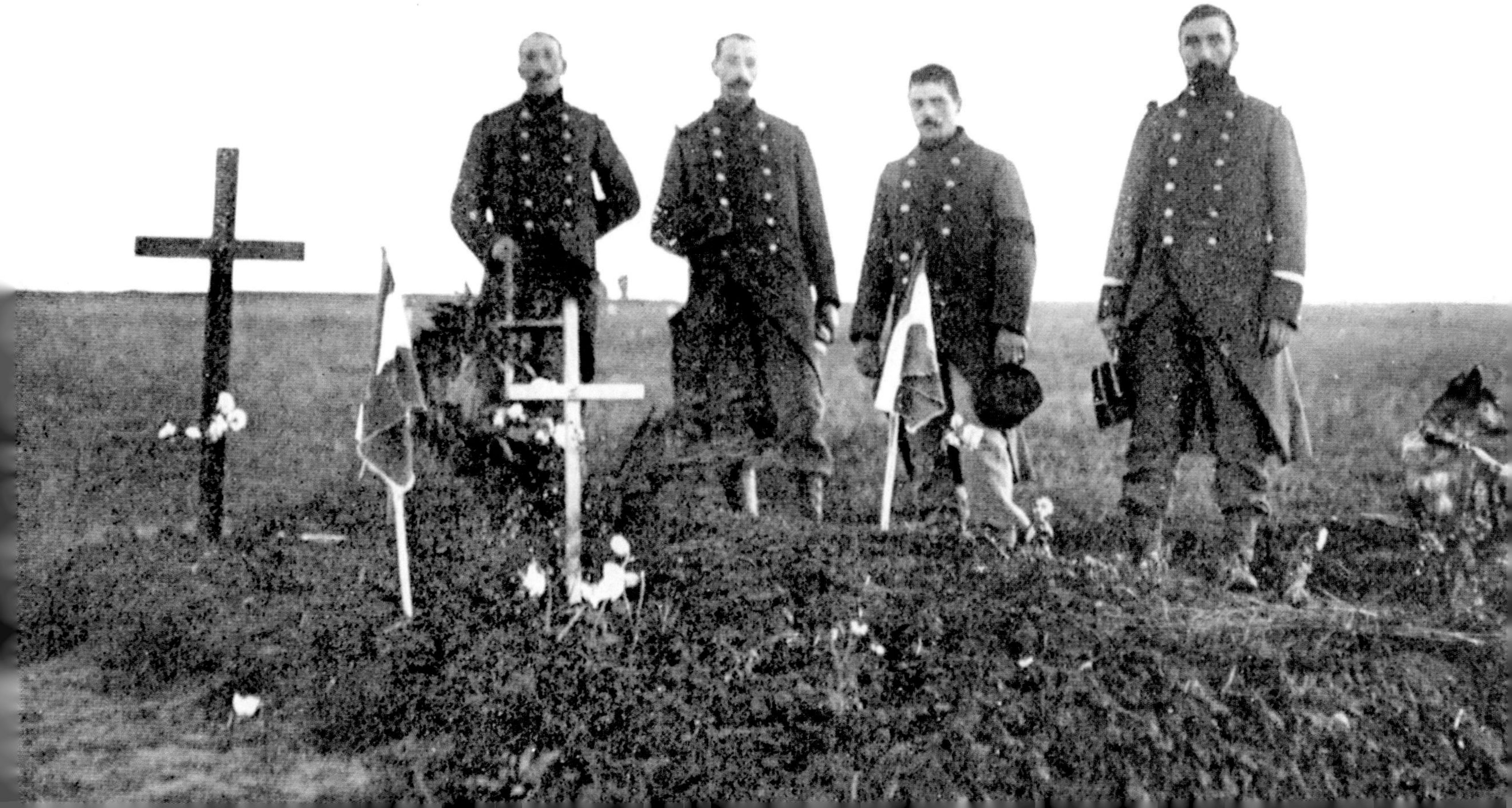

deuren und befiehlt den allgemeinen Rückzug. Die Armeen ziehen sich an die Aisne zurück und befestigen umgehend ihre Stellungen. Am selben Abend meldet Joffre seinen ersten Sieg. Drei Tage später wird Moltke durch Erich von Falkenhayn abgelöst.

In Frankreich weckt der »Sieg an der Marne« keine Begeisterung, sondern eher Erleichterung, gemischt mit Besorgnis: »Die Feinde hatten ihre Stärke bewiesen, und unsere Bauern hatten vor ihnen gezittert. Bei manchen bleibt eine vage Angst zurück, ein nicht eingestandener Pessimismus«, berichtet ein Grundschullehrer aus der Charente. Maurice Barrès schlägt in einem Artikel vom 22. Dezember 1914 vor, einen Nationalfeiertag zu Ehren der frommen, patriotischen Kriegerin Jeanne d'Arc einzuführen, und spricht darin vom *miracle de la Marne*, dem »Wunder an der Marne«. Zahlreiche Publikationen greifen den Ausdruck auf, der jedoch auch auf Kritik stößt, da er das Verdienst der Soldaten zu schmälern scheint. Schließlich hatte ihre patriotische Entschlossenheit im dramatischen Sommer 1914 eine entscheidende Rolle gespielt.

Oben
Der Sieg an der Marne weckt neue Hoffnungen. Unmittelbar nach der Schlacht erinnern lorbeergeschmückte Gedenkteller an die Schlagkraft der leichten französischen Geschütze und – etwas diskreter – auch an die Solidarität innerhalb der Entente.

Rechts
Solche Fotos verwundeter Deutscher in Vareddes an der Marne sollen kein Mitleid wecken. Der Mann im Vordergrund ist den Blicken der Sieger schutzlos ausgeliefert, derjenige im Hintergrund stützt sich schwer auf seine Krücke. In der Bildmitte posiert in Habachtstellung ein französischer Soldat, der als Einziger eine etwas schludrige, aber immerhin ordensgeschmückte Uniform trägt.

93 deutsche Intellektuelle für den Krieg

4. Oktober 1914 Vertreter der deutschen Bildungselite veröffentlichen einen *Aufruf an die Kulturwelt*: »Wir als Vertreter deutscher Wissenschaft und Kultur erheben vor der gesamten Kulturwelt Protest gegen die Lügen und Verleumdungen, mit denen unsere Feinde Deutschlands reine Sache in dem ihm aufgezwungenen schweren Daseinskampfe zu beschmutzen trachten. Der eherne Mund der Ereignisse hat die Ausstreuung erdichteter deutscher Niederlagen widerlegt. Um so eifriger arbeitet man jetzt mit Entstellungen und Verdächtigungen. Gegen sie erheben wir laut unsere Stimme. Sie soll die Verkünderin der Wahrheit sein.«

■ Unter den 93 Unterzeichnern dieses Manifests sind einige der prominentesten Intellektuellen Deutschlands, darunter der Chemiker Fritz Haber, der Komponist Engelbert Humperdinck, die Physiker Max Planck und Wilhelm Conrad Röntgen sowie der Theaterintendant Max Reinhardt. Der Appell verteidigt unverblümt und ohne jegliche Bedenken die Beteiligung Deutschlands am Krieg und bemüht sich, die von den Alliierten verbreiteten »Lügen« zu widerlegen: Deutschland hat den Krieg nicht provoziert, die Neutralität Belgiens nicht völkerrechtswidrig verletzt, keine unschuldigen belgischen Zivilisten misshandelt und so weiter und so fort. Die deutschen Intellektuellen bekräftigen im Gegenteil die Rechtmäßigkeit des Kriegs und ihren unerschütterlichen Glauben an den Sieg Deutschlands: »Glaubt uns! Glaubt, dass wir diesen Kampf zu Ende kämpfen werden als ein Kulturvolk, dem das Vermächtnis eines Goethe, eines Beethoven, eines Kant ebenso heilig ist wie sein Herd und seine Scholle. Dafür stehen wir Euch ein mit unserem Namen und mit unserer Ehre!«

Die Mobilmachung der Akademiker

Diese Erklärung ist weder die erste noch die letzte ihrer Art. Schon am 18. September 1914 erscheint in der *New York Times* unter dem Titel *Civilization* ein Aufruf von 54 britischen Kulturträgern, unter ihnen Schriftsteller wie Arthur Conan Doyle, John Galsworthy, Rudyard Kipling und H. G. Wells. Rund 1100 russische Intellektuelle folgen mit einer Petition »An unser Vaterland und die ganze zivilisierte Welt«. Im Oktober 1914 geloben Vertreter der portugiesischen Bildungselite unter Federführung des Philosophen, Dichters und Ex-Präsidenten der Übergangsregierung Teófilo Braga, jeglichen Kontakt zu deutschen wissenschaftlichen und künstlerischen Organisationen abzubrechen. Die gebildeten Franzosen sind sich zwar in ihrer Abscheu vor dem deutschen Manifest einig, nicht aber über eine mögliche Reaktion. Im März 1915 erscheint ein *Appel des intellectuels français* von illustren Namen wie Georges Clemenceau, Maurice Barrès, Anatole France, Claude Debussy, Henri Matisse, Claude Monet und Camille Saint-Saëns.

Praktisch überall schließen sich Intellektuelle ebenso vehement wie ihre Landsleute der *Union sacrée* an. Aus ihrer Sicht sind sie als Einzige in der Lage, mit durchdachten Erläuterungen die Rechtmäßigkeit ihrer nationalen Anliegen und die Unrechtmäßigkeit und Verwerflichkeit der feindlichen Absichten zu beweisen. Sie pochen dabei auf einen grundsätzlichen Unterschied zwischen ihrem Vaterland und dem Feind, den sie per se als kriegslüstern und verworfen hinstellen. Henri Bergson sieht die Arbeit der französischen Gelehrten als »einfache wissenschaftliche Pflicht, wenn sie feststellt, dass Deutschlands Brutalität und Zynismus, seine Verachtung für Gerechtigkeit und Wahrheit, eine Rückkehr zur Barbarei darstellt«.

Gelehrtheit und Patriotismus gehen Hand in Hand. In Frankreich entbrennt eine lebhafte Debatte über den intellektuellen Wert Immanuel Kants, denn der gebürtige Ostpreuße übte ja immerhin nach René Descartes den größten Einfluss auf den französischen Rationalismus aus. Für konservative Katholiken verkörperte er jedoch die schlimmsten Seiten der deutschen Kultur, insbesondere als Begründer des Säkularismus, den sie als eine Abart des Ketzertums dem deutschen Protestantismus anlasten. Für republikanische Intellektuelle wie Émile Boutroux, Victor Delbos, Victor Basch und Alphonse Aulard hingegen ist der berühmte Philosoph das Produkt eines »anderen« Deutschland, einer kosmopolitischen Tradition, die das Kaiserreich für sich vereinnahmt habe. Die Festlegung von kulturellen, sprachlichen und geografischen Grenzen zwischen dem

nationalen Vaterland und der *Res publica literaria* beschäftigt die europäische Bildungselite den gesamten Krieg über.

Schon im 19. Jahrhundert hatten viele deutsche Intellektuelle die sogenannten »Ideen von 1789« bewundert; nun sind manche der Meinung, das Frankreich der 3. Republik habe die Ambitionen ihrer revolutionären Vergangenheit verraten. So beispielsweise der sozialistische Reichstagsabgeordnete Paul Lensch, der lange als Journalist für die *Leipziger Volkszeitung* tätig war: »Was 1789 und noch mehr 1793 in Wahrheit gesiegt hatte, das war weniger das Bürgertum, als das Kleinbürgertum, und die siegreiche Klasse beeilte sich, das Land der Revolution in ihre Domäne zu verwandeln.« Anderen zufolge hat Frankreich längst seine Ideale zugunsten eines Systems aufgegeben, das Thomas Mann abfällig als »Advokaten-Parlamentarismus« bezeichnet, denn nach seiner Einschätzung gründet die Allianz zwischen Frankreich und Großbritannien auf einem seelenlosen Materialismus und Merkantilismus. England gilt ohnehin vielen als Erzfeind des Kaiserreichs: In deutschen Karikaturen führt es Frankreich und Italien zum Schlachthof. Russlands Beitrag zu diesem ideologischen Cocktail sind reaktionäre Ideen und Panslawismus. Vielen deutschen Intellektuellen drängt sich die Schlussfolgerung auf, Deutschland und nur Deutschland müsse die »Ideen von 1914« verteidigen und Europa befreien.

»Seid ihr die Enkel Goethes, oder die Enkel Attilas?«

Natürlich gibt es auch in der Bildungselite von Anfang an Kriegsgegner. Der britische Philosoph Bertrand Russell kämpft auch nach Kriegsbeginn weiter für den Frieden, selbst als er deswegen

Unten
In Frankreich fordern die berühmtesten Gelehrten und Schriftsteller zur Verteidigung des angegriffenen Vaterlands auf, oft unter Verweis auf die deutschen Kriegsgräuel. Links Maurice Barrès 1913. Rechts eine Urkunde für herausragende schulische Leistungen. Zu den patriotischen Symbolen gehören die Devise *Honneur et Patrie* (Ehre und Vaterland), Antonin Merciers Denkmal für die Verteidigung von Belfort 1870 und eines der letzten Gedichte des am 5. September 1914 gefallenen Charles Péguy.

HONNEUR et PATRIE

QUAND MÊME!

QUAND MÊME! par ANTONIN MERCIÉ (Jardin des Tuileries à PARIS)

HEUREUX CEUX QUI SONT MORTS, CAR ILS SONT RETOURNÉS
DANS LA PREMIÈRE ARGILE ET LA PREMIÈRE TERRE.
HEUREUX CEUX QUI SONT MORTS DANS UNE JUSTE GUERRE.
HEUREUX LES ÉPIS MÛRS ET LES BLÉS MOISSONNÉS

CHARLES PÉGUY

seine Professur an der Universität Cambridge verliert. 1918 wird er wegen »Diffamierung« der US-Armee zu sechs Monaten Gefängnis verurteilt. Russells Kollege Lytton Strachey, *Bloomsbury Group*-Mitglied und Vorkämpfer für die Rechte Homosexueller, antwortet augenzwinkernd auf die Frage, was er täte, wenn ein deutscher Soldat seine Schwester vergewaltige: »Ich würde versuchen, mich irgendwie dazwischenzuschieben!« Weitaus ernster beklagt sich der Physiker Albert Einstein in einem Brief an Romain Rolland: »Die Gelehrten der verschiedenen Länder gebärden sich, wie wenn ihnen vor acht Monaten das Großhirn amputiert worden wäre.« Seine Antwort auf das deutsche Manifest vom 4. Oktober 1914 ist die Unterzeichnung des »Aufrufs an die Europäer«, der an die kontinentalen Völker appelliert, gemeinsam »diese Barbarei« zu beenden. Nur vier namhafte Personen sind bereit, ihn zu unterzeichnen; die Druckversion erreicht einschließlich der Übersetzungen ins Englische, Finnische, Schwedische und Dänische nur wenige Hundert Exemplare. Romain Rolland schreibt im Exil in der neutralen Schweiz acht Aufsätze, die er 1915 in dem Band *Au-dessus de la mêlée* [Über dem Getümmel] zusammenfasst, einem der berühmtesten pazifistischen Werke des Ersten Weltkriegs. Darin fordert er die Intellektuellen ganz Europas auf, die öffentliche Meinung zur Vernunft zu bringen, damit der Krieg endet, erweist sich aber auf seine Art als französischer Patriot, denn für Frankreich als Inbegriff der Vernunft und Tugend ist der Krieg seiner Meinung nach moralisch unwürdig. »Ich will, dass Frankreich geliebt werde«, schreibt er voller Hoffnung, »ich will, dass es siegreich sei nicht allein durch seine Stärke, nicht allein durch das Recht (das wäre noch zu hart), sondern durch die Überlegenheit seines großen edlen Herzens.« In Bezug auf die Deutschen fragt er sich vor allem angesichts der Verbrennung der Bibliothek im belgischen Löwen: »Seid ihr die Enkel Goethes, oder die Enkel Attilas?«

Während des ganzen Krieges melden sich Intellektuelle zu Wort, doch einige französische Schriftsteller wie der Romancier Henri Barbusse und der Philosoph Émile Chartier (bekannter unter dem Pseudonym Alain) betrachten ihr Engagement in der Rückschau eher kritisch. Diejenigen, deren Söhne an der Front kämpfen, darunter der Soziologe Émile Durkheim und der Politiker und Schriftsteller Maurice Barrès, sehen ihr Eintreten für den Krieg als eine Art ideellen Dienst am Vaterland. Gemeinsam mit dem Historiker Ernest Lavisse veröffentlicht Durkheim »Briefe an alle Franzosen«, die äußerst weite Kreise ziehen und die die »Objektivität« der beiden als Gelehrte in den Dienst der Nation stellen. In Deutschland finden die expansionistischen Bestrebungen Auftrieb durch die »Seeberg-Adresse« vom 8. Juli 1915, auch »Intellektuelleneingabe« genannt, weil sie von sage und schreibe 1347 Richtern, Lehrern (darunter allein 352 Hochschuldozenten), Anwälten und Vertretern anderer freier Berufe unterzeichnet wird. Thomas Mann wettert weiter gegen das Feindbild des »›republikanische(n)‹ Rhetor-Bourgeois und fils de la Révolution«. Der Soziologe und Volkswirt Werner Sombart verfasst 1915 ein ganzes Buch über *Händler und Helden,* in dem er deutsches Heldentum englischem Krämergeist gegenüberstellt.

Paradoxe, widersprüchliche Positionen

Manche Intellektuelle treibt der Krieg zu paradoxen oder widersprüchlichen Haltungen. Der Dramatiker und Essayist George Bernard Shaw etwa ereifert sich darüber, dass Großbritannien nach hundert Jahren Desinteresse an Bündnissen auf dem Kontinent urplötzlich und seiner Meinung nach heuchlerisch seine Sympathie für das »tapfere kleine Belgien« entdeckt. Der Grabenkrieg, so

Rechte Seite
Links Sigmund Freud (hier 1917 neben Laszlo Gonda in der Hohen Tartra), auf dessen psychoanalytische Arbeit der Krieg 1914–1918 nachhaltigen Einfluss ausübte. In *Zeitgemäßes über Krieg und Tod* (1915) und *Trauer und Melancholie* beschäftigte er sich mit dem Einfluss des Massensterbens auf die Trauerarbeit. Seine These, dahinter stecke ein »Todestrieb«, richtete das Augenmerk der Psychoanalyse auf kollektive Phänomene. Rechts Benito Mussolini 1916 in Flieger-uniform. Der Sozialist setzte sich bei Kriegsausbruch für die Neutralität Italiens ein, kämpfte dann jedoch für eine Intervention und wandte sich damit gegen die sozialistische Regierung. Als einfacher Soldat wurde er 1915 an der Front schwer verwundet. Nach seiner Ausmusterung 1917 wurde er zum glühenden Patrioten und rekrutierte vor allem unter den Weltkriegsveteranen die Schwarzhemden seiner Fasci di Combattimento.

meint er ebenso bissig wie treffend, sei in
etwa so, als zünde jemand sein Haus an,
um ein Schwein zu rösten … Andererseits
lehnt Shaw den Krieg nie explizit ab und
missbilligt die deutschfreundliche Haltung mancher seiner irischen Landsleute.
Der Krieg sei vielleicht eine Schlacht zwischen zwei Piratenschiffen, räumt er ein,
doch befinde er sich an Bord von einem
der beiden. Mit seinem typischen Sar-
kasmus überlegt er sogar, um den Feind
restlos zu vernichten, müsse man eigentlich alle deutschen Frauen massakrieren,
denn erst wenn alle Mütter tot seien, werde auch der Nachschub an Söhnen für die
Front endgültig versiegen.

Auf Sigmund Freud wirkt der Krieg inspirierend. Der kosmopolitische Bürger der Doppelmonarchie gibt sich im August 1914 durchaus patriotischen Gefühlen hin. Aus Wien schreibt er
einem Schüler, er fühle sich zum ersten Mal als Österreicher und wünsche sich zumindest eine
letzte Chance für das schwächelnde Kaiserreich. Alle drei Söhne sind im Feld und überleben.
Dem Sog der kulturellen Mobilisierung während des Kriegs kann er sich jedoch entziehen. In
seinem Essay *Zeitgemäßes über Krieg und Tod* klagt er im April 1915: »Selbst die Wissenschaft
hat ihre leidenschaftslose Unparteilichkeit verloren; ihre aufs tiefste erbitterten Diener suchen
ihr Waffen zu entnehmen, um einen Beitrag zur Bekämpfung des Feindes zu leisten. Der Anthropologe muss den Gegner für minderwertig und degeneriert erklären, der Psychiater die Diag-
nose seiner Geistes- oder Seelenstörung verkünden.« Nun ist von Bedauern über den Niedergang
der k. u. k. Monarchie keine Rede mehr, er selbst bezeichnet sich als Pazifist. Nach dem Krieg
beschäftigt er sich eingehend mit dem Konflikt zwischen Lebens- und Todestrieb, ohne jedoch
einen konkreten Bezug zum Ersten Weltkrieg herzustellen. Seine geliebte Tochter Sophie stirbt
im Januar 1920 an der Spanischen Grippe.

Die Schuld der Schreibenden

Viele Intellektuelle und Theoretiker gelangen erst in der Rückschau zu einer radikalen Sicht des
Kriegs. Manche wie Benito Mussolini oder der französische Schriftsteller Pierre Drieu la Rochelle
schreiben dem Krieg eine regenerierende Wirkung zu, die zur Grundlage des Faschismus wird.
Pazifisten wie Bertrand Russell sehen ihre Einschätzung des Krieges in jeder Hinsicht bestätigt.
Andere machen eine völlige Kehrtwendung, allen voran Anatole France, der sein Eintreten für
den Krieg später als den größten Irrtum seines Lebens bezeichnet. Auch in den scharfen Worten,
die Romain Rolland im Mai und Juni 1919 findet, drückt sich das Schuldgefühl aus, mit dem
zahlreiche Intellektuelle jahrelang leben müssen: »Ihrer Wahrheit gewiss, haben sie überheblich,
unversöhnlich Millionen junger Leben dem Triumph der Wahngebilde ihres Geistes geopfert. Die
Geschichte wird es nicht vergessen.«

Von der Schweiz
bis an die Nordsee

17. November 1914 Als die letzten Schlachten des Bewegungskrieges geschlagen sind, erstarrt die Westfront: Es beginnt der Stellungskrieg. Schon Anfang September sind die Fronten auf einer Länge von 280 Kilometern von der Schweiz bis Verdun festgefahren; nach der Marne-Schlacht legen die Soldaten beiderseits der Aisne Schützengräben an. Den letzten Versuch, Bewegung in die Sache zu bringen, bildet eine Reihe von Vorstößen in das noch freie Gebiet weiter nördlich, die fälschlich als »Wettlauf zum Meer« bezeichnet wird. Foch berichtigt in seinen *Erinnerungen an den Dienst im Kriege 1914–1918*: »Dem Feind rannten wir entgegen; wir versuchten, ihn zu überholen und seine rechte Flanke zu umfassen; wenn er vorrückte, bremsten wir seinen Vormarsch aus, denn auch er versuchte durch eine Temposteigerung ein Überholmanöver. Hieraus ergab sich ein Wettlauf zum Flügel: zum Nordflügel der feindlichen Armeen.«

■ Die Picardie war im gesamten Kriegsverlauf ein entscheidender Abschnitt der Westfront. Vom 20. bis 30. September 1914 nahm dort der »Wettlauf zum Meer« seinen Ausgang, als Falkenhayn nach unentschieden endenden Schlachten der 6. Armee den Angriff weiter nördlich im Artois befahl. Am 4. Oktober überträgt Joffre das Kommando General Foch. In der Hoffnung, die Gegenoffensive wieder in Gang zu bringen, sichert dieser die Linie der Entente-Truppen an der Oise nördlich von Amiens, doch schon jetzt schauen beide Parteien zunehmend nach Flandern und zur Gegend zwischen Leie und Kanalküste. Am 8. Oktober verschiebt Falkenhayn dorthin die 4. Armee, ergänzt durch vier neue Reservekorps aus freiwilligen Studenten und Schülern. Am 9. Oktober fällt Antwerpen. Begleitet von unzähligen Flüchtlingen, ziehen sich die belgischen Truppen hastig zurück, verteidigen jedoch mit grimmiger Entschlossenheit entlang der Yser das letzte noch unbesetzte Stück Belgien. Doch vergebens: Am 24. Oktober überqueren die Deutschen den Fluss zwischen Nieuwpoort und Diksmuide. Gekämpft wird mit allen Mitteln. Am 27. Oktober öffnen die Alliierten bei Nieuwpoort bei Flut die Schleusen und überschwemmen das ganze Gebiet zwischen dem linken Flussufer und der Bahnstrecke, hinter die sie sich zurückziehen. Am 31. Oktober müssen die Deutschen das Gebiet aufgeben.

Da die durchgehende Front im Sektor Ypern jeden Umfassungsversuch verbietet, entscheidet sich Foch für einen Vorstoß. Französische und britische Truppen rücken in einem 50 Kilometer

Oben

Der Wachposten in den
flämischen Dünen ist Ange-
höriger einer französischen
Marineinfanterie-Brigade,
die 1914 zur Unterstützung
der belgischen Truppen ab-
kommandiert war.

Rechts

Deutsche Patrouille in den
Dünen bei Ostende. Der
»Wettlauf zum Meer«, mit
dem man eigentlich den Feind
weiter nördlich umfassen
wollte, endet an der Küste
Flanderns. Von dort aus
erstarrt die Front, der Bewegungskrieg wird vom Stel-
lungskrieg abgelöst.

langen Bogen nach Osten vor. Fünf Tage später kommt die Offensive zum Stillstand. Am 30. Oktober bedrohen die Deutschen den südöstlichen Zugang nach Ypern. Trotz seiner prekären Lage gelingt es dem britischen 1. Korps, seine Position bis zum Ende der Schlacht beharrlich zu halten. Als Falkenhayn erkennt, dass er Ypern nicht direkt einnehmen kann, entschließt er sich am 5. November zum Angriff auf die Schlüsselpositionen nördlich und südlich des Ypern-Bogens. Nach kurzer Unterbrechung setzt er die Offensive am 10. November im Sektor Langemarck–Diksmuide fort. »Westlich Langemarck brachen junge Regimenter unter dem Gesange ›Deutschland, Deutschland über alles‹ gegen die erste Linie der feindlichen Stellungen vor und nahmen sie. Etwa 2000 Mann französischer Linieninfanterie wurden gefangen und sechs Maschinengewehre erbeutet«, behauptet der in allen deutschen Zeitungen abgedruckte offizielle Heeresbericht. Auf dieser Grundlage entstand der Langemarck-Mythos, eine der großen deutschen Kriegslegenden. Obwohl keines der strategischen Ziele erreicht wird und die Verluste unter den unerfahrenen, unzureichend bewaffneten Soldaten katastrophal sind, feiert Deutschland den Opfergang seiner kriegswilligen Jugend und münzt die Niederlage in einen moralischen Sieg um. Die Heroisierung dieser singenden jungen Männer – gerade dieses Detail findet sich in unzähligen Jubelschriften zu diesem Ereignis wieder – spiegelt wohl auch den Versuch, sich mit der neuen, grässlichen Form des Krieges abzufinden, die sich weder Soldaten noch Offiziere hatten vorstellen können: dem Grabenkrieg.

Die Verfestigung der Front

Am 17. November 1914 kommt der »Wettlauf zum Meer« zum Stillstand. Die Westfront verhärtet sich auf einer Strecke von über 680 Kilometern zwischen dem Ärmelkanal und der Schweizer Grenze. Sie zieht sich von Nieuwpoort an der belgischen Küste durch Flandern, die Picardie und

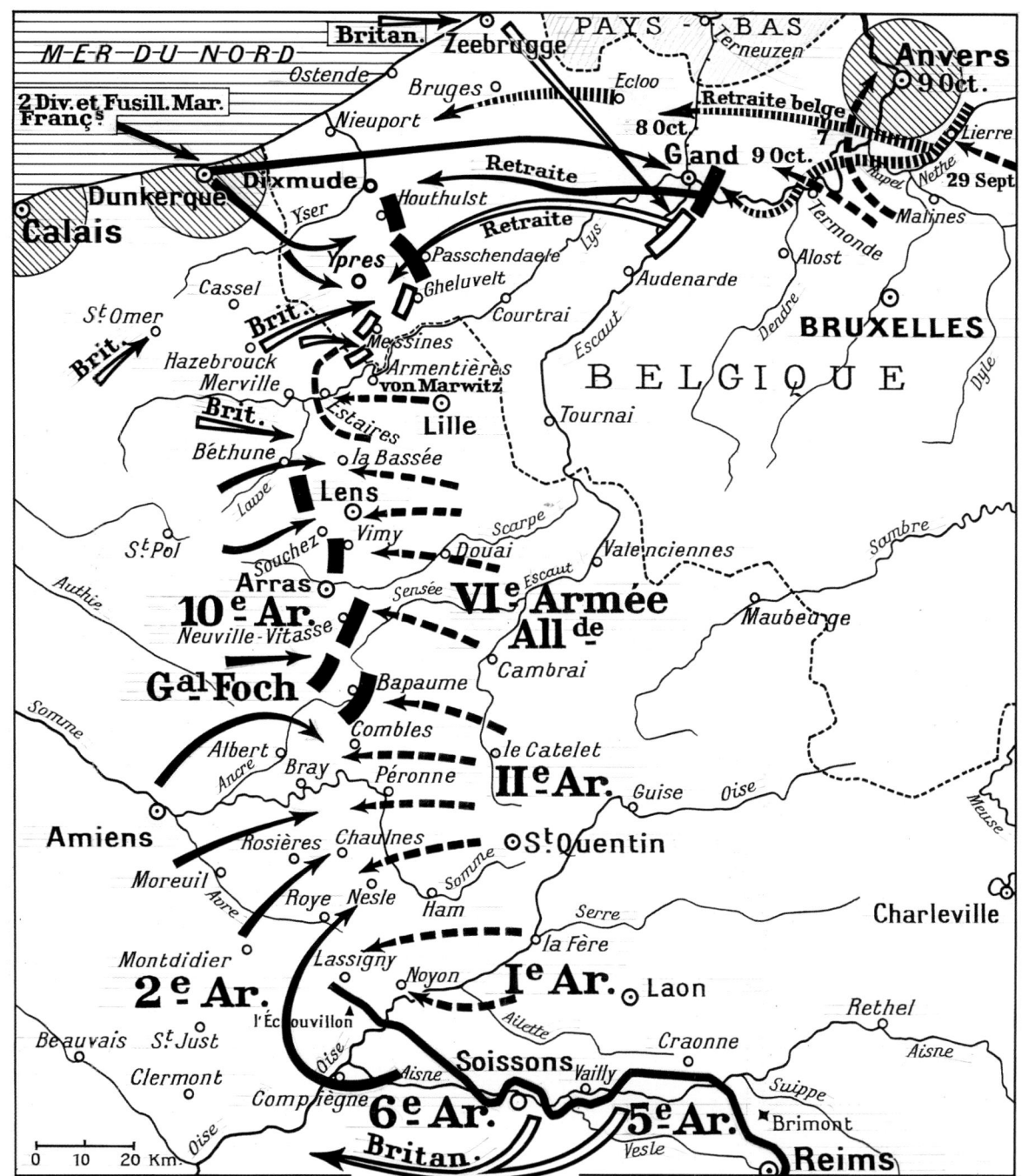

Der »Wettlauf zum Meer«
trägt seinen Namen zu
Unrecht, denn das Meer
war Foch zufolge zwar der
Endpunkt, aber nie das Ziel.
Beide Seiten versuchten in
mehreren Anläufen, den
anderen zu überholen, und
bewegten sich dabei unweigerlich von der Picardie aus
immer weiter nach Norden
bis nach Flandern. Das Ziel im
September 1914 war jedoch
die Umfassung der feindlichen
Truppen, denn beide Seiten
sahen darin die letzte Chance,
im traditionellen Bewegungskrieg zu siegen. Letztlich blieb
den Armeen nichts übrig, als
sich in Schützengräben zu
verschanzen.

das Artois, im Bogen nach Osten zur Champagne, dann in Lothringen entlang der deutschen Grenze bis zur Schweiz. Mit Ausnahme des deutschen Rückzugs 1917 aus dem Gebiet östlich der Somme und nordöstlich der Oise bleibt die Front bis zur deutschen Offensive im März 1918 mehr oder weniger unverändert.

Vorrangiges Anliegen des modernen Belagerungskriegs, der nun seinen Lauf nimmt, ist die Befestigung der Stellungen im Feld. Dank der Fortschritte von Industrie, Chemie und Metallurgie stehen immer ausgefeiltere Waffen zur Verfügung, seien es rauchschwache Schießpulver, Schnellfeuergeschütze, Maschinengewehre oder effizientere Geschosse. Da sie eine weit höhere Durchschlagkraft besitzen und vor allem durch Kavitation schwere Gewebezerreißungen bewirken, verursachen sie furchtbare Wunden. Granatsplitter behalten aufgrund des vorfragmentierten Mantels ihre Geschwindigkeit und Durchschlagkraft bei: Sie reißen den Körper buchstäblich in Stücke. Nur Schützengräben bieten einen gewissen Schutz im ausgereiften Feuerkampf.

Obwohl Feldbefestigungen schon vor dem Ersten Weltkrieg, insbesondere im Russisch-Japanischen Krieg von 1904/1905, eine wichtige Funktion zukam, verzichten die großen Streitmächte Europas zunächst weitgehend auf solche Anlagen. Diese mangelnde Vorausschau beruht auf dem damaligen Primat der Offensive um jeden Preis. Die deutsche Armeeverordnung von 1906 mahnt sogar, der Bau von Befestigungen dürfe keinesfalls die Angriffslust lähmen oder gar das Grundprinzip der Offensive zunichtemachen. Auch die deutschen Landser, die im Ruf standen, besser mit dem Spaten umgehen zu können als ihre französischen Gegenspieler, sind schlecht vorbereitet. In den ersten Kriegswochen graben die Truppen lediglich Behelfsunterstände ohne Verbindungsgänge. Erst nach der Marne-Schlacht befiehlt Moltke den Bau aufwändigerer Befestigungsanlagen. Am 13. September meldet General Franchet d'Esperey ein durchorganisiertes Grabensystem auf beiden Seiten von Reims. Am 16. September hat General Sarrail ständig Feindkontakt, denn die Deutschen haben rings um Verdun ein Grabensystem angelegt. Nach ihrem Scheitern im »Wettlauf zum Meer« stecken sie die Front nun im Eiltempo ab.

Im Labyrinth der Schützengräben

Die vorderste Linie, die zunächst nur aus groben Erdlöchern bestand, bildet nun ein Netz aus parallel verlaufenden Gängen, zwischen denen sich enge Verbindungsgräben winden. Oft verlaufen die Gräben im Zickzack, damit sie wenig Angriffsfläche für Längs- und Flankenbeschuss bieten. In die Grabenwände werden Munitionsnischen und Unterstände für die Soldaten eingelassen. In den ersten Kriegsmonaten bauen die Deutschen auch unterirdische Betonbunker mit Stromanschluss, doch als der Artilleriebeschuss ab 1916 zunimmt, werden sie zu Fallen, sodass man sie schließlich verbietet. In Richtung Gegner sind die Gräben mit Schulterwehren aus Sandsäcken mit Schießscharten versehen; die Schützen stehen auf der Grabenstufe. Vor dem vordersten Graben gibt es Beobachtungsposten. Im »Niemandsland« zwischen den feindlichen Stellungen werden kurz vor einem Ausfall parallele Angriffsgräben ausgeschachtet, in denen sich die Truppen sammeln. Gesichert sind die Gräben mit immer dichteren, immer schwerer überwindbaren Stacheldrahtverhauen, deren dicke Drähte mit Eisenpfählen am Boden befestigt sind. Die Hindernisse sind nicht selten zwei Meter hoch und fünf bis sechs Meter tief.

Nach und nach verdichtet sich das Grabennetz. Eine zweite Linie stabiler Reservegräben, oft mit Gegengefälle, sichert die vorderste Linie ab und bietet Platz für die nachrückenden Truppen. Noch weiter hinten befinden sich Reservegräben und die Schlafquartiere. Die Soldaten sind durchaus nicht ständig an der vordersten Front, sondern wechseln nach einem Rotationssystem zwischen Stellungen und Quartieren. Das Buch *L'Argot des poilus* erläutert 1918, wie dieser ständige Wechsel den Lebensrhythmus

in den französischen Schützengräben bestimmt: »Es ist ebenso bewegend, diejenigen zu sehen, die in die Gräben rücken, wie diejenigen, die aus ihnen zurückkehren. Erstere wirken ernst beim Gedanken an die bittere Aufgabe und das ungewisse Schicksal, die ihnen bevorstehen. Den Gesichtern der Zurückkehrenden sieht man die Erleichterung an, wieder in ein etwas einladenderes Umfeld zu gelangen, aber auch die Erschöpfung und die überstandenen Gefahren.«

In den aktiven Frontabschnitten wird das Grabennetz ständig verändert: Neue Teile werden ausgehoben, um eine Stellung zu verbessern oder Abschnitte in Sektoren zu ersetzen, die dem Feind in die Hände gefallen sind. Nach und nach entwickelt sich so ein dichtes, höchst komplexes Labyrinth, in dem sich die Männer verlaufen. Truppenverschiebungen und Materialtransporte werden zur logistischen Herausforderung. Optisch unterscheiden sich die Gräben je nach Bodenverhältnissen und Klima. In ebenen, feuchten Gebieten bemüht man sich vergeblich, die Stellungen trocken zu halten, weder Holzverschalungen noch Lattenroste verhindern, dass die

1

Marschgepäck

In Verdun nutzen »*Poilus*« (einfache französische Soldaten) 1916 den beengten Platz im Graben optimal aus, indem sie ihre Provianttaschen an einen Querbalken über ihren Köpfen hängen (1). Rechte Seite oben: französische Umhängetasche mit Oberhemd, Socken, Armbanduhr und Taschenspiegel (3). Abgesehen von seiner Kleidung hatte ein *Poilu* stets sein Essgeschirr bei sich (hier dasjenige eines deutschen Soldaten [5] bestehend aus Feldflasche, Löffel und Gabel, Henkelbecher, Teller und Feldkocher), aber auch persönliche Habe (hier Pfeife, Feuerzeug und Tabak eines Franzosen [6], Zigaretten der Marke *Le Dragon* [7] oder zwei 100-Gramm-Päckchen Zichorienkaffee [4], »*Déjeuner des Alliés*« [Verbündetenfrühstück] genannt). Zu Kriegsbeginn wog das Marschgepäck eines französischen Soldaten knapp 30 Kilo, die bei den anstrengenden Märschen auf dem Weg zu neuen Stellungen zur großen Last wurden. Das Fernglas mit Etui (2), die Karte mit Kartentasche und der Kompass gehörten einem französischen Offizier.

2

3

4

5

6

7

Soldaten ständig in Wasser und Schlamm stehen. Eine neuartige Krankheit greift um sich: der nicht selten in ein Gangrän mündende »Grabenfuß«.

Überleben im Feld

An der Westfront ist 1915 als wesentliche neue Entwicklung die zunehmende Beherrschung der Methoden und Taktiken des Grabenkriegs zu beobachten. Die Parteien eignen sich ein komplexes Know-how an, das vom Stellungsbau (Unterstände, Versorgungsstollen, Schützen- und Verbindungsgräben, Sappen etc.) über Aufklärung und Tarnung, Angriffs- und Verteidigungsmethoden bis zu Entwicklung und Einsatz neuartiger Waffen (Granaten, Mörser etc.) reicht. Der Grabenkampf erfordert wissenschaftliche Techniken und Kenntnisse (beispielsweise bei den Pioniertruppen, der Artillerie sowie natürlich im Hinblick auf die neuen chemischen Kampfstoffe), aber auch praktische Fertigkeiten, die im Alltag oft entscheidend sind. Zwar wird nicht ständig gekämpft, denn stillschweigende Abmachungen dämmen die Gewalt etwas ein; ohnehin kann keine der Seiten den Verschleiß an Menschen und Material längere Zeit verkraften. Allerdings erfordern die Gefechte besondere Sachkenntnisse, die bei der Grundausbildung vermittelt, aber auch von erfahrenen Soldaten weitergegeben werden. Auch in dieser Hinsicht kommt der Kameradschaft innerhalb der Primärgruppen des im Feld stehenden Heers eine wesentliche Funktion zu.

In den Extrembedingungen des Grabenkriegs hängt für die Soldaten zwar sehr viel von den technischen Hilfsmitteln ab, noch mehr aber physisch wie psychisch von ihren Kameraden. Die Solidarität macht die Lebensumstände der Soldaten etwas erträglicher, zumal trotz enormer körperlicher Anstrengungen nur selten Raum selbst für die Grundbedürfnisse bleibt: Schlafentzug, umgekehrter Tag-Nacht-Rhythmus (Wachen und Befestigungsarbeiten in den Schützengräben finden nachts statt) und eine minderwertige Verpflegung machen den erschöpften Soldaten zu schaffen. Die Beziehungen innerhalb der Primärgruppen helfen auch, mit dem zermürbenden Artilleriebeschuss, der Angst vor Verwundung und der erlittenen, aber auch selbst verübten Gewalt fertig zu werden. Viele versprechen sich wechselseitig, den anderen nach einer Verwundung zu bergen, den Gefallenen zumindest notdürftig zu bestatten und die Angehörigen zu benachrichtigen.

Der Schützengraben wurde zum herausragenden Symbol des Ersten Weltkriegs. Im kollektiven Gedächtnis nimmt er eine Sonderstellung ein, neben der alle übrigen Kampfformen verblassen. In Schützengräben erlebten Millionen Europäer vier Jahre lang den Krieg. Zugleich sind sie das sichtbare Anzeichen für die von Foch in seinen Erinnerungen diagnostizierte »Krise des Kriegshandwerks«: An die Stelle von Schlachten trat der endlose Belagerungskrieg.

Oben

Französischer Späher in einem Schützengraben in der Champagne (1916). Auf französischer Seite sind gut organisierte und wie hier mit Lattenrosten ausgestattete Gräben eher eine Seltenheit. Da eine konsequente Einstellung auf einen langfristigen Grabenkrieg in den Augen des Militärs einem Verzicht auf die Rückeroberung des Gebiets gleichgekommen wäre, richtete man bewusst nur behelfsmäßige Anlagen für eine vermeintlich vorübergehende Kriegsphase ein.

Der erste Giftgasangriff

22. April 1915 »Am 22. April gegen 17 Uhr machte mich einer meiner Soldaten auf Dampfwolken aufmerksam, die 70–80 Meter vor der vordersten deutschen Grabenlinie aufstiegen. Ich entdeckte dann eine rund zehn Meter hohe grüne Wolke, die unten dicker war und am Boden haftete. Diese Wolke trieb der Wind auf uns zu. Fast augenblicklich glaubten wir zu ersticken [...]. Wir mussten uns zurückziehen, wurden aber von der Wolke verfolgt. In diesem Moment sah ich mehrere Männer fallen. Einige standen wieder auf und liefen weiter, fielen erneut hin und gelangten so mit vielen Unterbrechungen bis zur zweiten Grabenreihe hinter dem Kanal. Dort hielten wir an, und die Männer ließen sich einfach fallen. Bis drei Uhr morgens hörten sie nicht mehr auf zu husten und sich zu übergeben.«

■ Mit diesen Worten schildert Leutnant Guntzberger vor der französischen Untersuchungskommission für feindliche Kriegsverbrechen die dramatischen Folgen des ersten Giftgasangriffs der deutschen Truppen vor Ypern. Um 17 Uhr wurden im Frontsektor nahe der Ortschaft Langemarck auf einem sechs Kilometer langen Teilstück 180 Tonnen Chlorgas abgeblasen: Während die französischen Soldaten fluchtartig ihre vordersten Stellungen verließen, rückten die deutschen Infanteristen mit primitiven Gasmasken nach.

Die Erprobung des Gaskriegs

Ersonnen und geplant wird der erste große Angriff mit tödlichem Giftgas von einem deutschen Fachmann für organische Chemie: Fritz Haber. 1913 gelingt ihm die Synthese von Ammoniak; in ihrem Gefolge beschäftigt er sich mit der Kompression von Gasen. Schon im September 1914 macht Max Bauer, seinerzeit in der Operationsabteilung der Obersten Heeresleitung zuständig für schwere Artillerie und Munition, Falkenhayn auf das Potenzial chemischer Kampfstoffe im Grabenkrieg aufmerksam. Anfang Oktober beruft er eine Kommission aus Offizieren, Forschern und Industriellen ein (allen voran Bayer-Generaldirektor Carl Duisberg). Schon bald folgen Experimente, doch die ersten mit Niespulver gefüllten »Ni-Geschosse« erwiesen sich bei Probeeinsätzen

im Sektor Neuve-Chapelle im Oktober 1914 als wirkungslos. Man erwägt andere Lösungen: In Lodz und Bolimów an der Ostfront erprobt man im Januar 1915 den hochwirksamen Augenreiz-stoff Xylylbromid, der nach Hans Tappen, dem Bruder des Chefs der Operationsabteilung, der die Chemikalie empfohlen hat, »T-Stoff« genannt wird. Bauer kann insbesondere Hans Haber, den Direktor des Kaiser-Wilhelm-Instituts, für seine Arbeitsgruppe gewinnen. Haber schlägt einen ganz neuen Ansatz vor: In den deutschen Linien sollen mit Luftdruckzylindern Chlorgaswolken abgeblasen und vom Wind in Richtung der feindlichen Schützengräben geweht werden.

Nach ersten Tests in Deutschland wird das Chlorgas in Habers Gegenwart in Belgien erstmals im Feld erprobt. Mitte Januar 1915 beschließt Falkenhayn den umgehenden Einsatz der neuen Waffe, denn von einem tödlichen chemischen Kampfstoff verspricht er sich erhebliche taktische oder sogar strategische Vorteile für das deutsche Heer. Einige hohe Offiziere äußern allerdings Vorbehalte: »Aber ich bin wütend über das Gas und seine Verwendung, die mir widerlich gewe-sen ist von Anfang an«, schreibt der Oberbefehlshaber der 3. Armee, Karl von Einem, an seine Frau. »Wir verdanken die Einführung dieses so unritterlichen, nur von Schuften und Verbrechern sonst gebrauchten Mittels in die Kriegsführung natürlich Falkenhayn, dessen Abenteuerlichkeit glaubte, mit diesem Mittel im Handumdrehen den Krieg zu gewinnen.« Die Abkehr von konven-tionellen Waffen ist vielen ein Dorn im Auge.

Mit der Vorbereitung des Angriffs beauftragt man Einheiten, in denen eigens ausgebildete »Gaspioniere« dienen; viele von ihnen sind Ingenieure, Chemiker und Physiker, darunter mehre-re spätere Nobelpreisträger wie Otto Hahn, James Frank und Gustav Hertz. Aus vaterländischem Engagement und wissenschaftlichem Interesse sind diese jungen Forscher sogar bereit, sich in der vordersten Reihe besonderen Risiken auszusetzen. Anfang Februar werden die Luftdruck-zylinder im Sektor des 15. Armeekorps in der Nähe von Gheluvelt an der Straße von Menen nach Ypern in Stellung gebracht. Da sich jedoch die taktische Lage in diesem Frontabschnitt als nach-teilig erweist, weicht man in einen anderen Sektor bei Langemarck aus. Innerhalb weniger Tage werden dort 5800 Luftdruckzylinder installiert. In der Nacht vom 12. auf den 13. April läuft ein Deserteur des 26. Reservekorps zu den Franzosen über und schildert im Verhör die Vorbereitun-gen für den Einsatz der chemischen Waffen und ihre vorgesehene Wirkung, doch die Franzosen nehmen ihn nicht ernst. Sie halten das Ganze für eine Finte und werden deshalb vom Angriff am 22. April völlig überrumpelt. Der Einsatz von Giftgas beschert den Deutschen einen taktischen Erfolg, den sie jedoch nicht ausnutzen, sodass der erhoffte Durchbruch ausbleibt. Dem General-stab gelingt es nicht, das Potenzial der neuen Waffe voll auszuschöpfen.

Der Gegenschlag der Entente

Bei den Alliierten ereifern sich Presse und Regierungen über den kriminellen Verstoß gegen das Kriegsvölkerrecht und insbesondere die Haager Abkommen, die den Einsatz von »ersticken-den oder giftigen Gasen« ächtet. Doch schon am 4. Mai beschließt die britische Regierung nach anfänglichem Zögern ebenfalls den Einsatz gasförmiger Kampfstoffe. Sie beauftragt Forscher, darunter die Chemiker der großen britischen Universitäten, so schnell wie möglich Gase für Ver-geltungsschläge und Schutzvorrichtungen für die eigenen Soldaten zu entwickeln. Schon im Juli 1915 stellen britische Fabriken wöchentlich 150 Tonnen Chlorgas her. Spezialeinheiten bereiten Vergeltungsschläge vor und führen sie im September 1915 in Loos durch.

Die Möglichkeiten chemisch bestückter Fliegerbomben erforschen Frankreich und Großbritannien zunächst erfolglos, denn ihre Flugzeuge haben noch nicht die erforderliche Transportkapazität. Beide Länder sind zudem benachteiligt, weil ihre Fabriken nicht genügend Material produzieren. In Deutschland wird am Kaiser-Wilhelm-Institut unter Habers Leitung weiter geforscht; die Produktion stellen die großen Chemieunternehmen wie Bayer, I.G. Farben und BASF sicher. Beides beschert Deutschland einen erheblichen industriellen und militärischen Vorsprung. Chemische Kampfstoffe werden zum wesentlichen Bestandteil des Waffenarsenals aller Parteien, zu einer von vielen Waffen im Abnutzungskrieg. Um die meteorologischen Probleme beim Einsatz von »abdriftenden Gaswolken« zu umgehen, entwickelt man mit Giftgas gefüllte Granaten. Bis heute findet man in Frankreich Geschosse aus dem Ersten Weltkrieg, die noch aktives Gas enthalten. In Verdun setzten die Franzosen 1916 Phosgen-Granaten ein, die Deutschen ab Sommer 1916 Projektile mit Diphosgen, doch machen Gasgranaten zunächst nicht einmal ein Prozent der 37 Millionen Granaten aus, die beide Seiten in dieser Schlacht abschossen. 1918 erreichte ihr Anteil bereits 20 Prozent. Chemiker und Ingenieure verbessern kontinuierlich die Freisetzung der Gase beim Einsatz solcher Projektile und die Wirksamkeit der eingesetzten Kampfstoffe. Obwohl chemische Waffen den betroffenen Soldaten so großes Leid zufügten, dass ihnen im kollektiven Gedächtnis ein erheblicher Stellenwert zukommt und sie zum Inbegriff des Ersten Weltkriegs wurden, waren sie nur für einen Bruchteil aller Kriegstoten verantwortlich.

Forschung im Dienst des Militärs

Krieg und Forschung sind eng miteinander verflochten: Von der Entdeckung und Optimierung der technischen Grundlagen erhoffen sich alle einen strategischen Durchbruch im festgefahrenen Stellungskrieg. In Frankreich werden schon 1915 Wissenschaftler zum Kriegsdienst hinter der Front herangezogen: »Wir nehmen uns ein Beispiel [...] am Nationalkonvent, der seinerzeit

Unten
Der Gaskrieg mobilisiert auch die industriellen Kapazitäten der kriegführenden Länder, und in diesem Punkt ist Deutschland klar im Vorteil. Die Arbeit in den Chemiewerken ist oft gefährlich (rechts befüllt ein Arbeiter in einer französischen Rüstungsfabrik Granaten mit Giftgas). Links Artilleristen beim Nachladen eines Granatwerfers. Ihre Sturmhauben bestehen aus einem schlichten Sack aus getränkter Baumwolle mit einer rechteckigen Glimmerplatte in Augenhöhe und einer Schnur, mit der die Haube um den Kopf gebunden wird. Zehntausende Sturmhauben wie diese wurden im Mai/Juni 1915 an französische Soldaten verteilt.

Schutzvorrichtungen

Zunächst setzte man mit adsorbierenden Chemikalien getränkte einfache Kompressen ein (im Nachhinein C1 genannt), später Sturmhauben aus Frottee mit rechteckiger Glimmerplatte (2 französische Haube). 1916 kamen die ersten Vollmasken auf (3 M2-Maske mit integrierten Sichtscheiben, 1916 in Frankreich entwickelt). Das französische Heer verwendete zunächst »Rüsselmasken« wie die Kautschukmasken von Tissot, die über einen Schlauch mit einem rucksackartigen Filterbehälter verbunden waren. Erst 1917 kamen die ersten wirklich dichten Gasmasken mit Atemfilter auf: hier ein deutsches Modell (4) und ein amerikanischer Box Respirator mit Etui aus der letzten Kriegsphase (6).

Vorherige Seite: Französische Infanteristen bei einer Aufklärungsmission nach einem Gasangriff in den Trümmern eines Dorfes (1). Die Männer tragen Gasmasken vom Typ ARS 17 mit austauschbarer Kartusche, wie sie im Mai/Juni 1918 in Gebrauch waren. Das Tragen von Gasmasken war nicht nur körperlich anstrengend, sondern förderte durch die Anonymisierung und Isolation die Gewaltbereitschaft des einzelnen Soldaten im Gaskrieg. Als Schutz gegen chemische Kampfstoffe wurden auch andere Methoden erprobt, etwa Zerstäuber für Stoffe, die die schädliche Gaswirkung neutralisieren sollen, wie dieser englische »Anti-Gas-Balsam« (5).

nicht nur Büchsenmacher und Schmiede, sondern auch Gelehrte und Ingenieure zum Dienst am Vaterland aufrief. Mehr noch als damals muss heute die industrielle Mobilmachung Frankreichs durch seine wissenschaftliche Mobilmachung ergänzt werden«, fordert im November 1915 ein französisches Dekret, das die Richtung der Forschungstätigkeit vorgibt. Die Ernennung des Mathematikers Paul Painlevé zum Erziehungsminister und später Kriegsminister gibt einen entscheidenden Anstoß für das Engagement von Wissenschaftlern für die Verteidigung ihres Staats. In den Laboratorien der renommierten École Normale Supérieure wird erforscht, wie man die Akustik für die Standortbestimmung von Geschützstellungen nutzen kann. Mit ihren mobilen Röntgenfahrzeugen, liebevoll »petites Curies« genannt, sind Marie Curie und ihre Tochter Irène mit Unterstützung Jean Perrins an der Front unterwegs und richten in den Lazaretten radiologische Stationen ein. Röntgenaufnahmen verbessern die Chancen der Verwundeten deutlich.

Der Krieg bewirkt zwar keine Revolution der ärztlichen Methoden etwa in der Chirurgie, leitet aber wichtige Neuerungen in den Bereichen Anästhesie und Transfusionsmedizin ein. Vor allem führt er zur Herausbildung einer Feldmedizin. Da man die medizinischen Auswirkungen des Materialkriegs eklatant unterschätzt hat, mangelt es in den ersten Kriegsmonaten massiv an Sanitätseinrichtungen, zumal der Nachschub schlecht organisiert ist. Als nachteilig erweisen sich auch bestimmte Behandlungsmethoden wie das unter Feldchirurgen von alters her verbreitete Dogma, Schusswunden möglichst sich selbst zu überlassen. Da viel Zeit bis zur Bergung Verwundeter vergeht, bleiben die Behelfsverbände zu lange auf den Wunden, sodass sich vielfach Gasgangräne entwickeln. In seinem Bericht an den Militärausschuss des Senats, dessen Mitglied er ist, schreibt der Arzt Charles Debierre: »Einerseits Invaliden, andererseits Tote – das ist es, was uns der improvisierte Sanitätsdienst an der Front eingebracht hat.« Lang anhaltende Großoffensiven bringen zwar im gesamten Kriegsverlauf enorme logistische Herausforderungen mit sich, doch verbessern die Vorauswahl der Verwundeten und die Staffelung der Sanitätseinrichtungen (Erste-Hilfe-Posten, Krankenwagen, Lazarette) die Lage erheblich. Die damals entstehenden Praktiken bilden bis zum heutigen Tag zentrale Elemente der Militär- und Notfallmedizin.

Doch Forscher engagieren sich nicht nur in der Praxis: Neben Intellektuellen und Künstlern wirken sie auch an der Herausbildung eines vermeintlich rationalen Gedankengebäudes mit, das den von ihrem jeweiligen Vaterland geführten Krieg rechtfertigt und die Wissenschaftler im Feindesland als unlauter anprangert. Schon in den ersten Kriegswochen macht ein »Aufruf an die Kulturwelt« Furore, der von den renommiertesten deutschen Wissenschaftlern ihrer Zeit unterzeichnet ist, darunter dem Chemiker Fritz Haber, den Physikern Wilhelm Conrad Röntgen, Max Planck und Walther Nernst. Es ist der erste von vielen Aufrufen, die eine wichtige Rolle bei der gesellschaftlichen Mobilisierung spielen. Einstein weigert sich als einer von wenigen, das »Manifest der 93« zu unterzeichnen, und steht offen zum Pazifismus. Im Februar 1915 schreibt Pierre Duhem: »Dank der ungeheuren Mühe seiner Gelehrten, Philosophen und Historiker hat der Deutsche, sobald er eine Schandtat begeht, stets ein Axiom zur Hand, auf dessen Basis eine Argumentation unerschütterlich nachweist, dass er richtig gehandelt hat.«

Der Krieg unterbricht vorübergehend den Prozess der Internationalisierung wissenschaftlicher Praktiken, auch wenn es einigen Gelehrten ihren patriotischen Bestrebungen zum Trotz gelingt, sich diesem Trend zu entziehen. Dieser Umbruch hat langfristige Folgen. Als die Wissenschaftler ihre internationale Zusammenarbeit in der Nachkriegszeit wieder aufnehmen, bleiben

Links

Verwundete französische und
deutsche Soldaten, zum Teil
mit Gasvergiftungen, 1915
vor einem Sanitätsposten
hinter der Front. Im April
1915 starben 40 Prozent der
Giftgasopfer, 1918 jedoch nur
noch 2,5 Prozent. Insgesamt
erlitten Schätzungen zufolge
über eine Million Soldaten
Gasvergiftungen; mehr als
90 000 starben daran. Chemische Kampfstoffe führten
zwar nur bei einem Prozent
der von 1914 bis 1918 Gefallenen zum Tod, doch starben
unzählige Soldaten nach dem
Krieg vorzeitig, viele wurden
blind, durch Lungenresektion
zu Vollinvaliden oder litten
bis an ihr Lebensende an
Atemnot. Ein Mahnmal in
Steenstraat bei Ypern erinnert
daran, dass auch lange nach
dem Krieg mitten im Frieden
Tag für Tag Opfer des ersten
Gasangriffs dieser abscheu-
lichen Art der Kriegsführung
erlagen.

deutsche Gelehrte außen vor. Im Rahmen einer Umfrage der Académie des Sciences rechtfertigt
die Linné-Gesellschaft in Bordeaux 1918 diesen Ausschluss wie folgt: »Ganz sicher denken wir
nicht daran, auf Freundschaft und Vertrauen fußende Forschungsbeziehungen zu Nationen aufzunehmen, die sich durch ihre Handlungen disqualifiziert und aus der Zivilisation ausgeschlossen haben. Die Zusammenarbeit mit Männern, die in der Wissenschaft nur ein perfektioniertes
Mittel sehen, wehrlose Frauen, Greise und Kinder zu ermorden, ist undenkbar.«

Landung der Alliierten auf Gallipoli

25. April 1915 »Mein Gott, ich glaube, ich war im Leben noch nie so glücklich wie heute [...]. Auf einmal wird mir klar, dass es seit meinem zweiten Lebensjahr immer mein Ehrgeiz war, bei der Eroberung von Konstantinopel dabei zu sein.« Als der englische Dichter Rupert Brooke von seiner Einberufung gegen das Osmanische Reich erfährt, denkt er sofort an die homerischen Mythen. Als Offizier der Royal Naval Division gehört er dem britisch-französischen Mittelmeer-Expeditionskorps an, das die Osmanen auf der Halbinsel Gallipoli an den Dardanellen angreifen soll.

■ Brookes Schwärmerei ist keineswegs ungewöhnlich: Viele britische Offiziere denken auf dem Weg zur Schlacht in der Nähe des antiken Troja an klassische Heldensagen. Nur wenige können sich vorstellen, dass ihr Feldzug sich in Wahrheit als militärisch völlig sinnloser Akt entpuppen wird. Brooke bleibt diese Erkenntnis erspart, denn er stirbt am 23. April 1915 – zwei Tage vor der Landung der ersten Truppenteile auf Gallipoli – an einer Blutvergiftung, die er sich auf der Überfahrt durch einen Mückenstich zugezogen hat. Unter dem Eindruck seines frühen Todes wird sein postumer Gedichtband *1914 and Other Poems* im Handumdrehen zum Bestseller. In seinem Gedicht *Der Soldat* heißt es: »Wenn ich denn sterbe, denk nur dies von mir: Es gibt dann in der Fremde einen Winkel, der immer England ist.« Seine Werke sind Ausdruck eines romantischen Kriegsbilds, das mit der Realität der Verhältnisse auf Gallipoli nicht das Geringste zu tun hat.

Links und linke Seite
Die Alliierten hatten vor,
mit einer Marineoffensive die
Dardanellen einzunehmen,
mussten jedoch eine herbe
Niederlage hinnehmen. Weder
der Beschuss vom Meer aus
(unten die *HMS Albion* bei
der Bombardierung einer
türkischen Batterie) noch die
Landung alliierter Truppen auf
der Halbinsel Gallipoli (links)
bewirken den erhofften
Durchbruch. Daheim hatten
sich Satirezeitungen schon
auf den Sieg gefreut (linke
Seite): Die Karikatur *Coup de
pied dans les fez* (Der Tritt in
den Fes/den Allerwertesten)
von H. Lanos erschien am
27. März 1915 in *Le Rire
rouge.*

Eine neue Front eröffnen

Die Briten planen die Dardanellen-Operation 1915 als Ausweg aus dem festgefahrenen Stellungskrieg an der Westfront, wo es ihnen auch mit den Frühjahrsoffensiven etwa bei Neuve-Chapelle nicht gelungen ist, die deutschen Linien aufzubrechen. Eine neue Front soll nun Bewegung in die Sache bringen. Durch die Einnahme der Dardanellen und später von Konstantinopel hofft man die Osmanen zur Kapitulation zwingen zu können. Vor dem Krieg hatten die Deutschen das Osmanische Reich als potenziellen Verbündeten umworben. Im November 1914 trat es tatsächlich auf Seiten des Kaisers mit einem Angriff auf die russische Schwarzmeerflotte in den Krieg ein. Nach dem Verlust eines Großteils seiner europäischen Gebiete in den Balkankriegen 1912/1913 hofft das Osmanische Reich seinerseits, durch das Bündnis mit den Mittelmächten seinem Erzfeind Russland wenigstens Gebiete auf asiatischem Boden wegnehmen zu können.

Die Briten wollen den Druck abmildern, den die Osmanen im Kaukasus auf Russland ausüben. Zudem streben die Alliierten mit der Eroberung der Dardanellen eines ihrer wichtigsten Kriegsziele an: Russland von seinen eisfreien Häfen im Schwarzen Meer aus einen Zugang zum Mittelmeer zu verschaffen. Zugleich wollen sie die britische Kolonie Ägypten vor osmanischen Einfällen schützen. Winston Churchill als Erster Lord der Admiralität entwirft den Plan, Premierminister Herbert Asquith und Kriegsminister Lord Kitchener segnen ihn ab. Sobald der britische Flottenverband die Meerenge durchquert haben würde, so hoffte man, werde die osmanische Garnison auf Gallipoli augenblicklich kapitulieren.

»Kreuzfahrt im Marmarameer«

Der von Kitchener als Kommandeur vorgeschlagene Sir Ian Hamilton soll die Operation befehligen. Die Vorbereitungen erfolgen in großer Hast. Da der Feldzug als eine Art Scharmützel am Rande des Geschehens fern vom eigentlichen Kriegsschauplatz an der Westfront gilt, stehen Hamilton nicht genügend Männer und Material zur Verfügung. Herablassend nennt Kitchener die schlampig vorbereitete Operation eine »Kreuzfahrt im Marmarameer«. Kurz nach Kriegsausbruch war vereinbart worden, dass Einsätze der alliierten Seestreitkräfte im Mittelmeer unter dem Oberbefehl Frankreichs stehen sollten, doch in diesem Fall treten die Franzosen den Oberbefehl an die Briten ab.

Diese hoffen, durch Artilleriebeschuss der osmanischen Festungen von Schiffen aus im ersten Schritt die Dardanellen zu erobern. Die Offensive startet im Februar 1915 und erreicht ihren Höhepunkt am 18. März 1915 mit dem Großangriff englischer und französischer Marineeinheiten. Sie sollen die türkische Verteidigung durchbrechen und die Minen aus der Meerenge räumen, damit die Flotte bis nach Konstantinopel gelangen kann. Doch als die *HMS Irresistible, HMS Ocean* und die französische *Bouvet* durch Minen versenkt werden, brechen die Alliierten die Operation zu Wasser ab und beginnen mit der Landung von Infanterieeinheiten auf Gallipoli. Vor allem die französischen Kriegsschiffe geraten am 18. März in arge Bedrängnis: Das Linienschiff *Gaulois* wird schwer beschädigt, und an Bord der *Bouvet* sterben 600 Mann Besatzung. Der Marinevorstoß in den Dardanellen, aber auch die Verschiebung zahlreicher Einheiten nach Ägypten und

Unten

Das Operationsgebiet auf der Halbinsel Gallipoli: Briten und Anzacs halten die Suvla-Bucht, die Anzac-Bucht und das Kap Helles, die Franzosen das gegenüberliegende Ufer rings um Kum Kale. Da der Durchbruch ins Landesinnere jedoch nie gelang, mussten die Truppen sich schließlich wieder einschiffen. Fast 140 000 Mann fielen.

▨ von den Alliierten okkupiertes Territorium   ✹ Festungen oder Batterien

97

auf die Ägäis-Inseln warnt die Osmanen, dass die Truppenlandung unmittelbar bevorsteht. Am 26. März 1915 trifft General Liman von Sanders als Leiter der deutschen Militärmission im Osmanischen Reich auf Gallipoli ein und bereitet die Verteidigung vor. Die deutsche Unterstützung ist für die Osmanen in der gesamten Schlacht von elementarer Bedeutung.

Ein katastrophaler Fehlschlag ...

Am 25. April 1915, aufgrund ungünstiger Witterung zwei Tage später als geplant, landen die alliierten Streitkräfte an den Stränden von Gallipoli. Das Hauptkontingent konzentriert sich auf die fünf Abschnitte S, V, W, X und Y am Kap Helles ganz im Süden der Halbinsel. Unterstützt wird die Operation am »Z-Strand« an der Ägäis-Küste der Halbinsel durch die Landung des australisch-neuseeländischen Armeekorps (Anzac) unter dem Kommando von General Birdwood. Zusätzlich erfolgen Ablenkungsangriffe in Bulair und – unter französischer Flagge – bei Kum Kale am asiatischen Ufer der Dardanellen. Von Anfang an steht die Operation unter keinem guten Stern: Die Anzacs landen nicht an der vorgesehenen Stelle, dann verhindern Steilklippen einen raschen Vorstoß in feindliches Gebiet. Dadurch haben die Osmanen Zeit, Verstärkung zu rufen und das Landungsgebiet anzugreifen. Befehlshaber der osmanischen Verteidigung des später als »Anzac-Bucht« bezeichneten Strandabschnitts ist Mustafa Kemal (der spätere Atatürk), der wegen seiner Rolle in der Schlacht von Gallipoli zum Nationalhelden aufsteigt. Seine Truppen soll er mit dem berühmten Ausspruch in die Schlacht geschickt haben: »Ich befehle euch nicht anzugreifen, ich befehle euch zu sterben. In der Zeit, die wir zum Sterben brauchen, werden andere Truppen und Befehlshaber kommen, um unseren Platz einzunehmen.«

Auch die Truppen der britischen 29. Division erleiden bei der Landung am Kap Helles schwere Verluste. Unter dem massiven Beschuss gelingt es ihnen nicht, ins Landesinnere zu dringen. Am Strandabschnitt V sind 2000 Soldaten eines irischen Bataillons und der Royal Hampshires in einem umgebauten Kohlenschiff versteckt. Die *River Clyde* wird absichtlich unterhalb der Festung versenkt, damit die Männer dort an Land gehen können, doch die Hälfte von ihnen stirbt im Kugelhagel der osmanischen Maschinengewehre oder wird verwundet.

Trotz des beispiellosen Seeangriffs können die am 25. April gelandeten Alliierten lediglich Brückenköpfe errichten. Das Landesinnere bleibt ihnen weiter verschlossen, denn der Steilhang bietet keinerlei Deckung gegen das Artilleriefeuer der feindlichen Eliteeinheiten. Die Alliierten graben sich ein. Bis Ende 1915 kommt es immer wieder zu massiven Gefechten, sobald sie sich bemühen, bis zur Hochebene oberhalb der Strandklippen durchzubrechen. Am 6. Mai scheitern 25 000 britische und französische Soldaten bei dem Versuch, das Dorf Krithia und den Hügel Achi Baba zu erobern, weil die Briten aufgrund ihrer Vorurteile gegen orientalische Völker den Widerstand der Osmanen sträflich unterschätzen. In London löst die Pattsituation auf Gallipoli eine politische Krise aus. Während Churchill die Operation verteidigt, will sie der Erste Seelord Lord Fisher schleunigst abblasen, findet aber hierfür keine Unterstützung und tritt zurück. Die liberale Regierung wird von einer Koalition abgelöst. Churchill verliert zwar seine Stellung als Erster Lord der Admiralität, sitzt aber weiter im Kriegsrat.

Frankreich spielt im Landkrieg um Gallipoli weiterhin die zweite Geige. Die Alliierten stimmen Entscheidungen nicht untereinander ab, die Kommunikation zwischen der britischen und französischen Kommandozentrale erfolgt nur inoffiziell. Der Oberbefehlshaber der französischen

Streitkräfte, General d'Amade, ist gegen eine Landung bei Gallipoli und favorisiert die asiatische
Küste der Meerenge, kann sich aber gegen die Briten nicht durchsetzen. Auf Gallipoli weist man
den Franzosen den südöstlichen Sektor rechts von der Linie am Kap Helles zu, der jedoch wegen
einer tiefen Schlucht und fehlender Deckung problematisch ist, zumal die Franzosen der osmanischen Artillerie aufgrund ihrer farbigen Uniformen bequeme Ziele bieten. Im Mai 1915 erleiden
sie massive Verluste. In der Zweiten Schlacht von Krithia erobern sie 500 Meter Boden, jedoch
zum exorbitanten Preis von rund 13 000 Toten. Im September 1915 werden die französischen
Truppen großenteils abgezogen und beim Angriff auf Saloniki eingesetzt.

Auf Gallipoli grassieren wegen der miserablen sanitären Verhältnisse Ruhr und Typhus unter
den Soldaten. Hitze und Fliegen machen ihnen zu schaffen, zumal unzählige Tote nicht geborgen und bestattet werden können. Auch die Versorgung der Verwundeten gestaltet sich schwierig, weil man auf Lazarettschiffe angewiesen ist. Da ihnen der Zugang zu Brunnen versperrt
ist, müssen die Briten Trinkwasser aus Malta und Ägypten kommen lassen. Als die Anzacs am
19. Mai eine groß angelegte Gegenoffensive der Osmanen abwehren, ist die Lage so katastrophal,
dass beide Seiten einige Tage Waffenruhe vereinbaren, um ihre Gefallenen zu bestatten.

... aber ein gelungener Abzug

Am 6. August versuchen die Briten den Durchbruch. In der Suvla-Bucht nördlich der Anzac-
Bucht setzen sie Nachschubtruppen der 10. und 11. Division ab. Die Hälfte dieser Männer sind
Iren, Mitglieder der ersten der drei irischen Divisionen in Kitcheners Freiwilligenarmee, die an
der Front zum Einsatz kommt. Nach einer einigermaßen reibungslosen Landung in Suvla erleiden sie anschließend bei den Gefechten auf den umliegenden Hügeln gewaltige Verluste. Beglei-

tet wird die Offensive von einem neuerlichen Ausbruchsversuch der Anzacs aus ihrer Bucht. Die dramatischen Kämpfe – vor allem der Angriff der Australier auf die osmanischen Schützengräben bei Lone Pine und die kurze Besetzung der Anhöhe bei Chunuk Bair durch die Neuseeländer, die jedoch schon bald einen Rückzieher machen müssen – ändern nichts am Scheitern der Alliierten. Anstatt eine neue Front im Bewegungskrieg zu eröffnen, verhärtet die Operation auf Gallipoli letztlich die Pattsituation an der Westfront. Technische Neuerungen wie Maschinengewehre, aber auch die Steilklippen spielen den Verteidigern in die Hände: Auf Gallipoli versuchen die Alliierten vergeblich, mit einer Reihe verlustreicher Frontalangriffe eine Hügelkette gegen den Widerstand gut bewaffneter osmanischer Stellungen zu erobern.

Am 15. Oktober 1915 wird Sir Ian Hamilton als Kommandeur abberufen. Sein Nachfolger Sir Charles Munro fordert den umgehenden Truppenabzug, was Kitchener nach einem Besuch vor Ort auch genehmigt. Die Suvla- und die Anzac-Bucht werden am 18. und 19. Dezember geräumt, das Kap Helles am 8. und 9. Januar 1916. Paradoxerweise verläuft dieser letzte Teil der Operation im Vergleich zu vorher wie am Schnürchen. Der Ruf Churchills und Hamiltons wird durch die Operation Gallipoli schwer beschädigt. Die von der britischen Regierung zur Untersuchung der Niederlage eingesetzte Dardanellen-Kommission gelangt zu dem Schluss, dass die Operation chaotisch organisiert und nicht mit genügend Truppen und Material ausgerüstet war.

Feuertaufe für die Truppen aus Australien und Neuseeland

L. A. Carlyon zufolge verloren die Alliierten über 140 000 Mann auf Gallipoli, die Osmanen Schätzungen zufolge doppelt so viele. Dennoch war der Feldzug für Australien und Neuseeland eine wichtige Erfahrung. Der fünfte Kontinent formierte sich erst 1901 zum Commonwealth of Autralia. Auf Gallipoli erhielten die australischen und neuseeländischen Streitkräfte im Ersten Weltkrieg ihre Feuertaufe. Bis heute gilt der »ANZAC Day« am 25. April als Nationalfeiertag, an dem junge Australier und Neuseeländer noch immer nach Gallipoli pilgern. In Großbritannien und Frankreich ist die Erinnerung an den Feldzug eher bitter, zumal beide Länder dreimal so viele Soldaten einbüßten (beispielsweise 10 000 Anzacs gegenüber 14 000 Franzosen).

Auf beiden Seiten kämpften Männer unterschiedlichster Herkunft, darunter französische Zuaven, senegalesische Kolonialtruppen, britische Sikhs, Punjabi und Gurkha. Auch der russische Kreuzer *Askold* unterstützte die Operation. Jüdisch-russische Emigranten in der Jüdischen Legion »Zion Mule Corps« und Soldaten aus Neufundland waren auf britischer Seite im Einsatz. Im osmanischen Heer dienten Männer aus aller Herren Länder von Bulgarien bis Syrien. In Australien und Neuseeland rankt sich ein ganz besonderer Mythos um die *Gallipoli Campaign*. Eine entscheidende Rolle dabei spielte der australische Kriegsberichterstatter Charles Bean. In seiner amtlichen Geschichte des Feldzugs wurden die Anzac-Soldaten zu Helden. Nach Ansicht der Historikerin Jenny Macleod benutzte Bean Gallipoli »zur Gestaltung einer Heldensage, die geeignet war, die Identität der jungen Nation zu festigen«. Auch spätere – kriegsfeindliche – Auslegungen des Mythos wie Eric Bogles Ballade *And the Band Played Waltzing Matilda* (1972) oder Peter Weirs Film *Gallipoli* (1981) zeichneten Gallipoli als wichtige nationale Erfahrung für Australien. In der Türkei ist die Erinnerung an diesen Feldzug ebenfalls bis heute sehr lebendig. Dort feiert man seinen Ausgang als triumphalen Sieg und schreibt das Verdienst Mustafa Kemal zu, der über den Trümmern des Osmanischen Reichs die moderne Türkei gründete.

Jean-Corentin Carré (15) zieht in den Krieg

27. April 1915 Ein 15-jähriger Bretone meldet sich unter falschem Namen freiwillig zum 410. Infanterieregiment in Rennes. Jean-Corentin Carré aus Faouët (Morbihan) behauptet, er heiße Auguste Duthoy und sei 1897 in Rumigny in den Ardennen geboren. Da die Region von den Deutschen besetzt ist, kann die französische Musterungsbehörde seine Angaben nicht überprüfen und erklärt ihn für tauglich. Im Februar 1916 wird er zum Korporal und dann zum Sergeanten befördert und erhält wenige Monate später das *Croix de Guerre*. Mit 17 Jahren – dem gesetzlichen wehrdienstfähigen Alter – gibt er seinen richtigen Namen an und wechselt zur Luftwaffe. Im März 1918 wird er abgeschossen und stirbt.

■ Schon bald wird er anderen Jugendlichen als Vorbild hingestellt, etwa auf dem 1919 von Victor Prouvé gestalteten Plakat, das sich an Schulkinder richtet. Darauf sieht man ihn im Kugelhagel, das Gewehr in der Hand, im Niemandsland zwischen den Fronten. Der Text zitiert aus einem Brief an seinen früheren Lehrer, warum dieser junge Mann solche Gefahren auf sich nahm: »Unter dem Joch des Feindes könnte ich nicht leben, deshalb bin ich Soldat. Nun, dieses Ehrgefühl, das habe ich in der Schule gelernt [...]. Ich wünsche mir, dass alle Schulkinder das, was man ihnen beibringt, genauso begreifen wie ich es begriffen habe [...].«

A La Gloire
de
Jean Corentin Carré
né au Faouët le 9 Janvier 1900
Engagé au 41e Régt d'infanterie le 27 Avril 1915
mort en combat aérien le 18 Mars 1918.

« Je ne pourrais pas vivre sous le joug de l'ennemi,
c'est pourquoi je suis soldat.
Eh! bien, ce sentiment de l'honneur, c'est a l'école que je l'ai appris,
et c'est vous mon cher maitre, un de ceux qui me l'ont enseigné!
Je souhaite que tous les petits écoliers comprennent les leçons
qui leur sont données de la même manière que je les ai comprises.
La vie en elle même n'est rien
si elle n'est bien remplie »

Lettre de Jean Corentin Carré
à l'instituteur du Faouët.

Heroische Kinder?

Ist Jean-Corentin Carré die große Ausnahme? Zweifellos. In Frankreich waren es in den Kriegsjahren nur ein paar Dutzend Jungen, die von zu Hause ausrissen und sich unter falscher Altersangabe zum Militär meldeten, die meisten aus Paris, überwiegend von den *Écoles primaires supérieures*. Sie eiferten zwei jungen Helden nach, die sie aus den Schulbüchern kannten: So wie Joseph Bara und Joseph Agricol Viala in der Französischen Revolution wollten sie die Schmach von 1870 rächen oder einfach neben ihrem Vater oder einem großen Bruder an der Front stehen. Doch nur eine Minderheit wählt diesen Weg, vor allem in den vom Kriegsgeschehen weit entfernten Ländern. In Großbritannien erlangte nur ein Kinderheld eine gewisse Berühmtheit: Jack Cornwell fiel mit 16 ½ Jahren im Mai 1916 in der Skagerrakschlacht und wurde postum mit dem *Victoria Cross* ausgezeichnet. Hinsichtlich jugendlicher Kämpfer änderte sich im 20. Jahrhundert im Vergleich zu den Jahrhunderten davor eigentlich nichts: Seit Beginn der Neuzeit bis ins 19. Jahrhundert kämpften zahlreiche Kinder und Jugendliche auf den Schlachtfeldern. Allein im Sezessionskrieg sollen es zwischen 250 000 und 420 000 gewesen sein.

Was sich im Ersten Weltkrieg allerdings verändert, ist die kollektive Vorstellung von Kindheit: Kinder stehen nun im Mittelpunkt der Aufmerksamkeit. In den besetzten Ländern wie Frankreich und Belgien wird das Kind zum Inbegriff des unschuldigen Märtyrers. Ein Beispiel hierfür ist die während des ganzen Kriegs weit verbreitete Legende, die Deutschen hätten kleinen Belgiern die Hände abgeschnitten, um ihnen Ringe und Armbänder zu stehlen. Zugleich steht das Kind für die Stärke des über Generationen ererbten Widerstandsgeists. Das beste Beispiel hierfür ist Émile Desprès aus dem Dorf Lourches im Département Nord. Seine heute fast vergessene Geschichte war während des Krieges in diversen – mehr oder weniger ausgeschmückten – Varianten in aller Munde. Einer Version zufolge wurde er mit 13 oder 14 Jahren hingerichtet, weil er einem verwundeten französischen Unteroffizier zu trinken gab, der seinerseits einer jungen Französin zu Hilfe geeilt war, die von den deutschen Soldaten drangsaliert wurde. In einer anderen Fassung bietet ein deutscher Offizier Desprès an, er werde ihn am Leben lassen, wenn er seinerseits den französischen Soldaten erschießt; der Junge nimmt die Waffe, erschießt jedoch den Deutschen. In beiden Geschichten ist Desprès ein ganz gewöhnliches Kind. Dass er angeblich kurz vor seinem Tod mit entwaffnender Spontaneität erklärt: »Mama hatte Recht: Ich hätte besser aufpassen sollen«, macht ihn zur Identifikationsfigur einer ganzen Generation junger Franzosen.

»Euch, meine Lieben, habe ich da unten verteidigt«

In allen Kriegen bis 1914, weit mehr jedoch im Ersten Weltkrieg dreht sich in den kriegführenden Nationen alles um das Kind. Viele sehen deshalb den »Großen Krieg« als Kampf der Väter für die Freiheit der jungen Generation. Zum Zeichnen der dritten nationalen Kriegsanleihe »für das kämpfende Frankreich« und »für das heranwachsende Frankreich« fordert ein Plakat auf, das einen Soldaten in der himmelblauen französischen Uniform zeigt, in den Armen seinen Sohn, während im Hintergrund seine Frau ihr Baby stillt. Auf einer Postkarte sieht man unter dem Titel *Français, voilà ce que tu défends* [Franzose, das verteidigst du!] eine blauweißrot umrandete Frankreichkarte, davor einen Kirchturm und drei Generationen einer Familie, das jüngste Kind noch in der Wiege. Viele Soldaten verinnerlichen offenbar ihre traditionelle Rolle als Beschützer und Verteidiger: »Ich bin Soldat, aber auch Familienvater«, schreibt ein französischer Soldat

Vorangehende Seite
Der Holzwagen, auf dem ein überdimensionaler Hahn einen deutschen Soldaten mit Pickelhaube anspringt, ist ein typisches Beispiel dafür, wie die kulturelle Matrix auch auf die Jugend einwirkte, denn schon Spielzeug für Kleinkinder macht den Feind lächerlich und hebt stolz die Überlegenheit der eigenen Nation hervor.

Linke Seite
Kinderhelden bilden im Ersten Weltkrieg einen beliebten Topos. Manche widersetzen sich als Zivilisten Einmarsch oder Besetzung – so etwa Émile Desprès, der als Märtyrer starb, nachdem er einen deutschen Offizier getötet hatte. Weitaus seltener stellt man Kinderhelden in Uniform dar. Einer von ihnen ist Jean-Corentin Carré, der sich im April 1915 freiwillig meldete und im März 1918 fiel. Auf diesem Plakat von Victor Prouvé, das erst nach dem Krieg entstand, dringt der junge Mann dem Kugelhagel zum Trotz ins Niemandsland vor. In den Zeilen aus dem (letzten?) Brief, den Carré an seinen früheren Lehrer schrieb, bekräftigt er seine patriotische Gesinnung und erinnert an das, was er in der Schule gelernt habe. Die Abbildung zweier Schüler an ihrem Pult in der unteren rechten Ecke unterstreicht diese Kontinuität zwischen den erlernten moralischen Werten und dem Kampf.

1916 an seine Kinder. »Verdun kann mir nicht die Erinnerung an alle diejenigen nehmen, die mir lieb und teuer sind. Euch, meine Lieben, habe ich da unten verteidigt.« Durch die Trennung gewinnt der Briefwechsel zwischen Vätern und Kindern eine neue Qualität. Viele Väter drücken ihre Liebe und ihr Verantwortungsgefühl vor allem den Kleinsten gegenüber aus, oft auch Angst, sie seien Fremde für Kinder, die noch Säuglinge oder noch gar nicht geboren waren, als ihre Väter einrücken mussten. Andere fürchten, ihre Kinder würden sie bei ihrer Rückkehr womöglich nicht wiedererkennen: »Diese Zeilen sollen Dir und Deirdre frohe Weihnachten von Eurem Papa wünschen. Bestimmt weißt Du nicht genau, wer sie geschrieben hat. Ganz sicher erinnerst Du Dich nicht, wie er aussieht. Ebenso kann er sich auch Dich nur noch mit Mühe vorstellen«, schreibt Clive Morrison-Bell in einem Brief an seine Tochter Shelag. »Eines Tages wirst Du einen unbekannten Mann ins Haus treten sehen. Du wirst wissen, er ist Soldat, denn er trägt eine Uniform. Wenn er Deine Mama sieht, wird er sich ganz seltsam, aber auch ganz vertraut verhalten; auch Dich wird er umarmen wollen. Dieser Mann wird Dein Papa sein, der Dich lieb hat.«

Die Kinder sind nicht nur diejenigen, die es zu verteidigen gilt, sondern spielen oft selbst eine aktive Rolle, denn mehr und mehr weitet sich die Gewalt des Krieges auch auf die Zivilbevölkerung aus. In den besetzten Gebieten bleiben ihnen weder die unmittelbare Konfrontation mit dem Tod noch die Bedrohung durch deutsche Truppen noch die Zwangsarbeit erspart. »Hier beginnt eine tragische Geschichte«, schreibt der zehnjährige Yves Congar in sein Kriegstagebuch und markiert den 25. August 1914 mit zwei dicken schwarzen Balken: Gerade sind die Deutschen in die Stadt Sedan einmarschiert. Aus seiner eingeschränkten Perspektive ohne Neuigkeiten aus dem freien Frankreich klammert sich der Junge an seinen glühenden Patriotismus: »Wir bleiben hier, unerschütterlich in unserem Entschluss, unsere Pflicht zu tun; und falls wir sterben müssen, dann sterben wir.« Seine große Schwester Marie-Louise schildert in ihrem Tagebuch die Langeweile, die Angst vor den Besatzern, vor allem aber den Hunger – den Bärenhunger, der zur Besessenheit wird. Auch abseits der Front erleben die Menschen die Kriegsgewalt in Form von Luftangriffen, Nahrungsmittelknappheit oder kollektiver Trauerarbeit. Auf wundersame Weise erhalten blieben rund tausend Zeichnungen von Schülern zweier Schulen im Pariser Montmartre-Viertel (Rue Saint-Isaure und Rue Lepic). Sie verdeutlichen, wie präsent der Krieg für diese Kinder war, als die Väter an der Front standen und die Familien auseinanderbrachen, Lehrer einberufen wurden, Mütter arbeiten gehen mussten und schon kleine Kinder Gelegenheitsarbeiten als Zeitungsjungen, Boten und dergleichen verrichteten. Selbst die städtische Umgebung wandelte sich, als Luftschutzbunker und Warteschlangen den Alltag prägten.

Der Krieg als Kinderspiel

Auch weit hinter der Front stehen Kinder im Zentrum des Kriegsgeschehens. In den kriegführenden Ländern, vor allem aber in Frankreich, zielt die Propaganda im Wesentlichen auf das kindliche Weltbild ab. Nach Meinung des Historikers George Mosse wird der Krieg dadurch »trivialisiert«, auf eine Art »großes Spiel« reduziert. Für die Jüngsten gibt es Puppen in Elsässer und Lothringer Tracht oder ABC-Fibeln wie das in England erschienene *ABC for Baby Patriots*, für Schulkinder erscheinen Brettspiele, Strategiespiele wie die in Deutschland beliebte »Fahrt durch die Dardanellen«, Ausschneidebögen wie »Ich kleide meine Soldaten ein« oder »Ich baue einen Schützengraben« und Bilderbögen, etwa zum Thema Bajonettangriff. Die meisten Märchen wer-

den an die Kriegszeiten angepasst. 1917 veröffentlichen Charles Moreau-Vauthier und Guy Arnoux eine Neufassung von *Rotkäppchen*: »Mutter Europa« hat Kuchen gebacken und verteilt sie an ihre Kinder »Frankreich«, »Belgien« und »Großbritannien«. Frankreich (Rotkäppchen mit phrygischer Mütze) bietet an, der »Großmama Frieden« auch einen Kuchen zu bringen. Mutter Europa macht sich Sorgen, denn dazu muss es den »Kriegswald« durchqueren, in dem der *»loup boche«* lauert, der böse deutsche Wolf. Sie schickt deshalb nicht nur Großbritannien hinterher, sondern auch das kleine Belgien, das nichts zu befürchten hat, denn der böse Wolf hat einst versprochen, ihm niemals weh zu tun. Als Frankreich angegriffen wird, kommen die beiden anderen Länder ihm zu Hilfe. In dieser Version bekräftigt das von Charles Perrault überlieferte Volksmärchen die Darstellung, Frankreich habe sich lediglich verteidigt; verantwortlich für den Krieg sei ausschließlich Deutschland.

Kriegsspiele

Ob beim Spiel mit Zinnsoldaten auf einem Pariser Bürgersteig im August 1914 (1) oder in gemalten Bildern, dreht sich das Denken der meisten Kinder um den Krieg. Die Zeichnung dieses Schülers aus der Rue Lepic (Montmartre) (2) zeigt einen französischen Soldaten in der Uniform vom Sommer 1914 mit dem Schwert einen Feind attackieren, der wie ein Sarazene gekleidet und mit langen Krummsäbeln bewaffnet ist. Die mittelalterlichen Bildelemente werden ergänzt durch die Konzentration auf die zwischenmenschliche Gewalt und vielleicht sogar eine gewisse Selbstgefälligkeit in den Strömen von leuchtend rotem

1

2

Blut. Auch weit hinter der Front stehen Kinder im Zentrum des Kriegsgeschehens, denn die Propaganda richtet sich gezielt an das kindliche Weltbild. Selbst Comicfiguren werden mobil gemacht: Die Kinderzeitschrift *La Semaine de Suzette* etwa schickte ihre beliebte Bécassine 1916 in den Krieg (4). Um die Gefahren des Kriegs abzuwiegeln, stellte man ihn als aufregendes Spiel dar. In Deutschland spielte man das Strategiespiel »Die Fahrt durch die Dardanellen« (3), in Großbritannien das Geschicklichkeitsspiel »Schützengrabenfußball« (5), bei dem eine Stahlkugel vom Startpunkt aus durch ein Grabensystem mit zahlreichen

Hindernissen bis zum Ziel bugsiert werden muss. Die Löcher stehen für die wichtigsten deutschen Würdenträger, die es auszuschalten gilt.

3

4

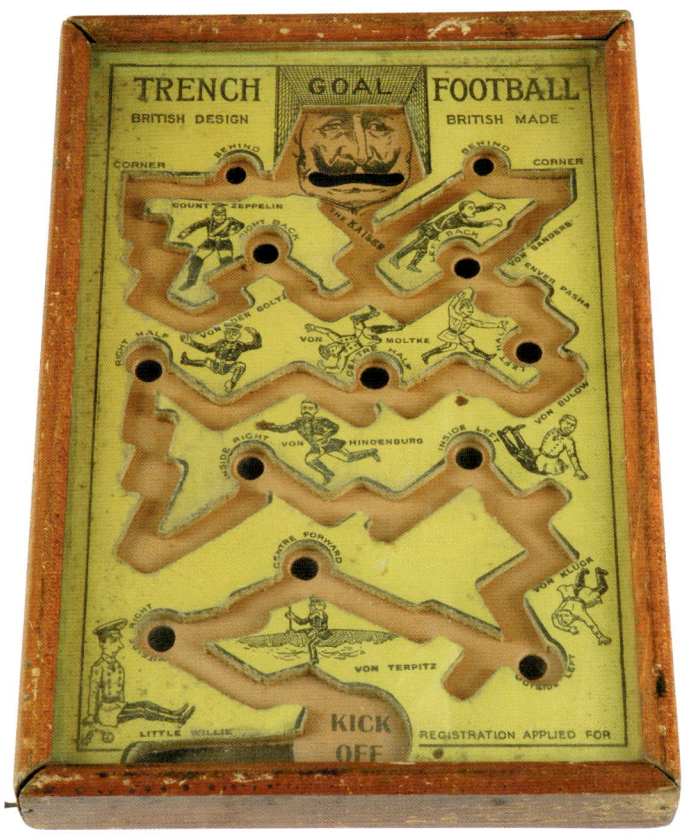

5

Auch die damaligen Comicfiguren werden mobil gemacht, und selbst Bécassine, die beliebte Heldin der Mädchenzeitschrift *La Semaine de Suzette,* zieht 1916 in »Bécassine pendant la guerre« in den Krieg. In Publikationen für französische Kinder finden sich teilweise verblüffend grausame Gewaltdarstellungen. Im Juli-Heft 1915 von *L'Épatant* beispielsweise liest man: »Es war ein Spektakel wie in der Hölle! Die Boches standen in ihrem brennenden Boot und heulten wie Verdammte [...] Er frohlockte! Die dumpfen Detonationen ließen ihn zusammenzucken, und im selben Augenblick verstummte das Geschrei der Boches; in der Hitze des Feuers waren die Patronen, die sie am Leib trugen, explodiert und hatten die Teutonen in tausend Stücke gerissen! [...] ›Hier riecht's nach Schweinebraten!‹ Der zutreffenden Bemerkung widersprach niemand.« In anderen kriegführenden Ländern sind derart verstörende Schilderungen die Ausnahme. Fast überall sehr gefragt sind Miniaturuniformen selbst für Kleinkinder. Sie unterstreichen die ideologische Mobilmachung der kleinen Jungen. Auch Zinnsoldaten stehen hoch im Kurs, und schon 1917 kommen in Frankreich die ersten Spielzeugpanzer auf den Markt, deren reale Vorbilder erst im September 1916 an der Somme eingesetzt wurden. 1917 ermahnt Kurt Floericke in einem Buch mit dem Titel *Strategie und Taktik des Spieles mit Bleisoldaten,* man solle sich dabei stets an der Wirklichkeit orientieren. Unterstützt wird die Kriegskultur von den Lehrern, allen voran den republikanischen Schulen Frankreichs. Aufgabentexte werden eigens kriegsbezogen umformuliert. Man predigt die Überlegenheit der eigenen Kultur, und sogar die Turnstunden gelten als praktische Vorbereitung auf den Kriegsdienst.

Die Haltung der Kinder

Den Historiker interessiert vor allem, was die Kinder selbst von diesem patriotischen Diskurs hielten. Welche Gefühle weckte er in ihnen? Angst? Wut? Hass? Natürlich fielen die Reaktionen im Einzelfall sehr unterschiedlich aus. Zudem gibt es nur wenige, schwer zu deutende schriftliche Zeugnisse. Die Kinderzeichnungen zweier Schulen im Pariser Montmartre zeigen, wie massiv der Krieg in den Alltag der Kinder einbrach. Die ständigen Hasstiraden gegen den Feind fielen auf fruchtbaren Boden. Bei einem der Bilder, in dem es um die Hinrichtung der britischen Krankenschwester Edith Cavell geht, wollte das Kind wohl die Grausamkeit ihrer deutschen Peiniger verdeutlichen, denn ein Offizier versetzt ihrem am Boden liegenden Leichnam einen brutalen Fußtritt. Eine andere Zeichnung reduziert den Krieg auf einen Zweikampf zwischen einem französischen Soldaten und einem »Boche«. Die Kinder haben eindeutig die Abscheu vor dem Feind verinnerlicht. Auffallend ist aber auch, dass viele von ihnen offenbar ein schlechtes Gewissen haben, weil sie sich noch nicht opfern dürfen wie die Soldaten an der Front. Doch nicht nur die kleinen Jungen träumen von einer Zukunft in Uniform. Auch kleine Mädchen lassen sich durch nichts davon abbringen, ihren Blutzoll zu entrichten. In der Schule eifrig lernen, zu Hause gehorchen: Im Vergleich zu den gefallenen Helden erscheint ihnen das banal. In einem Brief an ihren Vater drückt die siebenjährige Françoise Marette (die spätere Psychoanalytikern Françoise Dolto) am 21. September 1915 dieses kindliche Schuldgefühl gegenüber den Erwachsenen aus: »Ich werde mich bemühen, fleißig zu arbeiten, damit Du mit mir zufrieden bist und nicht allzu traurig wirst, denn Du musst Dich noch mehr anstrengen und viele Granaten bauen, um die dreckigen Boches zu töten, die den armen leidenden Franzosen wehtun, weil die bösen Boches so grausam sind und ein- und zweijährige Kinder umbringen, die Schmerzen haben und weinen.«

Hunger, Ersatz und Rationierung

2. Mai 1915 Das deutsche Patentamt erteilt ein Patent auf ein Kriegsbrot (»Kölner Brot«) mit hohem Maisanteil. Erfinder ist der spätere Bundeskanzler Konrad Adenauer, seinerzeit als Beigeordneter für die Versorgung der Kölner mit Lebensmitteln zuständig. Angesichts der Seeblockade, der Produktionseinbrüche und der Verteilungsschwierigkeiten wird die Versorgung der Stadtbevölkerungen für die Behörden mehr und mehr zum akuten Problem.

■ Schon 1914 sind alle Kriegsparteien mit Versorgungsproblemen konfrontiert. Frankreich fehlt durch die Besetzung der Gebiete im Norden ein Fünftel der Getreideproduktion. Überall in Europa sind die Bauern und Landarbeiter eingezogen, die Zugpferde beschlagnahmt. Die immer größeren Heere müssen verpflegt werden, und die einzelnen Soldaten sind – zumindest der Menge nach – gut versorgt. 1913 verzehrte ein russischer Landwirt im Jahr rund 50 Kilo Fleisch, ein Arbeiter 70 Kilo; die russische Armee sieht nun für jeden Soldaten 147 Kilo vor! Obwohl man die polnischen Saisonarbeiter auf den Gütern östlich der Elbe weiterbeschäftigt und ab 1915 in allen kriegführenden Staaten die Kriegsgefangenen zur Zwangsarbeit heranzieht, lässt sich die Agrarproduktion nicht auf dem Vorkriegsniveau halten. Auch in der verarbeitenden Industrie herrscht Arbeitskräftemangel. Der Krieg verändert zudem die Bevölkerungsverteilung: In den Großstädten und Industriezentren bringt der Zustrom von Flüchtlingen und Arbeitskräften die

Konsumstrukturen aus dem Gleichgewicht. In Petrograd beispielsweise stellt der Bevölkerungsanstieg um 410 000 Personen allein zwischen 1910 und 1915 die kommunalen Behörden vor gravierende Versorgungsprobleme.

Der Krieg behindert auch die Versorgungsnetze, die sich unter dem Einfluss der Industrialisierung und Ausweitung der Handels- und Kolonialbeziehungen massiv vergrößert hatten. Kurz vor Kriegsausbruch importierten England und in geringerem Umfang auch das Deutsche Reich einen Großteil ihrer Nahrungsmittel. Die Mittelmächte sind besonders betroffen, denn sie unterliegen von Anfang an einer Seeblockade, die sich schon im Laufe der ersten Monate stetig verschärft. Die Antwort des Deutschen Reichs – der U-Boot-Krieg – erweist sich als katastrophale strategische Entscheidung. Im Konflikt, den der Historiker Jay Winter »Ernährungskrieg« nennt, untermauert der Kriegseintritt der USA eindeutig den doppelten Vorteil der Alliierten in der zweiten Kriegshälfte, die von einem weltweiten Versorgungsnetz und der Solidarität innerhalb der Entente profitieren. Trotz strenger Rationierungen und Preiserhöhungen konsumieren Franzosen und Briten nicht viel weniger Nahrungsmittel als zuvor. Eine Untersuchungskommission in England stellt fest, dass die Ernährungslage sich in den Arbeiterfamilien sogar bessert, da der Rückgang der Arbeitslosigkeit und der Anstieg der Reallöhne in den Kriegsindustrien sie finanziell günstiger stellt.

»Wir essen schweres Schwarzbrot«

Anderswo löst der Krieg Hunger und Mangelernährung bei Volksgruppen aus, die gerade erst der Bedrohung entronnen waren. In den besetzten Gebieten verschlechtert sich die Situation schon bald dramatisch. Das am 22. Oktober 1914 gegründete *Committee for Relief in Belgium* und ab April 1915 das *Comité d'alimentation du nord de la France* leisten Hilfe für Belgien und Nordfrankreich. Der spätere Kardinal Yves Congar erlebte den Hunger als Kind im besetzten Sedan. Am 14. Januar 1918 schrieb er in sein Tagebuch: »Wir essen schweres Schwarzbrot. Ich schreibe das nicht aus Abscheu, sondern da es schwer ist, bekommen wir davon weniger, dabei haben wir schon so wenig.« Die Aufzeichnungen der Menschen in den besetzten Gebieten drehen sich ständig um den Hunger, selbst wenn sie ihren patriotischen Durchhaltewillen immer wieder bekräftigen.

In Deutschland schätzen die Behörden schon im Oktober 1914, dass die durchschnittliche Nahrungsmenge sich um ein Viertel verringert hat, die Eiweißmenge sogar um ein Drittel. Im Februar 1915 werden Brotkarten eingeführt, die bis 1923 weiter gelten, später auch Bezugsscheine für andere Waren, etwa für 200 Gramm Mehl pro Tag – sofern man welches auftreiben kann! Vor den Geschäften bilden sich endlose Warteschlangen, in Berlin sarkastisch »Polonaisen« genannt. Im »Steckrübenwinter« 1917 sieht man in den Großstädten erstmals Hungerödeme. Die Nahrungsverknappung führt in großen Teilen der deutschen Bevölkerung zu einer drastischen Verschlechterung des Gesundheitszustands. Für Kriegsgefangene, die nicht von ihren Familien oder (wie die Italiener) ihren Regierungen mit Hilfspaketen versorgt werden, ist die Lage noch prekärer. Ein Drittel der Insassen psychiatrischer Anstalten stirbt an Hunger oder Verwahrlosung. Die Sterblichkeit deutscher Frauen steigt von 1916 bis 1918 von 15,2 auf 21,6 von Tausend, während sie zur gleichen Zeit in England von 11,7 auf 14,6 von Tausend steigt. Auch die Kindersterblichkeit erhöht sich. Insgesamt sollen im Deutschen Reich 750 000 Zivilisten verhungert oder an den Folgen der Mangelernährung gestorben sein.

Mangel, Esskultur und theoretisches Kochen

Die Ernährungslage ist jedoch nicht der einzige Aspekt der Verknappung. Auch die gesell-schaftliche Identität und das Selbstbild sind davon betroffen. In Deutschland hatten sich die Ernährungsgewohnheiten vor allem der Stadtbevölkerungen aufgrund der spürbaren Steigerung des allgemeinen Lebensstandards und der Industrialisierung von Nahrungsmittelproduktion und -vertrieb erheblich gewandelt. Man schätzte zunehmend Weißbrot aus importiertem Weizen; nur die ärmeren Schichten aßen weiterhin Roggenbrot. Auch der Verzehr von tierischem Eiweiß hatte zugenommen. Der erzwungene Verzicht auf diese Nahrungsmittel bedingt eine Mangel-ernährung, wird aber vor allen Dingen als Verlust an gesellschaftlichem Status empfunden, der den Verzicht umso bitterer macht. Das berühmt-berüchtigte »K-Brot« heißt offiziell nicht »Kar-toffelbrot«, obwohl es mit reichlich Kartoffelmehl gestreckt ist, sondern »Kriegsbrot«, kann aber trotz des patriotischen Namens die Verbraucher geschmacklich nicht begeistern. In den deut-schen Städten entstehen »Kriegsküchen«, in denen man für wenig Geld zu Mittag essen kann. Die Hamburger Suppenküchen geben allein im April 1917 sechs Millionen Mahlzeiten aus – zum Unwillen der bürgerlichen Hausfrauen, die diese Praxis als Gefährdung des häuslichen Fami-lienlebens empfinden.

Durch den Krieg kehrt auch ein Phänomen zurück, das die Ernährungshistoriker Alberto Ca-pati und Massimo Montanari als »Kultur des Hungers« bezeichnen. Bezeugt ist sie durch zahl-lose Kochbücher, die Hausfrauen den richtigen Umgang mit rationierten Nahrungsmitteln und Ersatzprodukten beibringen. Man erfindet Methoden, um Wildpflanzen oder Nahrungsmittel-abfälle genießbar zu machen. In *150 Recettes économiques de guerre*, das während des Kriegs in

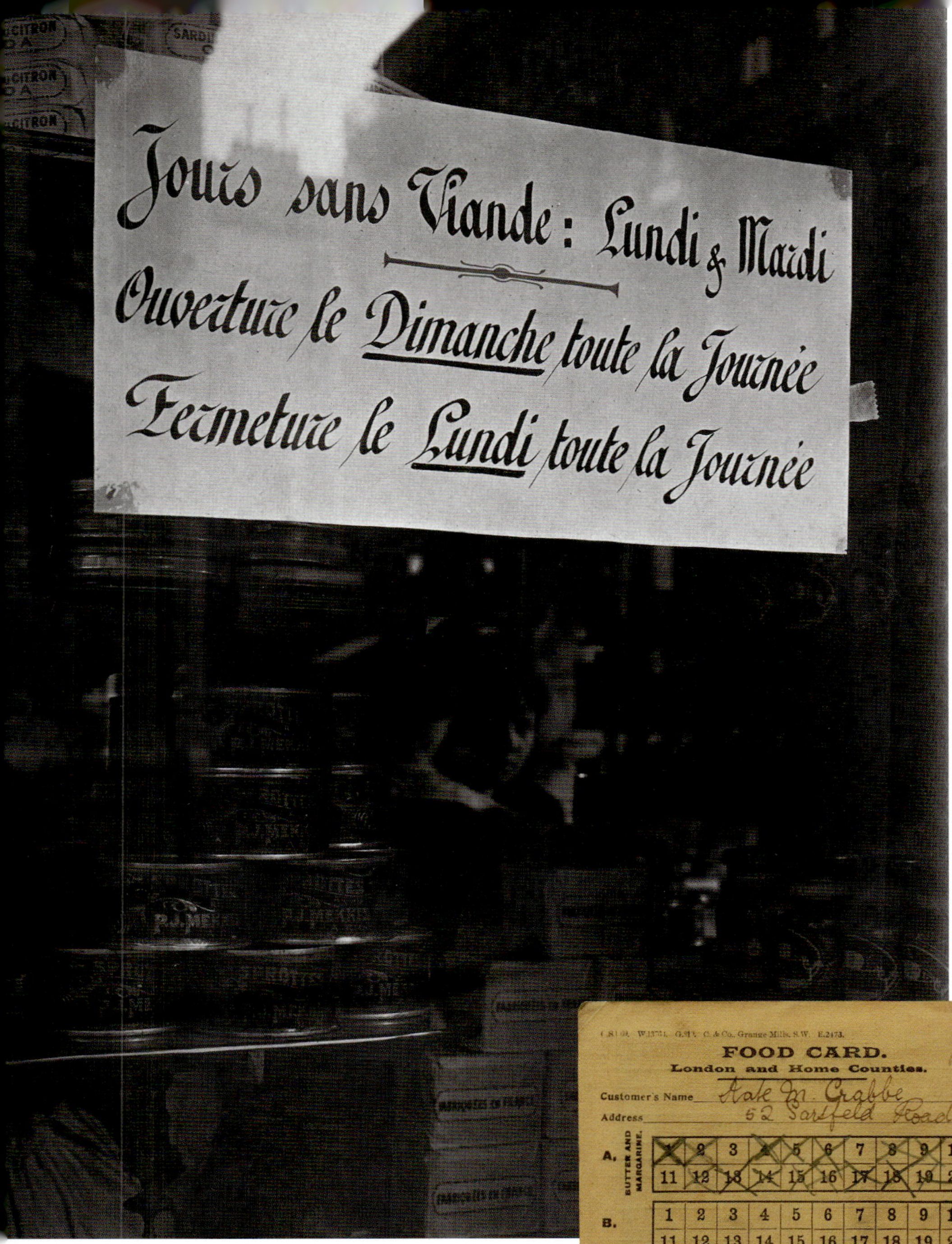

1

2

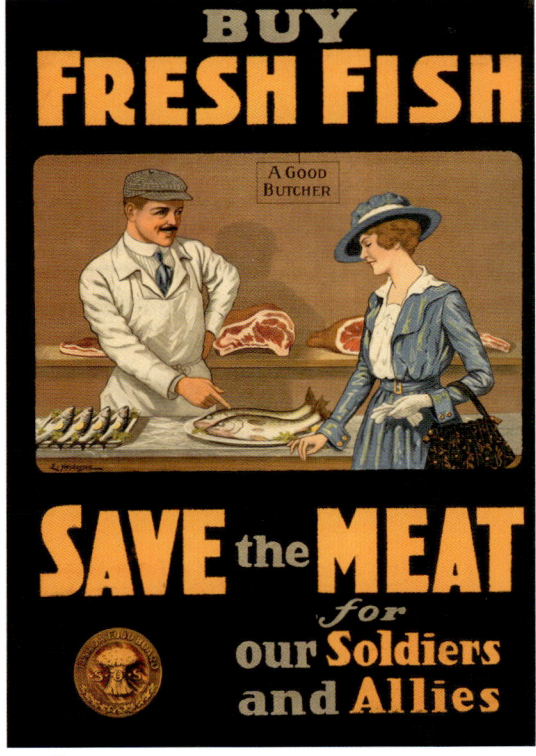

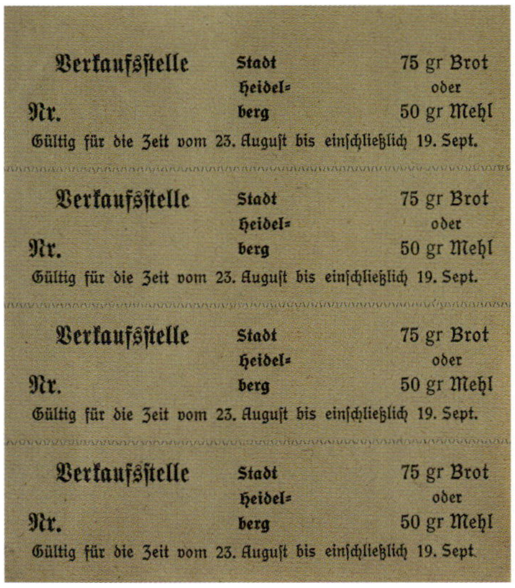
Verkaufsstelle Stadt Heidel- berg 75 gr Brot oder 50 gr Mehl
Nr.
Gültig für die Zeit vom 23. August bis einschließlich 19. Sept.

Verkaufsstelle Stadt Heidel- berg 75 gr Brot oder 50 gr Mehl
Nr.
Gültig für die Zeit vom 23. August bis einschließlich 19. Sept.

Verkaufsstelle Stadt Heidel- berg 75 gr Brot oder 50 gr Mehl
Nr.
Gültig für die Zeit vom 23. August bis einschließlich 19. Sept.

Verkaufsstelle Stadt Heidel- berg 75 gr Brot oder 50 gr Mehl
Nr.
Gültig für die Zeit vom 23. August bis einschließlich 19. Sept.

3

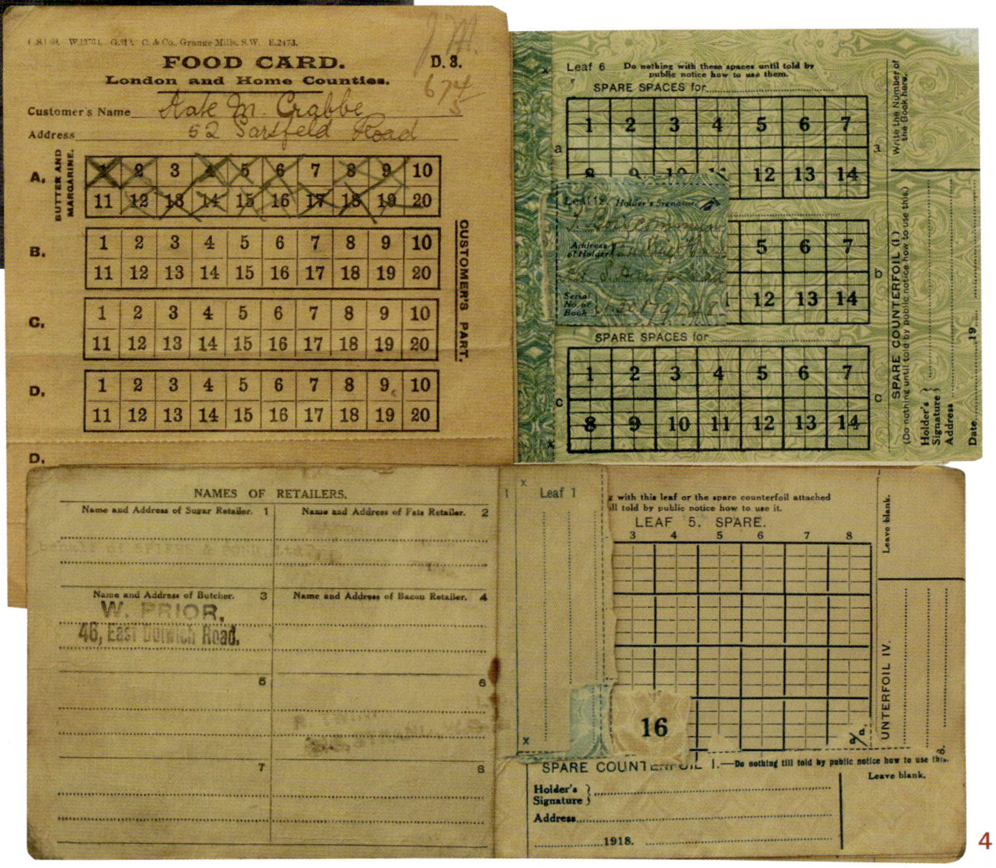

4

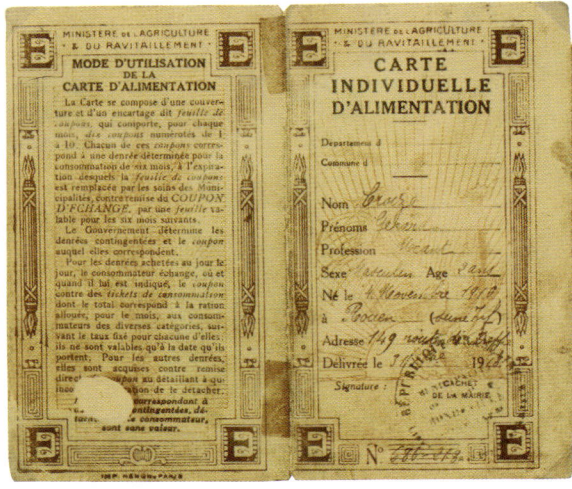

Mangelverteilung.

In dieser Zeit der Rationierung wird Fleisch zur Rarität, wie dieses Schild an einer Pariser Metzgerei im Sommer 1917 beweist (1, »Montags und dienstags kein Fleischverkauf; sonntags ganztägig geöffnet, montags ganztägig geschlossen«). Die patriotische Moral fordert britische Zivilisten zum Verzicht auf, damit die Soldaten besser verpflegt werden können (2, Plakat von E. Henderson 1917). In Deutschland wird schon im Februar 1915 die Rationierung eingeführt, doch selbst die Lebensmittelkarten (3, hier zwei Exemplare aus Heidelberg) garantieren keineswegs, dass man die erlaubten Mengen tatsächlich beziehen kann (hier 75 Gramm Brot oder 50 Gramm Mehl pro Tag für die Zeit vom 23. August bis 19. September 1917). Großbritannien und Frankreich führen Lebensmittelkarten (4 und 6) erst 1917 ein. Sie sollen im Wesentlichen den Schwarzhandel eindämmen und eine gerechte Verteilung der Nahrungsmittel gewährleisten. Mangelware sind aber auch andere lebenswichtige Dinge wie Heizmaterial (5, Verteilung von Brennholz 1917 in einem Pariser Vorort).

Lille erscheint, findet sich zum Beispiel ein Rezept für ein »preiswertes Spinatgericht« aus Rhabarberblättern. 1918 waren im Deutschen Reich fast 11 000 Ersatzprodukte zugelassen, davon allein 800 für Fleischwaren! Im Frühjahr 1918 widmet sich die »Ersatzmittelausstellung« (EMA) im Wiener Prater ausgiebig dem Thema. In ihrem Artikel in der *Arbeiter-Zeitung* vom 23. Juni 1918 gesteht die Journalistin, sie bedaure keineswegs, den dazugehörigen Kochvortrag versäumt zu haben: »Wir haben in den letzten vier Jahren so viel theoretisch gekocht, dass wir fast das praktische Kochen darüber verlernt haben und der Mehlspeisen ohne Mehl, Fett, Ei und Zucker sind wir alle schon einigermaßen müde geworden. Sie schmecken im besten Fall nach gebratener Luft und eingebrannten Illusionen.« Deutsche Städter ergänzen ihre mageren Rationen durch das, was Schrebergärten und die als Gemüsegarten genutzten Brachen hergeben. Schlachttiere, allen voran Schweine, werden in so vielen Haushalten gemästet, dass die Verwaltung schon bald eine Schlachtordnung erlässt, um einen übermäßigen Konsum zu unterbinden. Vor allem aber floriert der Schwarzmarkt. Frauen und Kinder fahren zum »Hamstern« direkt zu den Bauern in der Umgebung. Schätzungen zufolge stammt ein Drittel bis die Hälfte der Nahrungsmittel vom grauen Markt, wo auch Unternehmen und teilweise sogar Kommunalbehörden die Versorgung ihrer Belegschaften oder Gemeindemitglieder aufbessern.

Ungleiche Opfer

Die Versorgungprobleme werfen überall die Frage auf, wie gleich die kriegsbedingten Opfer im Volk verteilt sind. In Paris und London kommt es deswegen zu Spannungen. Schon 1915 protestieren die Pariser gegen die Preissteigerung. Die Denunziation von Kriegsgewinnlern und Spekulanten löst Verhaltensmuster aus, die in der Volkskultur fest verankert sind: die Rückbesinnung auf die Werte der für Kriegszeiten typischen moralischen Ökonomie des Verzichts. In London kommt es ab Frühjahr 1917 angesichts zahlloser Warteschlangen in Arbeitervierteln wie dem East End zu sozialen Spannungen und Demonstrationen gegen die ungerechte Verteilung der Waren auf reiche und arme Viertel. Allerdings sorgen die Behörden in beiden Metropolen dafür, dass die Versorgung gesichert ist und die Preise einigermaßen stabil bleiben. Vor allem befriedigen sie die staatsbürgerliche wie moralische Forderung nach Gleichheit im kriegsbedingten Verzicht. Die eingeführten Versorgungsmaßnahmen und Konsumvorschriften zu den einzelnen Produkten sieht man als notwendiges Übel und patriotische Pflicht.

Das Reich verliert den »Ernährungskrieg«

Die Behörden in Deutschland, Österreich-Ungarn, aber auch in Russland scheitern auf allen Ebenen, und zwar nicht nur aufgrund der Seeblockade und der Missernten. Die Unfähigkeit, die Verteilung der Nahrungsmittel systematisch zu regeln, trägt erheblich zur Verschlechterung der Versorgungslage bei und verschärft zudem deren soziale und psychologische Auswirkungen. Im Zuge des »Burgfriedens« achten die kaiserlichen Behörden und die Stadtverwaltungen, allen voran in Berlin, aufmerksamer denn je auf Forderungen aus dem Volk, doch bei der Umsetzung hapert es. Seit 1914 versucht man, Preise und Verteilung mit entsprechenden Maßnahmen zu steuern, scheitert jedoch an schlecht durchdachten und koordinierten Entscheidungen, dem Schwanken zwischen Marktwirtschaft und staatlicher Kontrolle, der unklaren Aufgabenteilung zwischen Militär- und Zivilbehörden, regionalen und nationalen Stellen, den zunehmenden Spannungen zwischen den Stadtbewohnern und dem bis dahin lange privilegierten Bauernstand. Daran ändert auch die Bildung eines Kriegsernährungsamts im Mai 1916 nichts. Mehr und mehr gewinnt die Versorgungskrise eine politische Dimension. Hinzu kommt die veränderte Rollenverteilung von Mann und Frau in der wilhelminischen Gesellschaft, denn mit der Forderung »Frieden und Brot« führen anfangs vor allem die Frauen die sozialen Proteste an, die immer radikalere Formen annehmen und im Frühjahr 1917 und Januar 1918 in Streiks gipfeln. Dass die kaiserliche Regierung sich als unfähig erweist, eine gerechte Verteilung der Nahrungsmittel zu gewährleisten und den Schwarzhandel einzudämmen, beschädigt ihre Glaubwürdigkeit in den Augen der unteren Volksschichten und generell bei den Stadtbevölkerungen, deren Mittelstand die materiellen und psychologischen Auswirkungen der Inflation besonders brutal zu spüren bekommt. Den Krieg verliert das Deutsche Reich dennoch nicht aufgrund der Novemberrevolution 1918. Es hat ihn schon im Frühjahr verloren, weil es mit der unbestreitbaren materiellen Überlegenheit der Alliierten nicht mithalten konnte. Für die Zivilbevölkerung ist das Scheitern im »Ernährungskrieg« symptomatisch: Die Verweigerung des Krieges im Herbst 1918 lässt sich aus dieser Perspektive auch als kluge Erkenntnis deuten, dass Deutschland strategisch versagt hat.

Als Hitler und die NS-Strategen Deutschland später in den Zweiten Weltkrieg treiben, haben sie aus diesem Fiasko gelernt. Mangel zu verhüten und um jeden Preis den Lebensstandard zu erhalten ist das vorrangige Ziel, das sie nicht nur durch die Plünderung der besetzten Gebiete erreichen wollen, wie es schon 1914–1918 praktiziert wurde, sondern auch durch die strategische Nutzung des Hungers, die an der Ostfront zu einer der Triebfedern des politischen Völkermords wird.

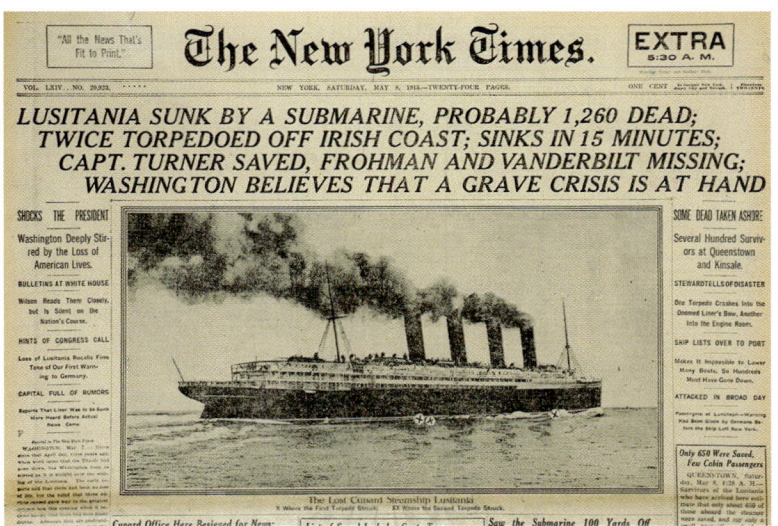

Die Versenkung der *Lusitania*

7. Mai 1915 Auf der Überfahrt von New York nach Liverpool wird der Luxusliner *Lusitania* von deutschen U-Booten versenkt. *U 20* verlässt die U-Boot-Basis in Emden an der Nordsee Ende April mit dem erst wenige Tage zuvor erhaltenen Befehl, so lange vor Liverpool zu kreuzen, wie seine Vorräte reichen, und alle Transport-, zivilen Handelsschiffe und Kriegsschiffe der Alliierten in diesem Sektor anzugreifen. Vom 5. bis 7. Mai befindet sich das U-Boot vor der Südküste Irlands. Am 5. Mai torpediert es ein englisches Segelschiff, am 6. Mai zwei Dampfschiffe. Die Treibstoffvorräte neigen sich dem Ende zu und es sind nur noch drei Torpedos an Bord. Am 7. Mai ist *U 20* auf Tauchfahrt, um den Patrouillenbooten zu entgehen, als gegen Mittag Schiffsschrauben zu hören sind, die sich direkt über das U-Boot wegbewegen: ein britischer Kreuzer auf dem Weg nach Queenstown. Um 14 Uhr 20 macht man in westlicher Richtung ein riesiges Passagierschiff der Cunard Line mit vier Schornsteinen aus. Das zwischenzeitlich aufgetauchte *U 20* taucht wieder ab und nimmt die Verfolgung auf. Um 15 Uhr 10 schießt es den ersten Torpedo ab.

■ »Es erfolgt eine ungewöhnlich große Detonation mit einer sehr starken Sprengwolke / weit über den vorderen Schornstein hinaus. Es muss zu der Explosion des Torpedos noch eine zweite hinzugekommen sein (Kessel oder Kohle oder Pulver?). Die Aufbauten über dem Treffpunkt und der Brücke werden auseinandergerissen. Es entsteht Feuer, der Qualm hüllt die hohe Brücke ein. Das Schiff stoppt sofort und bekommt sehr schnell große Schlagseite nach Steuerbord, gleichzeitig vorn tiefer tauchend. Es hat den Anschein, als wollte es in kurzer Zeit kentern«, notiert Kapitänleutnant Walther Schwieger in seinem Kriegstagebuch. »Das Schiff bläst [Dampf] ab; vorn wird der Name ›Lusitania‹ in goldenen Buchstaben sichtbar.«

Vorangehende Seite
Der Untergang des Luxusliners *Lusitania* infolge eines deutschen U-Boot-Angriffs am 7. Mai 1915 sorgte weltweit für heftige Reaktionen, besonders in den USA, die 128 Bürger bei der Schiffskatastrophe verloren. Wie viele andere US-Zeitungen widmete

auch die *New York Times* dem Ereignis ihre Titelseite und sprach von „möglicherweise 1260 Toten". Unter ihnen ist auch der Millionär Alfred Vanderbilt, der bei Erscheinen des Artikels noch als vermisst gilt. Scharfe Kritik übt die Presse an Deutschland; viele

stellen die Versenkung der *Lusitania* auf eine Stufe mit den Kriegsverbrechen der Invasionstruppen in Belgien und Nordfrankreich.

Oben
Stunden und Tage nach der Katastrophe werden die Leichen ertrunkener Passagiere an die nahe gelegene irische Küste geschwemmt. Für die Bewohner dieser Gegend ist der Schiffsuntergang ein furchtbarer Schock. Aus Angst vor Epidemien werden

zahlreiche Opfer rasch in Massengräbern beigesetzt, zumal viele von ihnen nicht einmal identifiziert werden können.

An Bord des Passagierschiffs herrscht blankes Chaos. Wasser schießt in die Kohlenbunker. Offiziere brüllen Befehle, doch niemand gehorcht. Von den Rettungsbooten können einige nicht zu Wasser gelassen werden, andere werden von panischen Passagieren gestürmt. »Was ich im Wasser sah, war ein langer Todeskampf«, schildert Oliver Bernard, einer der Überlebenden. »Ringsum trieben Trümmer; Männer, Frauen und Kinder versuchten, ihr Leben zu retten, indem sie sich an Liegestühle und Flöße klammerten: so verzweifelte Kämpfe, dass ich sie nie vergessen werde. Einer nach dem anderen schien aufzugeben und ließ sich sinken [...] Ein armer Kerl bekam einen Schlag mit einem Ruder ab. Wir hievten ihn in unser Rettungsboot. Ganz in der Nähe sahen wir eine Frau treiben; ihr Gesicht war im Wasser kaum noch zu sehen, ihr Mund war schaumbedeckt.« Gegen 16 Uhr 15 sieht Kapitänleutnant Schwieger durch sein Periskop, dass die *Lusitania* gesunken ist; in der Ferne treiben nur noch Rettungsboote. Er tritt den Rückweg nach Wilhelmshaven an und trifft am 13. Mai dort ein.

Oben
Ein U-Boot dieses Typs versenkte die *Lusitania*. Das Foto zeigt den Minenleger *UC 5*, der seinerseits 1916 auf eine Sandbank lief und von den Briten gekapert wurde.

Einhellige Empörung

Zwischenzeitlich verbreitet sich die Nachricht vom Schicksal der *Lusitania* in den USA und Europa wie ein Lauffeuer. 413 der 702 Besatzungsmitglieder und 785 der 1257 Passagiere haben den Schiffsuntergang nicht überlebt, darunter auch 128 US-Bürger. Vor allem an der irischen Küste, wo man die Katastrophe mitverfolgen konnte, herrscht Entsetzen. Tagelang werden Schiffbrüchige versorgt und angeschwemmte Leichen geborgen. Viele Passagiere bleiben vermisst. In New York sind die Flaggen vor der Villa Vanderbilt auf Halbmast gesetzt, denn auch der Millionär Alfred Vanderbilt ist beim Schiffsunglück ertrunken; die Gesellschaft setzt 5000 Dollar Belohnung für den Fund seiner Leiche aus. Der deutsche Botschafter in Washington mahnt das Auswärtige Amt telegrafisch zur Vorsicht, denn der *Lusitania*-Vorfall habe großen Aufruhr verursacht, vor allem in New York, das am schlimmsten betroffen sei; er hoffe jedoch, es werde keine schwerwiegenden Folgen geben, denn Präsident Wilson gehe die Sache ruhig an. Von Bernstorff schlägt vor, in irgendeiner Form Bedauern über den Tod so vieler Amerikaner auszudrücken – das könne das Deutsche Reich schließlich ohne Schuldanerkenntnis.

Alle Staaten der Entente missbilligen offen den Angriff, nirgends regt sich Widerspruch. Nur Papst Benedikt XV. antwortet auf die Frage nach seiner Haltung zum *Lusitania*-Desaster: »Ich kenne kein abscheulicheres Verbrechen, es zerreißt mir das Vaterherz. Aber glauben Sie etwa, die Blockade, die zwei Reiche umklammert hält und Millionen Unschuldige zum Hungern verurteilt, basiere auf Menschlichkeit?« Er provoziert damit einen Sturm der Entrüstung. Vor allem die US-Presse ereifert sich über das Kaiserreich. »Diese furchtbare Tat war unvorstellbar, bis sie tatsächlich verübt wurde. Sie übertrifft alle Gräuel«, empört sich die *New York Times*. Nach Ansicht des *Minneapolis Journal* ist sie der Beweis dafür, dass Deutschland sich bewusst abseits der zivilisierten Nationen stellt. Für die *New York Tribune* wurden »amerikanische Menschenleben geopfert, um den Blutdurst derer zu stillen, die in der deutschen Politik zu Wasser und zu Lande das Ruder führen«.

Die Kampfmoral des Feindes schwächen

Seltsamerweise hätte Kaiser Wilhelm II. wenige Monate zuvor den U-Boot-Krieg selbst mit ähnlichen Worten verdammt. Der Einsatz von U-Booten erschien zunächst unmoralisch, denn schließlich traf man den Feind damit ohne Vorwarnung. Zudem hielt man ihn aufgrund der geringen Anzahl deutscher U-Boote (rund 15) für wenig schlagkräftig, dafür aber gefährlich, weil er diplomatische Verwicklungen mit neutralen Staaten auslösen konnte, allen voran den USA. Angesichts seines Zweifrontenkriegs legte das Deutsche Reich keinen Wert darauf, die Liste seiner Feinde noch zu verlängern.

Dennoch setzte sich der Vorschlag, systematisch U-Boote einzusetzen, im Herbst 1914 letztlich durch. Der Chef des Admiralstabs, Hugo von Pohl, zögerte zunächst, ließ sich dann aber überzeugen. Sein Argument, je energischer der Krieg geführt werde, desto eher werde er zu Ende sein und desto weniger Sachwerte und Menschenleben müssten geopfert werden, diente später als Rechtfertigung für den Einsatz anderer grauenerregender Waffen, darunter auch Giftgas. Im Februar 1915 willigen der Kaiser und der Reichskanzler Bethmann Hollweg ein, denn mit Angriffen gegen den britischen Seehandel könne man das Land an einer empfindlichen Stelle treffen. Außerdem sei das Ganze lediglich eine angemessene Antwort auf die Seeblockade der Alliierten. Seit August 1914 patrouilliert nämlich die britische Flotte zwischen Schottland und Norwegen. Die Alliierten überprüfen, versenken oder kapern Hunderte deutscher und österreichisch-ungarischer Schiffe. Insgesamt büßen die Mittelmächte in sechs Monaten zwei Drittel ihrer Handelsflotte ein.

Am 4. Februar 1915 erklärt das Kaiserreich die Gewässer rings um die britischen Inseln und Irland zur Kriegszone und droht an, jedes dort vorgefundene Handelsschiff zu versenken: Transporter und Schiffe neutraler Staaten beführen diese Gebiete fortan auf eigene Gefahr. Die USA protestieren energisch, London verschärft die Blockade.

Doch der nun offizielle U-Boot-Krieg trifft die Entente völlig unvorbereitet. Zur Abwehr von Tauchbooten muss man zunächst auf unzureichende Lauschsysteme, Torpedoabschüsse aufs Geratewohl und Minenfelder zurückgreifen. Zum Glück für die Alliierten ist die kaiserliche U-Boot-Flotte noch klein und der Tauchvorgang kompliziert; die Tauchzeiten sind begrenzt und die Torpedos sehr kostspielig. Zwischen dem 18. Februar und dem 30. April 1915 versenken deutsche U-Boote nicht mehr als rund vierzig Handelsschiffe entsprechend 105 000 Bruttoregistertonnen, im Mai 1915 weitere 120 000 Bruttoregistertonnen. Diese Zahlen sind unbefriedigend und fügen der britischen Wirtschaft keinen ernstlichen Schaden zu. Von Beginn des Ersten Weltkriegs bis 1917 wirkt sich der U-Boot-Krieg insofern eher auf die Stimmung Großbritanniens als auf seine Wirtschaft aus.

Der Propagandakrieg

Im Juni 1915 wird in London eine Untersuchungskommission eingesetzt, kann jedoch nicht alle Unklarheiten beseitigen. Wurde das Schiff von zwei Torpedos getroffen, wie von britischer Seite behauptet, oder wurde die zweite Explosion dadurch ausgelöst, dass es Munition an Bord hatte? Falls Letzteres zutraf, war dann das Schiff als ziviles Passagierschiff oder als Kriegsschiff einzustufen? Winston Churchill, Erster Lord der Admiralität, räumt schließlich ein, dass die *Lusitania* Waffen befördert hatte, wenn auch angeblich in begrenzter Menge – in Wahrheit waren es gut 5000 Kisten Munition. Es überrascht auch das Fehlen von Sicherheitsmaßnahmen in einer bekanntermaßen gefährdeten Zone, in der schon in den Wochen zuvor deutsche U-Boote gesichtet worden waren. Vermutungen werden laut, London habe absichtlich einen Angriff riskiert, möglicherweise um die USA zum Kriegseintritt zu bewegen.

Diese Ungewissheit nutzen die Deutschen zu ihrer Verteidigung. In München wird eine Gedenkmedaille geprägt, auf deren Vorderseite die im Untergang begriffene, von Waffen und Flugzeugen strotzende *Lusitania* zu sehen ist. Eine Inschrift auf der anderen Seite verkündet: »Geschäft über alles«. Darunter stehen Passagiere an, um Tickets zu kaufen, doch am Schalter der Cunard Line bedient sie ein Skelett – der Tod persönlich. Einer der Passagiere liest in der Zeitung eine Schlagzeile über die Gefahr von U-Boot-Angriffen; einen anderen versucht ein Mann mit Zylinder ganz offensichtlich von der Einschiffung abzubringen.

Einige Monate später fordert ein Propagandaplakat in Irland Freiwillige auf, sich zum Militär zu melden. Die Schiffskatastrophe dient dabei als Sinnbild für die deutschen Gräueltaten. Die Botschaft ist plakativ: »Iren, rächt die *Lusitania!*« Noch dramatischer ist ein suggestives amerikanisches Poster von 1917, auf dem man eine Frau mit ihrem Säugling eng umschlungen auf den Meeresboden sinken sieht. Ihre langen Haare treiben im blaugrünen Wasser. Nur ein Wort in blutroten Buchstaben fordert: *Enlist* (»Meldet euch freiwillig«).

Selbstredend gibt die Torpedierung der *Lusitania* dem seit Sommer 1914 tobenden Krieg der Worte und Bilder neuen Auftrieb. Sogar der Bischof von London begibt sich auf einen Kreuzzug gegen das erneute Zeugnis deutscher Barbarei. Im Winter 1915 predigt er von der Kanzel: »Zunächst sahen wir, wie Belgien der Dolch in den Rücken gestoßen und verwüstet wurde, dann Polen, dann Serbien; dann wurde das gesamte armenische Volk ausgelöscht – vorsichtigen Schätzungen zufolge wurden 500 000 Armenier ermordet. Um die Freiheit der Welt und die Freiheit an sich zu retten, um die Ehre der Frauen und die Unschuld der Kinder zu retten, um all das zu retten, was in Europa am edelsten ist, schließen sich deshalb alle, die Freiheit und Ehre hochhalten [...] zu einem großen Kreuzzug zusammen, der – wir können es nicht leugnen – zum Ziel hat, Deutsche zu töten. Sie zu töten, nicht um des Tötens willen, sondern um die Welt zu retten.

Die Guten wie die Bösen, die Jungen wie die Alten zu töten. Diejenigen zu töten, die unseren Verwundeten gegenüber barmherzig waren, ebenso wie die Ungeheuer, die einen kanadischen Sergeanten kreuzigten, die Massaker in Armenien überwachten, die *Lusitania* versenkten und in Aarschot und Löwen ihre Maschinengewehre auf Zivilisten richteten – sie töten, damit am Ende nicht alle Zivilisationen der Erde ermordet werden.«

Links

Als Reaktion auf die Anschuldigung, die Versenkung der *Lusitania* sei als Kriegsverbrechen zu werten, lässt das Kaiserreich eine Gedenkmedaille prägen. Die Provokation besteht in der Darstellung des Passagierschiffs mit Massen von Munition und Flugzeugen an Bord. Diese Ladung dient als Rechtfertigung und weist den Alliierten die Schuld am Desaster zu. Die Passagiere sind somit nicht mehr Opfer deutscher Militärgewalt, sondern der Unmoral der angelsächsischen Regierungen. Auf der Rückseite steht »Geschäft über alles«.

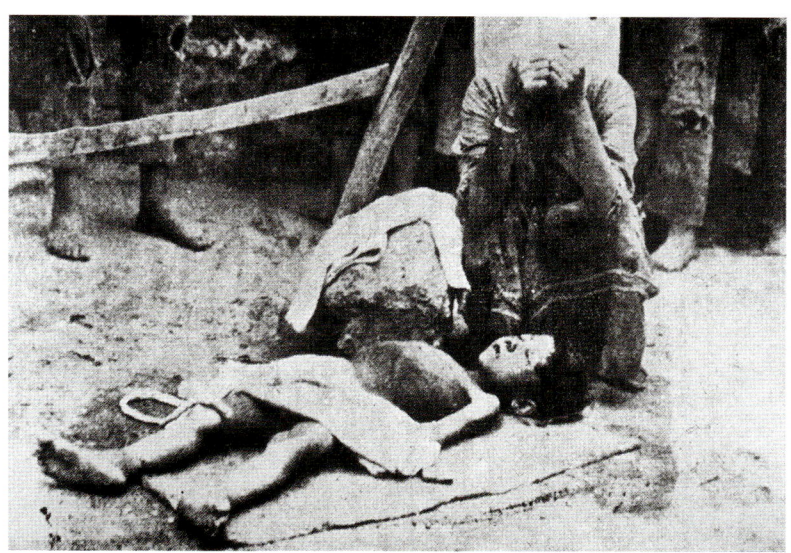

Der Völkermord
an den Armeniern

27. Mai 1915 Der türkische Innenminister erlässt ein vorläufiges Deportationsgesetz. »Man hat eine andere Methode gefunden, die armenische Rasse zu vernichten. Es handelt sich um nichts weniger als die Deportation der gesamten armenischen Bevölkerung. [...] Die volle Tragweite eines solchen Befehls ist kaum vorstellbar, sofern man über die besonderen Verhältnisse in dieser abgeschiedenen Region nicht im Bilde ist. Selbst ein Massaker, so grausam das Wort auch klingen mag, wäre im Vergleich hierzu humaner. Einem Massaker entkommen viele, aber diese vollständige Vertreibung bedeutet einen langsameren, qualvolleren Tod für so gut wie jeden in diesem Land. Ich bezweifle, dass von hundert Vertriebenen, vielleicht sogar von tausend, einer überleben wird.« In seiner Depesche vom 30. Juni 1915 lässt der US-Konsul in Harput, Leslie Davis, keinen Zweifel, dass die von der Regierung in Istanbul angeordnete Deportation Völkermord ist. Eine Million Menschen fallen einer Gewalt zum Opfer, die schon ihre Zeitgenossen als »Verbrechen gegen die Menschlichkeit und Zivilisation« ächten.

■ Seit Ende des 19. Jahrhunderts ist Gewalt gegen Armenier nach den Worten des Historikers Vincent Duclert »im Osmanischen Reich ein strukturelles Faktum« geworden. Beim Berliner Kongress von 1878 fordern die europäischen Großmächte eine Intervention aus humanitären Gründen und eine Einmischung in die Beziehungen zwischen der osmanischen Regierung und der christlichen Minderheit in ihrem Staat. Die Armenier verlieren daraufhin ihren Status als »Schutzbefohlene« (Dhimma), ohne im Gegenzug von den Europäern wirksame Garantien zu

erhalten. 1894 bis 1896 liefert die nationalistische Agitation einiger weniger armenischer Aktivisten den Osmanen einen Vorwand für Massaker, die mindestens 100 000 Todesopfer fordern. Auch die mit der Revolution 1908 an die Regierung gekommenen Jungtürken unternehmen im Frühjahr 1909 nichts gegen das Blutbad in Kilikien. Die illusorische Hoffnung auf gleiche Rechte für alle Bürger des Osmanischen Reichs ohne Rücksicht auf Religion und Abstammung zerbricht. Das Komitee für Einheit und Fortschritt verfällt unter dem Einfluss des Osmanismus immer mehr in einen radikalen Nationalismus. Nach den Balkankriegen und dem Verlust der europäischen Gebiete bilden die Türken die stärkste Bevölkerungsgruppe im Reich und fordern immer nachdrücklicher dessen religiöse und ethnische Homogenität. Die christlichen Gemeinschaften, allen voran die überwiegend in den Grenzgebieten zu Russland siedelnden Armenier, empfinden sie nicht mehr nur als Fremdlinge, sondern als Bedrohung. Vor dem Hintergrund der zunehmenden Kriegsgewalt nimmt die Gewalt im Zuge des immer offeneren Ethnozids und der Stigmatisierung der Armenier als innere Feinde eine neue Dimension und Qualität an.

Seit der Kriegserklärung Russlands an das Osmanische Reich am 2. November 1914 ist die Bevölkerung Ostanatoliens Gewaltakten ausgesetzt. Am 23. November rufen Sultan und Großmufti den Heiligen Krieg gegen Großbritannien, Frankreich und Russland aus. Der Marsch osmanischer Truppen zur Kaukasusfront wird von Massakern begleitet; nach ihrer Niederlage im Januar 1915 in Sarikamisch beschuldigen sie die Armenier des Verrats und machen sie für das Debakel verantwortlich. Es kursiert die Dolchstoßlegende, sie hätten den Proviant der Truppen vergiftet. Armenische Soldaten, die dem Mobilmachungsbefehl massenhaft gefolgt waren, werden entwaffnet und in Arbeiterbataillonen zusammengefasst, wo sie mit Zwangsarbeit geschunden und schließlich liquidiert werden.

Erste Etappe: Van

Die Ereignisse in Van liefern den erhofften Vorwand für den Genozid. Ausgehend von dieser strategischen Region setzen die Türken im Dezember 1914 eine Offensive quer durch Persien in Richtung Kaukasusfront in Gang. Flankiert wird die Militäroperation von Massakern an der assyrisch-chaldäischen Bevölkerung. Doch auch diesmal erleben die osmanischen Truppen ein Fiasko, während zugleich die Alliierten im Westen die Dardanellen zu erobern drohen und auf Gallipoli landen. Vom 15. bis 18. April 1915 werden in den Dörfern nördlich des Van-Sees 24 000 Armenier ermordet. Der Provinzgouverneur lässt 4000 Männer in Arbeitsbataillone stecken und mehrere Honoratioren inhaftieren. Noch während rings um das Armenierviertel Gräben gezogen werden, kommt es am 20. April 1915 zu einem Zwischenfall: Zwei junge Armenier werden erschossen, weil sie einer Frau zu Hilfe kommen, die von Soldaten belästigt wird. Den Armeniern ist klar, dass sie mit Repressalien rechnen müssen. Sie leisten organisierten Widerstand, den der Gouverneur als »Rebellion« tituliert. Am 20. Mai marschieren die Russen in Van ein, müssen jedoch Ende Juli angesichts der türkischen Gegenoffensive wieder abrücken. Auf

Rechts und oben
Im Vordergrund sieht man brutal ermordete Männer und Kinder, dahinter mehrere osmanische Soldaten, die für das Foto posieren: Einige blicken in das Massengrab, andere schauen direkt in die Kamera. Die Tötung der Armenier ist ein Schauspiel, das man stolz den eigenen Gefährten und der Öffentlichkeit präsentiert, für die das Bild gedacht ist. Das Foto darüber zeigt Armenier, die den Massakern entkommen sind und 1915 vor der Küste nördlich von Latakia (Syrien) an Bord eines französischen Kreuzers Zuflucht gefunden haben.

Befehl General Nikolajews schließen sich 100 000 Armenier ihrem Rückzug an und flüchten in den russischen Kaukasus. Zwar kommen mindestens 30 000 von ihnen dabei um, doch gehören die Übrigen zu den wenigen überlebenden anatolischen Armeniern.

Ermordung und Deportation

Am 24. April befiehlt Innenminister Talât Pascha die Verhaftung aller armenischen Honoratioren wegen Verrats. 2345 Menschen, darunter zahlreiche Intellektuelle, werden hingerichtet. Am 27. Mai macht Talât den Deportationsbefehl durch ein provisorisches Gesetz rechtsgültig. Es ermächtigt die Armee, mit aller Härte gegen mutmaßliche Verräter in der Bevölkerung vorzugehen. Die Armenier der sechs Vilâyets (Großprovinzen) Erzurum, Bitlis, Harput, Sivas, Diyarbakir und Trabzon (Trapezunt) werden zwischen Mai und August 1915 als Erste vertrieben. Diejenigen in den westlichen Provinzen trifft ab August 1915 dasselbe Schicksal.

Praktisch überall beginnt der Genozid mit der Ermordung der Honoratioren, gefolgt von der systematischen Deportation. Nur wenige Tage, manchmal nur Stunden, bleiben den Armeniern, um ihre Verschleppung vorzubereiten. In den frontnahen Gebieten werden die Menschen an Ort und Stelle in Massen ermordet, anderswo tötet man nur die Männer sofort, während Frauen, Kinder und Greise ohne Proviant durch die Berge angeblich nach Mesopotamien getrieben werden, drangsaliert von den Bewohnern der Dörfer an ihrem Weg, von Gendarmen und Handlangern des Komitees Einheit und Fortschritt. Unzählige Frauen werden sexuell missbraucht. Unterwegs finden immer wieder Gemetzel statt. Arnold Toynbee berichtet unter anderem von einer Karawane, die mit 1800 Menschen in Sivas aufbrach: Keine 500 davon erreichten das Ziel. Die Deportation selbst wird zum Werkzeug des Völkermords.

Im Juni 1916 beschließen die osmanischen Behörden, auch die Überlebenden in den Lagern am Euphrat und in den Umsiedlungszentren zu vernichten. Über das Schicksal der aus Dair az-Zur vertriebenen Armenier schreibt der dort stationierte deutsche Konsul Ende August 1916, nach offiziellen Angaben treibe man die Menschen nach Mosul (eine Strecke, auf der nur eine winzige Minderheit eine Chance hat, überhaupt lebend am Bestimmungsort anzukommen); nach allgemeiner Überzeugung würden sie jedoch in den kleinen Tälern südöstlich von Dair az-Zur in der Nähe des Zusammenflusses von Euphrat und Chabur ermordet. Nach und nach würden alle Armenier in Gruppen zu ein paar Hundert Personen fortgetrieben und von eigens dafür angeheuerten tscherkessischen Banden abgeschlachtet. In Höhlen in der Nähe der Stadt werden 2000 Waisenkinder bei lebendigem Leib verbrannt. Im Mai 1917 findet Konsul Rößler überall in der Umgebung ganze Haufen menschlicher Skelette und von Kugeln durchsiebte Schädel.

Grauenerregende Zeitzeugnisse

Nach der Niederlage der Osmanen weist der Vertrag von Sèvres im August 1920 der noch jungen, erst im Mai 1918 ausgerufenen Republik Armenien die Vilâyets Trabzon, Erzurum, Van und Bitlis zu, doch als die Briten im Juli 1920 aus Transkaukasien abziehen, das sie seit Herbst 1918 besetzt hielten, erobern die Kemalisten Ostanatolien zurück. Der US-Senat weigert sich, Armenien zur Mandatszone zu machen. Frankreich verzichtet auf seinen Einflussbereich in Kilikien, wo 120 000 Überlebende wieder angesiedelt worden waren. Nach dem Abzug der französischen Truppen im Oktober 1921 flüchten Armenier und Orientchristen. 1927 leben noch 77 000

Armenier in der Türkei, vorwiegend in Konstantinopel. Die physische Vernichtung dieses Volks ist begleitet von der Auslöschung aller Spuren ihrer jahrtausendelangen Siedlungsgeschichte in diesem Gebiet: Die Zerstörung von Kirchen, Friedhöfen und Kunstwerken macht schmerzlich deutlich, dass es den Türken darum geht, das Volk in seiner Gesamtheit auszulöschen.

Auch wenn keine stichhaltigen schriftlichen Beweise für eine bewusste Entscheidung für den Völkermord existieren, ist das Geschehen dennoch als solcher zu sehen. Vor allem unter den im Osmanischen Reich lebenden Ausländern erkennen viele Zeitzeugen von Anfang an, was sich anbahnt. Schon am 5. Juni 1915 bestätigt Jesse B. Jackson, US-Konsul in Aleppo: »Zweifellos handelt es sich um einen sorgfältig ausgearbeiteten Plan für die vollständige Auslöschung des armenischen Volks.« Der US-Botschafter in der Türkei, Henry Morgenthau, macht den Unterschied zwischen der Gewalt gegenüber den Armeniern und früheren Massakern an vier Kriterien fest: Konspiration, Planung, das Ziel der totalen Ausrottung und dessen systematische Umsetzung. Zeitgenössische Quellen, allen voran das britische Blaubuch von 1916 und die Publikationen des

deutschen Geistlichen Johannes Lepsius zeigen, dass innerhalb kurzer Zeit überall das gleiche Verfahren angewendet und dasselbe Programm umgesetzt wird. Außerdem richtet man für die Deportation und Vernichtung der Armenier eigens eine Behörde ein, die »Spezialorganisation«. Ihre Mitarbeiter rekrutiert sie unter türkischen Flüchtlingen aus dem Balkan und Kaukasus sowie bei Kurdenstämmen, aber auch in Zuchthäusern.

Die türkische Haltung gegenüber ihrem »Verbrechen gegen die Menschlichkeit«

In ihrer Protestnote vom 24. Mai 1915 sprechen die Ententemächte die Schuld der osmanischen Regierung erstmals offen aus: »In Anbetracht dieses neuen Verbrechens gegen Menschlichkeit und Zivilisation geben die alliierten Regierungen der Hohen Pforte öffentlich bekannt, dass sie alle Mitglieder der türkischen Regierung sowie diejenigen ihrer Beauftragten, die an solchen Massenmorden beteiligt sind, in Person verantwortlich machen.« Zum ersten Mal fällt dabei der Begriff »Verbrechen gegen die Menschlichkeit«: Über die rein politische und diplomatische Intention hinaus fordert er ein Schuldanerkenntnis und eine strafrechtliche Verfolgung. Gemäß Artikel 226 des Vertrags von Sèvres sollen die Verantwortlichen vor einem internationalen Gerichtshof Rechenschaft ablegen, doch der Prozess gegen Minister und Funktionäre des Komitees für Einheit und Fortschritt findet schließlich vor einem Kriegsgericht in Konstantinopel statt. Die Staatsanwaltschaft legt zahlreiche Unterlagen zum Beweis dafür vor, dass die armenische Bevölkerung gezielt und vollständig liquidiert werden sollte. Nach türkischem Recht – jedoch ohne die Kennzeichnung als Verbrechen gegen die Menschlichkeit – werden die Anstifter des Genozids in Abwesenheit zum Tode verurteilt, doch die Regierung unter Mustafa Kemal erlässt unmittelbar nach ihrer Ernennung eine Generalamnestie und leugnet den Völkermord. Diesen Standpunkt vertritt die Regierung in Ankara bis zum heutigen Tag.

Oben und unten

Das 1915 gegründete *American Committee for American and Syrian Relief* betreibt Aufklärungsarbeit und mobilisiert die öffentliche Meinung mit allen verfügbaren modernen Kommunikationsmitteln, wie dieses weitverbreitete Abzeichen beweist (unten). 1919 wird die Gesellschaft in *Near East Relief* (Nahosthilfe) umbenannt und sammelt Spenden in Höhe von 116 Milliarden Dollar (nach heutigem Wert eine Milliarde US-Dollar). Der gewaltige humanitäre Einsatz ermöglicht die Einrichtung von Flüchtlingslagern (oben), Kliniken und vor allem Waisenhäusern für 130 000 Kinder.

Die Einnahme
von Warschau

5. August 1915 Mit der Einnahme der Hauptstadt der polnischen Gebiete durch deutsche Truppen beginnt am 5. August 1915 ein neues Kapitel in der Geschichte der Ostfront: Die Eroberung reißt große Lücken in das gewaltige Staatsgebiet des Zarenreichs und unterstellt sie der Kontrolle der Mittelmächte. Während des Kriegs sind zwei bis drei Millionen deutsche Soldaten an der Ostfront oder bei der anschließenden Besatzung eingesetzt. Diese Erfahrung hinterlässt dauerhafte Spuren im Verhältnis Deutschlands zu den osteuropäischen Völkern.

■ Während die Westfront im Stellungskrieg festgefahren ist, bleibt die doppelt so lange Ostfront in Bewegung. Im Frühjahr 1915 gelingt den Mittelmächten sogar ein spektakulärer Durchbruch. Sie treiben die russischen Streitkräfte rund 480 Kilometer nach Osten zurück und erobern riesige Flächen der westlichen Grenzgebiete des Zarenreichs: Russisch-Polen, das seit dem Mittelalter bestehende Großherzogtum Litauen und Teile des Baltikums. Im Herbst 1915 stehen die ersten deutschen Linien nur noch 160 Kilometer östlich der großen Festung Brest-Litowsk und ganz nah an der wichtigen Hafenstadt Riga.

Die Rivalität zwischen Ost- und Westfront

Zustande kommt die Operation auf Drängen der Sieger von Tannenberg, der Generäle Hindenburg und Ludendorff. Sie plädieren für eine Umfassungstaktik ähnlich derer, die ihnen den ersten Sieg bei Tannenberg beschert hatte, jedoch in weit größerem Maßstab und, so hoffen sie jedenfalls, mit entscheidenden Ergebnissen. In dieser Phase findet eine Art Krieg im Krieg statt: die Konkurrenz zwischen dem Duo Hindenburg (seit November 1914 Oberbefehlshaber der Ostfront) und Ludendorff einerseits und ihrem Vorgesetzten, dem Generalstabschef Erich von Falkenhayn, der im September 1914 nach dem Scheitern des Schlieffen-Plans General von Moltke abgelöst hatte. Falkenhayn bleibt skeptisch, denn er ist überzeugt, dass ein Sieg, sofern er überhaupt noch möglich ist, letztlich im Westen erfolgen wird. Seine Kriegsziele sind enger gesteckt als maßlose Einkreisungsschlachten. Wilhelm II. fällt es schwer, sich zwischen den rivalisierenden Ost- und West-Strategien zu entscheiden; er bevorzugt abwechselnd die eine und die andere Seite. Während des gesamten Feldzugs schmieden Hindenburg und Ludendorff per Telegramm Komplotte gegen Falkenhayn und intrigieren so lange, bis sie 1916 schließlich seinen Sturz erwirken.

Der »große Durchbruch« der Mittelmächte

Ein spektakulärer Durchbruch – nach Ansicht mancher der einzige des ganzen Kriegs – gelingt den österreichisch-ungarischen und deutschen Truppen (die dem schwächeren Verbündeten »zur Seite stehen« sollen) am 3./4. Mai 1915 bei Gorlice-Tarnów in Galizien. Der Vorstoß wird zum umfangreichen Feldzug ausgebaut. Im Laufe des Sommers ziehen sich die Truppen wieder aus Galizien zurück, das die Russen seit Herbst 1914 besetzt halten, erobern jedoch das Weichselgebiet und weiter nördlich an der Ostseeküste Litauen und den Südteil Lettlands (Kurland).

Bei diesem Feldzug, der im Nachhinein als »großer Durchbruch« gefeiert wird, drängen die Truppen der Mittelmächte die russischen Armeen rund 480 Kilometer zurück, doch das angestrebte Ziel – den Endsieg – verfehlen sie, denn die Russen können sich rechtzeitig in die riesigen Weiten des Zarenreichs zurückziehen. Um Zeit zu gewinnen, geben sie Terrain preis, hinterlassen aber überall verbrannte Erde. Ihre Verluste sind dennoch mit 2,5 Millionen Gefallenen, Verwundeten und Kriegsgefangenen enorm. Die Kämpfe setzten zudem gewaltige Flüchtlingsströme in Bewegung: 1915 sind rund 3,3 Millionen Menschen auf der Flucht. Besonders brutal gehen die russischen Truppen auf ihrem Rückzug gegen die jüdische Minderheit im eigenen Land vor. Im September 1915 übernimmt Zar Nikolaus II. persönlich das Oberkommando seiner Streitkräfte, nachdem er den bisherigen Oberbefehlshaber, Großfürst Nikolai Nikolajewitsch, kaltgestellt und für die militärische Schlappe verantwortlich gemacht hat.

Die Kriegsziele im Osten

Einer der Glanzpunkte des deutschen Durchbruchs ist die Einnahme der polnischen Hauptstadt Warschau am 5. August 1915. Ludendorff erfüllt die Einnahme Warschaus mit tiefer Genugtuung, denn für ihn ist sie die verspätete Einlösung der Versprechen nach dem Sieg von Tannenberg. Der Sieg fällt zeitlich zusammen mit dem Fall mehrerer Festungen entlang einer Linie von Kaunas über Grodno und Brest-Litowsk bis Wilna, der historischen Hauptstadt Litauens. Wie soll die neue politische Landkarte der Region aussehen? Was soll aus dem polnischen Volk werden, dessen Staat Ende des 18. Jahrhunderts zwischen Preußen, Österreich und Russland aufgeteilt wurde?

Linke Seite
Deutsche Soldaten marschieren im Sommer 1915 über die große Ebene im Norden des europäischen Kontinents in Richtung Warschau. Seit dem deutsch-österreichischen Sieg bei Gorlice-Tarnów am 4. Mai 1915, bei dem sich Mackensens 11. Armee auszeichnete, erleiden die Russen zwischen den Karpaten und der Weichsel eine ganze Reihe von Niederlagen: Die Linie entlang des Flusses San, hinter die sie sich zurückgezogen haben, fällt ebenso wie die Festung Przemyśl (3. Juni) und Lemberg / Lodz (22. Juni). Ludendorffs Plan, in einem großen Bogen vom Baltikum aus den feindlichen Truppen den Rückzug abzuschneiden, lehnt Falkenhayn ab. Er favorisiert einen kleineren Vorstoß: einen Sieg, der die Russen zum Abzug aus Galizien und Polen zwingt, während sich im Kurland weitere Erfolge abzeichnen. Am 4. August geben die Russen die Festung Iwangorod auf, am 5. August nimmt Hindenburg Warschau ein. Anfang September befindet sich westlich der Weichsel kein einziger russischer Soldat mehr.

Gerade diese »polnische Frage« ist heikel. Im Ersten Weltkrieg kämpfen 1,5 Millionen Polen in verschiedenen Armeen an der Ostküste, nicht selten gegen ihre eigenen Landsleute. Lange legen es Russland und die Mittelmächte gleichermaßen darauf an, ein Wiedererstarken der polnischen Nation im Keim zu ersticken. Nun überbieten sie sich wechselseitig, um sie politisch auf ihre Seite zu ziehen – ebenso wie dies die übrigen Staaten Osteuropas tun.

Im Raum steht auch noch die Frage nach den deutschen Kriegszielen im Osten. Schon bald werden Forderungen nach immer stärkerer Expansion laut. Das »Septemberprogramm« der Reichskanzlei vom 9. September 1914 bekräftigt, Russland müsse »von der deutschen Grenze nach Möglichkeit abgedrängt und seine Herrschaft über die nichtrussischen Vasallenvölker gebrochen werden«. Voraussetzung hierfür ist ein Umbau Osteuropas unter der Schirmherrschaft und Kontrolle des Deutschen Reichs. Doch widerspricht das nicht dem Wunsch gewisser deutscher Konservativer nach einem separaten Frieden mit Russland?

Die Kulturarbeit im besetzten Gebiet aufnehmen

Eine der dringlichsten Aufgaben der Mittelmächte ist die Organisation der Besatzungszone im Osten. Die Herausforderung ist gewaltig, denn die Besatzer kennen das Gebiet so gut wie gar nicht. Polen untersteht einer Zivilverwaltung unter Führung deutscher Funktionäre (mit Sitz in Warschau) und k. u. k. Beamter (mit Sitz in Lublin). Hauptanliegen der deutschen Verwalter ist die wirtschaftliche Ausbeutung Polens, jedoch sind sie gleichzeitig bemüht, sich bei den Polen einzuschmeicheln: Schulen und die Warschauer Hochschule werden wiedereröffnet; 1917 gewähren sie den Kommunalverwaltungen sogar eine gewisse Autonomie. Die baltischen Gebiete an der Ostsee (Litauen und Kurland) werden Teil von »Ober-Ost« (Kurzform für »Oberbefehlshaber der gesamten deutschen Streitkräfte im Osten«). In diesem Militärstaat besitzt die Armee das Machtmonopol, vergleichbar mit Kolonialstaaten in Übersee. Das Vielvölkergebiet Ober-Ost umfasst Kurland, Litauen und Białystok-Grodno mit rund drei Millionen Menschen unterschiedlicher ethnischer Zugehörigkeit. Die baltendeutsche Minderheit in den baltischen Provinzen genießt das Wohlwollen der Besatzer und eine entsprechende Sonderbehandlung.

Die Vorstellung, dieser Teil Osteuropas sei nicht zivilisiert, sondern vegetiere in einem Zustand der »Unkultur« vor sich hin, unterscheidet das Vorgehen der Deutschen von ihren Praktiken an der Westfront ebenso wie in den besetzten Gebieten Belgiens und Nordfrankreichs. Ludendorff »beschloss, die Kulturarbeit, die die Deutschen während vieler Jahrhunderte in jenen Ländern getan hatten, in dem besetzten Gebiet aufzunehmen«. Seine Begründung: »Aus sich heraus schafft die buntgemischte Bevölkerung keine Kultur [...].« Zu den Akkulturationsmaßnahmen gehören vorrangig Deutschunterricht, völkerkundliche Ausstellungen und Schauspiele. Die nach dem Krieg geplante Kolonisierung durch deutsche Siedler wird gezielt vorbereitet.

Tag für Tag sind die deutschen und österreichisch-ungarischen Soldaten in den besetzten Gebieten unmittelbar mit ihnen fremden Völkern und einer ganz anderen Lebenswelt konfrontiert, und sie reagieren darauf völlig verschieden. Manche bringen Mitgefühl und Verständnis auf, andere hegen verächtliche Vorurteile auf der Grundlage uralter Klischees vom rückständigen, schmutzigen und kranken Osteuropa. Vor allem die Begegnung mit osteuropäischen Juden ist eine sehr folgenreiche Erfahrung, zumal viele von ihnen Jiddisch sprechen und dank ihrer Deutschkenntnisse als Dolmetscher eingesetzt werden können. Rund zehn Prozent der Vor-

kriegsbevölkerung in dieser Region, in den Städten sogar bis zu 50 Prozent, sind Juden. Viele von ihnen hoffen, unter dem neuen Regime würde die antisemitische Verfolgung enden, der sie unter den Zaren ausgesetzt waren. Einige deutsche Besatzer lehnen die Einwohner der besetzten Gebiete kategorisch ab. Vor allem im Osten herrscht große Angst vor Seuchen wie Typhus, Malaria und Cholera, insbesondere vor einer Ansteckung bei den vom Krieg geschwächten Flüchtlingsströmen. Die Sorge, eine Epidemie könnte die Besatzungsarmee auslöschen, quält die Heeresleitung so sehr, dass sie umfassende, systematische Hygienemaßnahmen auch für die Zivilbevölkerung einführt, die das Schreckensszenario verhüten sollen.

Der Friedensvertrag von Brest-Litowsk oder die Glanzzeit der deutschen Besatzung

Der Umfang der eroberten Gebiete im Osten weckt vermehrt den Expansionshunger der deutschen Annexionsbefürworter. Sie fordern eine direkte oder indirekte Kontrolle der unter deutscher Kuratel neu gegründeten Staaten; von den polnischen Gebieten soll eine Grenzmark abgeteilt und später mit deutschen Kolonisten besiedelt werden, damit das künftige Großdeutschland eine völkisch homogene Grenze bekommt. Ein Schritt in diese Richtung erfolgt am 5. November 1916 mit der Gründung des Königreichs Polen, dessen Gebietshoheit und Grenzen allerdings äußerst schwammig definiert sind. Die von Ludendorff ausdrücklich geforderte Maßnahme torpediert jegliche Chance auf einen separaten Friedensschluss mit Russland, bei dem man im Tausch Polen hätte anbieten müssen. Die Versuche, mit Hilfe zweifelhafter Versprechen polnische Freiwillige zu rekrutieren, die für die Mittelmächte ins Feld ziehen sollen, scheitern in Bausch und Bogen. Bei der Kriegszielkonferenz im April 1917 in Bad Kreuznach setzt sich die expansionistische Vision Ludendorffs und Hindenburgs endgültig durch. Ihrem Konzept folgend geben sich die deutschen Behörden in ganz Osteuropa alle Mühe, die verschiedenen Volksgruppen wie Litauer, Ruthenen, Ukrainer oder Polen gegeneinander aufzuhetzen.

Der Friedensvertrag von Brest-Litowsk vom 3. März 1918 besiegelt schließlich auf Kosten der bolschewikischen Führungsriege die vorübergehende Vorherrschaft der Mittelmächte. Um die Revolution zu retten, nehmen Lenin und seine Genossen den Verlust riesiger Gebiete in Kauf, doch die endgültige Niederlage der deutschen Streitkräfte an der Westfront im Herbst 1918 macht alle ehrgeizigen Pläne zunichte. In Warschau richten die Befehlshaber von Ober-Ost wieder einen polnischen Nationalstaat ein; Litauen, Lettland und Estland werden Republiken. Die Grenzen Mitteleuropas werden nun gründlich neu gezogen, jedoch nicht von den Besatzern der Mittelmächte.

Äußerst nachhaltigen Einfluss hatten die im Ersten Weltkrieg an der Ostfront gemachten Erfahrungen auf das, was sich während des Zweiten Weltkriegs in dieser Region abspielte. Der Umfang der Eroberungen an dieser Front ab 1915 machte die Chance auf eine Expansion deutlich, die eine völlige Umstrukturierung Osteuropas ermöglichen würde. Die Eingriffe in die ethnischen Strukturen im Ersten Weltkrieg hatten natürlich eine andere Tragweite als Hitlers gezielter Völkermord, doch die NS-Ideologie schlachtete die »Lehren« aus dem Scheitern von Ober-Ost im Ersten Weltkrieg gründlich aus. Verschärft durch Hitlers fanatischen Rassismus und Antisemitismus, hatte ihr weit radikalerer Ansatz für die Bevölkerungen dieser Gebiete katastrophale Folgen.

Die Grenzen des Zarenreichs »schützen«

September 1915 Am 20. September berichtet der Gesandte des Jüdischen Komitees zur Unterstützung von Kriegsgeschädigten in Litauen, I. Rozengart, seinen Vorgesetzten in Sankt Petersburg über die Lage im Baltikum, das seit dem Frühjahr Schauplatz einer vehementen deutschen Offensive ist: »Bis zur Einnahme von Traschkin und Onikschten durch die Deutschen erreichten die Exzesse der Kosaken in dieser Region kolossale Ausmaße: Sämtliche Juden in diesem Gebiet wurden komplett ausgeplündert; es gab Morde, Vergewaltigungen etc. Die Kosaken wüteten dermaßen, dass sie um ein Haar den Rotkreuzarzt Tamarowski aufgespießt hätten, als er sich für die Opfer der Plünderungen einsetzte. Wohlhabende, sogar vermögende Leute brachten sie innerhalb weniger Minuten an den Bettelstab. Außerdem ließen die Befehlshaber einiger Sonderkommandos die gesamte jüdische Bevölkerung aus den Schtetlach nach eigenem Gutdünken deportieren, manchmal mit nur 15–20 Minuten Zeit zum Packen.«

■ Die Vertreibung der Juden aus dem Umkreis der litauischen Stadt Traschkin ist mehr als eine lokale Episode und ein Beleg für die Brutalität der russischen Truppen, insbesondere der Kosaken. Sie gehört zu einer ebenso massiven wie chaotischen Völkerverschiebung, die von den ersten Kriegswochen an geplant war. Die Idee, die Landesgrenzen von Bevölkerungsgruppen mit zweifelhafter Loyalität zu säubern, ist im russischen Zarenreich nicht neu. Gestützt auf Landkarten und Statistiken bemüht sich die Militärführung schon seit Mitte des 19. Jahrhunderts um die Bereinigung der heiklen Außengrenzen ihres multinationalen Imperiums und schwankt dabei zwischen Befriedung, Russifizierung und Anerkennung nationaler Besonderheiten hin und her. Umfangreiche Umsiedlungsaktionen haben vor allem im Kaukasus bereits stattgefunden, ähnlich wie sie andere Kolonialmächte praktizieren: Die Parallelen zwischen den Praktiken des russischen und des französischen Militärs bei der Befriedung des Kaukasus beziehungsweise Algeriens wurden schon mehrfach herausgestellt, von der Vorbereitung der Eroberung Algiers 1830 bis zu den Operationen gegen die kaukasischen Bergvölker 1850–1860.

Ausländer, Juden und Deutsche in Russland: der Feind im Innern

Das Misstrauen der zaristischen Behörden richtet sich schon ab Sommer 1914 vor allem gegen Juden und Deutsche. Trotz aller Debatten über eine Lockerung der Vorschriften unterliegt die jüdische Bevölkerung auch am Vorabend des Krieges weiterhin strikten Vorgaben für ihre Siedlungsgebiete, die sich auf den Westen des Zarenreichs beschränken. Nur zehn Prozent der Juden gelingt es, sich anderswo anzusiedeln, überwiegend in den Großstädten, wo sie ebenso wie im übrigen Europa der urbanen Oberschicht angehören. Die Deutschen hingegen leben in sehr unterschiedlichen Verhältnissen, sei es als einflussreiche baltendeutsche Staatsdiener, Moskauer Kaufleute oder bäuerliche Kolonisten.

Während des Kriegs werden nun Tausende ausgewiesen, ohne Federlesens aus ihrem Wohnort verjagt oder deportiert, meist mit dem Zug. Ermöglicht werden solche Maßnahmen erst durch die behördliche Streichung wichtiger Vorrechte. Über die Frontzone, Polen und die baltischen Provinzen hinaus haben nun in weiten Teilen des russischen Staatsgebiets die Militärs das Sagen.

Zu spüren bekommen die neue Situation zuerst die ausländischen Einwohner Russlands: Schon im Juli 1914 können alle deutschen, österreichisch-ungarischen und kurz darauf auch osmanischen Einwohner im wehrfähigen Alter interniert werden. Schon bald beginnen die Russen auch mit der Deportation von Frauen und Kindern. Schätzungsweise 300 000 ausländische Bürger werden während des Krieges interniert oder zwangsumgesiedelt. Sofern Ausnahmen gemacht werden, betreffen sie vorwiegend slawische Angehörige verfeindeter Staaten.

Sehr rasch wendet sich die Armee auch gegen die eigenen Landsleute, vor allem jüdische Gemeinden, die man – vielfach aufgrund der Ähnlichkeit zwischen der jiddischen und der deutschen Sprache – als Spione des Deutschen Reichs oder der Doppelmonarchie verdächtigt. Da die deutschen Besatzer in den westlichen Gebieten des Zarenreichs aus demselben Grund unter den Juden Verbündete zu finden hoffen, untermauern sie den Ruf der Juden als Kollaborateure, obwohl die meisten Gemeinschaften dem russischen Staat trotz allem die Treue halten.

Ein Imperium in Bewegung

Die Massenbewegungen jüdischer Gemeinden machen vermutlich bis zu eine Million Menschen obdachlos. Sie verliefen in mehreren Etappen. In den ersten Kriegsmonaten werden die Maßnahmen von einzelnen Offizieren verhängt, wenn auch ohne Beanstandung durch die Heeresleitung. Ab Januar 1915 setzt sich eine systematische Vertreibungspolitik durch. Auslöser ist ein Rundschreiben, in dem General Januschkewitsch am 25. Januar 1915 alle Befehlshaber in der Frontzone ermächtigt, die gesamte jüdische Bevölkerung sowie sämtliche verdächtigen Personen aus den frontnahen Gebieten zu vertreiben. Es kommt zwar früh zu einigen groß angelegten

„Не пугайтесь, милые... Мы не нѣмцы..."

Не пугайтесь насъ – казаки мы съ Дона.   Трогать Васъ не станемъ, что намъ за охота,
Всюду весело живемъ – что въ гостяхъ, что дома.   Такъ что ни къ чему – вся ваша ревота!

Links

Nahe der Ostfront war die Zivilbevölkerung vielfältigen Misshandlungen durch das Militär ausgesetzt. Die volkstümliche Zeichnung zeigt nicht ohne eine gewisse Ironie die panische Angst der Leute vor den Soldaten. Hier sind es Kosaken, die den erschrocken flüchtenden Dorfbewohnern zurufen: »Fürchtet euch nicht, liebe Freunde ... wir sind keine Deutschen ... « Die Bildunterschrift weiter: »Habt keine Angst, wir sind Donkosaken. Wir leben fröhlich überall, sei es daheim oder anderswo. Wir wollen euch kein Härchen krümmen. Was hätten wir schon davon? Das ganze Geschrei ist deshalb umsonst!«

Links

Kosaken aus Jekaterinodar (am Fluss Kuban im nördlichen Kaukasus) in ihrer Nationaltracht, der langen, mit Patronentaschen verzierten *Tscherkesska*. Sie gehören zur Eskorte des russischen Generals Alexei Nikolajewitsch Kuropatkin (1848–1925), der als Gouverneur die Unruhen 1916 in Turkestan niederschlagen soll. Die für ihren Schneid viel bewunderten Kosakenregimenter nehmen im ganzen 19. Jahrhundert als Eliteeinheiten an Feldzügen und Eroberungskampagnen des Zarenreichs teil. Anfang des 20. Jahrhunderts setzt Zar Nikolaus II. sie zur Unterdrückung nationalistischer und revolutionärer Tendenzen ein. Im Ersten Weltkrieg erleiden sie hohe Verluste. Nur wenige von ihnen geraten in Gefangenschaft, denn sie sterben lieber, als sich zu ergeben.

Die beiden Plakate bitten um Spenden für russische Bürger, die 1915 vor den deutschen Truppen flüchteten, beziehungsweise für Kinder, die unter Kriegsfolgen leiden. »Steht den Flüchtlingen bei, 18./19. August 1915«, heißt es auf dem Plakat von A. A. Levenson (links). Sentimental appelliert der Text an Großzügigkeit und Patriotismus potenzieller Spender: »Sie kamen nach Moskau auf der Flucht vor dem Kriegssturm, nachdem sie ihr Geburtshaus und all ihre Habe zurücklassen mussten. Sie haben alles verloren und ihr Land geopfert für den Kampf gegen das Germanentum: Ihre Felder wurden zertrampelt, ihre Häuser zerstört. Die ausgehungerten Familien mit ihren Kindern suchen eine Zuflucht […].« Das rechte Plakat ist ähnlich konzipiert, nur geht es diesmal um die »Hilfsorganisation für Kriegsopfer«, die Spenden für den »Tag des Eichenblatts« am 30./31. August 1915 sammelt: »Helfen wir den Kindern, deren Väter uns verteidigen. ›Kinder sind die Blumen der Erde/Kinder sind die Zukunft Russlands.‹«

Operationen, doch erst ab April/Mai 1915 sind ganze Provinzen von den Militäraktionen betroffen: Offiziellen Schätzungen zufolge werden in dieser Zeit rund 300 000 Menschen verschleppt. Die mitten im Krieg unlösbaren logistischen Probleme, aber auch der zunehmende Widerstand der Zivilbehörden gegen Übergriffe des Militärs (in dem sich bereits die späteren Revolutionen andeuten) schränken allerdings den ursprünglich geplanten Umfang ein. Die Armee setzt daraufhin gezielte Geiselnahmen ein, wie sie bereits 1914 im besetzten Galizien praktiziert wurden: Sie verhafteten die Kommunalbeamten der jüdischen Gemeinden als Garanten ihrer Loyalität. Die beschlagnahmte Habe der Vertriebenen wird von den lokalen Behörden angeblich treuhänderisch verwahrt, doch kommt es häufig zu Enteignungen und Diebstählen, wenn auch nicht in dem Ausmaß wie bei den furchtbaren Pogromen der Bürgerkriegsjahre.

Die deutschen Kolonisten erleiden ein ähnliches Schicksal wie die Juden, obwohl sie eigentlich einen anderen gesellschaftlichen und rechtlichen Status genießen. Schon 1914 beschließt das militärische Oberkommando in Abstimmung mit dem Innenminister die Umsiedlung von knapp 200 000 Menschen aus dem Weichselgebiet nach Sibirien. Diese Politik wird im ganzen Jahr 1915 weiterverfolgt, begleitet von deutschfeindlichen Aktionen (deutsche Autoren werden aus dem Programm genommen, deutschsprachige Zeitungen eingestellt) und aufgebrachten Volkskundgebungen, die ihren Höhepunkt Ende Mai 1915 in Moskau erreichen. Die Gewalt der Massen richtet sich gegen Läden, Betriebe und alles Übrige, was schon seit lange vor Kriegsbeginn als Inbegriff der deutschen Hegemonie in der russischen Wirtschaft angefeindet wird. Obwohl die fremdenfeindlichen Ausschreitungen auch vor Mord und Totschlag nicht haltmachen, bleiben die Behörden zurückhaltend. Das Eigentum deutschstämmiger Bürger wird sogar überall im Zarenreich ganz offiziell enteignet. Unternehmen, die ganz oder überwiegend in deutscher Hand sind, werden geschlossen oder verstaatlicht. Die Ländereien der teilweise seit Jahrhunderten in Russland siedelnden Kolonisten in den Provinzen Wolhynien und Podolien sowie im Wolgagebiet werden beschlagnahmt und russischen Familien zugeteilt. Die deutschen Bauern schiebt man nach Sibirien und in die unwirtlichen Weiten Mittelasiens ab.

Ähnlich wie diesen zwangsumgesiedelten Bevölkerungsteilen ergeht es den Muslimen aus den Provinzen Kars und Batum, die man nach Charkow, Kursk, Orel, Tula oder in andere Gegenden im europäischen Teil Russlands verschleppt, oder den Krimtataren. Das Heer der Umsiedler wird noch vergrößert durch die unzähligen Menschen auf der Flucht vor dem vorrückenden Feind.

Der Nährboden der Revolution von 1917

Der Flüchtlingsstrom, der im Zentrum und im Osten des europäischen Teils von Russland Zuflucht sucht, ganz zu schweigen von den neu eingerichteten Kriegsgefangenenlagern, hat tief greifende Auswirkungen auf das ohnehin angeschlagene wirtschaftliche und soziale Gefüge der Gemeinden, deren Ressourcen der Krieg kontinuierlich beschneidet. Rund sechs Millionen Zivilisten sollen Anfang 1917 aus ihren Häusern vertrieben worden sein, wobei diese Zahl nur sehr schwer zu ermitteln ist. Doch der Druck ist zwangsläufig ungleich verteilt. In manchen Großstädten lassen die Neuankömmlinge die Bevölkerung sogar um mehr als zehn Prozent anwachsen, sodass die dortigen Behörden sich mit Händen und Füßen gegen den Zustrom wehren.

Bei der Versorgung der Flüchtlinge setzt die zaristische Regierung rücksichtslos auf die Zivilbevölkerung. Ein Hauptansprechpartner der Zivil- und Militärbehörden ist schon seit Kriegsausbruch der Gesamtrussische Semstwobund, ein Zusammenschluss von Hilfsorganisationen, die aus den Selbstverwaltungseinheiten der Provinzen hervorgegangen sind. Mehr und mehr Komitees zur Unterstützung der Kriegsgeschädigten werden ins Leben gerufen, darunter das »Tatjana-Komitee«, in dem Angehörige des Hofes und der höheren Verwaltung sich seit Kriegsbeginn für die Evakuierung verwundeter Soldaten und Zivilisten einsetzen. Ebenso groß ist der Nachhall von Hilfsorganisationen der russischen Intelligenzija: Da die Flüchtlinge sich anhand ihrer ethnischen Zugehörigkeit registrieren lassen müssen, entwickeln sie im Exil partikularistische Tendenzen, die durch Feindseligkeit seitens der lokalen Bevölkerungen noch verstärkt werden. Während der Staat den slawischen Völkern (Russen, Ukrainer, Weißrussen) kein Recht auf ein solches Nationalgefühl zugesteht, bildet sich bei den Juden, Balten und Armeniern jeweils eine kollektive Identität aus, die bis weit nach dem Sturz des Zarentums Bestand hat.

Entwurzelung, Vertreibung und Exil betreffen deshalb das Zarenreich als Ganzes, und der konkrete Verlust des Lebensraums für Juden ab 1915, noch vor dessen Legalisierung durch die Revolution, ist nur ein Aspekt der grundsätzlichen Infragestellung seines Nationalgefüges. Dass sich das diffuse patriotische Gemeinschaftsgefühl der ersten Kriegstage letztlich in Luft auflöst, zeigt sich unter anderem in der Gründung eines Progressistenblocks durch Angehörige der liberalen Opposition in der Duma im Juli 1915. Der zaristische Staat trägt seinerseits zur nationalistischen Selbstbehauptung seiner Volksgruppen bei. Die zunehmende Zersiedelung durch die Verschiebung großer Teile der Bevölkerung ist elementarer Bestandteil des Nährbodens, auf dem die Revolutionen von 1917 ebenso fußen wie die Bürgerkriege, die Russland ab 1918 erschüttern.

Zimmerwald: »dem Frieden und dem Sozialismus den Weg bahnen«

5.–8. September 1915 »Aufgabe und Pflicht der Sozialisten der kriegführenden Länder ist es, diesen Kampf mit voller Wucht aufzunehmen, Aufgabe und Pflicht der Sozialisten der neutralen Staaten, ihre Brüder in diesem Ringen gegen die blutige Barbarei mit allen wirksamen Mitteln zu unterstützen. [...] Arbeiter und Arbeiterinnen! Mütter und Väter! Witwen und Waisen! Verwundete und Verkrüppelte! Euch allen, die ihr vom Kriege und durch den Krieg leidet, rufen wir zu: Über die Grenzen, über die dampfenden Schlachtfelder, über die zerstörten Städte und Dörfer hinweg, Proletarier aller Länder vereinigt euch!« (Zimmerwalder Manifest)

■ Während der Krieg an der Ost- und Westfront gleichermaßen wütet, mieten 38 Sozialisten vier Kremser und lassen sich von Bern aus in das rund acht Kilometer entfernte schweizerische Bergdorf Zimmerwald kutschieren. Dort versuchen sie zum einen, den Krieg zu beenden, zugleich aber auch, das zerrissene Netz des internationalen Sozialismus zu flicken. Die Delegierten stammen aus kriegführenden Ländern wie Russland, Deutschland, Frankreich und Großbritannien, aber auch neutralen Staaten wie den Niederlanden, der Schweiz und Norwegen. Ein zeitgenössischer Scherz meint bissig, der europäische Sozialismus müsse wohl auf dem absoluten Tiefpunkt angelangt sein, wenn die letzten Überlebenden der Internationale in vier Pferdeomnibusse passen! Das bei der Konferenz formulierte Manifest stellt einen Kompromiss dar. Einerseits entlarvt es den Weltkrieg als imperialistischen Kampf ausschließlich zugunsten der besitzenden Klassen. Andererseits macht es keinen einzigen konkreten Vorschlag, wie man das Blutvergießen beenden könnte. Zur Revolution ruft es eher implizit als explizit auf. Lenin als Chef der russischen Delegation missfällt das, doch das Manifest unterzeichnet er trotzdem. Er befürwortet den Ausschluss

jedes Sozialisten, der sich im Namen des »Friedens« gegen die geplante sofortige gewaltsame Zerschlagung der existierenden Regime (notfalls durch Bürgerkrieg) sperrt. Doch selbst als Kompromiss versucht das Zimmerwalder Manifest, den Krieg zu beenden, indem es sich ihn zunutze macht. »Pazifistisch« ist es deshalb nur in sehr eingeschränktem Sinn.

Die Utopie des radikalen Pazifismus

Die Begriffe Pazifismus oder Friedensbewegung bezeichnen seit jeher sehr unterschiedliche Strömungen. Manche verstehen darunter das Eintreten für eine Welt, in der es keinen Krieg mehr gibt. Für »Pazifisten« wie Lenin ist die Voraussetzung dafür allerdings die Zerschlagung der Wirtschafts- und Gesellschaftsordnung, die den Krieg erst ermöglicht. Für wieder andere ist Pazifismus eine ethische Frage. Ein überzeugter Pazifist spricht sich keinesfalls für eine gewaltsame Lösung der Menschheitsprobleme aus, ganz gleich, wie gerecht die Sache sein mag – eher würde er sein Leben opfern. Diese radikale Form des Pazifismus spiegelt bei aller Kompromisslosigkeit konsequent die moralische Rätselhaftigkeit des Krieges; Anhänger findet sie während des Ersten Weltkriegs jedoch nur wenige.

Die meisten radikalen Friedensbewegungen werden von Christen getragen, die den Krieg aus religiösen Gründen ablehnen. Die aus den Täuferbewegungen der Reformationszeit hervorgegangenen Mennoniten sehen in allen weltlichen Angelegenheiten grundsätzlich einen verderblichen Einfluss und im Krieg dessen übelsten Beweis. Verlangte nicht Jesus selbst: »Wenn dich einer auf die rechte Wange schlägt, dann halt ihm auch die andere hin« (Matthäus 5,39)? Für die Quäker widerspricht jegliche Beteiligung am Krieg – in den Augen mancher selbst in Form von Steuerzahlungen – dem Ziel der allumfassenden christlichen Missionierung. Der Schriftsteller Leo Tolstoi glaubt an eine christliche Version des Anarchismus, in deren Augen die Kriegsverweigerung zwangsläufig das inhärent militaristische Staatswesen zerbrechen lässt. In Staaten mit einer starken christlichen Friedensbewegung, etwa Großbritannien oder den USA, wird die neue juristische Kategorie der »Kriegsdienstverweigerer aus Gewissensgründen« eingeführt. Nach einem komplizierten, manchmal willkürlichen Prüfungsverfahren können Verweigerer aus Gewissensgründen vom Militärdienst freigestellt werden, müssen jedoch einen Ersatzdienst leisten. Wer simuliert oder den Ersatzdienst verweigert, wird nicht nur abgewiesen, sondern riskiert eine Haftstrafe. Zutiefst überzeugte Anhänger der Gewaltlosigkeit ziehen sich komplett aus der Kriegsgesellschaft zurück. »Der Pazifist redet mit deutschem Akzent«, wettert der berühmte amerikanische Rechtsanwalt und frühere Gewaltgegner Clarence Darrow. »Selbst wenn seine Worte sich nicht gegen Amerika richten, hat doch alles, was er sagt, keinen anderen Zweck als den, Deutschland im Krieg gegen Amerika und seine Verbündeten zu unterstützen.« Die Zahl der Verweigerer ist im Verhältnis zu den Millionen mobilgemachten Männern verschwindend gering. In Großbritannien sind es im Ersten Weltkrieg 1700 radikale Pazifisten; 3400 lassen sich für die unbewaffneten Hilfstruppen rekrutieren. In den USA erkennt der Kriegsminister 3989 Männer als Verweigerer aus Gewissensgründen an.

Das Scheitern der Internationale

Auf der Schwelle zum Ersten Weltkrieg ist die europäische Linke über die Kriegsfrage zutiefst gespalten. Einige Funktionäre wie der Vorsitzende der unabhängigen britischen Labour-Partei, James Keir Hardie, plädieren für einen Generalstreik, sollte in Europa offener Krieg ausbrechen, unabhängig davon, wer oder was ihn auslöst. Andere wie der französische Sozialistenführer Jean Jaurès räumen ein, Karl Marx' geflügeltes Wort, Proletarier hätten kein Vaterland, treffe auf die überwältigende Mehrheit der Europäer offenbar nicht zu. Jaurès ruft die französischen Sozialisten dazu auf, sich nach Kräften gegen den Krieg zu stemmen, solange er noch nicht ausgebrochen ist, danach jedoch die Verteidigung des Landes zu unterstützen. Wieder andere wie etwa Lenin sind geradezu froh über den Krieg, weil sie in ihm die internationale Krise sehen, die das Ende des Kapitalismus einläuten wird.

De facto akzeptieren die sozialistischen Parteien Europas den Krieg und unterstützen ihn sogar aktiv. Obwohl die deutsche SPD im August 1914 die größte Sektion der 2. Internationale stellt, stimmt kein einziges Reichstagsmitglied der Partei gegen die Kriegskredite. Die Sozialisten sind sich darin einig, »das eigene Vaterland in der Stunde der Gefahr nicht im Stich zu lassen«. In Frankreich erstellen die Behörden eine Liste verdächtiger Personen, vorwiegend linksextremer Antimilitaristen, die im Kriegsfall präventiv verhaftet werden sollen. Doch die in diesem *Carnet B* aufgeführten »Unruhestifter« rühren sich im August 1914 gar nicht, sodass die Behörden keinen Anlass zur Inhaftierung sehen. Sozialistische Politiker und Gewerkschaftler halten der *Union sacrée* auch nach Kriegseintritt die Stange. Natürlich stören soziale Unruhen in vielen Ländern die Kriegsanstrengungen, vor allem gegen Ende des Krieges, doch dank der französischen *Union sacrée*, des deutschen »Burgfriedens« und ihrer Pendants in anderen Ländern bleiben offenbar immer noch so viele linke Arbeiter auf ihren Posten, dass der Krieg weitergeht. Den Zimmerwalder Delegierten ist klar, dass sie vor einer kolossalen Aufgabe stehen.

1916/1917: Kriegsmüdigkeit und Friedenssehnsucht

Als 1916 und 1917 deutlich wird, dass der Krieg noch lange nicht zu Ende ist, steigen Kriegsmüdigkeit und Pazifismus gleichermaßen an. Die Spannungen aufgrund der »totalen« Mobilmachung reißen überall Löcher ins soziale Gefüge. Die wachsende Zahl der Toten und Gefallenen bedeutet, dass inzwischen so gut wie jeder Europäer Angehörige verloren hat. Aufgrund der Inflation müssen sich die Arbeiter immer länger für immer geringere Reallöhne abrackern und beginnen aus Überlastung, am Krieg zu zweifeln. Die »Waffenruhe« zwischen Kapital und Arbeit wird definitiv aufgekündigt. Die Streiks erhalten teilweise eine offen »politische« Ausrichtung, etwa die im April 1917 in Berlin, an denen sich 200 000 Arbeiter beteiligten. Auslöser dieser gesellschaftlichen Krise ist nur auf den ersten Blick die Verringerung der Brotrationen; Hauptanliegen der Streikenden ist eine Beendigung des Kriegs ohne Annexionen. Allerdings lässt sich in der strategisch bedeutsamen Rüstungs- und Stahlindustrie ohnehin kein Streik, ganz gleich aus welchem Grund, als »apolitisch« qualifizieren.

Natürlich verlangen alle unzufriedenen Arbeiter »Frieden« – wer im Europa von 1917 sehnte sich nicht danach? Doch die Botschaft der Streikenden ist oft zweideutig. Die Rufe »Nieder mit dem Krieg« zielen oft eher auf Ungerechtigkeiten infolge des Kriegs als auf den Krieg als solchen. In Frankreich, wo man die öffentliche Meinung sehr genau verfolgt, fordert nur eine winzige Minderheit Frieden um jeden Preis, im Gegensatz zu den vielen, die zwar für einen Frieden »ohne Annexionen« sind, überwiegend aber selbstverständlich voraussetzen, dass Deutschland das Elsass und Lothringen an Frankreich zurückgeben wird. Die Sehnsucht nach Frieden ist da, jedoch meist sehr vage und gelegentlich in sich widersprüchlich.

Die Sozialisten bemühen sich zweifellos, den vom Krieg ausgelösten Unmut für ihre Zwecke zu instrumentalisieren, sind jedoch über ihre Vorgehensweise weiter uneins. Die nächste Konferenz vom 24. bis 30. April 1916 in Kiental (Berner Oberland) scheitert letztlich ebenfalls. Auch diesmal treffen sich rund 40 Sozialisten und bemühen sich um die Einigung auf eine gemeinsame Politik gegen den Krieg. Die meisten von ihnen tendieren mittlerweile klar nach links. Der Vorsitzende der Konferenz – der bisher als eher gemäßigt geltende Schweizer Robert Grimm – wettert gegen den »bourgeoisen Pazifismus«, denn Frieden könne nur durch den »revolutionären Kampf des Proletariats« herbeigeführt werden. Mit anderen Worten: Der Sozialismus kann den Krieg nur beenden, indem er ihn sich zunutze macht. Lenin hingegen tadelt Grimms Zaghaftigkeit und fordert den Ausschluss einiger Delegierter, etwa des Franzosen Pierre Brizon, der für die Kriegskredite gestimmt hat. An der Schwelle zur russischen Februarrevolution 1917 haben sich die deutschen Sozialisten bereits gespalten: Die Sozialdemokratische Partei (SPD) will den »Burgfrieden« aufrechterhalten, die Unabhängige Sozialdemokratische Partei (USPD) will ihn aufkündigen.

Die Bolschewiken, der Frieden und die Revolution

Einer der ersten Beschlüsse der neuen Bolschewikenregierung in Russland ist das auf den ersten Blick gemäßigt wirkende *Dekret über den Frieden* vom 26. Oktober 1917 (8. November nach westlichem Kalender). Es ruft zu einem dreimonatigen Waffenstillstand mit sofortiger Wirkung auf, jedoch ohne Annexionen (nämlich »ohne Aneignung fremder Territorien, ohne gewaltsame Angliederung fremder Völkerschaften«) oder Reparationen. Dass die Regierung außerdem die »Geheimdiplomatie« abschafft, nimmt einen Vorschlag von US-Präsident Woodrow Wilson vorweg, der seinerseits konkrete Vorstellungen für das Kriegsende hegt. Das Hauptanliegen von Lenins Friedensdekret ist es, den Krieg für die Ziele der Revolution einzuspannen. Angesichts

des deutschen Vormarsches auf Russland räumen die Bolschewiken ein: »Der Krieg kann nicht durch die Weigerung, Krieg zu führen, beendet werden, der Krieg kann nicht durch eine der Seiten alleine beendet werden.« Augenscheinlich stellen sie eine Verknüpfung her zwischen dem »Frieden« (und ihrem eigenen Überleben) und dem Umsturz der kapitalistischen Ordnung. Das Dekret richtet sich »insbesondere an die klassenbewussten Arbeiter der drei fortgeschrittensten Nationen der Menschheit und der größten am gegenwärtigen Krieg beteiligten Staaten: Englands, Frankreichs und Deutschlands.« Frieden und Revolution dienen letztendlich derselben Sache: »Die Arbeiterbewegung wird die Oberhand gewinnen und dem Frieden und dem Sozialismus den Weg bahnen.«

Dass der Bolschewismus letzten Endes nicht durch eine Revolution in Großbritannien, Frankreich und Deutschland an die Macht kommt, sondern durch den Bürgerkrieg in Russland, bewirkt die unwiderrufliche Spaltung zwischen Sozialisten und Kommunisten, die überall in Europa auf Jahrzehnte hinaus die linke Politik vergiftet. In gewissem Sinne hatte Lenin dennoch recht. Ab August 1914 haben die europäischen Arbeiter die Wahl zwischen Krieg und Revolution, doch zumindest kurzfristig ist weder die eine noch die andere Option dasselbe wie Frieden. Sozialismus und Pazifismus haben während des Ersten Weltkriegs nicht viel gemeinsam. Pazifismus im Sinne der kategorischen Ablehnung des Krieges kommt erst in der Zwischenkriegszeit wieder auf. Zur internationalen Symbolfigur des bedingungslosen Pazifismus wird der wegen Verweigerung vor ein Kriegsgericht gestellte und von einem Erschießungskommando hingerichtete Soldat: Er opfert lieber sein Leben, als Krieg zu führen – und entgeht damit sozusagen dem Dilemma der Linken und den Widersprüchen, in die sie sich im und nach dem Ersten Weltkrieg verstricken.

Oben
Nach der Oktoberrevolution nehmen die Bolschewiken Friedensverhandlungen mit den Mittelmächten auf. Diese russischen und deutschen Soldaten feiern Arm in Arm in Krakau die Unterzeichnung des Friedensvertrags von Brest-Litowsk am 3. März 1918.

Die »Falschmeldungen« des *Canard Enchaîné*

10. September 1915 Die erste Ausgabe der satirischen Wochenzeitung erscheint. Im Leitartikel ist zu lesen: »Der *Canard Enchaîné* hat sich entschlossen, bewusst mit sämtlichen bis heute geltenden journalistischen Traditionen zu brechen. [...] Er verpflichtet sich, unter keinen Umständen einen strategisch, diplomatisch oder wirtschaftlich ausgerichteten Artikel gleich welcher Art zu veröffentlichen. Im Übrigen verbietet schon sein kleines Format ausdrücklich derartige Scherze. *Le Canard Enchaîné* wird zudem nach sorgfältiger Prüfung ausschließlich Falschmeldungen drucken. Jeder weiß, dass die französische Presse seit Beginn des Krieges ausnahmslos schonungslos wahre Nachrichten bringt. Nun, das Publikum hat genug davon! Das Publikum will zur Abwechslung Falschmeldungen. Es soll sie bekommen.«

■ *Le Canard Enchaîné* ist im Ersten Weltkrieg die meistgelesene satirische Wochenzeitung Frankreichs. Schon die erste Ausgabe beweist programmatisch rebellischen Widerspruchsgeist. Es erscheint paradox, eine humoristische Zeitung ausgerechnet in dem Moment zu lancieren, als die Hoffnung auf einen entscheidenden Durchbruch der französischen Truppen im Artois schwindet und die humanitären und finanziellen Verluste immer offensichtlicher werden. Der Name »Angekettete Ente« knüpft an die Zeitung Georges Clemenceaus an, die zu Kriegsbeginn ursprünglich als *L'Homme libre* [Der freie Mensch] erschien, jedoch im Oktober 1914 als satirischer Seitenhieb gegen die Zensur in *L'Homme Enchaîné* [Der angekettete Mensch] umbenannt wurde. *Canard* ist im Französischen ein volkstümlicher Ausdruck für »Zeitung« im Allgemeinen, kann aber auch (wie das englische *canard*) das Gleiche bedeuten wie die deutsche »Zeitungsente«, also eine irreführende Falschmeldung. Der *Canard Enchaîné* will das genaue Gegenteil, denn er bemüht sich auf seine Weise, Wahrheiten zu enthüllen, die er ohne den Deckmantel der Satire nicht drucken dürfte. Erst als vorgebliche Falschmeldungen kann er frechweg vor den Augen der Obrigkeit die Wahrheit aussprechen.

»Das erste Opfer des Krieges ist die Wahrheit«

Dieses alte englische Sprichwort bewahrheitet sich auch im Ersten Weltkrieg, als die Behörden aller beteiligten Staaten sich um eine Kontrolle des Informationsflusses bemühen. Die Regierungen stellen Nachrichten aus einer bestimmten Perspektive dar oder fälschen sie gleich und gaukeln der jeweiligen Öffentlichkeit so vor, sie stehe unmittelbar vor dem Sieg. Dasselbe Ziel verfolgen ganze Heere von Zensoren, deren Aufgabe die Unterdrückung von Informationen oder Auslegungen ist, die dem offiziellen Credo widersprechen. In Anlehnung an das Bonmot des US-Schriftstellers Mark Twain: »Die Berichte über meinen Tod sind stark übertrieben«, könnte man jedoch auch in diesem Fall sagen, dass diejenigen, die vom Krieg betroffen sind, allen Manipulationen zum Trotz früher oder später in Erfahrung bringen, was sie wissen wollen.

Im August 1914 überbieten sich die Staaten wechselseitig mit der Einrichtung einer strengen, systematischen Zensur. Auf dem europäischen Kontinent besteht die geläufigste Methode darin, aufgrund besonderer Umstände den »Notstand« auszurufen, der dem Staat praktisch unbeschränkte Macht über den Informationsfluss verleiht. In Frankreich berechtigt das unter Louis Napoléon erlassene Gesetz vom 9. August 1849 die Armee, alle Zeitungen zu verbieten, in denen die Militärbehörden eine Bedrohung für den Staat sehen. Im Deutschen Reich beruft sich Kaiser Wilhelm II. auf Artikel 68 der Verfassung, der auf einem preußischen Gesetz vom 4. Juni 1851 für den Belagerungsfall fußt. De facto werden damit die Befehlshaber jeder der 24 Militärprovinzen zu eigenständigen Informationsministern, die über die Militärbehörden nur gegenüber dem Kaiser verantwortlich sind. An der Zivilregierung und am Reichstag läuft die Zensur weitgehend vorbei. Das Zarenreich ist im Hinblick auf die Pressefreiheit bis 1914 nicht gerade vorbildlich. Ab 1912 verbietet ein Dekret über die Kriegsberichterstattung die Veröffentlichung jeglicher Angaben zur militärischen Lage ohne vorherige Freigabe durch einen befugten Offizier. Das Dekret vom 20. Juli 1914 über die Zensur in Kriegszeiten ermächtigt die Militärbehörden zur Prüfung aller Publikationen, Briefe, Telegramme und öffentlichen Reden. Selbst in Großbritannien, einem der liberalsten Länder der Erde, tritt am 8. August 1914 der *Defense of the Realm Act* (DORA) in Kraft. Artikel 27 dieses »Gesetzes über die Verteidigung des Königreichs« verbietet subversive Reden oder Veröffentlichungen: Niemand darf »Informationen verbreiten oder irgendwelche Erklärungen abgeben, die Seine Majestät schädigen oder diskreditieren sollen oder könnten, die dem Erfolg der Streitkräfte Seiner Majestät oder der Streitkräfte Seiner Verbündeten zu Lande oder zu Wasser abträglich sind oder den Beziehungen zwischen Seiner Majestät und ausländischen Mächten zum Nachteil gereichen«.

Schlechte Nachrichten werden geschönt

Zu Anfang des Krieges ist die Zensur den schnellen Entwicklungen der ersten Gefechte nicht gewachsen. Die Bevölkerungen aller europäischen Staaten bemühen sich verzweifelt um Neuigkeiten, denn von der Front ist kaum etwas zu erfahren. Eine verblüffende Ausnahme bildet das Kommuniqué der französischen Heeresleitung, das auf Veranlassung von Kriegsminister Alexandre Millerand am 29. August veröffentlicht wird: »Die Situation an unserer Front von der Somme bis zu den Vogesen hat sich von gestern auf heute nicht verändert. Die deutschen Truppen haben ihren Vormarsch offenbar verlangsamt.« Bis zu diesem Zeitpunkt hatten Millionen Franzosen die Deutschen noch außerhalb der Landesgrenzen geglaubt.

Die »Falschmeldungen« des *Canard Enchaîné* – 10. September 1915 **143**

Später gelingt es Generälen, Politikern und Journalisten, den Ausgang der Schlachten von 1914 in einem günstigen Licht darzustellen. Französische und englische Zeitungen frohlocken, man habe die deutschen Truppen zum Stehen gebracht, ohne jedoch darauf einzugehen, dass sich nun der größte Teil Belgiens und Nordostfrankreichs in Feindeshand befindet. Die deutsche Presse hingegen stützt den Burgfrieden mit Jubelmeldungen über die Siege in Tannenberg und an den Masurischen Seen, unterschlägt dabei jedoch die inzwischen klare Tatsache, dass der Schlieffen-Plan gescheitert ist und man fortan an zwei Fronten kämpft. Die russischen Zeitungen erwähnen mit keinem Wort ihre verheerende Niederlage in Westpreußen, sondern feiern die Eroberung Galiziens. Als die Habsburger in Galizien und Serbien geschlagen werden, geben sich die Zeitungen in Österreich-Ungarn alle Mühe, die Schlappe zu beschönigen.

Während sich die Gesellschaften und Regierungen überall in Europa auf einen langen Krieg einstellen, wird die Zensur immer ausgefeilter, wenn auch nicht unbedingt effizienter. Bücher und Schauspiele lassen sich relativ leicht kontrollieren, auch wenn viel davon abhängt, was der jeweilige Zensor zu welchem Zeitpunkt gerade liest. Auch private Post steht im Visier der Zensur, die jedoch angesichts der Massen an Feldpost, die zwischen der Front und der Heimat ausgetauscht wird, kaum eine Handhabe hat. Die wirksamste Form der Zensur erfolgt paradoxerweise durch ganz normale Bürger: Millionen Europäer, die für private Zwecke oder Publikationen schreiben – Journalisten, Autoren aller Art –, unterwerfen sich im Hinblick auf Informationen, die den Behörden unliebsam sein könnten, einer »freiwilligen Selbstzensur« und untermauern damit die offizielle Propaganda.

Oben

Plakat mit der Personifizierung der Zensur, »Madame Anastasie«, für die Ausstellung *La guerre et les humoristes* [Der Krieg und die Humoristen] 1917 in Paris. Vorbild für Anastasia, ein Produkt der Restauration, war möglicherweise Papst Anastasius I. (4. Jh.), der für seinen Kampf gegen Origenes und die Donatisten bekannt ist.

Staatliche Kontrolle bis zur Absurdität

Der staatliche Ehrgeiz, die Kriegskultur möglichst streng zu kontrollieren, nimmt immer abstrusere Formen an. Großbritannien besitzt durch das DORA so umfassende Eingriffsrechte, dass ihre Auslegung während des ganzen Kriegs umstritten bleibt. Schon im November 1914 werden rund 700 neue Vorschriften allein für die Presse verabschiedet, bis sogar der Wetterbericht Staatsgeheimnis ist und die Zeitungen keine Lösungen für Schachprobleme mehr drucken dürfen, weil sie womöglich verschlüsselte Botschaften für den Feind enthalten könnten. Der Pferdefuß besteht darin, dass es dem *Official Press Bureau* an Personal und Ausrüstung fehlt, um die staatliche Kontrolle tatsächlich durchzusetzen. Skrupellos lassen die britischen Politiker sogar Informationen durchsickern, um Anhänger auf ihre Seite zu bringen. So wird etwa die »Granatenknappheit« zum öffentlichen Skandal und bringt die Regierung Asquith ins Wanken, obwohl eine solche Debatte über Militärpolitik und -strategie gemäß DORA gar nicht erst in die Zeitungen gehört hätte. Unter Premierminister David Lloyd George ebbt die Diskussion darüber, was man publizieren darf und was nicht, 1916 allmählich ab, jedoch nicht etwa dank einer Klärung der Rechtslage, sondern weil der neue Kabinettschef freundschaftliche Beziehungen zu »Pressebaronen« wie Lord Northcliff und Lord Beaverbrook unterhält, die er beide in die Regierung holt.

Die Franzosen teilen hinsichtlich ihrer zentralisierten Staatsmacht natürlich nicht die traditionellen Vorbehalte der Briten. Doch auch ihr Staatsapparat schafft keine eindeutigen Fakten. Die französische Personifizierung der Zensur ist »Madame Anastasie«, dargestellt als despotische alte Vettel, die stets ihre riesige Schere parat hält, um jeden missliebigen Presseartikel zu kappen. 1914–1918 publiziert das Kriegsministerium immer neue Vorschriften und Erläuterungen,

denn in den Zensurausschüssen sitzen Vertreter sowohl der Zivilbehörden als auch des Militärs, zwischen denen es ständig Spannungen und Missverständnisse gibt. Zeitweise sind die Dekrete so strikt, dass sie ins Abstruse abgleiten. Am 24. April 1915 etwa verkündet der Chef der Pariser Kriminalpolizei seinen Kommissaren, der Papst habe gerade ein neues Friedensgebet veröffentlicht; dessen Verbreitung sei in Frankreich strikt untersagt, außer es werde begleitet von der Klarstellung, Frankreich strebe ausschließlich nach einem »siegreichen Frieden basierend auf Gerechtigkeit und dem Triumph seines Rechtsanspruchs«. Dem *Canard Enchaîné* gelingt es immer wieder, »Madame Anastasie« zu entwischen. In einer Ausgabe von 1916 zeigt eine Zeichnung von H.P. Gassier den mittlerweile berühmten angeketteten Enterich, der angesichts einer Schere quakt: »Du kannst meine Federn haben, aber meine Haut kriegst du nicht!« 1916 und 1917 prahlen die Redakteure in ihren Kolumnen, sie hätten es geschafft, Artikel zu bringen, die in anderen Zeitungen der Zensur zum Opfer gefallen wären.

Doch je repressiver ein Regime ist, desto inkohärenter ist paradoxerweise seine Zensur. In Deutschland ist die

Oberste Heeresleitung zwar bemüht, die Fäden in der Oberzensurstelle des Nachrichtendienstes zusammenlaufen zu lassen, scheitert jedoch oft an den erheblichen Entscheidungsbefugnissen der einzelnen regionalen Militärbefehlshaber. Dadurch gerät der »Burgfrieden« immer wieder in Gefahr, etwa als eine Zeitung in Nordschleswig vorübergehend verboten wird, weil sie den Geburtstag der Kaiserin nur am Rande erwähnt habe. In Russland regt sich Widerstand gegen die Zensur teilweise im Heer selbst. Im Juli 1915 schreibt Generalstabschef Januschkewitsch an Innenminister Nikolay Borissowitsch Schtscherbatow, einige der Themen, die den Zivilbehörden ein Dorn im Auge seien, hätten »nur sehr wenig mit militärischen Handlungen zu tun, deren Schutz das ausschließliche Anliegen der Militärzensur zu sein hat«. Je effizienter die Kontrolle über die offizielle Presse ausgeübt wird, desto üppiger gedeihen heimlich gedruckte illegale Publikationen. Die Behörden können sie natürlich beschlagnahmen (falls sie ihrer habhaft werden), aber zensieren können sie sie nicht.

Oben

In Kriegszeiten gilt die Informationsregelung als unverzichtbar und rechtfertigt deshalb sogar eine Zensur. In Frankreich untersteht das Pressebüro dem Kriegsministerium und wird verstärkt durch Zensurkommissionen in den 22 Militärregionen. Von 1914 bis 1918 beschäftigt das Heer 5000 Zensoren (hier eine Zensurlücke in *La Patrie* vom 7. Februar 1915).

Die Grenzen der Zensur

Generell stellt sich die Frage, ob die Zensur ab 1914 auch nur im Entferntesten den Einfluss auf die öffentliche Meinung ausübte, den sie nach Ansicht ihrer Befürworter und Gegner hatte. Britische und französische Zeitungsleser brauchten gar keine Einzelheiten über Militäroperationen zu kennen, um zu begreifen, dass ihre Armeen 1915 und 1916 die deutschen Linien nicht einmal ansatzweise durchbrochen hatten. Genauso wenig musste man den Deutschen näher erläutern, dass ihre eigenen Truppen bei Verdun ebenso »ausgeblutet« worden waren wie die französischen. Es war kaum zu verbergen, dass die Zukunft der Habsburger nach dem Tod Kaiser Franz Josephs 1916 auf der Kippe stand. Der Zensur zum Trotz waren die Untertanen des Zaren im Februar 1917 bestens im Bilde, dass der Rückgang der Kriegsanstrengungen in Russland die strukturelle Krise innerhalb des eigenen Regimes verschärft hatte.

Trotz ihrer beschränkten Wirksamkeit wird die Zensur in Frankreich noch bis zum 12. Oktober 1919 praktiziert. Im Januar 1919 sanktioniert der *Canard Enchaîné* auf seine ureigene Art die fortgesetzte Einschränkung der Pressefreiheit: »Wo wären wir denn heute, wenn jeder seine Meinung kundtun könnte? [...] Es wäre wirklich nicht der Mühe wert, in einer Republik zu leben, wenn jeder das lesen oder schreiben könnte, was er denkt.« Nach der Abschaffung der Zensur wird die Wochenzeitung vorübergehend zur »entfesselten Ente« *(Le Canard déchaîné)*, doch nach acht Monaten geben die Redakteure ihr den alten Namen wieder. So heißt sie bis heute, denn eine Zeitung, die nie wirklich »angekettet« war, kann auch nicht »entfesselt« werden.

LA PARTIE D'ÉCHECS

— Hein! je vous les grignotte.

Vom Artois bis zur Champagne kein Durchkommen

25. September 1915 Nach mehrtägiger Artillerievorbereitung starten die Alliierten in der Champagne und im Artois eine gewaltige Offensive. »Die heutigen Umstände und modernen Waffen haben die Kriegsführung vollständig revolutioniert«, schreibt Sir John French, Befehlshaber des britischen Expeditionskorps, am 10. Dezember 1914 in einem Brief. »Dieser [Krieg] ist völlig anders als alles, was Sie und ich bisher kannten. Einerseits ist die Schlacht eine Belagerung, zugleich aber die Verteidigung einer Festung, das Ganze in gigantischem Maßstab.« Man hätte wohl kaum klarer ausdrücken können, wie schwer es den Generalstäben fiel, die neuartige Realität des Krieges zu bewältigen. 1915 bemüht sich auch Joseph Joffre, seinen Männern den Weg zum Sieg zu weisen, doch die Angriffe im Artois und in der Champagne bieten zu keiner Zeit die geringste Chance zum ersehnten Durchbruch. Als das grauenhafte Jahr zu Ende geht, blicken die Soldaten der Entente lediglich auf einen blutigen Weg zurück. Ihre Hoffnungen blieben jedoch auf der Strecke.

■ Im Laufe des Jahres 1915 machen die taktischen und strategischen Herausforderungen des Grabenkriegs beiden Seiten zu schaffen. Die Überlegenheit der Defensive über die Offensive zeichnete sich schon Ende 1914 ab, ist nun aber unübersehbar, allein angesichts der unverhältnismäßig hohen Verluste der Angreifer: Bei den Operationen 1915 in der Champagne erleiden die Franzosen 70,7 Prozent der Gesamtverluste, die Briten in Neuve-Chapelle 55,3 Prozent. An der Ostfront sind nach der Schlacht von Gorlice-Tarnów 70,5 Prozent der Gefallenen, Verwundeten und Vermissten Russen. Die Stabsabteilungen erkennen sehr wohl, dass ihre Vorgehensweise unzulänglich ist, lassen sich jedoch bis 1916 auf keine Änderung ihrer Doktrin ein. Im Gegenteil: Anfangs trägt ihre Reaktion noch erheblich dazu bei, die Kämpfe zu einem »totalen« Krieg zu machen, der die vollständige Mobilisierung der Völker und ihrer Industrien erfordert.

Rechts

Eroberter deutscher Schützengraben nach einem Bajonettangriff französischer Infanteristen bei Les Éparges am
10. April 1915. Die Anhöhe
von Les Éparges, von der aus
man die Woëvre-Ebene
(Maas) überblickt, wird am
20. September 1914 von
Deutschen erobert und befestigt. Ab 17. Februar finden
dort drei Monate lang heftige
Kämpfe statt. Mitte April
erobern die Franzosen den
Gipfel, jedoch um den Preis
extrem hoher Verluste. Die
Deutschen behalten einen Teil
des Kamms, nämlich den an-
grenzenden, noch höheren
Combres-Hügel, und rücken
in den Sektor der Tranchée de
Calonne vor. In Les Éparges
erreicht der Minenkrieg sein
schrecklichstes Ausmaß.

Vorangehende Seite

Die Karikatur zeigt Kaiser
Wilhelm II. und Marschall
Joffre in eine »Schachpartie«
vertieft – eine durchaus
passende Deutung des strate-
gisch-militärischen Duells
zwischen Deutschland und
Frankreich im Jahr 1915:
Joffre glaubte, er könne die
deutsche Frontlinie mit aus-
giebigem Trommelfeuer vor
jedem Angriff »anknabbern«
(grignoter).

Trotz der bereits dramatischen Verluste stellen die Alliierten ihr Ziel zu keiner Zeit in Frage: die deutschen Linien um jeden Preis zu durchbrechen. Der in der Nachkriegszeit immer wieder kritisierte Starrsinn der Befehlshaber, allen voran Joffres, basiert allerdings sowohl auf militärischer wie auf politischer Notwendigkeit. In militärischer Hinsicht richtet sich die Offensive gegen die fortdauernde deutsche Besetzung französischen Bodens. Die Besatzung Belgiens wiederum können die Verbündeten Frankreichs nicht hinnehmen; auch sie verlangt nach einem militärischen Gegenschlag. Auch politisch ist ein Kurswechsel undenkbar, denn die Stabsabteilungen werden von ihren Regierungen unter Druck gesetzt, die sich ihrerseits der öffentlichen Meinung beugen müssen. 1915 bleibt deshalb nur die Offensive: Eine abwartende Haltung wäre für die Befehlshaber synonym mit einer Niederlage und brächte sie in Gefahr, selbst kaltgestellt zu werden.

Die taktische Sackgasse

Das Scheitern der Operationen im Dezember 1914 ist eine deutliche Warnung, doch Joffre schlägt sie in den Wind. 1915 wiederholen sich deshalb in vieler Hinsicht immer dieselben Fehler, als hätte man nichts aus ihnen gelernt. Die Gründe sind in der Rückschau völlig klar: zu wenige schwere Geschütze, fehlerhafte Zuteilung der Reserven, logistische Mängel. Zu angemessenen

Links und unten

Links: Die Foto-Postkarte
zeigt einen deutschen
Schützengraben (1915/1916).
Der Unterstand sollte den
Männern an vorderster Front
Schutz und eine gewisse
Annehmlichkeit bieten. Mit
zunehmender Länge des Vor-
bereitungsfeuers wurden diese
Verschläge jedoch zu töd-
lichen Fallen. Unten: Die oft
unter Dauerbeschuss stehenden Gräben mussten ständig
instand gehalten werden.
Das Foto aus der Champagne
(Ende 1915 oder 1916) zeigt
französische Soldaten auf dem
Weg zur Wachablösung in
einem Laufgraben.

operativen Gegenmaßnahmen ist das Oberkommando jedoch offenbar unfähig. Ohne das Grundkonzept in Frage zu stellen, bemüht es sich lediglich, die Angriffspläne optimal umzusetzen, doch die Herausforderungen sind ganz anderer Natur und Tragweite.

Nachdem 1914 sowohl der französische Plan XVII als auch der Schlieffen-Plan und der »Wettlauf zum Meer« im Sande verlaufen sind, bietet sich keine Chance mehr, den Feind im Feld zu umzingeln. Das Konzept der »Entscheidungsschlacht«, das im militärischen Denken Europas bis dahin eine zentrale Rolle spielte, hat sich überholt. Die hastig angelegten, kaum Schutz bietenden Schützengräben der ersten Monate des Stellungskriegs sind bis 1915 zu einem stark vernetzten, durchorganisierten Verteidigungssystem ausgebaut worden, das die Infanterie schützt und die Zusammenziehung immer massiverer Feuerkraft gegen den Feind ermöglicht. Vor diesem Hintergrund ist Joffre der deutsche Frontbogen bei Compiègne ein Dorn im Auge. Ermutigt durch die frisch eingetroffenen britischen und kanadischen Truppen, bereitet er erneute Vorstöße vor, um die zahlenmäßige Überlegenheit so lange wie möglich auszunutzen. Auf beiden Seiten

Linke Seite und links
Die Schlacht von Neuve-Chapelle beginnt nach intensivem Vorbereitungsfeuer durch die Artillerie am 10. März 1915 auf einem rund 2500 Meter langen Frontabschnitt. Die erste britische Offensive im Norden soll die Anhöhe von Aubers in die Hand der Entente bringen und den Frontbogen zurückdrängen. Nach anfänglichen Erfolgen (Einnahme von Neuve-Chapelle) muss General Haig den Angriff aufgrund erheblicher Verluste abbrechen. Von nun an spielt die Artillerie unbestritten die Hauptrolle in den Kampfhandlungen. Es reicht jedoch nicht, immer mehr Kanonen und Granaten aufzubieten: Ihr taktischer Einsatz im Terrain muss verbessert werden. Linke Seite: deutsche Schanze 1915 in Neuve-Chapelle. Links ein englischer Schützengraben vor Neuve-Chapelle.

1

2

3

4

Vom Artois bis zur Champagne kein Durchkommen – 25. September 1915

5

MGs und leichte Artillerie

Das Maschinengewehr (MG) bestand seine Feuerprobe bereits in der Mandschurei und auf dem Balkan. Das französische und das deutsche Heer setzen es ab Beginn des Ersten Weltkriegs gleichermaßen ein (sechs prc Infanterieregiment,

zwei pro Kavallerieregiment). Für die Infanterie ist es die ideale Waffe. Französische MGs gelten als kompliziert und störanfällig, die deutschen als robuster. Leichte MGs, die gegenüber den schwereren Varianten viele Vorzüge haben, stehen den Franzosen erst viel später zur Verfügung. Französisches MG Chauchat (1), deutsches MG 08/15 (2), auf das die Redewendung „08/15", für „nichts Besonderes", zurückgeht, deutsches schweres MG 08 (3). In der Artillerie gibt es aber auch viele Neuerungen: In Frankreich zunächst mit der 75-mm-Kanone (auf dem Foto 4 in der Reihe hinter den Granatwerfern). Die 1897 in Dienst gestellte *soixante-quinze* hat eine Reichweite von bis zu elf Kilometern und ist eine der besten Waffen der französischen Truppen. Der Stellungskrieg beschert auch dem uralten Festungsmörser eine Renaissance. Leichte, robuste Granatwerfer werden zunächst für den Grabenkrieg konzipiert wie diese französischen *crapouillots* vor der Reihe 75er (4) oder deutsche Minenwerfer (7). Durch spätere Weiterentwicklungen entsteht ein ganzes Spektrum an schweren Mörsern. *Crapouillots* werden an vor-

6

derster Front eingesetzt (zwei Artilleristen – erkennbar an den gekreuzten Kanonen unter einer Granate auf ihrem *casque Adrian* (Stahlhelm) – beim Beladen eines 58-mm-*crapouillot* mit einer Flügelgranate (6). Neben Kanonen und Mörsern werden im Stellungskrieg noch weitere Waffen wieder aufgelegt:

Handgranaten mit und ohne Stiel, Gewehrgranaten (hier verschiedene Modelle: ganz links deutsche Stielhandgranate [5]), Sprengsätze, Bomben und Minen für Grabenwerfer wurden von den französischen Frontsoldaten und den Pionieren während des Krieges ständig verbessert.

7

der Frontlinie bestehen schon ab Anfang 1915 keinerlei Zweifel mehr, dass ein Ansturm gegen einen Schützengraben kaum etwas ausrichtet, wenn dort auch nur ein Maschinengewehr steht. Die Einheiten im Feld versuchen deshalb vorrangig, diese defensive Feuerkraft auszuschalten oder wenigstens zu unterlaufen: Da die Bedingungen für die ersehnte Durchbruchsschlacht an der Westfront ungünstig stehen, versuchen einige, sie an Nebenschauplätzen wie den Dardanellen zu erzwingen, doch das Scheitern dieser Ansätze unterstreicht erst recht die zentrale Rolle der Westfront im Ersten Weltkrieg.

Die Lehren aus der Schlacht von Neuve-Chapelle verhallen ungehört

Rechte Seite
Vom 25. September bis
6. Oktober 1915 erfolgt die
zweite große Champagne-
Offensive. Ihr Ziel ist die Zerstörung des deutschen Ver-
sorgungsnetzes hinter der
Frontlinie. Nach dreitägigem
Vorbereitungsfeuer beginnt
am 25. September die
»Herbstschlacht«. Die vorderste deutsche Stellung wird
praktisch überall von den
französischen Angriffswellen
weggefegt, es bleiben nur
zwei »Inseln« nordwestlich
und nordöstlich von Souain.
Der Erfolg ist kurzlebig, denn
die zweite deutsche Grabenlinie bleibt fest. Das Foto
zeigt die Explosion einer französischen Mine am ersten
Gefechtstag beim Angriff
auf der Ferme de Navarin an
der Straße von Souain nach
Somme-Py.

Im Artois lernen die Beteiligten im März den Materialkrieg und seine Erfordernisse besser einzuschätzen. Die Schlacht um Neuve-Chapelle spiegelt den Richtungswechsel der alliierten Operationen. General Haig sieht in der Konzentration von Truppen und Feuerkraft in einem relativ begrenzten Sektor die Gewähr für eine punktuelle Überzahl, mit deren Hilfe er dem Feind den Nachschub abschneiden will, ohne selbst allzu viele Männer einzusetzen oder zu verlieren. Am 10. März 1915 zwingen die Briten mit ihrer Offensive tatsächlich die Deutschen zum Rückzug. Neuve-Chapelle fällt in dreißig Minuten, doch schon bald sitzen die britischen Soldaten zwischen dem Ort und der Anhöhe von Aubers in der Falle. Es gelingt ihnen am 11./12. März nicht, den Durchbruch zu erweitern, da sie keine Schützengräben und somit keinen Schutz vor Gegenangriffen finden. Der unbedeutende Terraingewinn kostet die Entente-Mächte 13 000 Mann. Dank der komplexen Manöver und eines kurzen, aber intensiven Artilleriebeschusses wäre Haigs Plan um ein Haar aufgegangen. In einer halben Stunde schießen die Briten mit knapp 130 Kilo Sprengstoff pro Meter Front mehr Granaten ab als im gesamten Burenkrieg. Dennoch besteht nach Neuve-Chapelle kein Zweifel mehr, dass noch lange kein Ende des Kriegs in Sicht ist und der Sieg ganz klar auf der Artillerie beruhen wird. Vor diesem Hintergrund begehen die Stabsabteilungen einen fatalen Fehler: Sie glauben, durch die Streckung und Ausweitung des Trommelfeuers den Durchbruch erzwingen zu können, doch beruht ihr anfänglicher Erfolg in Neuve-Chapelle gerade auf der Massierung der Feuerkraft. In Loos verringern die Briten am 24. September trotz ihrer 533 Geschütze im 48-stündigen Bombardement die Menge auf 22 Kilo Sprengstoff pro Meter Front.

Die »uneinnehmbare« Anhöhe von Vimy

Nach den beiden Vorstößen bei Ypern geht Joffre erneut in die Offensive, diesmal nördlich von Arras, wo die Deutschen von den Vimy-Höhen aus die Bewegungen der Alliierten beobachten und Arras bombardieren. Da Foch Arras als ideale Kommunikations- und Nachschubbasis befreien und befestigen will, lässt er die 10. Armee bei Vimy angreifen, während die Briten gleichzeitig Festubert attackieren. Am 9. Mai scheitert der Vorstoß an den solide ausgebauten deutschen Schützengräben. Auch diesmal gelingt es nicht, das eroberte Terrain durch ein schnelles Nachrücken von Reservetruppen zu sichern. Die Briten erleiden Schiffbruch vor Festubert, und den Franzosen ergeht es südlich von Arras kaum besser. Foch will mit sechstägigem Artilleriebeschuss eine Bresche für die Infanterie öffnen, gibt damit aber das Überraschungsmoment preis. Das Joffre gegebene Versprechen, der Krieg werde drei Monate nach einem erhofften Sieg bei Vimy zu Ende sein, zerplatzt wie eine Seifenblase an den deutschen Stacheldrahtverhauen. Obwohl die

Deutschen aufgrund der gescheiterten britischen Aktion ihre Linien verstärken, lässt Foch die Offensive fortsetzen. Bis Juni verlieren die Entente-Truppen über 100 000 Mann, das deutsche Reich 75 000. Die Generäle einschließlich Joffre selbst müssen sich unliebsamen Fragen stellen …

Sinnlose Wiederholung: Die Herbstschlacht in der Champagne

Auch zu Herbstbeginn setzen die Alliierten ihre Offensive in der Champagne entschlossen fort. Mit 35 Infanteriedivisionen wollen sie die deutschen Stellungen von Vimy und Lens aus durchbrechen. Die Briten haben Bedenken, weil ihre Munitionsvorräte erschöpft sind, doch Joffre gewinnt schließlich ihre Unterstützung für die Offensive, die die an der Ostfront in Bedrängnis geratenen Russen entlasten soll. Lord Kitcheners Freiwilligenheer erhält im Artois seine Feuertaufe. Am 23. September spornt Joffre seine Männer an: »Soldaten der Republik […], gegen euren kraftvollen Vorstoß wird jeder Widerstand fruchtlos sein. Er bringt euch mit einem Satz bis zu den Gefechtsstellungen jenseits der Befestigungen, die der Feind gegen uns aufbietet. Ihr werdet ihm keine Waffenruhe, keine Verschnaufpause lassen, bis der Sieg unser ist. Kämpft mit ganzem Herzen für die Befreiung eures Vaterlands, für den Triumph von Recht und Freiheit!«

In Loos setzt das britische Oberkommando chemische Kampfmittel ein, um die mangelnde Erfahrung seiner Truppen wettzumachen, aber auch als Rache für Ypern. Aufgrund günstiger Windverhältnisse lösen die Gaswolken in den deutschen Gräben Chaos aus, das die Briten ausnutzen, doch das freigesetzte Giftgas bedingt auch erhebliche Gefahren für die Angreifer selbst. Vor allem aber beseitigt es nicht die Befestigungen und Stacheldrahthindernisse. Die Schotten können zunächst mangels Reserve nicht viel ausrichten; als sie dann kommt, trifft sie der deutsche Gegenangriff mit voller Wucht. Insgesamt verlieren die Alliierten im Artois 60 000 Mann – doppelt so viele wie der Feind.

In der Champagne bietet die französische Armee die größte je erreichte Konzentration an Feuerkraft auf: 900 schwere Artilleriegeschütze und 1600 Feldkanonen beschießen die deutschen Stellungen aus allen Rohren. Beide französischen Armeen rücken auf einem breiten Frontstück vor, gelangen jedoch nicht bis zur zweiten feindlichen Linie. Als die Deutschen zudem ihre vordersten Gräben verlassen, wird das Trommelfeuer nutzlos. Darüber hinaus erschweren Regen und Schlamm das Vorankommen der Infanterie, nachdem ihre eigenen Granaten den Boden aufgewühlt haben. Fazit der Schlacht sind minimale territoriale Gewinne zum Preis von Hunderttausenden Toten und Verwundeten: 100 000 Franzosen, 60 000 Briten und 65 000 Deutsche werden in der September-Offensive außer Gefecht gesetzt.

Aus Erfahrungen wie diesen ziehen die Stabsabteilungen offensichtlich nicht selten falsche taktische Schlüsse, denn im ganzen Jahr 1915 intensivieren sie starrsinnig die alte Taktik immer mehr, obwohl sie der Lage entsprechend ihre Sache besser machen, sprich: anders vorgehen müssten. Als politischer Preis für sein Scheitern muss Sir French das Oberkommando über das Expeditionskorps an Douglas Haig abgeben. Joffre ist als »Sieger von der Marne« noch unantastbar, doch auch sein Ansehen wird im zweiten Kriegsjahr unleugbar beschädigt. Schon sein Plan, die kaiserlichen Truppen »anzuknabbern« (*grignoter*), lässt erkennen, dass sein Generalstab zu einem wirkungsvollen Durchbruch nicht in der Lage ist. Der Zermürbungskrieg, später verkörpert durch Verdun, ist schon 1915 eine Notwendigkeit; eine Niederlage verbietet sich von nun an allein schon wegen des bereits vergossenen Blutes.

Rechts

Nach dem französischen Angriff liegt ein gefallener Soldat, das Gewehr noch in der Hand, im trostlosen Schlamm der Champagne. Jegliche Vegetation und alles menschliche Leben sind Gas und Dauerbeschuss zum Opfer gefallen. Die Granattrichter verbergen die Gesichter und zweifellos weitere Leichen. Die immer größeren Kaliber reißen Trichter mit einem Durchmesser von teilweise Dutzenden Metern, in denen gelegentlich ein ganzer Zug verschwindet. Ab Ende 1915 gleicht das ganze Schlachtfeld einer Mondlandschaft.

Edith Cavell –
Patriotin und Märtyrerin

12. Oktober 1915 Edith Cavell, britische Krankenschwester mit Wohnsitz in Belgien, wird auf dem Brüsseler Tir National wegen »Verbrechens zum Schaden für die deutschen Streitkräfte« standrechtlich erschossen. Ihre Hinrichtung wird von der alliierten Propaganda sofort bekannt gemacht und löst weltweit Entsetzen aus. Die »Ermordung von Miss Cavell« zählt fortan zu den deutschen »Kriegsgräueln«.

■ Als die kaiserlichen Truppen im August 1914 das Nachbarland Belgien unter Missachtung seiner Neutralität in ihren Krieg hineinziehen, beschließt Edith Cavell, in ihrem Gastland zu bleiben und sein Schicksal zu teilen. Die 1865 im englischen Swardeston geborene Krankenschwester arbeitet seit 1906 in Belgien. Nach Kriegsausbruch willigt sie ein, verwundete Soldaten der Entente zu pflegen und ihnen bei der Flucht über die Niederlande in ihre Heimat zu helfen. Dabei ist sie nur ein Rädchen im umfangreichen Netzwerk von Mademoiselle Thuilliez, einer Lehrerin aus Lille, dem im gesamten besetzten Gebiet Nordfrankreichs und Belgiens Dutzende Mitglieder angehören. Als sich der seit Längerem bestehende Verdacht der Besatzer gegen Miss Cavell im August 1915 erhärtet, wird sie gemeinsam mit 34 weiteren Fluchthelfern verhaftet. Nicht aus Todesangst, sondern aus Aufrichtigkeit gibt sie ein Geständnis ab, liefert damit jedoch erst den Deutschen hinreichende Beweise für ihren »Verrat«. Sie wird von einem Militärgericht zum Tode verurteilt und gemeinsam mit ihrem Mitverschwörer Philippe Baucq vor ein Erschießungskommando gestellt.

Während des Kriegs wurde ihr Zutun zur Verurteilung totgeschwiegen oder aber durch ihre weiblichen Qualitäten gerechtfertigt: Miss Cavell sei eine »weltliche Heilige«, die ihr ganzes Leben der Aufopferung für ihre Mitmenschen geweiht habe, und einfach unfähig zu lügen. Die Schilderungen ihrer Hinrichtung betonen weniger ihre in Wirklichkeit beeindruckende Tapferkeit als die Grausamkeit ihrer Scharfrichter. Schon 1916 stellt die gängigste Version sie als verängstigte junge Frau dar: Angesichts der Hinrichtungen, die sie miterleben muss, fällt sie in Ohnmacht, als der deutsche Offizier befiehlt, das Feuer auf sie zu eröffnen, sodass er ihr den Gnadenschuss geben muss. Edith Cavell ist jedoch weder jung noch zerbrechlich, sondern eine geradlinige, großherzige, würdevolle Frau von knapp 50 Jahren. Betont werden jedoch ihre »typisch weiblichen« Qualitäten wie Sensibilität oder Emotionalität, weil sie den Feind umso teuflischer wirken lassen.

Edith Cavells Hinrichtung wurde weltweit als »Beweis« für die ontologische Schuld der Deutschen dargestellt. Ihre doppelte Staatsangehörigkeit machte sie zudem zum Inbegriff sowohl der moralischen Haltung Großbritanniens zu diesem Krieg als auch des belgischen Martyriums. Das Deutsche Reich sieht sich veranlasst, die Hinrichtung zu rechtfertigen. Albert Zimmermann, Staatssekretär im Außenministerium, veröffentlicht in zwei US-Zeitungen einen Artikel, der auf die Rechtmäßigkeit der Entscheidung des deutschen Militärgerichts in Brüssel pocht. Der Öffentlichkeit in den USA und den Entente-Staaten reicht das jedoch nicht aus. Vor allem im besetzten Belgien ist man entsetzt. Als Rache für Cavells Tod tötet Louis Bril, Kellner in einem Brüsseler Café, auf offener Straße den Belgier Neels de Rhodes, der die Krankenschwester bei den Besatzern denunziert haben soll. Bril wird unmittelbar darauf seinerseits von den Deutschen erschossen. Wegen des gleichen Vergehens steht 1919 der französische Verräter Gaston Quien vor einem Militärgericht in Paris, wird aber mit knapper Not freigesprochen, als sein Anwalt darauf verweist, dass derjenige, der Miss Cavell ausgeliefert habe, bereits tot sei.

Tausende Bürger erhoben sich und leisteten den Besatzern Widerstand

Der Fall Cavell ist zweifellos außergewöhnlich: Von 1914 bis 1918 wurden 332 Patrioten standrechtlich erschossen; nur elf davon waren Frauen. Er ist jedoch zugleich bezeichnend für die oft verschleierte Tatsache, dass sich im Ersten Weltkrieg in den besetzten Gebieten Nordfrankreichs und Belgiens Tausende Bürger erhoben und den Besatzern Widerstand leisteten. Schon zu Kriegsbeginn legen die meisten Industriellen ihre Fabriken still, die Journalisten stellen fast ausnahmslos das Schreiben ein, und die Mehrheit der Bürger hält »patriotische Distanz« zu den Besatzern. Die Zivilisten sind überzeugt, mit dieser Haltung das Schicksal der heldenhaften Soldaten an der Yser-Front zu teilen. Nicht wenige wollen sich jedoch aktiver am Kampf gegen die Besatzer beteiligen und riskieren im Untergrund Leib und Leben.

Die Motivation dieser Männer und Frauen ist in allererster Linie Patriotismus, gepaart mit Deutschfeindlichkeit. Vaterlandsliebe und Hass auf den Feind sind ohnehin in dieser Epoche synonym. Bei den Franzosen basiert die

Unten

Die Karikaturen des niederländischen Zeichners Louis Raemaekers erschienen u. a. in seinen *Dessins d'un neutre*, vor allem aber auf zahlreichen Propagandaplakaten der Alliierten, die Gräueltaten der Deutschen in Belgien anprangerten. Als er in seiner Heimat wegen Verstoßes gegen die Neutralität angeklagt wird, flieht er nach Großbritannien. Dort veröffentlicht die *Times* seine Karikaturen. Viele davon stellen die persönliche Schuld Kaiser Wilhelms II. heraus: Hier beobachtet er mit persvem Vergnügen heimlich die Erschießung von Miss Cavell.

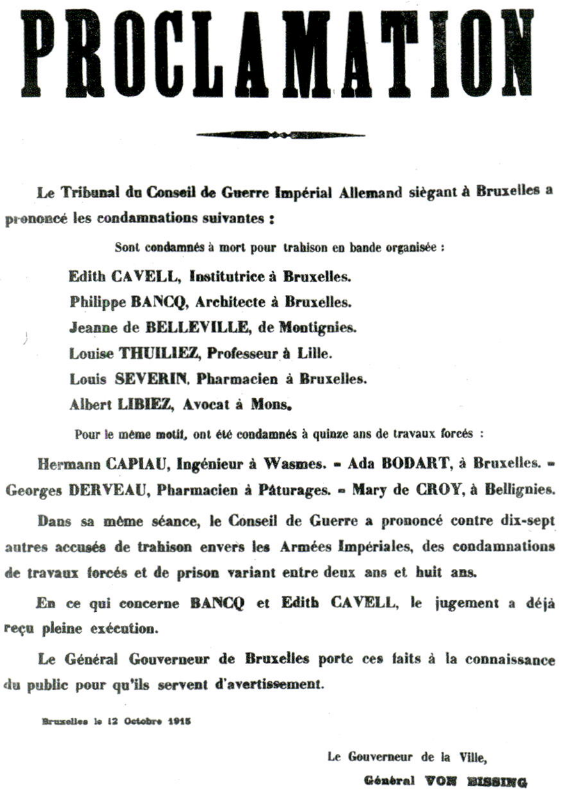

PROCLAMATION

Le Tribunal du Conseil de Guerre Impérial Allemand siègant à Bruxelles a prononcé les condamnations suivantes :

Sont condamnés à mort pour trahison en bande organisée :

Edith CAVELL, Institutrice à Bruxelles.
Philippe BANCQ, Architecte à Bruxelles.
Jeanne de BELLEVILLE, de Montignies.
Louise THUILIEZ, Professeur à Lille.
Louis SEVERIN, Pharmacien à Bruxelles.
Albert LIBIEZ, Avocat à Mons.

Pour le même motif, ont été condamnés à quinze ans de travaux forcés :

Hermann CAPIAU, Ingénieur à Wasmes. — **Ada BODART**, à Bruxelles. — **Georges DERVEAU**, Pharmacien à Pâturages. — **Mary de CROY**, à Bellignies.

Dans sa même séance, le Conseil de Guerre a prononcé contre dix-sept autres accusés de trahison envers les Armées Impériales, des condamnations de travaux forcés et de prison variant entre deux ans et huit ans.

En ce qui concerne BANCQ et Edith CAVELL, le jugement a déjà reçu pleine exécution.

Le Général Gouverneur de Bruxelles porte ces faits à la connaissance du public pour qu'ils servent d'avertissement.

Bruxelles le 12 Octobre 1915

Le Gouverneur de la Ville,
Général **VON BISSING**

Links
Links
Verkündung des deutschen Kaiserlichen Kriegsgerichts über die Verhängung der Todesstrafe wegen »gemeinschaftlichen Verrats« gegen sechs Personen, darunter auch Edith Cavell (links auf dem Foto).

Unten
Das Bild mit dem Titel »Ermordung von Miss Cavel« (sic), das ein Schüler der École de la rue Lepic 1916 zeichnete, verdeutlicht die Allgegenwart des Themas in der französischen Propaganda. Dem Achtjährigen lag vor allem daran, die Grausamkeit der Deutschen zu zeigen, die er aus der geläufigsten Schilderung der Hinrichtung kannte. Danach soll einer der Offiziere der bereits wie gekreuzigt am Boden liegenden Krankenschwester den Gnadenschuss gegeben haben.

Germanophobie auf der Erinnerung an den Deutsch-Französischen Krieg von 1870, bei den Belgiern aber auf viel aktuelleren Erfahrungen. Die Verletzung der belgischen Neutralität am 4. August 1914 weckte kollektive Empörung; das anschließende Blutbad unter Zivilisten löste Angst und vor allem Hass aus, den die systematische Unterdrückung, Abschottung und Ausplünderung durch die Besatzungsmacht Tag für Tag weiter nährte. Heimliche patriotische Aktivitäten wurden deshalb von der überwältigenden Mehrheit der Bevölkerung in den besetzten Gebieten unterstützt.

Untergrundzeitungen, Fluchthelfer, Spione ...

Die verschiedenen Formen dieses Widerstands spiegeln die konkreten Lebens-umstände in den besetzten Gebieten. Als die Fronten festgefahren sind und sich klar abzeichnet, dass der Krieg lange dauern wird, kommen umgehend zahllose illegale Zeitungen auf den Plan. Die sicher berühmteste davon ist *La Libre Belgique*, die von 1915 bis 1918 in 173 Ausgaben erscheint. Die meisten belgischen Zeitungen stellten im August 1914 ihre Tätigkeit ein; übrig bleiben nur einige wenige, die den Besatzern nach dem Mund reden oder von ihnen gesteuert werden. Man bezeichnet sie abfällig als *embochés*, also von *Boches* [Deutschen] infiltriert. Als Gegengewicht zu diesen deprimierenden Publikationen braucht man Flugblätter, die den Belgiern den Endsieg versprechen und ihren vaterländischen Elan anfeuern. Ziel dieser Presse ist es, die Stimmung im besetzten Gebiet zu stützen und Defätismus und Verdrossenheit zu verhüten.

Durch den Verlauf der Gefechte waren viele Soldaten der Entente im Feld hinter die feindlichen Linien geraten. Spontan nehmen sich die Patrioten ihrer an und bauen Netzwerke auf, die sie bis an die niederländische Grenze bringen, von wo aus sie über Großbritannien in die Heimat zurückkehren können. Schon bald schleusen die Fluchthelfer auch Freiwillige über die Grenze an die Front und versorgen auf diese Weise ihr Heer aktiv mit frischen Truppen. Die Kampfmoral der Frontsoldaten fördern sie durch die Gewissheit, dass die Zivilbevölkerung sie unterstützt. Ein wichtiger Aspekt hierbei ist die Feldpost der Familien in den besetzten Gebieten an ihre Söhne und Väter an der Front, doch die ist strengstens verboten. 1915 errichten die Deutschen zwischen Belgien und den weiterhin neutralen Niederlanden sogar einen elektrischen Sperrzaun, um die besetzten Gebiete möglichst total abzuschotten. Unterlaufen werden diese Bemühungen durch geheime Postdienste wie *Mot du soldat* [Soldatenwort], die den Kontakt zwischen den Soldaten und ihren Familien aufrechterhalten.

Eine weitere Möglichkeit, dem Vaterland zu dienen, ist Spionage. Die Agenten spähen zum Beispiel Züge aus und liefern den Alliierten wertvolle Informationen über Truppenbewegungen, -stärke und -bewaffnung oder informieren sie über die Lage im Besatzungsgebiet, die Stimmung in der Bevölkerung und wirtschaftliche oder politische Probleme. Diese Form des Widerstands ist dem Normalbürger anfangs fremd, denn Spione sind in seinen Augen erst einmal Verräter. Dennoch gelingt es den britischen, französischen und belgischen Oberkommandos, rund 7000 Patrioten quer durch alle Gesellschaftsschichten für diese äußerst riskante Tätigkeit zu gewinnen. Der bekannteste der zahllosen Agentenringe, die zwischen 1914 und 1918 entstehen, ist zweifellos die von Walthère Dewé in Lüttich gegründete *Dame blanche*, die vor allem Katholiken

Oben

La Libre Belgique ist die bekannteste belgische Untergrundzeitung aus der Zeit des Ersten Weltkriegs. Der Generalgouverneur von Belgien, Generaloberst von Bissing, fand eines Morgens die erste Ausgabe des patriotischen Propagandablatts in seiner Post. Trotz aller Bemühungen, die Herausgeber dingfest zu machen, erschien *La Libre Belgique* von 1915 bis 1918 »regelmäßig unregelmäßig« weiter, und alle 173 Ausgaben flatterten von Bissing mit der Post ins Haus. Oben auf der Titelseite sein Konterfei beim Lesen der Untergrundzeitung, die voller Ironie als seine »Busenfreundin« tituliert wird.

rekrutiert und für das britische Kriegsministerium spioniert. Wie ein Spinnennetz decken rund tausend Agenten nicht nur das Generalgouvernement ab, sondern reichen bis nach Nordfrankreich hinein. Dank ihrer militärisch strengen Organisation und strikten Abgrenzung schlüpft die »Weiße Dame« bis zum Kriegsende der deutschen Spionageabwehr durch die Finger.

Unterdrückung und Märtyrertum

Meist sind die verschiedenen illegalen Aktivitäten nicht klar gegeneinander abgegrenzt, denn viele Patrioten spionieren und verteilen illegale Zeitungen, andere betätigen sich als Fluchthelfer und befördern Feldpost. Louise de Bettignies aus Lille gelangt zu Kriegsbeginn über die Niederlande nach Großbritannien und wird dort angeworben. Nach ihrer Rückkehr ins Generalgouvernement Belgien gründet sie Anfang 1915 den Agentenring *Ramble*. Mehrfach überquert sie die Grenze, um Mitteilungen an den Geheimdienst weiterzuleiten, verhilft dabei aber auch Verfolgten zur Flucht. Im September 1915 wird sie enttarnt und zum Tode verurteilt, dann jedoch zu einer Haftstrafe begnadigt. Am 27. September 1918 stirbt sie im St.-Marien-Hospital in Köln.

Die kleine Angestellte Gabrielle Petit, gebürtig in Tournai, arbeitet ab 1914 als Spendensammlerin beim Roten Kreuz und gelangt im Juli 1915 nach Holland. In Folkestone wird sie vom Belgier Joseph Ide angeworben, der sich »Monsieur Émile« nennt. Ihr Auftrag lautet, die bei Tournai stationierten deutschen Verbände auszuspähen. Zudem verteilt sie die Untergrundzeitung *La Libre Belgique* und hilft jungen Männern, als Freiwillige zur belgischen Armee zu gelangen. Sie wird von einem Doppelagenten enttarnt, am 2. Februar 1916 verhaftet, am 3. März zum Tode verurteilt und mit 23 Jahren am 1. April auf dem Tir National in Brüssel erschossen. Anders als Edith Cavell bleibt Gabrielle Petit bei den Verhören standhaft: Sie gibt keine Namen preis und reicht kein Gnadengesuch ein. Dem Tod blickt sie gelassen entgegen: »Ihr werdet sehen, wie eine Belgierin zu sterben versteht«, soll sie im Verhör erwidert haben.

Allerdings gelingt es der deutschen Spionageabwehr gerade wegen der Verflechtungen, diverse Netzwerke aufzudecken. Anstatt die Zivilbevölkerung zu entmutigen, verstärken sie jedoch mit der Hinrichtung von Patrioten nur die Empörung und geben weiteren Anlass, sich im Untergrund zu betätigen. Ab 1916 werden die Namen der Erschossenen nicht mehr bekannt gegeben, damit das Volk sie nicht als Helden verehrt. Das hält jedoch die Menschen keineswegs davon ab, den Opfern der Besatzungsmacht bei Zeremonien in den Kirchen die letzte Ehre zu erweisen, denn die aktiven Patrioten sind zwar in der Minderzahl, werden aber von der Mehrheit stillschweigend unterstützt. Obwohl Frauen nur ein Viertel aller Aktivisten ausmachen, findet gerade ihr Engagement große Beachtung. Unmittelbar nach Kriegsende werden sie von allen Zivilisten am meisten bewundert. Ihre Heldentaten dienen auch der Jugend ausdrücklich als Vorbild. In Belgien wird Gabrielle Petit zur Nationalheldin, zur Allegorie des trotz allen Martyriums heroischen Belgiens und zum Symbol für jede Form des patriotischen Einsatzes. Im Zweiten Weltkrieg beruft man sich erneut auf ihr Andenken, um die Belgier zum Widerstand aufzurufen.

Rechts

Rechts ein Portrait von Louise de Bettignies, die unter dem Decknamen »Alice Dubois« in der Gegend von Lille einen wichtigen Agentenring aufbaute. Im Oktober 1915 wurde sie bei Tournai von der deutschen Spionageabwehr verhaftet. Sie starb 1918 im Krankenhaus an einem stümperhaft operierten Pleuraabszess. Links eine Postkarte mit ihrem Denkmal, das 1927 in Lille enthüllt wurde. Ein Soldat küsst ihr voller Ehrfurcht die Hände – ein Tribut an alle mutigen Frauen in den besetzten Gebieten.

Kostenfaktor Krieg

16. November 1915 Frankreich legt seine erste Kriegsanleihe auf und nimmt damit über drei Millionen Francs ein. Eine weitere folgt im Oktober 1916, die dritte im November 1917, die vierte im November 1918. Insgesamt belaufen sich alle vier auf knapp 22 Milliarden Francs. Viele der Plakate, mit denen der Staat dafür wirbt, sind heute berühmt. Sie illustrieren elementare Aspekte der Kriegskultur. Der Feind erscheint darauf meist in Gestalt des preußischen Adlers, der französische Soldat in Siegerpose. Eine Art Lastenverteilung im Erbringen von Opfern spiegelt der Slogan auf einem Plakat von 1917: »Ich gebe mein Leben, gebt ihr euer Gold«. Die Entscheidung für die Ausgabe von Anleihen bedeutet letztlich, den Krieg auf Pump zu führen. Angesichts der astronomischen Kosten des Ersten Weltkriegs gehen die Staaten mit der Grundfrage, wie er überhaupt finanziert werden soll, unterschiedlich um.

■ Wie soll der Krieg finanziert werden, und was wird er überhaupt kosten? Diese Fragen beschäftigen schon vor Kriegsausbruch diverse Wirtschaftsexperten. Ein französischer Ökonom schätzt die Gesamtkosten auf 15 bis 20 Milliarden Francs. Alles darüber hinaus könnten die Wirtschaftssysteme gar nicht bewältigen und müsste den Krieg beenden. Man setzt deshalb auf einen kurzen Krieg, den die Zentralbanken – so glaubt man – aus eigener Kraft finanzieren können. 1913 veranschlagen die Experten der deutschen Reichsbank ihrerseits die Kosten für die Mobilmachung auf 1800 Millionen Reichsmark. Die Wirklichkeit jedoch übertrifft sämtliche Voraussagen um ein Vielfaches. Exakte Zahlen sind zwar kaum zu ermitteln, insbesondere weil die genehmigten Kredite nur selten mit den tatsächlichen Ausgaben übereinstimmen, doch offenbar kostete der Erste Weltkrieg alles in allem 186 Milliarden US-Dollar, also knapp 1000 Milliarden Francs – 50 Mal so viel wie veranschlagt! Preisbereinigt gab der französische Staat im Wirtschaftsjahr 1918 dreimal so viel aus wie 1913. Der Erste Weltkrieg kostete Frankreich das Zwanzigfache vom Krieg 1870/1871 und Großbritannien das Zehnfache der gesamten 23-jährigen Koalitionskriege gegen Frankreich. Wie die gigantischen Kosten entstanden, lässt sich leicht erklären: In vier Jahren Materialkrieg verbrauchten die Streitkräfte sagenhafte Mengen u. a. an Munition, darunter 60 Millionen Granaten allein in der 300 Tage dauernden Schlacht um Verdun. Hinzu kommen Vergeudung und Missbrauch verschiedenster Art aufgrund der nachlassenden Kontrolle der öffentlichen Märkte. Ab Sommer 1914 lassen sich die Regierungen für die Deckung der ungeheuerlichen Ausgaben Sonderbefugnisse einräumen.

Frankreich: Schatzanweisungen und Schulden

Nach einstimmiger Verabschiedung des Gesetzes vom 5. August 1914 kann die französische Regierung Militärausgaben ohne vorherige Genehmigung durch das Parlament tätigen. Da Frankreich jedoch schon vor 1914 unter chronischem Haushaltsdefizit litt, befindet es sich nun unter teilweiser deutscher Besatzung in der Klemme. Auf das gerade erst reformierte Steuersystem kann der Staat nicht zählen. Mit dem im Parlament umstrittenen Gesetz vom 15. Juli 1914 war eine allgemeine Einkommensteuer eingeführt worden, die jedoch erst zum 1. Januar 1916 in Kraft tritt, weil sie als direkte Steuer schwierig umzusetzen ist. Ab Sommer 1916 wird zudem eine neue Kriegsgewinnsteuer erhoben, die 1917 einen Steuersatz von bis zu 80 Prozent erreicht. Statt die Steuerlast zu erhöhen, ziehen es deshalb mehrere aufeinanderfolgende Finanzminister vor, die Banque de France einzuschalten (die Geldmenge verfünffacht sich zwischen 1914 und 1918) und öffentliche Anleihen aufzulegen. Schatzanweisungen (*Bons de la défense nationale*, wörtlich »für die Verteidigung der Nation«) bilden eine besonders üppig sprudelnde Einnahmequelle (50 Milliarden Francs im gesamten Krieg). Mit einem Zinssatz von fünf Prozent wiegen sie die Privatanleger kurzfristig in Sicherheit und locken einen erheblichen Teil der Ersparnisse an. Hinzu kommen vier Kriegsanleihen, die weniger als erwartet einbringen und kaum ein Viertel der Inlandsverschuldung decken. Also leiht Frankreich sich auch im Ausland Geld, vorwiegend in Großbritannien und den USA. Langfristig kommen diese Entscheidungen die Volkswirtschaft teuer zu stehen. Genau wie Deutschland steht auch Frankreich nach Kriegsende vor einem Schuldenberg und kämpft gegen die steile Inflation: Im Vergleich zu 1914 hat der Franc 71 Prozent an Wert verloren.

London: Die Macht der City bleibt fast unberührt

Großbritannien muss im Gegensatz zu Frankreich weder Invasion noch Besatzung hinnehmen. Die Londoner City spielt deshalb in der internationalen Finanzwelt eine führende Rolle. Das Pfund Sterling ist weiterhin als einzige große Währung in Gold konvertierbar, während Frankreich und Russland zu Kriegsbeginn gezwungen waren, die Konvertibilität von Franc und Rubel auszusetzen. Um den Krieg zu finanzieren, brauchen die Briten ihre Notenbank nicht zu bemühen, denn fast ein Drittel ihrer Militärausgaben ist durch die im September 1915 eingeführte Kriegsgewinn-

Links und oben
Um potenzielle Investoren zu
überzeugen, überbieten sich
die kriegführenden Staaten
bei der Gestaltung kreativer
Werbeplakate für Kriegsanleihen: Sie preisen den Einsatz
der Russinnen in der Industrie
(das Plakat oben links von
1916 zeigt eine Frau bei der
Arbeit in einer Munitions-
fabrik), den Heldenmut der
deutschen Soldaten (oben
rechts eine Inkarnation von
Herkules im Kampf gegen die
Hydra der Entente) oder das
Engagement der Amerikaner
in der Verteidigung der
Freiheit als Grundwert ihrer
Kultur (links).

steuer und die schon seit den Napoleonischen Kriegen bestehende Einkommensteuer gedeckt. Alles in allem vervierfachen sich die Steuereinnahmen zwischen 1914 und 1918, zumal der Steuersatz bei den höchsten Einkommensgruppen bei über 50 Prozent liegt. Mehr als zwei Jahre lang erfüllt Großbritannien alle Voraussetzungen, um als Bankier der Alliierten zu fungieren. Einige Staaten finanzieren ihre Kriegsanstrengungen großenteils mit Finanzspritzen aus London; das gilt für Italien, vor allem aber für Russland, dessen Wirtschaft zwar stark wächst, aber noch nicht gefestigt ist: Die Auslandsverschuldung schwillt von 1914 bis 1917 von acht auf 14,5 Milliarden Rubel an. Knapp 5700 Millionen Dollar an Vorschüssen sagen die Briten im April 1917 den Alliierten zu. Im Gegenzug werden in London zum Teil erhebliche Mengen Gold umgeschlagen. Im Sommer 1916 verschlechtert sich die Finanzsituation im Königreich jedoch ganz rapide, denn der Krieg kostet es Tag für Tag fünf Millionen Pfund, von denen es sich zwei in den USA borgt. Die britische Regierung sieht kaum noch eine Möglichkeit, den Krieg über März 1917 hinaus fortzusetzen, denn danach drohen der Verlust der Goldkonvertibilität des Sterlings und der Bedeutung Londons als Finanzplatz von Weltrang. Premierminister Asquith und Außenminister Grey erwägen sogar einen mehr oder weniger bedingungslosen Friedensschluss mit Deutschland, was jedoch am erbitterten Widerstand der konservativen Minister in der Regierungskoalition unter Lloyd George scheitert. Sie bilden im Dezember 1916 die Mehrheit in der neuen Regierung und favorisieren eine Annäherung an die USA und eine Rollenverteilung zwischen London und New York.

USA: Die Bankiers der Alliierten

Die erneuerte angelsächsische Solidarität war entscheidend für den weiteren Kriegsverlauf. Im Sommer 1914 hatten die USA unter Hinweis auf ihre Neutralitätspolitik den kriegführenden Staaten Darlehen verweigert und bis April 1915 den Zugang zur New Yorker Börse untersagt, damit diese ihre Kriegsausgaben nicht etwa durch den Verkauf von US-Aktien decken und damit die Kurse ins Trudeln bringen konnten. Ab Herbst 1914 lässt Präsident Wilson erstmals eine Lockerung der strikten Neutralität zu, indem er stillschweigend die gegen Deutschland verhängte Blockade akzeptiert und die Vergabe kurzfristiger Darlehen an die Entente-Staaten ermöglicht. Der Dollar leidet unter dem fast völligen Erliegen der Exporte nach Europa, während die Alliierten immer mehr amerikanische Ressourcen benötigen. Den Ausschlag für die Aufgabe des Isolationismus gibt schließlich die Haltung von Finanzakteuren wie dem Präsidenten der New Yorker Federal Bank oder dem Management der Morgan Bank. Am 25. April 1917, wenige Tage nach dem Kriegseintritt der USA, ermächtigt ein Gesetz die US-Regierung, eine Staatsanleihe in Höhe von sieben Milliarden Dollar aufzulegen, von denen drei an die Verbündeten weiterverliehen werden dürfen. Dass es sich bei diesem ersten *Liberty Loan* nicht mehr um private Darlehen an ausländische Staaten, sondern um eine echte Staatsanleihe handelt, zieht eines der heikelsten Probleme der Nachkriegszeit nach sich, nämlich die Frage der Verschuldung zwischen den Alliierten: 1919 belaufen sich die US-Darlehen auf zehn Milliarden Dollar. Die Gegenleistungen sind wirtschaftlicher Natur (die Schuldner tragen durch den Kauf von US-Produkten zum Wachstum der US-Wirtschaft bei), aber auch politischer Art (die Briten willigen ein, ihre Kriegsziele auf Wilsons »Vierzehn Punkte« abzustimmen). Insgesamt sind die US-Darlehen für die übrigen Entente-Staaten vor allem ab Frühjahr 1917 lebensnotwendig, denn sie sind längst finanziell am Ende: Selbst die Kredite decken schließlich nur noch ein Drittel aller italienischen, ein Viertel aller französischen und ein Zehntel aller britischen Kriegsausgaben.

Aber die Amerikaner müssen auch für ihren eigenen Kriegseinsatz Geld auftreiben. Ihre Ausgaben sind enorm, denn die US Army ist von allen Streitmächten am besten ausgerüstet und besoldet. Trotz ihres späten Kriegseintritts kostet der Krieg die USA 32 Milliarden Dollar (zum Vergleich: Die Briten kostet er 40–44, die Deutschen 40–46, die Franzosen 24–25 und die Russen 15–22 Milliarden Dollar). Monatlich geben die USA ab Mai 1918 bis zu 1450 Millionen Dollar aus (doppelt so viel wie Frankreich zu diesem Zeitpunkt). Immerhin liegen die Gesamtausgaben für den Krieg in den USA unter dem Bruttoinlandsprodukt, während sie bei den meisten europäischen Kriegsbeteiligten das Vierfache des jeweiligen BIP von 1913 betragen. Die USA können ein Drittel ihrer Ausgaben durch Steuereinnahmen decken, denn die Einkommensteuersätze liegen in den höchsten Steuerklassen bei bis zu 77 Prozent; auch die seit 3. Oktober 1917 geltende Kriegsgewinnsteuer erweist sich dank der boomenden US-Wirtschaft als höchst einträglich.

Die Mittelmächte: Galoppierende Inflation

Deutschland und Österreich-Ungarn sind durch die Handelsblockade vom Weltmarkt abgeschnitten. Sie leihen sich kaum Geld im Ausland und führen nur Handel miteinander oder mit neutralen Drittländern. Ausländische Kredite machen ihnen deshalb nicht zu schaffen, dafür hemmt aber das mit 22 Milliarden Reichsmark gleich 14 Prozent der Gesamtausgaben eher spärliche Steueraufkommen die Kriegsanstrengungen. Dennoch will man mit einer Steuerreform nicht den Unmut des Volkes riskieren. Erst im Frühjahr 1916 wird auch im Deutschen Reich eine Kriegsgewinnsteuer eingeführt, obwohl viele Industrielle mit massiver Hinterziehung gegen diese erste Einkommensteuer protestieren. Um seine Ausgaben zu decken, erhöht das Deutsche Reich die Geldmenge während des Kriegs um knapp 600 Prozent und begünstigt damit eine Krankheit, die in der Nachkriegszeit weltweit grassiert: die Inflation. Der Begriff taucht erstmals Ende 1916 in Deutschland auf. 1918 hat die Reichsmark im Vergleich zu 1913 schon die Hälfte an Wert verloren. Zudem greift die deutsche Regierung regelmäßig auf Inlandsanleihen zurück. Die erste wird im Oktober 1914 aufgelegt, gefolgt von acht weiteren im Abstand von rund sechs Monaten. Bis 1917 reagiert die Bevölkerung massenhaft auf die Anleihen, die wie in Frankreich von massiver Propaganda unterstützt werden, doch danach gelingt es nicht mehr, damit die kurzfristige Verschuldung auszugleichen, denn die verarmte Bevölkerung zeichnet die späteren Anleihen längst nicht mehr so bereitwillig wie die ersten. Auch Österreich-Ungarn leidet unter der galoppierenden Inflation. Bis Sommer 1916 haben sich die Lebenshaltungskosten einer Wiener Familie bei gleich bleibenden Nominallöhnen im Schnitt fast vervierfacht. Diese finanzielle Flucht nach vorn rechtfertigt allein der feste Glaube an den Sieg. In den überschuldeten Ländern wie Deutschland und Frankreich gilt nur noch eines: Die Kosten des Krieges werden die Verlierer zahlen.

Die Hölle von Verdun

21. Februar 1916 Mit den ersten Salven des deutschen Trommelfeuers beginnt vor Verdun eine Schlacht, die sich über 300 Tage erstreckt und 300 000 französische und deutsche Soldaten das Leben kostet – ohne jedes strategische Ergebnis. »Nun sind wir mitten drin in diesem ungeheuerlichsten aller Kriegstage. [...] Von der wahnsinnigen Wut und Gewalt des deutschen Vorsturmes kann sich kein Mensch einen Begriff machen, der das nicht mitgemacht hat. [...] Wir sind heraußen wohl genau wie Ihr fiebrig gespannt auf den Ausgang dieses riesigen Kampfes, den Worte nie werden schildern können. Ich zweifle keine Minute an dem Fall von Verdun und dem darauf folgenden Einbruch in das Herz des Landes«, schreibt Franz Marc, neben Kandinsky Mitbegründer der Malergruppe Blauer Reiter, in einem seiner letzten Briefe an seine Frau. Er fällt am 4. März.

Der deutsche Angriff am rechten Maasufer

Am 21. Februar 1916 um 17 Uhr greifen drei Korps der 5. Armee unter Kronprinz Wilhelm von Preußen auf einer Breite von 13 Kilometern an. 1200 Artilleriegeschütze wurden dort zusammengezogen. In den ersten sechs Tagen kommen zwei Millionen Granaten aller Kaliber zum Einsatz, die gleiche Menge nochmals in den folgenden zwölf Tagen. Dank ihrer Jagdflieger haben die Deutschen aus der Luft einen guten Überblick, während die französischen Fliegerstaffeln keine Aufklärungsflüge absolvieren können, obwohl sie die Artillerie dringend bräuchte. Während das 7. Reservekorps die ersten beiden Verteidigungslinien auslöscht, treffen das 18. und 3. Korps auf massiven Widerstand. Am 22. Februar werden die beiden Jägerbataillone unter Oberstleutnant

Ein Granatsplitter dieser Größe (25 cm) mit extrem scharfen Kanten verursacht schlimmste Verwundungen: Er kann Gliedmaßen abtrennen, enthaupten, die Außenwände lebenswichtiger Organe zerreißen. Im Ersten Weltkrieg gingen zwei Drittel aller Verwundungen auf Artilleriebeschuss zurück. Die modernen Geschütze bedingten eine extrem hohe Sterblichkeit im Feld, wenn ihr Anteil auch unmöglich konkret beziffert werden kann. Erstmals starben mehr Soldaten durch Feuerwaffen als durch Krankheiten.

1916 werden die chemischen Kampfstoffe verbessert, doch ihr Einsatz blieb insgesamt begrenzt. Die Franzosen setzen ein anderes Gift ein und verändern den Aufbau der Granaten, sodass sie mehr Gas aufnehmen können. Die Deutschen hingegen verwenden erheblich giftigere Substanzen. Am 9. März 1916 kommen die neuen Waffen bei Douaumont erstmals im Feld zum Einsatz.

Die Offensive unter dem Decknamen »Gericht« beginnt mit einem Vorbereitungsfeuer nie da gewesenen Umfangs. Um die gegnerische Verteidigung auszuschalten, fahren die in dieser Hinsicht klar überlegenen Deutschen 542 schwere Geschütze auf, davon allein 13 Festungsgeschütze von 420 Millimetern und 17 von 305 Millimetern Durchmesser.

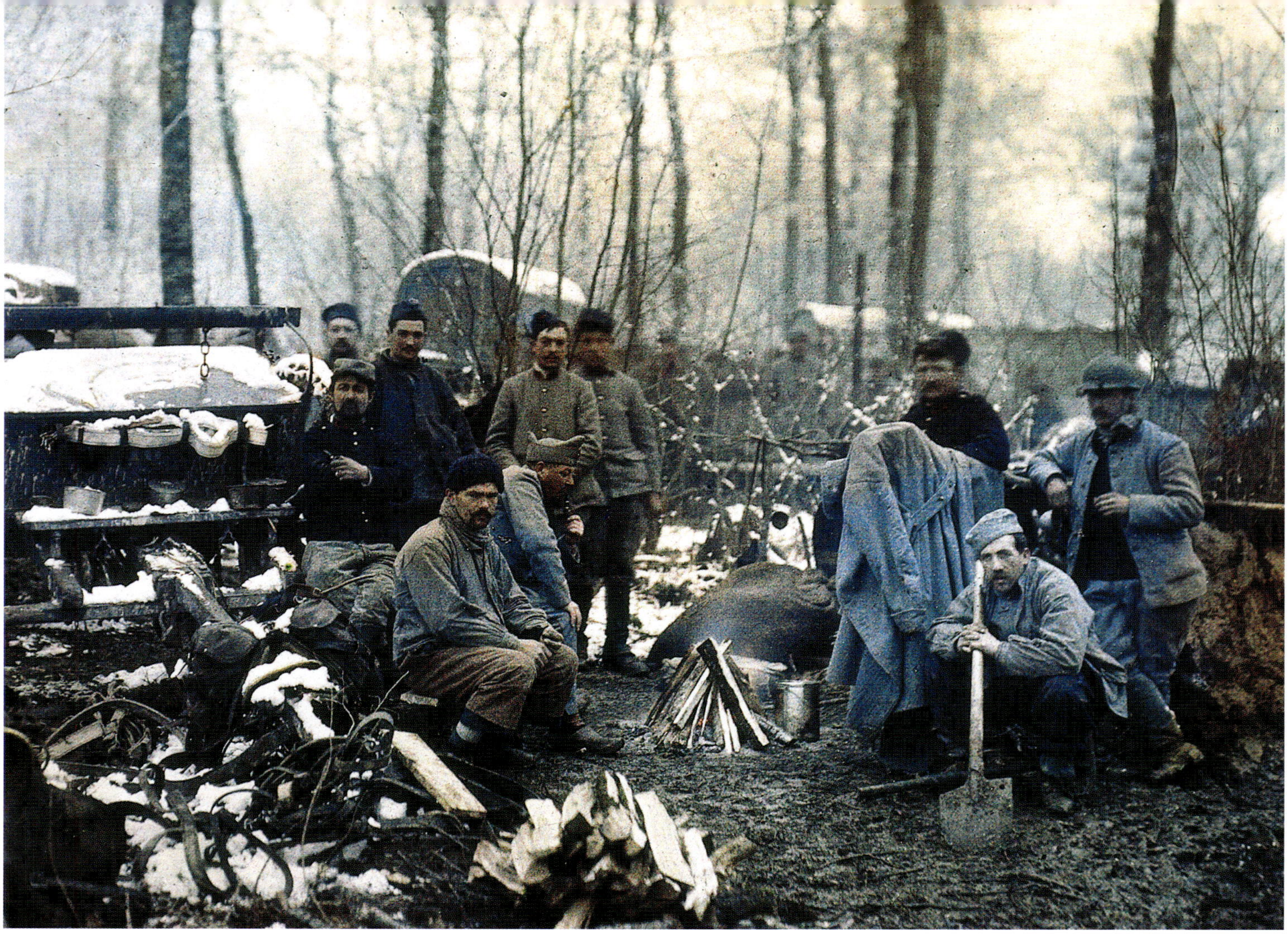

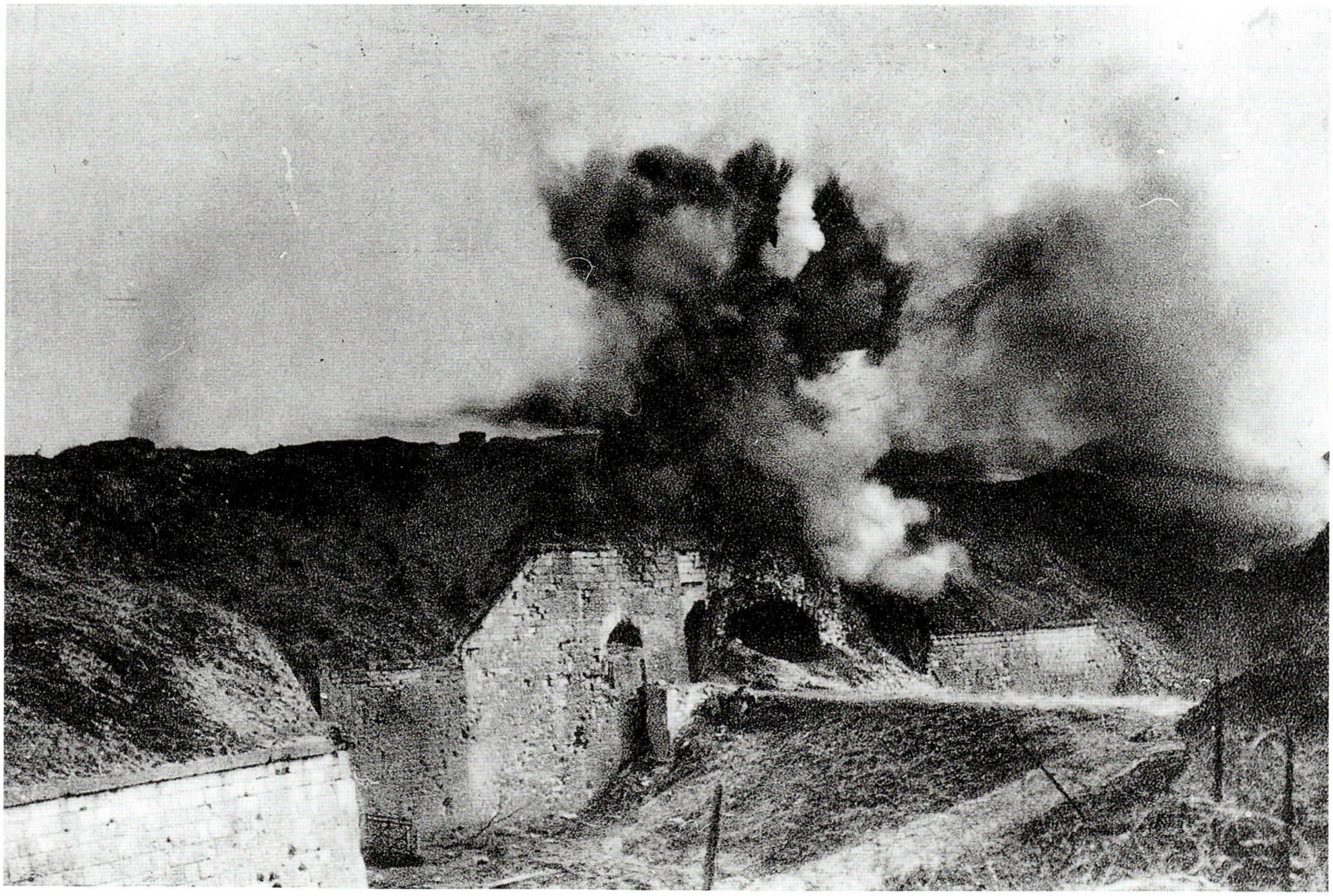

Driant (bis Kriegsausbruch Abgeordneter von Meurthe-et-Moselle und bekannter Schriftsteller) nach erbittertem Gefecht im Caures-Wald aufgerieben. Am 25. Februar erobern die Deutschen die Panzerfeste Douaumont und stehen fünf Kilometer vor Verdun. Hastig werden die letzten Zivilisten aus der Stadt evakuiert; General de Langle de Carry erwägt sogar den Rückzug.

In dem Sektor, den Falkenhayn schon im Dezember 1915 festgelegt hatte, genießen seine Truppen durch die Bogenform der Front, die Angriffe aus mehreren Richtungen gestattet, klare taktische Vorteile. Hinzu kommt die überlegene Logistik der Deutschen dank eines gut ausgebauten Eisenbahnnetzes. Auf französischer Seite sind die Bahnlinien zwischen Front und Etappe durch das Artilleriefeuer nur eingeschränkt nutzbar. Solche Verbindungen sind jedoch in einer Materialschlacht unverzichtbar, denn man muss die Front mit Munition versorgen, Truppen verlegen und Verwundete evakuieren. Zudem ist dieser Sektor schlecht bewaffnet und schwach besetzt. Viele schwere Geschütze wurden an andere Stellen geschafft, wo man sie dringender benötigte. Die Garnison der Forts bei Verdun wurde stark reduziert und weitgehend von der Territorialarmee gestellt. Schon im Sommer 1915 verweist der Politiker Paul Doumer darauf, welche verheerende moralische Wirkung der Verlust des als »Schutzschild« verstandenen Festungsgürtels auf Bevölkerung und Armee hätte. Joffre jedoch verschließt sich den Warnungen von Kriegsminister Gallieni und den Armeeausschüssen. Er bereitet die Offensive an der Somme vor.

Das »moralische Bollwerk Frankreichs« (Pétain) wird verteidigt

Am 26. Februar erhält General Pétain als Kommandeur der 2. Armee den Oberbefehl über die Schlacht. Er stellt den Sektor um und ordnet die Wiederbewaffnung der Forts an. Vor allem lässt er eilends die Straße zwischen Bar-le-Duc und Verdun ausbauen. Vom 27. Februar bis zum 6. März werden darüber 190 000 Mann und 23 Tonnen Material an die Front geschafft. Die Verluste der ersten Gefechtstage – 25 000 Deutsche und 24 000 Franzosen – verdeutlichen die Wucht des Angriffs. Da die Offensive wegen schlechten Wetters um zehn Tage verschoben werden muss, kann die Gegenseite Nachschub und Verstärkung besorgen. Die Infanterie leistet verbissen Widerstand und verhindert so den Durchbruch.

Schon sehr früh erhält die Schlacht einen hohen Symbolwert: Die französischen Soldaten verteidigen in diesem Gefecht ihr Vaterland als Ganzes. Am 1. März erscheint Staatspräsident Poincaré erstmals persönlich in Verdun, es folgen weitere fünf Besuche. Am 13. September 1916 nimmt er die Stadt in die Ehrenlegion auf: »Hier sehen wir die Mauern, an denen die Hoffnungen des Deutschen Kaiserreichs zerbrachen. Hier versuchte Deutschland, einen dröhnenden, theatralischen Sieg zu erringen. Hier gaben ihnen ruhig und entschlossen die Franzosen zur Antwort: Hier kommt ihr nicht durch!« (»On ne passe pas.«) Charles de Gaulle, der in Douaumont am 2. März verwundet und gefangen genommen wird, schreibt 1925: »Hätten die Franzosen in der Schlacht an beiden Ufern der Maas 1916 mit ebenso viel Kraft gekämpft, wenn sie nicht ausgerechnet Verdun verteidigt hätten, das historische Bollwerk des Vaterlands und Zentrum seines Festungsgürtels? Ein tiefer nationaler Instinkt gab den Kämpfenden Mut.«

Ab 27. Februar kommt der deutsche Sturm ins Stocken, denn nur mit Mühe lassen sich die Artilleriestellungen in der vom Trommelfeuer verwüsteten Mondlandschaft verschieben. Für die französische Artillerie erweisen sich die noch unversehrten Höhenzüge an der Maas als Segen. Die Angriffsziele in der zweiten Phase der deutschen Offensive sind ab 6. März der Wald von Avo-

Linke Seite
Oben ein Autochrom-Foto französischer Soldaten 1916 im Feldlager bei Verdun. In ihren »horizontblauen« Kapuzenmänteln und Schiffchen leiden die *poilus* im ausgesprochen rauen Klima Nordfrankreichs unter der Kälte. Unten ein Granateinschlag im Fort Vaux östlich der Front bei Verdun. Das Fort bleibt zu Beginn der Schlacht verschont und kann so auf Befehl Pétains seine Ressourcen und Bestimmung aufrechterhalten. Bis Mai 1916 nimmt es an allen Kämpfen teil und schlägt alle Angriffe zurück, obwohl es durch einen Granattreffer seinen 75-Millimeter-Geschützturm einbüßt. Ende Mai treffen täglich über 8000 Granaten jeglichen Kalibers das Fort. Die Garnison des Kommandanten Raynal kämpft verbissen in den unterirdischen Gängen des Festungsbaus. Erst am 7. Juni ergibt sich die Mannschaft, weil sie kurz vor dem Verdursten ist. Am 2. November 1916 wird das Fort von den Deutschen aufgegeben und unverzüglich wieder von den Franzosen besetzt.

Montfaucon

Consenvoye

Flabas

Ville-devant-Chaumont

Gremilly

5. ARMEE
(deutsch)

Cuisy

Brabant-sur-Meuse

Beaumont-en-Verdunois

Maucourt-sur-Orne

Mageville

Béthincourt

Louvemont-Côte-du-Poivre

Ornes

Magemoulin

Cumière-le-Mort-Homme

Champneuville

Forêt de Courières

Bezonvaux

21. Februar:
deutscher Angriff

Malancourt

Étain

Avocourt

Douaumont

9. April: deutscher Angriff
an beiden Maasufern

Vacherauville

Vaux

25. Februar:
die Deutschen erobern
Fort Douaumont

Vauquois

Marre

Bras-sur-Meuse

Fleury

Eix

Buzy-Darmont

Bois Bourrus

Charny

St. Michel

Souville

Choisel

Belleville

Tavannes

Gussainville

Saint-Jean-les-Buzy

Chana

La Chaume

Moulainville

11. Juli:
Sturm auf
Fort Souville

Sartelles

Verdun

Hennemont

Regret

Belrupt

Pareid

Clermont-en-Argonne

Landrecourt

Haudinville

Rozelier

Manheulles

Fresnes-en-Woëvre

Dugny-sur-Marne

W o ë v r e - E b e n e

Trésauvaux

Marchéville-en-Woëvre

2. ARMEE
(französisch)

Aire

Les Éparges

Saulz-en-Woëvre

Maas

■ Souilly
(*Hauptquartier
General Pétain*)

Vaux-lès-Palameix

Troyon

Seuzey

Lacroix-sur-Meuse

Lamorville

27. Februar–6. März:
Truppen- und Material-
transporte über
die »Voie sacrée«

Voie sacrée

Paroches

Chauvoncourt

Saint-Mihiel

Marne

Bar-le-Duc

0   10 km

Frontverlauf Februar 1916   Frontverlauf Dezember 1916   Deutsche Offensive (Februar–Juli 1916)

Frontverlauf Juli 1916   Fort   Französische Gegenoffensive (Herbst 1916)

172   Die Hölle von Verdun – 21. Februar 1916

Links
Von Beginn der Schlacht an bereitet die Verbindung zwischen der Etappe und der Front Pétain Kopfzerbrechen. Die einzige Chance bietet letztlich die Straße zwischen Bar-le-Duc und Verdun. Zehn Monate lang herrscht auf dieser berühmten *Voie sacrée* in beide Richtungen äußerst reger Verkehr. Auf diesem Foto wird das 332. Infanterieregiment am 8. April 1916 von Lastwagen mitten auf der Straße bei Regret südlich von Verdun abgesetzt.

court, die Anhöhe »Toter Mann« und die Höhen 304 und 265. Ohne ein Überraschungsmoment nutzen zu können, stehen die Deutschen nun einem Gegner gegenüber, dessen Verteidigungslinien ständig verstärkt werden. Sie erreichen ihre Ziele nicht. Am 9. April starten sie an beiden Ufern der Maas einen massiven Ansturm, der ihnen zwar die Hänge der Anhöhe Toter Mann einbringt, doch den Gipfel erobern sie erst am 23. Mai.

Die Hölle

Die Gefechte im Mai und Juni werden mehr und mehr zur reinen Materialschlacht. Die Landschaft ist vom unablässigen Beschuss verwüstet und zerwühlt, das Schlachtfeld unglaublich zerstückelt. Die Chronik des 114. Infanterieregiments schildert das deutsche Artilleriefeuer: »Es umschließt mit seiner unheilvollen Perforation den schmalen Streifen Erde, wo die Unseren sich festklammern – man fragt sich nur: an was? Man fragt sich nur: wie? Ohne Unterlass geht das Hämmern wie von einem gigantischen Stößel immer weiter, zerquetscht Männer und Gegenstände, deren Überreste durch die Luft fliegen. Auf den Trümmern liegen schon regungslos die Toten, doch die Lawine rollt unerbittlich weiter, um sie ein zweites Mal zu zerstören. Es gibt keine Gräben mehr, auch keine Laufgänge, übrig sind nur noch vereinzelte Löcher, auf deren Grund sich Lebewesen so gut es ging verkrochen haben, die Gesichter geschwärzt, die verkrampften Hände in die Erde gegraben, als wollten sie sie nie wieder loslassen.« Die Soldaten im Feld haben für das, was sie bei Verdun erleben, nur ein Wort: Es ist die Hölle. Die Stellungen verwischen, und die Angriffe zerfallen zu vielen punktuellen Einzelaktionen von enormer Wucht. Eine entscheidende Rolle spielt der Einsatz der Verbindungsoffiziere und Infanteristen im Nahkampf mit Handgranaten und Messern, in dem jede visuelle, auditive und körperliche Distanz zum Gegner aufgehoben ist.

Linke Seite
Die Karte des Operationsgebiets zeigt die taktischen Vorteile für die Deutschen: den gebogenen Frontverlauf und die unzulängliche Kommunikation der Franzosen mit ihrer Etappe. Der »Schutzschild« des Festungsgürtels ist geschwächt, da die schweren Geschütze anderweitig verwendet werden. Am 21. Februar stehen die französischen Stellungen von Avocourt bis Les Éparges im Trommelfeuer. Die Front gerät ins Wanken (die Deutschen nehmen Fort Douaumont ein), gibt aber nicht nach. General Castelnau befiehlt, die Stellungen um jeden Preis zu halten, um Verdun zu retten, das von Anfang an einen hohen Symbolwert besitzt. Am 9. April halten die Franzosen den Feind am linken Maasufer auf. Im Juni/Juli 1916 können die Deutschen wieder Erfolge vorweisen, weil die 2. französische Armee keinen Truppennachschub mehr erhält. Die Schlacht an der Somme zeichnet sich bereits ab. Verdun müssen die Deutschen letztlich aufgeben.

Deutsche Uniformen und Helme

Die Erfindung rauchschwacher Pulver und die zunehmende Feuerkraft erfordern anders geartete Uniformen. Schon 1907 tragen die deutschen Infanteristen »Feldgrau«, lediglich verziert mit farbigen Litzen und den traditionellen Unterscheidungszeichen (5). Soldaten verstecken das rote Band ihrer Infanteriemützen mit Kokarde (1) unter Stoffstreifen. Die *Pickelhaube* (3) aus lackiertem Kochleder mit Kokarden und Helmbeschlag (hier der preußische Adler) wird 1915 durch ein Modell mit abnehmbarer Spitze abgelöst, das mit einem Helmüberzug aus Stoff versehen werden konnte (2). Erst 1916 wird der *Stahlhelm* eingeführt (4). Er besteht aus einer durchgehenden geformten Stahlplatte; an den seitlichen Zapfen befestigte man die Stirnplatte. Ab 1918 wurden einige Modelle mit Tarnfarben in geometrischen Mustern versehen.

Uniformen und Helme der Entente-Truppen

Zu Kriegsbeginn trugen die Franzosen noch krapprote Uniformhosen, die zwar nicht die geringste Tarnung boten, jedoch den Wert erkennen ließen, den man der Schönheit des männlichen Körpers beimaß. Ab 1915 werden die *poilus* in Hellblau eingekleidet, dem berühmten »Horizontblau« (5: Details am Mantel eines Soldaten des 8. Infanterieregiments). Das *képi* (1) gehörte einem Leutnant des 33. Infanterieregiments, in dem von 1912 bis 1914 de Gaulle unter dem Kommando von Oberst Pétain diente. Angesichts der Gefahr von Kopfverletzungen entwickelt man erst am Vorabend des Krieges in aller Eile stabile Helme. 1915 wird der *casque Adrian* (2) allgemein eingeführt. Mehrere Staaten der Entente setzen ihn ebenfalls ein oder entwickeln nach seinem Vorbild eigene Modelle (3: italienischer Helm von 1916). Die russischen Brigaden, die ab 1916 an der Westfront stehen, tragen ebenfalls einen »Adrian–Helm« (4).

2

1

3

4

5

Das letzte Aufgebot scheitert

Als sich im Juni bereits die Schlacht an der Somme abzeichnet und an der Ostfront die Brussilow-Offensive fortschreitet, beginnt der letzte Akt der Hölle von Verdun. Die Deutschen haben die Beobachtungsposten am linken Maasufer erobert, und General Mangin ist mit der versuchten Rückeroberung von Fort Douaumont gescheitert. Am 7. Juni kapituliert Fort Vaux nach einer Belagerung der verdurstenden, erschöpften Garnison durch deutsche Truppen, die direkt über ihnen den oberirdischen Teil der Panzerfeste besetzen. Der Befehlshaber des Forts, Raynal, nennt die letzten Gefechte, bei denen die Angreifer im Fort Flammenwerfer und Giftgas einsetzen, einen »Krieg der Maulwürfe«. Am 23. Juni werden die Trümmer der Ortschaft Fleury und die Festung Thiaumont erobert, die französische Front bricht ein. Am 11. Juli richtet sich der Ansturm auf die Festung Souville, den letzten Posten vor Verdun. Doch nun kommen die Deutschen ins Stocken, denn für die Offensive an der Somme müssen sie Truppen von Verdun abziehen; im September stellen Ludendorff und Hindenburg dort die Operation ein. In drei Offensiven im Herbst 1916 und im August 1917 erobern die Franzosen die seit Februar verlorenen Stellungen zurück.

Bis 15. Juli 1916 standen insgesamt 70 französische Divisionen, also zwei Drittel aller Einheiten (1,5 Millionen Mann) im Feld. Die als *noria* [Schöpfrad] oder »Paternoster« bezeichnete Nachschublogistik machte Verdun zur Schlacht um ganz Frankreich. Nach 300 Gefechtstagen verzeichneten beide Seiten gleich hohe Verluste: 162 000 Franzosen und 143 000 Deutsche fie

Oben
Marineinfanteristen des Infanterieregiments der Kolonie Marokko in den Schützengräben bei Douaumont nach der Rückeroberung der Festung im Oktober 1916. Diese Operation brachte dem Regiment seine dritte offizielle Belobigung ein, die vierte verdient es sich am 15. Dezember bei Louvemont.

Links
Durch drei erneute Offensiven im Herbst 1916 und im August 1917 gelingt es den Franzosen, die seit Beginn der Schlacht verlorenen Stellungen zurückzuerobern. Das Foto zeigt deutsche Kriegsgefangene unter Bewachung durch französische Soldaten im August 1917 in Verdun.

Linke Seite
In der »Todesschlucht« (*ravin de la mort*) lädt ein französischer Soldat im Dezember 1915 einen Minenwerfer. Die *poilus* nannten kleine Grabenmörser wie diese summarisch *crapouillots* – wörtlich »kleine Kröten«.

len in Verdun. Falkenhayn behauptete später in seinen Memoiren, er habe Wilhelm II. bereits im Dezember 1915 in einer Denkschrift als Ziel der Schlacht um Verdun genannt, die französische Armee solle zum »Ausbluten« gebracht werden. Der oft wiederholte Standpunkt deckt sich mit überhöhten Schätzungen der gegnerischen Verluste in diesem Frontabschnitt. Wie die Historiker Gerd Krumeich und Holger Afflerbach jedoch nachwiesen, wurde die angebliche »Weihnachtsdenkschrift« trotz intensiver Nachforschungen in den 1930er-Jahren nie gefunden und ist deshalb als nachträgliche Rechtfertigung zu werten. Erst als die deutsche Offensive Mitte März 1916 auf der Stelle tritt, taucht das Konzept des Ausblutens in Gesprächen zwischen den Befehlshabern, in ihren Kommuniqués und in der Presse auf.

Verdun: patriotische Erinnerungen, gemeinsame Erinnerungen

Nach Kriegsende wird Verdun zum zentralen Ort des nationalen Gedenkens. In vielen Gemeinden legt man Erde vom Schlachtfeld am Fuß von Kriegerdenkmalen nieder. Im Juni 1920 veranstaltet die Gemeinde Verdun zur Erinnerung an den Sieg erstmals eine Gedenkfeier an den Erinnerungsstätten in der Stadt: auf dem Friedhof Faubourg Pavé, wo in einer Einfriedung seit 1921 sieben unbekannte Soldaten ruhen, die 1920 an verschiedenen Stellen des Schlachtfelds exhumiert wurden, im Museum im Rathaus und am Siegesdenkmal, das den Soldaten von Verdun geweiht ist. Pétain ist regelmäßiger Ehrengast und gelegentlich Vorsitzender der Gedenkfeiern. Für die Veteranen, die an den Denkmalen ihrer Regimenter zusammenkommen, steht das Schlachtfeld selbst im Mittelpunkt der Gedenk- und Trauerfeiern, die mehr und mehr pazifistische Untertöne annehmen. Das Beinhaus von Douaumont und die großen Soldatenfriedhöfe strukturieren den Erinnerungsraum, in dem man der Toten und des erlittenen Leids gedenkt. Es entstand auf Initiative des Bischofs von Verdun, Monsignore Ginisty, und wurde mit französischen und ausländischen Spenden finanziert. Darin ruhen die sterblichen Überreste von 130 000 französischen und deutschen Soldaten, die nicht identifiziert werden konnten. Pétain selbst legte den Grundstein und wurde so zum Bindeglied zwischen den separaten Erinnerungen.

Ab 1927 durften im Klima der allmählichen Entspannung auch die Angehörigen gefallener Deutscher in kleinen Gruppen die Gräber besuchen. Zwischen März 1930 und Dezember 1931 veröffentlicht Erich Maria Remarque Texte, die er später in seinem Roman *Der Weg zurück* verarbeitet. In der Kurzgeschichte *Josefs Frau* begleitet diese ihren Mann, der in Verdun sein Gedächtnis verloren hat, zum Schlachtfeld. Dort gräbt er sich im Boden des Unterstands ein, in dem er verschüttet war. Die Erinnerung kommt zurück, er wird geheilt: Erst auf dem Schlachtfeld kann er sich von der Vergangenheit lösen, sie zu Erinnerungen verarbeiten und dann erst wieder in der Gegenwart leben. Nur wenigen Deutschen gelang es bis in die 1930er-Jahre, die Niederlage zu akzeptieren und den Krieg zur Erinnerung zu machen, um ihr Leben in Friedenszeiten wieder aufzunehmen. Zum Ort des gemeinsamen Gedenkens wurde Verdun erst Mitte der 1960er-Jahre. Dass ausgerechnet eine Abordnung der Nationalsozialistischen Kriegsversorgung – des einzigen zugelassenen Veteranenverbands – im Juli 1936 am *Rassemblement pour la paix* der französischen Vereine teilnimmt, wirkt wie ein zynisches Lippenbekenntnis des NS-Regimes zur aufrichtigen, aber kurz darauf schon illusorischen Friedensrhetorik. Im Juni 1940 zeigt eine Zeichnung im *Völkischen Beobachter* einen Soldaten, der die Reichskriegsflagge in französischen Boden pflanzt und dazu den Soldaten vor Verdun zuruft: »Und ihr habt doch gesiegt!«

Rechte Seite
In Verdun waren französische und deutsche Soldaten gleichermaßen tagtäglich in Lebensgefahr und mit dem Anblick der Gefallenen konfrontiert. Durch das gemeinsame Anerkenntnis der Absurdität und Sinnlosigkeit dieses Sterbens wurde das Schlachtfeld von Verdun zum Inbegriff der deutsch-französischen Versöhnung. Der Preis für die gemeinsame Erinnerung ist allerdings das Vergessen der historischen Sinnstiftung, nämlich des Sinns, den die Soldaten beider Nationen selbst ihren Qualen gaben.

Hauptmann de Gaulle gerät in Gefangenschaft

2. März 1916 Capitaine Charles de Gaulle wird im Zuge der Schlacht um Verdun in Douaumont gefangen genommen. Die Haft empfindet er als unerträgliche Demütigung. »Ein Kummer, der erst mit meinem Tod enden wird, und den ich, so glaube ich, nie wieder in solcher Tiefe, solcher Bitterkeit werde erleben müssen, überwältigt mich in diesem Moment schlimmer als je zuvor. So vollständig und unwiderruflich nutzlos zu sein, wie ich es in diesen Stunden bin, obwohl man mit jeder Faser zum Handeln gemacht ist, und es zum Überfluss in der Situation zu sein, in der ich mich befinde und die für einen Mann und Soldaten die grausamste ist, die man sich vorstellen kann!« (Brief Charles de Gaulles vom 19. Dezember 1917)

■ De Gaulle hält es für seine Pflicht, aus dem Gefangenenlager Ingolstadt zu fliehen. Fünfmal versucht er zu entkommen, doch jedes Mal wird er gefasst. Von glühendem Patriotismus getrieben, sieht er die Ausbruchsversuche als Möglichkeit, den Krieg mit anderen Mitteln fortzusetzen. Nach dem Waffenstillstand fordert und erhält er die eigentlich entkommenen Flüchtlingen vorbehaltene *Médaille des Évadés*. De Gaulle verkörpert perfekt die Logik, die der Kriegsgefangene Boëldieu in Jean Renoirs berühmtem Film *Die große Illusion* (1936/1937) ausspricht: »Wozu ist

Oben und links

Charles de Gaulle (oben links mit aufgestütztem Ellbogen hinter dem Mann mit der Baskenmütze im Offizierssaal des Lagers im polnischen Szczuzcyn) wurde am 2. März 1916 gefangen genommen und verbrachte den Rest des Kriegs in Gefangenschaft. »Diesen Sieg nicht mit der Waffe in der Hand miterleben zu dürfen ist für mich ein Kummer, der erst mit meinem Tode erlöschen wird«, klagte er. Alles in allem waren rund 600 000 französische Solda-ten und Offiziere während des Krieges in Gefangenschaft (links französische Kriegs-gefangene in Deutschland).

ein Golfplatz da? Zum Golfspielen. Und ein Tennisplatz? Zum Tennisspielen. Nun, ein Kriegsgefangenenlager, das ist zum Ausbrechen da.« Im Gegensatz zu ihren Vorgängern im Deutsch-Französischen Krieg von 1870 sind die Offiziere im Ersten Weltkriegs angewiesen, sich im Fall einer Gefangennahme nicht auf eine Freilassung mit Auflagen einzulassen, sondern alles Menschenmögliche zu unternehmen, um zu fliehen.

De Gaulles Erfahrung verdeutlicht die tiefgreifende Ungleichheit der Kriegsgefangenen des Ersten Weltkriegs. Als Offizier genoss er eine privilegierte Behandlung. Entsprechend dem Haager Abkommen von 1907 durften Offiziere in der Gefangenschaft nicht zur Arbeit herangezogen werden. Außerdem erhielten sie bessere Haftbedingungen (Komfort, Post, Ernährung und Sold) als die Mannschaften. Die während des Kriegs in deutschen »Offizierslagern« untergebrachten 10865 Offiziere bildeten unter den rund 540000 bis 600000 französischen Kriegsgefangenen eine privilegierte Minderheit.

»Wir kommen um vor Hunger«

Für die einfachen Soldaten sieht die Situation ganz anders aus. Nach Einführung der allgemeinen Wehrpflicht steigt die Zahl der Gefangennahmen drastisch an. Die Historikerin Uta Hinz schätzt, dass auf den Schlachtfeldern des Ersten Weltkriegs 6,6 bis acht Millionen Mann in Gefangenschaft gerieten, die meisten davon einfache Soldaten. Im Oktober 1918 sind 2,4 Millionen in Lagern in Deutschland untergebracht, in Russland nochmals zwei bis 2,4 Millionen. Vor Kriegsausbruch hatte keine der beteiligten Regierungen, aber auch keine Militärverwaltung solche Massen vorhergesehen, im Gegenteil: In der Überzeugung, der Krieg werde bald vorü-

Unten und rechte Seite
Die Alliierten und die Mittelmächte machen unzählige Gefangene (rund ein Zehntel aller Frontsoldaten), sind jedoch weder auf die Masse an Häftlingen noch auf die Länge der Internierung vorbereitet. Logistische Probleme erschweren die Transporte (unten deutsche Soldaten, die an der Oise in französische Hand gerieten), die Unterbringung und Verpflegung (rechte Seite: britische Soldaten in einem deutschen Lager bei Bapaume). Darunter eine preußische Kriegsgefangenenuniform.

Hauptmann de Gaulle gerät in Gefangenschaft – 2. März 1916   **183**

ber sein, hatte man sich über Kriegsgefangene nicht viele Gedanken gemacht und muss sie nun in spartanischen Behelfslagern einquartieren, die im Laufe des ersten Kriegswinters entstehen. Die Briten pferchen deutsche Gefangene 1914 auf kleinstem Raum auf Schiffen zusammen. Die Franzosen schicken rund 17000 Kriegsgefangene in nordafrikanische Lager, in denen extrem schlechte Haftbedingungen herrschen. Ein Häftling namens Oskar Wachler erzählt, bis Dezember 1915 hätten sich die Gefangenen mit schmutzigem Spülwasser waschen müssen, weil sie kein anderes bekamen. Sie lebten in Zelten, in denen es von Fliegen wimmelte. Im Gegenzug schaffen die Deutschen französische Gefangene ins Baltikum, bis Frankreich 1916 einlenkt und die Lager in Nordafrika räumt. Im Dezember 1914 wird die Lage für Deutschland, das bei weitem die meisten Gefangenen gemacht hat, immer schwieriger. Viele Häftlinge schlafen anfangs unter freiem Himmel, während sie selbst ihr Camp aufbauen; aufgrund der erbärmlichen hygienischen Verhältnisse bricht im Frühjahr 1915 Typhus aus und entwickelt sich von den deutschen Lagern ausgehend zur Epidemie. Auch die Verpflegung bereitet große Probleme. Einem Bericht der französischen Zensurbehörde von 1915 zufolge unterschreiben französische Gefangene ihre Briefe mit Argot-Ausdrücken wie *Créban de Fan, San Car ni Pan* oder *Lasaoutan*. Sie alle bedeuten *nous crevons de faim* – »wir kommen um vor Hunger«.

Gemäß Haager Konvention müssen Kriegsgefangene die gleichen Rationen erhalten wie die Truppen, die sie gefangen genommen haben. In den einzelnen Ländern wird dies jedoch verschieden gehandhabt. In Großbritannien und Frankreich werden Gefangene ordentlich verpflegt, allerdings fallen die Rationen der Deutschen in britischen Lagern ab 1918 deutlich kleiner aus. In Deutschland überleben Briten, Franzosen und Belgier großenteils nur mit Hilfe von Päckchen aus der Heimat, während Russen, Italiener und Rumänen, die keine Hilfspakete erhalten, unterernährt sind. Die Schätzungen gehen weit auseinander: Zwischen 17000 und 38000 französische Kriegsgefangene sterben in deutschen Lagern; zwischen 22000 und 25000 Deutsche kommen in französischen Camps um. Von den 600000 Italienern, die in Deutschland und Österreich-Ungarn interniert sind, kehren 100000 nicht nach Hause zurück. Knapp 29 Prozent aller rumänischen Gefangenen gehen in deutschen Lagern zugrunde. Insgesamt ist die Sterblichkeit vor allem in den Lagern im Osten sehr hoch: Russland (17,6 Prozent), Serbien (25 Prozent), Rumänien (23 Prozent) und Osmanisches Reich (13 Prozent). Die in Kut-al-Amara von Osmanen gefassten Briten müssen einen regelrechten Todesmarsch absolvieren, den 1750 der 2500 gefangenen Briten und 2500 ihrer 9300 indischen Kameraden nicht überleben.

Mit Rotkreuzpäckchen gegen die Not

Die großen karitativen Organisationen kommen den Gefangenen zu Hilfe. Das Internationale Komitee vom Roten Kreuz leitet von seinem Sitz in Genf aus Lebensmittelpakete, Geld und Post an Kriegsgefangene weiter und inspiziert die Lager in Europa und Nordafrika. Der Vatikan, neutrale Staaten und Privatpersonen wie die schwedische Rotkreuzschwester Elsa Brändström, die in russischen Lagern arbeitet, schicken den Häftlingen Nahrung und Kleidung, bemühen sich um den Gefangenenaustausch und die Entlas-

Unten

Hass und wechselseitiges Misstrauen wecken auf beiden Seiten massive Ängste bezüglich der Behandlung von Kriegsgefangenen. Unten: Ein französisches Plakat von Théophile Steinlen zeigt das furchtbare Schicksal russischer Gefangener, denen es in Deutschland extrem schlecht ergeht, weil sie so gut wie keine Hilfspakete aus der Heimat erhalten. Der Text lautet: Im Feindesland verhungern die russischen Gefangenen.

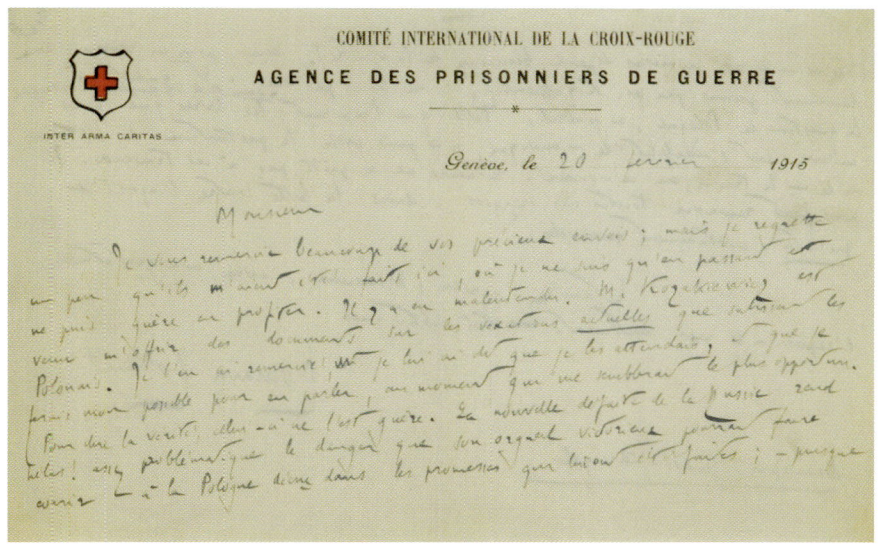

COMITÉ INTERNATIONAL DE LA CROIX-ROUGE

AGENCE DES PRISONNIERS DE GUERRE

ISTER ARMA CARITAS

Genève, le 20 février 1915

Monsieur

[handschriftlicher Brieftext]

Links und unten

Brief Romain Rollands vom 20. Februar 1915 mit dem Briefkopf des IKRK (Internat. Komitee vom Roten Kreuz), das sich als Mittler für Kriegsgefangene einsetzte. Aufgabe der neuen Organisation war die Entgegennahme und Weiterleitung von Informationen über die Situation der Gefangenen. Nach dem Vorbild des Schriftstellers setzten sich die Delegierten des IKRK mit aller Kraft dafür ein, ein Ende des Kriegs herbeizuführen und Konflikt-lösungen zu finden: Über seine traditionelle Funktion als Hilfsorganisation für verwundete oder kranke Soldaten besuchte das IKRK zahlreiche Lager und sorgte für angemessene Haftbedingungen. Unten türkische Gefangene unter Bewachung senegalesischer Infanteristen. Dardanellen 1915.

sung Kranker und Verwundeter oder eine Internierung in neutralen Staaten. Die Lagerinsassen versuchen, die Stimmung mit kulturellen Aktivitäten aufrechtzuerhalten, um nicht in Schwermut zu verfallen. Viele entwickeln psychische Störungen bis hin zu Kriegsneurosen. In den am besten ausgestatteten Lagern in Frankreich, Deutschland und Großbritannien, sogar in Russland, vertreiben sich viele Insassen die Zeit mit Schauspielen oder Lagerzeitungen, andere bauten Kapellen oder Synagogen. Auch Briefe sind ein probates Mittel gegen Lethargie und Entfremdung.

Für den Feind arbeiten

Das Verlangen, trotz der Gefangenschaft weiter am Kampf der eigenen Nation mitzuwirken, setzt die Häftlinge unter großen emotionalen Druck. Das gilt in besonderem Maße für die Zwangsarbeit. Mit Ausnahme der Offiziere können alle Kriegsgefangenen zur Arbeit in dem Land herangezogen werden, in dem sie interniert sind, solange es sich nicht um dessen Kriegsunternehmungen handelt. Ab 1916 wird diese Bestimmung des Haager Abkommens ignoriert: In Deutschland und Frankreich müssen die Häftlinge auch in den Munitionsfabriken arbeiten. Im Deutschen Reich dominieren sie zunehmend den Bergbau: 1918 stellen sie in den Zechen des Ruhrgebiets 16 Prozent der gesamten Belegschaft unter und über Tage.

In allen kriegführenden Staaten spielen Kriegsgefangene auch als Arbeitskräfte in der Landwirtschaft eine enorme Rolle. Ab 1915 werden die meisten in Frankreich ebenso wie in Deutschland zu kleinen »Arbeitskommandos« zusammengefasst und außerhalb des Lagers nahe ihrem Arbeitsplatz untergebracht. In Großbritannien entwickelt sich dieses System dagegen erst viel später, weil die Gewerkschaften befürchten, die Gefangenen könnten die Löhne drücken. Deshalb mussten deutsche Gefangene in Großbritannien nie in Bergwerken arbeiten. In ganz Europa sind die Lagerstandorte von vornherein so gewählt, dass die Häftlinge sich möglichst nah an ihrem Einsatzort befinden. Viele Gefangene werden sogar mehrfach in andere Lager verlegt. Das Arbeitslager wird damit zum Rädchen in der gewaltigen Maschinerie der Zwangsarbeit. Der Einsatz in der Kriegsindustrie des Feindes löst bei vielen Gefangenen Schuldgefühle aus, doch wer sich weigert, wird meist mit Schlägen oder anderen körperlichen Züchtigungen zur Arbeit gezwungen. Die Strafen sind drakonisch, in der Regel jedoch die gleichen wie für die Soldaten des eigenen Heers.

Gefangene in den Gefechtsgebieten

Neben der Organisation der Zwangsarbeit von Massen von Kriegsgefangenen an der Heimatfront beruht eine weitere kriegsbedingte Neuerung auf der Entscheidung der britischen, französischen und deutschen Streitkräfte, Gefangene auch zur Arbeit an der Front oder in der Nähe der Linien heranzuziehen. Auf diese Weise entstehen zwei Lagertypen: zum einen für die Gefangenen abseits der Front mit unterschiedlichen Haftbedingungen für Offiziere und Mannschaftssoldaten, und zum anderen die weitaus geheimeren Camps für Gefangene, die in den Gefechtszonen oder in deren Nähe Zwangsarbeit leisten. 1915 fasst das deutsche Heer erstmals russische Kriegsgefangene zu Arbeitskommandos zusammen. Im August 1916 arbeiten 253 000 Gefangene unterschiedlicher Nationalität für das deutsche Heer nahe der Front und im Etap-

pengebiet. 1916 lassen auch die Franzosen und Briten Kriegsgefangene in Arbeitseinheiten Straßen reparieren, die Verbindungslinien verbessern und den Nachschub auf- und abladen. Diese Kommandos bestehen aus unverwundet gefangen genommenen Mannschaftssoldaten, während sämtliche Offiziere in eigene Lager weitab der Front verbracht werden. Die Klassengesellschaft bleibt insofern ein grundlegender Unterscheidungsfaktor, der die Gefangenen weitaus besser schützt als das bis zum Krieg geltende internationale Recht.

Die Gefangenen im Arbeitseinsatz direkt für das Heer leben überwiegend in spartanischen Arbeitslagern und erhalten nur selten Post und Pakete. 1916 lässt das französische Heer deutsche Kriegsgefangene auf dem Schlachtfeld von Verdun Schützengräben anlegen und Nachschub zur Feste Douaumont schaffen. Diese Gefangenen hausen in den Schützengräben mitten im Granathagel. Zur Vergeltung beschließt die deutsche Heeresführung im Frühjahr 1917, alle neu hinzugekommenen britischen und französischen Gefangenen zur Arbeit in den Schützengräben an der Front zu zwingen und ihnen nur magerste Rationen zuzuteilen. Ein französischer Gefangener schildert seine Erfahrungen: »Jeden Tag fallen Dutzende Männer unterwegs vor Kälte und Hunger um. Heute beginnt die siebte Woche unseres Martyriums. Wollte Gott, dass eine rasche Lösung diesen Kreuzweg enden lässt.« Diese Phase der brutalen Repressalien dauert jedoch noch bis Juni 1917. Dann erst einigen sich Großbritannien, Frankreich und Deutschland auf den beschränkten Einsatz von Kriegsgefangenen aus allen drei Ländern in einer Zone, die sich von der Frontlinie aus 30 Kilometer ins Hinterland erstreckt. Den Gefangenen anderer Nationalität bietet dieses Abkommen allerdings keinen Schutz; im Übrigen wird es vom deutschen Heer ignoriert. 1918 leiden die Zwangsarbeiter im Dienst des deutschen Heers überall an Mangelernährung und Erschöpfung. Der Arbeitseinsatz Kriegsgefangener in einem solchen Umfang stellt in der Tat einen groben Verstoß gegen die Haager Landkriegsordnung dar und ist zudem ein Signal dafür, dass weltweit der Abnutzungskrieg begonnen hat.

Der Weg zu einem neuen internationalen Recht

Die Alliierten behalten die Zwangsarbeit Kriegsgefangener im Dienst des Militärs selbst nach dem Krieg bei. Nach dem Waffenstillstand werden die deutschen Gefangenen zur Räumung der Schlachtfelder und zum Wiederaufbau von Häusern und Straßen eingesetzt. Während die Briten und Amerikaner ihre Gefangenen jedoch nach der Unterzeichnung des Versailler Vertrags 1919 nach Hause schicken, halten die Franzosen die bei ihnen internierten Deutschen noch bis Frühjahr 1920 fest und lösen damit im Nachbarland massive Ressentiments aus. Kriegsgefangene der Russen müssen angesichts der chaotischen Verhältnisse im Zuge der Oktoberrevolution noch länger auf ihre Heimkehr warten.

Nach dem Zweiten Weltkrieg gerieten die Schicksale der Gefangenen des Ersten Weltkriegs in Vergessenheit. Die geschichtliche Bedeutung ihrer Erfahrungen erkannten selbst Historiker erst vor Kurzem. Ihre nachhaltigste Wirkung bekam die Behandlung von Kriegsgefangenen zweifellos in der darauf gestützten Propaganda. Sie begründete eine neue Kodifizierung dieser akzeptierten Form der Gewalt gegenüber Gefangenen in Form von Repressalien. Zum guten Teil basierte diese Propaganda auf tatsächlichen Misshandlungen, deren Bestialität im Nachhinein übertrieben wurde, um den Feind als Barbaren zu entlarven. Mit Vergeltungsmaßnahmen bestrafte man den Feind dafür, dass er die Gefangenen in seiner Obhut misshandelt hatte. Die

Kunsthandwerk in Gefangenschaft

Als Mittel gegen die Langeweile fertigten die Gefangenen alle möglichen Gegenstände, oft aus Holz, Knochen oder Textilien, seltener aus Metall. Im Gegensatz zu Objekten, die in den Schützengräben entstanden, dienten diese nicht dem Tauschhandel mit der Etappe, sondern waren für den Eigenbedarf des Bastlers oder seiner Kameraden gedacht wie diese Perlenschlange eines osmanischen Häftlings (1). Manche Dinge wie diese Stickerei eines französischen Gefangenen (2) oder der von einem Deutschen geschnitzte Rinderknochen (3) waren schon als »Souvenirs« zur Erinnerung an die Gefangenschaft nach der Entlassung vorgesehen.

1

2

3

allgemeingültigen Verhaltensregeln gegenüber sämtlichen Gefangenen waren hinfällig geworden und hatten systematischer Gewalt Platz gemacht, die ausschließlich auf Vergeltung ausgerichtet war. Deshalb beantragte das Internationale Komitee vom Roten Kreuz die Einführung eines neuen internationalen Abkommens zum Schutz von Kriegsgefangenen, das schließlich 1929 in Form der Genfer Konvention verwirklicht wurde. Trotz dieser Anstrengungen mündete der im Ersten Weltkrieg erstmals praktizierte Arbeitseinsatz von Kriegsgefangenen 1939 bis 1945 in eine ganz neue Logik, die unter anderem die systematische Massenvernichtung der Gefangenen an der Ostfront beinhaltete.

Die Deportation
der Frauen von Lille

22. April 1916 »Die Haltung Englands erschwert zunehmend die Versorgung der Bevölkerung mit Lebensmitteln. Um die Not zu lindern, forderte die deutsche Behörde kürzlich arbeitsfähige Freiwillige auf, sich zur Landarbeit zu melden. Dieses Angebot hatte nicht den erhofften Erfolg. Deshalb werden die Einwohner zwangsweise evakuiert und aufs Land verbracht [...]. Da es sich um eine unwiderrufliche Maßnahme handelt, ist im eigenen Interesse der Bevölkerung Ruhe zu wahren und Gehorsam zu leisten.« (Proklamation des Kommandanten von Lille, General von Graevenitz)

■ Ostern 1916 beginnen die Deutschen mit der Verschleppung Zehntausender Arbeitskräfte, darunter rund 30 000 Frauen und Mädchen aus Lille. Die neue Form der Gewalt insbesondere gegenüber der weiblichen Zivilbevölkerung hat ein internationales Nachspiel und beschädigt das Ansehen Deutschlands nachhaltig. »Das Schrecklichste waren die Deportationen; von allem, was wir sahen und erlebten, überzeugten sie uns am meisten von der Gleichgültigkeit der Deutschen gegenüber jedem menschlichen Leid, jedem Menschenrecht«, schreibt 1919 der US-Bürger Edwin Morse. Von Anfang an überschreitet die Gewalt im Ersten Weltkrieg alles bisher Dagewesene, von Massakern an Zivilisten und Strafdeportationen durch die Deutschen an der Westfront bis zur Verschleppung von rund 100 000 Deutschen in Ostpreußen durch die Russen. Auf die Gewaltakte im Zuge der Invasion folgten ständige Übergriffe während der Besatzung – ein Zeichen für die Entwicklung der Natur des Krieges an sich.

Die Frau als symbolische Zielscheibe

Per Aushang erfahren die Einwohner von Lille vom Beschluss ihrer Besatzer, Arbeitskräfte zu deportieren und in der Landwirtschaft einzusetzen. Auslöser der Notlage, in der sich die Menschen in den besetzten Gebieten befinden, ist aus Sicht der Deutschen die britische Handelsblockade, die sie in der Proklamation ausdrücklich anprangern. Die Maßnahme wird sorgfältig vorbereitet. Unmittelbar nach der Bekanntgabe gehen deutsche Patrouillen von Haus zu Haus und befehlen den Bewohnern, ihre Sachen zu packen, allerdings nicht mehr als rund 30 Kilo pro Person.

— Si vous n'aimez pas l'Allemagne, l'Allemagne vous aimera !

Vorangehende Seite
Französische Zeichnungen geben die Übergriffe gegen Zivilisten als Paradebeispiele für deutsche Barbarei wieder. Die Karikatur (oben rechts) von Abel Faivre, der mehrere Werbeplakate für französische Kriegsanleihen gestaltete, konzentriert sich auf die Schrecken der Deportation für junge Frauen (»Selbst wenn Ihnen Deutschland nicht gefällt, werden Sie Deutschland gefallen!«). Darunter zeigt eine Zeichnung von G. Halbout Frauen bei der Ankunft im Holzmindener Lager, wo außer Kriegsgefangenen auch Zivilisten interniert waren, die man bei Razzien in den besetzten Gebieten festgenommen hatte. Oben links ein Ausschnitt aus einem Plakat (»In Belgien hungern die Belgier«) von Théophile Alexandre Steinlen, der eine Serie mit dem Titel *Les internés. Entrée dans les geôles allemandes* [Die Internierten. Ankunft in deutschen Kerkern] herausgab. Diese Zeichnung soll Mitleid mit den Menschen in den besetzten Gebieten wecken: Die Frau mit Madonnengesicht, die Kinder und der Greis bilden eine Heilige Familie als Symbol für das dramatische Schicksal der Zivilbevölkerung.

Am meisten verschreckt die Menschen, dass es sich bei den Männern, die sie aus ihren Häusern holen, nicht um die meist älteren Besatzungssoldaten handelt, sondern um Frontkämpfer, die gerade der Hölle bei Verdun entkommen sind. Eine halbe Stunde nach der namentlichen Einberufung von Einzelpersonen die Razzien; in den Straßen aufgestellte Maschinengewehre ersticken jeden Widerstand im Keim. Die eigentliche Selektion der Deportierten erfolgt brutal und völlig willkürlich: Es trifft milchgesichtige Jünglinge statt erwachsener Männer, ein Mädchen statt ihres Bruders. Gestandene Bürger werden wie Knechte behandelt. Die verängstigten Zivilisten werden zusammengetrieben und – wie im Übrigen die deutschen Soldaten auch – in Viehwaggons fortgeschafft – viele unter Tränen. Ziel der Transporte aus Lille sind andere besetzte Departements; der dortigen Bevölkerung haben die Besatzer bereits verkündet, es handle sich um »Freiwillige«, um sie verdächtig zu machen. Weltweit lösen die Deportationen Entrüstung und heftige Proteste gegen die erneute Verletzung des Völkerrechts durch Deutschland aus. Die Propagandakampagne, die sich auf die verschleppten Frauen konzentriert und die Männer ausspart, zeigt Wirkung, denn ab Dezember 1916 schickt man immerhin die Frauen nach Hause. Die Erniedrigungen hören damit aber nicht auf, denn bei ihrer Rückkehr müssen sie die gleiche gynäkologische Untersuchung über sich ergehen lassen wie sonst nur Prostituierte.

»Sollten wir uns bei den Boches überhaupt noch über etwas wundern?«, heißt es in einem Brief mit der Unterschrift »C.«, der am 1. Mai 1916 in Lille verfasst wurde. Die Verschleppung von Frauen erscheint nur noch als letzter Akt einer langen Folge realer oder vermeintlicher Verbrechen. Die Grenze zwischen nachgewiesenen Gräueln und Schauergeschichten verwischt zusehends. Ende April 1916 wird in Lille beispielsweise getuschelt, man habe die Frauen in Wahrheit nur zusammengetrieben, um ihnen die Brüste abzuschneiden.

Die Deportation von Frauen macht deutlich, wie der totale Krieg das Recht des Stärkeren zementiert. Vor allem sind Frauen für den Besatzer unnütze Esser. Aber zusätzlich wollen die Deutschen 1916 den Frauen daheim vor Augen führen, dass es ihren Geschlechtsgenossinnen in den Besatzungszonen viel schlechter ergeht als ihnen. Seit Monaten nämlich machen sich die Auswirkungen der alliierten Handelsblockade bis in die Einkaufskörbe der Berliner Hausfrauen bemerkbar. Der Unmut im Volk bereitet den Mittelmächten große Sorge. Alles in allem jedoch spielt die Verschleppung von Frauen aller Tragik und allem Aufsehen zum Trotz eine untergeordnete Rolle, denn die allermeisten Deportierten sind Männer. Das Elend der Verschleppten macht die Haltung derjenigen, die im Land blieben und mit ihren Besatzern ins Bett gingen, erst recht unerträglich: Sie sind nicht nur Verräterinnen und Huren, sondern demütigen durch ihr schändliches Verhalten ihre sämtlichen Geschlechtsgenossinnen.

Erklärtes Ziel: die restlose Ausbeutung der besetzten Gebiete

Die Deportationen sind jedoch in einem globalen Rahmen zu sehen, denn die besetzten Gebiete befinden sich schon früh in einer prekären Lage. Da sie unter deutscher Knute stehen, müssen sie nach Ansicht der Entente-Mächte zwangsläufig in die Handelsblockade einbezogen werden, mit der sie Deutschland wirtschaftlich aushungern wollen. Die Besatzer hingegen sehen diese Gebiete aufgrund der Eroberung als Ressourcen, die sie zum eigenen Nutzen ausschlachten dürfen. Besonders dramatisch ist die Situation in einem Land wie Belgien, das fast vollständig in deutscher Hand ist und vor dem Krieg fast 80 Prozent seiner Nahrungsmittel importierte. Seine

Reserven sind schon früh erschöpft. Eigentlich verpflichtet das Kriegsrecht die Besatzer unter anderem, die Ernährung der Bevölkerung in den Besatzungszonen sicherzustellen, doch im totalen Krieg kennt Not kein Gebot: Die Deutschen entscheiden sich für die mehr oder weniger systematische Ausbeutung der besetzten Gebiete mittels sogenannter Zentralen. Unter dem Vorwand, die belgische Produktion zu »kontrollieren«, begünstigt das System die Korruption und reichlich »Schwund« bei Produkten wie Kohlen und Kartoffeln. Schon 1915 sind die Hunger leidenden Besatzungszonen auf internationale Hilfe angewiesen, die der Amerikaner Herbert Hoover organisiert. Trotzdem gibt es 1916 in Belgien über eine Million Bedürftiger, zumal die Arbeitslosenzahlen kontinuierlich steigen. Da in Deutschland andererseits mit zunehmender Dauer des Kriegs Arbeitskräfte fehlen, liegt die Lösung auf der Hand, möglichst viele Freiwillige anzuwerben. Allerdings rechnet man nicht mit dem passiven Widerstand der Belgier und Nordfranzosen: Bis Ende 1916 melden sich nicht mehr als 21 000 Belgier zur Arbeit für ihre Besatzer.

Besatzung und Zwangsarbeit

1916, mitten in der Schlacht von Verdun, entscheidet sich die Oberste Heeresleitung deshalb für den Krieg mit allen Mitteln nicht nur auf militärischer, sondern auch auf wirtschaftlicher Ebene. In den frontnahen Etappengebieten dauern die Deportationen von Oktober 1916 bis Kriegsende an – ein klarer Verstoß gegen die entsprechenden Vorschriften des Kriegsrechts. Die Zivilisten werden wie Gefangene in »Zivil-Arbeiter-Bataillone« eingeteilt und leisten entlang der Front Schwerarbeit unter erbärmlichen Bedingungen, sowohl was ihre Sicherheit als auch was die hygienischen Verhältnisse angeht. Hinzu kommt der moralische Effekt der Tatsache, dass sie dem feindlichen Heer helfen müssen, gegen ihre eigenen Landsleute oder ihre Verbündeten zu kämpfen. Insgesamt trifft dieses Schicksal nicht weniger als 62 000 belgische Zivilisten. Nicht anders ergeht es rund 20 000 Franzosen sowie Tausenden Zwangsarbeitern aus dem Osten, darunter vielen russischen Kriegsgefangenen.

Unten

Allein die Anwesenheit deutscher Soldaten ist für die Bewohner der Besatzungszone eine Demütigung (links ein Café in Lille). Die Abscheu vor den *Boches* verkörpert diese Figur, die den deutschen Soldaten als gefräßigen Säufer lächerlich macht: Die Taschen prall von Würsten und gestohlenem Schmuck, wirkt der monströse schmerbäuchige Landser mit dem leeren Blick und der lallenden Zunge wie die Inkarnation des Bestialischen an der deutschen »Kultur«.

Soldatenheim Lille

Im Generalgouvernement bemüht sich Gouverneur von Bissing zunächst, die Belgier davon zu überzeugen, dass ihre langfristige Zukunft unweigerlich mit Deutschland verknüpft sein wird. Im Herbst 1916 beugt er sich zwar der von seinen Vorgesetzten festgelegten Vorgabe, 400 000 Personen zu deportieren, versucht jedoch die Anforderungen abzuschwächen. Um das wirtschaftliche Überleben des eigenen Landes abzusichern, beginnen ab Oktober die Einberufungen, willkürlichen Selektionen und Deportationen von Arbeitskräften ins Deutsche Reich, was die Belgier in Angst und Schrecken versetzt. Sie fühlen sich wie Sklaven behandelt. Wie in Frankreich gehen auch die in Belgien verbliebenen prominenten Würdenträger (u. a. Kardinal Mercier, Parlamentarier, der Großmeister der Großloge Grand Orient de Belgique und der US-Botschafter in Brüssel) gegen die Misshandlung mit Protestnoten vor, die von der internationalen Propaganda weiterverbreitet werden. Mit Erfolg: Im März 1917 setzt man die Deportationen aus. Trotzdem werden rund 58 000 Zivilpersonen nach Deutschland verschleppt.

Alles in allem leisten rund 140 000 Zivilisten aus den besetzten Gebieten an der Westfront Zwangsarbeit im Dienst der Besatzer, teils in Frontnähe, teils auf deutschem Boden. Auch in dieser Hinsicht ist der Erste Weltkrieg eindeutig wegweisend für die nur zu bekannte durchorganisierte Gewalt gegen Zivilisten im Nationalsozialismus.

Aus wirtschaftlicher Sicht sind die Ergebnisse für die deutschen Planer zwar unbefriedigend, doch aus moralischer Sicht ist die Wirkung ausgesprochen nachhaltig. Ebenso wie der Hass auf die Besatzer nehmen auch Verzweiflung und Angst in den besetzten Gebieten enorm zu, verstärkt noch durch den erbärmlichen Zustand, in dem die Deportierten im Frühjahr 1917 wieder zu Hause ankommen – ganz zu schweigen von den 2600 Menschen, die im Feindesland oder an der Front umkommen. Dies hat zweierlei Konsequenzen. Die eine ist, dass sich mittellose Arbeiter in der Hoffnung, besser behandelt zu werden als die Deportierten, freiwillig zum Kriegshilfsdienst melden: Gegen Kriegsende sind es knapp 160 000. Die andere ist die moralische Ächtung Deutschlands durch die internationale Gemeinschaft. In der Tat verliert es den Krieg auf moralischer Ebene schon lange vor der Niederlage auf dem Schlachtfeld, denn es verstößt gegen den elementaren Grundsatz des Haager Abkommens, dass kein Zivilist zu Kriegsunternehmungen des Feindes gegen sein eigenes Vaterland herangezogen werden darf. Bezeichnenderweise ist nach dem Krieg gerade die Deportation von Zivilpersonen ein wesentlicher Anklagepunkt der Alliierten gegen Kriegsverbrecher. Dennoch ist die Stimmung nach Kriegsende in den befreiten Gebieten von tiefem Misstrauen geprägt, denn man verdächtigt pauschal alle Deportierten, in Wirklichkeit Freiwillige zu sein. Diese Wahrnehmung führt zu zahlreichen Konfliktsituationen. Während die Erinnerung an Gewalt gegenüber Zivilisten in Frankreich später durch die Glorifizierung des *poilu* verdrängt wird, steht in Belgien der Deportierte ebenso wie der standrechtlich erschossene Zivilist gleichberechtigt neben dem *Jass*, dem belgischen Weltkriegssoldaten von 1914–1918. Um als nationale Märtyrer anerkannt zu werden, müssen die Deportierten deshalb erst einmal beweisen, dass sie keine Freiwilligen waren.

Der »Osteraufstand« in Dublin

24. April 1916 An diesem Montag, der für die Einwohner Dublins ein Feiertag ist, amüsieren sich die meisten Honoratioren der Stadt auf den Pferderennbahnen. Nur wenige Polizeibeamte bewachen die wichtigsten öffentlichen Gebäude. Zur Verblüffung von Behörden und Bewohnern besetzt eine Gruppe Männer und Frauen mit Waffengewalt das Hauptpostamt, einen Park im Stadtzentrum und diverse weitere Gebäude. Sie rufen die unabhängige Republik Irland aus: »Irische Männer und Frauen: Im Namen Gottes und der verstorbenen Generationen, von welchen unser Land seine alte Tradition der nationalen Einheit erhält, ruft Irland durch uns seine Kinder zu den Fahnen und kämpft für seine Freiheit.« Mit dieser Proklamation beginnt der sogenannte Osteraufstand (*Easter Rising*).

■ Der »Aufstand« wurde zum Gründungsmythos und Wendepunkt in der Geschichte Irlands. Der Dichter William Butler Yeats schrieb: »Alles änderte sich vollständig. Furchtbare Schönheit entstand.« Doch trotz seines unvermuteten Beginns kam der Aufstand keineswegs aus dem Nichts, sondern entstand im Rahmen des turbulenten Verhältnisses zwischen Irland und Großbritannien, zwischen Katholiken und Protestanten. Diese Problematik bestand schon lange vor dem Ersten Weltkrieg und war auch nach seinem Ende längst nicht behoben.

Umstrittene Autonomie

Vorangehende Seite
Britische Truppen während des
Aufstands 1916 in Dublin.

1913 ist Irland gemäß *Act of Union* von 1800 Teil des »Vereinigten Königreichs von Großbritannien und Irland« und wird von London aus regiert, ist jedoch über die Frage der Autonomie zunehmend gespalten. 1912 präsentiert es dem britischen Parlament in Westminster einen Gesetzentwurf für seine Selbstverwaltung (*Home Rule Bill*). Er sieht u.a. die Gründung eines irischen Parlaments vor, das die nationalen Angelegenheiten Irlands regeln soll, während Außenpolitik, Verteidigung, Steuersystem und Außenhandel weiter der britischen Regierung unterstehen sollen. Nach der dritten Lesung wird der Gesetzentwurf schließlich verabschiedet, jedoch setzt das britische Oberhaus durch, dass er erst zwei Jahre später in Kraft treten soll.

Das Konzept der *Home Rule* spaltet das Land sehr nachhaltig. Die Polarisierung erfolgt umso leichter, als sie mit den historischen, religiösen und kulturellen Diskrepanzen zwischen irischen Protestanten und Katholiken zusammenfällt. Die große Mehrheit der Katholiken wünscht sich mehr Autonomie für ihr Land und ist deshalb für die *Home Rule,* zumal sie das Gesetz als Chance sieht, diverse von der Londoner Regierung bewirkte Missverhältnisse auszugleichen. Die Protestanten sind auf der Insel insgesamt in der Minderzahl und befürchten, ein nationales Parlament gemäß *Home Rule* würde von der katholischen Mehrheit dominiert, die sie womöglich religiösen Verfolgungen aussetzen könnte. Die meisten Protestanten sind deshalb strikt gegen das Autonomiegesetz. Da sie seit Langem dafür kämpfen, dass das Verhältnis zwischen Irland und Großbritannien möglichst unangetastet bleibt, nennt man sie »Unionisten«. Die meisten von ihnen sind im Norden der Insel ansässig. In der Provinz Ulster stellen sie 55 Prozent der Bevölkerung, in den südlichen Landesteilen gerade einmal 10 Prozent.

Irland auf der Schwelle zum Bürgerkrieg

Die Lage verschärft sich sehr schnell, bis Irland im Sommer 1914 am Rand eines Bürgerkriegs steht. Die Unionisten im Norden stellen ein Freiwilligenheer auf. Mit Hilfe großzügiger Finanzspritzen aus England soll diese *Ulster Volunteer Force* (UVF) gegen die bevorstehende Umsetzung der *Home Rule* agitieren. Im März 1914 verkünden hohe Offiziere der in Irland stationierten britischen Truppen, sie würden lieber zurücktreten, als gegen unionistische Gegner der *Home Rule* vorzugehen. Als Reaktion auf die Aktionen der UVF gründen irische Nationalisten ihrerseits eine eigene Freiwilligenmiliz, die *Irish Volunteers*. Im Laufe des Sommers machen sich so zwei umfangreiche zivile Milizen bereit für den Bruderkampf: die UVF mit 100 000 Mann und die *Irish Volunteers* mit 170 000 Mann (nach Zahlen von Alvin Jackson; Keith Jeffery zufolge sind es 146 000), beide Seiten ausgerüstet durch geheime Waffenlieferungen aus dem Ausland.

Während der weltweiten Krise im Sommer 1914 beobachten die Briten die Lage in Irland sehr aufmerksam. Um einen Bürgerkrieg zu verhüten, organisiert die britische Regierung eine Konferenz aller Beteiligten vom 21. bis 24. Juli 1914 im Buckingham-Palast, doch erst der Ausbruch des Kriegs zwischen Großbritannien und Deutschland am 4. August 1914 verhindert vorerst ein Abgleiten der Iren in den Bürgerkrieg.

Linke Seite und unten
1914 schlägt die Frage der Selbstregierung in Irland hohe Wellen. Die gegen die *Home Rule* agitierenden Unionisten im Norden bilden ein Freiwilligenheer unter Führung von Sir Edward Carson, die *Ulster Volunteer Force* (linke Seite rechts Sir Edward bei der Abnahme der »Truppenparade«). Schon früh wird die Kriegsbeteiligung Irlands auf Seiten Großbritanniens öffentlich thematisiert (links ein Anwerbungsplakat). Das irische Volk widersetzt sich vehement der von den Briten geplanten Einberufung (unten ein Protestmarsch 1918 in Ballaghaderreen).

Freiwillige für den Kampf gegen Deutschland

Oben
Obwohl vom Aufstand über-
rascht, reagieren die britischen Behörden umgehend
und schicken aus den umliegenden Provinzen Verstärkung
nach Dublin. Das Kanonen-
boot auf der Liffey bombardiert die Liberty Hall und die
Gebäude rings um die Haupt-
post. Gekämpft wird Haus
für Haus, Straße für Straße,
während das ganze Stadtzentrum in Flammen aufgeht. Das
Foto zeigt Dublin nach dem
Aufstand von 1916.

Für die Unionisten in Ulster ist der Kriegsausbruch die Gelegenheit, Großbritannien ihre Loyalität zu beweisen. Ihr Opfergang wird, so hoffen sie, das Mutterland von der Umsetzung der *Home Rule* abbringen. Die UVF unterstellt sich dem britischen Heer. Ganze Einheiten melden sich ge-schlossen als Freiwillige und bilden als *Ulster Division* die 36. Division in Kitcheners Armee. Für die *Irish Volunteers* ist die Situation komplizierter. John Redmond, Führer der Irish Parliamen-tary Party und glühender Verfechter der *Home Rule*, appelliert an die irischen Nationalisten, sich freiwillig zum britischen Kriegsdienst zu melden, denn er ist überzeugt, dass Großbritannien diesen Opfergang mit größerer Autonomie für Irland belohnen wird. In Redmonds Augen wird »dieser Krieg zur Verteidigung der edelsten Grundsätze von Religion, Moral und Recht geführt«. Seiner Meinung nach stehen die Iren zudem gegenüber ihren katholischen Glaubensbrüdern in Belgien in der Pflicht. Aber nicht alle *Irish Volunteers* sehen die Dinge so; rund 13000 Männer weigern sich, für Großbritannien in den Krieg zu ziehen. Diese Minderheit führt im eigenen Land eine aktive Kampagne gegen die Kriegsunternehmungen des Mutterlands.

Die Iren erleben den Weltkrieg deshalb anders als die übrigen Europäer. Irland zieht mit ungewissem Verfassungsstatus ins Feld, denn im September 1914 wird die *Home Rule* als *Government of Ireland Act* zwar kodifiziert, jedoch um zwei Bestimmungen ergänzt: Das »Gesetz über die Regierung Irlands« tritt erst nach Kriegsende in Kraft, und für Ulster sollen Sonderregelungen gelten. Da sich eine bedeutende Minderheit der Bevölkerung gegen eine Kriegsbeteiligung sperrt, gibt es in Irland auch kein Äquivalent zu Burgfrieden oder *union sacrée*. Nicht einmal unter den Soldaten, die sich freiwillig melden, herrscht Einigkeit. Unionisten und Nationalisten kämpfen für zwei diametral entgegengesetzte Ziele und bewahren innerhalb verschiedener neuer Divisionen ihre kulturellen Eigenarten. Die 36. (Ulster) Division setzt sich im Wesentlichen aus nordirischen Protestanten und nur einigen wenigen nordirischen Katholiken zusammen; die 16. (Irische) Division dagegen vor allem aus *Irish Volunteers*. Nur in der 10. (Irischen) Division herrscht ein ausgewogeneres Verhältnis zwischen katholischen Nationalisten und protestantischen Unionisten, beide aus dem Süden; sie ist am wenigsten politisiert, erleidet jedoch bei ihrem Einsatz 1915 in Gallipoli massive Verluste. Alles in allem melden sich von 1914 bis 1918 rund 210 000 Iren freiwillig zum britischen Militärdienst. Nicht eingerechnet sind dabei die zahlreichen irischen Emigranten, die in den Streitkräften Kanadas, Australiens und der USA oder in den regulären britischen Regimentern kämpfen. Im Gegensatz zu anderen Teilen des Vereinigten Königreichs gab es in Irland im ganzen Ersten Weltkrieg keine Wehrpflicht.

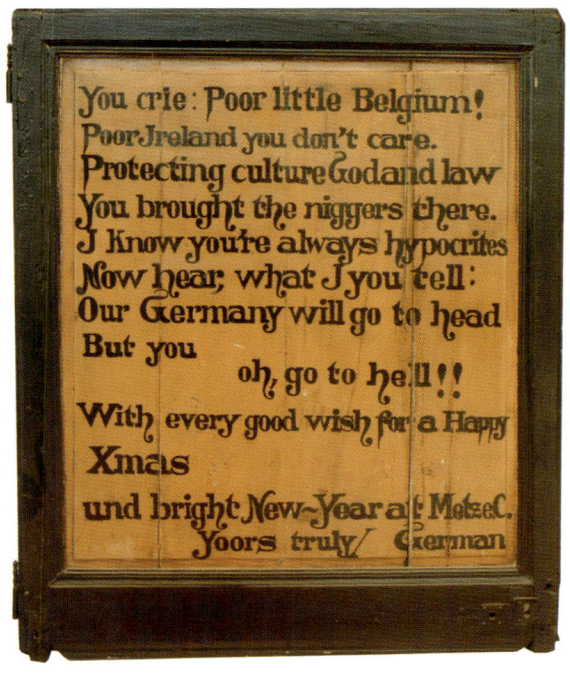

Fünf Tage Unruhen

Initiatoren des Osteraufstands sind diejenigen *Irish Volunteers*, die in Irland geblieben sind und gegen den Kriegseinsatz Großbritanniens agitieren. Die Planung übernimmt die Geheimorganisation *Irish Republican Brotherhood* (IRB), die mit Waffengewalt die Gründung einer irischen Republik durchsetzen will, sich jedoch weder auf eine eigene politische Partei noch eine konkrete Organisation stützen kann. Das Grüppchen unter der Führung von Tom Clarke und Sean MacDermott infiltriert vielmehr gemäßigt nationalistische Organisationen und verbreitet dort eigene Ideen. Von 1913 bis 1916 gelingt es der IRB, sich die Unterstützung einflussreicher Führer innerhalb der *Irish Volunteers* zu sichern. James Connolly, den Anführer einer kleinen Miliz von rund 500 sozialistischen Arbeitern namens *Irish Citizen Army*, kann sie 1915 überzeugen, dass eine bewaffnete Revolte unverzichtbar ist. Auch in Deutschland findet die IRB Unterstützung. Auf diesen eminenten Partner spielt sie in der Proklamation von 1916 als »ritterlichen« Verbündeten an.

Am 24. April 1916 ruft die IRB gegen den Willen des Führers der *Irish Volunteers*, Eoin MacNeill, die *Irish Volunteers* und die *Irish Citizen Army* zur bewaffneten Revolte auf. An ihre Spitze setzt sich Patrick Pearse. Er glaubt fest daran, dass der Aufstand selbst dann, wenn er militärisch scheitern sollte, als aufrüttelndes Opfer gewertet werden wird. Fünf Tage lang beset-

Oben

Deutsche Propaganda an der Tür eines Schankraums. Der Text wettert gegen die Heuchelei der Engländer, die lauthals die Gräueltaten der Deutschen in Belgien anprangern, selbst aber in Irland noch viel brutaler vorgehen. Auch die Tatsache, dass sie farbige Kolonialtruppen an die Front schicken, kreidet der Verfasser den Alliierten an.

zen die Rebellen mehrere Gebäude im Dubliner Stadtzentrum, bis britische Verstärkungstruppen sie zur Aufgabe zwingen«. Die O'Connell Street in der Stadtmitte liegt nach den heftigen Feuergefechten vollständig in Trümmern. Die Dubliner stellen sich anfangs gegen die Aufständischen, zumal diejenigen, deren Angehörige an der Westfront kämpfen, sie als Verräter verurteilen. Doch als die britische Armee die Anführer der Revolte vor ein Kriegsgericht stellt und zum Tode verurteilt, schlägt die öffentliche Meinung um. Radikaler Nationalismus breitet sich erneut im ganzen Land aus, mit Ausnahme der Unionisten, die davon natürlich unberührt bleiben. Nur wenige Wochen nach dem Aufstand wird die Ulster Division in den ersten beiden Tagen der Schlacht an der Somme schlagartig um 5500 Mann dezimiert. Doch den *Irish Volunteers* ergeht es nicht besser: Vom 5. bis 9. September trifft es die 16. (Irische) Division in Guillemont und in Guinchy.

Widerstreitende Erinnerungen

Obwohl so viele Iren in Frankreich fallen, kämpfen die Nationalisten immer radikaler für die völlige Unabhängigkeit ihrer Insel. Die Ereignisse eskalieren, als die britische Regierung 1917 die Einführung der Wehrpflicht Irlands erwägt und das Volk vehement dagegen protestiert. Die Bedrohung trägt zur Radikalisierung der nationalistisch eingestellten Bevölkerungsteile bei. 1919 besteht in Irland bereits eine Guerilla unter der Führung von Männern, die nach dem Vorbild der Aufständischen von 1916 die Unabhängigkeit von Großbritannien mit Waffengewalt zu erzwingen suchen. 1920 verabschiedet das Parlament in London den *Government of Ireland Act* und schafft damit im Norden eine unionistische Enklave, die dem britischen Parlament unterstellt bleibt, während die restliche Insel eine eigene Volksvertretung mit Sitz in Dublin erhält. Die Befürworter einer irischen Republik widersetzen sich dieser Lösung und erhalten 1922 tatsächlich mehr Unabhängigkeit für den Süden in Form des Irischen Freistaats, der später zur Republik wird. Die Führungsspitze des *Irish Free State* stilisiert den Osteraufstand zunehmend zum Gründungsmythos für die Befreiung Irlands hoch. In den 1930er-Jahren wird die Erinnerung an die Revolte sogar so übermächtig, dass daneben das Blutopfer der Iren verblasst, die in britischer Uniform fielen. In den 1960er-Jahren erzählt man die Geschichte des Aufstands oft und gern, jedoch ohne die tatsächliche Rolle Irlands im Ersten Weltkrieg zu erwähnen. Die unter britischer Verwaltung stehenden Nordiren hingegen erheben die Erinnerung an die im Ersten Weltkrieg gefallenen Unionisten zum Mythos, ohne der irischen Katholiken zu gedenken, die ebenfalls für England ins Feld zogen. Beide Seiten blenden einen Teil der Geschichte einfach aus.

Der an der Westfront kämpfende irische Dichter Tom Kettle ist über die Nachricht vom Osteraufstand bestürzt: »Diese Männer werden als Helden und Märtyrer in die Geschichte eingehen, während ich selbst, wenn überhaupt, als verdammter britischer Offizier darin eingehen werde.« Dies sollte sich als Vorahnung erweisen. Die Zahl der im Ersten Weltkrieg gefallenen Iren – zwischen 1914 und 1918 waren es schätzungsweise 25 000 bis 35 000 – ist weitaus höher als die 2000 am Osteraufstand beteiligten Rebellen und als die rund 450 Menschen, die dabei zu Tode kamen, die meisten davon unbeteiligte Zivilisten, die ins Kreuzfeuer gerieten; 60 Aufständische wurden getötet und insgesamt 15 Anführer hingerichtet. Dennoch verblasste die Erinnerung an die auf dem Schlachtfeld Gefallenen in der Republik Irland fast völlig. Das änderte sich erst vor rund zehn Jahren im Zuge des Friedensprozesses in Nordirland: Im Juli 2006 gedachte die Republik in Dublin erstmals offiziell der irischen Soldaten, die im Ersten Weltkrieg ihr Leben opferten.

Die Aufteilung
des Nahen Ostens

15./16. Mai 1916 Mit Unterzeichnung der geheimen Übereinkunft, die nach den Diplomaten Mark Sykes und Charles François Georges-Picot benannt ist, teilen Frankreich und Großbritannien für den Fall eines Siegs der Entente die arabischen Gebiete des Osmanischen Reichs unter sich auf. Obwohl die Verhandlungen über das Sykes-Picot-Abkommen schon im November 1915 aufgenommen wurden, liegt erst im Frühjahr 1916 ein definitiver Entwurf vor, der offiziell am 15. und 16. Mai 1916 in einem Austausch diplomatischer Noten zwischen beiden Ländern bestätigt wird. Das Abkommen bildet die Grundlage für die Nachkriegspolitik der Alliierten im Nahen Osten.

■ Das Abkommen sieht die Unterteilung des riesigen Gebiets in fünf Zonen vor. Die »blaue Zone« soll unmittelbar unter französischer Herrschaft stehen; sie umfasst den größten Teil Nordsyriens und den Libanon; die »A-Zone« von Damaskus bis Mosul im Osten ist als französisches Einflussgebiet vorgesehen. Die »rote Zone« im Zentrum des Irak und in Kuwait dagegen soll von den Briten beherrscht werden; die britische Einflusszone (»B-Zone«) verläuft über einen neu zu bildenden arabischen Staat im Dreieck zwischen Kirkuk am Mittelmeer über Jordanien bis zum Roten Meer. Palästina, das eine internationale »braune Zone« bildet, soll von Großbritannien, Frankreich und Russland gemeinsam verwaltet werden. Die Beteiligung Russlands wird erkauft durch das Angebot, es solle Ostanatolien erhalten, das noch Teil des Osmanischen Reichs ist. Das von Lloyd George als »töricht« geschmähte Abkommen spiegelt die enormen Begehrlichkeiten der Ententemächte in Bezug auf das Staatsgebiet des »Kranken Manns am Bosporus«.

Der Kranke Mann am Bosporus

Die Ambitionen der Alliierten auf Teilstücke der Osmanischen Gebiete setzen die schon vor dem Ersten Weltkrieg begonnene allmähliche Zerstückelung fort. Von 1908 bis 1914 büßt das Osmanische Reich riesige Teile seines Staatsgebiets ein: 1908 muss es Bosnien-Herzegowina an Österreich-Ungarn abtreten, 1912 unterliegt es gegen Italien und Libyen, und im ersten Balkankrieg 1912/1913 verliert es einen Großteil seiner europäischen Provinzen an die Bündnispartner Griechenland, Serbien, Bulgarien und Montenegro. Die Einbuße dieser Gebiete im Westen veranlasst die Osmanen, dem Reich im Osten neue Gebiete zuzuschlagen. In der Phase von 1908 bis 1914 gewinnt der Turanismus an Macht. Die einflussreiche pantürkische Bewegung hoffte, alle der »turaniden Rasse« (Sprachfamilie) angehörenden Völker zu einem Reich zusammenzuführen, das sich vom Bosporus bis nach Zentralasien erstrecken soll.

Aber das Osmanische Reich ist von 1906 bis 1914 auch innerlich zerrissen. Die absolutistische Herrschaft des Sultans Abdul Hamid II., der für das Massaker an über 100 000 Armeniern verantwortlich zeichnet, wird 1908 durch eine Revolution gestürzt. Nachdem das Komitee für Einheit und Fortschritt (KEF) in Makedonien erfolgreich einen Aufstand angezettelt hat, wird der Sultan entmachtet. Das 1907 als Zusammenschluss mehrerer Dissidentengruppen entstandene KEF wird von reformwilligen jungen Offizieren dominiert, den »Jungtürken«. Am 23./ 24. Juli 1908 setzt Abdul Hamid die Verfassung von 1876 wieder in Kraft, reaktiviert das Parlament und kündigt Wahlen an. Zunächst gelingt es ihm damit, die Revolutionäre ruhigzustellen. Die Jungtürken lassen die Großwesire im Amt und ziehen eine indirekte Beeinflussung der Regierung vor, doch das ändert sich im April 1909. Aus Angst vor einer bevorstehenden Konterrevolution stürzen die Jungtürken Abdul Hamid und setzen an seiner Stelle seinen Bruder als Mehmed V. Reshad ein. Verschärft wird die Lage noch durch die Ermordung des Regierungschefs Mahmud Shevket durch liberale Oppositionelle im Juni 1913. Das KEF errichtet daraufhin eine Diktatur, die von drei Männern geführt wird: dem Kriegsminister Enver Pascha, dem Minister für öffentliche Arbeiten Cemal Pascha und dem Innenminister Talât Pascha.

Bis 1914 versuchen die europäischen Mächte, sich die Schwäche des Osmanischen Reichs zunutze zu machen. Das Deutsche Reich übernimmt den Bau einer ehrgeizigen Eisenbahnlinie quer durch die osmanischen Gebiete, um die Verbindung Berlin–Bagdad zu sichern. Nach den beiden Balkankriegen bitten die Osmanen ihrerseits Deutschland um Hilfe bei der Modernisierung ihrer Streitkräfte. Der Chef der deutschen Militärmission, Otto Liman von Sanders, wird mit der Heeresreform betraut. Auch Frankreich umwirbt das Osmanische Reich; u. a. unterhalten französische Ordensgemeinschaften dort Schulen.

Der Dschihad gegen die Entente

Nach Kriegsausbruch 1914 bleibt das Osmanische Reich anfangs neutral, doch hinter den Kulissen verhandelt es bereits mit Deutschland. Am 2. August einigen sich die beiden Staaten: Sollte es Krieg zwischen Österreich-Ungarn und Serbien geben, bleiben die Osmanen neutral; tritt

jedoch Russland dem Konflikt bei, wird es die Mittelmächte unterstützen. Winston Churchill, seinerzeit Erster Lord der Admiralität, ist sich im Klaren, dass die Osmanen voraussichtlich für die Mittelmächte Partei ergreifen werden, und beschlagnahmt zwei türkische Kriegsschiffe, die gerade in England gebaut werden. Daraufhin kauft das Osmanische Reich am 11. August für einen symbolischen Betrag die beiden deutschen Kreuzer *Goeben* und *Breslau*. Nun drängt Deutschland zum Kriegseintritt und bietet als Gegenleistung Finanzhilfen.

Überzeugt, dass die russischen Niederlagen in Ostpreußen eine günstige Gelegenheit bieten, sich russische Gebiete im Kaukasus einzuverleiben, entscheidet sich Enver Pascha schließlich am 22. Oktober für den Kriegseintritt. Wenige Tage später greift eine türkische Flottille unter dem Kommando eines deutschen Admirals die russische Schwarzmeerflotte an. Russland erklärt daraufhin am 2. November dem Osmanischen Reich den Krieg, gefolgt von Großbritannien und Frankreich. Am 14. November ruft der Sultan als Oberhaupt der Muslime zum Dschihad (heiligen Krieg) gegen die Ententemächte auf, was jedoch die britischen und französischen Kolonialtruppen entgegen den deutschen Hoffnungen nur wenig beeindruckt.

Erfolge gegen die Briten, Desaster gegen die Russen

Behindert durch katastrophale Logistik und mangelnde Industrie, kann das Osmanische Reich nicht einmal seine Soldaten verpflegen. Nach der Kriegserklärung dringen russische Truppen weit in osmanisches Gebiet vor. Der Gegenangriff gerät zum Desaster. Im tiefsten Winter wird das osmanische Heer, das für Gefechte in bergigem Terrain nicht ausgerüstet ist, im Januar 1915 bei Sarikamisch jämmerlich geschlagen: Nur 12 000 der 90 000 Männer überleben. Als die Russen daraufhin in Anatolien einmarschieren, ordnet die osmanische Regierung die Deportation und systematische Auslöschung der armenischen Bevölkerungsteile des Reichs an.

Oben

Türkische Soldaten 1915 im Feldlager in der Nähe des Jerusalemer Bahnhofs. Zu Beginn des Kriegs versuchen die Osmanen, die Briten an der Nahostfront aufzuhalten, zunächst ohne Erfolg am Suezkanal, später bei Basra (Irak), wo es ihnen Anfang Dezember 1915 gelingt, die Briten zu stoppen und zum Rückzug nach Kut al-Amara zu zwingen. England will vor allem die Verbindung nach Indien sichern und die Erd- ölfelder schützen.

Die Aufteilung des Nahen Ostens – 15./16. Mai 1916

Abgesehen von der gescheiterten Landung der Alliierten auf der Halbinsel Gallipoli vom Frühjahr 1915 bis Januar 1916 senden die Briten 1914 auch vom Persischen Golf aus Invasionstruppen ins Osmanische Reich. Unter dem Kommando von Charles Townshend gelangen sie den Tigris aufwärts bis Bagdad. 1916 werden die britischen Truppen jedoch bei Kut al-Amara von den Osmanen eingekesselt und vernichtend geschlagen. Erst den Russen gelingt es 1916 bei der Eroberung von Erzurum, Van und Trabzon in Anatolien, die Osmanen zu bezwingen. 1915 und 1916 greift das türkische Heer auch den Suezkanal an, wird jedoch von den Briten zurückgedrängt.

Lawrence von Arabien organisiert den arabischen Aufstand

Parallel dazu bemühen sich die Briten um Unterstützung von arabischer Seite. Während Sykes und Picot den Nahen Osten zwischen Großbritannien und Frankreich aufteilen, versprechen die Briten dasselbe Gebiet anderen Völkern für ihren Beistand im Kampf gegen die Osmanen. Eine wichtige Rolle spielt dabei die Korrespondenz zwischen dem britischen Hochkommissar von Ägypten, Henry McMahon, und dem Scherif Hussein Ibn Ali, Nachkomme des Propheten Mohammed und Hüter der Heiligen Stätten des Islams. Hussein und seine Söhne Feisal und Abdullah streben ein unabhängiges arabisches Königreich an, das Syrien, den Irak und die Arabische Halbinsel umfassen soll. Überzeugt, McMahon habe ihnen genau das versprochen, stellt sich Hussein im Juni 1916 an die Spitze eines arabischen Aufstands gegen die osmanischen Besatzer. Zur Seite steht ihm dabei der britische Verbindungsoffizier Thomas Edward Lawrence, der berühmte »Lawrence von Arabien«. Er spricht fließend Arabisch und berät Feisal bei der Organisation der Revolte. In seinen Memoiren *Die sieben Säulen der Weisheit* schildert er die Vorgänge. Feisal wird in der Nachkriegszeit erster König des Irak. Am 6. Juli 1917 erobern die Rebellen Akaba, wobei Lawrence erneut eine Schlüsselrolle spielt. Im November 1917 stellen die Briten jedoch in der Balfour-Deklaration die Einrichtung einer nationalen Heimstätte des jüdischen Volks in Aussicht, jedoch ausgerechnet in Palästina, das Teil des Territoriums ist, das die arabischen Aufständischen für sich beanspruchen. Die widersprüchlichen Zusagen kommen Großbritannien nach dem Krieg teuer zu stehen: 1920 bricht im Irak ein Aufstand aus, weil die Araber den Briten vorwerfen, sie hätten ihnen die versprochene Unabhängigkeit vorenthalten.

Die Entstehung der kemalistischen Türkei

Im März 1917 nehmen die Briten Bagdad ein. Angesichts dieser militärischen Rückschläge unterzeichnet das Osmanische Reich Ende 1917 mit Deutschland ein neues Abkommen und unterstellt sein Heer dem Oberbefehl General von Falkenhayns. Doch auch das nützt nichts mehr. Im Dezember 1917 rücken die Briten quer durch die Halbinsel Sinai vor, kurz vor Weihnachten nimmt General Allenby mit seinen Truppen Jerusalem ein. Die einzige gute Nachricht für das Osmanische Reich ist 1917 die Russische Oktoberrevolution, denn nun, da die russischen Streitkräfte außen vor sind, erobern die Osmanen Gebiete von Russland zurück, darunter im Februar 1918 Trabzon. Der Vertrag von Brest-Litowsk erkennt den Osmanen im März 1918 die an Russland verlorenen Gebiete wieder zu, darunter auch Kars, Ardahan und Batum, die seit den 1870er-Jahren in russischer Hand waren. Doch auch das verhindert letztlich nicht den Zusammenbruch. Im Oktober 1918 stehen die arabischen Truppen von Scherif Hussein vor Aleppo, die

Briten rücken bis Mosul vor. Am 30. Oktober 1918 kapituliert das Osmanische Reich auf einem Schiff vor der Insel Mudros. Im Rahmen der Waffenstillstandsvereinbarung muss es sämtliche Kriegsgefangenen freilassen, die Dardanellen für alliierte Kriegsschiffe öffnen und aus allen arabischen Provinzen abziehen.

Die Osmanen erleiden hohe Verluste, wenn auch die Zahlen unterschiedlich angesetzt werden. Der Historiker Vincent Duclert schätzt, dass über 800 000 osmanische Soldaten und zwei Millionen Zivilisten im Ersten Weltkrieg umkamen. Auch der Friedensvertrag, den die Alliierten und das Osmanische Reich am 10. August 1920 in Sèvres schließen, hat keine Zukunft. Er begründet einen Rumpfstaat in Anatolien ohne die arabischen Gebiete, die zuvor zum Reich gehört hatten; Smyrna wird zu Griechenland geschlagen und in Anatolien ein armenischer Staat gegründet, Konstantinopel geht an die Alliierten. Gegen diesen Vertrag und die Regierung, die ihn unterzeichnet hat, rebellieren jedoch die türkischen Nationalisten unter Führung von Mustafa Kemal (Atatürk). Sie rufen eine Gegenregierung aus und besetzen die Teile Anatoliens, die gemäß Vertrag von Sèvres abgetreten werden müssten.

Griechenland erwidert darauf mit Waffengewalt. Es kommt zum Krieg, in dem die Griechen versuchen, die ehemals osmanischen Gebiete zu erobern, jedoch von den kemalistischen Truppen systematisch aufgerieben werden. Der erneute Krieg löst eine Flüchtlingswelle aus. Als Smyrna 1922 in türkische Hand fällt, fliehen die armenischen und griechischen Einwohner in panischer Angst auf Schiffen aus der Stadt, bevor sie dem Erdboden gleichgemacht wird. Kemals Truppen besetzen auch die Zone, die von den Alliierten für einen armenischen Staat vorgesehen war, und bringen den kurdischen Teil Anatoliens wieder in ihre Gewalt. Am 24. Juli 1923 müssen die Alliierten Kemal einen neuen Friedensvertrag unterbreiten: Der Vertrag von Lausanne anerkennt die türkische Souveränität über Anatolien, die europäische Türkei, Konstantinopel und die Dardanellen. Die ethnischen Minderheiten werden ausgetauscht: Rund 460 000 makedonische Türken müssen in die neue Türkei, über eine Million Griechen im Gegenzug nach Griechenland umsiedeln. Mit dem Vertrag endet jede Hoffnung auf einen osmanischen Vielvölkerstaat. An seine Stelle tritt die türkische Republik.

Rechts unten
Englische Soldaten 1918 in Istanbul nach der osmanischen Niederlage. Im Nahen Osten nutzen die Briten den Krieg zum Ausbau ihrer eigenen Position. Die Friedenskonferenz von San Remo (1920) billigt die schon 1916 insgeheim beschlossene Aufteilung des Nahen Ostens zwischen Großbritannien und Frankreich: Die Briten erhalten das Mandat für den Irak, Palästina und Transjordanien, die Franzosen Syrien und den Libanon. Zwei Jahre später werden die Mandate in Protektorate überführt. Die Rückkehr zur herkömmlichen Kolonialdominanz rief in den betroffenen Gebieten unverzüglich nationalistische Strömungen auf den Plan und mündete in Spannungen und Zusammenstößen. Die neu eroberten Gebiete halfen den Briten jedoch später, in den schweren ersten Nachkriegsjahren wieder Fuß zu fassen. Auch die geostrategischen Entscheidungen Großbritanniens im Ersten Weltkrieg hatten nachhaltige Auswirkungen auf die Zukunft. Durch ihre widersprüchlichen Versprechungen an die Adresse der Zionisten 1917 in der Balfour-Deklaration und an die Araber schürten die Briten in erheblichem Maße die unvermindert schwelenden nationalistischen Bestrebungen. Die Nachwirkungen sind bis heute spürbar.

In den Stahlgewittern
der Somme-Schlacht

1. Juli 1916 Um 7 Uhr 30 geben die Trillerpfeifen der britischen Offiziere das Signal für das erste Gefecht der Schlacht an der Somme. Dreizehn britische und sechs französische Divisionen greifen in einem 40 Kilometer breiten Frontabschnitt an. »Es war die Somme-Schlacht, die bereits ihre Schatten warf. Mit ihr sollte dieser erste und leichteste Abschnitt des Krieges beendet sein; wir zogen nun gleichsam in einen neuen Krieg. Was wir bislang, freilich ohne es zu ahnen, erlebt hatten, war der Versuch gewesen, den Krieg durch Feldschlachten alten Stiles zu gewinnen, und das Versanden dieses Versuches im Stellungskrieg. Nun stand uns die Materialschlacht mit ihrem riesenhaften Aufgebot bevor.« So schildert Ernst Jünger, Kriegsheld, Insektenforscher und genauer Beobachter des Kriegsgeschehens, in seinem Kriegstagebuch *In Stahlgewittern* das gigantische Gefecht, das sich in der Picardie entlud.

■ Schon im Dezember 1915 bei der Militärkonferenz in Chantilly einigten sich die Entente-Mächte im Grundsatz auf eine koordinierte Offensive an der Westfront und an der italienischen sowie russischen Front. Am 14. Februar 1916 legen Joffre und Haig den Frontabschnitt zwischen Arras und Lassigny für den Vorstoß fest. Anfang 1916 wird die alliierte Waffenproduktion erheblich aufgestockt. Allein Frankreich stellt täglich 100 000 Granaten her! Auch die Truppenstärke wächst: Von Februar 1915 bis Frühjahr 1916 werden 35 französische Divisionen neu gebildet. Die radikalste Neuordnung erlebt die britische Armee: Von 1914 bis Januar 1916 melden sich auf Lord Kitcheners Appell 2,5 Millionen Freiwillige. 70 Divisionen entstehen allein

Vorangehende Seite
Sturmangriff britischer
Soldaten am 1. Juli 1916,
hier im Dokumentarfilm
The Battle of the Somme
[dt. Die Schlacht an der
Somme]. Dass die Szene im
Etappengebiet nachgestellt
wurde, schmälerte keineswegs
ihre Wirkung auf das britische
Publikum. Die britischen
Streitkräfte erlitten in der
Schlacht katastrophale
Verluste.

aus den *Pals Batallions*, deren Mitglieder Freiwillige aus demselben Sportclub oder derselben Fabrik sind. An der Somme stehen sie erstmals im Feld und machen das Hauptkontingent aus. Kitchener selbst erlebt den Beginn der Schlacht nicht mehr, denn auf dem Weg nach Russland läuft sein Kreuzer am 5. Juni 1916 auf eine Mine.

Bombardements und Durchbruchsversuch

Da die deutschen Linien in der Tiefe gegliedert sind, erstellen Franzosen und Briten im Etappengebiet ausgedehnte Versorgungsnetze. Es entstehen neue Eisenbahnstrecken, Artillerieparks und Feldlazarette. Vom 24. Juni bis 1. Juli 1916 feuern sie 1,5 Millionen Granaten auf die feindlichen Stellungen ab, darunter 500 000 mit schweren Geschützen – eine Artillerievorbereitung unerhörten Umfangs. Die deutschen Truppen haben Befehl, die erste Linie um jeden Preis zu halten. Deutsche Soldaten schildern das Grauen: »Was für Stunden hatten wir hinter uns; wo man so systematisch auf den Tod lauert. Der einen foppt, gegen den man sich nicht wehren kann, in

Rechts
Rast britischer Kavalleristen
auf dem Weg nach Thiepval.

Rechte Seite oben
Der 1917 hergestellte »*Toby
jug*« gehört zu einem Set von
elf Bierseideln, die militärische und politische Führungs-
persönlichkeiten der Entente
darstellen. Dieses vom Kari-
katuristen F. C. Gould gestaltete Exemplar zeigt Douglas
Haig, den Oberbefehlshaber
des Britischen Expeditionskorps, auf einem Panzer mit
den Flussnamen *Somme* und
Ancre. Den Henkel bildet ein
Flugzeugpropeller. Konnte das
1916 noch unerreichte Ziel
»*Push and go*« dank mobiler
Feuerwaffen wie dieser erzielt
werden?

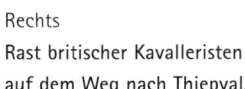

Gestalt der einschlagenden Granaten, deren grässliche Splitter herumspritzen, dann noch Mörsergeschosse, die hausgroße Löcher in den Boden reißen, und man selbst in einem 1 m tiefen Erdloch, und das ganze 3 Tage lang, 72 lange, lange Stunden, man möchte moralisch verzweifeln, davonrennen, weiße Haare kriegen.« Ingenieure und Soldaten der britischen Pionierregimenter haben Tunnel gegraben und unter mehreren strategischen Punkten Tonnen von Sprengstoff platziert. Der *Lochnagar*-Krater ist bis heute stummer Zeuge der gewaltigen, alles zerstörenden Detonation im Sektor La Boisselle.

Die Katastrophe

Bis zum Abend des 1. Juli 1916 fallen dennoch 20 000 Briten – ein Fünftel der Streitkräfte im Feld. 40 000 sind verwundet oder vermisst. Es sind die höchsten Tagesverluste des britischen Heers. Einige Einheiten werden praktisch aufgerieben: Von den 752 Mann des 1. Neufundländer Regiments, das im Sektor Beaumont-Hamel operiert, werden 684 getötet oder verwundet. Das

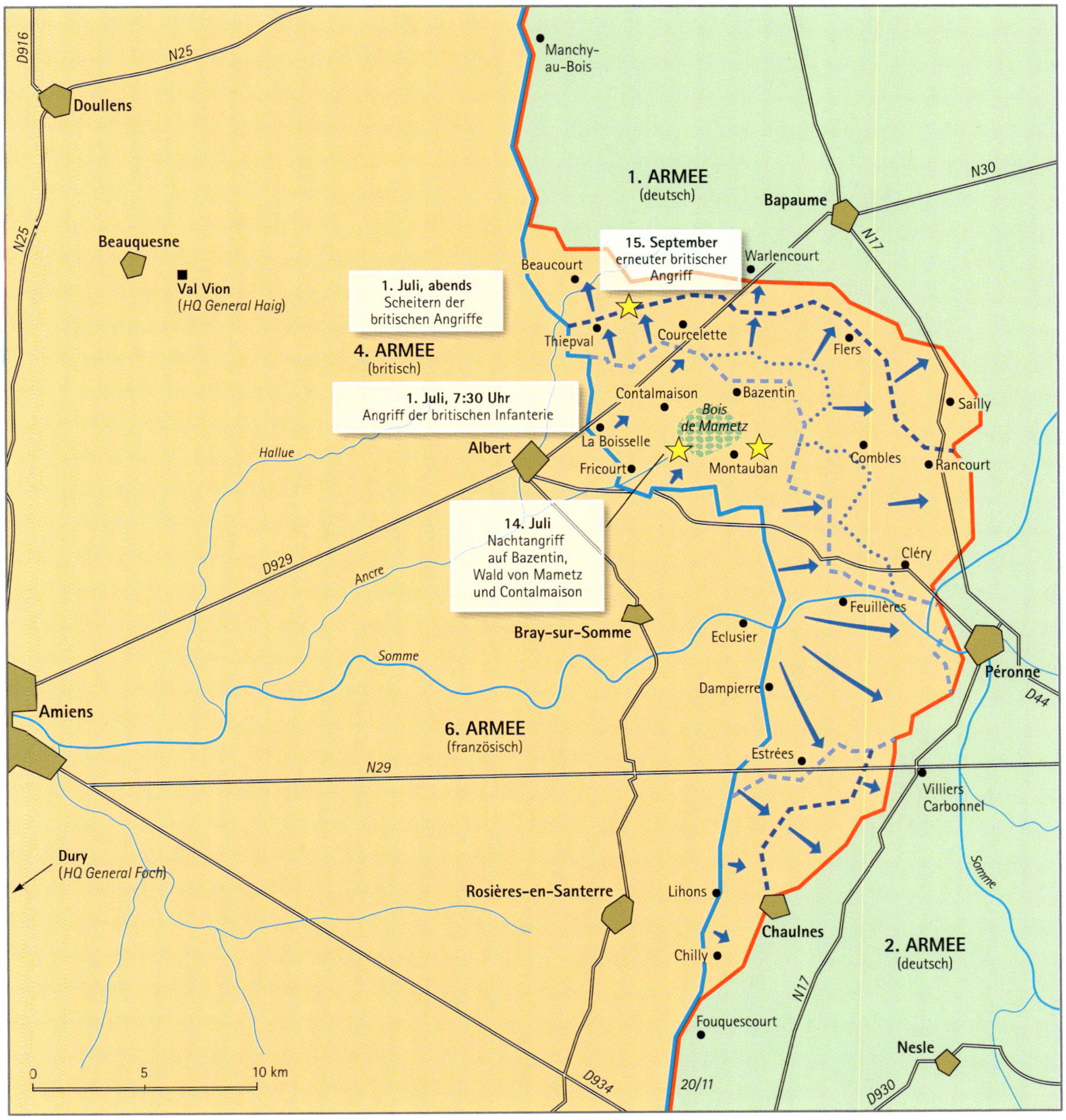

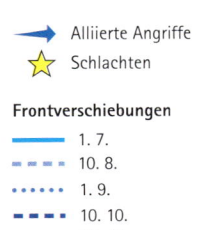

Links

Ziele der Offensive vom 1. Juli 1916 sind der Durchbruch an der deutschen Front in der Picardie und die Eroberung der Knotenpunkte in den feindlichen Verbindungslinien. Zwischen Juli und November 1916 gewinnen die Angreifer Schritt für Schritt an Terrain. Nachdem der erste Tag für die Briten katastrophal ausgegangen ist, rücken die Alliierten vom 2. bis 13. Juli nach und nach bis zur zweiten deutschen Linie vor. Bis September gehen die Angriffe weiter, unter anderem auf die dritte deutsche Grabenlinie. Nach der Eroberung dreier weiterer feindlicher Stellungen im November wird das eigentliche Gefecht eingestellt.

angestrebte Ziel, der Frontdurchbruch, bleibt außer Reichweite. Nördlich der Straße von Albert nach Bapaume scheitert der Hauptangriff, denn trotz massiven Trommelfeuers gelingt es weder, die deutschen Artilleriestellungen zu zerstören, noch die Stacheldrahthindernisse oder die MG-Nester zu beseitigen. Den Briten fehlt es an schwerer Artillerie, denn ihre Angriffsfront ist zu lang. Die Geschützkonzentration reicht nicht aus. Mit unversehrten Maschinengewehren und Artilleriegeschützen mähen die Deutschen britische Soldaten nieder, die sich ins Niemandsland vorwagen. Diejenigen, die doch in feindliche Stellungen vordringen, erwarten erbitterte Nahkämpfe, in denen nicht mehr Gewehre, sondern Handgranaten und Messer entscheiden. Im Süden, insbesondere in dem Sektor, in dem das 13. und 15. britische Korps und die französische 6. Armee kämpfen, sind dagegen Erfolge zu vermelden: Das 1. französische Kolonialkorps kommt bis zur zweiten deutschen Linie durch, und in den folgenden zehn Tagen dringen die Franzosen acht Kilometer weit in feindliches Gebiet vor.

Zwischen dem 2. und 13. Juli unternimmt die 4. britische Armee 46 überwiegend schlecht vorbereitete Angriffe, die 25 000 Mann das Leben kosten. Falkenhayn befiehlt, das verlorene Terrain zurückzuerobern. Also leisten die Deutschen verbissen Widerstand, es kommt zu dramatischen Szenen. In einigen Sektoren ist die zweite Linie, auf die sich die Deutschen zurückziehen, noch nicht fertiggestellt; die als Ersatz für die dezimierten Truppen hastig angeforderte Verstärkung wird überstürzt in die Gefechte verwickelt, zudem ist die Entente in der Luft den Deutschen spürbar überlegen. Nach dem Verlust vieler Stellungen suchen die Männer Deckung in behelfsmäßigen »Kaninchenlöchern«. Sie darin mit Nachschub zu versorgen oder Verwundete zu bergen, ist ausgeschlossen, denn im Chaos der Stellungen sind die Soldaten ihrem eigenen Artilleriebeschuss ausgeliefert.

Am 14. Juli ergeht der Befehl, die zweite deutsche Linie zu erobern. Vier britische Divisionen greifen nachts bei Bazentin, am Wald von Mametz und Contalmaison an. In diesem engeren Angriffssektor konzentrieren sie fünfmal so viel Artillerie wie zuvor. Obwohl zahlenmäßig durchweg unterlegen, zwingen die deutschen Truppen von Mitte Juli bis Mitte September 1916 der Gegenseite eine strapaziöse Abnutzungsschlacht auf. Ende August 1916 berichtet Unteroffizier Paul Hub seiner Verlobten Maria in einem Brief von seiner Abkommandierung zur Somme-Front, in den »blutigen Bewegungskrieg«: »Gebe Gott, dass ich glimpflich aus dieser Hölle komme. Besonders zuversichtlich bin ich nicht. Aber das Schlimmste wird wohl nicht kommen. Maidle, ich möchte mit Dir noch glücklich werden.« Er schickt ihr seinen Verlobungsring und ihre Briefe zurück.

Tanks bei Flers-Courcelette und Fehlschlag

Am 15. September beginnt ein weiterer massiver Angriff. Diesmal setzt Haig auf eine neuartige Waffe: den Panzer. Auf Betreiben Winston Churchills läuft seit 1915 bei der britischen Marine die Entwicklung eines gepanzerten Fahrzeugs, das Schützengräben überqueren kann. Um die Forschungsarbeiten geheim zu halten, bezeichnet man die Prototypen als „Tanks". Mark I ist ein Monstrum von fast acht Metern Länge, vier Metern Breite und einem Gewicht von 30 Tonnen. Er ist schwierig zu steuern und unzuverlässig: Von den 60 geplanten Stück können nur 30 überhaupt ins Feld ziehen und nur 21 auf dem Schlachtfeld eingesetzt werden. Die Besatzung arbeitet unter infernalischen Bedingungen: Im Innern des Panzers herrschen extreme Tempe-

Britische Helme und Uniformen

Angepasst an die Anforderungen der modernen Kriegsführung führte die britische Armee 1902 für Uniformen generell Khaki ein. An dieser Uniformjacke (5) fällt das Abzeichen des Regiments auf, dem ihr Träger angehörte (hier die Devise »Ubique« [überall]). Die Soldaten legten großen Wert auf solche Unterscheidungsmerkmale. Ende 1915 führte man angesichts der vielen schweren Kopfverletzungen den Stahlhelm ein (3), der im Schützengraben die Schirmmütze (1) ersetzte. Die US-Truppen verwendeten anfangs den gleichen Helm, entwickelten dann jedoch ein eigenes Modell (M1917). Ein Stoffüberzug (2) verhinderte das Spiegeln des Metalls. Das Tarnmuster (4) verdeutlicht einen wesentlichen Umbruch: Im modernen Krieg geht es primär um Unsichtbarkeit.

2

1

3

5

4

raturen und so viel Lärm, dass keine Verständigung möglich ist. Es besteht akute Gefahr einer Kohlenmonoxidvergiftung. Außerdem ist der taktische Nutzen eher mäßig, denn damit sie überhaupt im Schneckentempo vorankommen (wobei sie der Infanterie keine Hilfe sind), müssen ihnen Schneisen (*tank lanes*) von Artilleriebeschuss freigehalten werden. Erst im Jahr darauf, im November 1917 in der Schlacht von Cambrai, zeigt sich der Nutzen der neuen Wunderwaffe. Bei Flers-Courcelette erzielen die Alliierten trotzdem taktische Erfolge: In einem rund fünf Kilometer langen Frontabschnitt rücken sie mehr als 2,5 Kilometer vor. Die Strecke wirkt unbedeutend, ist jedoch im Vergleich zu den minimalen Frontverschiebungen im Stellungskrieg durchaus ansehnlich. Strategisch ändert sich allerdings nichts am Status quo. Bei den Angriffen auf Morval und Tiepval werden Ende des Monats weitere punktuelle Erfolge errungen. Die letzten wichtigen Gefechte finden im Herbst statt.

Oben
Ein schweres britisches Geschütz (sicher 204 mm), 1916. Dass »Die ›Todesspucker‹ der britischen Armee« es 1916 auf die Titelseite von *Le Miroir* schafften, bezeugt den morbiden Reiz der Artillerie.

»Der industrielle Krieg hat den organischen Krieg hervorgebracht«

Ab Sommer 1916 ist in Deutschland oft die Rede von den »Sommekämpfern«. Die Wortschöpfung bezeugt die Einmaligkeit des Erlebnisses, die auch den Beteiligten im Feld bewusst ist. Der neue Soldatentypus ist dank seines Stahlhelms in der Lage, den »Stahlgewittern« zu widerstehen. Ein Plakat für deutsche Kriegsanleihen 1917 macht ihn zur Symbolfigur: Vor Stacheldraht als Sinnbild des Stellungskriegs steht ein anonymer Soldat mit verklärter Miene und den Attributen des modernen industrialisierten Kriegs (schwerem Stahlhelm, Gasmaske). In Bezug auf die Somme-Schlacht diagnostiziert auch der Kunstkritiker Élie Faure wie Ernst Jünger die Herausbildung des »organischen Kriegs«: »Der industrielle Krieg hat den organischen Krieg hervorgebracht, eine Krise des ganzen Wesens, tiefe innere Strömungen, die in konzentrischen Kreisen das Kriegsdrama umwogen, in dem Auferstehung oder Tod warten. Dies ist keine Armee mehr, die aus der Ferne kämpft wie ein fast selbstständiges Organ, das triumphieren oder untergehen kann, ohne dass es dem Organismus als Ganzem ebenso ergeht. Es ist ein ganzes Volk, in dem jeder Mann, jedes Kind und jede Frau – ob dafür oder dagegen – aus der Nähe oder Ferne Teil hat an dem verworrenen Rausch der Verzweiflung und der Macht; weder dessen Ende zu bestimmen noch seine Folgen abzusehen besitzt es die Macht.« Die Schlacht an der Somme beschleunigt die Anpassung der Rüstung, aber auch der Gesellschaften an den Materialkrieg. Fast 20 Millionen Briten sehen den Dokumentarfilm *The Battle of the Somme*. Ohne zu ahnen, dass Schlüsselszenen nachgesellt wurden, glauben die Zuschauer, die Erfahrungen und Aufopferung der Soldaten unmittelbar mitzuerleben. Die britischen Streitkräfte durchlaufen an der Somme einen Lernprozess in der Handhabung der Waffensysteme für den Stellungskrieg. Für Hindenburg und Ludendorff, die ab August 1916 das deutsche Heer befehligen, wird die Schlacht zum Wendepunkt in ihrem taktischen Konzept: Die Verstärkung der Infanterieeinheiten, Sturmtrupps, erhöhte Autonomie für die Kompaniechefs und die Frontsol-

Oben

Am 15. September 1916 gerät der Einsatz der Mark-I-Panzer zum taktischen Desaster. Dennoch bildet die neuartige Waffe einen entscheidenden Wendepunkt in der Schlachtengeschichte des 20. Jahrhunderts.

Rechts

Französische 370-mm-Kanone auf einer Eisenbahnlafette. Knapp 500 000 Granaten (12 000 Tonnen!) werden vom 24. Juni bis 1. Juli mit schweren Geschützen abgefeuert. Trotz des eindrucksvollen Trommelfeuers scheitert die Infanterie anschließend an den noch intakten deutschen MGs.

Linke Seite
Das Überleben der Soldaten
hängt oft von der Solidarität
zwischen den Seite an Seite
kämpfenden Männern ab.
Hier birgt ein Soldat des Bed-
fordshire-Regiments am
1. Juli einen verwundeten
Kameraden (unten).

Im Oktober 1916 bezeugt
die Landschaft im Sektor
Chaulnes die brutale Gewalt
der wiederholten Offensiven
(oben). Auf der Luftaufnahme
sieht man die nachrückende
Truppenverstärkung in einem
Verbindungsgraben. Der Artilleriebeschuss hat die Stellungen in eine Mondlandschaft

mit unzähligen Kratern verwandelt, in der keine lineare
Verteidigung mehr möglich
ist. Aufgrund dieser Erfahrung
setzten die Deutschen auf die
Verteidigung in der Tiefe.

Oben
Vom renommierten Illustrator
Adrien Barrère stammt u. a.

das Plakat »Mann mit dem
Messer zwischen den Zähnen«
und ein Album des Poilus. Auf
dieser Landkarte des Somme-
Gebiets skizzierte er diverse
Typen französischer Soldaten
und ihre Erfolge (ein eroberter
deutscher Unterstand), aber
auch ihre Misere (Schlamm,
Übermüdung, Verwundungen).

Rechts

Ende 1916 kam der britische
Dokumentarfilm *Die Schlacht
an der Somme* von Geoffrey
H. Malins und John B. McDo-
well in die Kinos. Hier die
Ankündigung eines großen
Londoner Lichtspieltheaters
(links)
Die Zeichnung von William
Hatherell im *Graphic Maga-
zine* zeigt das Profil einer
Dame vor einer Leinwand, auf
der man einen Panzerangriff
sieht: Das Publikum hoffte,
durch die Kampfszenen am
Schicksal ihrer Angehörigen
an der Front teilzuhaben. Der
überaus realistische Dokumentarfilm löste zum Teil
sehr heftige Emotionen aus.

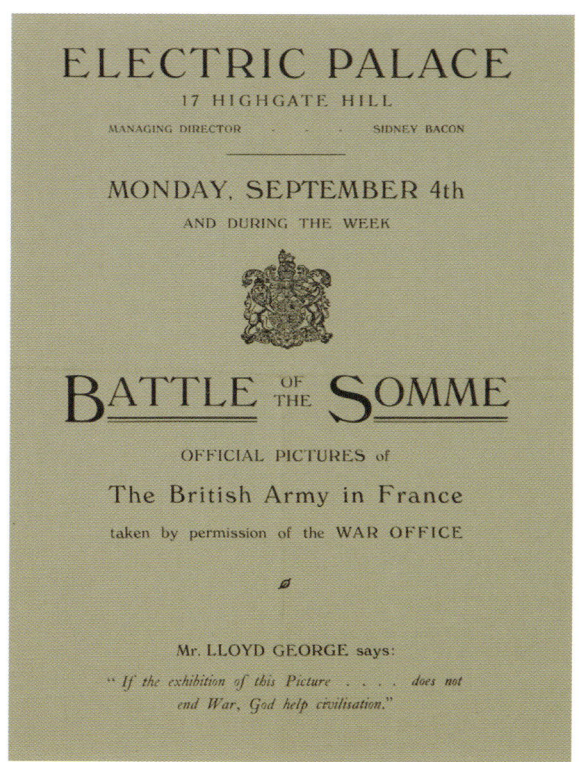

daten stehen im Zentrum einer schrittweisen taktischen Dezentralisierung. Die Folge ist nach Ansicht von Michael Geyer der Wandel »von einem Organismus weitgehend unabhängiger Teilkräfte [...] zu einem komplexen Betrieb zur möglichst effizienten ›Produktion‹ von Gewalt«. Parallel dazu sorgt das Hindenburg-Programm dafür, dass die gesamte deutsche Wirtschaft in den Dienst des Kriegs gestellt wird.

Heute prägen Soldatenfriedhöfe und Kriegerdenkmale die Landschaft an der Somme an eben den Orten, wo 1,2 Millionen Männer aus aller Herren Länder gegeneinander kämpften und wo über 400 000 von ihnen fielen. Vor allem für die Angelsachsen sind dies wichtige Erinnerungs-orte, während Franzosen und Deutsche ihrer Toten eher in Verdun und andernorts gedenken. Die Gedenkstätten an der Somme verdeutlichen auch die internationale Dimension dieser Schlacht, denn gerade die britischen *Dominions* basieren ihre noch junge nationale Identität zum Gut-teil auf ihrem Beitrag zum Ersten Weltkrieg. So sind die Eichen rings um das Kriegerdenkmal in Longueval Nachkommen der Bäume, die französische Hugenotten in die Verbannung und ihre neue Heimat Südafrika mitnahmen. Das Denkmal erinnert an den Opfergang der südafri-kanischen Brigade am 15. Juli 1916 im Wald von Delville, doch zugleich versinnbildlicht die Bronzegruppe von Castor und Pollux, die als Replik in Pretoria steht, die Versöhnung zwischen Briten und Buren und die Geburtsstunde des südafrikanischen Volkes. Im Juli 1938 wurde in Villers-Bretonneux ein großes Denkmal für die 59 000 gefallenen australischen Soldaten ein-geweiht. In Australien ist der Krieg bis heute nicht vergessen: Im November 1993 wurde ein unbekannter Soldat an der Somme-Front exhumiert und ins *Australian War Memorial* in Can-berra umgebettet.

»Dada ist der Clou«

14. Juli 1916 Im Laufe einer Vorstellung im Züricher Cabaret Voltaire verliest der Dichter Hugo Ball das »Eröffnungs-Manifest« des Dadaismus: »Dada stammt aus dem Lexikon. Es ist furchtbar einfach. Im Französischen bedeutet's Steckenpferd. Im Deutschen heißt's Addio, steigts mir den Rücken runter. Auf Wiedersehen ein andermal! Im Rumänischen: ›Ja wahrhaftig, Sie haben recht, so ist's. Jawohl, wirklich, machen wir.‹ Und so weiter. Ein internationales Wort. Nur ein Wort und das Wort als Bewegung. Sehr leicht zu verstehen. Es ist ganz furchtbar einfach. Wenn man eine Kunstrichtung daraus macht, muss das bedeuten, man will Komplikationen wegnehmen. Dada Psychologie, Dada Deutschland samt Indigestionen und Nebelkrämpfen, Dada Literatur, Dada Bourgeoisie, und ihr, ver-ehrteste Dichter, die ihr immer mit Worten, aber nie das Wort selber gedichtet habt, die ihr um den nackten Punkt herumdichtet. Dada Weltkrieg und kein Ende, Dada Revolution und kein Anfang [...].«

■ Im Februar 1916 eröffnen Hugo Ball und seine Freundin Emmy Hennings in Zürich das Ca-baret Voltaire. Wenige Monate später lockt die Kleinkunstbühne weitere kreative Talente an, darunter den Dichter Tristan Tzara, den Künstler Marcel Janco, beide gebürtige Rumänen, und den Elsässer Maler, Bildhauer und Dichter Hans (Jean) Arp. Zürich ist Hunderte Kilometer weit entfernt von Verdun, wo zeitgleich gewaltige Schlachten toben. Einem heute verschollenen Bild von Janco zufolge gibt es damals in dem Lokal eine Bühne mit Klavier und Platz für rund 50 Zu-schauer. Frequentiert wird es von den unterschiedlichsten Gästen, viele von ihnen Außenseiter,

Künstler, Studenten, Emigranten und Deserteure beider Lager. Nur scheinbar entsteht der Dadaismus aus dem Chaos, denn in Wirklichkeit sind die dortigen »Happenings« sorgfältig choreographiert. Bei einer Vorstellung im Juni 1916 lässt sich der Dichter Hugo Ball, angetan mit einem Kostüm aus leuchtend blauer Pappe, das ihn seiner Meinung nach wie einen »Obelisken« aussehen lässt, vor das Publikum tragen. Dort beugt er sich mit feierlicher Miene über den Notenständer mit seinem Text und beginnt, ein Gedicht in einer fremdartigen Sprache zu deklamieren: »Gadji beri bimba /glandridi lauli lonni cadori …«

Von Zürich aus wandert der Dadaismus in so unterschiedliche Städte wie New York, Berlin, Hannover, Köln und Paris. Eines weiß Ball ganz genau: Dada ist dabei, die Welt zu verändern: »Wie kann man alles Journalige, Aalige, alles Nette und Adrette, Borniertе, Vermoralisierte, Europäisierte, Enervierte abtun? Indem man Dada sagt. Dada ist die Weltseele, Dada ist der Clou.« Die Avantgarde ist schon lange besessen von der Notwendigkeit, die alte europäische Kultur zu zerschlagen. Der Krieg bricht aus. Das Leben (und vor allem der Tod) gleicht sich darin der Kunst an. Die Avantgarde steht vor der zweifachen Herausforderung, die Zerstörungskraft des Krieges aufzuholen und diesen mit eigenen ästhetischen Formen zu deuten.

Die Avantgarden der Vorkriegszeit

Viele Anstandsregeln der kulturellen Oberschicht des 19. Jahrhunderts werden schon lange vor Kriegsausbruch in Frage gestellt. Richard Wagner beginnt in seinen Opern, die Tiefen dessen auszuloten, was Sigmund Freud das Unbewusste nennt. Arnold Schönberg beschäftigt sich mit Atonalität und erfindet die Zwölftontechnik als Alternative zur klassischen Harmonielehre. Künstler von den Impressionisten bis zu Gustav Klimt und sogar Pablo Picasso werfen die bis dahin unumstößlichen Grundsätze von Realismus und Perspektive über Bord und haben damit Erfolg. 1909 schwört F. T. Marinetti in seinem »Futuristischen Manifest« sogar der gegenständlichen Kunst in Bausch und Bogen ab: »Ein aufheulendes Auto, das auf Kartätschen zu laufen scheint, ist schöner als die Nike von Samothrake.« Dennoch schafft es das etablierte System durchaus mit Erfolg, sich auch einiger avantgardistischer Werke zu bemächtigen. Als eine Folge des Militärbündnisses zwischen Frankreich und Russland gelangt Sergei Djagilews Truppe *Les Ballets Russes* 1909 nach Paris und begeistert die dortige Kulturszene. Die Schickeria ist hingerissen von Igor Strawinskis *Petruschka*, echauffiert sich, als Vaslav Nijinsky in Claude Debussys *Après-midi d'un faune* mit dem Schleier der Nymphe masturbiert, und zerreißt Strawinskis *Sacre du printemps* in der Luft. Gerade dieses Werk bricht völlig mit dem klassischen Ballett. Dass es mit einem Menschenopfer endet, steht im Einklang mit der Zeitgeschichte: Die Premiere findet ein Jahr vor Kriegsausbruch statt. 1913 ist das Publikum noch gewohnt, lautstark seine Meinung zu sagen, und buht das Stück aus.

Léger, Braque, Apollinaire, Cendrars … Künstler in Uniform

Mit dem Kriegsausbruch gehen die Avantgardekünstler unterschiedlich um. Viele von ihnen sehen keinen Widerspruch zwischen künstlerischer Radikalität und Vaterlandspflicht. Die Maler Fernand Léger und Georges Braque werden im Rahmen der Mobilmachung eingezogen, andere unternehmen alles, um in den Krieg ziehen zu dürfen. In Wien verkauft Oskar Kokoschka sein Gemälde *Die Windsbraut*, um sich die kostspielige Ausrüstung für die Kavallerie zu beschaffen. Der Schweizer Dichter Blaise Cendrars tritt in die französische Fremdenlegion ein, während Guillaume Apollinaire, Sohn einer Polin und eines Italieners, nach der Mobilmachung die Einbürgerung beantragt und zur französischen Artillerie geht. Hans Arp dagegen meldet sich bei der deutschen Botschaft in der Schweiz und füllt die Wehrdienstmeldung aus, schreibt jedoch nur das Datum in die leeren Kästchen, addiert die Zahlen und überreicht das Formular anschließend splitternackt den deutschen Behörden, die ihn prompt hinauswerfen. Picasso, der aus dem neutralen Spanien stammt, lebt zum Zeitpunkt der Mobilmachung in Avignon, bringt mehrere seiner einberufenen Freunde zum Zug und kehrt nach der Schilderung eines Freundes »besorgt und traurig« nach Hause zurück: »Es war nicht sein Krieg.« Dennoch malt er 1914 ein Aquarell mit dem Titel *Guillaume de Kostrowitsky, Artilleur,* das Apollinaire als schneidigen Soldaten zeigt, der freudig seine Pflicht erfüllt. Einige Künstler kehren vorzeitig von der Front heim, etwa der erkrankte George Grosz und der verwundete Max Beckmann. Apollinaire erholt sich zwar von einer Kopfverletzung (die Picasso in einer berühmten Zeichnung festhält), stirbt aber 1918 an der Spanischen Grippe.

1

3

2

Den Krieg malen

Den modernen Charakter des Krieges darzustellen, lautet die Herausforderung, der sich die Künstler ab 1914 stellen müssen. Schon früh geben traditionelle Maler wie François Flameng (2, *31. Juli 1917, fünf Uhr morgens*) Schlachtenbilder auf und verlegen sich auf weniger heroische Szenen (Märsche, Patrouillen etc.). Vallotton reist 1917 an die Front in der Champagne und in den Argonnen und malt dort völlig menschenleere Landschaften (3, *Plateau de Bolante* [Argonnen], 1917). Der Österreicher Egon Schiele porträtiert stattdessen russische Kriegsgefangene (1), die er bei Wien bewacht. Andere versuchen, die avantgardistischen Techniken der Kubisten, Futuristen etc. an die neuen Gegebenheiten anzupassen. So etwa der Brite Christopher Nevinson, der u. a. bei dem Holzschnitt *Auf dem Weg in die Schützengräben* (4) die Körper in geometrische Figuren zerlegt, jedoch 1917 wieder zum Naturalismus nach dem Vorbild der alten Meister zurückkehrt. *Kanone in Aktion* (5) des Italieners Gino Severini ist eine sowohl realistische als auch symbolische Gesamtdarstellung des mechanisierten, ohrenbetäubend lauten Kriegs. In späteren Werken wandte sich Severini von Kriegsbildern ab.

On the way to the Trenches.
Nevinson.

4

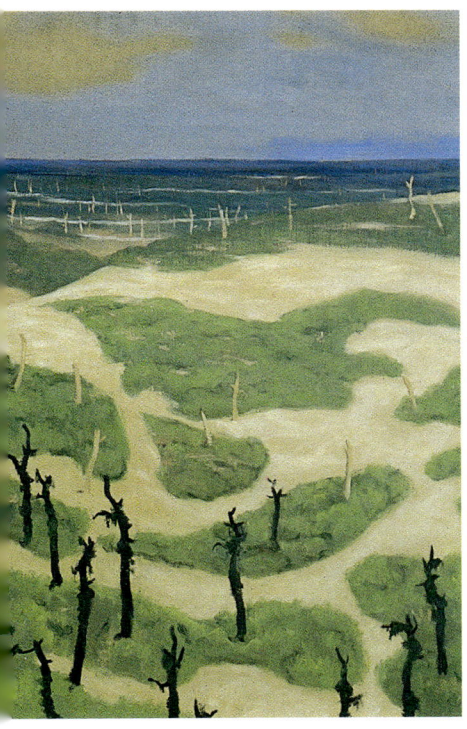

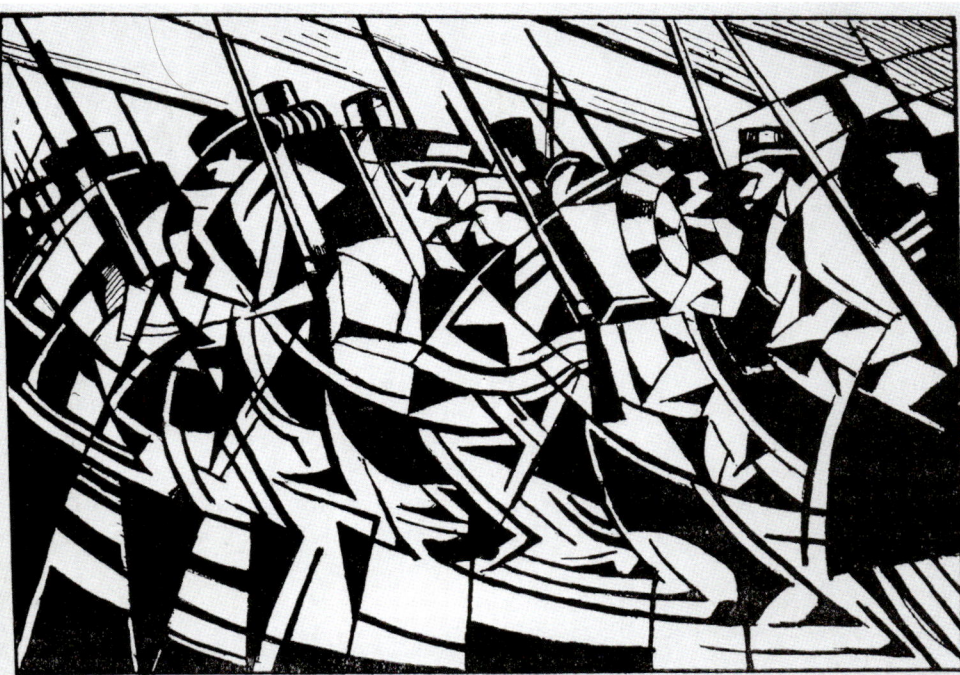

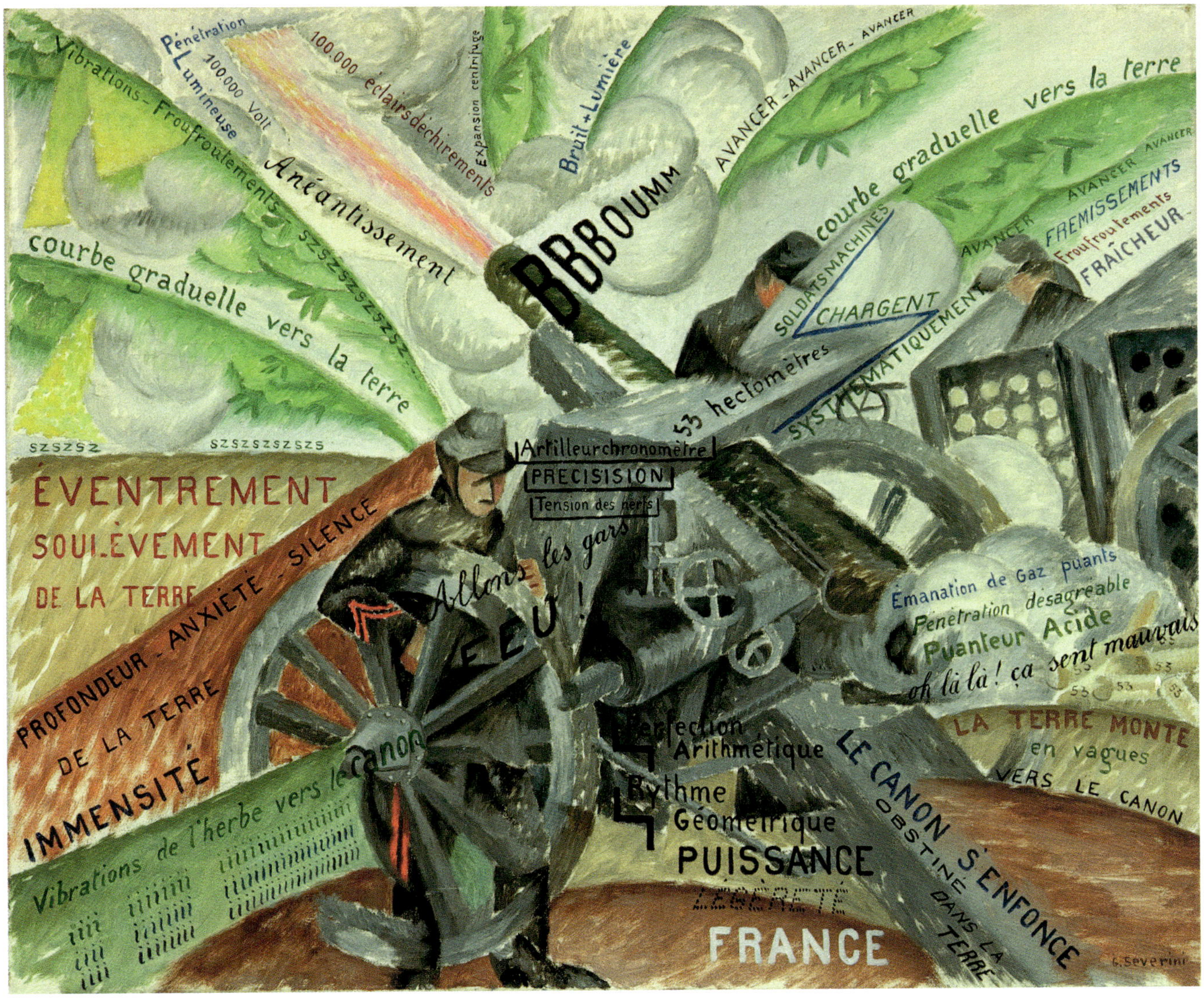
Pénétration Lumineuse
100.000 volt
Vibrations - Froufroulements
100.000 éclairs déchirements
Expansion centrifuge
Bruit + Lumière
Anéantissement
BBBOUMM
AVANCER - AVANCER - AVANCER - AVANCER
courbe graduelle vers la terre
courbe graduelle vers la terre
FREMISSEMENTS
Froufroulements
FRAICHEUR
SOLDATS MACHINES
CHARGENT
SYSTÉMATIQUEMENT
53 hectomètres
Artilleurchronomètre
PRECISISION
Tension des nerfs
ÉVENTREMENT
SOULÈVEMENT
DE LA TERRE
PROFONDEUR - ANXIÉTÉ - SILENCE
DE LA TERRE
IMMENSITÉ
Allons les gars
FEU!
Emanation de Gaz puants
Pénétration désagréable
Puanteur Acide
oh là là! ça sent mauvais
LA TERRE MONTE
en vagues
VERS LE CANON
Vibrations de l'herbe vers le canon
Perfection Arithmétique
Rythme Géométrique
PUISSANCE
LÉGÈRETÉ
FRANCE
LE CANON S'ENFONCE OBSTINÉ DANS LA TERRE
G. Severini

5

»Den Menschen vom Wahnsinn der Zeit heilen«

Unabhängig von der Rolle, die er während des Krieges einnimmt oder aber verweigert, muss jeder Avantgardekünstler »seinen« Krieg in sein Werk einfließen lassen, so wie dieser ihn ebenfalls vereinnahmt. Dass der Krieg letztlich nur wenige wirklich andere Ansätze anregt, hängt auch damit zusammen, dass viele schon lange vor 1914 mit den Konventionen der Kunst gebrochen haben. Der scheinbare Extremismus und die inszenierte Absurdität des Dadaismus wirken wie der Versuch, der Avantgarde wieder eine radikale Stimme zu verleihen, doch die Collagen, Fotos und afrikanischen Masken, mit denen er arbeitet, wirken auf das Publikum eher faszinierend als schockierend. Welche Kunst könnte schon mit den Zerstörungen mithalten, die der Krieg selbst bewirkt? Arp schreibt lange nach Kriegsende: »Wir suchten eine elementare Kunst, die den Menschen vom Wahnsinn der Zeit heilen, und eine neue Ordnung, die das Gleichgewicht zwischen Himmel und Hölle herstellen sollte.«

Wenn Philippe Dagen in Bezug auf den Ersten Weltkrieg vom »Schweigen der Maler« spricht, dann fällt das Urteil vielleicht zu hart aus, denn manche Künstler setzen ihre Fronterfahrungen mit bereits etablierten neuen Techniken um. Der deutsche Expressionismus mit seinen knalligen Farbkontrasten und den entstellten, unförmigen Menschenfiguren bietet sich für Darstellungen des Grabenkriegs geradezu an, und auch der Kubismus mit seinen fragmentierten Ansichten und Bewegungsabläufen kann sehr wirkungsvoll Kriegsszenen wiedergeben. Letzten Endes ahmt das Leben die Kunst nach, als einige der Kubisten zu Tarnbemalungen herangezogen werden. Einer davon, André Mare, hält in seinem Kriegstagebuch mit ebenso banalen Notizen wie fantasievollen kubistischen Skizzen das Alltagsleben der Frontsoldaten fest. Fernand Léger erlebt den Krieg als Sanitäter und räumt später ein, dass seine »Kubistenseele« seinen Erfahrungen im Schützengraben viel verdankt. Im Oktober 1916 ist er bei Verdun im Einsatz. Bestürzt ist er vor allem über die Hände der Leichen: »Die haben den stärksten Ausdruck. Manche haben ihre Finger im Mund, und die Finger sind abgebissen, durch die Zähne.« Was hätte der Kubismus einem solchen Bild noch hinzuzufügen gehabt? Er hätte nur versuchen können, durch die Abstraktion die Zertrümmerung der Körper vom darin verborgenen Leiden des Einzelnen abzutrennen.

Kunst zwischen Patriotismus und Subversion

Gelegentlich weist die Avantgarde erstaunlich patriotische Züge auf. Djagilews russisches Ballett *Parade* wird am 18. Mai 1917 uraufgeführt, als zur gleichen Zeit Teile des französischen Heers meutern. Die Mitautoren des Werks gehören zur Crème de la Crème der Pariser Avantgarde. Jean Cocteau schreibt das einseitige Skript, Erik Satie komponiert die Musik, Léonide Massine besorgt die Choreographie, Picasso die kubistischen Bühnenbilder und Kostüme, und Apollinaire gestaltet das Programmheft. In locker aneinandergereihten Szenen zeigt das Stück die fruchtlosen Versuche von drei Managern, Besucher zum »wahren« Schauspiel in ihren Zirkus zu locken. Das damalige Publikum weiß sich zu wehren und probt unter lauten Buh-Rufen den Aufstand. Der

Verriss in einer Zeitung bringt einem Musikkritiker eine Postkarte von Satie ein: »Sie sind ein Arsch, noch dazu ein unmusikalischer Arsch!« Satie wird von einem Zivilgericht wegen übler Nachrede verurteilt – die Begabung, andere vor den Kopf zu stoßen, hat die Avantgarde mitnichten eingebüßt!

Doch diesmal geht es schief. Wie die Kubisten wird auch Satie des *bochisme* beschuldigt: Seine Art sei so unpassend und respektlos, dass sie den feindlichen Boches in die Hände spiele. In Wirklichkeit ist dieser Vorwurf unbegründet, denn Saties exzentrische Kompositionen sind gerade eine Reaktion auf die schwelgerische symphonische Tradition der deutschen Musik. *Parade* wirft bei aller Abstraktion beängstigende Fragen auf: Was befindet sich innerhalb, was außerhalb des »wahren« Schauspiels – dem der Nation im Krieg? Cocteau besteht auf dem Untertitel »*ballet réaliste*«, doch nach Ansicht Apollinaires entsteht im Zusammenspiel von Musik, Tanz, Bühnenmalerei und Kostümen etwas, das über die Realität hinausgeht, etwas »Surreales«, worunter er jedoch nicht dasselbe versteht wie später die Surrealisten. Seiner Meinung nach braucht das schmerzensreich durch das Schauspiel des Krieges entstandene neue Frankreich auch neue Darstellungsweisen. Das Ballett und seine Musik sind für ihn »so klar und einfach, dass man darin den luziden Geist Frankreichs selbst wiedererkennt«. Auf eigenwillige Weise ist *Parade* insofern ein zutiefst patriotisches Werk.

Geburtsstunde des Surrealismus

Mit der Kriegskultur 1914–1918 kann sich die Avantgarde natürlich nie voll und ganz identifizieren, denn dazu müsste sie ihre oppositionelle Haltung aufgeben, die ja ihre Daseinsbestimmung darstellte. Der Dadaismus hat sicher seine eigenen Grenzen, allen voran seine zutiefst negative Grundeinstellung und seinen Nihilismus. In Frankreich geht der Dadaismus in den Surrealismus über. André Breton wird 1915 zum Sanitätsdienst eingezogen. Vor allem als Assistenzarzt in einem neuropsychiatrischen Militärkrankenhaus kann er sich mit Freuds Theorien über das Unbewusste vertraut machen. 1924 schreibt er sein *Manifest des Surrealismus,* das Glaubensbekenntnis einer Avantgarde, die sich weder von der Vernunft noch von irgendwelchen ästhetischen oder moralischen Bedenken einengen lässt. In Deutschland zeichnet sich die Avantgarde vor allem durch bitterböse Sozialkritik aus, sei es in Gestalt der bedrückenden Bildwelt eines Max Beckmann, Otto Dix, George Grosz oder Ernst Ludwig Kirchner, sei es in Kurt Weills und Bertolt Brechts genialer *Dreigroschenoper* (1928). Bretons Aussage über den Surrealismus gilt eigentlich für die gesamte Avantgarde ab Beginn des 20. Jahrhunderts: Er sei »nur im Zusammenhang mit dem Krieg historisch zu verstehen – von 1918 bis 1938 –, im Zusammenhang sowohl mit dem, von dem er ausgeht, als mit dem, in den er ausläuft.«

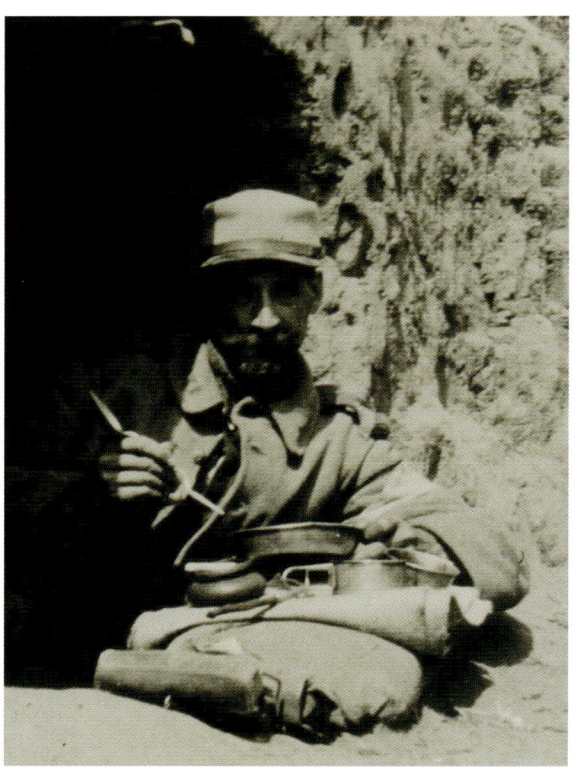

Über den Krieg schreiben

3. August 1916 »Donnerschläge grollen unterm großen, bleichen Himmel und jedesmal, wenn ein Blitz rotleuchtend aufzischt, zerfällt ein Feuerstrang dort unten, wo die Nacht noch dunkelt, und eine Rauchwolke steigt hinauf ins anbrechende Morgenlicht. Hoch oben, in der Ferne, hört man den Flug schrecklicher, unsichtbarer Vögel, die mit machtvollem und schnurrendem Atemzug zum Himmel steigen, sich die Erde zu besehn.« (Henri Barbusse, *Das Feuer – Tagebuch einer Korporalschaft*, Eintrag 3. August 1916)

■ Henri Barbusse ist ein noch wenig bekannter Autor, als er sich im August 1914 freiwillig zum Militärdienst meldet. Im Dezember schickt man den 41-Jährigen an die Front. Zehn Monate später erhält er nichtkämpfende Aufgaben bei der Stabsabteilung des 21. Armeekorps. Dort beginnt er, einen Fortsetzungsroman zu schreiben, in dem er seine Erlebnisse verarbeitet. Um das Verhältnis zwischen Fronterfahrungen und Geschriebenem zu verändern, bindet er den »Realismus« schonungsloser Schilderungen von Tod, Verstümmelung und Verwesung in einen ideologischen Überbau ein, der es ihm ermöglicht, den Krieg zu verstehen und auf dieser Basis auch fortzusetzen, wenn auch nicht als Streit zwischen kapitalistischen Nationalstaaten, sondern als Kreuzzug für den internationalen Sozialismus. Bei allem unbestrittenen literarischen Talent, das bis heute seine Leser anzieht und fasziniert, beruht die Glaubwürdigkeit seines Werks vor allem auf sei-

nem Status als »*écrivain-combattant*« [Schriftsteller-Soldat]: Er hat wirklich im Feld gestanden, er spricht aus eigener Erfahrung im Schützengraben. Seine Werke sind keine »Literatur in Kriegs-zeiten«, sondern echte »Kriegsliteratur«. Im August 1916 erscheinen die einzelnen Fortsetzungen; im Dezember bringt der Verlag Flammarion *Das Feuer* in einem Band heraus, von dem innerhalb von zwei Jahren 300 000 Exemplare verkauft werden. Bis heute ist *Le Feu* der meistverkaufte französische Roman über den Ersten Weltkrieg.

Die »Wahrheit« über Kriegserlebnisse

Man könnte meinen, je näher ein Autor am Geschehen auf dem Schlachtfeld war, desto »authen-tischer« wirke das, was er darüber schreibt. Sehr wahrscheinlich hätten die Leser »in Echtzeit« verfasste Schilderungen gar nicht verstanden oder damit nichts anfangen können, denn unter akuter Lebensgefahr hingekritzelte Satzfetzen ergeben noch keine nachvollziehbare Schilderung. Die Arbeit des Schriftstellers besteht vielmehr darin, die »Wahrheit« seiner Kriegserlebnisse ande-ren zugänglich zu machen. Dazu muss er gar nicht unbedingt selbst kämpfen. Klassiker wie Émi-le Zolas *Der Zusammenbruch* (1892), Leo Tolstois *Krieg und Frieden* (1868) oder Stephen Cranes *Die rote Tapferkeitsmedaille* (1895) stammen allesamt von Schriftstellern, die selbst nicht als Frontsoldaten dienten, was aber ihrem Erzähltalent keinen Abbruch tut. Die meisten literarischen Werke über den Ersten Weltkrieg, die über ihr Ursprungsland hinaus großen Einfluss ausübten, etwa Barbusses *Feuer*, versuchten paradoxerweise gar nicht, persönliche Erlebnisse des Autors bis ins Detail wiederzugeben, im Gegenteil: Die besten Bücher über den Krieg stammen von Autoren, denen es wie Barbusse gelungen ist, ihre eigenen Erfahrungen in eine ideologische, ethische oder narrative Matrix zu übertragen, die ihre Kriegserfahrung erst nachvollziehbar macht.

Der brave Soldat Schwejk oder die Absurdität einer Epoche

Natürlich kann man Kriegserlebnisse auch ohne jeden moralischen Anspruch schildern oder zumindest so tun. Jaroslav Hašek dient in der k. u. k. Armee und gerät 1915 in russische Kriegsgefangenschaft. Sein (bei seinem Tod 1923 noch unvollendeter) satirischer Fortsetzungsroman *Die Abenteuer des braven Soldaten Schwejk* erzählt die Geschichte eines Soldaten im österreichisch-ungarischen Heer, der sich dank seiner tatsächlichen oder gespielten Blödheit mit allen möglichen Schlichen und Schwindeleien durch den Krieg laviert. Im August 1914 pflegt der Held im Bett sein Rheuma. Als er in der Zeitung über die Niederlage der k. u. k. Truppen in Galizien liest, verkündet er seiner Aufwartefrau, er wolle zum Militär gehen, um seinen Teil zur Rettung der Doppelmonarchie zu leisten. Als er auch noch patriotische Lieder schmettert, läuft die Frau aufgeregt zum Doktor und klagt, Schwejk leide an dem Wahn, Österreich-Ungarn werde siegen. Durch die turbulenten Erlebnisse seines Helden zeigt Hašek zahlreiche Widersprüche der Doppelmonarchie und die Absurdität des Krieges auf. Dabei erweist sich der scheinbar so beschränkte Schwejk als Stehaufmännchen – ganz im Gegensatz zu Österreich-Ungarn und zu Hašek selbst, der mit nicht einmal 40 Jahren an Tuberkulose stirbt, mit der er sich an der Front infiziert hat.

Ernst Jünger und der neue Mensch

Die meisten anderen literarischen Verarbeitungen des Ersten Weltkriegs sind weitaus düsterer als *Der brave Soldat Schwejk*. Eine randständige, aber hartnäckige rechtsextreme Tradition schreibt der Grausamkeit des Kriegs eine positive, schöpferische Wirkung zu, weil er einen neuen, der Moderne gewachsenen Menschentypus hervorbringe. Ernst Jünger darf nach dem Notabitur noch in der Oberprima von der Schulbank in den Krieg ziehen. Er empfindet das Fronterlebnis als Wiedergeburt; in *Der Kampf als inneres Erlebnis* (1922) heißt es: »Der Krieg, aller Dinge Vater, ist auch der unsere; er hat uns gehämmert, gemeißelt und gehärtet zu dem, was wir sind. Und immer, solange des Lebens schwingendes Rad noch in uns kreist, wird dieser Krieg die Achse sein, um die es schwirrt.« Später führt Jünger Stoßtrupps, die mit Sturmangriffen auf feindliche Stellungen Bewegung in den Stellungskrieg bringen sollen. Für ihn ist diese Kampftaktik eine kaum bemäntelte Form sexueller Aggression, wie er in *Feuer und Blut* (1925) schildert: »Nun aber wollen wir diesen geheimnisvollen Schleier zerreißen, statt behutsam seine Zipfel zu lüften. [...] Wir stoßen die festen Tore ein und dringen mit Gewalt in das verbotene Land. Und wo wir solange in öden Trichterfeldern hausen mussten, besitzt der Gedanke an den Stoß in die Tiefe für uns einen bezaubernden Reiz.« Genau dieser Menschentypus wird später vom Faschismus vereinnahmt; Jünger selbst allerdings verachtet den Nationalsozialismus, weil der die dummen, leichtgläubigen Massen umwirbt. Seine Anhänger versuchen, den Erfahrungsbericht aus dem Ersten Weltkrieg umzuschreiben und umzudeuten, diesmal mit einem erfundenen anderen Ausgang für den deutschen Soldaten.

Nahkampfwaffen

Bei gezielten Handstreichen zur Aufklärung oder Gefangennahme gegnerischer Grabenbesatzungen und bei der Erstürmung von Barrikaden sind Feuerwaffen eher hinderlich. Da die Armeen auf solche Nahkämpfe nicht eingestellt waren, mussten die Soldaten oft improvisieren. Eingesetzt wurden schlichte Blankwaffen wie Messer, Dolche, Säbel, verkürzte Bajonette (Machete senegalesischer Schützen [2]; Krummsäbel der britischen Truppen [1]), aber auch Schlagstöcke (6, britische Holzkeulen mit Bleibeschlag) und verschiedenste Werkzeuge von Drahtscheren bis zu Spaten (5 ein deutsches Ex-

emplar). Erfahrene Kämpfer wie die Stoßtrupps zogen oft eigene Waffen der Heeresausrüstung vor. Nahkampftechniken gehören schon früh zur Grundausbildung. Der 1916 von der französischen Armee eingeführte Grabendolch, »Rächer für 1870« genannt, wurde großenteils in den Messerschmieden von Châtellerault, Saint-Étienne und Tulle gefertigt (4). Diese persönliche Dimension der kriegsbedingten Gewalt wurde von den Beteiligten gern verschwiegen,

jedoch von Künstlern und Schriftstellern wie Ernst Jünger oder Blaise Cendrars (*Ich habe getötet*) thematisiert. Otto Dix' Radierung *Überraschungsangriff auf einen Grabenposten* (3) zeigt die ungeheure Rohheit des Nahkampfs im Schützengraben.

Der Soldat als tragischer Held

Die literarische Form, die den Ersten Weltkrieg am ehesten nachvollziehbar macht, ist mehr und mehr die Tragödie. Der Soldat als tragischer Held oder als Opfer wird von einem Krieg weggefegt und ausgelöscht, dessen Mechanismen er zu spät vollends durchschaut. Erich Maria Remarques *Im Westen nichts Neues* (1929) ist der bekannteste Roman über den Ersten Weltkrieg. In den ersten 15 Monaten nach seinem Erscheinen gingen 3,5 Millionen Exemplare über den Ladentisch; er wurde in 32 Sprachen übersetzt. Bis heute ist Remarques Buch als Darstellung der tragischen Dimension des Kriegs unübertroffen. Im einleitenden Satz stellt Remarque unmissverständlich klar, was er mit dem Buch bezweckt: »Über eine Generation zu berichten, die vom Kriege zerstört wurde – auch wenn sie seinen Granaten entkam.« Verführt vom stupiden Nationalismus seines Lehrers ist sein Protagonist Paul Bäumer mit 19 Jahren ganz versessen darauf, an die Front zu kommen. Er meldet sich freiwillig, doch im Schützengraben zerbricht sein ganzes Wesen an den körperlichen und seelischen Torturen. Einer nach dem anderen fallen seine Kameraden, und jedesmal schildert Remarque ähnlich wie Barbusse ihr qualvolles Sterben in erschütterndem Detail. Am Ende des Buchs klagt Paul, innerlich längst tot: »Mögen die Monate und Jahre kommen, sie nehmen mir nichts mehr, sie können mir nichts mehr nehmen. Ich bin so allein und so ohne Erwartung, dass ich ihnen entgegensehen kann ohne Furcht. Das Leben, das mich durch diese Jahre trug, ist immer noch in meinen Händen und Augen. Ob ich es überwunden habe, weiß ich nicht. Aber solange es da ist, wird es sich seinen Weg suchen, mag dieses, das in mir ich sagt, wollen oder nicht.« Sein Tod bildet nur noch einen Nachsatz an einem der letzten Kriegstage, über den es im Heeresbericht von der Westfront lapidar heißt: »Im Westen nichts Neues.«

Tragische Darstellungen von Erlebnissen im Schützengraben finden sich in diversen nationalen Varianten. Britische literarische Texte über den Ersten Weltkrieg etwa lassen sich nicht pauschal als »Tragödien« bezeichnen, denn sie sind von allen literarischen Umsetzungen in Europa die wohl komplexesten und ausgereiftesten. Dasselbe Thema vereint so grundverschiedene Werke wie die Gedichte Rupert Brookes oder Wilfred Owens, die »Memoiren« von Siegfried Sassoons nur halb fiktivem Alter Ego George Sherston oder andere Werke, die zwischen Belletristik und Sachbuch stehen, etwa Robert von Ranke-Graves' *Strich drunter!* (1929), R. C. Sherriffs *Die andere Seite* (1928) oder Edmund Blundens *Undertones of War* (1928). Der Erste Weltkrieg unterbricht nachhaltig das Voranschreiten der Zeit, löst allgegenwärtige Trauer und Verlustgefühle aus, von denen der Autor bis ans Ende seines Lebens, sei es kurz oder lang, unablässig Zeugnis ablegen muss. Owen ist von allen britischen Kriegsdichtern der größte und selbst Inbegriff der britischen Ausprägung des tragischen Opfers: Als von allen Glockentürmen schon der Waffenstillstand verkündet wird, erhalten seine Eltern das lange befürchtete Telegramm vom Kriegsministerium mit der Nachricht, dass er am 4. November 1918 gefallen ist.

In Frankreich greift man das Topos des Soldaten als tragisches Opfer des Kriegs in der Zwischenkriegszeit erst allmählich auf. Als Schilderung der Kriegsgeschehnisse konkurriert die Literatur lange Zeit mit anderen Ausdrucksformen, allen voran Augenzeugenberichten in schlichtem, pingelig korrektem Schulfranzösisch. Erst 1929 erteilt Jean Norton Cru in seinem Buch *Témoins* eine scharfe Absage an den vermeintlichen Realismus der französischen Kriegsliteratur. Seiner Meinung nach konnten die vielen makabren Details – von den Leichenbergen bis zu den Strömen von Blut –, die lange Zeit als »wahr« galten, nicht der Wirklichkeit entsprechen, selbst wenn sämtliche auf dem Schlachtfeld anwesenden Soldaten gefallen wären. Norton Cru fordert eine bis heute umstrittene strikte Trennung zwischen Literatur und Erlebnisbericht, in dem die »Wahrheit« streng an eine empirisch nachweisbare Realität gekoppelt ist.

Tod einer Kultur

Doch auch die französischen Kriegsschriftsteller schwenken allmählich von den Fakten zur moralischen Dimension der Geschichte um. Roland Dorgelès suggeriert am Schluss von *Die hölzernen Kreuze* (1919), die Trauerarbeit des Ersten Weltkriegs werde nie abgeschlossen sein. Da der rote Faden der Geschichte zerrissen sei, könne diese nur in eine Tragödie münden: Das ist der Tenor zahlreicher Werke von Autoren der unterschiedlichsten politischen Lager.

Links

Céline meldet sich 1912 freiwillig. Als der Erste Weltkrieg ausbricht, ist er 20 Jahre alt (hier 1914 in Uniform). Im Oktober 1914 wird er bei Ypern schwer verwundet und 1915 nach langer Genesungszeit ausgemustert. 1932 veröffentlicht er die *Reise ans Ende der Nacht*. Durch den Mund seiner Figur Ferdinand Bardamu drückt Céline seine mittlerweile strikte Ablehnung des Kriegs aus. Als seine Freundin ihm vorwirft, er sei ein Feigling, erwidert Bardamu: »Ja, durch und durch feige, Lola, ich lehne den Krieg ab und alles, was er mit sich bringt [...] Ich lehne ihn ganz einfach ab, samt allen Männern, die an ihm teilnehmen, ich will nichts mit ihnen und mit ihm zu tun haben. Und selbst wenn sie neunhundertfünfundneunzig Millionen wären und ich ganz allein, sie hätten trotzdem Unrecht, Lola, und ich habe Recht, denn ich bin der Einzige, der weiß, was ich will: Ich will nicht sterben.«

Jean Giono in *Die große Herde* (1931) und Roger Vercel in *Capitaine Conan* (1934) zufolge ist das Kriegstrauma womöglich permanenter Bestandteil des menschlichen Daseins. Am äußersten rechten Ende der Skala schildern Pierre Drieu la Rochelle in *La Comédie de Charleroi* (1934) und Louis-Ferdinand Céline in *Reise ans Ende der Nacht* (1932) eher unsympathische Opfer, denen die Zeit nichts Gutes mehr zu bieten hat. Ebenso eindrucksvoll wie *Im Westen nichts Neues* betonen auch zwei große historische Rekonstruktionen des Ersten Weltkriegs, die Ende der 1930er-Jahre in Frankreich erschienen, die Tragik des Kriegs und die Opferrolle seiner Kombattanten. In zwei Bänden von Jules Romains' Romanzyklus *Die guten Willens sind*, nämlich *Vorspiel zu Verdun* und *Verdun* (beide 1938), wird Jerphanion, einem der Protagonisten, erst allmählich bewusst, wie stark seine eigene Zustimmung zum Krieg ihn selbst gezeichnet hat. Roger Martin du Gard zeichnet in *Sommer 1914* (1936) und *Epilog* (1940) den Ersten Weltkrieg als Strudel, der die Familie Thibault ins Verderben reißt.

Auch als 1939 in Europa erneut Krieg ausbricht, ist in den Augen vieler Schriftsteller die Tragödie von allen literarischen Gattungen am besten geeignet, die Erfahrungen des Grabenkriegs zu vermitteln. Die Verbindung zwischen Tragödie und Erstem Weltkrieg beschränkt sich im Übrigen keineswegs auf die Literatur: Auch Politologen, Wirtschaftswissenschaftler, Soziologen und Historiker schlagen zuweilen den gleichen Weg ein wie die Kriegsschriftsteller. Intellektuelle aller Fachrichtungen bemühen sich zu verstehen, wie die bei aller Brillanz unvollkommene europäische Kultur der *Belle Époque* innerhalb von gerade einmal vier Jahren fast vollständig ausgelöscht werden konnte. Sie tun es mit einer Mischung aus Überheblichkeit und Unverständnis zu einem Zeitpunkt, als der Preis des Kriegs in vollem Umfang zu spüren ist. Ist die Tragödie damit nun Ausdruck des »realistischen« Genres an sich geworden?

Christus erscheint
Claire Ferchaud

28. November 1916 Im Dörfchen Loublande im Departement Deux-Sèvres behauptet Claire Ferchaud, ihr sei Jesus Christus erschienen und habe ihr befohlen, Gott in Frankreich wieder zu seinem Recht zu verhelfen. Am 16. Januar 1917 schreibt die 20-Jährige an Raymond Poincaré: »Sehr geehrter Herr Präsident! Ein einfaches Mädchen aus dem Poitou erhielt vom Himmel einen Auftrag, der es in seiner Schüchternheit erzittern lässt [...] ›Der Krieg ist eine Strafe des Himmels. Gott hat seinen Platz in Frankreich verloren. [...] Geh zum Regierungschef Frankreichs und sag ihm, er soll sich mit den Königen der verbündeten Nationen zur Herz-Jesu-Basilika auf dem Montmartre begeben ... Sie sollen offiziell befehlen, das Herz Jesu auf sämtliche Fahnen aller Regimenter zu malen. Jeder Soldat soll unter dem Schutz dieses Heilszeichens stehen.‹ [...] So lautet Gottes Geheiß.«

■ Im Mittelpunkt von Claires Visionen steht das *Sacré-Cœur*, das »Heiligste Herz Jesu«, das seit dem 17. Jahrhundert verehrt wird und mit der Zeit zum Symbol des konterrevolutionären, antirepublikanischen Frankreichs wurde. 1873 entschloss man sich zum Bau einer Basilika auf dem Pariser Montmartre, die zum Zeichen der Buße nach der Niederlage Frankreichs gegen Preußen dem Herzen Jesu geweiht wurde. Doch durch die gesetzliche Verankerung des Laizismus und die Trennung von Kirche und Staat hatte sich die »älteste Tochter der Kirche« – Frankreich – seither Gott entfremdet. Der Weltkrieg bietet insofern Gelegenheit zu einem doppelten Kreuzzug gegen den deutschen Eindringling und für die spirituelle Rückeroberung des Landes. Die Bischöfe geben sich allerdings zurückhaltend, denn auf dem politischen Parkett versucht Kardinal Amette als Erzbischof von Paris nach Kräften, nicht mit der kleinen Minderheit von Erzkatholiken alten Schlages in Verbindung gebracht zu werden. »Ich glaube gern, dass dieses junge Mädchen es

Linke Seite
Der Herz-Jesu-Kult, auf dem
Claire Ferchauds Visionen
1916 basieren, erlebt in
Frankreich während des Ersten
Weltkriegs vor allem unter
strenggläubigen Katholiken
alten Schlages eine Renaissance. Für die Soldaten, die
das Symbol im Knopfloch oder
auf Wimpeln an ihrem Képi
trugen, war das *Sacré-Cœur*
Inbegriff der Hoffnung auf
einen siegreichen Kreuzzug
gegen die deutschen Invasoren und die spirituelle Rückeroberung der Republik.
Französische Kämpfer werden
damit ebenso wie die Nation
als Ganzes zu *Milites Christi* –
Soldaten Christi.

Links
Gottesdienste sind an der
Front oft Augenblicke besonderer Innigkeit. So auch diese
Beisetzung eines Gefallenen
1917 bei Verdun. Seine versammelten Kameraden erweisen dem Leichnam am Grab
barhäuptig die letzte Ehre. Bis
über den Tod hinaus bilden
die Frontkämpfer eine Ge-
meinschaft, deren kollektive
Erfahrungen Tote und Überlebende vereint.

An der Spitze eines russischen Regiments, neben dem Fahnenträger, steht ein orthodoxer Feldgeistlicher. Seinen Brustbeutel, der alles Nötige für die Letzte Ölung enthält, hat er stets bei sich. Sein Regiment wird am 4. Oktober 1914 bei Opatau aufgerieben, als es den Vorstoß von sieben deutschen Divisionen stoppt. Er selbst gehört zu den Gefallenen. In allen Lagern stehen Feldgeistliche den Kombattanten sehr nahe und halten vor allem vor Fronteinsätzen Bitt- und Dankgottesdienste ab.

ehrlich meint, doch ist es etwas schwärmerisch und hat sich vielleicht etwas einreden lassen«, schreibt er. Raymond Poincaré gewährt Claire Ferchaud im März 1917 ein kurzes Treffen, das er jedoch nicht einmal in seinen Memoiren erwähnt.

Von Januar 1917 bis Juni 1918 drängen sich an die 200 000 Pilger in Claires Dorf. Manche bringen Fotos ihrer Angehörigen an der Front mit und stellen sie in der kleinen Kirche von Loublande auf, als könnten sie ihnen so spirituell in den Schützengräben beistehen. Politisch steht diese Haltung in krassem Widerspruch zur *Union sacrée*, die Frankreich in dieser Zeit offiziell praktiziert. Ab Frühjahr 1917 nehmen Claire Ferchauds Visionen eine zunehmend antirepublikanische Färbung an; sie prophezeit sogar den Verrat Frankreichs durch innere Feinde wie Freimaurer, Radikale und Sozialisten.

Das Vaterland unter Gottes Schutz

Dabei ist dies nicht das erste Mal seit Kriegsbeginn, dass französische Katholiken Gott um Schutz für ihr Vaterland bitten. »In der großen Schlacht an der Marne, die zwischen Mariä Geburt und Mariä Namen stattfand, hatten wir zu unserer Linken die Heilige Genoveva, in unserer Mitte den Heiligen Remigius und zu unserer Rechten Jeanne d'Arc«, schrieb schon Paul Claudel. In allen kriegführenden Staaten schließen sich die Konfessionen im Zuge des »Burgfriedens« dem Kampf an. In Frankreich mit seinen oft hitzigen Debatten über die Frage des Laizismus kehrt die katholische Kirche auf die politische Bühne zurück; auch unter Protestanten und Juden kommt es zu einer

Links und unten
Dass viele Feldgeistliche selbst in den vordersten Linien standen, bezeugen zahlreiche Sakralobjekte für die Spendung der Sakramente wie dieser Tragaltar mit Kelch, Patene und Behältern für die Hostien und das heilige Salböl. Das

ungewöhnlich kleine Kreuz ist ein schönes Beispiel für Kunsthandwerk aus dem Schützengraben: Soldaten fertigten es aus Gewehrkugeln und einer Hülse; eine Helmspitze dient als Standfuß.

beispiellosen Welle patriotischer Frömmigkeit, die Maurice Barrès in seinem 1917 erschienenen Lobgesang auf die *Union sacrée* erfreut zur Kenntnis nimmt.

Die anglikanische Kirche Englands und die orthodoxe Kirche Russlands unterstehen jeweils den Monarchen und verherrlichen dementsprechend die moralische Heldenhaftigkeit des von ihnen geführten Kriegs. In Deutschland ereifert sich die »*Kriegstheologie*« über den Niedergang der anderen europäischen Länder; die Bischöfe deuten in ihren Hirtenbriefen den Krieg aus eschatologischer Sicht: »*Gott strafe England!*« Auf der einen Seite stehen die Regimenter mit den geweihten Fahnen, den Ikonen, die man die Soldaten küssen lässt, und auf der anderen Plakate, auf denen England in Gestalt des Heiligen Georg den »Drachen« Deutschland tötet, oder eine Germania aus Porzellan, die engelgleich einen knienden deutschen Soldaten beschützt. Weibliche Figuren wie die Heilige Therese von Lisieux oder die Jungfrau von Orléans, die von den Poilus ebenso verehrt wurden wie vom amerikanischen Expeditionskorps, präsentiert man den Kombattanten als Vorbilder, als geschlechterübergreifende Sinnbilder für Mut und Opfergeist.

Religion als Nothelferin

In den Schützengräben kümmern sich mehr Feldgeistliche um die Soldaten als in irgendeinem Krieg davor. Fast 4500 katholische Priester und 13 000 Seminaristen sterben im Dienst des französischen Militärs. Während manche Kombattanten mit Religion nichts im Sinn haben oder das Kriegsgemetzel als Beweis dafür sehen, dass es keinen Gott gibt, erleben andere gerade den Krieg als Chance für eine spirituelle Erleuchtung, eine persönliche Erweckung, die manchmal zum kollektiven Kreuzzug gegen den Feind verklärt wird.

Über die Unterschiede zwischen den Konfessionen und persönlichen Bedürfnisse hinaus ist die Frömmigkeit im Ersten Weltkrieg primär durch das unmittelbare Erlebnis von Lebensgefahr und Todesangst geprägt. Unter dem Begriff »Blitzableiter-Religion« fasst die Historikerin Annette Becker Praktiken zusammen, die den Tod beschwichtigen oder möglichst vertreiben sollen. Viele protestantische US-Soldaten haben ständig eine Bibel bei sich, andere tragen Heiligenbilder oder schützende Amulette und Talismane. In Frankreich, wo sich Muttergotteswallfahrten schon seit dem 19. Jahrhundert großer Beliebtheit erfreuen, sind Marienmedaillons sehr gefragt. Vor allem »wundertätige« Medaillen zur Erinnerung an die Marienerscheinung der Ordensschwester Catherine Labouré von 1830 werden in großer Zahl an die Front geschickt. »Lieber Bruder, während ich Dir diese Zeilen schreibe, packt Mama Dir ein Päckchen«, heißt es in einem Feldpostbrief an einen französischen Soldaten. »Das Medaillon mit dem Heiligen Antonius und auch das andere musst Du tragen, denn Mama trennt sich davon nur, um sie Dir zu geben. Leg sie an, sie werden Dir Glück bringen.« Manchmal sind es auch von den Soldaten selbst gemachte Gegenstände, die sie in der Schlacht beschützen sollen. So ließ beispielsweise der britische Soldat Vincent Sabini nach seiner Verwundung 1917 im Sektor Messines aus der Kugel, die man aus seinem Bein geschnitten hatte, ein kleines Kreuz anfertigen, das er bis zu seinem Tod 1981 mit 90 Jahren um den Hals trug.

Im Krieg leugnen viele die Absurdität des Massensterbens und glauben an ein persönlich vorbestimmtes Schicksal, sei es die »vorbestimmte« Kugel oder Granate oder die Vorahnung des eigenen Todes, ganz gleich wie vage sie ist. Schon eine plötzliche Abkommandierung, der unerwartete Weggang eines Kameraden, die Ankunft eines Unbekannten in der Primärgruppe der Kämpfer werden als böses Omen aufgefasst. Die Vorstellung, dass der Tod nicht zufällig zuschlägt, ist letztlich der Versuch, ihm einen Sinn zu verleihen. »Die Religion selbst in einem ihrer grundlegenden Aspekte wird zu einem Heilmittel gegen den plötzlichen Tod und den blutigen Tod gemacht«, entrüstet sich der Geistliche Charles Calippe über das, was in seinen Augen ein neuer Aberglauben auf Kosten des wahren Glaubens ist.

Gebete überwinden die Entfernung zwischen Front und Heimat

Die Frömmigkeit der Soldaten beschränkt sich allerdings nicht auf Bemühungen, das Schicksal günstig zu stimmen. Für die fern der Heimat im Feld stehenden Soldaten ebenso wie für ihre Familien ist die Religion ein starkes Bindeglied zwischen Front und Zuhause, Kämpfenden und Zivilisten, Lebenden und Toten. Verbunden durch das Dogma der Gemeinschaft der Heiligen, empfinden sich Katholiken und orthodoxe Christen als Glieder des mystischen Leibs Christi, der alle Getauften über den Tod hinaus vereint. Für sehr viele Soldaten ist die Totenehrung wichtiger Teil ihrer Spiritualität, und an Gedenktagen wie Allerheiligen und Allerseelen sind die Messen besonders gut besucht. Für alle Konfessionen ist das Gebet eine Chance, räumliche und zeitliche Distanz vorübergehend aufzuheben. Die Kirchenwände füllen sich mit Votivgaben, die den Schutz eines Heiligen oder der Muttergottes erbitten – ihr fühlen sich viele Gläubige auf ihrem persönlichen Kreuzweg besonders verbunden: »Gestatten Sie der Mutter, ihren kleinen Soldaten von 24 Jahren Ihren Gebeten an die Muttergottes von la Salette zu empfehlen«, lautet eine Inschrift von 1916. »Ich füge sein Foto bei. Die Muttergottes wird ihn sicher wiedererkennen. Vor sechs Jahren hat sie ihn oben auf ihrem Berg beten gesehen.«

Dem Leid einen Sinn geben

Hand in Hand geht die Frömmigkeit auch mit der Erfahrung des Leids, das die Kämpfenden selbst trifft oder das sie anderen zufügen. Beide Varianten bilden eine entsetzliche Realität, an der selbst ein starker Glaube leicht zerbrechen kann. Auf den Schlachtfeldern des Ersten Weltkriegs geht es nicht mehr um einen »schönen«, sprich leichten Tod, sondern um zerfetzte Leichname und grauenhafte Todeskämpfe. Der 1913 konvertierte Jacques Rivière erlebt diese Art des Sterbens in den ersten Kriegsmonaten, bevor er 1915 in Gefangenschaft kommt: »Nachts kamen die langgezogenen, klagenden Schreie von der Ebene herüber, in so regelmäßigen Abständen, dass ich erst dachte, es seien Rufe der Wachposten. Aber es waren die Verwundeten. Es war furchtbar, rings um mich in der Dunkelheit dieses riesige Feld der Qualen zu spüren, dem die Stunden diese Fülle an Schreien entrissen.« Um all diesem Schmerz einen Sinn zu geben, stellen sich manche Soldaten oder trauernden Zivilisten den Krieg als eine Art Kreuzweg vor, der ihre Leiden denen Christi annähert; kollektiv ist es eine Chance auf Erlösung. »Die Zeit der großen Buße ist gekommen«, schreibt der Abbé Thellier de Poncheville. Der bekannte nonkonformistische Katholik Léon Bloy empört sich: »Die Profis des frömmelnden Journalismus wollen ihnen mit aller Gewalt die Tore zum Paradies der Märtyrer aufstoßen. Glaubte man ihnen, hätte jeder einzelne sein Leben aus Liebe zu Gott geopfert, in übernatürlicher Loslösung von jeder irdischen Regung. [...] Ach! Wahrhaftig, die armen Soldaten, die verlassen auf ihrem Bett aus gefrorenem Schlamm liegen, der ihr Leichentuch sein wird!«

Unten
Die als Massenware aus Blech ausgestanzten Soldatenfigürchen sind italienische Votivbilder, die man in Kirchen und Kapellen stiftete, um die Soldaten unter göttlichen Schutz zu stellen. Von links nach rechts erkennt man einen Alpenjäger, einen Elitekämpfer, einen Infanteristen und einen Matrosen.

Durch seine Grausamkeit erschüttert der Krieg gerade die etablierten religiösen Praktiken. In einer Gesellschaft, in der man üblicherweise zu Hause im Kreise seiner Liebsten starb, die auch die Totenwache hielten, sind die Soldaten verstörender Einsamkeit ausgeliefert. Wenn die Feldgeistlichen nicht früh genug eintreffen, bleibt ihnen in der Hitze des Gefechts oft selbst die Tröstung der Sterbesakramente versagt. Wie der Historiker Guillaume Cuchet nachwies, bleibt in dieser Krise des christlichen Sterbens vor allem der Glaube an das Fegefeuer auf der Strecke, der im Jahrhundert davor in Europa eine der wichtigsten Säulen des katholischen Volksglaubens gebildet hatte. Nun besteht kein Anlass mehr, die Wartezeit der Seelen bis zum versprochenen Eingang ins Paradies zu verkürzen – haben die Gefallenen nicht schon die Hölle auf Erden erlebt?

Der bekannte französische Theologe Pierre Teilhard de Chardin, der im Krieg Sanitäter war, ging 1919 noch weiter: »Die von uns erhoffte Antwort auf die Zumutung der erlittenen Übel kann nicht die Vollkommenheit des zukünftigen Lebens sein, sondern allein die ständige, spürbare Besserung hier unten auf Erden.«

Rechts
Auf dem Buntglasfenster in der Kirche Saint-Martial in Limoges von 1918 (links) erscheint die Jungfrau Maria einem sterbenden Soldaten. Als die Frömmigkeit nach dem Krieg unter dem Eindruck der Gewalt schwindet, ist die Kirche bemüht, sie unter anderem mit Darstellungen eines »christlichen« Sterbens wie dieser Marienerscheinung wiederzubeleben.
Rechts handgeschnitzte Holzfigur eines betenden deutschen Landsers.

Industrielle Mobilmachung an der Heimatfront

5. Dezember 1916 »Das ganze deutsche Volk darf nur im Dienste des Vaterlandes leben«, bekräftigt Hindenburg, als er im September 1916 von Reichskanzler Bethmann Hollweg die Umsetzung eines gewaltigen Rüstungsprogramms fordert, verbunden mit der Einführung der Arbeitspflicht für die gesamte Bevölkerung. Das »Hindenburg-Programm« sieht die »totale Mobilisierung« und Militarisierung der deutschen Wirtschaft vor, doch das am 5. Dezember 1916 verabschiedete Hilfsdienstgesetz bleibt weit hinter seinen Forderungen zurück. Die zunehmenden Spannungen untergraben die Effizienz der industriellen Mobilmachung in Deutschland.

■ Nach den enormen Verlusten in Verdun und an der Somme fehlt es Deutschland an Soldaten: Um den Krieg im Frühjahr 1917 fortsetzen zu können, braucht es erheblich mehr Nachschub an Waffen und Munition, und das erfordert eine Steigerung der Rüstungsproduktion. Die Produktionsmengen an Artilleriegeschützen und Maschinengewehren müssen verdreifacht und die an Schießpulver von 6000 auf 12 000 Tonnen pro Monat verdoppelt werden. Da dieser Umfang die Befugnisse der Obersten Heeresleitung übersteigt, fordert Hindenburg Maßnahmen, die eine lückenlose Mobilmachung sämtlicher Wehrfähigen und Arbeitskräfte ermöglichen. Die Altersgrenze für den Wehrdienst soll von 45 auf 50 erhöht werden und jeder Jugendliche ab 16 Jahren eine Grundausbildung absolvieren. Arbeitskräfte in nicht kriegswichtigen Sektoren sollen

Vorangehende Seite
Im August 1914 ruft der
preußische Kriegsminister
mit Plakaten wie diesem
die Bevölkerung auf, das für
die Rüstungsindustrie wertvolle Altmetall abzuliefern:
»Gebt es heraus, das Heer
braucht es!«

zwangsweise den Rüstungsbetrieben überstellt, die Hochschulen geschlossen und die Frauen zur Arbeit verpflichtet werden: »Es gibt ungezählte Tausende von kinderlosen Kriegerfrauen, die nur dem Staat Geld kosten«, schreibt Hindenburg an Bethmann Hollweg. »Ebenso laufen Tausende Frauen und Mädchen herum, die nichts tun oder höchst unnützen Berufen nachgehen. Der Grundsatz ›Wer nicht arbeitet, soll auch nicht essen‹ ist in unserer jetzigen Lage mehr denn je berechtigt, auch den Frauen gegenüber.«

Die Regierung lehnt die Forderungen aus Sorge um die Freiheit der Wirtschaft und die Stimmung im Volk ab. Nach langwierigen Verhandlungen und Reichstagsdebatten wird schließlich als Kompromiss das »Gesetz über den vaterländischen Hilfsdienst« verabschiedet, das allerdings weit hinter den Forderungen der OHL zurückbleibt: Es gilt nur für Männer von 17 bis 60 Jahren; auf die Arbeitspflicht für Frauen wird verzichtet, weil die Regierung die Folgen einer so drastischen Maßnahme fürchtet. Die Gewerkschaften erwirken die Bildung einflussreicher Arbeiterausschüsse in allen Betrieben mit mehr als 50 Mitarbeitern. Im Herbst beginnt man mit dem Bau neuer Fabriken, von denen jedoch viele wegen Rohstoffmangels nie fertiggestellt werden. Die Umsetzung des »Hindenburg-Programms« verschärft die Krise im Transportwesen und die Kohlenknappheit und behindert damit generell die Wirtschaftsabläufe. Die festgelegten Ziele werden nicht erreicht, im Gegenteil: Die Produktion ist sogar rückläufig. Da auch der Arbeitskräftemangel nicht behoben wird, beschäftigt man vor allem im Ruhrgebiet verschleppte belgische und polnische Zivilisten als Zwangsarbeiter.

Auf einen langen Krieg nicht eingestellt

Die Möglichkeit eines langen Krieges war zwar durchaus erkannt worden (von Lord Kitchener bereits 1909 nach dem Ende des Burenkriegs), doch hielt man sie für abwegig – zum einen wegen des Primats der Offensive, zum anderen aber auch, weil die komplexen Wirtschaftsgefüge der beteiligten Staaten eine Mobilmachung auf Dauer ausschlossen. Eine wirtschaftliche Mobilisierung war deshalb allseits ausgeklammert worden, was angesichts der engen Verknüpfung zwischen dem kriegsbedingten Wandel und den technischen Errungenschaften paradox wirkt. Das gilt vor allem für industrielle Neuentwicklungen und Fertigungsmethoden, etwa die Normierung der Rüstungsproduktion, die Massenfertigung und der Ausbau des Eisenbahnnetzes für den Transport von Ausrüstung und Truppen. Noch am Vorabend des Kriegs ist man sich sicher, die in Friedenszeiten angelegten Vorräte und die Produktion der staatlichen Arsenale würden ausreichen, um die Truppen im Feld zu versorgen. Als im Sommer 1914 die Fabrikarbeiter eingezogen werden, auch diejenigen der Rüstungsbetriebe, sinkt der Ausstoß der Fabriken ganz erheblich. Der akute Munitionsmangel bei allen Streitkräften macht ab Herbst deutlich, dass die wirtschaftliche Mobilmachung eine immense strategische Rolle spielt: Der Ausgang des Kriegs hängt ganz offensichtlich davon ab, wie effektiv sich die Produktionsbetriebe und Gesellschaften auf die Steigerung der Waffen- und Nahrungsmittelproduktion einstellen.

Staatliche Eingriffe

Als einer der Ersten in Deutschland erkennt Walther Rathenau, bis dahin Aufsichtsratsvorsitzender der AEG, den Stellenwert der Kriegswirtschaft. Am 13. August 1914 wirkt er an der Gründung der »Kriegsrohstoffabteilung« mit. Sie koordiniert die Maßnahmen gegen die Folgen

Rechte Seite
Schon im Herbst 1914 man-
gelt es allen kriegführenden
Staaten an Munition, da
keiner von ihnen den wahren
Bedarf vorausgesehen hat.
Die Regierungen verlangen
von der Großindustrie vor
allem im Hüttenwesen die
Mitwirkung am Aufbau einer
leistungsfähigen Rüstungsindustrie (oben die Rüstungsbetriebe der Essener Krupp-
Werke; darunter Bearbeitung
großkalibriger Artillerie-
geschosse in einem Betrieb
in Le Creusot).

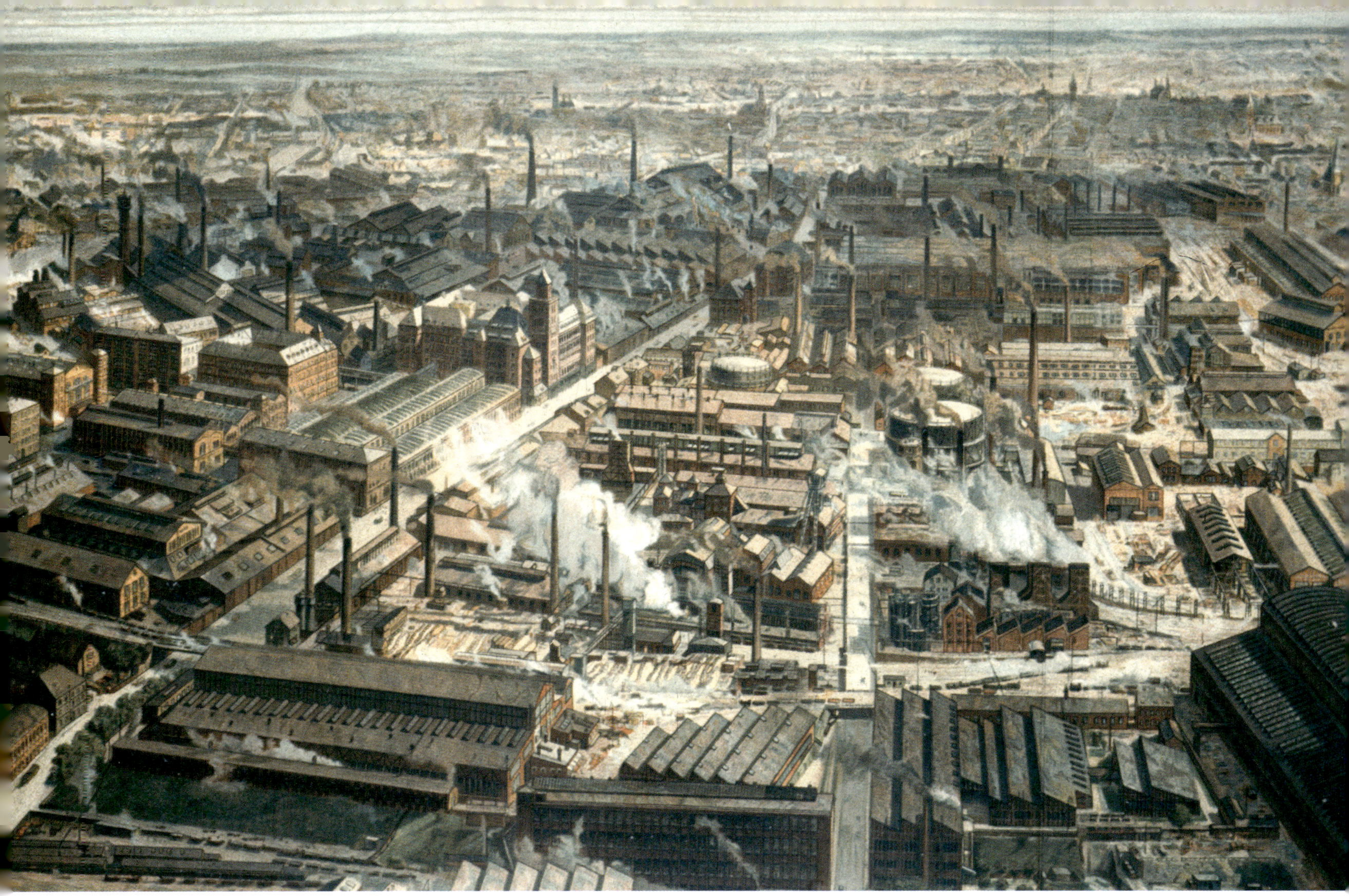

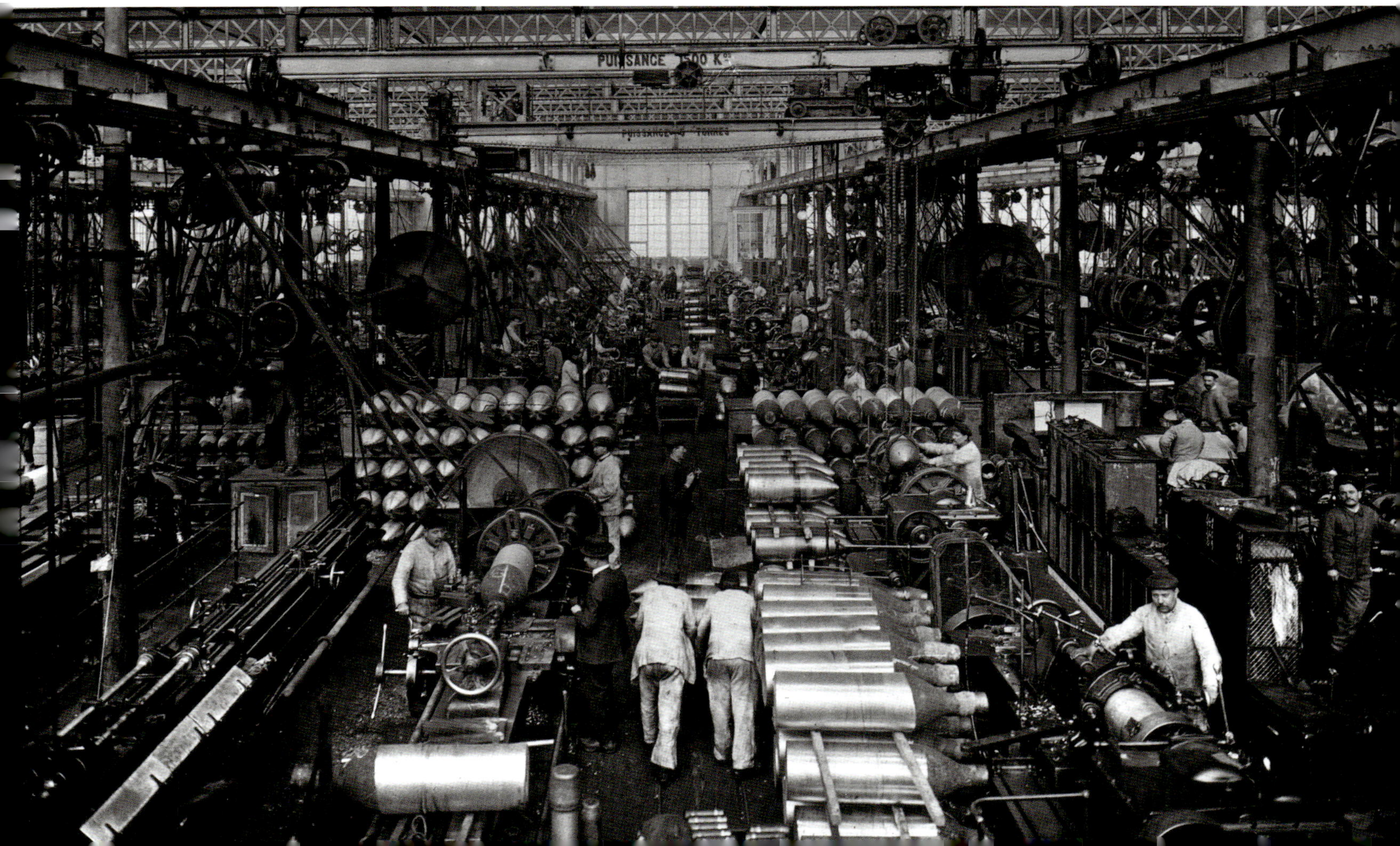
PUISSANCE
PUISSANCE
TONNES

der Seeblockade von Bestandserstellungen über Beschlagnahmen und Enteignungen bis zu Auslandsankäufen. Die für die nationale Verteidigung tätigen Unternehmen schließen sich zu »Kriegsgesellschaften« zusammen. Am 3. September 1914 entsteht beispielsweise aus 22 Großunternehmen die »Kriegsmetall AG« mit einem Grundkapital von sechs Millionen Reichsmark. Die vor allem im Bergbau und in der Stahlindustrie einflussreichen Konsortien spielen dabei eine herausragende Rolle. Das spielt vor allem der Großindustrie in die Hände: Ihre Gewinne weisen astronomische Zuwächse auf, während sich der Trend zur Konzentration weiter zuspitzt. Dem Staat fehlt dadurch die Kontrolle, namentlich über die Preise der produzierten Güter.

Im Herbst 1914 wird das Industriezentrum Frankreichs teils zum Schlachtfeld, teils zum feindlich besetzten Gebiet. Dem Staat fehlen dadurch die Hälfte seiner Kohlenförderung und ein wesentlicher Teil der Stahlproduktion. Am 20. September 1914 fordert die Regierung die wichtigsten Unternehmer zur industriellen Mobilmachung auf. Auf Druck des *Comité des forges* formiert sich die Privatindustrie daraufhin zu Produktionsgruppen, d. h., unter der Federführung eines in der Branche führenden Betriebs schließen sich jeweils mehrere Unternehmen zu einem Verband zusammen.

Das Problem Großbritanniens ist demgegenüber die Ausrüstung einer massiv wachsenden Streitmacht, denn 1915 vergrößert sich das Expeditionskorps um satte 320

Prozent – eine gigantische Herausforderung, selbst für ein Land, das seit Langem in der industriellen Produktion die Nummer eins ist. Lloyd George holt »Männer mit Kraft und Willen« aus Industrie und Handel in sein Rüstungsministerium. Das Gesetz vom 15. Juli 1915 räumt der britischen Regierung weitreichende Befugnisse ein und ermöglicht die Gründung von über 50 »Nationalfabriken«, die im ganzen Land verstreut Granaten, Schießpulver, Faustfeuerwaffen, Zeppeline und chemische Kampfstoffe herstellen.

Die strategische Bedeutung der Arbeitskräfte

Voraussetzung für die effektive Mobilmachung der Industrie ist mehr und mehr die Beschaffung von Arbeitskräften. Schon früh setzt sich die Vorstellung durch, dass der Krieg nicht nur in den Schützengräben gewonnen werden muss, sondern auch an der »Heimatfront«, sprich: in den Fabriken. Bis Mitte 1915 melden sich in Großbritannien so viele Männer freiwillig zum Militär, dass die Belegschaften in den Zechen um 21 Prozent, in der Stahlindustrie um 18 Prozent und in der chemischen Industrie um 24 Prozent sinken. In Frankreich verteidigt Senator Charles Hum-

bert in der Armeekommission vehement die Notwendigkeit einer intensiven Mobilmachung der Industrie. Im Mai 1915 schreibt er in der Zeitung Le *Journal*: »Das Schlachtfeld ist direkt und zeitgleich an jede chemische und metallurgische Fabrik dieses Landes gekoppelt: Der Ausgang des Krieges hängt nicht allein von der Seelenstärke der Kämpfer ab, sondern von der intensiven Produktion von Gewehren, Kanonen und Munition, die unablässig in die Frontzone geliefert werden. [...] Kein Ingenieur, kein Chemiker, kein gesunder Arbeiter darf sich von dieser unverzichtbaren Aufgabe ablenken lassen. Dort, an den Hochöfen, an den Werkzeugmaschinen, ist der Platz der Techniker – sicherlich nicht so schön wie an der Front, aber genauso notwendig, genauso nützlich für das Wohl des Vaterlands.«

In Frankreich gestattet es ein 1915 verabschiedetes Gesetz (»*Loi Dalbiez*«), die Eingezogenen in Fabriken abzukommandieren, sodass den kriegswichtigen Branchen 500000 Arbeiter zur Verfügung stehen, ergänzt durch ausländische Arbeitskräfte, darunter fast eine halbe Million Spanier, Nordafrikaner und sogar Chinesen. Von 1914 bis 1918 steigt die Zahl der in den Rüs-

Oben
Arbeitskräfte werden rasch zum zentralen Problem. Der wichtigste Lösungsansatz ist die Mobilmachung der Frauen, die auch in bisher »männliche« Berufe vorstoßen (auf dem Foto Frauen in der Werkskleidung eines Rüstungsbetriebs). Joffre verkündet sogar: »Würden die Frauen in den Fabriken auch nur für 20 Minuten die Arbeit niederlegen, verlören die Alliierten den Krieg!«

tungsbetrieben Beschäftigten von 50 000 auf 1,6 Millionen; Automobilbranche, chemische Industrie und Luftfahrt verzeichnen in Frankreich einen spektakulären Aufschwung. Bei Renault wächst die Belegschaft von 5000 auf 21 000; der Fahrrad- und Autohersteller Peugeot steigt in die Produktion von Granaten und Panzermotoren ein. In Toulouse gründet Pierre-Georges Latécoère 1917 die *Société industrielle d'aviation* und baut Flugzeuge: Der erste Salmson-Doppeldecker verlässt das Werk am 5. Mai 1918, bis November 1918 liefert es fast 800 Maschinen aus. Latécoères Fabriken geben den Startschuss für eine blühende Luftfahrtindustrie in der »rosaroten Stadt« Toulouse. Zwei Industriegebiete spielen künftig die Hauptrolle im Land: der Großraum Paris und das Kohlenbecken um Saint-Étienne im Departement Loire, wo sich die Einwohnerzahlen bald verdoppeln. Der Anteil weiblicher Arbeitskräfte an der erwerbstätigen Bevölkerung steigt überall steil an, in Großbritannien von 24 auf 38 Prozent, in Frankreich von 38 auf 46 Prozent. Frauen erobern nun auch traditionelle Männerberufe, vor allem im Hüttenwesen. 1918 arbeiten in französischen Munitionsfabriken 420 000 »*munitionnettes*«, in Großbritannien sogar knapp eine Million. Im Zuge dieser Entwicklung wandeln sich auch die Produktionsabläufe, und mit zunehmender Arbeitsteilung und Mechanisierung werden Kleinbetriebe von den großen Fabriken verdrängt.

Die wirtschaftliche Vormachtstellung der Entente

Der Historiker, Sozialist und Jaurès-Freund Albert Thomas spielt bei der Organisation der französischen Kriegsproduktion eine entscheidende Rolle. Als Unterstaatssekretär ab Mai 1915 zuständig für Artillerie und Rüstungsangelegenheiten und ab Dezember 1916 Rüstungsminister, holt er seine Mitarbeiter aus den erlauchten Kreisen der École normale supérieure, allen voran den Wirtschaftsexperten François Simiand und den Soziologen Maurice Halbwachs. Sein Modell einer »Kollektivwirtschaft« basiert auf der engen Zusammenarbeit zwischen Industrie, Armee und Regierung. Da es keine systematischen Requisitionen gibt, bleibt den Unternehmen viel Handlungsspielraum, dafür legt der Staat jedoch die Produktionsprogramme fest und behält sich die Lenkung der Preise vor. Bei Kriegsende kann der Staat dank seines Einflusses auf die Rohstoffbeschaffung und dank der Transportkrise seine Kontrolle untermauern. Die Steigerung der Rüstungsproduktion beweist, wie effizient dieses System funktioniert: 1918 fertigen französische Betriebe monatlich 1000 Geschütze sowie täglich 260 000 Granaten und sechs Millionen Patronen.

Im Vergleich dazu verdeutlicht das Scheitern des Hindenburg-Programms die Probleme Deutschlands: Die Vormachtstellung der Heeresleitung und der Großindustriellen, aber auch die chaotische Bürokratie verschlimmern die Schieflage noch, während der Produktionsapparat nicht mehr in der Lage ist, auch nur den Bedarf der Bevölkerung zu decken. Die Entente-Staaten sind in dieser Beziehung klar überlegen: In Großbritannien wird die industrielle und finanzielle Machtposition von einem riesigen Kolonialreich getragen und ab 1917 von der aufstrebenden Industriemacht USA massiv unterstützt. Diese Vorteile werden im Rahmen einer regen Wirtschaftskooperation zwischen den Alliierten und der engeren Verknüpfung zwischen Staat und Unternehmen gründlich ausgeschöpft. Den Kriegsanstrengungen, die einen nachhaltigen industriellen Strukturwandel in den kriegsbeteiligten Ländern bedingten, waren die Entente-Staaten alles in allem letztlich besser gewachsen.

Der uneingeschränkte U-Boot-Krieg beginnt

30. Januar 1917 Das Kaiserreich schickt der US-Regierung folgende Note: »Nachdem der Versuch zur Verständigung von den Gegnern mit verschärfter Kampfansage beantwortet worden ist, muss die Kaiserliche Regierung, wenn sie in höherem Sinne der Menschheit dienen und sich an den eigenen Volksgenossen nicht versündigen will, den ihr von neuem ausgedrungenen Kampf ums Dasein nunmehr unter vollem Einsatz aller Waffen fortführen. [...] Im Vertrauen darauf, dass das amerikanische Volk und seine Regierung sich den Gründen dieses Entschlusses und seiner Notwendigkeit nicht verschließen werden, hofft die Kaiserliche Regierung, dass die Vereinigten Staaten die neue Sachlage von der hohen Warte der Unparteilichkeit würdigen und auch an ihrem Teil mithelfen werden, weiteres Elend und vermeidbare Opfer an Menschenleben zu verhüten.« Wenige Tage später versenken deutsche U-Boote ohne Vorwarnung vier amerikanische Dampfer und Passagierschiffe; 70 Mann Besatzung kommen dabei um. Auf die Gefahr hin, die USA zum Kriegseintritt zu provozieren, nimmt Deutschland den uneingeschränkten U-Boot-Krieg auf.

■ Bis Kriegsbeginn ist Großbritannien unbestrittener Herrscher über die Weltmeere. Seit 1889 ist im Marinegesetz die Maxime des »Zweimächtestandards« (*Two-Power Standard*) festgeschrieben, demzufolge die britische Flotte immer um 10 Prozent größer als die beiden nächstgroßen Flotten anderer Länder sein sollte. Deutschland schafft jedoch mit aller Macht die Grundlagen für eine moderne Kriegsmarine, allerdings nicht unbedingt, um mit England mithalten zu können, sondern zur Abschreckung. Zu dieser Zeit schwärmen die meisten Großmächte für die Kriegsmarine. Großbritannien, rasch gefolgt von Deutschland, Frankreich und Österreich-Ungarn, baut einen völlig neuartigen Panzerkreuzer, genannt *Dreadnought* (»Fürchtenichts«), einen Koloss mit zehn

Voorangehende Seite
In der ersten Hälfte des Jahres 1917 standen die Deutschen auf dem Höhepunkt ihrer Beherrschung der Meere. Von den 130 bis 140 aktiven U-Booten bildeten rund 50 die fünf Flottillen der Hochseeflotte, die übrigen gehörten zur Flandern-Flottille (35), der im Mittelmeer und in der Adria operierenden ·Flottille (25) und der Marineeinheit im Baltikum (2). Insgesamt rund 60 Boote waren jeweils im Meer unterwegs. Luftaufnahme eines Unterseeboots mit 15-cm-Kanone im Jahr 1917.

Rechte Seite
Die Erfolge der deutschen U-Boote im Herbst 1914 (etwa die spektakuläre Zerstörung dreier Panzerkreuzer) und vor allem die Verminung der Einfahrt zum Ärmelkanal durch die Briten veranlassen die Deutschen im Januar 1915, 25 weitere U-Boote in Auftrag zu geben. Im folgenden Jahr kommen 152 dazu, von denen 111 einsatzbereit sind. Oben links ein deutsches U-Boot 1914 beim Torpedieren eines feindlichen Schiffs. Rechts eine deutsche Seemine des Typs, wie er von Untersee-Minenlegern ausgebracht wurde: Oben erkennt man die Kontaktzünder, die beim Aufprall auf ein Hindernis den Sprengsatz zündeten. Unten das Innere eines deutschen U-Boots; der Obermaschinist beim Regulieren der Geschwindigkeit.

Artilleriegeschützen und Inbegriff des Anfang des 20. Jahrhunderts grassierenden Wettrüstens. Der Deutsche Flottenverein zählt Hunderttausende Mitglieder, und Matrosenanzüge sind sogar in der Kindermode der letzte Schrei.

Seegefechte

Wie von Admiral Fisher vorhergesagt, gehen die Briten davon aus, dass der nahende Krieg mit vergleichsweise klassischen Gefechten ganzer Flottenverbände auf hoher See ausgetragen werden wird und dass sie in einigen wenigen Entscheidungsschlachten mit der deutschen Kriegsmarine kurzen Prozess machen können. Genau das propagiert auch ein 1890 erschienenes Buch mit dem Titel *Der Einfluss der Seemacht auf die Geschichte*. Autor ist Admiral Mahan, Professor an der Marinehochschule in Annapolis, USA. In Berlin hingegen entwickelt Großadmiral Alfred von Tirpitz eine ganz andere Strategie. Die in der Nordsee stationierten deutschen Schiffe sollen sich nie weit von ihrer Basis Wilhelmshaven entfernen und möglichst in deren Schutz bleiben. Auf allen anderen Meeren beschränken sie sich auf vereinzelte Operationen, etwa im Mittelmeer auf die Bombardierung der algerischen Küste am 4. August 1914 durch zwei deutsche Kreuzer, die anschließend in Konstantinopel Unterschlupf finden, oder im Indischen Ozean auf den Einsatz des Kleinen Kreuzers *Emden* als Handelsstörer. Im Pazifik verbreitet Admiral von Spee Angst und Schrecken mit der Versenkung aller alliierten Schiffe, die seinen Weg kreuzen. Am 8. Dezember 1914 wird sein »Geistergeschwader« jedoch bei den Falklandinseln von Admiral Sturdees eigens aus England abkommandierten Kreuzern so gut wie restlos vernichtet. Die britische Flotte setzt derweil zwischen Schottland und Norwegen sowie vor Dover mit Hilfe von U-Booten und Minenteppichen die Seeblockade gegen Deutschland durch.

Die übrigen kriegführenden Länder sind eher zweitrangig. Frankreich verfügt vor allem über leichtere Schiffsklassen, Russland hat sich nie vom Fiasko in der Seeschlacht gegen Japan 1905 bei Tsushima erholt und ist ohnedies von seinen Verbündeten abgeschottet, denn die Meerengen im Schwarzen Meer sind in türkischer Hand, und der Marinestützpunkt Archangelsk erstarrt in den Wintermonaten unter Eis. Die österreichisch-ungarische Flotte wiederum operiert ausschließlich im Adriatischen Meer. Erst am 31. Mai 1916 kommt es vor der dänischen Halbinsel Jütland zwischen der britischen *Grand Fleet* und Schlachtschiffen der deutschen Hochseeflotte zum wichtigsten Seegefecht des Kriegs. In der angeblich größten Seeschlacht der Geschichte, an der Dutzende gewaltiger Panzerschiffe und knapp 200 weitere Schiffe beteiligt sind, erweisen sich die Deutschen als ebenbürtiger Gegner der Briten, die über 6000 Mann verlieren. Strategisch bringt der Sieg jedoch nicht viel ein, denn die deutsche Flotte wagt sich danach nie mehr in die Nordsee. Doch auch die *Grand Fleet* muss Unzulänglichkeiten eingestehen, von Konstruktionsmängeln bis zu Schwächen bei nächtlichen Gefechten und im Fernmeldewesen.

Die Suche nach einer neuen Strategie

Allerdings hoffen die deutschen Strategen auch gar nicht auf einen Sieg zu Wasser, zumal er ohnehin aufgrund der geostrategischen Lage Deutschlands ausgeschlossen scheint und die britische Flotte sehr gut bewaffnet ist. Einen glücklichen Ausgang könne der Krieg nur mit Hilfe der U-Boote nehmen, bekräftigt Admiral Scheer, der ab 15. Januar 1916 das Kommando über die Hochseeflotte hat. Nach der dramatischen Versenkung der *Lusitania* durch deutsche U-Boote am

Rechts

Auf dieser deutschen Propa-
gandakarte vom 11. Januar
1918 stehen alle schwarzen
Markierungen für Schiffe, die
zwischen Februar 1917 und
Februar 1918 von deutschen
U-Booten versenkt wurden.
Im April und Mai 1917
verloren die Alliierten fast
900 000 BRT. Insgesamt
versenkten die Deutschen in
weniger als sechs Monaten
3,5 Millionen BRT. Nach und
nach kehrte sich der Trend
jedoch um: Während im September nur noch 350 000 BRT
versenkt wurden, stieg die
Zahl der zerstörten U-Boote
rasant. Von den knapp 350
in Dienst gestellten Booten
wurden alles in allem 178
versenkt.

7. Mai 1915 hatte die OHL den U-Boot-Krieg knapp 18 Monate lang ausgesetzt und damit nach Ansicht einiger Strategen eine einmalige Chance verspielt. In ihren Augen hätte nur der massive Einsatz von U-Booten ab 1916 entscheidende Schläge gegen die Entente ermöglicht.

Im Januar 1917 glauben jedoch weder Hindenburg noch Ludendorff noch an einen Sieg im Landkrieg. Am 12. Dezember 1916 versucht das Deut-

sche Reich, die Lage auf diplomatischer Ebene mit einem Friedensangebot zu retten, wird jedoch von den Alliierten brüsk abgewiesen, sodass die U-Boot-Waffe als einzige Chance auf einen Sieg bleibt. 1916 besitzt Deutschland 152 U-Boote – sechsmal so viele wie vorher. Dutzende weitere befinden sich im Bau. Angesichts der spürbaren Auswirkungen der Seeblockade übt das Militär Druck auf Kaiser Wilhelm II. und Reichskanzler Bethmann Hollweg aus, endlich den uneingeschränkten U-Boot-Krieg zu eröffnen. Das geschieht offiziell am 30. Januar 1917. Mit den 40 bis 50 U-Booten, die gleichzeitig eingesetzt werden können, will man neutrale Staaten aus den Meeren vertreiben und im Schnitt 600 000 BRT monatlich versenken, vorwiegend auf der Transatlantikroute. Mit solchen Zahlen will man erreichen, dass in Großbritannien Mangel herrscht, während sich die Waren in US-Häfen stapeln. Die Engländer sollen gezwungen sein, noch vor November 1917 einen Sonderfrieden zu schließen. In den ersten Wochen des uneingeschränkten U-Boot-Kriegs geht die Strategie zunächst auf: Im Februar 1917 werden 540 000 BRT versenkt, im März 578 000 BRT, im April 874 000 BRT. Deutsche U-Boote operieren auch in der Straße von Dover, wo der Schiffsverkehr besonders dicht ist. Die Regierung in London beobachtet die Entwicklung mit Sorge und zieht erstmals eine Niederlage ernsthaft in Erwägung.

Die U-Boot-Besatzungen

Der massive Einsatz von U-Booten im Ersten Weltkrieg bringt für die Besatzungen ganz neue Erfahrungen mit sich. In Küstennähe operierende Boote sind mit 14 Marinesoldaten besetzt, diejenigen auf hoher See mit 28. Die Männer sind unter kaum erträglichen Bedingungen auf engstem Raum zusammengepfercht. Der Torpedoraum, die Elektromotoren zum Manövrieren unter Wasser und die beim Fahren an der Wasseroberfläche eingesetzten Dieselmotoren lassen der Besatzung kaum Platz. Rauch und Hitze erschweren das Atmen, wirksame Belüftungssysteme fehlen. Ein deutscher Offizier gestand, er habe schnell begriffen, warum ihm sein Vorgänger an Bord empfohlen hatte, vor jeder mehr als zwölfstündigen Fahrt Opium zu nehmen.

Meist jedoch operieren U-Boote an der Wasseroberfläche und attackieren feindliche Schiffe mit Geschützen oder Sprengsätzen. Sie bewegen sich dabei in ständiger Lebensgefahr durch Minenfelder, mit denen die Briten ihre Küsten sichern. Manchmal überwiegt der Jagdeifer bei der Verfolgung des Feindes, manchmal kommen aber auch Skrupel auf, wie Martin Niemöller erzählt. Der spätere Pfarrer und prominente Hitler-Opponent ist im Ersten Weltkrieg U-Boot-Kommandant. Am 25. Januar 1917 versenkt er im Ionischen Meer einen französischen Truppentransporter. Als

Oben
Ein britisches Panzerschiff in der Seeschlacht vor dem Skagerrak (31. Mai/1. Juni 1916). Aus taktischer Sicht war der Sieg vor Jütland für die deutsche Marine ein Erfolg: Die Hochseeflotte zeigte, dass sie es mit der gefürchteten Royal Navy aufnehmen konnte. Deren Verluste sprechen für sich: drei britische Panzerkreuzer kampfunfähig geschossen, der Schlachtkreuzer *Invincible* versenkt. Erreicht wurde damit allerdings nur wenig, denn die deutsche Hochseeflotte mied fortan die Nordsee. Seltsamerweise hütete sich auch die Royal Navy vor weiteren Seeschlachten.

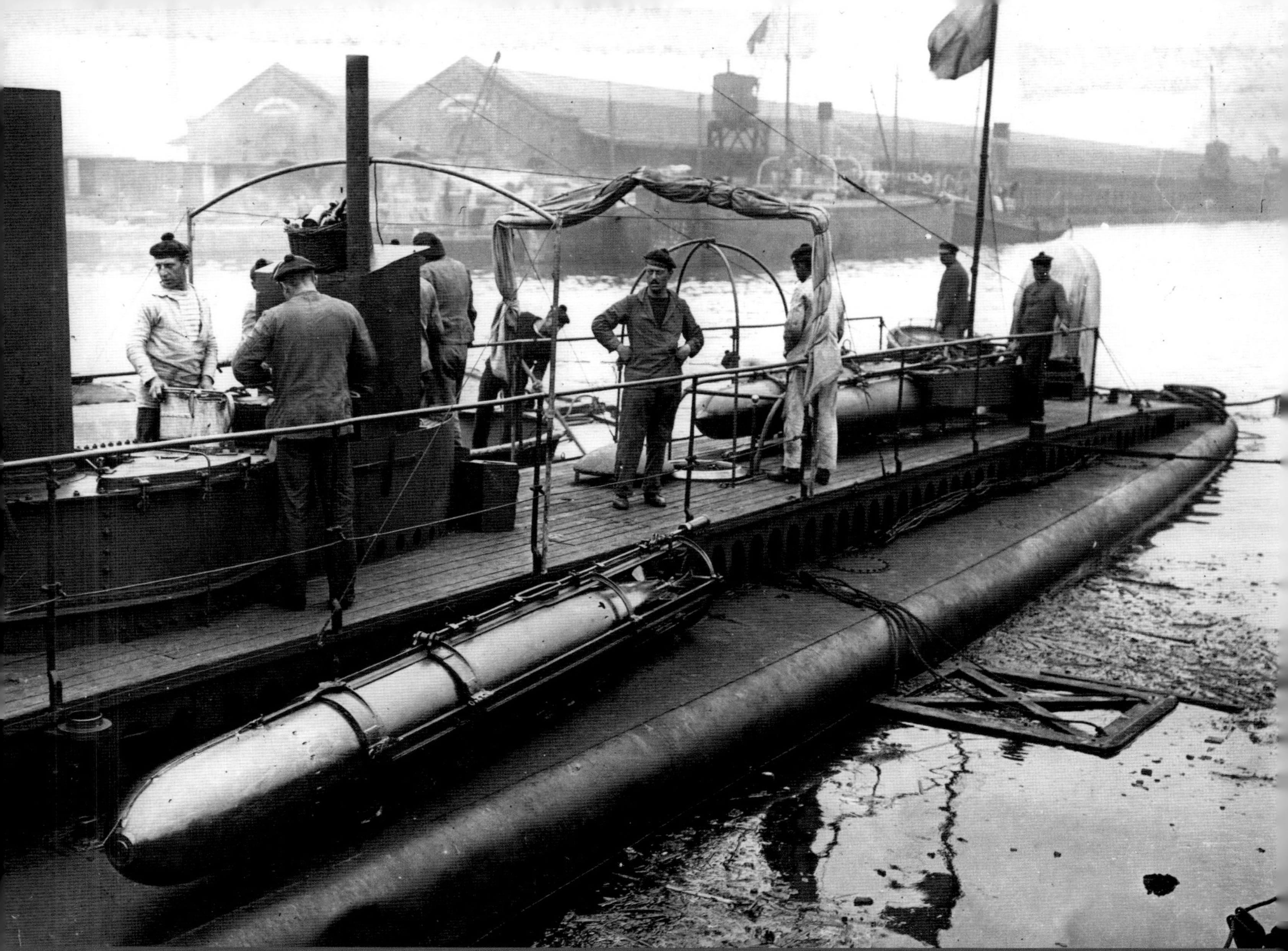

Unsere Unterseeboote im Hafen.

3091

ein Zerstörer den Überlebenden zu Hilfe kommt, entschließt sich Niemöller, auch ihn zu torpedieren. »Die Leute, die da aus dem Wasser gezogen werden, sind Soldaten, die an die Front sollen, Soldaten, die auf unsere deutschen Brüder schießen werden«, erläutert er in seinen Erinnerungen *Vom U-Boot zur Kanzel*: »Aber das sahen wir, dass es Lagen gibt, wo jede gesetzliche Moral Bankrott macht, wo keine Möglichkeit bleibt, sich ein unverletztes Gewissen zu bewahren.«

Angesichts der wachsenden Bedrohung durch U-Boote müssen die Alliierten sich zum Schutz ihrer Schiffe etwas einfallen lassen. Ende Januar 1917 kommen die ersten Konvois zustande: teilweise getarnte Handelsschiffe in Begleitung von Schlachtschiffen und Zeppelinen. Der Plan geht auf, allen Bedenken seitens des Militärs zum Trotz, das es als Schande empfindet, zur Eskorte von Zivilisten degradiert zu werden. Außerdem besitzen die Entente-Mächte mit dem Hydrophon endlich ein Instrument, das wie ein Unterwassermikrofon anhand von Motorengeräuschen U-Boote auf Tauchfahrt aufspüren kann. Sobald die U-Boote auftauchen, nehmen Luftschiffe und Wasserflugzeuge vor allem in Küstennähe die Verfolgung auf.

Nun können die Entente-Staaten ihrerseits zum Angriff übergehen. Die zur Beobachtung der U-Boote abgestellten Flugzeuge sind mit Maschinengewehren ausgerüstet; Angst und Schrecken verbreiten aber vor allem Sprengsätze, die von Schiffen abgeworfen werden und in einer vorbestimmten Tiefe explodieren. Sobald ein U-Boot ins Visier gerät, verminen die Begleitschiffe eines Konvois den ganzen Sektor. An der Oberfläche verursachen die Explosionen gewaltige Wasserfontänen. Die Seeleute unter Wasser erleben sie als beängstigende Erschütterungen, die alle Navigationsinstrumente zerschmettern und die Männer in der Kabine hin und her schleudern, bis ihnen kein anderer Ausweg mehr bleibt als weiter abzutauchen, ungeachtet der Gefahr, dass das Boot in der Tiefe unter dem Wasserdruck implodieren kann.

Die deutsche Strategie scheitert

Im Sommer 1917 geht die Zahl der versenkten Bruttoregistertonnen merklich zurück, zuletzt auf unter 300 000 BRT pro Monat. Während zunächst nur in der Nordsee Konvois eingesetzt wurden, weitet Lloyd George das Prinzip ab 10. Mai auch auf Mittelmeer und Atlantik aus. In den Werften der Alliierten werden so viele neue Schiffe gebaut, dass mehr neu in Dienst gestellt werden, als die deutschen U-Boote versenken, zumal auch deren Flotte stark dezimiert wird. Außerdem stärkt der Kriegseintritt der USA am 2. April 1917 die Seemacht der Entente. Obwohl die deutschen U-Boote nach wie vor erheblichen Schaden anrichten (1917 und 1918 versenken sie fast 9 500 000 BRT), bleiben die Erfolge hinter den strategischen Zielen zurück. Dieses Scheitern ist für die deutschen Strategen ebenso bitter wie für die Bevölkerung, denn obendrein verschärft der uneingeschränkte U-Boot-Krieg die moralische Ächtung Deutschlands vor allem durch die neutralen Staaten. Nach Einschätzung des Historikers Philippe Masson bewirkt der U-Boot-Krieg darüber hinaus einen gravierenden Wandel der alliierten Kriegsmarine. Zu Beginn des Ersten Weltkriegs waren die Flotten der Großmächte auf Seegefechte angelegt. Mit Ausnahme der Skagerrak-Schlacht (31. Mai/1. Juni 1916) fanden in diesem Krieg jedoch gar keine bedeutenden Seeschlachten statt. In den Vordergrund traten deshalb neue Schiffstypen wie Zerstörer, Patrouillenboote und Begleitschiffe, die Seetransporte sicherer machten und damit eines der Hauptprobleme der Jahre 1917/1918 lösten. Viel eher als die am Vorabend des Krieges entwickelten gigantischen Panzerkreuzer retteten sie die Alliierten vor der deutschen Bedrohung.

Linke Seite
Mit Zeitverzögerung gegenüber Deutschland baut auch die französische Marine ab 1917 Unterseeboote, aber auch eine ganze Flotte von Begleitschiffen zum Schutz gegen deutsche U-Boote, als sich die Strategie von der Offensive zur Defensive verschiebt. Unter der Meeresoberfläche behalten die Deutschen jedoch ihre Vormachtstellung noch bis 1918. Die 1914 erst zögerlich eingesetzten Prototypen werden im Laufe der vier Kriegsjahre immer ausgefeilter. Die Erhöhung der Wasserverdrängung und stärkere Motoren machen die U-Boote erheblich leistungsfähiger. Oben ein dampfbetriebenes französisches Unterseeboot 1916. Darunter vor Anker liegende deutsche U-Boote. Die Einfahrt zu den Basen war vermint und mit Stahlnetzen und Ketten versperrt.

Totengeläut für das Zarentum

27. Februar 1917 »Da waren sie: die aufgeklärte Öffentlichkeit, die Arbeiter, die Soldaten. Wir mussten die Türen öffnen, und die Massen stürmten in das Palais. Am Abend schien es uns, als hätten wir im Palais nichts mehr zu sagen, denn die übrigen Machtanwärter saßen bereits alle im ›Sowjet der Arbeiterdeputierten‹, hastig einberufen von den Parteiorganisationen, die sich bis dahin gescheut hatten, bei der Revolution eine Führungsrolle zu übernehmen. In diesem Stadium war die Zusammensetzung des Sowjets noch eher unausgegoren, denn abgesehen von den offiziellen Vertretern der Fabriken kam jeder hinein, der wollte. Gegen Abend musste der Sowjet dann bereits in ›Rat der Arbeiter- und Soldatendeputierten‹ umbenannt werden. Die Soldaten tauchten als Letzte auf, aber eigentlich waren sie es, die das Sagen hatten.«

■ So schildert Pawel Miljukow, Anführer des liberalen Flügels der Staatsduma, in seinen *Vospominanija* [Erinnerungen] die Erstürmung des Taurischen Palais am 27. Februar 1917 (nach gregor. Kal. 12. März) durch Befürworter der Sowjets in dem Moment, als die Duma eine Provisorische Regierung ins Leben ruft. Die Februarrevolution ist die Geburtsstunde einer »Doppelherrschaft« aus zwei konkurrierenden Exekutiven: der Provisorischen Regierung und dem Sowjet in Petrograd. Sie setzt damit auf politischer Ebene die Forderungen der Unruhen um, die die Hauptstadt seit dem 23. Februar 1917 (8. März) erschüttern, und führt zur Abdankung von Zar Nikolaus II. am 2. (15.) März und seines Bruders Großfürst Michail am 3. (16.) März 1917. Das Totengeläut für das Zarentum ist nun nicht mehr zu überhören.

Generalstreik, Fraternisierung und ... Revolution in Petrograd

Die Einwohner von Petrograd (Sankt Petersburg) sind von zweieinhalb Jahren Krieg erschöpft und leiden große Not. Mitten im ungewöhnlich strengen Winter mangelt es vor allem an Brot und Brennstoff. Immer wieder flammen Streiks auf. Die mit der europäischen Arbeiterbewegung

Vorangehende Seiten
Die Februarrevolution 1917
spielt sich vorwiegend auf
zwei Bühnen ab: auf den
Straßen, wo es zu Demons-
trationen, Fraternisierungen
und Unruhen aller Art kommt,
und im Taurischen Palais, in
dem die Staatsduma teilweise
unter dem Druck der Massen
Gesetze erlässt. Auf der linken
Seite: Die alten Reservisten
der Garde fraternisieren mit
den Arbeitern und marschieren im Gefolge ihrer Unteroffiziere durch Petrograd.
Bei einem ihrer Umzüge tragen sie ein Plakat mit den drei
Worten »Freiheit, Gleichheit,
Brüderlichkeit«, die an das
glorreiche Erbe der Französischen Revolution anknüpfen.
Dem Petrograder Sowjet
gelingt es dank der Unterstützung aus dem Volk an der
Macht zu bleiben, auch als
die Duma eine Provisorische
Regierung einsetzt.
Rechte Seite: Sitzung des
Militärausschusses der Duma.

gemeinsam veranstaltete Kundgebung zum Internationalen Frauentag gerät zum ungestümen Protest gegen die Knappheit, der ganze Stadtteile auf die Barrikaden bringt. Das Volk wirft der Regierung eine Reihe militärischer Schlappen vor und beschuldigt sie, ihre Pflicht gegenüber den Untertanen nicht zu erfüllen. Die Massen widersetzen sich sogar den Streitkräften, die den Zugang zur Stadt blockieren, obwohl die Zarenfamilie sich dort nicht aufhält. Bei Sonnenschein und milden Temperaturen macht sich in den Petrograder Straßen Euphorie breit. Mit revolutionären Kampfliedern und roten Fahnen stimmt man sich auf tagelange Aufstände ein.

Am Samstag, den 25. Februar, beginnt der Generalstreik, der Kampf politisiert sich. Es gibt erste Ansätze der Fraternisierung zwischen Demonstranten und Soldaten. Nikolaus II. gibt von seinem Landsitz aus den Befehl, die Unruhen in Petrograd gewaltsam zu beenden, und löst damit einen neuen »Blutsonntag« aus. Doch die Garnisonen und jungen Rekruten meutern gegen ihre Offiziere, die sie zwingen wollen, auf Demonstranten zu schießen. Die Situation gerät mehr und mehr außer Kontrolle. Der Sonderzug, der Nikolaus II. zu seinem Schloss in Zarskoje Selo bei Petrograd bringen soll, wird nach Pskow umgeleitet. Seine Vertrauten drängen den Zaren zur Abdankung; am 2. März befolgt er den Rat und tritt den Thron an Großfürst Michail ab, um seinen Sohn Alexei, der an der Bluterkrankheit leidet, ins Exil mitnehmen zu können. Der Chef der neuen Übergangsregierung, Fürst Lwow, sowie der Vizepräsident des Petrograder Sowjets und spätere Justizminister Kerenski bewegen Großfürst Michail schon am folgenden Tag dazu, ebenfalls abzudanken, denn beide befürchten einen Bürgerkrieg, falls ein Romanow an der Macht bleibt. Im Palais der Fürstin Putjatina, nicht weit vom Taurischen Palais, in dem jeweils in einem eigenen Flügel die Staatsduma und die Provisorische Regierung tagen, setzen die Juristen Nabokow (Vater des Schriftstellers) und Nolde in aller Eile die Abdankungsurkunde auf. Noch am selben Abend unterzeichnet sie der Großfürst im Beisein der Minister der Übergangsregierung und des Duma-Präsidenten Michail Rodsjanko.

Das Zarentum gerät mehr und mehr in Misskredit

Die Schnelligkeit seines Zerfalls verdeutlicht, wie marode das Zarentum in dieser Kriegsphase bereits ist. Die erste Revolution 1905 strebte noch eine konstitutionelle Monarchie an, doch zögerte Nikolaus II. keinen Augenblick, die demokratischen Ansätze rückgängig zu machen. Trotz der pompösen Feiern anlässlich des 300. Jubiläums der Romanow-Dynastie 1913 gerät die Zarenfamilie mehr und mehr in Misskredit und beschädigt die heilige Institution Monarchie. Man munkelt, die Zarin habe ein Verhältnis mit ihrem Berater, dem seltsamen Mönch Rasputin. Während die Kriegserklärung im Volk noch mit Jubel aufgenommen wurde, beweist das Regime nun erneut, dass es sich nicht an die Entwicklungen anpassen kann. Auf dem Schlachtfeld häufen sich die Niederlagen – ihren Preis zahlt die Armee mit zahllosen Gefallenen und Kriegsgefangenen.

Die Allgemeinheit selbst nimmt schließlich die Staatsführung in die Hand, und zwar mit den Selbstverwaltungsorganen aus der Zeit der großen Reformen in der zweiten Hälfte des 19. Jahrhunderts. In den Komitees organisieren Vertreter von Staat und Gesellschaft gemeinsam Hilfe für die Verwundeten, die Mobilmachung der Industrie und die Versorgung der Bevölkerung. Durch die zu Kriegsbeginn auf die Armee übertragenen Befugnisse sind den Zivilbehörden die Hände gebunden. Massendeportationen nichtrussischer Bevölkerungsteile aus den Grenzregionen und der Zustrom von Flüchtlingen ins Landesinnere beschleunigen die Zersetzung des russischen Sozialwesens und begründen oder stärken ethnische Bindungen. Angesichts der Welle der Gewalt entziehen 1915 auch die liberalen Parteien der Monarchie mehr und mehr ihre Unterstützung. Anfang 1917 erstrecken sich patriotische Gefühle selbst in den gebildeten Schichten Russlands nicht mehr auf den Zaren.

Der Mythos von der liberalen Revolution

Der Februar 1917 wird im Handumdrehen zur unblutigen liberalen Revolution und zum Schulterschluss des Volkes hochstilisiert. In Wahrheit fordern die Zusammenstöße zwischen Demonstranten und Armee unzählige Opfer. Die Symbole des Zarentums werden geschändet, die Statue Alexanders III. wird vom Sockel gestürzt – eine Szene, die zehn Jahre später der Filmregisseur Sergei Eisenstein aufgreift. Nach der Öffnung der Gefängnisse verbreiten Straftäter auf den Straßen Angst und Schrecken und tragen ebenso zum Klima der Gewalt bei wie die unzähligen bewaffneten Frontheimkehrer. Mit den typischen Ritualen der Arbeiterrevolution, vor allem endlosen Kundgebungen, überspielen die sozialistischen Führer ihre Unsicherheit. Die führenden Köpfe sind bei Ausbruch der Revolution noch im Exil: Lenin und Martow in der Schweiz, Trotzki in New York. Diejenigen vor Ort haben Mühe, die Ereignisse einzuschätzen, und klammern sich an das Dogma, Russland müsse zuerst eine bürgerliche Revolution durchlaufen. Die Liberalen sind untereinander zerstritten: Pawel Miljukow verteidigt sogar erbittert den Fortbestand der Dynastie. Geordnet wird das Chaos vorläufig durch die Bildung eines zweiköpfigen Systems aus der Provisorischen Regierung und dem Petrograder Sowjet. Die Erklärung vom 6. März enthält zwar eine Reihe wichtiger Maßnahmen bezüglich der bürgerlichen Freiheitsrechte, verschiebt jedoch die Umsetzung wesentlicher Punkte wie der Landreform bis zur Einsetzung der verfassunggebenden Versammlung.

Das Scheitern demokratischer Ansätze

Die weitreichendste Entscheidung ist zweifellos diejenige gegen einen sofortigen Friedensschluss. So befindet sich Russland nach wie vor im Krieg, während es versucht, die alte autoritäre Monarchie durch Freiheit und Demokratie zu ersetzen. In einem so riesigen Land, dessen Bevölkerung

Unten
Ab Frühjahr 1917 verlieren die Russen Schlacht auf Schlacht. Am 18. Juni endet auch ihre letzte Offensive in Galizien mit einem Fiasko. Am 4. Juli scheitert der Aufstand bolschewikischer Soldaten in Petrograd. Ende August schreitet die Zersetzung der Armee rasch voran: Unzählige Soldaten ergeben sich den Deutschen, andere desertieren und schließen sich den Bauern an, die illegal Ackerland besetzen. Die Gewalt verlagert sich von der Front bis weit ins Hinterland. Diese Konvergenz zwischen dem »Schützengraben-Bolschewismus« und den Bauernaufständen beschleunigt den Zerfall des Staates. Als die Völker am Rand des alten Riesenreichs sich abspalten, ist er nicht mehr in der Lage, die öffentliche Ordnung zu wahren.

zu drei Vierteln aus Bauern besteht, die überwiegend weder Lesen und Schreiben noch Russisch können, ist dies ein Ding der Unmöglichkeit. Viele Gläubige empfinden den Bruch mit dem Zarentum als Sakrileg. Dennoch verschmilzt in den Köpfen die Vorstellung von einer Republik, aus der man vor allem das Recht auf Selbstverwaltung behalten, jedoch die völlig abgehobene gebildete Elite abschaffen will, mit dem Idealbild des mächtigen, aber gütigen Herrschers. Zugleich streben die neuen Regierenden danach, mit Hilfe eines didaktischen Programms nach dem Vorbild der Französischen Revolution die Russen zu neuen *Citoyens* zu erziehen.

Der Krieg hat jedoch in der laufenden Revolution keinen Platz mehr; die meisten sehnen sich nach Frieden. An der Front wie in der Heimat widersetzen sich Soldatenkomitees den Offizieren. Die Zahl der Deserteure steigt stetig, vor allem nach dem Fiasko der Galizien-Offensive im Juni 1917. An den Rändern des alten russischen Imperiums, in Polen, Finnland und im Baltikum, in der Ukraine, im Kaukasus und abgeschiedenen Regionen wie Sibirien entsteht im Machtvakuum nach dem Ende der Romanow-Dynastie eine Vielzahl von Regierungen, Komitees, Sowjets und dergleichen, die noch zwischen Autonomie und Abspaltung schwanken. Die Juli-Demonstrationen, bei denen auch meuternde Soldaten und Seeleute mitmarschieren, schüren die Angst vor einer unmittelbar bevorstehenden Machtübernahme durch die Bolschewiken. Fürst Lwow wird von Kerenski abgelöst, der die Zukunft der russischen Revolution eher düster sieht. Die zunehmende Unterdrückung löst augenscheinlich konterrevolutionäre Strömungen aus, zumal der neue Regierungschef mehr und mehr napoleonische Züge zeigt: Einer Verhaftungswelle vorwiegend gegen die Bolschewikenführer entgeht Lenin nur knapp. Die Peter-und-Paul-Festung füllt sich aufs Neue mit politischen Häftlingen. Wieder eingeführt werden die Todesstrafe für Frontsoldaten und die Militärzensur.

Oben

Das Plakat von 1917 zeigt die Revolution in Gestalt eines Mannes ganz in Rot mit Gewehr und aufgepflanztem Bajonett, der auf seinem unaufhaltsamen Vormarsch die Bourgeoisie und die alten Machthaber einfach wegfegt.

Machtübernahme durch die Bolschewiken

Der neue Oberbefehlshaber General Kornilow, Kosake mit guten Beziehungen zu konservativen Kreisen und Befürworter eines starken Staats, bewirkt Ende August mit seiner Machtdemonstration eine zunehmende politische Polarisierung. Bei den Kommunalwahlen gewinnen die Bolschewiken in den meisten Gemeinden haushoch, während die Liberalen weit abgeschlagen werden. Im Herbst wächst die Zahl der Streikenden; angesichts der nicht eingelösten Versprechungen (Brot, Ackerland und Frieden für Russland) fordern sie nun auch Respekt und die Wahrung der Menschenwürde. Das gleiche Aufbegehren gegen Demütigungen findet sich auch im Heer: Die Verzweiflung der einfachen Soldaten wird in ihren Briefen ebenso deutlich wie in der Ermordung von Offizieren durch ihre eigenen Leute; sie halten den Krieg für sinnlos und wollen ihre Vorgesetzten dafür büßen lassen, dass sie ihre Truppen in das Blutvergießen hineingeführt haben. Deserteure und demobilisierte Ex-Soldaten unterstützen die Bauern immer offener bei der Besetzung der Landgüter. Als die von Lenin seit Wochen geforderte Machtübernahme der Bolschewiken unter dem Slogan »Alle Macht den Sowjets« dann endlich erfolgt, stürzt die Provisorische Regierung ebenso sang- und klanglos wie wenige Monate zuvor das Zarentum.

Verbrannte Erde in Nordfrankreich

16. März 1917 »Nicht ärgern, nur wundern«, steht in großen Buchstaben auf einem Holzschild an der Fassade des ehemaligen Rathauses von Péronne, das nun eine Ruine ist. Die ebenso sarkastische wie triumphierende Aufforderung hinterließen deutsche Soldaten für ihre Gegner, bevor sie sich in die Siegfried-Stellung zurückzogen. Bei ihrem Vormarsch finden Briten und Franzosen nur Trümmer vor: Im Zuge des Unternehmens »Alberich« haben die Deutschen alles zerstört, was in den Gefechten verschont geblieben war.

■ Am 16. März 1917 gelingt den Deutschen ein Meisterstück: ein strategischer Rückzug riesigen Umfangs, der innerhalb weniger Stunden dem Feind nur die verwüsteten Schlachtfelder zwischen Arras, Bapaume und Péronne überlässt. Im Herbst 1916 ist die deutsche Armee nach den Schlachten bei Verdun und an der Somme stark dezimiert: 1,4 Millionen Mann sind gefallen, davon allein 800 000 von Juli bis Oktober. Der Geburtenjahrgang 1898 muss mittlerweile einberufen werden. Ludendorff entwickelt als neue Taktik die »Abwehrschlacht im Rahmen des Stellungskriegs«. Die Verteidigung erfolgt künftig nicht mehr von der vordersten Linie aus, sondern in der Tiefe innerhalb einer gestaffelten Kampfzone. Der Südflügel der 6. Armee, die 1. und 2. Armee sowie ein Teil der 7. Armee, insgesamt 29 Divisionen, ziehen sich auf eine massiv befestigte Linie zurück. Die »Siegfried-Stellung« (die die Alliierten »Hindenburglinie« nennen) war von Oktober 1916 bis März 1917 im Wesentlichen von Kriegsgefangenen sowie belgischen und französischen Zwangsarbeitern gebaut worden. Durch die Aufgabe des Frontbogens sparen die Deutschen nun 13 Divisionen ein.

Methodische Verwüstung

Durch den strategischen Rückzug werden 430 Gemeinden in der Picardie und im Pas-de-Calais schlagartig befreit, doch unter dem Decknamen Unternehmen »Alberich« geht dem eine systematische Zerstörung des Kriegsgebiets und seines Hinterlands voraus. Auf Befehl der Obersten Heeresleitung wird der ganze Streifen geräumt. Man transportiert alles militärische Material ab, aber

Rechts

An allen Fronten ist 1916 das Jahr der großen Materialschlachten, seien es Verdun und die Somme an der Westfront oder die Brussilow-Offensive an der Ostfront. Truppen und Waffen sind schlagkräftiger als je zuvor. Die Franzosen haben ihre Truppenstärke seit 1914 um 25 Prozent aufgestockt, die Briten bieten 70 Divisionen auf. Auch die Mobilmachung der Industrie läuft auf Hochtouren. Dass die Offensiven an der Westfront dennoch scheitern, zeigt, dass die Stellungen nach wie vor eingefroren sind. Man kann diesen Krieg nicht gewinnen – bestenfalls kann man verhindern, ihn zu verlieren. Während Nivelle für das Frühjahr 1917 eine Offensive gegen den Frontbogen zwischen Arras und Craonne vorbereitet, vollziehen die Deutschen einen strategischen Rückzug (Unternehmen »Alberich«), der die Front 40 Kilometer nach hinten verschiebt. Bei der Offensive im Artois ab dem 9. April können die Kanadier den Höhenzug von Vimy einnehmen, doch der Angriff der Franzosen am 16. April gegen den Chemin des Dames gerät zum folgenschweren Desaster.

Offensiven der Alliierten
→ 1916
→ 1917
— Front am 1. November 1914
— Front am 21. März 1917
— Grenzen 1914
⭐ Schlachten

auch das Vieh, Saatgut und Sonstiges, dessen was man habhaft wird. Der Rest soll vor Ort vernichtet werden, denn wenn der Feind in das Gebiet vorrückt, soll er absolut nichts mehr vorfinden. Die Keller und die letzten noch stehenden Gebäudemauern, die irgendwie als Unterschlupf dienen könnten, werden demoliert. Auch die sanitären Einrichtungen macht man systematisch unbrauchbar: Brunnen und Zisternen werden mit Chemikalien verseucht, Stromkabel zerschnitten, Eisenbahnschienen und Weichen zertrümmert und Straßen aufgerissen. Unter Brücken, in Tunneln und Gräben platziert man Minen mit Zeitzündern. Einige Gebiete werden künstlich überflutet. Bäume an Straßen, in Obstgärten und sogar auf Friedhöfen werden gefällt. Nicht einmal Denkmale bleiben verschont: Das Schloss von Ham und die Burg Coucy werden gesprengt.

Die systematische Zerstörung beginnt in den ersten Februartagen 1917 und endet zeitgleich mit dem Abzug der letzten Einheiten, die zum Schluss die letzten Sprengladungen zünden. Wie die Münchner und Stuttgarter Archive belegen, wird die Operation minutiös geplant und äußerst gewissenhaft durchgeführt, wobei die Truppen im Laufe der tagelangen Aktion ihre Methoden verfeinern. Die Heeresleitung wird kontinuierlich informiert, welche Maßnahmen sich als besonders effektiv erweisen, und erlässt immer neue Befehle und technische Anweisungen, um die Verwüstung noch effizienter zu machen. Schon seit 1916 stützt sich das deutsche Heer bei der Anpassung der Praktiken an die konkrete Gefechtssituation vorwiegend auf die Erfahrungen der Soldaten. Nun wendet es dasselbe Prinzip auch bei der planmäßigen Vernichtung zivilen Lebensraums an. So legen die Truppen beispielsweise in Bapaume nach einem sorgfältig

Oben

Am 16. Februar 1917 bereiten die Deutschen ihren Abzug aus der Gemeinde Guiscard im Departement Oise vor. Alle Einwohner zwischen 15 und 60 Jahren werden evakuiert, ebenso unabhängig vom Alter alle Facharbeiter (314 Personen). Der methodische Evakuierungsplan ist ähnlich aufgebaut wie Hunderte weitere, die von Februar bis April 1917 umgesetzt werden. Auf den Abtransport der Bevölkerung folgt in aller Heimlichkeit am 24./25. Februar der Abzug der Truppen, ohne dass die 5. britische Armee sich darüber klar wird. In der Nacht vom 12. auf den 13. März ziehen sie sich vor der 3. französischen Armee zurück und erreichen am 8. April ihr Ziel in der Siegfried-Stellung.

ausgearbeiteten Ablaufplan an 400 Stellen gleichzeitig Feuer, sodass die ganze Stadt innerhalb einer Dreiviertelstunde in Schutt und Asche liegt. Ein Einwohner von Roisel schildert, wie methodisch es dabei zuging: »In der Nacht vom 3. auf den 4. März 1917 begann der Feind mit der Zerstörung der Stadt. Die Soldaten machten Vertiefungen in die Häuserwände und zündeten die Gebäude mit Brandbomben an. Dann sah ich, wie sie in die Ruinen Pakete trugen, ähnlich wie Päckchen mit Zichorienkaffee, auf denen stand in schwarzen Buchstaben das Wort ›Dynamit‹; als ich wegging, existierten vier Fünftel der Stadt nicht mehr.« Durch die Druckwellen der Explosionen breitete sich das Feuer rasend schnell aus. An der Somme verschwinden 238 Dörfer von der Landkarte, davon 157 restlos. In der gesamten Picardie werden 36 000 Häuser vollständig zerstört.

Die Einwohner deportieren, ihren Wohnraum vernichten

Im Rahmen des Unternehmens »Alberich« werden 140 000 Menschen aus der Rückzugszone evakuiert. Zurück blieben nur Alte und Kranke, gelegentlich Mütter mit ihren Kindern. Die Bevölkerung von Saint-Quentin wird komplett abtransportiert. Ein Schuldirektor namens Mechantre, Vorsitzender des Vereins der Flüchtlinge aus dieser Stadt, erinnert sich später: »Die letzte Bekanntmachung der Deutschen in Saint-Quentin kündigte am 28. Februar 1917 den

schlimmsten aller Schrecken an. Die bloße Vorstellung war unfassbar; unsere verängstigten Ge-
müter hielten eine solche Ungeheuerlichkeit schlicht für unmöglich. Aber sie wurde in ihrer
ganzen Abscheulichkeit wahr: die Evakuierung von 50 000 Einwohnern. Man zwang sie, ihre
Häuser zurückzulassen, damit sie geplündert, beschmutzt, in Brand gesteckt und zertrümmert
wurden. Mitnehmen durften sie lediglich ein paar Kartons mit Kleidung und dem Allernötigs-
ten; alles, was sie ein Leben lang mit ihrer Hände Arbeit geschaffen hatten, blieb zurück und
war der vollständigen Vernichtung preisgegeben (darunter auch die Dinge, deren Verlust mir
persönlich so naheging, nachdem ich schon meinen geliebten Sohn verloren hatte). Sie wurden
verjagt wie eine gemeine Viehherde, ohne zu wissen, wohin der Feind sie nach seinem Gutdünken führen würde – manche nach Belgien, manche in einen anderen, näher an der Grenze gelegenen Teil des besetzten Frankreichs als unsere furchtbare ›Todeszone‹, die sie mitsamt all ihren
Natur- und Kunstschätzen systematisch auslöschten.« Der Verlust der persönlichen Habe ist so
schlimm, dass er ausdrücklich mit der Trauer über den Verlust des Sohnes in Beziehung gesetzt
wird. Das Gleiche meint der Historiker Gabriel Hanotaux, als er im April 1917 über seine Heimat
schreibt: »So viele Herde erloschen! Keine Seele, kein Lebewesen existiert noch zwischen den
Trümmern; die Wüstenei aus eingestürzten Mauern, klaffenden Fensteröffnungen und Fassaden,
über deren Gesichter im strömenden Regen schwarze Tränen rollen, weckt eine Trauer, die nie

Oben

»Nicht ärgern, nur wundern«
hinterließen die Deutschen
an den Trümmern der Fassade
des einstigen Rathauses
von Péronne. Soldaten des
188. Warwick Regiment foto-
grafierten das Schild als
besonders perfiden Beweis für
Zynismus und Barbarei des
Feindes. Das knapp drei mal
einen Meter große Holzschild
hing lange im Londoner *Imperial War Museum* (vgl. den
Stich auf S. 435), das es in
jüngerer Zeit dem *Historial de
la Grande Guerre* in Péronne
schenkte.

Rechts

Vom 17. bis 19. März 1917
erobern Australier der 5. Armee (Gough) Bapaume zurück,
das am 16. von den Deut-
schen evakuiert und systematisch vernichtet worden
war. Nach ersten Hinweisen
ihrer Luftaufklärung verschaffen sich britische und französische Infanteriepatrouillen
ab Ende Februar Gewissheit
über den deutschen Rückzug
und machen sich an die
Verfolgung, doch die um-
fassenden Zerstörungen be-
hindern ihren Vormarsch:
Am 17. März erreichen französische Kavalleristen Lassigny, die Engländer Barleux;
am 18. März marschieren
die Franzosen in Noyon und
Roye ein, die Engländer in
Péronne, Chaulnes und
Bapaume. Soissons, das nach
30 Monaten quasi Dauer-
beschuss in Trümmern liegt,
ist zwar befreit, bleibt aber
in Reichweite der schweren
Artillerie.

versiegen wird.« Hier ist buchstäblich der Körper des Hauses betroffen, sein Gesicht und damit seine Identität. Was der Feind zerstört hat, sind nicht nur materielle Güter, sondern auch alles, was Zugehörigkeit ausmacht.

Die Lebenswelt der Zivilisten als neue strategische Zielscheibe

Seit Kriegsbeginn hatten sich die Sektoren in Frontnähe durch die zunehmende Reichweite der Geschütze, die lokalen Verschiebungen des Frontverlaufs und die Schlagkraft der modernen Heere in Trümmerfelder verwandelt. Auch die Zerstörung der Ortschaften, Felder und Infrastrukturen erreichte ein bis dahin nie gekanntes Ausmaß, war jedoch noch von der Logik des Kriegs bestimmt, die auf der Konfrontation zweier feindlicher Heere beruhte. Im Frühjahr 1917 ist diese Logik jedoch passé. Angriffe auf die Wohngebiete der Zivilbevölkerungen nehmen mehr und mehr Raum in der Kriegsführung ein, nicht mehr quasi als Kollateralschaden der Kampfhandlungen, sondern als deren Gegenstand. Dieser Wandel ist Teil einer übergeordneten Strömung, die Gewalt gegen Zivilisten, insbesondere ihren Wohnraum, gern verharmlost. In derselben Logik steht die Entwicklung der Bombardements. Allerdings war die Gewalt gegen Menschen schon bei der Invasion immer von großflächiger Gewalt gegen Sachen begleitet. Im Rahmen der Besatzung kommt es zudem zur Einschränkung der Bewegungsfreiheit, zum schrittweisen Wegfall der – im Frieden unverzichtbaren – Unterscheidung zwischen privatem und öffentlichem Raum, zur Verletzung der Intimsphäre der Bevölkerung und zu Willkürakten bis hin zur Zerstörung.

Auf dem Weg in den totalen Krieg

Das Unternehmen »Alberich« bildet einen Wendepunkt in dieser Entwicklung, die sich in den letzten Kriegswochen vollends konsolidiert. Im Herbst 1918 zieht sich das deutsche Heer vor dem koordinierten Ansturm der Alliierten immer weiter auf befestigte Stellungen zurück; die Zerstörungen nehmen ein erschreckendes Ausmaß an. Am 6. September 1918 macht General Foch eine beunruhigende Feststellung: »Ich habe erfahren, dass die Deutschen Dörfer, aus denen sie sich zurückziehen müssen, systematisch zerstören und dort konsequent alle beweglichen Güter in Brand stecken, die sie nicht fortschleppen können. Diese Brände legen sie mit Hilfe von Pech und Holzspänen.« Er verlangt, man müsse »die Deutschen offiziell auffordern, bei Androhung empfindlicher Inanspruchnahme und schärfster Repressalien derartige barbarische Praktiken zu unterlassen, die durch keine kriegsbedingte Notwendigkeit gerechtfertigt sind; sie beruhen allein auf zügelloser Zerstörungslust, die zum Kampfmittel erhoben wird.« Natürlich lassen sich die Verwüstungen zum Teil durchaus als kriegsbedingt rechtfertigen, etwa wenn durch die Zerstörung von Ingenieurbauwerken und Eisenbahnen das Vorrücken des Feindes behindert wird. Allerdings werden ebenso viele zivile Vorrichtungen und Güter, vor allem in den Industriebetrieben, demontiert, in Brand gesteckt oder in die Luft gejagt. In den nordfranzösischen Zechen werden die noch funktionsfähigen oberirdischen Anlagen gesprengt und die Stollen geflutet.

Während der Waffenstillstandsverhandlungen protestiert Wilson in seiner zweiten Note gegen diese Handlungen: »Die deutschen Armeen schlagen bei ihrem jetzigen erzwungenen Rückzug aus Flandern und Frankreich einen Weg mutwilliger Zerstörung ein, der immer als direkte Verletzung der Regeln und Gebräuche der zivilisierten Kriegsführung betrachtet wurde. Die Städte und Dörfer, wenn sie nicht zerstört sind, sind von allem, was sie enthalten, oft sogar ihrer Einwohner, beraubt.« Wenn er als Voraussetzung für die weiteren Gespräche das sofortige Ende der Übergriffe fordert, ist dies pure Rhetorik, denn die Zerstörungen halten bis zur letzten Kriegsstunde an, in der Umgebung von Charleville sogar noch am Morgen des 11. November. Dem Waffenstillstandsabkommen von 1918 zufolge muss innerhalb von 48 Stunden bekannt gegeben werden, wo die Deutschen Minen gelegt haben. Auf diese Weise wird der Bahnhof von Lille gerettet.

Wie erklärt sich diese Beharrlichkeit? In diesen letzten Kriegswochen lehnt Ludendorff Wilsons Waffenstillstandsbedingungen kategorisch ab und erwägt, den Krieg bis zum Frühjahr 1919 hinauszuziehen, selbst auf die Gefahr hin, dass Deutschland seinerseits besetzt und verwüstet wird. Der Generalstab ist schon dabei, die Verteidigung eines neuen Rückzugsgebiets der deutschen Armee entlang der Antwerpen-Maas-Stellung zu organisieren. Da keine befestigte Linie mehr errichtet werden kann, stellt man sich eine in der Tiefe gestaffelte Kampfzone mitten in dicht besiedelten städtischen Gebieten vor, von der die Gefechte bei Valenciennes im Oktober 1913 einen Vorgeschmack geben. Diese Art Kriegsführung wird 1918 nicht mehr vollends umgesetzt, da die Regierung Max von Badens schließlich die strikten Bedingungen des Waffenstillstands akzeptiert, doch in den 1920er-Jahren basieren die Pläne des geheimen Generalstabs der Reichswehr auf genau den im Herbst 1918 im Keim angelegten Ideen: Angestrebt wird ein Krieg, der keinen Unterschied mehr zwischen Zivilisten und Soldaten macht, in dem sämtliche Ressourcen an Menschen und Material ausschließlich der Logik des Krieges unterstehen und in dem das Territorium für den Kampf instrumentalisiert wird. Die Reichswehr bereitet den totalen Krieg vor und nimmt in Kauf, dass dabei massenhaft Zivilisten umkommen und ihr Lebensraum massiven Schaden nimmt, denn sie dienen dabei als Waffen und strategischer Einsatz. Die Grundlagen für diesen Wandel des Kriegshandwerks wurden bereits 1918 geschaffen – auch in dieser Hinsicht erwies sich der Erste Weltkrieg als prägend.

»We won't come back
till it's over«

2. April 1917 »Die Welt muss für die Demokratie sicher gemacht werden. Ihr Friede muss auf den erprobten Grundlagen politischer Freiheit errichtet werden. Wir haben keine selbstischen Ziele, denen wir dienen. Wir verlangen nach keiner Eroberung, keiner Vorherrschaft. Wir suchen keinen Schadenersatz für uns selbst, keine materielle Entschädigung für die Opfer, die wir bereitwillig bringen werden. Wir sind lediglich einer der Vorkämpfer für die Rechte der Menschheit. Wir werden erst zufrieden sein, wenn diese Rechte so sicher sind, wie es Glaube und Freiheit der Völker gewährleisten können.«

PRÄSIDENT WOODROW WILSONS Rede vor dem US-Kongress am 2. April 1917

■ Über zweieinhalb Jahre nach der Krise im Sommer 1914 führt der Präsident der USA widerstrebend sein ebenso widerstrebendes Land in den Großen Krieg. Erst vor gut einem Jahr hat Wilson seine zweite Amtszeit als Staatsoberhaupt der USA angetreten. Seine knappe Wiederwahl verdankte er zum guten Teil dem Wahlkampf-Slogan *»He kept us out of war«* (»Er hat uns aus dem Krieg herausgehalten«), doch im April 1917 bleibt ihm keine andere Wahl mehr, nachdem Deutschland im Januar 1917 den uneingeschränkten U-Boot-Krieg erklärt hat. Jedes amerikanische Schiff auf dem Weg nach Großbritannien, Frankreich, Italien oder Russland ist nun in akuter Gefahr, versenkt zu werden. Zu allem Überfluss schickt der deutsche Außenminister Arthur Zimmermann im März 1917 ein törichtes Telegramm (das vom britischen Geheimdienst abgefangen und pflichtschuldigst den USA übermittelt wird). Darin verspricht er der mexikanischen Regierung die »Rückgabe« von Texas, New Mexico und Arizona, falls sie mit Deutschland paktiert. Derart gravierende Eingriffe in die Souveränität der USA erfordern unbedingt eine Reaktion. Schon jetzt muss sich Wilson von einflussreichen Republikanern wie Senator Henry Cabot Lodge und Altpräsident Theodore Roosevelt den Vorwurf gefallen lassen, er habe zu lange gezögert.

Den Krieg gewinnen, um die Welt zu verändern

Für Wilson hingegen hat eine Beteiligung der USA am Krieg in Europa nicht nur etwas mit der Bedrohung durch ein paar U-Boote zu tun, von der lächerlichen Aussicht auf einen Krieg gegen Mexiko ganz zu schweigen. Von Anfang an sieht Wilson den Kriegseintritt zugleich als Chance,

Links und oben
Am 2. April 1917 treten die Vereinigten Staaten auf Seiten der Entente dem Ersten Weltkrieg bei, doch die öffentliche Meinung in den USA bleibt gespalten. Die Titelseite der *New York Times* zeigt dennoch Massen von Freiwilligen auf einem Bahnsteig und mahnt, vor deutschen Spionen auf der Hut zu sein. Obwohl ihr Staatsgebiet vom Krieg unberührt bleibt, sind die US-Bürger aufgerufen, Freiheit und Demokratie gegen den deutschen Militarismus zu verteidigen. Das Anwerbungsplakat von 1917 (links) erinnert ausdrücklich an die deutschen Kriegsgräuel von 1914: »Die Hunnen töten Frauen und Kinder« lautet die Schlagzeile der Zeitung, die der junge Amerikaner wutentbrannt zu Boden geschleudert hat.

ja sogar als Pflicht der USA, die Weltordnung wiederherzustellen. Seine Rhetorik gleicht einem Balanceakt: Einerseits verfolgen die USA mit dem Krieg keine »selbstischen Ziele«, doch andererseits werden sie versuchen, die Grundlagen der internationalen Beziehungen und der nationalen Souveränität im engeren Sinn anhand von Wilsons idealistischen Prinzipien zu verändern. Letzten Endes wird ihre Beteiligung am Weltkrieg die Vereinigten Staaten ebenso verändern wie ihre Teilnahme den Krieg als solchen.

Anfang des 19. Jahrhunderts bewunderte Alexis de Tocqueville die USA dafür, dass sie sich so kategorisch gegen eine Zentralmacht sperrten. Für die Amerikaner ist der Staat meist kein Werkzeug der Freiheit, sondern eher ihr Feind. Dennoch nehmen sie in den 19 Monaten ihrer Beteiligung am Ersten Weltkrieg (April 1917 bis November 1918) staatliche Einmischungen in nie dagewesenem, vor dem Hintergrund ihrer Geschichte einmaligem Umfang hin. Die Wehrpflicht galt lange als Makel Europas, der sämtlichen amerikanischen Werten widersprach. Der Versuch, im Sezessionskrieg die allgemeine Wehrpflicht einzuführen, war seinerzeit in New York mit den schlimmsten Unruhen in der Geschichte der USA quittiert worden. Dennoch unterzeichnet Wilson am 18. Mai 1917 mit dem *Selective Service Act* ein Mobilmachungsgesetz, das noch heute die rechtliche Grundlage für die Allgemeine Wehrpflicht in den USA bildet. Es ruft Massen von Amerikanern zu den Fahnen. Sämtliche männlichen US-Bürger gelten erst einmal als Freiwillige, von denen eine gewisse Zahl für den aktiven Militärdienst »selektioniert« werden.

Nachhaltige Stärkung der Bundesebene

Lange schworen die Vereinigten Staaten auf Kapitalismus und »Laisser-faire« mit riesigen Privatvermögen, der Konzentration des Kapitals und den dabei unvermeidlichen Spannungen zwischen Arbeitgebern und Arbeitnehmern. Im Ersten Weltkrieg hingegen übernimmt die Bundesregierung die Verwaltung einer Kriegswirtschaft, wie es sie in der US-Geschichte noch nie gab. In einem so riesigen Land sind logischerweise die Eisenbahnlinien Dreh- und Angelpunkt einer nationalen Mobilmachung. Als dem Bahnsystem unter der extremen Beanspruchung bei gleichzeitigem Kapitalmangel im Dezember 1917 der Kollaps droht, unterstellt Wilson (ohne Zustimmung des Kongresses) die Bahnen der Bundesregierung. Im Frühjahr 1918 richtet diese zur Überwachung staatlicher Käufe eine eigene Behörde ein, das *War Industries Board*. Obwohl sie offiziell nur wenig Macht hat, organisiert die Behörde unter Leitung des Wall-Street-Finanzexperten Bernard Baruch erstaunlich effizient die wirtschaftliche Mobilmachung. Die ebenfalls Anfang 1918 gegründete Kriegsarbeitsbehörde (*War Labor Board*) vermittelt zwischen Arbeiterschaft und Kapital. Sie verlangt von den Unternehmen, gewerkschaftlich organisierte Arbeitskräfte zu beschäftigen, ohne die Anerkennung der Gewerkschaften als solche zu fordern. Wilson ist entschlossen, diese Strategie des »schmalen Pfads« durchzusetzen. Als sich beispielsweise der Waffenhersteller Smith & Wesson und die Telegrafengesellschaft Western Union weigern, die Spielregeln der Behörde anzuerkennen, lässt er sie kurzerhand requirieren.

Die Machtbündelung auf Bundesebene hat jedoch auch ihre finsteren Seiten, die im Wesentlichen auf das Konto des Kongresses und der Wilson-Regierung gehen. Am 5. Juni verabschiedet der Kongress den *Espionage Act*. Auf das bis heute gültige Spionagegesetz berufen sich die US-Regierungen auch in neuerer Zeit noch gelegentlich, etwa als George W. Bush zum »Krieg gegen den Terror« aufrief. Das Gesetz sieht empfindliche Geld- und Haftstrafen für die (auch briefliche) Behinderung militärischer Operationen in Kriegszeiten vor. Sehr effizient lassen sich damit Dissidenten der noch kleinen, aber stetig wachsenden Sozialistischen Partei Amerikas in Schach halten. Am 18. Mai 1918 verabschiedet der Kongress den *Sedition Act*, ein noch schärferes Gesetz gegen Volksverhetzung, das »jegliche illoyale, gotteslästerliche, verleumderische oder beleidigende Ausdrucksweise« in Bezug auf die Regierung oder Flagge der USA sowie die Uniform von Armee oder Marine verbietet.

Eine Nativismus-Bewegung, die von der Regierung zwar nicht gefördert, aber immerhin geduldet wird, propagiert die ethnische »Säuberung« der Vereinigten Staaten als Heilmittel für die Welt. In der Tat stammen über zehn Millionen US-Amerikaner (rund zehn Prozent der Gesamtbevölkerung) aus einem Land der Mittelmächte. Immer häufiger verdächtigt man die »Bindestrich-Amerikaner« (*hyphenated Americans*) der Treulosigkeit, allen voran natürlich die mit deutschen Wurzeln. Die Wut geht bis zum Lynchmord, den man in den Südstaaten schon lange an Afroamerikanern praktizierte. Im April 1918 wurde in der Nähe von Saint Louis (Missouri) der deutschstämmige Robert Prager ausgezogen, in eine US-Fahne gewickelt und nach

einigem Hin und Her aufgeknüpft. Seine Mörder wurden nach nur 45-minütiger Beratung von den Geschworenen für unschuldig erklärt und freigesprochen.

Ein ansehnliches Potenzial für die Alliierten

Das strategische Kräftegleichgewicht ändert sich durch den Kriegseintritt der USA zunächst nicht. Die Oberste Heeresleitung weiß sehr wohl, dass sie mit dem uneingeschränkten U-Boot-Krieg die Amerikaner zum Handeln aufstachelt, setzt jedoch darauf, dass sie mit den Briten und Franzosen fertig ist, bevor die Amerikaner überhaupt größere Truppen aufbieten können. Vor dem Hintergrund, dass Russland im Frühjahr 1917 zunehmend in die Revolution abgleitet, ist diese Überlegung keineswegs abwegig. Das Militäraufgebot der Vereinigten Staaten entspricht bei ihrem Eintritt in den Ersten Weltkrieg dem eines Staates, der keine ernsthaften Feinde zu fürchten hat und zudem auf zwei Seiten durch die größten Ozeane der Erde geschützt ist. Im April 1917 zählt die US Army insgesamt nur 120 000 Mann, von denen 58 000 fern der Heimat in Garnisonen auf den Philippinen und Hawaii, in Alaska, Puerto Rico und den US-Konzessionen in China stationiert sind. Für eine Kriegsindustrie sind keine brauchbaren Infrastrukturen vorhanden, sodass bis zum Waffenstillstand ein großer Teil der amerikanischen Ausrüstung von Frankreich geliefert werden muss. Da auch die Stahlhelme auf den Köpfen der GIs aus britischen Beständen stammen, kann man auf Weltkriegsfotos oft nicht mehr ohne Weiteres sagen, ob darauf britische Soldaten oder ihre transatlantischen Verbündeten zu sehen sind.

Für die Alliierten zählt jedoch vorrangig das scheinbar grenzenlose Potenzial der größten Industrie- und Agrarmacht der Welt. Nach dem Mobilmachungsgesetz gelten von den über 24

Oben

Im Juni 1917 landen die ersten US-Einheiten in Saint-Nazaire. In den nächsten fünf Monaten sind es kaum mehr als 50 000 Mann; erst über ein Jahr später steigt die Zahl so steil an (im Juli 1918 ist es eine Million), dass sie das Kräftegleichgewicht spürbar verschieben.

Millionen gemusterten Amerikanern 6,3 Millionen im Alter zwischen 18 und 45 als tauglich. Davon werden rund 2,8 Millionen für den aktiven Kriegsdienst rekrutiert; sie verstärken die zwei Millionen Mann, die sich bereits freiwillig gemeldet haben – die meisten, weil sie die Sache der Entente befürworten. Für die Alliierten werden die Vereinigten Staaten zum Hauptlieferanten von Rohstoffen wie Getreide, Baumwolle, Eisen, Kupfer und Erdöl. Auch wenn die Situation auf den ersten Blick wie eine Rückkehr zum Neokolonialismus wirkt, ist das wichtigste Exportgut der Vereinigten Staaten Geld: Darlehen, deren Zins und Zinseszins ihnen umgehend durch Käufe der Entente-Mächte wieder zufließen. Die Vereinigten Staaten leihen den Entente-Mächten geschlagene zehn Milliarden US-Dollar – eine Summe, die nach heutigem Geld das Hundertfache ausmachen würde. Da Briten und Franzosen diese Kredite ja nach dem Krieg zurückzahlen müssen, steigen ihre Reparationsforderungen gegenüber Deutschland ins Astronomische. Bis 1917 waren die USA ein Land mit Nettoverschuldung. Der Erste Weltkrieg verhalf ihnen zu einer neuen Position als Bankiers der ganzen Welt.

Der Krieg der »Amis«

Um eine gewisse moralische Distanz (und Überlegenheit) gegenüber Europa zu demonstrieren, besteht Wilson übrigens darauf, dass die USA keine »Verbündeten« der Entente-Mächte sind, sondern »Partner«. Dementsprechend war das vorrangige militärische Ziel der Amerikaner die Aufstellung einer unabhängigen US-Infanterie unter dem Kommando von General John Pershing. Das widerspricht dem Wunsch der französischen und britischen Heeresleitungen, die eine Eingliederung der US-Einheiten in die (unter ihrem eigenen Kommando stehenden) dezimierten Divisionen und Armeekorps lieber gesehen hätten. Diese Konstellation ist jedoch nicht sehr attraktiv für ein Land, das ja in den Krieg zieht, um im Namen der Demokratie die Welt zu retten. Die US-Soldaten, von den Franzosen »Sammies«, von den Angelsachsen »Doughboys« und von den Deutschen einfach »Amis« genannt, widmen sich in ruhigen Sektoren des französischen Hinterlands zunächst vorrangig der Ausbildung und machen sich mit der von Franzosen und Briten bereitgestellten Ausrüstung vertraut.

Pershing geht davon aus, dass der Krieg noch eine Weile dauern werde, und plant für die US-Truppen eine prominente Rolle in den Gefechten, jedoch nicht vor 1919 oder 1920. Als im März 1918 die deutsche Offensive »Operation Michael« startet, befinden sich nicht mehr als 300 000 US-Soldaten in Frankreich, von denen nur sehr wenige so weit sind, dass sie ins Feld ziehen können. Deshalb spielen die Amerikaner bei der alliierten Gegenoffensive keine entscheidende Rolle, obwohl sie die Franzosen erheblich dabei unterstützen, Ludendorffs Operation im Juni/Juli zum Scheitern zu bringen. Der Oberkommandierende der alliierten Streitkräfte, Foch, und Pershing kommen überein, die GIs erst nach und nach im Rahmen mehrerer genau kalkulierter Gegenoffensiven an der Westfront im Feld einzusetzen, um dem Krieg ein Ende zu machen. Erst im September 1918 erfolgt der erste große Angriff amerikanischer Truppen am Saint-Mihiel-Bogen in Lothringen. Ende September greift die 1. US-Armee zwischen dem Argonner Wald und der Maas auf einem fast 60 Kilometer langen Frontabschnitt an. Obwohl die Deutschen zahlenmäßig stark unterlegen sind, kommen die Amerikaner langsamer als die Briten und Franzosen weiter nördlich voran und müssen hohe Verluste hinnehmen: 250 000 von insgesamt 1,2 Millionen kämpfenden US-Soldaten wurden verwundet, davon 53 000 tödlich.

Eine neue Weltordnung

Auch wenn der Mut und das Potenzial der US-Truppen außer Frage stehen, ist ihr Stellenwert beim Sieg über das Deutsche Reich vermutlich eher auf psychologischer als auf praktischer Ebene zu sehen. Die Entente-Mächte wussten ja, dass über die wohlgenährten, bestens ausgerüsteten »Sammies« im Feld hinaus Millionen weitere bereits eine Uniform trugen und für den Kampf trainierten. George M. Cohan lässt die Amerikaner in einem seiner beliebten Musicals geloben: »*We won't come back till it's over/Over there*« (»Wir kommen erst zurück, wenn alles vorbei ist/da drüben«). Ihre Hingabe, gepaart mit ihrer Stärke, festigte die Überzeugung der Alliierten, dass der Krieg letzten Endes ein gerechter Krieg war.

Das deutsche Heer hat an der Westfront enorme Verluste erlitten; an der Ostfront sind rund eine Million Mann als Besatzungstruppen eingesetzt, um den Sieg über Russland abzusichern. Damit ist es am Ende seiner Kräfte, mehr noch als die ebenfalls schwer angeschlagenen britischen und französischen Heere. Deutschlands Verbündete – Österreich-Ungarn und das Osmanische Reich – sind bereits weggebrochen. Am 5. Oktober wendet sich Reichskanzler Max von Baden unmittelbar an Wilson und signalisiert seine Bereitschaft zu Friedensverhandlungen auf Basis der »Vierzehn Punkte« des US-Präsidenten. Als die Kämpfe eingestellt werden, haben sich die Welt und ihre Machtverhältnisse verändert. Die Großmacht, die als Letzte dem Krieg beitritt, erleidet von allen die geringsten Verluste. Ihr durch und durch idealistischer Präsident strebt fortan nach dem Friedensschluss, aber auch nach einer neuen Weltordnung.

Links
Auf französischem Boden machen sich die GIs zunächst mit der von Frankreich und Großbritannien bereitgestellten Ausrüstung vertraut (hier mit britischen Stahlhelmen beim Training an einem französischen Hotchkiss-MG). Erst im September 1918 starten die Amerikaner ihren ersten Großangriff am Frontbogen bei Saint-Mihiel in Lothringen.

Links und oben

Im April 1917 kommt es
im französischen Heer zu
Meutereien, die sich auf
knapp die Hälfte der Regimenter ausweiten, allerdings
nie die vorderste Frontlinie
betreffen. Die beispiellose
Krise ist direkte Konsequenz
der gescheiterten Offensive
am Chemin des Dames, die
General Nivelle im Vorfeld als
sicheren, entscheidenden Sieg
in Aussicht gestellt hatte.
Stattdessen erleiden die *poilus*
unter grässlichen Wetterbe-
dingungen schwere Verluste
(links die Ebene bei Craonne

während der Schlacht).
Die Niederschlagung der
Meutereien wurde zu
Schauergeschichten auf-
gebauscht, zumal verlässliche
Quellen kaum zu finden sind
(Fotos von Erschießungen wie
hier in Verdun sind selten).
Man schätzt, dass aufgrund
der Meutereien von 1917
später 554 Todesurteile gefällt und davon 49 vollstreckt
wurden. Jüngere Arbeiten
belegen, dass die meisten
Todesurteile in der fran-
zösischen Armee in den
ersten beiden Kriegsjahren
(1914/1915) erfolgten.

»Schluss mit dem Gemetzel, wir wollen frei sein!«

16. April 1917 Als sechs Soldaten des 151. französischen Infanterieregiments ihren Posten an der Front verlassen, lösen sie damit eine wochenlange Welle von Meutereien aus. »Als wir in die vorderste Linie aufrückten, kam es im Armeekorps zu einem Vorfall, wegen dem [sic] wir folgende Forderungen stellen: 1) Frieden und Anspruch auf den überfälligen Urlaub. 2) Schluss mit dem Gemetzel, wir wollen frei sein. 3) Wegen der Verpflegung, denn die ist schrecklich. 4) Keine Ungerechtigkeiten. 5) Wir wollen nicht, dass die Schwarzen in Paris und anderswo unsere Frauen schlecht behandeln. 6) Wir brauchen Frieden, damit wir unsere Frauen und Kinder satt kriegen und Witwen und Waisen Brot geben können. Wir fordern Frieden, Frieden!« (Brief eines Soldaten des 36. franz. Infanterieregiments vom 3. Juni 1917 an seinen Onkel)

■ »Kollektive Disziplinverstöße«, wie sie die offizielle Geschichte der französischen Armee nennt, beginnen am 16. April 1917, dem ersten Tag der Offensive am Chemin des Dames. In den folgenden Wochen weigern sich immer wieder Gruppen von Soldaten, in die erste Linie vorzurücken, und begehren in unterschiedlicher Weise gegen den Krieg auf. Damit begehen sie nach offizieller Lesart »Meuterei«. Einige Historiker deuten diese »Vorfälle« als militärische »Streiks«, obwohl sie im Gegensatz zu Streiks keinem vorgegebenen Schema folgen. Eine kollektive Auflehnung gegen die militärische Befehlsgewalt kann die elementarste Institution des Staates nicht auf sich beruhen lassen, denn wenn schon die Soldaten geballten Ungehorsam an den Tag legen, bleibt ungewiss, ob die Ordnung je wiederhergestellt werden kann. Die Einstellung zum Krieg, die der Infanterist und Briefschreiber vom 3. Juni 1917 zeigt, aber auch Tausender seiner Kameraden, muss völlig neu überdacht werden.

Der Wandel der militärischen Disziplin

In der Theorie ist die Autoritätsfrage im Militär im Ersten Weltkrieg klar geregelt. Dass sie in einem gut funktionierenden Heer nur eine Richtung kennt, nämlich vom Vorgesetzten zum Untergebenen, steht seit dem Ancien Régime eigentlich außer Frage. Geringfügige Verstöße seiner Männer ahndet jeder Befehlshaber selbst, schwerwiegende Vorfälle werden von der Militärjustiz verfolgt. Die Kriegsgerichte sind zweifellos ein Überrest aus der Zeit, als der Offizier über Leben und Tod seiner Soldaten bestimmen durfte. In ihrer grundlegenden Form dient die Militärjustiz nicht nur dazu, der Gerechtigkeit Genüge zu tun, sondern gibt zudem durch die Verurteilung von Disziplinverstößen Einzelner ein wirksames Signal an die Adresse der Gemeinschaft.

Die Masseneinberufung stellt jedoch zwangsläufig die seit dem Ancien Régime üblichen Vorstellungen von Autorität und Justiz in Frage. Durch die allgemeine Wehrpflicht bilden Soldaten keine ausgegrenzte Bevölkerungsgruppe mehr. Außerdem sind sie im 20. Jahrhundert nach allgemeiner Meinung eher dadurch motiviert, dass sie sich ihrer eigenen Zivilgesellschaft verpflichtet fühlen, als durch Angst vor ihren Vorgesetzten. Der große französische Militärtheoretiker Charles Ardant du Picq hatte diesen Wandel schon vor dem Deutsch-Französischen Krieg (1870/1871) propagiert. Disziplin sollte nicht mehr auf der Einschüchterung durch eine vorgesetzte Autorität beruhen, sondern auf »wechselseitiger Beaufsichtigung«.

Bei der Organisation der militärischen Disziplin vermischen sich 1914 alte und moderne Elemente ohne enge Korrelation zwischen der Art des Regimes und den disziplinarischen Praktiken. Großbritannien ist zwar von allen europäischen Ländern das liberalste, pflegt jedoch beim Militär die traditionellste Form der Disziplin, denn das Heer ist relativ klein und besteht ursprünglich überwiegend aus Freiwilligen. Die befehlshabenden Offiziere sind u. a. befugt, das berüchtigte *Field Punishment Number One* zu verhängen: Der Übeltäter wird gefesselt und maximal 21 Tage lang jeweils bis zu zwei Stunden täglich an einen Gegenstand gebunden, etwa das Rad einer Kanone. Die Soldaten fürchten diese eher demütigende als schmerzhafte Prozedur als »Kreuzigung«. Im zaristischen Russland ähnelt das Autoritätsgefälle in der Armee dem Verhältnis zwischen Bauern und Grundbesitzern. Körperliche Züchtigungen werden kurz vor 1914 wieder eingeführt. Unteroffiziere dürfen Soldaten zwar schlagen, doch halten die Offiziere ein solches Verhalten für unter ihrer Würde. Insgesamt werden die Soldaten des Zaren vermutlich nicht viel schlechter behandelt als die anderer Streitkräfte. Frankreich und Deutschland besitzen zwar die modernsten Heere Europas, doch stammt ihr Militärstrafrecht von 1857 (Frankreich) beziehungsweise 1872 (Deutschland). Beide Gesetzeswerke sind so streng, dass sie bei Wehrpflichtigen nicht in vollem Umfang in Frage kommen. Den neuen Gegebenheiten tragen die Militärgerichte durch eine sehr selektive Anwendung oder die Abmilderung der Strafen Rechnung.

Die Todesstrafe: Oft angedroht, selten vollstreckt

In letzter Instanz kann ein Militärgericht die Todesstrafe verhängen, meist durch Erschießen. Allerdings wird nur ein Bruchteil der zwölf Millionen im Ersten Weltkrieg getöteten Soldaten exekutiert. Relativ wenige Todesurteile werden vollstreckt: rund elf Prozent in der britischen, 30–35 Prozent in der französischen und rund 19 Prozent in der italienischen Armee. Der Anblick eines Soldaten, der an einen Pfosten gebunden von seinen eigenen Kameraden erschossen wird, muss selbst in diesem von Massentod und Vernichtung geprägten Umfeld eine grässliche Erfahrung gewesen sein.

Bis heute ist es schwierig, die Zahl der Hinrichtungen mit dem militärischen Erfolg oder Misserfolg in Beziehung zu setzen, doch tendenziell nahmen die am wenigsten effizienten Streitkräfte die meisten Hinrichtungen vor. Auch ohne zuverlässige Gesamtzahlen für das Zarenreich und Österreich-Ungarn ist davon auszugehen, dass beide an der Front relativ häufig Todesstrafen vollstreckten. Das italienische Heer exekutierte 750 Mann, also 150 mehr als die weitaus umfangreicheren und effizienteren französischen Streitkräfte. In der britischen Armee starben 346 Mann durch Erschießungskommandos, in der deutschen nur 48. Die Amerikaner richteten lediglich elf Mann hin (allesamt wegen Mordes oder Vergewaltigung), die Australier nicht einen, obwohl die Briten darauf drängten. All diese Zahlen sind jedoch umstritten und berücksichtigen zudem nicht die unbekannte Anzahl Soldaten, die auf dem Schlachtfeld standrechtlich erschos-

sen wurden, getreu der uralten Maxime, dass der Befehlshaber Leben und Tod seiner Untergebenen in der Hand hat. Auf jeden Fall belastete die Drohung, vor einem Erschießungskommando zu enden, die hierarchischen Beziehungen an allen Fronten des Ersten Weltkriegs.

Damoklesschwert Disziplinlosigkeit

Undiszipliniertes Verhalten Einzelner ist hingegen allgegenwärtig. Offiziere müssen sich gut
überlegen, ob sie auf dem Schlachtfeld standrechtliche Strafen verhängen, denn auch die Übeltäter sind schließlich bewaffnet. Die Wehrstrafgesetze stammen noch aus einer Zeit, als die
Grundbegriffe »Schlacht« und »im Angesicht des Feindes« klar in Raum und Zeit verankert waren. Im Grabenkrieg hingegen sind die Soldaten in sämtlichen Frontabschnitten den ganzen
Krieg über permanent in der Schlacht. Begriffe wie »Desertieren«, »seinen Posten verlassen« und
sogar »im Angesicht des Feindes« müssen neu definiert werden. Vor diesem veränderten Hintergrund vollstreckt die deutsche Heeresführung nur wenige Todesurteile und versucht, eher
Vorschriften durchzusetzen als Strafen zu verhängen. In Frankreich tobt mindestens seit der
Dreyfus-Affäre ein erbitterter Machtkampf zwischen Armee und Republik, der während des ganzen Kriegs eine stärkere zivile Kontrolle der Militärjustiz zur Folge hat. Da Todesurteile nicht
auf Anhieb vollstreckt werden können und selbst die Reaktion auf eventuelle Unruhen nur mit
Verzögerung erfolgen kann, sind solche Maßnahmen wenig beliebt.

Natürlich fürchtet jedes Oberkommando das Schreckgespenst der Meuterei ebenso wie jeder
Soldat das Erschießungskommando. Sobald ein Regime sich nicht mehr auf den Gehorsam seiner Soldaten verlassen kann, schwebt es in Gefahr. Eine »Meuterei« kann ganz unterschiedliche Gestalt annehmen. Oft gehen militärische Niederlagen und kollektive Disziplinlosigkeit so
eng Hand in Hand, dass Historiker Mühe haben, das Verhältnis zwischen Ursache und Wirkung
exakt zu benennen. Nach Italiens Niederlage im Oktober 1917 in Caporetto, wo rund 40 000 seiner Soldaten getötet oder verwundet werden, geraten fast 300 000 Italiener in Gefangenschaft.
Weitere 350 000 verlassen sang- und klanglos eigenmächtig das Schlachtfeld. Das Gleiche, wenn
auch in geringerem Umfang, geschieht im März 1918 zu Beginn der Michael-Offensive Ludendorffs, als die 5. britische Armee fast vollständig auseinanderbricht. An diesem Tag ist die Zahl
der Kriegsgefangenen so hoch, dass Historiker sich fragen, ob
es sich womöglich um eine verdeckte »Meuterei« handelt. Die
Doppelmonarchie hat immer weniger Soldaten an der Front
aufzubieten, weil immer mehr Männer benötigt werden, um
die aufsässigen Zivilbevölkerungen (vor allem in den slawischen Gebieten) in Schach zu halten. Infolgedessen breiten
sich Meutereien im Herbst 1918 wie ein Lauffeuer quer durch
das Habsburgerreich aus und beschleunigen seinen Zerfall.
Zu einer »verdeckten Meuterei« in Form einer Massenfahnen-
flucht kommt es sogar im sonst sehr disziplinierten deutschen
Heer, insbesondere als nach dem Friedensvertrag von Brest-
Litowsk ganze Truppenkontingente von der Ost- an die Westfront verschoben werden. In der Nachkriegszeit ermittelte ein
deutscher Untersuchungsausschuss, dass zwischen 750 000

und 1 000 000 Soldaten in den letzten Kriegsmonaten ihre Einheiten verließen. Ende Oktober 1918 leitete der Matrosenaufstand in Kiel den endgültigen Zusammenbruch des Kaiserreichs ein.

Die Bürger-Soldaten am Chemin des Dames

Die deutlichste Sprache sprechen wohl die Meutereien in Frankreich und Russland. Im Mittelpunkt des Problemkreises Disziplin oder Disziplinlosigkeit steht bei beiden der Soldat mit seiner Loyalität und seinem Gefühl der Zugehörigkeit zu einer politischen Gemeinschaft. Die Abläufe sind jedoch in beiden Staaten völlig unterschiedlich.

Die Meutereien 1917 in der französischen Armee haben eindeutig eine militärische Ursache: das Scheitern der Offensive am Chemin des Dames. Nach Schätzungen von Guy Pedroncini nahmen 25 000 bis 30 000 Mann aus etwa der Hälfte der französischen Regimenter aktiv an dem Feldzug Teil. Der oben zitierte Brief des Infanteristen zeigt es: Verläuft die Befehlsverweigerung erst einmal erfolgreich, werden im Anschluss alle Aspekte des Kriegs in Frage gestellt. Die Soldaten fordern »Frieden«, paradoxerweise aber zugleich die Gewährung von Fronturlaub, der im Frieden ja überflüssig wäre. Bezeichnenderweise sind die vordersten Frontlinien von den »Meutereien« nicht betroffen. Selbst wenn sich Soldaten weigern, an weiteren Angriffen teilzunehmen, sind sie immer noch bereit, die Frontlinie zu verteidigen. Sie sehen sich selbst als *citoyens-soldats*, Bürger der französischen Republik in Uniform. Das erklärt das vergleichsweise moderate Vorgehen der Meuterer, aber auch das Ende der Unruhen. Vor die Wahl gestellt, ob sie die Militärautorität akzeptieren oder den Krieg verlieren wollen, geben sie zwar schweren Herzens, aber ohne zu Zögern klein bei.

Die Ursprünge der Russischen Revolution

Die Meutereien, die in Russland im Februar 1917 den Auftakt zum Sturz des Zarenreichs geben, haben hingegen keine konkrete militärische Ursache. Die Soldaten weigern sich schlichtweg, die Aufstände der Hungernden und die Streiks in den Großstädten mit Waffengewalt zu zerschlagen. An der Front verteidigen die meisten Soldaten ihre Stellungen, weigern sich aber anzugreifen, genau wie die Franzosen im Frühling 1917 am Chemin des Dames. Zur gleichen Zeit bereiten die Räte der Arbeiter- und Soldatendeputierten – die Sowjets – ihre Machtübernahme in Russland vor, doch Alexander Kerenski als Chef der Provisorischen Regierung will die Untertanen des Zaren innerhalb weniger Monate zu *citoyens-soldats* erziehen. Er hofft, die Geschichte des Jahres zwei der Französischen Revolution werde sich wiederholen. Mit dem Befehl einer weiteren Offensive gegen Deutschland fällt Kerenski im Frühjahr 1917 seiner eigenen Regierung in den Rücken. Die Bolschewiken bemühen sich derweil in den Sowjets beharrlich um die Unterstützung der Soldaten, denn diese verkörpern einen Teil der Staatsmacht. Lenin begreift, dass »Russland« für viele Soldaten inzwischen ein sinnentleerter Begriff ist. Ihnen sind Ackerland und Frieden viel wichtiger als die Frage, ob »Russland« den Krieg gewinnt oder verliert. Die Bolschewiken versprechen ihnen umgehend Land und Frieden und können so ihre Macht im Staat untermauern und später konsolidieren, vor allem während des Bürgerkriegs im Anschluss an den Ersten Weltkrieg. Als Joseph Stalin in den 1930er-Jahren die Rote Armee zum Krieg gegen reale und imaginäre Feinde aufruft, haben die bolschewikischen *citoyens-soldats* die von ihnen erwartete Rolle längst verinnerlicht.

Der Streik der Nähmädchen

11. Mai 1917 »Wir pfeifen drauf! Wir kriegen die englische Woche! Wir pfeifen drauf! Wir kriegen unsere 20 Sous!«, skandieren die *midinettes*, die Näherinnen der Pariser Haute Couture, nachdem zwei von ihnen am 11. Mai schlechte Neuigkeiten von ihrem Arbeitgeber erhalten haben: Das damals berühmte Modehaus Maison Jenny teilt mit, es benötige künftig samstagsnachmittags ihre Dienste im Nähatelier nicht mehr und werde ihren Lohn entsprechend kürzen. Erbost legen die beiden die Arbeit nieder und stacheln ihre Kolleginnen auf, ihrem Beispiel zu folgen. Ihre Forderungen lauten: Die »englische Woche« – fünfeinhalb Tage Arbeit für sechs Tage Lohn –, dazu eine Lohnerhöhung als Inflationsausgleich. Anfangs wirkt die Bewegung noch ganz zahm. Das sozialistische Blatt *L'Humanité* belächelt herablassend ihre »nach Flieder und Maiglöckchen duftenden Korsagen«.

■ Als die Streikwelle Ende Mai auf die Munitionsfabriken und Metallindustrie überspringt, wird die Lage jedoch erheblich ernster. In der ersten Juniwoche – zeitgleich mit dem Höhepunkt der Meutereien im französischen Heer – legen in Paris rund 42 000 Beschäftigte in den Munitionsfabriken die Arbeit nieder, drei Viertel davon Frauen. Ihre Forderungen haben sich verändert; sie wenden sich nun gegen den Krieg als solchen. Die Frauen schreien ihre Wut über die »Drückeberger« hinaus, meist überhebliche Vorarbeiter oder gewerkschaftlich organisierte männliche Kollegen. Was sie mit dem Schlachtruf *»On s'en fout!«* (»Wir pfeifen drauf!«) meinen, bleibt ungewiss: Worauf könnten unzufriedene Arbeiter ausgerechnet in den für Frankreich finstersten Stunden des Ersten Weltkriegs denn eigentlich »pfeifen«?

In Bezug auf die Gewerkschaftsbewegung unterscheiden Historiker üblicherweise zwischen »berufsgruppenbezogenen« und »politisch motivierten« Streiks, die unter Umständen in allgemeine Unruhen umschlagen können. Im Laufe des 19. Jahrhunderts entwickeln Arbeiter und

Vorangehende Seite
Die Streikbewegungen von
1917 beginnen am 11. Mai,
als die Pariser Näherinnen
die Arbeit niederlegen, um
die Fünfeinhalbtagewoche
und eine Lohnerhöhung
zu erstreiten. Am 18. Mai
marschieren die »midinettes«
über die Pariser Place
Vendôme. Fünf Tage später
bekommen sie, was sie
verlangen.

Angestellte im Arbeitskampf ein festes Ritual: Sie legen die Arbeit nieder, die Produktion stoppt, es werden keine Löhne und Gehälter mehr gezahlt. Letzten Endes handeln die Beteiligten eine Regelung aus und die Arbeit wird wieder aufgenommen. Nicht selten meinen beide Parteien, sie hätten gewonnen. Meist haben solche Arbeitskämpfe über den betroffenen Betrieb hinaus kaum Auswirkungen. Die kriegsbedingten Spannungen torpedieren dieses Schema. Angesichts der für die Fortsetzung des Kriegs unverzichtbaren Masseneinberufungen schlagen berufsständische Streiks wie der der *midinettes* schnell in politische um. Überall in Europa üben Arbeiter, die auf etwas »pfeifen«, enormen Einfluss auf den Ausgang des Kriegs aus.

Und Arbeiter haben doch ein Vaterland

Zum Erstaunen vieler politischer Aktivisten des rechten wie des linken Flügels akzeptieren die europäischen Arbeiter den Krieg ebenso wie die Gesellschaft, der sie angehören. Wenn die Fabriken sich leeren, dann weil die Arbeiter in den Krieg ziehen anstatt den Generalstreik auszurufen, der ihn nach jahrzehntelanger Hoffnung der Sozialisten hätte verhindern können. Nur wenige Arbeiter jubeln über den Kriegseintritt, doch Karl Marx' Maxime, Arbeiter hätten kein Vaterland, strafen die meisten Lügen. Die mächtigen Gewerkschaftsbewegungen in Großbritannien und Deutschland verzichten sogar auf Streiks, solange der Krieg währt, was nach allgemeiner Überzeugung nicht lange dauern kann. Millionen französische Arbeiter nehmen Jean Jaurès Empfehlung an: Man soll grundsätzlich gegen den Krieg sein, aber wenn er erst einmal da ist, soll man das Vaterland gegen die Gefahr verteidigen. Selbst innerhalb des Zarenreichs bringt der Krieg einen gewissen sozialen Frieden mit sich, wie ihn die gnadenlose Unterdrückung über Jahrzehnte nicht hatte schaffen können. Von Januar bis Juli 1914 streiken rund 1,3 Millionen russische Arbeiter, von August bis Dezember 1914 jedoch nur knapp 9500. Die Staaten mit dem am weitesten fortgeschrittenen Kapitalismus ersinnen Mittel und Wege, damit die Arbeitermassen dem nationalen Interesse ergeben bleiben und durch ihre Arbeit den Kriegseinsatz unterstützen. Mit anderen Worten: Gelingt es, »berufsgruppenbezogene« Streiks einzudämmen, stellt sich die Frage nach »politischen« Streiks womöglich gar nicht erst.

Als die Hoffnung auf einen kurzen Krieg verpufft ist, wird schnell deutlich, dass vor allem die Metall- und Rüstungsindustrie Tausende Facharbeiter benötigen. Die meisten werden in den Unternehmen für diese Tätigkeiten »abgestellt« und unterstehen damit dem Militärrecht. Die Möglichkeit, sie jederzeit an die Front zu schicken, erweist sich als höchst wirksames Druckmittel. Zudem entpuppen sich die Frauen als bestens in der Lage, qualifizierte Arbeiten zu verrichten, die vorher ein Monopol der Männer gewesen waren. Das wiederum beschert Tausenden Frauen eine bis dahin nie gekannte Unabhängigkeit. Die Beschäftigung weiblicher Arbeitskräfte ist auch für die Arbeitgeber attraktiv, denn sie zahlen ihnen weniger Lohn. Arbeitgeberverbände und Gewerkschaften tragen gemeinsam zu dem Trend bei, den die Briten als »Verwässerung« (*dilution*) der Arbeit bezeichnen: die Aufteilung der zuvor von einem relativ gut bezahlten, gewerkschaftlich organisierten Facharbeiter ausgeführten Aufgaben auf mehrere weniger qualifizierte und schlechter bezahlte Frauen, die obendrein nicht in der Gewerkschaft sind. Angesichts der hartnäckigen Geschlechterhierarchie in den Betrieben und der Tatsache, dass man Frauen nicht an die Front schicken kann, ist es nicht verwunderlich, dass sie mit zunehmender Dauer des Kriegs immer öfter an exponierter Stelle den Arbeitskampf fortsetzen.

Wenn es um die nationale Gesinnung der Arbeiterschaft geht, beherrschen Staat und Kapital das Zuckerbrot ebenso gekonnt wie die Peitsche. In Großbritannien setzen die *Treasury Agreements* zwischen Regierung, Industrie und Gewerkschaften im März 1915 bei der Mobilmachung der erwerbstätigen Bevölkerung vorwiegend auf die Arbeiter (vor allem die männlichen Facharbeiter). In Frankreich mit seinem starken Staat kommt es zu dem eigenartigen Phänomen, dass bei der Organisation der Kriegsproduktion ausgerechnet die Arbeitgeberverbände der Privatwirtschaft die Vorreiter spielen. Die Interessen der Arbeiter vertritt der Sozialist Albert Thomas, im Mai 1915 zunächst als Leiter der *Direction de l'artillerie* im Kriegsministerium, ab Dezember 1916 im neu gegründeten Rüstungsministerium. Thomas sieht den Krieg als Chance für die Einführung eines reformierten Sozialismus. Kein französischer Politiker hat sich so intensiv für die Belange der Arbeiter in der nationalen Politik eingesetzt wie er. Im angeblich

so autoritären Deutschen Reich kommt mit Hilfe des »Burgfriedens« ein erstaunlich kooperatives Verhältnis zwischen den Gewerkschaften und den Beamten des Kriegsministeriums zustande, die für die Reglementierung der Arbeit zuständig sind. Selbst nach Einführung des »Hindenburg-Programms«, das ab November 1916 im Prinzip die gesamte männliche Bevölkerung dem Militär unterstellt, sitzen Gewerkschaftsvertreter in den Ausschüssen, die in den einzelnen Militärbezirken Arbeitskräfte abstellen.

Lange Arbeitstage, mickrige Löhne, rationierte Lebensmittel ...

Heute vergisst man allzu leicht den »Verschleiß«, dem die Arbeiterklasse im Alltagsleben den Krieg über ausgesetzt ist, von langen Arbeitstagen über Hungerlöhne, die nicht einmal die Inflation ausgleichen, dem ewigen Schlangestehen für rationierte Lebensmittel bis zur ständigen Angst um geliebte Männer, Söhne und Freunde an der Front. Hinzu kommt die feste Überzeugung, dass die gehobenen Klassen weit weniger Opfer erbringen als die unteren. Die kriegsbedingten Spannungen verwischen zwangsläufig die Grenze zwischen »berufsständischen« und »politischen« Streiks, vor allem in den Ländern, in denen Staat und Gesellschaft nicht gut aufeinander eingespielt sind. Der Arbeitsplatz wird allmählich wieder zum Schwerpunkt des Widerstands.

In Italien, dessen instabile konstitutionelle Monarchie die Alliierten primär durch Bestechung zum Kriegseintritt bewegen, haben sich die Arbeiter nie so unmittelbar in den Krieg eingebunden gefühlt wie ihre Kollegen weiter nördlich. Aufgrund der relativ geringen Industrialisierung Italiens unterhalten viele Werksarbeiter noch enge Beziehungen zur Landwirtschaft, aus der die meisten noch vor gar nicht langer Zeit kamen. Die italienischen Fabriken sind extrem militarisiert und werden mit der gleichen Mischung aus strenger Disziplin und Inkompetenz geführt wie die Armee selbst. Als die Turiner Frauen im August 1917 gegen die Hungersnot auf die Straße gehen, münden die Demonstrationen rasch in einen Generalstreik und eine städtische Revolte gegen den Krieg, die das Militär erst nach fünf Tagen beenden kann. Auch in Österreich-Ungarn nehmen Hungeraufstände teilweise bedrohliche Formen an, wenn sie sich mit Arbeiterkundgebungen vermischen. Ein österreichischer Beamter schreibt an Kaiser Karl I. über die Lage in Wien im Februar 1918, alles habe mit Protesten gegen die Nahrungsknappheit begonnen, die dann rasch in eine politische Demonstration für den Frieden umschlugen, an der schlussendlich 550 000 Arbeiter teilnahmen.

Vom Streik zur Revolution: der Fall Russland

Vor allem aber in Russland schlagen »berufsgruppenbezogene« in »politisch motivierte« Streiks um, teilweise mit spektakulären Nachwirkungen. Damit eine Streikwelle zur Revolution ausufert, müssen schon besondere Rahmenbedingungen vorliegen. In gewissem Umfang ist die Unzufriedenheit der russischen Arbeiter die Folge der gescheiterten wirtschaftlichen Mobilmachung. Der fast vollständige Kollaps des Transportwesens bedingt eine chronische massive Verknappung von Nahrung und Brennstoffen, und das mitten im grimmigen russischen Winter. Inkompetente Methoden der Personalführung führen zur Verlängerung der Arbeitszeit und vernachlässigen in den Fabriken die Arbeitssicherheit, während zugleich Verstöße gegen das Arbeitsrecht durch die Belegschaften – darunter auch Streiks – streng geahndet werden. Angesichts dieser Zustände explodiert die Zahl der Streikenden: Waren es 1915 noch knapp 540 000, sind es 1916 schon über 950 000. Allein am 9. Januar 1917 treten an diesem einen Tag 186 000 Arbeiter in den Aus-

Rechts
In Russland läuten die Streiks die Oktoberrevolution ein, als sich die Soldaten den Protesten der Arbeiter anschließen. Die Streiks sind damit politisch motiviert. Hier sieht man Arbeiter und Arbeiterinnen im Oktober 1917 vor der Zementfabrik Pododa Oktobria.

stand, die meisten in Petrograd. In den ersten Monaten von 1917 steht das zaristische Regime geradezu vor einer Meuterei der gesamten Arbeiterschicht.

Zur Revolution werden die Sozialkonflikte in dem Moment, als sich das aus dem 19. Jahrhundert stammende Ablaufmuster der Streiks ändert, weil die Soldaten sich den Arbeiterprotesten anschließen. In Petrograd sträuben sich viele Soldaten dagegen, auf Menschen zu schießen, die in ihren Augen nicht Vertreter gefährlicher Volksschichten sind, sondern die ihnen nahestehen, womöglich Angehörige oder Freunde sind. Die Hungeraufstände, Streiks und Meutereien verschmelzen so zu ein und demselben Massenprotest, vor dem sich die Autorität des Zaren schließlich im Februar und März 1917 innerhalb weniger Tage in Luft auflöst. Wenn ihn seine Soldaten im Stich lassen, kann kein Staat überleben. Die führenden Köpfe der russischen Revolution wie Alexander Kerenski und Lenin entstammen der Mittelschicht und bemühen sich, die Verdrossenheit des Volkes so zu lenken, dass sie eine neue Regierung bilden können. Aus Streiks und Meutereien entstehen die mit Arbeitern und Soldaten besetzten Sowjets, in denen sich die Unzufriedenheit spontan ballt. Lenin und die Bolschewiken siegen in Russland, weil sie es verstehen, die Sowjets von Institutionen des Widerstands in staatliche Institutionen zu überführen.

»Nieder mit dem Krieg! Ein Hoch auf unsere Jungs an der Front!«

Anderswo in Europa geben die Arbeiter den »klassischen« Streik nicht so bereitwillig auf, sehr zur Verärgerung der Bolschewiken. Letzten Endes nehmen sie die Arbeit wieder auf, meist nachdem man ihnen Lohnerhöhungen zugesagt hat, die ohnehin die Inflation auffrisst. Grundsätzlich unterstützen die europäischen Arbeiter dennoch die Rüstungsproduktion bis zum Kriegsende weiter. Zwischen den Meutereien von 1917 in der französischen Armee und den Streiks im Land bestand zu keiner Zeit eine enge Beziehung, auch wenn die hysterischen Reaktionen des Oberkommandos und gewisser politischer Kreise dies vermuten lassen könnten. Eine massive Streikwelle rollt im Frühjahr und Sommer 1918 durch ganz Frankreich, als der Ausgang des Kriegs noch völlig offen ist. Doch selbst bei den militantesten Frauen hört man nach dem Ruf »*À bas la guerre!*« (Nieder mit dem Krieg!) vielfach sofort anschließend: »*Vive nos poilus!*« – »Ein Hoch auf unsere Jungs an der Front!«

Nach Kriegsende bleiben die Geschlechterhierarchie und die politischen Trennlinien in der französischen Gewerkschaftsbewegung bestehen, vor allem nach der Abspaltung der Kommunisten beim Kongress der französischen Sektion der Arbeiter-Internationale im Dezember 1920 in Tours. Die britischen Arbeiter institutionalisieren ihre Interessenvertretung in Form der Labour-Partei. Sie löst später die Liberal Party als wichtigste Alternative zu den konservativen Tories ab. In Italien wird die schwelende Unzufriedenheit der Arbeiterschicht zum Teil durch den Sieg beschwichtigt, doch ihre anhaltende Ausgrenzung aus dem politischen Geschehen ist nicht gerade dazu angetan, den Triumph des Faschismus 1922 zu verhindern. In Deutschland spaltet sich die Arbeiterbewegung bereits seit 1916. Als der Sozialistenführer Friedrich Ebert und General Wilhelm Groener nach der Abdankung des Kaisers im November 1918 Absprachen treffen, um die öffentliche Ordnung wiederherzustellen, können sie die zerstrittenen Revolutionäre mühelos außen vor halten. Der Schlachtruf »*On s'en fout!*« ertönt in der Arbeiterschicht in vielen Sprachen Europas, wenn auch mit unterschiedlicher Bedeutung und mit ganz verschiedenen Folgen.

Maria Boschkarewa,
die russische Jeanne d'Arc

21. Juni 1917 In den Straßen von Petrograd drängen sich Tausende Menschen, um einen Blick auf eine der erstaunlichsten Zeremonien des ganzen Krieges zu erhaschen: die Parade der 300 Soldatinnen von ihren Kasernen zur Isaakskathedrale in Gegenwart des Duma-Präsidenten Michail Rodsjanko und der Generäle Kornilow und Polowtsew. Die Mützen in der Hand, die Köpfe geschoren, in Stiefeln und Armeeuniform, verbeugen sich die Rekrutinnen demütig vor den beiden Ikonen, die Soldaten der 1. und 3. Armee gestiftet haben, und der Fahne, die Kriegsminister Alexander Kerenski geschickt hat. Die US-Journalistin Bessie Beatty berichtet als Korrespondentin des *Los Angeles Herald* über das Ereignis: Die Menge ist so begeistert, dass sie die Bataillonskommandeurin Maria Boschkarewa, allgemein nur Jaschka genannt, zu den Klängen der *Marseillaise* im Triumphzug durch die Straßen trägt. Dann formiert sich das Bataillon wieder und marschiert zum Marsfeld. Dort gedenkt man mit einer Schweigeminute der Toten der ersten Revolutionstage im Februar 1917.

■ Die Aufnahme von Frauen ins russische Heer erregt weltweit Aufsehen, allein durch die Reportagen diverser westlicher Journalistinnen. Auch die prominente britische Frauenrechtlerin Emmeline Pankhurst ist bei der Zeremonie am 21. Juni anwesend. Die Frauenbataillone faszinieren, erregen aber auch Unmut, weil sie gegen ein ungeschriebenes Gesetz verstoßen. Zu dieser Zeit ist das Tragen von Waffen allein Männersache; der Wehrdienst ist für junge Männer ein Initiationsritus, mit dem die Kindheit und die Abhängigkeit vom Elternhaus enden und der sie auf die Ehe vorbereitet. Der Krieg wird oft als Ausdruck und gelegentlich sogar Verherrlichung

der Mannhaftigkeit verstanden. Frauen weist man deshalb die Rolle als logistische und moralische Unterstützerin an der Heimatfront zu. Sie sollen ihre Ehemänner und Söhne anspornen, in den Kampf zu ziehen, in ihrer Abwesenheit die Familien über die Runden bringen, sie pflegen, wenn sie verwundet heimkehren, und beweinen, wenn sie fallen. In England zeigte ein sehr bekanntes Plakat eine Frau mit ihren jüngeren Kindern, die vom Fenster aus den Abmarsch junger Rekruten beobachtet. Der Slogan dazu: »Die Britinnen sagen: Geht!« In Frontnähe werden Frauen zwar nicht im Gefecht eingesetzt, erfüllen jedoch bis weit vorn logistische Aufgaben ähnlich wie die Hilfsdienste. Das gilt etwa für das 1917 gegründete britische *Women's Army Auxiliary Corps*. Krankenschwestern tun in den Lazaretten Dienst.

Fraglich ist, ob die Einbeziehung von ein paar Hundert Frauen in Ausbildung und Frontdienst tatsächlich, wie manche Beobachter meinen, einen Trend zur Gleichstellung der Frau in Russland anzeigte, oder ob es sich lediglich um einen vorübergehenden Austausch handelte, mit dem man Schwächen im russischen Heer ausbügeln und den Männern mehr Kampfgeist einflößen wollte.

Ein grober Verstoß

Urheberin des Frauenbataillons ist die Bäuerin Maria Boschkarewa, deren Vater im Russisch-Türkischen Krieg 1877/1878 als Unteroffizier in der zaristischen Armee diente. Mit 16 heiratet sie einen Soldaten. Was man über ihr Leben weiß, stammt größtenteils aus ihrer Autobiografie, die 1919 in den USA unter dem Titel *Yashka* erschien, jedoch die Grenze zwischen Wirklichkeit und Legende verwischt, angefangen mit dem Vorwort, in dem ihr Übersetzer und zweifellos Mitautor Isaac Don Levine von ihr ein romantisches Bild als russische Jeanne d'Arc zeichnet. 1915

Linke Seite und oben
Im Sommer 1917 startet Alexander Kerenski eine Groß-offensive als Beweis, dass die neue Regierung weiterhin auf Seiten der Entente steht. Das Frauenbataillon unter dem Kommando von Maria Boschkarewa zieht mit ins Feld. Neben der Truppe, an deren Aufbau sie selbst mit-gewirkt hat, präsentiert sie hier stolz ihre Orden (linke Seite, stehend). Das »Todes-bataillon« blieb der Proviso-rischen Regierung treu und verteidigte den Petrograder Winterpalast im Oktober 1917 gegen den Ansturm der Bolschewiken (oben).

richtet die junge Frau, angetrieben von glühendem Patriotismus, an den Zaren das Gesuch, in den aktiven Armeedienst aufgenommen zu werden – mit Erfolg. »Der Opferwille hatte von mir Besitz ergriffen. Mein Land rief nach mir. Eine unwiderstehliche innere Kraft trieb mich an«, gesteht sie mit mystischem Eifer.

Maria Boschkarewa ist jedoch nicht die Einzige. In Russland dienen seit Kriegsbeginn rund vierzig Frauen, meist in Regimentern, die von einem Verwandten befehligt werden. Eine davon ist Apollowna Isoltsew, die unter dem Kommando ihres Vaters steht. Andere müssen sich als Männer verkleiden wie die Bergmannstochter Anna Alexejewna Krassilnikowa aus dem Uralgebirge, die sich als Anatoli Krassilnikow freiwillig meldet, oder Marfa Malko, deren Tarnung erst in deutscher Kriegsgefangenschaft gelüftet wird. An der Westfront sind Frauen in der kämpfenden Truppe eine Rarität, mit Ausnahme einiger Journalistinnen wie Dorothy Lawrence, die als Sanitäter Dennis Smith im Britischen Expeditionskorps für eine Reportage Material sammelt. Als sie nach zehn Tagen enttarnt wird, muss sie den Militärbehörden erst einmal beweisen, dass sie keine Spionin ist. Ähnlich ergeht es ihrer australischen Kollegin Louise Mack, die im Sommer 1914 als Reporterin den Einmarsch in Belgien miterlebt und sogar kurze Zeit im Schützengraben verbringt.

Eine Besonderheit ist die Rumänin Ecaterina Teodoroiu. Die Bauerntochter aus der Kleinen Walachei besucht bis zum Krieg eine weiterführende Schule in Bukarest und arbeitet dann freiwillig als Krankenschwester im Lazarett. Als ihre beiden Brüder fallen, bittet sie um Aufnahme in ihr Regiment, als wollte sie an ihrer Stelle weiterkämpfen – ein Motiv, das sich bei vielen Soldatinnen findet. Im November 1916 gerät sie in Gefangenschaft, kann entkommen, wird aber auf der Flucht an beiden Beinen verwundet. Trotzdem kehrt sie auf das Schlachtfeld zurück und fällt schließlich am 3. September 1917. Der Mythos, der sich um ihren Tod rankt, begeistert die Jugend. Er schildert sie als quasi geschlechtsloses, der Wirklichkeit entrücktes Wesen. Auch ihr Grabstein würdigt sie als »jungfräuliche Heldin«. Geschickt vermeidet er auf diese Weise eine grundsätzliche Hinterfragung der überkommenen Rollen von Mann und Frau. Die Britin Flora Sandes arbeitet in Serbien zunächst als Krankenschwester, tritt dann jedoch ins Heer ein. Als Anerkennung der britischen Unterstützung für den serbischen Verbündeten wird sie zum Hauptmann befördert und bekommt nach einer Verwundung 1916 einen Orden.

Den Männern ein Beispiel geben

Das Interessante an Maria Boschkarewas Bataillon ist natürlich, dass diese Frauen offiziell und kollektiv als Soldatinnen dienen dürfen. Die ersten weiblichen Einheiten entstehen im Mai unter dem vielsagenden Namen »Todesbataillone« und erhalten im Laufe des Sommers Verstärkung. Wie viele Frauen in diesen Einheiten dienten, ist schwer zu ermitteln. Sicher sind es ursprünglich 2000, aufgeteilt auf zwei Bataillone. Dem von Jaschka selbst verbreiteten Mythos zufolge stammen sie aus ganz unterschiedlichen Verhältnissen. In Wahrheit können 90 Prozent von ihnen lesen und schreiben, die Hälfte besitzt eine höhere Schulbildung und ein Viertel hat studiert. Ihre Motive sind uns lediglich durch Interviews der westlichen Journalistinnen Louise Bryant, Bessie Beatty und Rheta Dorr bekannt: Patriotismus, Abenteuerlust, der Wunsch, ihren Brüdern an der Front zur Seite zu stehen, Trauer über gefallene Verwandte und Freunde oder das Gefühl, jetzt seien sie an der Reihe, ihre Pflicht zu tun. Vor allem aber befürchten viele der Frauen offenbar, ihr Land steuere in eine katastrophale Niederlage.

Als die Frauenbataillone im Frühjahr 1917 gebildet werden, ist die militärische Lage Russlands in der Tat alarmierend. In der Armee gewinnt die bolschewistische Propaganda an Boden, obwohl Kerenski aktiv gegensteuert, um die Truppen wieder in den Griff zu bekommen. Viele desertieren – Mitte Mai 1917 sind es allein in der 2. Armee über 20000. Die Frauenbataillone sollen den Männern als Vorbild dienen. Im Juni erhält das erste »Todesbataillon« reichlich Publicity durch Presseartikel, Geschenke oder Aufmärsche, etwa am 21. Juni in Petrograd oder am 2. Juli in Moskau bei der öffentlichen Segnung einer Fahne, einem Geschenk der Georgsritter. »Möge eure heilige und edle Entschlossenheit den Feigen Mut machen, den Zaudernden Kraft geben und sie zu einer gemeinsamen, unwiderruflichen Kraftanstrengung im Kampf gegen unseren Erbfeind anspornen, bis der Endsieg errungen ist«, schreibt jemand aus Moskau an das »Todesbataillon«. Auf Jaschkas eigenen Wunsch müssen sich die Soldatinnen einem ebenso rigorosen körperlichen Training unterziehen wie die Männer. Sie müssen sogar schriftlich einwilligen, dass sie auf die von der russischen Revolution erstrittenen Rechte als Soldat verzichten, allen voran den *Prikas* (Befehl) »Nummer eins« vom 27. Februar 1917, der Soldaten berechtigt, jede Anordnung zu prüfen. Die Haare der Frauen werden kurz geschoren, ihre Sachen konfisziert, jegliches Zeichen von Weiblichkeit wird ausgemerzt. Man ermuntert sie sogar zum Rauchen, damit ihre Stimme tiefer und ihr Verhalten maskuliner wirkt. Diese Vermischung der Geschlechteridentitäten fällt der amerikanischen Journalistin Rheta Dorr auf, vor allem die liebevolle Art, mit der die jungen Frauen ihre Gewehre behandeln: »Die Frauen wendeten viel Zeit dafür auf, ihre Waffen zu reinigen und sich mit ihnen vertraut zu machen. Sie schienen diese Feuerwaffen

Unten
Im Ersten Weltkrieg dienten zahlreiche Frauen als Krankenschwestern oder Sanitäterinnen, beispielsweise diese Angehörigen der britischen Hilfsdienste. Abgesehen von den Gefahren, denen sie bei Bombardements oder in der Etappe ausgesetzt waren, müssen die meist aus der bürgerlichen Mittelschicht stammenden Krankenschwestern wie Vera Brittain auch mit dem Anblick schwerer Verwundungen fertig werden. Manche sehen zum ersten Mal nackte, wenn auch verletzte Männerkörper.

zu vergöttern. Eine von ihnen nannte ihr Gewehr ständig ihren ›Schatz‹. ›Wie kannst du eine Knarre lieben?‹, fragte ich sie. ›Ich liebe alles, womit man die Deutschen totmachen kann‹, antwortete sie gehässig.«

Die »Teufelinnen« im Gefecht

Bei den russischen Männern scheint das freiwillige Engagement von Jaschkas Rekrutinnen allerdings nicht viel zu bewirken. Als sie im Juli 1917 an die Front kommen, werden sie von ihren männlichen Kollegen in der 10. Armee mit Spott, teilweise mit offener Feindseligkeit empfangen. Viele empfinden die weiblichen »Stoßtrupps«, die den Frontkämpfern frischen patriotischen Schwung vermitteln sollen, als Ehrverletzung für die Armee. Bei einer Offensive, die ab 7. Juli Kerenskis Großangriff an der Südwestfront unterstützen soll, schaffen es die 300 Rekrutinnen des »Todesbataillons«, in den Sektor Molodetschno vorzustoßen. Weil die Verstärkung ausbleibt, müssen sie sich aber unter schweren Verlusten wieder zurückziehen. Auf den Feind machen sie dennoch großen Eindruck. Aus einigen Feldpostbriefen deutscher Frontkämpfer wird erkennbar, wie bestürzt sie über die »Teufelinnen« waren, die ihnen in vorderster Linie gegenüberstanden und in ihren Augen die Unmenschlichkeit der russischen Armee bestätigen.

Jaschka wird wenige Wochen später von einer Gruppe Soldaten überfallen, teils aus Frustration, teils aus Hass auf General Kornilow, der die Frauenbataillone fördert und seit seiner Ernennung zum Oberbefehlshaber am 29. Juli 1917 versucht, wieder Zucht und Ordnung in der Truppe zu schaffen: Er verbietet bolschewistische Versammlungen und Propaganda, lässt Deserteure erschießen und nimmt fast 7000 Soldaten die Waffen ab. Der gescheiterte Militärputsch Kornilows gegen Kerenski Mitte August 1917 bringt Jaschkas Soldatinnen noch weiter in Misskredit, denn nun gelten sie als Konterrevolutionärinnen. Ende September schickt man zwei Einheiten der Moskauer »Todesbataillone« an die Front. Am 24. Oktober nimmt Kerenski die Parade des ersten Petrograder Frauenbataillons ab. Die rund 100 Kämpferinnen dieser Einheit sind am Tag darauf bei der Verteidigung des Winterpalasts gegen den Ansturm der Bolschewiken beteiligt. In seinem Roman *Zehn Tage, die die Welt erschütterten* zeichnet John Reed allerdings von ihnen ein ganz anderes Bild als verängstigte Frauen, die in kollektive Hysterie verfallen.

Die Demobilisierung der Frauenbataillone ab November 1917 verläuft im blanken Chaos. Viele Kameraden setzen ihnen zu, weil sie vom verhassten General Kornilow gefördert wurden und die Regierung Kerenski verteidigten. Ohne Uniform fallen sie wegen ihrer kurzen Haare auf, man pöbelt sie auf offener Straße an. Maria Boschkarewa flüchtet in die USA und setzt dort den Kampf gegen den Bolschewismus fort. Sogar ein Gespräch mit Präsident Wilson bekommt sie. 1919 kehrt sie nach Russland zurück, um in Sibirien eine Sanitätseinheit der Weißen Armee unter Admiral Koltschak aufzustellen. Am Weihnachtstag 1919 wird sie von Agenten der Geheimpolizei Tscheka verhaftet, zum Tode verurteilt und am 16. Mai 1920 hingerichtet. Sie wird 30 Jahre alt.

Bomben auf London

7. Juli 1917 Die britische Hauptstadt wird von deutschen Gotha-Bombern attackiert. Bei dem Luftangriff sterben 57 Londoner, 193 werden verletzt. »Alles rannte los, um irgendwo Deckung zu suchen. Ich schloss mich der Menge an, die zur U-Bahn-Station Blackfriars lief. Wir eilten die Treppen hinunter bis zum Bahnsteig [...] Die Mädchen, die in den Teegeschäften Lyons und ABC arbeiteten, waren hinter uns. Einige von ihnen stießen hysterische Schreie aus, man musste ihnen die Treppen hinunterhelfen.« So der *Times*-Journalist Michael MacDonagh über die Bombardierung.

■ Die meisten Bomben treffen Wohnhäuser, ein paar Bürogebäude und mehrere Lagerhallen. Als einziges militärisches Ziel erhält das Central Telegraph Office einen Treffer. Der Luftangriff auf London ist der zweite, in dem Gotha-Bomber zum Einsatz kommen. Der erste *raid* am 13. Juni 1917 forderte mit 162 Toten und 432 Verletzten noch mehr Opfer als der zweite. Kein Luftangriff mit Flugzeugen oder Luftschiffen hatte je so viele Menschenleben gekostet. Unter den Toten vom 13. Juni sind auch 16 Schulkinder einer Vorschule in der Upper North Street in Poplar (East End). Ein Augenzeuge schildert den furchtbaren Anblick, der sich ihm bot: »Viele der Kleinkinder lagen auf ihren Pulten, nach den schrecklichen Verletzungen an Kopf und Gliedern zu urteilen offenbar tot, viele weitere wanden sich vor Schmerzen und stöhnten herzzerreißend.«

Luftangriffe – ein Novum

Vorangehende Seite
Die Rolle der militärischen Luftfahrt ändert sich schnell. Als wichtiges Hilfsmittel für die Aufklärung (Lokalisierung feindlicher Artilleriestellungen, Warnung vor bevorstehenden Angriffen) treiben die kriegführenden Länder die Flugzeugentwicklung im Zuge ihres technischen Wettlaufs voran. Mehr und mehr setzt man Flugzeuge bei Offensiven auch als Waffen ein; bei strategischen Bombardements lösen sie allmählich die Zeppeline ab. Auf diesem Fotoausschnitt von 1917 sieht man einen deutschen Doppeldecker beim Bombenabwurf. Die Technik ist noch sehr schlicht, doch die Transportkapazität nimmt ständig zu. Die Einführung eigenständiger »Bomber« eröffnet völlig neue Perspektiven.

Rechts oben und rechte Seite
Deutsche Flugzeuge führen zahlreiche Bombenangriffe aus, die erhebliche materielle Schäden verursachen (rechts 1915 in London) und viele Menschenleben fordern (rechte Seite unten die Beisetzung von Bombenopfern in Paris). Die Zeppeline (oben) werden von den Gotha-Bombern abgelöst. 1918 beschwört ein deutsches Propagandaplakat (unten rechts) die angeblich geplante Bombardierung der Industriegebiete durch die Alliierten herauf und zitiert einen britischen Gewerkschaftler: »Man muss die rheinischen Industriegebiete mit hundert Flugzeugen Tag für Tag bombardieren, bis die Kur angeschlagen hat!«

London wird so gut wie gar nicht verteidigt und verfügt weder über ein Alarmsystem noch eine Luftabwehr. Hindenburg als Oberbefehlshaber des Heeres genehmigt die Bombardierung der Stadt von der Luft aus gegen den Willen von Reichskanzler Bethmann Hollweg, der befürchtet, mit Luftangriffen werde Deutschland jede Chance auf einen Kompromissfrieden zunichtemachen. Die deutsche Heeresleitung setzt hingegen darauf, mit den Fliegerangriffen in Verbindung mit dem uneingeschränkten U-Boot-Krieg die britische Moral so zu unterwandern, dass die dortige Regierung darüber stürzt. Doch der Plan geht nicht auf. Die Regierung wird zwar heftig kritisiert, weil sie London und die Londoner nicht besser gegen Attacken aus der Luft geschützt hat, doch die Wut der Zivilbevölkerung richtet sich im Wesentlichen gegen Deutschland. Nach dem zweiten Angriff der Gotha-Bomber plündern aufgebrachte Briten Geschäfte und Betriebe von Ausländern im Londoner Stadtteil Hackney.

Die britische Regierung und Armee stehen vor einem schwierigen Problem. Während die bei den ersten Luftangriffen eingesetzten Zeppeline durch ihre Größe und das leicht entflammbare Traggas relativ leicht abzuschießen waren, sind die Gotha-Bomber selbst schwer bewaffnet und nicht einfach abzuwehren. Die britische Öffentlichkeit drängt die Regierung, zum Schutz Londons die Kampffliegerstaffeln aus Frankreich zurückzubeordern und Jan Smuts als Mitglied des Imperial War Cabinet mit der Organisation der inneren Verteidigung zu beauftragen.

Schon vor 1914 vermuteten einige Kreise durchaus, dass Luftangriffe in künftigen Kriegen eine taktische Option sein würden. H. G. Wells' 1908 erschienener Roman *Der Luftkrieg* schildert einen Luftangriff auf New York. Ein Bombenabwurf aus der Luft, der unterschiedslos alles und jeden treffen kann, ist für die Menschen durchaus bereits vorstellbar. Das internationale Vorkriegsrecht untersagt allerdings die Bombardierung »offener« (unverteidigter) Städte. Ein solcher Angriff verstößt gegen Artikel 25 der Haager Landkriegsordnung von 1907, der nicht nur für Angriffe aus der Luft, sondern auch zu Land oder von Schiffen aus gilt. Die Bombenangriffe auf London sind allerdings Teil einer kontinuierlichen Eskalation, die in den ersten Kriegstagen beginnt und das Vorkriegsrecht völlig in Frage stellt, denn die Gewaltausübung bleibt in diesem Krieg nicht auf das Schlachtfeld beschränkt. Luftangriffe, die Bombardierung und die Verteidigung von Ballungsgebieten ziehen eine »Verstädterung« des Kriegs nach sich. Die Bomber recht-

Was England will!

Der englische Arbeiterführer Joynson-Hicks (Daily Telegraph vom 3.1.18)

„Man muß die rheinischen Industriegebiete mit hundert Flugzeugen Tag für Tag bombardieren, bis die Kur angeschlagen hat!"

fertigen zudem die Möglichkeit weiterer Verstöße gegen das, was bis zum Ersten Weltkrieg als legitimer Krieg galt.

Die Logik der Vergeltungsschläge

Flugzeuge dienen seit Beginn des Kriegs als Waffe und eröffnen den Luftraum als dritte Dimension neben den klassischen Operationsgebieten zu Land und zu Wasser, die bislang als Kriegsschauplätze fungieren. Die Entscheidung für die Bombardierung von Großstädten fällt bereits in den ersten Kriegstagen. Schon bei ihrem Einmarsch in Frankreich werfen die Deutschen am 3. August 1914 Bomben auf Lunéville ab. Französische Flieger vergelten den Affront am 14. August mit einem Luftangriff auf Hangars in Metz und die darin untergebrachten deutschen Zeppeline. Die französischen Fliegerangriffe sollen in erster Linie die Mobilmachung Deutschlands stören. Anfangs richten die Bombenabwürfe nur vergleichsweise begrenzten Schaden an, weil die Flugzeuge keine schweren Bomben transportieren oder weite Strecken zurücklegen können. Auch die Technik des Bombenabwurfs ist noch nicht sehr weit.

Im ersten Kriegsjahr richten sich die Angriffe vorrangig auf militärische oder industrielle Ziele. Im September 1914 kommt bei einem britischen Luftangriff auf einen Zeppelinhangar in Düsseldorf erstmals ein deutscher Zivilist ums Leben. Neun Tage später wird Müllheim (Baden) von alliierten Fliegern bombardiert. Im Gegenzug werfen deutsche Flugzeuge – zwei sogenannte (Etrich-Rumpler-)Tauben – am 11. Oktober 1914 Bomben auf Paris ab, denen drei Zivilisten zum Opfer fallen. Auch deutsche Zeppeline attackieren Städte und Anlagen der Entente, so etwa am 25. August 1914 Antwerpen. Die bekannteste deutsche Bombardierung britischer Städte 1914 erfolgt jedoch mit einer konventionellen Waffengattung: Hartlepool, Whitby und Scarborough an der britischen Küste werden von der Marineartillerie mit Granaten beschossen; 40 Zivilisten sterben, Hunderte werden verletzt. Obwohl die Geschosse von einem Kriegsschiff aus abgefeuert werden, gilt dieser Angriff ebenso wie die deutschen Granaten auf Nancy, Lunéville, Soissons, Arras und Reims bei den Briten und Franzosen als Rechtfertigung für die Bombardierung deutscher Städte aus der Luft, etwa Freiburg im Dezember 1914 durch französische Flieger. Die OHL wiederum sieht Bombenabwürfe auf Städte der Entente als legitime Vergeltung für die Schäden an den Zeppelinwerken durch britische Flieger. Am 19. Januar 1915 startet der erste deutsche Luftangriff auf England: Zwei Zeppeline bombardieren die Küstenstädte Yarmouth und King's Lynn und reißen vier Zivilisten in den Tod.

Im Laufe des Jahres 1915 nehmen britische und französische Flieger deutsche Städte und Ballungsgebiete ins Visier; 23 Mal im selben Zeitraum attackieren deutsche Luftschiffe London. Die Luftabwehr ist weiterhin rudimentär, doch das Straßenbild verändert sich. Vera Brittain über einen London-Aufenthalt in dieser Zeit: »Alle Straßen lagen im Halbdunkel, denn seit Kriegsbeginn ist London aus Angst vor den Zeppelinangriffen nur noch so wenig wie möglich beleuchtet.« Die französische Schriftstellerin Colette macht in Paris die gleiche Beobachtung: »Paris dreht bereitwillig die Gaslampen herunter, zieht die Vorhänge zu und verhängt seine Fenster mit Ölpapier, Leinwand oder Seidentüchern [...].« Die nächtlichen Bombardements machen Schule: Ab Juli 1915 fliegen auch die französischen Bomber nachts ihre deutschen Ziele an.

Bis zum Sommer 1915 richten sich die Luftangriffe der Alliierten gegen militärische oder industrielle Ziele; Zivilisten kommen dabei nur versehentlich zu Schaden. Am 15. Juni 1915

Linke Seite
Der Erste Weltkrieg war die Geburtsstunde der Luftwaffe und des Luftkriegs. Zunächst dienten Flugzeuge und Ballons hauptsächlich zur Aufklärung. Von der zweisitzigen britischen Reconnaissance Experimental 8 (oben) wurden ab 1916 über 4000 Stück gebaut. Die Maschine diente bereits auch für Bombenangriffe und den Beschuss von Bodenzielen. Schon früh entstand die Jagdfliegerei; Fokker-Maschinen (Mitte links) verschafften Deutschland eine Zeitlang eine klare Lufthoheit, doch Frankreich setzte schon bald ausgesprochen wendige Doppeldecker dagegen: Die mit ein bis zwei MGs ausgestattete Nieuport 17 (unten links) ist die Maschine der französischen Fliegerasse wie Nungesser oder Guynemer und der Jagdfliegerstaffeln.

beginnt jedoch eine neue Phase mit dem ersten Vergeltungsschlag der Entente, der die deutschen Luftangriffe auf Verdun und Nancy und die Zeppelinangriffe auf die englischen Küstenstädte rächen soll. Erstmals wird eine deutsche Stadt wahllos mit einem Bombenteppich überzogen, als 23 französische Flugzeuge 107 Bomben über Karlsruhe abwerfen und 30 Menschen töten. Im Jahr darauf ist die Stadt erneut Zielscheibe eines besonders massiven Vergeltungsschlags, als am 22. Juni 1916 über 260 Menschen bei einem alliierten Luftangriff sterben oder verletzt werden. Unter den Opfern sind viele Kinder, weil mehrere Bomben in ein Zirkuszelt einschlagen. Im Visier der Luftangriffe stehen vorrangig die Städte in den deutschen Grenzgebieten wie Köln, Frankfurt am Main, Mannheim und Saarbrücken. Das Hinterland wird damit zum Kriegsschauplatz: Die Entwicklung hin zum totalen Krieg macht die Lage der Zivilbevölkerungen ausgesprochen prekär.

Das Flugzeug als neue Waffe

Ein entscheidender Faktor für die Eskalation der Luftangriffe auf Metropolen und Städte ist die Weiterentwicklung der Luftfahrt. Das erste Propellerflugzeug der Gebrüder Wright stieg 1903 in die Lüfte und blieb dort eine geschlagene Minute. 1914 gehören Flugzeuge bereits zur Ausstattung von Heer und Marine mehrerer Staaten (USA und Frankreich seit 1908, Italien seit 1909, Deutschland seit 1910 und Großbritannien seit 1911). Doch die neue Waffe steht noch ganz am Beginn ihrer Entwicklung: Anfangs sollen Flugzeuge lediglich für Aufklärungsflüge eingesetzt werden, obwohl erste Luftangriffe bereits gegen Libyen und in den Balkankriegen erfolgt waren. Entsprechend kam es keinem der Hauptkriegsbeteiligten vor dem Krieg in den Sinn, Luftabwehrsysteme aufzustellen. Zunächst wird improvisiert; erst während des Kriegs kommen nach und nach Sperrballons, Flugabwehrkanonen, Leuchtraketen, Warnsirenen und Schutzräume zum Einsatz. In Freiburg im Breisgau verlegt man zum Schutz gegen Luftangriffe ein komplettes Lager mit britischen Kriegsgefangenen ins Stadtzentrum.

Zu Beginn des Kriegs verfügt die französische Luftwaffe weltweit über die modernsten Militärmaschinen: Im August 1914 sind es bereits 23 Staffeln mit 132 Flugzeugen plus 136 in Reserve, insgesamt 268 Maschinen. Im Krieg steigt die Produktion von Flugzeugmotoren in Frankreich auf 88 850 bis 92 386 steil an (in Großbritannien ist es die Hälfte, in Deutschland sind es 40 449).

Links

Die Flugabwehr war lange Zeit recht primitiv (ganz links zielen deutsche Infanteristen auf einen russischen Sikorsky-Doppeldecker), zum Teil, weil man die zunehmende Bedeutung der Luftwaffe nicht erkannt hatte. Selbst General Foch hatte noch 1910 erklärt: »Die Fliegerei ist ein schöner Sport, aber für die Armee völlig nutzlos.« Zugleich stellte die Bombardierung von Städten, also von Zivilisten, ein Novum dar und verstieß gegen die bis dahin geltenden Konventionen. Das Kriegsvölkerrecht musste letztlich angepasst werden (links auf Flugzeuge gerichtete belgische 75er-Kanonen).

Bei der technischen Innovation haben allerdings die Deutschen gegenüber den Alliierten einen Vorsprung, beispielsweise mit den Gotha-Bombern oder den »Riesenflugzeugen« (mehrmotorigen Langstreckenbombern mit sieben bis neun Mann Besatzung). Ein deutsches Erfolgsmodell ist auch der Fokker-Doppeldecker, dessen MG mit der Rotation des Propellers synchronisiert ist. 1918 entwickeln sowohl die Alliierten als auch Deutschland Langstreckenbomber, die aufgrund ihres größeren Radius bei Angriffen schwere Schäden verursachen können. Im November 1918 stellen die Briten den neuen Bomber Handley Page V/1500 in Dienst. Er kann drei Tonnen Sprengstoff bis nach Berlin transportieren. Als das britische »Royal Flying Corps« im April dieses Jahres offiziell in »Royal Air Force« (RAF) umbenannt wird, steht der Stellenwert der Fliegerei im Ersten Weltkrieg endgültig außer Frage. Diese Veränderungen laufen parallel zur wahllosen Bombardierung von Paris durch deutsche Langstreckengeschütze. Im März 1918 sterben bei einem Granateneinschlag in der Kirche Saint-Gervais 75 Gläubige mitten in der Heiligen Messe.

300 000 Londoner verbringen die Nacht in der U-Bahn

Von 1914 bis 1918 kosteten deutsche Luftangriffe auf Großbritannien rund 1400 Zivilisten das Leben, etwa 5000 wurden verletzt. Bei alliierten Bombenabwürfen auf Ziele in Deutschland gab es rund 740 Todesopfer und knapp 1900 Verletzte, die meisten davon in der Zivilbevölkerung. Die Tatsache, dass die Hälfte der Bomben allein im Jahr 1918 eingesetzt wurde, ist nach Meinung des Historikers Christian Geinitz ein Indiz für die scharfe Eskalation der Luftangriffe in der letzten Phase des Kriegs. In nur vier Monaten – von März bis Juni 1918 – kamen durch deutsche Gotha-Bomber 237 französische Zivilisten ums Leben. Sie bilden zwar nur einen geringen Teil der gesamten Opfer des Ersten Weltkriegs, doch markiert ihr Tod aufgrund der großen Entfernung zur Front einen Wendepunkt. Obwohl von untergeordnetem strategischem Wert für den militärischen Ausgang des Kriegs, wirkte sich die Bombardierung der Ballungsgebiete aus der Luft nachhaltig auf die Wahrnehmung des Kriegs in der Zivilbevölkerung aus. Nach den *raids* der Gotha-Bomber auf London verbrachten nicht weniger als 300 000 Einwohner die Nacht in der *tube*, der Londoner U-Bahn.

Der grenzenlosen Bewunderung für die Kampfpiloten – die »Ritter der Lüfte« – taten jedoch selbst die Luftangriffe auf Zivilisten keinen Abbruch. Die Vorstellung von einer Art ritterlichem Ehrenkodex im Luftkrieg existiert parallel zum Vorwurf, dass er sich vorwiegend gegen Zivilisten richtet. Die immer weiträumigeren Luftangriffe verlagern den modernen Materialkrieg mitten in die europäischen Metropolen hinein und schaffen einen gefährlichen Präzedenzfall. Die Grenze zwischen Hinterland und Frontlinie verschwimmt zusehends und verschwindet im Zweiten Weltkrieg schließlich völlig. In der Zwischenkriegszeit verbreitet der weiterentwickelte Bombenkrieg immer mehr Angst und Schrecken, vor allem im Spanischen Bürgerkrieg: Die Stadt Guernica wird von einem deutschen Fliegerangriff praktisch dem Erdboden gleichgemacht, Madrid als erste europäische Hauptstadt massiv von der Luft aus bombardiert. Bis zum Ausbruch des Zweiten Weltkriegs haben sich die Luftangriffe auf Städte bereits nachhaltig verändert: Wurden sie im Ersten Weltkrieg noch lediglich am Rande eingesetzt, spielen sie nun strategisch eine Hauptrolle.

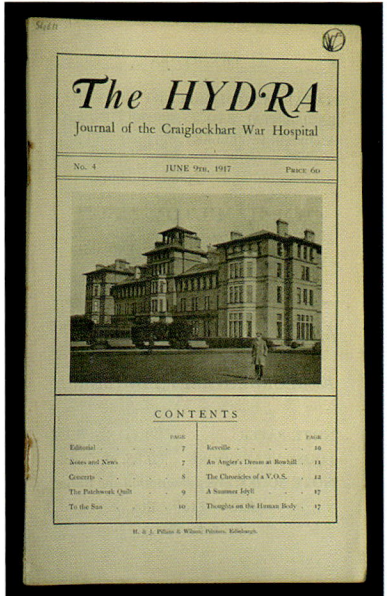

»Mein Hirn ist verdreht wie ein gespannter Stahldraht«

23. Juli 1917 Der englische Dichter Siegfried Sassoon wird wegen psychischer Störungen interniert. Einige Wochen zuvor hat er sich geweigert, zurück an die Front zu gehen. «Mein Hirn ist verdreht wie ein gespannter Stahldraht. Von früh bis spät muss ich mit anderen über den Krieg sprechen, muss Fragen von Freunden beantworten. Ich rege mich auf und stehe so unter Spannung, dass ich Sachen erzähle, die ich nie erzählen wollte. Und wenn die Lichter ausgehen und die eine Hälfte des Schlafsaals im Zwielicht liegt, die andere vom flackernden Feuer erhellt wird, wenn die weißen Betten still sind, ihre Silhouetten halb eingeschlafen, eingekuschelt, ausgestreckt, dann kriecht das Entsetzen zurück: Der Fußboden ist übersät mit Bündeln von totem Fleisch und Knochen, mit Gesichtern, deren Augen starr zur Decke blicken, Gesichtern, die zum Boden gewandt sind, die Hände verkrampft am Hals oder am Bauch; ein fahles Gesicht mit erstarrtem Lächeln unter dem struppigen Schnurrbart schaut mich über das Fußende hinweg an, die Finger in meine Decken gekrallt.« (Siegfried Sassoon, Tagebucheintrag vom 25. April 1917)

■ Am 23. Juli 1917 wird Leutnant Sassoon aufgrund psychischer Störungen, an denen er seit einigen Monaten leidet, in das Lazarett in Craiglockhart bei Edinburgh eingewiesen. Die Klinik in einem viktorianischen Anwesen mit weitläufigem Park war bis zum Krieg für verschiedenste sportliche Aktivitäten und intensive Badekuren bekannt. Als Lazarett steht sie seit Oktober 1916 unter der Leitung des angesehenen Psychologen und Anthropologen W. H. R. Rivers von der Universität Cambridge, der als einer der Ersten die Ideen Sigmund Freuds in England publik macht.

Für Sassoon ist er ein Glücksgriff. Für den jungen Schriftsteller, der wenige Jahre zuvor erst das Studium abgeschlossen hat, wird Rivers rasch zum Retter, Lehrmeister und Vorbild. Sogar in mehreren seiner Nachkriegswerke tritt er als eine Art Inkarnation des Mitleids in Erscheinung: »Ich begriff, wie einsam ich während des Kriegs gewesen war«, schreibt Sassoon. »Ich begriff, dass ich viel zu lernen hatte, und dass er der einzige Mensch war, der mir helfen konnte.«

Der Fall Siegfried Sassoon

Wie Tausende andere junge Männer seines Alters meldet auch Siegfried Sassoon sich bei Kriegseintritt Englands zu Lord Kitcheners Freiwilligenarmee. Im Frühling 1917 wird er an der Schulter verletzt und in ein Londoner Lazarett geschickt. In diesem Krankenhaus am Denmark Hill fangen die gespenstischen Alpträume an. Eine der Horrorvisionen »hat ein Loch im Kiefer, und das Blut breitet sich auf seinem bleichen Gesicht aus wie Tinte auf einem Löschblatt«. Spöttisch werfen ihm die Gespenster vor, mit seiner nur leichten Verwundung solle er schleunigst an die Front zurückkehren. Am 15. Juni 1917 tut Sassoon etwas Irrwitziges: Er schreibt dem Befehlshaber seiner Einheit einen Brief und schickt Kopien davon an Dichterkol-legen, Politiker und Journalisten. Es ist eine schroffe Absage an den Krieg: »Ich gebe diese Erklärung in bewusster Missachtung der militärischen Autorität ab, denn ich glaube, dass der Krieg von denjenigen, die ihn beenden könnten, absichtlich in die Länge gezogen wird.« Als der Brief wenige Tage später in der *Times* erscheint, droht dem jungen Offizier das Kriegsgericht, obwohl er erst im Juni 1916 mit dem *Military Cross* ausgezeichnet wurde, denn er weigert sich, zu seiner Einheit zurückzukehren. Gleichzeitig quält ihn die Vorstellung, damit verrate er seine Kameraden an der Front. Auf Betreiben seines Schriftstellerfreunds Robert Graves bescheinigt ihm eine ärztliche Kommission eine psychische Erkrankung. Am 20. Juli schickt man ihn ins schottische Craiglockhart.

Die Situation Siegfried Sassoons, des ebenfalls in Craiglockhart behandelten Wilfred Owen und anderer kämpfender Dichter ist natürlich die große Ausnahme, allein deshalb, weil sie im Gegensatz zu Tausenden ihrer Kameraden ihr psychisches Leiden mit Worten ausdrücken können. »Es sind Männer, deren Seelen der Tod verwundet hat«, schreibt Wilfred Owen über seine Leidensgenossen in Craiglockhart. Doch Sassoon und Owen befinden sich in der gleichen verzweifelten Lage wie alle Frontsoldaten, die an einem Kriegstrauma leiden. Ihr unsichtbares Leid macht diese »Kriegszitterer« in den Augen anderer zu Simulanten, in ihren eigenen Augen aber zu Memmen. Im Gegensatz zu einer »ehrenvollen« Verwundung, die von der Gesellschaft in gewissem Umfang anerkannt wird, nimmt man eine psychische Beschädigung in Kriegszeiten als unehrenhaft wahr, bestenfalls als Indiz für eine erbliche Disposition, schlimmstenfalls als verkappte Fahnenflucht, auf die die Todesstrafe steht.

Erste Gehversuche einer neuen Wissenschaft

Die Psychiatrie steckt zu dieser Zeit noch in den Kinderschuhen und ist in zwei Lager gespalten. Das eine führt psychische Ausfälle rigoros auf eine Neigung zu neurologischen Störungen zurück, die angeblich bei extrem »schwachen« Volksgruppen feststellbar ist. Das andere sieht eher äußere Umstände als Auslöser psychischer Erkrankungen. Die britische Untersuchungskommission kommt in ihrem Bericht 1917 zu dem Ergebnis, Absolventen der angesehenen *Public Schools* seien weniger anfällig für »*shell shock*« (Nervenschock) als Juden, Schotten oder Iren.

Rechts

Angesichts der Vielzahl der Erkrankungsfälle forschen Militärpsychiater fieberhaft nach ihrer Ursache. 1915 prägt der britische Mediziner C. S. Myers den Begriff *shell shock* für Störungen, die er sich durch den Lärm und die Druckwellen der vielen Detonationen auf dem Schlachtfeld erklärt (unten Granateneinschlag auf dem Grat bei Pilkem in der Schlacht bei Langemarck am 16. August 1917). Jeweils auf eigene Weise hielten Radierungen und Fotografien die Erfahrung der Kriegsgewalt im versteinerten Gesicht und starren Blick der traumatisierten Soldaten fest (links eine Radierung von Otto Dix, rechts Standbild aus einem Dokumentarfilm, der 1918 im Militärkrankenhaus in Netley entstand).

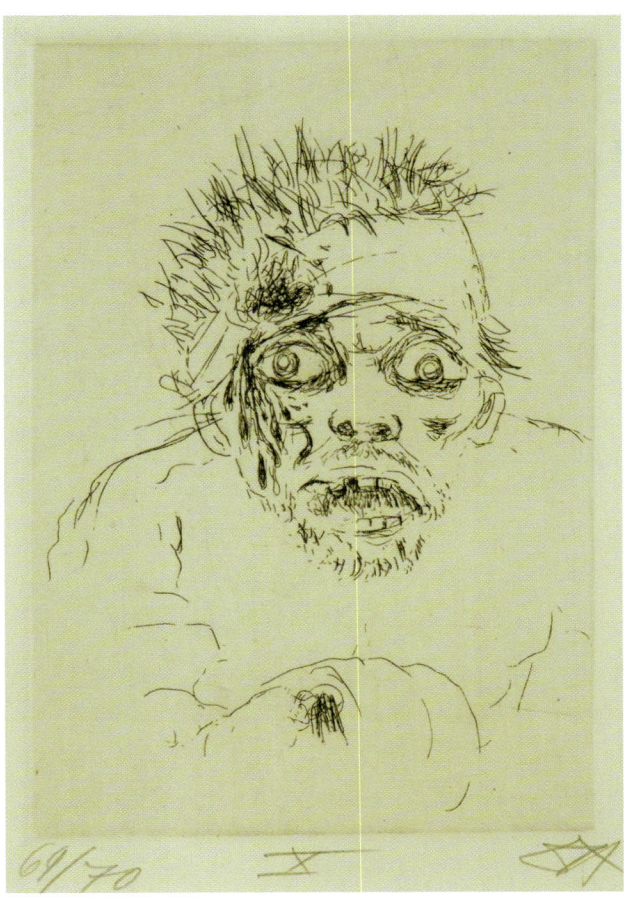

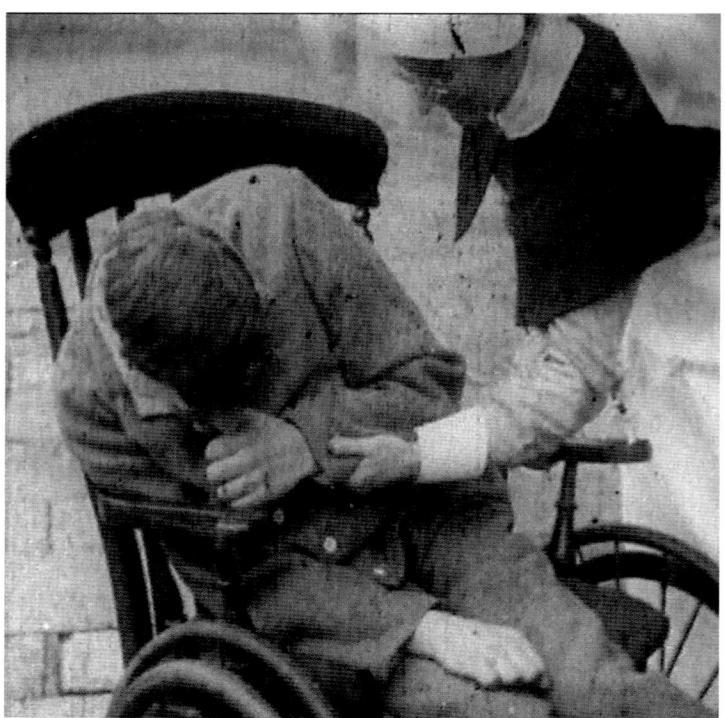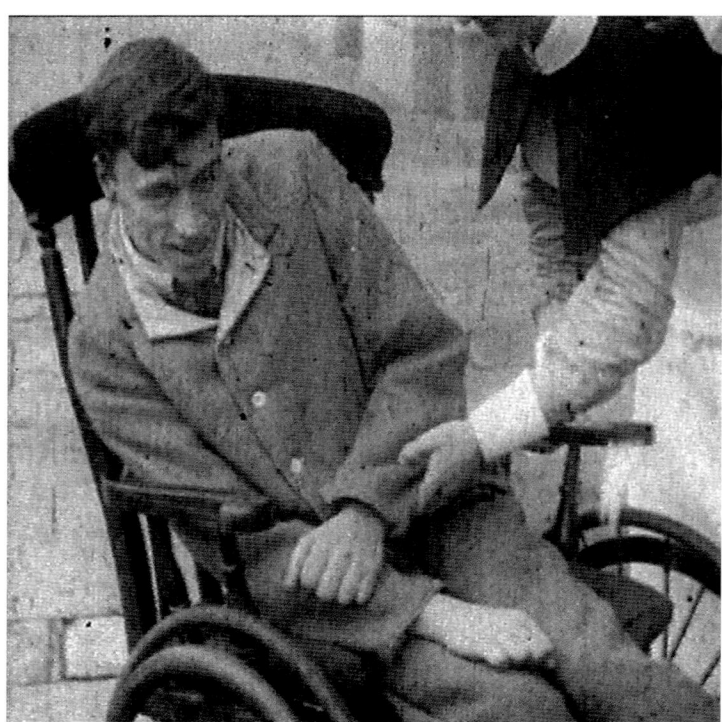

Manche Psychiater sehen einen Gegensatz zwischen psychischen Erkrankungen und Virilität und vermuten bei nervenkranken Männern einen weibischen Charakter, oft signalisiert durch ein asymmetrisches Gesicht. Der Nervenschock ist deshalb ein gutes Beispiel für die Verschmelzung zwischen ärztlicher Diagnostik und uralten gesellschaftlichen Vorurteilen. Die Ende des 19. Jahrhunderts weit verbreitete Angst vor einer »Entartung« der Volksgemeinschaft kommt im Ersten Weltkrieg angesichts der vielen traumatisierten Soldaten mit Macht wieder auf.

Kriegsneurose, Nervenschock, *obusite*, *shell shock*: Jede Nation erfindet noch während des Kriegs Begriffe für die Nervenerkrankungen so vieler Soldaten. Die Vielzahl der Begriffe spiegelt die mangelnde Vorbereitung der Ärzte auf ein solches Massenphänomen, ihre Unfähigkeit zur Klassifizierung der Traumata und ihre therapeutische Hilflosigkeit.

Eine Welle psychischer Störungen

Schon in den ersten Kriegswochen entwickeln einige Frontkämpfer beängstigende Symptome unterschiedlichster Art, von Lähmungen über Zittern und vorübergehende oder bleibende Blindheit bis zum Verstummen. Die Erfahrung eines bis dahin unbekannten Gewaltniveaus auf dem Schlachtfeld ist ein Erklärungsansatz für die Welle psychischer Störungen. Sie treten so geballt auf, dass »viele glaubten, diese Soldaten seien Simulanten oder imitierten die Symptome anderer«, wie ein britischer Psychiater 1916 schreibt. Der Anblick von Leichen, die im Niemandsland verwesen, weil sie keiner von dort bergen kann, und das Spiegelbild des eigenen Tods in den Augen sterbender Kameraden oder Feinde treiben viele Männer in den Wahnsinn. Eine entscheidende Rolle spielen auch die Granateneinschläge und Minendetonationen mit ihrem ohrenbetäubenden Lärm, ihren Druckwellen und der panischen Angst, lebendig begraben oder in Stücke gerissen zu werden. »Wenn wir von Weitem das Pfeifen hörten, zog sich unser ganzer Körper zusammen, um die extremen Erschütterungen der Detonation auszuhalten, und jedes Mal war

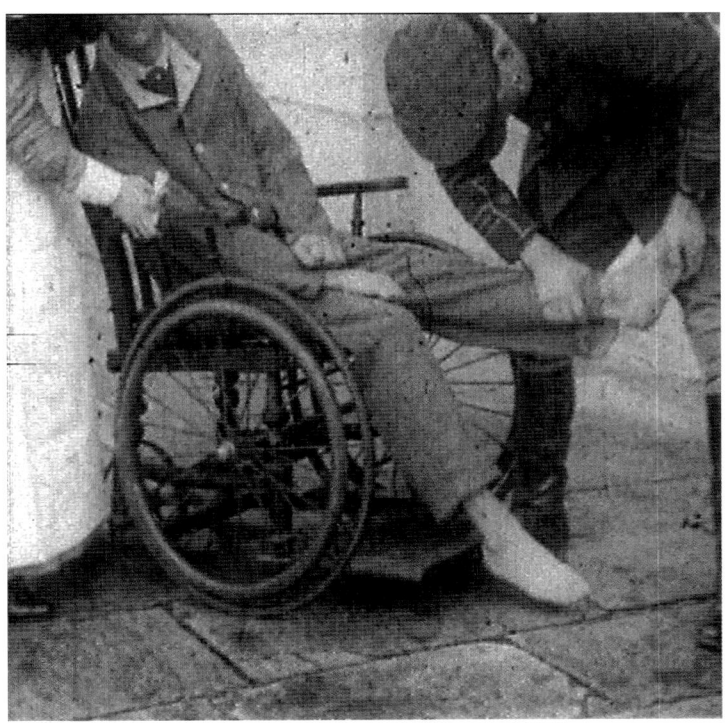

es ein neuer Anfall, eine neue Müdigkeit, ein neuer Schmerz«, schreibt der französische Unteroffizier Paul Dubrulle. »An einer Kugel zu sterben ist kaum der Rede wert, denn unser Wesen bleibt dabei intakt. Aber zerstückelt, zerfetzt, zu Mus zerstampft zu werden, das ist eine Angst, die das Fleisch nicht ertragen kann. Sie ist der Inbegriff des ungeheuren Leids, das der Dauerbeschuss verursacht.«

Ab 1915 setzt sich für solche Kriegstraumata nach und nach der vom britischen Arzt C. S. Myers geprägte Begriff *shell shock* in der medizinischen Literatur durch. Er betont den physiologischen Aspekt der Auswirkungen von Sprengstoffdetonationen auf den Organismus.

Große therapeutische Bandbreite

Anfangs richten die Militärführungen Lazarette ein, die sich auf die Behandlung von Kriegsneurosen spezialisieren. Hauptsächliche Maßnahme ist Ruhe bei guter Ernährung. Als wichtig gilt, die betroffenen Soldaten möglichst umgehend zu behandeln, damit sie um jeden Preis in der »Atmosphäre« der Kampfsituation nahe bei ihren Kameraden bleiben. Je früher die Aufnahme erfolgt, desto größer sind die Chancen auf eine baldige Genesung. Heimaturlaube sehen viele der Ärzte skeptisch: »Allzu lange Aufenthalte in Lazaretten fern der Front sind eindeutig von Nachteil«, vermerkt Professor Jules Déjerine im Dezember 1915. »Durch einen allzu natürlichen Vorgang löst [dann nämlich] fatalerweise der Selbsterhaltungstrieb die Opferbereitschaft ab.« Üblicherweise werden die Patienten nach zwei Wochen wieder kampftauglich geschrieben.

Schwerere Fälle behandelt man in früheren zivilen Irrenanstalten, die inzwischen dem Militär als neurologische Kliniken dienen. In den weitläufigen Anlagen im Grünen sollen die Soldaten sich mit sportlichen Aktivitäten wie Laufen, Seilspringen und Lockerungsübungen wieder mit ihrem Körper vertraut machen. Hydrotherapeutische Anwendungen in Form von Bädern oder Güssen in Verbindung mit einer vegetarischen Ernährung oder Milchdiät soll die Ängste

Oben

Die Fotos stammen aus einem britischen Dokumentarfilm, der gegen Kriegsende im Lazarett von Netley entstand. Er zeigt mehrere Patienten mit Kriegsneurosen. Aufgrund der vielen verschiedenen Symptome erkennen die Ärzte zunächst kein einheitliches Krankheitsbild: Manche verstummen, andere weisen Lähmungen auf oder reagieren heftig auf Reizwörter wie »Bombe« (sie werfen sich auf den Boden und suchen Deckung unter ihrem Bett). Die Therapie bemüht sich, die Patienten durch sportliche Aktivitäten wieder mit ihrem Körper in Kontakt zu bringen. Eine weitere Option ist Basteln und Werken (Foto rechts), das viele Frontkämpfer jedoch als »unmännlich« und entwürdigend empfinden.

der aufgewühlten Patienten beschwichtigen. Viele Kliniken legen auch Wert auf handwerkliche Betätigung, vor allem in Deutschland, wo man im Interesse der Rationalisierung und Wirtschaftlichkeit der Behandlung gleich Werkstätten an die neurologischen Kliniken angliedert.

Gelegentlich setzt man anstelle der sanften Methoden auch Elektroschocks nach einer langen Tradition ein, deren Wurzeln bis ins 19. Jahrhundert reichen. Man versucht, mit einer Kombination aus Überrumpelung, Angst und ärztlicher Autorität den Willen des Patienten zu brechen. »Der anfangs noch schwache Strom wird nach und nach intensiviert; man setzt die Elektroden zunächst an den betroffenen Körperteilen an, später aber, soweit nötig, an besonders schmerzempfindlichen Hautstellen (Ohren, Hals, Lippen, Fußsohle, Damm, Hodensack)«, empfehlen die Neurologen Gustave Roussy und Jean Lhermitte 1917. »[...] grundsätzlich geht es darum, etwas ›auszulösen‹, und das sollte tunlichst gleich in der ersten Sitzung erfolgen. Sie muss deshalb gelegentlich auf mehrere Stunden hintereinander ausgedehnt werden, bis man den Patienten schließlich ›erwischt‹.« Im Gegensatz zur Psychotherapie, mit der Sassoon in Craiglockhart behandelt wird, zielt diese »*torpillage*« genannte rabiate Methode darauf ab, mit Elektroschocks die psychischen Abwehrmechanismen des Patienten zu »torpedieren«. Einer ihrer Verfechter ist Clovis Vincent, der ab November 1915 die neurologische Klinik in Tours leitet. Er verherrlicht körperliche Kraft und viriles Charisma. Beides ist seiner Meinung nach erforderlich, um Männer zu heilen, die in seinen Augen Hysteriker sind. Im Sommer 1916 nimmt sein Ruf schweren Schaden, als ein Soldat namens Baptiste Deschamps die Therapie verweigert und ihm ins Gesicht schlägt. Der Fall kommt vor Gericht und löst in der Presse hitzige Debatten aus. Manche leugnen, dass die Elektroschocks schmerzhaft seien, andere halten Deschamps für ein Opfer inhumaner Behandlungsmethoden. »Darf ein Soldat eine Behandlung verweigern?«, fragt sich die Zeitung *Le Matin* auf dem Titelblatt. Das Urteil fällt wider Erwarten eher maßvoll aus: Anstatt zum Tode, wie allgemein vermutet, wird Deschamps zu sechs Monaten Gefängnis auf Bewährung verurteilt. Clovis Vincents Ambulanz im Lycée Descartes wird 1917 geschlossen.

Was aber geschieht nach dem Krieg mit all diesen psychisch traumatisierten Soldaten? Nach Kriegsende geht es dabei vorrangig um wirtschaftliche Aspekte, denn Kriegsversehrte beziehen staatliche Renten. In Großbritannien erhalten in den 1920er-Jahren 65 000 Veteranen wegen »Neurasthenie« eine Pension, sprich rund fünf Prozent der Frontkämpfer sind kriegsbedingt Frührentner. Für andere Länder gibt es keine exakten Statistiken darüber, wie viele Ex-Soldaten wegen einer Nervenschädigung Rente bezogen. Wie soll man aber die psychischen Traumata in der Nachkriegszeit beurteilen? Da Kriegsneurosen von der Gesellschaft oftmals totgeschwiegen und die Betroffenen in die Anonymität gedrängt wurden, bleiben uns nur wenige Zeugnisse wie das des Philosophen Louis Althusser, der sich aus seiner Kindheit in der Nachkriegszeit an das nächtliche »Geheul« seines Vaters erinnert, an »Laute wie von gehetzten oder selbst jagenden Wölfen, von einer unerträglichen Heftigkeit [...]. Für uns, für mich zumindest, wurde die Nacht zum Schrecknis, und ich lebte unaufhörlich in ängstlicher Erwartung seiner unerträglichen tierischen Schreie, die ich nie habe vergessen können.«

Oben

Die Behandlung von Kriegsneurotikern erfolgt auf sehr unterschiedliche Weise, teils mit rabiaten Methoden wie Elektroschocks, teils mit »sanften« Heilmethoden wie der Hydrotherapie, seltener mit Hypnose (wie auf dem Foto). In Großbritannien versuchte es W. H. R. Rivers in der Craiglockhart-Klinik sogar schon mit Psychotherapie.

Britischer Ansturm
auf Passchendaele

31. Juli 1917 Die Truppen des britischen Imperiums treten gegen die Streitkräfte des deutschen Kaisers an: Die Schlacht bei Passchendaele beginnt. »Es war mit grauenhafter Klarheit zu erkennen, dass Dutzende Schwerverwundete notgedrungen in den frischen Granattrichtern in Deckung gekrochen waren und dass rings um sie das Wasser stieg. Da keine Chance bestand, aus den Löchern herauszukommen, ertranken sie langsam«, vertraut der junge britische Offizier Edward C. Vaughan seinem Kriegstagebuch an. Mehr als jede andere Schlacht verdeutlicht diese, wie ehrgeizige militärische Ziele im Laufe des Gefechts mehr und mehr schrumpfen, bis nur noch ein einziges Dorf eingenommen wird – zum Preis von Hunderttausenden toten Soldaten.

■ Die »Dritte Flandernschlacht« bei Ypern beginnt am 31. Juli 1917 und endet am 10. November 1917. Sie steht stellvertretend für die Gefechte, die unser Bild vom Ersten Weltkrieg bis heute prägen: die unfassbare Gewalt gigantischer Materialschlachten, die Macht der Kriegsmaschinen, die aus der Entfernung alles zermalmen, das beängstigend schnelle Sterben der Soldaten, die in immer neuen Wellen in den Kampf geschickt werden, und lächerliche Bodengewinne zum Preis eines ebenso ungeheuren wie sinnlosen Blutbads. Für die Briten fällt die Bilanz katastrophal aus: Sie verlieren rund 250 000 Mann, ohne jedoch ihre Ziele auch nur annähernd zu erreichen. Auf deutscher Seite fallen 170 000 Mann. Um überhaupt einen Sinn in dieser Schlacht zu erkennen, muss man sie im Kontext dessen sehen, worum es den Beteiligten eigentlich ging.

Die beiden ersten Flandernschlachten

Vorangehende Seite
Nur extrem mühsam kommen Sanitäter bei der Bergung eines Verwundeten am 1. August 1917 im Schlamm bei Boezinge voran. Sintflutartige Regenfälle haben das ganze Gebiet in Morast verwandelt, der den Vorstoß der Briten und Franzosen in den ersten Tagen der am 31. Juli gestarteten Offensive massiv erschwert.

Ypern liegt unweit der belgischen Küste in einem ebenen, feuchten Gebiet im Südwesten Flanderns. Aus deutscher Sicht sitzt die schon in Trümmern liegende Stadt 1914 wie ein englisches Geschwür im besetzten Belgien. Nach dem »Wettlauf zum Meer« beginnt die Erste Flandernschlacht Mitte Oktober 1914 mit einem deutschen Angriff in Richtung Langemarck, der jedoch scheitert. Ein zweiter folgt am 29. Oktober bei Gheluvelt, das die Deutschen dank Verstärkung am 31. Oktober einnehmen können. Die Engländer drängen sie wieder zurück, dafür gelingt es ihnen am 1. November, den Höhenzug bei Menen zu besetzen. Da Ypern jetzt nur noch einen Steinwurf entfernt ist, konzentrieren die Deutschen sich auf die Eroberung der Stadt über die Straße nach Menen und starten am 11. November eine neue große Offensive. Aber auch diesmal scheitern sie an den zahlenmäßig unterlegenen britischen Truppen, die Ypern verteidigen.

Auch die Zweite Flandernschlacht (22. April bis 25. Mai 1915) wird von den Deutschen eingeleitet. Zwischen Poelkapelle und Saint-Julien dezimieren sie die französischen Kolonialtruppen mit Chlorgas und wenden sich anschließend gegen die Kanadier. Die dabei entstehende Lücke

können die Alliierten jedoch mit knapper Not wieder schließen. Obwohl die Deutschen beim nächsten Angriff am 24. April erneut tödliches Giftgas einsetzen, verlieren sie den vorherigen Bodengewinn wieder an die Entente. Dies ist erst der Auftakt für eine einmonatige Angriffsserie von deutscher Seite, die jedoch nichts fruchtet. Zum Andenken an einen gefallenen Freund schreibt der kanadische Sanitätsoffizier John McCrae das Gedicht *In Flanders Fields* [Auf Flanderns Feldern], das in der britischen Erinnerungskultur noch immer einen zentralen Platz einnimmt; Veteranen druckten es auf Plakaten ab, Kinder lernen es in der Schule auswendig, und bis zum heutigen Tag wird es jedes Jahr anlässlich der Gedenkfeiern rezitiert.

Haigs Starrsinn

Die Dritte Flandernschlacht erfolgt 1917 auf Initiative von Douglas Haig, dem Oberbefehlshaber der britischen Truppen an der Flandernfront, der seit langem für diese Option plädierte. Den Deutschen fehlt es zu diesem Zeitpunkt für einen großen Angriff an der Westfront an Truppen und Material. Stattdessen nehmen sie den uneingeschränkten U-Boot-Krieg wieder auf und ver-

Oben

Als offizieller Fotograf des kanadischen Expeditionskorps fertigte William Rider-Rider fast 2800 Negative an. Diese Panoramaaufnahme von November 1917 ist ein Requiem für die 3042 Soldaten, die vom 18. Oktober bis 6. November in den Gefechten bei Passchendaele fielen. Die verwüstete Landschaft, die Baumstümpfe und der einsame Soldat verdeutlichen das tragische Ausmaß, vielleicht auch die Sinnlosigkeit dieser Verluste.

Schlamm, Schmerz, Tod und Zerstörung ... Zwischen der Front und Ypern verwandelt sich die sumpfige Ebene aufgrund der Zerstörung der Entwässerungsanlagen und der sturzbachartigen Regenfälle im Sommer 1917 in eine Schlammhölle. Den vielen Pferden ergeht es an der Front nicht besser als den Menschen (oben links bei Saint-Eloi am 1. August 1917). Da die Leichen vieler Gefallener nicht geborgen werden können, bleiben sie in den Granattrichtern liegen (oben rechts nach der Schlacht auf der Kammlinie bei Pilkem). Die Sanitätsposten sind rasch überfordert. Viele Verwundete können nur notdürftig versorgt werden (unten links ein verwundeter Deutscher im September 1917). 1918 fotografiert ein Pilot den 156 Meter hohen Kemmel-Hügel, der nach den erbitterten Kämpfen dem Erdboden gleichgemacht scheint (unten rechts).

Unten

Von den Briten im Juni 1917 eroberter deutscher Schützengraben in Messines. Wie Stollen im Bergbau musste man die Schützengräben im flämischen Sumpfgebiet verschalen, um die Stellungen zu befestigen. Dazu musste man zunächst große Mengen an Material herbeischaffen und die Gräben anschließend unablässig instand halten. Die Druckwellen einschlagender Granaten schleuderten Holzsplitter oft meterweit und verwandelten sie in lebensgefährliche Geschosse.

senken ohne Vorwarnung alles, was sich bewegt, auch Handelsschiffe unter neutraler Flagge. Diese erneuten krassen Verstöße gegen internationales Kriegsrecht veranlassen im April 1917 die USA zum Kriegseintritt. Diese Umstände und vor allem die Aussicht auf Verstärkung der erschöpften alliierten Einheiten durch frische Truppen aus Übersee überzeugen Haig, mit einem letzten Aufgebot vom Ypern-Bogen aus den Feind endgültig schlagen und die Rückeroberung einläuten zu können.

Schon im Januar 1917 schlägt er vor, die belgische Küste und insbesondere die Hafenstadt Ostende einzunehmen und die dortigen U-Boot-Stützpunkte auszuschalten. Ausgeführt wird jedoch zunächst der Plan von General Nivelle. Erst nach der Katastrophe am Chemin des Dames und der Ablösung Nivelles durch Pétain kann sich Haig mit seinem Plan durchsetzen. Im Mai 1917 sichert der General dem britischen Kollegen seine volle Unterstützung zu, obwohl Frankreich gar nicht über die Mittel für eine größere Offensive verfügt. Das muss Pétain einen Monat später auch einräumen. Haig setzt nun auf die belgischen Truppen, doch König Albert verweigert seit 1915 jegliche Beteiligung an großen alliierten Offensiven, weil er sie für ineffizient hält.

Er pocht darauf, vertragsgemäß seien die Alliierten Garanten für die Sicherheit Belgiens; zudem habe das kleine belgische Heer bereits zur Genüge seine Pflicht getan, als es sich 1914 dem deutschen Einmarsch entgegenstemmte und nach wie vor seinen Frontsektor in Flandern halte. Haigs Angriffspläne nähren Alberts schlimmste Befürchtungen, denn sie sehen nur die Einnahme der belgischen Küste vor und nicht die Befreiung des ganzen Lands. Damit wolle Haig, so argwöhnt Albert, die von den anhaltenden Gefechten schon verwüsteten Dörfer und Landschaften Belgiens endgültig opfern, aber nicht zur Befreiung seines Königreichs, sondern um die Deutschen auszubluten. Im Juni begreifen die Briten, dass sie in letzter Konsequenz allein dastehen. Dennoch glaubt Douglas Haig weiterhin, in Flandern sei ihm ein entscheidender Sieg gewiss.

Erster Erfolg, erstes Zaudern

Die Präliminarien der großen Schlacht verlaufen unter scheinbar besten Vorzeichen. Die ersten Gefechte südlich vom Ypern-Bogen bestärken Haig in seinem Optimismus. Am 7. Juni 1917 zünden Pioniere der Entente 500 Tonnen Sprengstoff in insgesamt 19 eigens gegrabenen Stol-

Links

Drei irische Soldaten posieren im Juli 1917 im Sektor Pilkem für die Kamera. Obwohl in diesem Augenblick offenbar Gefechtsruhe herrscht, tragen sie Schutzkleidung ähnlich wie die Schuppenpanzer, mit denen das deutsche Heer Anfang 1917 seine Späher ausstattete. Vermutlich schützen die »Rüstungen« diese Soldaten bei der Untersuchung einer neuen oder erbeuteten Waffe. Die Haltung der Männer lässt jedenfalls erkennen, dass sie das Arsenal des Grabenkriegs nach wie vor fasziniert. Die feindlichen Innovationen werden sehr interessiert verfolgt. Bei der Entwicklung neuer Technologien – auch wenn sie so alte Vorbilder nachahmen wie die Ritterrüstung – geht es immer darum, einen Vorteil zu gewinnen und mit seiner Hilfe endlich die strategische Pattsituation zu durchbrechen, die sämtliche beteiligten Heere lähmt.

len unterhalb der Anhöhe nahe dem Dorf Messines, das seit 1914 in deutscher Hand ist. Die Explosion ist so gewaltig, dass die Einwohner der rund 50 Kilometer entfernten Stadt Lille an ein Erdbeben glauben. Ohne den Deutschen Zeit zu lassen, sich zu sammeln, erobern die Briten ihre Stellungen. Der Erfolg der Operation gibt sowohl den britischen Soldaten als auch dem strategischen Plan massiven Auftrieb, denn Messines liegt in der Verlängerung der flämischen Hügelkette östlich von Ypern. Die Einnahme dieses Kamms stellt deshalb einen wichtigen Sieg dar und verschafft den Briten die nötige Höhenlage, um wenigstens einen Teil der deutschen Etappe beobachten zu können.

Anstatt von seinem Kabinettstück zu profitieren und den Angriff fortzusetzen, verordnet Haig seinen Männern eine Verschnaufpause, die die Deutschen prompt nutzen, um sich zu sammeln. Auf englischer Seite spielen hierfür jedoch politische Erwägungen eine Rolle, denn Premierminister Lloyd George ist sehr auf die öffentliche Meinung und die Stimmung im Volk bedacht. Er zögert, Haig grünes Licht zu geben, denn angesichts der hohen Verluste seiner Armee will er ein erneutes Desaster wie an der Somme vermeiden. Er würde damit lieber bis zum Eintreffen der Amerikaner warten und sich bis dahin mit kleineren Operationen und begrenzten Zielen begnügen, denn zur selben Zeit entsendet er Truppen gegen die Österreicher nach Italien. Allerdings ist die Lage in Flandern extrem festgefahren und damit potenziell an der ganzen Westfront am gefährlichsten, weil die Parteien dort einen Großteil ihrer Kräfte zusammengezogen haben. Letzten Endes setzt sich Haig gegen den Premier durch. Zur Vorbereitung feuert die britische Artillerie zwei Wochen lang rund vier Millionen Granaten auf die deutschen Stellungen ab. Der 12. Juli ist ein rabenschwarzer Tag: Die Deutschen setzen erstmals in großem Maßstab Senfgas (»Gelbkreuz«) ein, das wegen seiner ersten Verwendung vor Ypern als »Yperit« bekannt ist.

Die Opferung der Commonwealth-Truppen

Am 31. Juli startet zwischen Diksmuide und der Leie entlang der Bahnlinie Ypern–Roeselare die Offensive. Zwischen Noordschote und Boezinge sammeln sich die französischen Truppen unter General Anthoine. Die 5. britische Armee unter General Gough geht zwischen Boezinge und Zillebeke in Stellung, die 2. britische Armee unter General Plumer im Teilstück zwischen Zillebeke und der Leie. Die Franzosen erobern zwar rasch Bikschote und Steenstrate, die Briten Pilkem, doch geht es extrem langsam voran, weil der Boden von sintflutartigen Regenfällen völlig durchweicht ist. Am 16. August bringt ein erneuter Vorstoß den Belgiern Drie Grachten und den Briten Langemarck ein, doch sind beide Erfolge im Verhältnis zum Aufwand spärlich. Am 20. September erfolgt im strömenden Regen ein Generalangriff der Alliierten. Sie erobern nach sechs Tagen Zonnebeke zurück, doch die deutsche Abwehr gibt nicht nach. Vom 26. September bis zum 3. Oktober kommt es in einem begrenzten Gebiet um den Polygon-Wald zu mörderischen Gefechten. Am 4. Oktober waten die Briten im Schlamm, doch Haig ändert seine Zielsetzung: Ihm geht es jetzt nicht mehr um Gheluvelt im Osten, sondern weiter nördlich um Poelkapelle und Passchendaele. Obwohl an diesem Tag 26 000 britische Soldaten fallen, lässt Haig den Angriff halsstarrig fortsetzen. Als unverbesserlicher Optimist erklärt er der Presse noch am 11. Oktober: »Wir haben die feindlichen Verteidigungen so gut wie durchbrochen; der Feind hat uns nur noch Fleisch und Blut entgegenzusetzen.« Am 12. Oktober erreichen sie Poelkapelle, die Franzosen stehen nun südlich vom Houthulster Wald.

Der Kampf entwickelt sich zu einem immer grausigeren, erschreckend unnützen Unterfangen. In der verwüsteten Landschaft liegen bereits unzählige Gefallene beider Parteien, ständig kommen weitere hinzu. Haig hätte die Operation längst abbrechen müssen, beharrt aber auf der völlig sinnlosen Opferung der australischen Anzacs und schließlich der kanadischen Truppen. Am 22. Oktober versucht er mit einer letzten Generaloffensive zwischen Diksmuide und Gheluvelt eine Entscheidung zu erzwingen. Die Belgier nehmen die Hochkippe ein, die Franzosen Merkem und die Halbinsel Luigem, doch die Kanadier erreichen Passchendaele erst am 31. Oktober und besetzen es am 6. November. Als die Schlacht am 10. November 1917 schließlich versiegt und das Dörfchen Passchendaele befestigt ist, sind die Commonwealth-Truppen ausgebrannt. Der Preis für die gewonnenen zehn Kilometer beträgt 25 Mann pro Meter! Mit 100 000 Tonnen Stahl lieferte die königliche Artillerie das gewaltigste Trommelfeuer ihrer gesamten Geschichte. Natürlich sind die Verluste auch auf der Gegenseite sehr hoch, doch noch besitzen die Deutschen an der Ostfront umfangreiche Reserven, auf die sie zurückgreifen können.

Bezeichnenderweise hat sich im Laufe der Monate nicht nur die Zielsetzung, sondern auch der Stellenwert der Offensive völlig verändert. Während Haig ursprünglich den Ehrgeiz hatte, an der belgischen Küste ein entscheidendes Standbein zu schaffen, um von dort aus die deutsche Armee zu zerschlagen, reduziert sich das Gefechtsterrain schließlich auf ein winziges Gebiet, einen Punkt auf der Landkarte – ein Dorf mit Umgebung. Dort tobt das endlose Gefecht. Lange ist die Situation im Frontabschnitt rings um Passchendaele wie erstarrt, nur die Nationalität der Truppen wechselt. Erst über zehn Monate später wendet sich das Blatt zugunsten der Entente. Nach der Vierten Flandernschlacht vom 9. bis 29. April 1918 starten die alliierten Streitkräfte gemeinsam unter dem Oberkommando des belgischen Königs, aber effektiv unter Führung des französischen Generals Degoutte, in Flandern eine gewaltige Gegenoffensive, bei der sie am 28. September 1918 Passchendaele und Messines ein letztes Mal erobern.

Eine halbe Million Gefallene, Verwundete und Vermisste beklagt das British Empire von 1914 bis 1918 allein in diesem winzigen Stück Belgien. Auf deutscher Seite waren die Verluste ähnlich hoch. Heute liegt in Passchendaele der größte britische Soldatenfriedhof auf dem europäischen Festland: In *Tyne Cot* stehen 11 956 Gräber und das *Missing Memorial* mit den Namen der 34 957 vermissten Soldaten. Seit 1919 strömen nach Ypern und Umgebung kontinuierlich Veteranen und Besucher, um der Toten zu gedenken. Das berühmteste Kriegerdenkmal dieser Gegend ist das 1923 bis 1927 errichtete »Gedenktor« (engl. *Menin Gate*, fläm. *Menenpoort*), das die Namen von 54 896 Commonwealth-Soldaten trägt. Eine kleine britische Gemeinde blieb nach dem Krieg in Ypern und hält das Andenken der Gefallenen lebendig. Ende der 1920er-Jahre baute sie für englische Pilger die anglikanische *St-George's Memorial Church*. Zum Gedenken an die Gefallenen blasen Hornisten der Last Post Association seit 1928 jeden Tag um 20 Uhr unter dem Torbogen *The Last Post,* das abendliche Hornsignal der britischen Truppen.

Benedikt XV. appelliert an die kriegführenden Staatsoberhäupter

1. August 1917 Papst Benedikt XV. veröffentlicht einen Appell an die kriegführenden Staaten: »In einer solch angstvollen Lage, angesichts einer solch schweren Gefahr, erheben Wir von Neuem den Ruf nach Frieden und erneuern den dringenden Appell an jene, in deren Händen die Schicksale der Nationen liegen, Wir, die Wir in keiner Weise von einem politischen Sonderstandpunkt aus die Dinge sehen, die Wir Uns von den Wünschen und Interessen keiner der kriegführenden Parteien beeinflussen lassen, sondern als gemeinsamer Vater der Gläubigen allein getrieben werden von dem Bewusstsein Unserer erhabenen Pflicht, von dem Flehen Unserer Kinder, die um Unsere Vermittlung und Unser friedenstiftendes Wort bitten, ja, von der Stimme der Menschlichkeit und der Vernunft.«

■ Es ist nicht der erste Friedensappell des Papstes, doch stellt die Note einen Wendepunkt in seinen Anstrengungen zur Beendigung des Krieges dar. Nach drei Jahren Krieg begnügt er sich nun nicht mehr mit allgemeinen Mahnungen, sondern macht gleich eine ganze Reihe konkreter Vorschläge. Genau das ist das Problem.

Als Benedikt XV. am 3. September 1914 zum Papst gewählt wird, steht an der Marne das Schicksal Frankreichs ebenso auf dem Spiel wie die Chance auf einen kurzen Krieg. Wenige Tage zuvor war Papst Pius X. überraschend verstorben. Von 65 Kardinälen erscheinen 57 zum Konklave in Rom, manche aus den kriegführenden Ländern. Kardinal Mercier, Erzbischof von Mechelen, erhält eine Ausnahmegenehmigung, um von Belgien ins neutrale Italien zu reisen. Bei der Entscheidung für den Erzbischof von Bologna spielt zweifellos die langjährige diplomatische Erfahrung eine Rolle, die Giacomo della Chiesa zuvor als Apostolischer Nuntius in Madrid und später als Staatssekretär Seiner Heiligkeit erwarb. Bezeichnenderweise ernennt er als Benedikt XV. am 13. Oktober den brillanten Diplomaten und Kirchenrechtsexperten Pietro Gasparri zu seinem Kardinalstaatssekretär.

Von Benedikt XV. zu Benedikt »Kinze« mit »K« wie »Kaiser«

Schon kurz nach seinem Amtsantritt verdammt der Papst den Krieg mit äußerster Vehemenz und beschwört geradezu apokalyptische Bilder herauf: »Unser Herz füllte sich mit Grauen und Bitterkeit bei dem Anblick, dass große Teile Europas von Stahl und Feuer verwüstet und vom Blut der Christen gerötet sind«, schreibt er am 8. September 1914. Obwohl der Papst von Anfang an die neuartige Zerstörungskraft dieses Kriegs erkennt, verbietet ihm seine Neutralität, die Praktiken der einen oder anderen kriegführenden Partei offen zu verurteilen. Seine Schäfchen leben

schließlich in beiden Lagern – fast 124 Millionen in den Entente-Staaten und 64 Millionen in den Mittelmächten. In seinen Augen ist dieser Krieg in erster Linie ein Massenschlachten zwischen Christen. Er erscheine ihm als »Selbstmord des zivilisierten Europas«, schreibt er im März 1916 an Kardinal Pompili. Der Grund sei die »Konfrontation zwischen den im Materialismus gärenden sterblichen Elementen«. Für die Bevölkerungen der kriegführenden Länder, insbesondere in den besetzten Gebieten, gehen diese abstrakten Ausführungen am Wesentlichen vorbei.

Mit einem Aufruf zu Gebeten für den Frieden erweckt Benedikt XV. am 7. Februar 1915 erstmals heftige Reaktionen, allen voran in Frankreich, wo das Verhältnis zwischen Kirche und Staat ohnehin äußerst gespannt ist. Bei Kriegseintritt beteiligte sich die katholische Kirche an der *Union sacrée*. Im Oktober 1915 wird der katholische Parlamentarier Denys Cochin als Staatsminister in die Regierung Briand berufen. Reibungslos verläuft diese vorübergehende Beilegung des Religionsstreits allerdings nicht: Man bezichtigt Geistliche, sie fassten den Krieg als Strafe Gottes für die antiklerikalen republikanischen Bestrebungen Frankreichs auf. Und wie schon 1870 heißt es hinter vorgehaltener Hand, die katholische Kirche begünstige heimlich den Feind. Als der Friedensaufruf erscheint, werden zwei katholische Zeitungen – *La Semaine religieuse* und *Le Pèlerin* – auf Antrag der Regierung beschlagnahmt. Zur Begründung heißt es, die Note Benedikts XV. schwäche womöglich die Motivation der Soldaten. Der Erzbischof von Paris, Monsignore Amette, gibt sich alle Mühe, dem Text seine Brisanz zu nehmen: »Voraussetzung für den Frieden, wie wir ihn anstreben, ist der Triumph des Rechts [...]. Wenn wir für Frieden beten, bitten wir damit um den Sieg Frankreichs und seiner Verbündeten«, erläutert er.

Einige Monate später versetzt ein Artikel in der Wirtschaftszeitung *La Liberté* die politische Szene Frankreichs in Aufruhr. Als der Journalist Louis Latapie den Papst auf die Torpedierung der *Lusitania* durch ein deutsches U-Boot anspricht, bei der am 7. Mai 1915 rund 1200 Zivilisten ums Leben kamen, erklärt dieser: »Ich kenne kein abscheulicheres Verbrechen, es zerreißt mir das Vaterherz. Aber glauben Sie etwa, die Blockade, die zwei Reiche umklammert hält und Millionen Unschuldige zum Hungern verurteilt, basiere auf Menschlichkeit?« Natürlich handelt es sich um eine Aussage aus zweiter Hand, die so sicher nie gemacht wurde, doch vielen erscheint sie glaubhaft. Für die meisten Franzosen sind die »deutschen Gräueltaten« vom Sommer 1914 – der Überfall auf Belgien, die Verwüstung Nordfrankreichs, die Beschießung der Kathedrale von Reims – noch allzu präsent; es sind zu viele eigene Todesopfer zu beklagen, als dass man das geringste Mitleid für das deutsche Volk aufbringen könnte. Die Blockade der Alliierten ist deshalb als Argument inakzeptabel. In dieser Zeit beginnt die Zeitung *L'Action française*, die »XV« im Namen Benedikts anstatt mit »q« (»quinze«) mit »K« wie »Kaiser« zu schreiben. Clemenceau erklärt den Papst zum »Pontifex des Heiligen Römischen Reichs Deutscher Nation«.

Die diplomatischen Fehlschläge des Vatikans

Der Kriegseintritt Italiens auf Seiten der Entente-Mächte am 24. Mai 1915 ist zweifellos einer der größten Misserfolge der päpstlichen Diplomatie. Der Vatikan hatte gemerkt, dass die italienische Regierung den Alliierten näher rückte, um im Fall eines Siegs von Österreich-Ungarn die *terre irredente* zu fordern (die »unerlösten« Gebiete Südtirol, Triest sowie Teile der dalmatischen Küste). Er drängt daraufhin die österreichische Regierung zu Konzessionen, die jedoch in den Augen der Italiener nicht ausreichen. Durch den Beitritt Italiens bildet der Vatikan fortan eine Enklave in einem kriegführenden Staat. Der Kriegseintritt ist darüber hinaus ein Indiz für den Machtverlust des Heiligen Stuhls in einem von alters her katholischen Land. Trotzdem bemüht sich Benedikt XV. weiter resolut, die Kriegsfolgen abzumildern, vor allem die Not der Verwundeten und Kriegsgefangenen. Im Dezember 1914 schlägt er in einer Note an die Staats- und Regierungschefs der kriegführenden Nationen einen Austausch von Gefangenen vor, die zum Kämpfen zu krank oder zu schwer verwundet sind. Im Januar 1915 werden die ersten knapp 30 000 Gefangenen in Krankenhäuser in der neutralen Schweiz überstellt. Während des ganzen Kriegs bemüht sich die vatikanische Kriegsgefangenenhilfe neben dem Roten Kreuz um Informationen über den Gesundheitszustand von Gefangenen und leitet sie an ihre Familien weiter.

Das ganze Jahr 1916 über hält sich Benedikt XV. zurück, doch Anfang 1917 bereiten seine Diplomaten eine wichtige Friedensnote vor. Unter größter Geheimhaltung nimmt man Kontakt zur deutschen Regierung auf. Der Apostolische Nuntius (und spätere Pius XII.), Monsignore

Unten
Der Papst bot sich mehrfach als Vermittler an, um ein Ende des Kriegs herbeizuführen. Links: Der Apostolische Nuntius Eugenio Pacelli überreicht den deutschen Behörden am 29. Juni 1917 ein Schreiben, in dem Benedikt XV. den Kaiser bittet, Frieden zu schließen, doch sowohl die Deutschen als auch die Franzosen weisen seine Appelle zurück. In Abel Faivres Karikatur rechts hat der deutsche Adler in der Tat wenig Ähnlichkeit mit einer Friedenstaube.

Le Messager de la Paix

— Elle en a une gueule la colombe !

Pacelli, wird beauftragt, ihr die Vorschläge des Papstes zu unterbreiten. Dies fördert im Nachhinein das Gerücht, er stehe auf Seiten der Deutschen, denn warum hätte er sich sonst nur an sie und keinen anderen Staat gewandt? Der Vatikan ist jedoch überzeugt, dass er weder in Paris oder London noch in Moskau Gehör finden werde. Zudem sieht er die Haltung der Mittelmächte als Schlüssel für jegliche Gespräche. Allerdings erfolgt der Schritt Benedikts XV. zum falschen Zeitpunkt, als die Oberste Heeresleitung nach dem Sturz der zivilen Regierung Bethmann Hollweg am 13. Juli 1917 ihre Machtstellung gerade weiter ausbaut. Den Verhandlungsspielraum des Vatikans engt diese Entwicklung erheblich ein.

Einhellige Zurückweisung der Friedensnote

Die diplomatische Note vom 1. August 1917 wird anfangs als geheim eingestuft, jedoch zwei Wochen später in der Presse veröffentlicht. Darin greift Benedikt XV. den Tenor seiner ersten Monate im Amt wieder auf: »Soll denn die zivilisierte Welt nur noch ein Leichenfeld sein? Soll das ruhmreiche und blühende Europa, wie von einem allgemeinen Wahnsinn fortgerissen, in den Abgrund rennen und Hand an sich selbst anlegen zum Selbstmord?« Unwillen erregen vor allem seine Vorschläge zu konkreten Fragen, hier ein Novum gegenüber den vorherigen Briefen. Ob Wiedergutmachung, Wiederaufbau oder die Zukunft der besetzten Gebiete – zu all diesen Themen äußert er sich mit einem Idealismus, der den Erwartungen seiner Zeitgenossen diametral entgegengesetzt ist. Zum Thema Reparationen erklärt Benedikt XV., würde »man die Fortsetzung eines solchen Gemetzels aus bloß wirtschaftlichen Gründen nicht verstehen« – und bezeugt damit, dass er selbst bis zu einem gewissen Grad blind für die grundlegende Hoffnung der Franzosen auf die Wiedergutmachung der Kriegsschäden ist.

In Frankreich wird das apostolische Schreiben selbst in katholischen Kreisen eisig aufgenommen. Ein vehementer Gegner ist der Philosoph und Dominikanerpater Antonin-Gilbert Sertillanges; im Dezember 1917 bekräftigt er in einem Vortrag: »Heiliger Vater, wir können derzeit Euren Aufrufen zum Frieden nicht Folge leisten [...]. Überzeugt diejenigen, die dem Mann im Weißen Haus [US-Präsident Wilson] jede Hoffnung genommen haben [...]. Wir glauben nicht mehr an einen Friedenskompromiss.« Zur Verblüffung des Papstes stoßen seine Vorschläge auch in Deutschland auf taube Ohren. Lediglich Karl I. als neuer Kaiser der erzkatholischen Doppelmonarchie erklärt sich zu Verhandlungen bereit, doch sind ihm ohne deutsche Rückendeckung die Hände gebunden. Der Papst scheitert, doch nicht nur er: Allen, die in dieser Zeit Friedensvorschläge machen, geht es genauso. Nach so vielen Opfern, die alle kriegführenden Nationen bereits erbracht haben, erscheint ein Frieden ohne Sieg unvorstellbar – auch dies ein Indiz für die Totalisierung des Kriegshandwerks in den Jahren 1914 bis 1918.

Anders als von Monsignore Amette 1915 befürchtet, beeinträchtigen die gescheiterten Friedensbemühungen des Papstes nach dem Krieg den Einfluss der katholischen Kirche ebenso wenig wie seine allseits bezweifelte Neutralität (für die eine Seite ist er der »pape boche«, für die andere der »Franzosenpapst«). Sogar die Ende des 19. Jahrhunderts noch virulente antiklerikale Haltung Frankreichs scheint sich abzuschwächen. 1921 nimmt es wieder diplomatische Beziehungen zum Vatikan auf. In Erinnerung bleiben lediglich die Beteiligung der Kirche an der *Union sacrée* und der Beistand, den Tausende Geistliche in den Schützengräben den Soldaten leisteten.

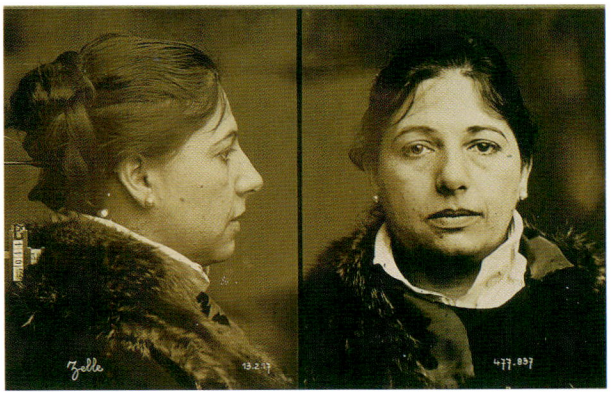

Margaretha Geertruida Zelle, genannt Mata Hari

15. Oktober 1917 Seit dem 24. Juli muss sich eine junge Frau in Paris vor dem 3. Militärgericht verantworten. Sie ist schön und berühmt. Doch genau das wird ihr zum Verhängnis, denn in den Augen der Offiziere, die sie verächtlich mustern, entlarvt ihre Schönheit sie als Spionin: Sie habe ihren Charme eingesetzt, um eine Verschwörung gegen Frankreich zu unterstützen. Trotz dürftiger Beweislage wird Margaretha Geertruida Zelle alias Mata Hari nach stümperhaftem Prozess am 15. Oktober im Festungsgraben von Schloss Vincennes bei Paris standrechtlich erschossen.

■ Umgehend greift die deutsche Propaganda die Neuigkeit auf, scheitert jedoch mit dem Versuch, die katastrophale Wirkung von Edith Cavells Hinrichtung 1915 wettzumachen. Die beiden Frauen könnten nicht unterschiedlicher sein: eine britische Krankenschwester, deren Patriotismus allseits gewürdigt wird, und eine Halbweltdame in chronischen Geldnöten …

Margaretha Geertruida Zelle wird am 7. August 1876 im niederländischen Leeuwarden geboren. Sie heiratet den Kapitän Campbell MacLeod und zieht mit ihm nach Niederländisch-Ostindien. Dort entwickelt sie eine Vorliebe für Exotik, die sie nach ihrer Rückkehr nach Holland 1903 zu ihrem Markenzeichen als Tänzerin macht und verführerisch einzusetzen weiß. Nach ihrer Scheidung geht sie nach Paris und arbeitet als Nackttänzerin unter dem Künstlernamen Mata Hari, auf Malaiisch »Auge des Tages«. Die Tänzerin Colette beschreibt unverblümt ihren attraktiven, »langgestreckten, schlanken und stolzen nussbraunen Körper«. Mit zunehmendem Erfolg baut sie ihre Karriere aus und hat zahlreiche Affären vor allem mit reichen, mächtigen Männern.

Als Bürgerin eines neutralen Staats kann sie auch im Krieg nach Belieben von einem Land zum anderen reisen und sich mit ihren Verehrern treffen. Ihre Mobilität, ihre Entourage und Verführungskraft entgehen dem französischen Geheimdienst nicht. Im September 1916 wirbt er sie als Spionin an. Aufgrund ihrer zweifelhaften Beziehungen zu zahlungswilligen Deutschen verdächtigt man sie in Frankreich allerdings als Doppelagentin, denn alles scheint zusammen-zupassen. Die französische Spionageabwehr verhaftet sie am 13. Februar 1917 mitten in Paris im Hôtel Palace. Nach langwierigem Verhör gesteht sie schließlich, dass sie tatsächlich für die Deutschen arbeitet, und zwar unter dem Decknamen H-21, der dem französischen Geheimdienst bekannt ist. Einer chiffrierten Nachricht zufolge, die der Militärattaché der Deutschen Botschaft in Madrid nach Berlin sandte, soll der deutsche Konsul in den Niederlanden ihr 20 000 Francs ausgehändigt haben, und zwar – so die Richter – für Dienste, die sie dem Deutschen Reich geleistet habe; für Dienste ganz anderer Art, so die Tänzerin selbst. Von den vielen, zum Teil lächer-lichen Vorwürfen ist dies der gravierendste. Der Prozess gegen Mata Hari wird am 24. Juli 1917 eröffnet und dauert nur einen Tag. Im Schnellverfahren verurteilt man die junge Frau zum Tode.

Ein Opfer der Umstände im »Jahr der Wirren«

In Wahrheit ist Mata Hari im Wesentlichen Opfer der Umstände, unter denen das Verfahren gegen sie eröffnet wird. Poincaré zufolge ist 1917 ein »Jahr der Wirren«. Die katastrophal ver-laufene Offensive am Chemin des Dames löst erstmals ernsthafte Meutereien im französischen Heer aus, wenn auch nicht an vorderster Front, so doch in der Etappe. Im Gegensatz zu einer pazifistischen Deutung, die im Nachhinein konstruiert wurde und bis heute weiter vertreten wird, richteten sich die Meutereien jedoch nicht gegen den Krieg als solchen, sondern gegen die Behandlung der Soldaten durch ihre Vorgesetzten und ihre sinnlose Opferung in der Schlacht. General Nivelle wird abgesetzt und durch Pétain abgelöst, der sich noch im Glanz seines Siegs in Verdun sonnt. Mit fester Hand, aber auch Verständnis sorgt er wieder für Ordnung im Heer. Auf politischer Ebene läutet der Amtsantritt Clemenceaus als Ministerpräsident im November 1917 eine Wende ein: Frankreich will bis zum Äußersten – bis zum Endsieg – weiterkämpfen.

Spione, wohin man auch blickt

Den Mittelmächten gelingt es jedenfalls nicht, die Hinrichtung Mata Haris gegen die Entente zu verwenden. Dafür beflügelt ihre Geschichte die Fantasie so sehr, dass sie zum literarischen Topos wird, der sich durch das 20. Jahrhundert zieht. Spionageromane und -filme drehen sich mit Vorliebe um erotische halbseidene Frauen, die als Evastöchter und Verräterinnen die männlichen Helden ins Verderben stürzen. In einem Film von George Fitzmaurice von 1931 spielt Greta Gar-bo die Rolle der Mata Hari. Natürlich klafft zwischen Fantasie und Wirklichkeit auch in der Spio-nage eine große Kluft, doch sind Spione und Agenten seit dem 19. Jahrhundert tief im kollektiven Bewusstsein verankert. Die meisten stammen aus zwielichtigem Milieu und agieren im Dunkeln. Sie verraten intimste Geheimnisse (und bedrohen damit die Familienehre), aber auch Staats-geheimnisse (und unterwandern damit die politische Macht). Ihre verschwiegenen Methoden ma-chen sie zu infamen Figuren, denen man mit moralischer Entrüstung und Misstrauen begegnet.

Diese Fantasien lassen sich mühelos reaktivieren, sobald die Gemeinschaft sich in Gefahr fühlt, und münden unter Umständen in eine regelrechte Hexenjagd. In den ersten Augustta-

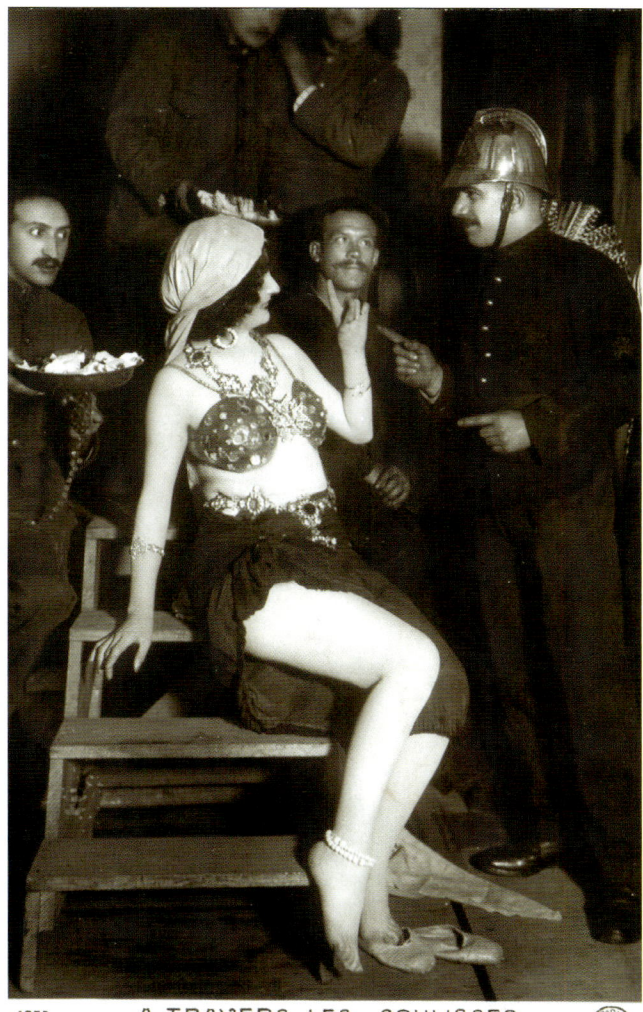

A TRAVERS LES COULISSES
MATA-HARI

gen 1914 kommt es in Frankreich etwa zu einer Welle akuter *espionnite* (Angst vor Spionen). In Paris verdächtigt man Werbeplakate für die Brühwürfel der Maggi-Tochter Kub, verschlüsselte Botschaften für den Nachschub der deutschen Invasionstruppen zu verbreiten. In einigen Gegenden veranlassen die Präfekten daraufhin ihre Vernichtung, in anderen reißen wütende Massen sie selbst von der Wand. »An alle Automobil- und Radfahrer: Zerstört die Plakate für Kub-Brühwürfel. Es sind durchweg Informationen für deutsche Spione«, warnt eine Zeitung in Montluçon. In Brüssel und Stuttgart geht das Gerücht, Spione hätten das Trinkwasser vergiftet.

Beim deutschen Einmarsch in Belgien verbindet sich die Legende von den »Franktireurs« mit der Angst vor Spionen zu Ammenmärchen, etwa dass die Pfarrer mit den Kirchenglocken die deutschen Stellungen verraten. Seit Kriegsbeginn grassiert in den meisten Ländern die Angst vor dem äußeren, aber auch vor dem inneren Feind. Als im Spätsommer 1914 die ersten Bomben auf Paris fallen, geht die Jagd auf Spione weiter: Dutzende Zivilisten melden bei der Polizeipräfektur, im ersten Stock dieses oder jenes Hauses hätten sie verdächtige Lichter beobachtet, die deutschen Fliegern als Orientierung dienen könnten, während der Rest der Stadt mangels offizieller Flugabwehr tief verdunkelt ist, selbst das Licht der Gaslaternen durch blau bemalte Lampenschirme gedämpft wird und die Straßenbahnen mit zugezogenen Rollos fahren.

Der Verschwörung verdächtigt

Der Historikerin Gundula Bavendamm zufolge nimmt das Märchen von der inneren Verschwörung im Nachkriegsfrankreich einen prominenten Platz ein. Louis-Jean Malvy, ehemaliger Innenminister und einer der bekanntesten Radikalsozialisten, wird 1917 von der *Action française* des Hochverrats bezichtigt. »Herr Malvy hat Deutschland über unsere sämtlichen militärischen und diplomatischen Vorhaben genau ins Bild setzen lassen«, schreibt Léon Daudet in einem Brief an Präsident Raymond Poincaré. »Auf diese Weise wusste die Oberste Heeresleitung – um nur ein Beispiel zu nennen – genauestens über den Angriffsplan für den Chemin des Dames Bescheid [...]. Sie müssen auch wissen, dass unzweifelhaft echte Dokumente beweisen, dass Herr Malvy und die Sûreté générale an den Meutereien und tragischen Vorfällen im Juni 1917 beteiligt waren.« Die Anschuldigungen gegen Malvy stehen schon länger im Raum. Als er im Herbst 1915 den Ausnahmezustand lockert, verdächtigt man ihn prompt, er wolle die Sicherheit der Hauptstadt sabotieren. Zwei Jahre später vereinigen sich all die Verdachtsmomente zu einem großen Gesamtbild und machen Malvy in der nationalistischen Presse zum Sündenbock der Krise von 1917. Im Juli 1917 greift ihn Clemenceau während einer öffentlichen Senatssitzung wegen seiner Beziehungen zur pazifistischen Zeitung *Le Bonnet rouge* an. Im August 1918 verbannt man ihn für fünf Jahre, die er im spanischen San Sebastián verbringt. Im Dezember 1917 gerät auch Joseph Caillaux wegen seiner Verbindungen zu deutschfreundlichen Pazifisten unter Verdacht; im Januar 1918 wird er inhaftiert, aber erst im April 1920 verurteilt. Er verliert für zehn Jahre seine bürgerlichen Ehrenrechte.

Oben
Der Erste Weltkrieg weckte das Interesse des Publikums am neuen literarischen Typus des Spions/der Spionin (oben Jules Chancels 1917 erschienenes Buch *Sous le masque allemand*).

In den beiden letzten Kriegsjahren etabliert sich die Verschwörungstheorie demnach als höchst einflussreiches Deutungsmodell, das vor allem Clemenceau als Regierungsinstrument benutzt. Die oft instrumentalisierte These verleiht der Gefahr ein konkretes, kohärentes Gesicht und belegt den Wunsch der Zivilbevölkerung, sich auf ihre Weise an der Verteidigung ihres Vaterlands zu beteiligen: Während die Soldaten an der Front kämpfen, müssen Frauen, alte Leute und Kinder daheim wachsam sein. Unter Verdacht stehen im Wesentlichen Mitbürger aus dem feindlichen Ausland oder aus neutralen Ländern. So werden zum Beispiel alle gebürtigen Deutschen und Österreicher, die keine britischen Staatsbürger sind, nach Verkündung des neuen Ausländergesetzes am 5. August 1914 in Großbritannien interniert. In diesem totalen Krieg kennt man nur noch Freund und Feind, Neutrale sind per se suspekt. Ihre niederländischen Wurzeln machen auch Mata Hari zum idealen Sündenbock. Die öffentliche Bekanntgabe ihrer Hinrichtung bestärkt die Franzosen in der Überzeugung, dass die innere Gefahr keine Einbildung ist.

Im Krieg der Geheimdienste siegen die Briten

Unabhängig von den Fantasien, die sich um die Figur des Spions/der Spionin ranken, steht eines fest: In der Geschichte der Spionage bildet der Erste Weltkrieg einen Wendepunkt. Bis zu seinem Beginn steckten die europäischen Geheimdienste noch in den Kinderschuhen. Aufgrund der Verhärtung der Fronten benötigte man jedoch zwingend Informationen, um die Pläne des Feindes vereiteln zu können. Schon im November 1914 treffen sich die Generalstäbe Frankreichs, Belgiens und Großbritanniens im belgischen Furnes und koordinieren die Vorgehensweise ihrer Nachrichtendienste. Die neutralen Niederlande sind von Anfang an Drehscheibe für die Kriegsspionage. Die Geheimdienste der Alliierten und der Mittelmächte eröffnen dort Zweigstellen unter dem Deckmantel von Handelsagenturen oder Konsulaten.

Innerhalb der Entente konkurrieren die nationalen Nachrichtendienste allerdings erbittert miteinander. In diesem »Geheimdienstkrieg« siegen die Briten dank ihrer legendären Gründlichkeit. Bei Kriegsende arbeiten die meisten belgischen Spionageringe im Grunde für sie. Der deutsche Nachrichtendienst spioniert die Alliierten aus, doch darüber hinaus wird schon 1915 eine Spionageabwehr gegründet, die geheime Netzwerke in den besetzten Gebieten aufspüren und zerschlagen soll. Zugleich jedoch greifen die Staaten erstmals auf die Mithilfe einfacher, vaterlandsliebender Bürger zurück.

Diese Patrioten, die in den besetzten Gebieten für die alliierten Generalstäbe spioniert hatten, verwahren sich nach dem Krieg dagegen, Spitzel genannt zu werden: »Nein, das waren keine Spitzel; diese mutigen Männer und Frauen verteidigten sich in ihrer Heimat auf ihre Weise – auf die einzig richtige Weise, denn dies war hier die wirksamste Waffe gegen einen unlauteren Feind, der in ihr Land eingedrungen war«, erklärt 1920 ein Belgier. Der Protest war auch deshalb so heftig, weil die meisten dieser Patrioten zunächst ihre Abscheu vor dem Spionieren an sich überwinden mussten, bevor sie für die Alliierten tätig werden konnten. Doch gerade ihre Erfahrungen, die in Schulbüchern, Romanen und Filmen verarbeitet wurden, wandeln das Bild des Spions. Erst jetzt kann man sich vorstellen, dass es auch auf Seiten des Guten Spione geben konnte, die für eine gerechte Sache kämpften. Ihren Nachhall fand diese Entwicklung im aktiven Widerstand während des Zweiten Weltkriegs, als in den vom NS-Regime besetzten Gebieten – diesmal spontan – Spionageringe entstanden.

Caporetto:
Debakel an der Italienfront

24. Oktober 1917 Unter dem deutsch-österreichischen Ansturm bricht die italienische Front zusammen. Nach dem Rückzug verläuft die Verteidigungslinie zwei Wochen später 150 Kilometer weiter landeinwärts. Die Konsequenzen der italienischen Niederlage bei Caporetto (Karfreit) sind bitter: 11 000 Italiener sind gefallen, 300 000 in Gefangenschaft. 900 000 Einwohner der Provinzen Friaul und Venetien stehen unter k. u. k. Besatzung. Selbst Venedig, Perle der Kunst und wichtigster Flottenstützpunkt in der nördlichen Adria, ist bedroht. Unter die zahllosen Zivilisten auf der Flucht vor dem anrückenden Feind mischen sich 350 000 Deserteure: Zur Militärkrise, die rasch überwunden ist, gesellt sich eine tiefgreifende politisch-moralische Krise, in der die Spaltung Italiens im Krieg deutlich wird.

■ Einerseits Verbündete Deutschlands und der Doppelmonarchie, andererseits durch mehrere offizielle und geheime Abkommen den Entente-Mächten verbunden, bleibt Italien 1914 neutral und beruft sich zur Rechtfertigung auf den defensiven Charakter des Dreibunds. Die Frage eines möglichen Kriegseintritts entzweit jedoch das Land; sie ist Gegenstand hitziger Debatten in der Presse und bei Versammlungen aller Art bis hin zu den Futuristen-Soirées. Die »Interventionisten« sind zwar in der Minderzahl, verschaffen sich aber eher Gehör als die zerstrittenen »Neutralisten«. Nach langwierigen Verhandlungen sowohl mit der Entente als auch den Mittelmächten unterzeichnet Außenminister Giorgio Sidney Sonnino am 26. April 1915 den Londoner Vertrag, der auch die Kriegsziele Italiens festschreibt: Für den Fall des Siegs versprechen die Alliierten Rom die Rückgabe der *terre irredente* Trient und Südtirol (bis zum Brenner), Triest, Istrien und dalmatische Küste. Am 23. Mai 1915 tritt Italien letztlich doch auf Seiten der Entente dem Krieg bei.

Der »Krieg in Fels und Eis«

Damit öffnet sich von der Adria bis zu den Alpen eine neue Front. Die 600 Kilometer lange Grenze zwischen Österreich-Ungarn und Italien verläuft großenteils durch die Julischen und Karnischen Alpen, die Dolomiten und von Tirol bis zur Schweizer Grenze durch Bergmassive mit bis zu 2000, teilweise sogar 3000 Meter hohen Gipfeln. Erstmals werden die Berge damit zum Schlachtfeld.

Schon seit Ende des 19. Jahrhunderts verfügen die europäischen Großmächte über Gebirgstruppen, allen voran die Italiener, deren »*Alpini*« (Alpenjäger) schon ab 1872 die Grenze schüt-

zen. 1906 zieht Österreich-Ungarn nach. 1914 gründen Bayern und Württemberg angesichts der Gefechte in den Vogesen eigene »Schneeschuhbataillone«. Wohl wissend, dass die Verteidigung Süddeutschlands in Tirol stattfindet, verfügt die Oberste Heeresleitung im Mai 1915 die Gründung eines »Alpenkorps«, das umgehend zum Einsatz kommt, als die Doppelmonarchie im Zweifrontenkrieg gegen Serben und Russen in Bedrängnis gerät.

Allerdings hatte niemand geahnt, wie ein Krieg im Hochgebirge tatsächlich aussehen würde, denn trainiert sind die Spezialtruppen für Gefechte im Tal. Patrouillen, in denen ausgebildete Bergsteiger dienen, besetzen rasch strategische Punkte auf den wichtigsten Gipfeln und befestigen dort ihre Stellungen. Verstärkung erhalten sie durch gewöhnliche Einheiten und Artillerie. Während die Soldaten im ersten Kriegswinter noch aus den Hochgebirgsstellungen abgezogen werden, bleiben ab 1916 selbst die höchsten Punkte ganzjährig bemannt. Die Garnisonen müssen mit Temperaturen von bis zu minus 40 Grad Celsius und der ständigen akuten Lawinengefahr zurechtkommen. Vom 5. bis 14. Dezember 1916 sterben 1300 österreichische Gebirgsjäger in abrutschenden Schneemassen den »weißen Tod«.

Benötigt werden also Unterstände in vorhandenen Höhlen oder Nischen, die man in die Bergwände gräbt, und Seilbahnen für den Lastentransport. Eine Kanone wird sogar auf dem höchsten Gipfel der österreichischen Alpen stationiert, dem 3900 Meter hohen Ortler! In den Gefechtszonen entsteht ein dichtes Netz von *vie ferrate* – Klettersteigen aus Stahlseilen und Eisenleitern – und gelegentlich Tunneln, die im Berg hinter besonders steilen Hängen herführen. Im Hochgebirge entfaltet der Minenkrieg sein volles Gewaltpotenzial. Im März 1918 explodieren 55 Tonnen Sprengstoff unter den italienischen Stellungen am Pasubio und reißen knapp 500 Mann in den Tod.

Die Isonzofront

Die Kämpfe tobten jedoch im Wesentlichen am Fluss Isonzo, der am Rand der Karsthochebene in Richtung Görz und Triest fließt. Am 23. Juni 1915 setzt General Cadorna, seit Juli 1914 Generalstabschef, hier mit den ersten Offensiven an, die 1915 jedoch zunächst alle vier verlustreich scheitern. In der 6. Isonzoschlacht im August 1916 gelingt es den Italienern, die Stadt Görz einzunehmen, doch der in Defensivtaktiken versierte österreichische General Boroević von Bojna befestigt neue Stellungen in der zweiten Verteidigungslinie, an denen der italienische Vorstoß zum Erliegen kommt. Die Gefechte 1916 und 1917 sind durchweg unsinnige Materialschlachten. Unmittelbar nach der 11. Isonzoschlacht im September 1917, die den Italienern die Hochebene Bainsizza eingebracht hat, fordert Kaiser Karl deutsche Unterstützung für eine entscheidende Offensive. Ludendorff ist zwar dagegen, weil er die Südwestfront für einen Nebenschauplatz hält, doch die Oberste Heeresleitung gibt grünes Licht, denn Hindenburg will Wien nach der versuchten Kontaktaufnahme zur Entente wieder enger an das Deutsche Reich anbinden.

Die Vorbereitung der Offensive »Waffentreue« obliegt General Otto von Below als Befehlshaber der 14. Armee. Er will die italienische Front durchbrechen, dann auf Udine zumarschieren und den Bewegungskrieg in den Ebenen Venetiens wieder aufnehmen. Anhaltend schlechtes Wetter erschwert jedoch die Zusammenziehung der Truppen in der Region Tolmin. Schwer bepackt mit fast 35 Kilo Kampfausrüstung pro Kopf müssen die Soldaten in strapaziösen Nachtmärschen Bergpässe überqueren, um zu den vorgeschobenen Stellungen zu gelangen.

Mit zweitägiger Verspätung startet die Offensive am 24. Oktober 1917. Nach vierstündigem massivem Trommelfeuer wird zur Vorbereitung des Infanterieangriffs in den Sektoren Flitsch und Tolmin Gas eingesetzt. Da die Italiener aufgrund der miserablen Wetterverhältnisse von den Hängen aus überhaupt nichts sehen, können die Deutschen und Österreicher rasch ins Tal vordringen. Bis zum Abend desselben Tages gelingt es ihnen, die Front auf einer Breite von 30 Kilometern zu durchbrechen und in einigen Sektoren bis zur dritten italienischen Verteidigungslinie vorzudringen. Sie besetzen die Höhenstellungen am Kolovrat und am Jeza; die 12. Division marschiert in Caporetto ein und stößt von dort weiter vor bis nach Robic 18 Kilometer hinter den vordersten italienischen Linien. Am folgenden Tag fallen die Riegelstellungen am Stol. Am 26. erstürmen drei Einheiten den Monte Matajur und machen fast 9000 Gefangene – ihr Befehlshaber Erwin Rommel erhält für seine Heldentaten später den Orden *Pour le mérite*.

Am 27. Oktober gibt die 2. italienische Armee auf. Die Truppen der Mittelmächte nehmen Udine ein, wo Cadornas Hauptquartier nur Stunden vorher geräumt wurde. Die 3. Armee erhält den Rückzugsbefehl, während die Deutschen und Österreicher Görz besetzen. In den folgenden Tagen scheitern alle Versuche, die Front am Tagliamento zurückzugewinnen; die Italiener müssen sich bis zum Piave zurückziehen.

Links
Italienische Kriegsgefangene und ihre österreichisch-ungarischen Bewacher nach der Einnahme von Caporetto (Karfreit). Auf den Gesichtern von Siegern und Besiegten haben die Gefechte gleichermaßen Spuren hinterlassen. Die italienischen Truppen erlitten massive Verluste (11 000 Mann fielen, fast 300 000 wurden gefangen genommen), mussten dem Feind aber zudem die Hälfte ihrer Artilleriegeschütze und umfangreiche Material- und Lebensmittelvorräte überlassen. Ernest Hemingway, der an der Italienfront Sanitäter war, schildert in seinem Roman *In einem anderen Land* eindrucksvoll den dramatischen Rückzug besiegter Soldaten und verängstigter Zivilisten auf der Flucht vor dem anrückenden Feind.

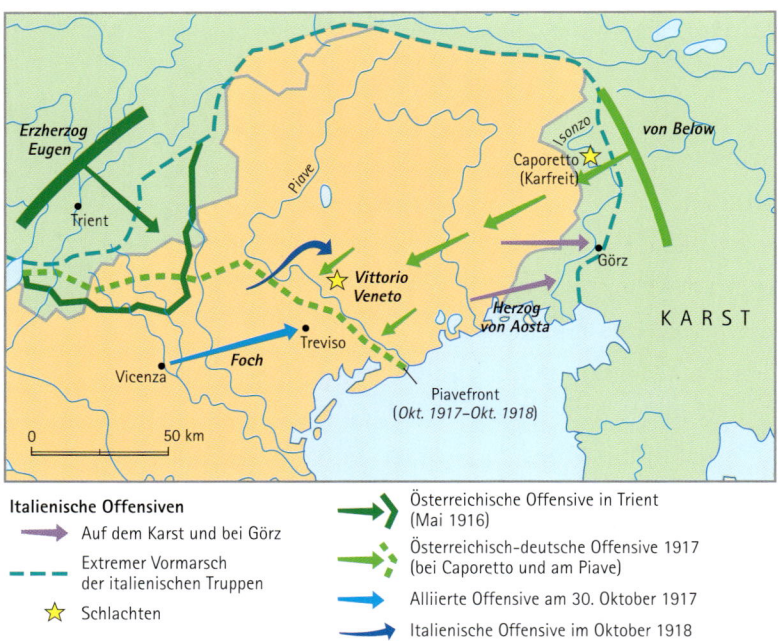

Italienische Offensiven

➤ Auf dem Karst und bei Görz

- - - Extremer Vormarsch der italienischen Truppen

⭐ Schlachten

➤ Österreichische Offensive in Trient (Mai 1916)

➤ Österreichisch-deutsche Offensive 1917 (bei Caporetto und am Piave)

➤ Alliierte Offensive am 30. Oktober 1917

➤ Italienische Offensive im Oktober 1918

Oben

Nach dem Sieg über die Italiener bei Caporetto (24. Oktober bis 9. November 1917) durchbrechen die deutsch-österreichischen Truppen die Front auf rund 100 Kilometern Länge. Erst General Foch, der die Situation mit einer neuen Verteidigungslinie retten soll, bremst sie am Piave ab.

Die Ursachen des Debakels

»Der mangelnde Widerstand von Einheiten der 2. Armee, die sich feige zurückzogen, anstatt zu kämpfen, oder sich schändlich dem Feind ergaben, gestattete es den deutsch-österreichischen Truppen, unseren linken Flügel an der Julischen Front zu durchbrechen. Die übrigen Truppenteile konnten trotz tapferer Anstrengungen den Feind nicht davon abhalten, den heiligen Boden unseres Vaterlands zu betreten«, behauptet Cadorna in seinem Kommuniqué vom 28. Oktober. Das Oberkommando macht für die katastrophale Niederlage ausschließlich die Soldaten verantwortlich. Regierungsmitglied Leonida Bissolati spricht sogar von einem »Militärstreik« und führt diesen auf sozialistische Agitation zurück. Während Russland zur selben Zeit in den Wirren der Oktoberrevolution versinkt, beschwört die italienische Führungsriege die Gespenster des Defätismus und der Revolution herauf.

Diese Auslegung passt zur repressiven militärischen Disziplin und zum Autoritätsgefälle des italienischen Oberkommandos, das den Zivilisten in der Massenarmee mit Misstrauen begegnet und weder auf die Lebensbedingungen der Soldaten Acht gibt noch den Gründen für Disziplinverstöße nachgeht. Dass stattdessen einfach die Disziplin weiter verschärft wird, erklärt sich großenteils aus der Krise im italienischen Heer. Im Laufe des Ersten Weltkriegs ergehen 4028 Todesurteile, die meisten in Abwesenheit wegen Fahnenflucht; 729 Soldaten werden hingerichtet, 277 begnadigt. Im Gegensatz zu den anderen Armeen gibt es viele standrechtliche Erschießungen (schätzungsweise 300); ab 1916 setzte man als Strafe das Verfahren der »Dezimation« ein: »Es gibt kein anderes Mittel, um kollektive Delikte zu ahnden, als unverzüglich die Hauptschuldigen zu erschießen; die Befehlshaber sind berechtigt und verpflichtet, unter den Verdächtigen durch das Los einige Soldaten zu ermitteln und mit dem Tode zu bestrafen«, verfügt Cadorna im November 1916 per Rundschreiben. In Caporetto hingegen lösten sich zwar Einheiten auf, doch kann von kollektivem Ungehorsam keine Rede sein. Den einfachen Soldaten, die drakonischer Disziplin ausgesetzt sind und in zahlreichen sinnlosen Angriffen verschlissen werden, gibt der Widerstand gegen die Militärhierarchie Hoffnung auf Frieden und Heimkehr.

Unmittelbar vor der Offensive wird das Oberkommando insbesondere von zwei Deserteuren (einem tschechischen und einem rumänischen Reserveoffizier) darüber in Kenntnis gesetzt, dass ein Großangriff kurz bevorsteht. Es ignoriert diese Informationen jedoch und unternimmt nichts. Die Deutschen und Österreicher setzen auf systematische Infiltration, was ihnen im Frühling 1918 zugutekommen wird. Cadorna jedoch bevorzugt die Offensive; die Grundsätze der elastischen Verteidigung in der Tiefe interessieren ihn nicht. Nur die erste Linie wird stabil befestigt, und dort werden auch die Truppen in Stellung gebracht, während die zweite Linie trotz vielversprechender physischer Hindernisse ungedeckt bleibt. Die italienische Armee wird Opfer veralteter taktischer Entscheidungen; ihre Niederlage in Caporetto ist zugleich der Triumph neuer

Praktiken, die wieder Bewegung in den Krieg bringen.

Besetzte Gebiete und Flüchtlinge

Fast 300 000 Menschen fliehen vor dem nahenden Feind und schließen sich dem Rückmarsch der Truppen an. Über das militärische Debakel hinaus kommt es zu humanitären Dramen, die den Eindruck einer nationalen Katastrophe verstärken. Der Staat überlässt die Versorgung der Flüchtlinge Wohltätigkeitsorganisationen und Gemeinden. Die Bevölkerung in den gefährdeten Gebieten liefert er einfach ihrem Schicksal aus.

In Venetien und in allen eroberten Gebieten führen die deutschen und österreichischen Besatzer ein brutales Regime: Die direkt dem Armeekommandanten von Isonzo, Svetozar

Boroević, unterstehende »Wirtschaftsgruppe« beutet die besetzten Gebiete systematisch aus. Die noch unzerstörten Industriebetriebe – allen voran die begehrten Seidenfabriken – werden der Militärverwaltung unterstellt, viele werden demontiert. Selbst Frauen und Kinder müssen Zwangsarbeit leisten, viele in neu eingerichteten Arbeitslagern. Da die Versorgungslage in den österreichischen Großstädten schrecklich ist, müssen die fruchtbaren Äcker Norditaliens Abhilfe schaffen. 1918 lässt Boroević Arbeitslose aus den Städten und Flüchtlinge aus den Gefechtszonen in der Landwirtschaft einsetzen.

Der Weg aus der Krise

In der Katastrophenstimmung, die im Herbst 1917 in ganz Italien herrscht, löst die Niederlage in Caporetto einen politischen und militärischen Ruck aus, obwohl die wirtschaftliche und soziale Lage weiter sehr angespannt ist. Cadorna wird abgesetzt und durch General Diaz ersetzt. Der neue Oberbefehlshaber rückt von der taktischen Doktrin ab und geht zur Defensive über. Damit kann er das Vertrauen seiner Truppen zurückgewinnen und den Zusammenhalt der Armee stärken, indem er erheblich mehr auf die Lebensbedingungen seiner Männer achtet. Die Anbindung an die Alliierten wird enger: Ein knappes Dutzend französische und britische Divisionen verstärken die Italienfront. Zudem erhält Italien Wirtschaftshilfen, um die eklatante Verknappung durch die wirtschaftliche Mobilisierung zumindest teilweise aufzufangen.

Der Krieg gewinnt eine weitere neue Dimension: Durch die militärischen Erfolge verlagern die deutsch-österreichischen Truppen den Krieg ins italienische Staatsgebiet hinein. Von nun an kämpfen die Italiener darum, die besetzten Gebiete wieder zu befreien. Der Verteidigungskrieg kann zwar die tiefe Kluft innerhalb der italienischen Gesellschaft, die keinen »Burgfrieden« kennt, nicht beseitigen, verändert jedoch die öffentliche Meinung. In Caporetto werden die Waffen geschmiedet, denen Italien 1918 seine militärischen Erfolge verdanken wird.

Oben
Kriegsfotografien verherrlichen Siege gern mit zwei typischen Motiven: Kriegsbeute (Gefangene und Geschütze) und Zerstörung. Das unsägliche Chaos in verlassenen italienischen Dörfern wie diesem in der Nähe des Tagliamento strafen Pressemeldungen der Alliierten Lügen, die von einem geordneten Rückzug berichteten, denn die umgestürzten Wagen sprechen eher für eine Flucht in panischer Hast.

Oben und links

Am 6. November 1917 stür-
men die Roten Garden der
Bolschewiken das Petrograder
Winterpalais, das von 300 Kosaken, einigen Kadetten und
einem Frauenbataillon verteidigt wird. Die später
gedrehten offiziellen Filme
(oben das Standbild einer
nachgespielten Szene aus
einer Verfilmung von 1920)
wie Eisensteins *Oktober*
zeigen die Ereignisse als Heldentaten, obwohl die Auf-
ständischen in Wahrheit kaum
auf Widerstand stießen.

Links Rotarmisten 1919 auf
dem gepanzerten Zug Nr. 12.
Ein Großteil der Bürger-
kriegsgefechte drehte sich
um die Bahnlinien als Lebens-
aderr des Landes, die beide
Lager dringend benötigten.
Die gepanzerten Züge waren
ein begehrtes Instrument zur
politischen Kontrolle.

»Alle Macht den Räten!«

7. November 1917 »So hatten sich Lenin und die Petrograder Arbeiter für den Aufstand entschieden. Der Petrograder Sowjet hatte die Provisorische Regierung niedergezwungen und dem Sowjetkongress den Staatsstreich aufgedrängt. Nun hieß es: Russland gewinnen und dann – die Welt! Würde Russland folgen und sich erheben? Und die übrige Welt, was würde sie tun? Würden die Völker dem Rufe folgen und aufstehen zu einem roten Weltsturm?«, fragt sich John Reed in *Zehn Tage, die die Welt veränderten*. »Obgleich schon sechs Uhr früh, war es noch ganz dunkel und ziemlich kalt. Nur ein schwaches, kaum merkliches Dämmern stahl sich über die stillen Straßen, ließ die Wachtfeuer matter erscheinen. Der Vorbote eines drohenden, sich grau über Russland erhebenden Tages.«

■ Lange Zeit wurde der 7. November 1917 als Gründungstag des Sowjetregimes gefeiert. Erst 1991 war die neue russische Regierung bereit, dieses Datum aus der Liste der Feiertage zu streichen. In Wahrheit ist die Machtübernahme der Bolschewiken in erster Linie eine minutiös geplante Armeerevolte, die sich das seit Sommer 1917 stetig wachsende Chaos zunutze macht. Das russische Heer ist in Auflösung begriffen, und nach der gescheiterten Offensive im Juni steigt die Zahl der Deserteure sprunghaft an. Diese Männer schlagen sich auf die Seite der Bauern, die mit immer brutalerer Gewalt gegen die Großgrundbesitzer vorgehen. Viele Städter haben vom Krieg die Nase voll, empören sich über die Knappheit und nehmen Anstoß daran, dass überall im Land bewaffnete Ex-Soldaten Angst und Schrecken verbreiten. An der Front praktizieren die Bauernsoldaten seit der Februarrevolution in diversen Komitees einen »Schützengrabenbolschewismus«. Immer wieder werden Offiziere von ihren eigenen Männern ermordet.

Das letzte Aufflackern der Verfassunggebenden Versammlung

Anfangs können die neuen Revolutionsführer keineswegs auf die Unterstützung des ganzen Volks bauen, doch wird jeglicher Widerstand der Parteien einschließlich der Sozialisten und ihrer Presse gegen die Einrichtung einer ausschließlich mit Bolschewiken besetzten Exekutive sofort mundtot gemacht. Als Reaktion auf die spontanen Kundgebungen von Teilen der Bevölkerung, die seit Monaten eine Klassendemokratie fordern, stellt die neue Führungsriege immer offener die Legitimität einer demokratisch gewählten Verfassunggebenden Versammlung in Frage. Dennoch finden im Herbst Wahlen statt: Drei Viertel der Stimmen gehen an die Sozialisten, in erster Linie ihren revolutionären Flügel; nur ein Viertel entfällt auf die Bolschewiken. Die Liberalen der Konstitutionell-Demokratischen Partei sind außer in Moskau und Petrograd praktisch aus dem Rennen.

Die Verfassunggebende Versammlung tritt am 5. Januar 1918 in einer sehr angespannten Atmosphäre zusammen, wird aber schon am folgenden Tag wieder aufgelöst. Vor dem Taurischen Palais in Petrograd gedenken die Massen auf dem Marsfeld der Opfer der Februarrevolution und fordern weiter die Verfassunggebende Versammlung ein, die liberale und sozialistische Strömungen seit Langem propagieren. Als ein Trauerzug wenige Tage später die Opfer dieser Demonstration zum selben Friedhof trägt, auf dem die Toten des Blutsonntags (9. Januar 1905) beigesetzt wurden, ist dies für die Bolschewiken ein Schlag ins Gesicht. In den Augen der Zeitgenossen stellt das gewaltsame Ende der ersten demokratisch gewählten Verfassunggebenden Versammlung für den Verlauf der Revolution einen ebenso einschneidenden Wendepunkt dar wie die Ereignisse im Oktober.

Schon in den ersten Stunden nach der Machtübernahme versprechen die beiden berühmten Dekrete dem russischen Volk die Erfüllung seiner drei dringendsten Sehnsüchte: Brot, Landbesitz und Frieden. Als neuer Volkskommissar für auswärtige Angelegenheiten schlägt Trotzki den kriegführenden Staaten einen allseitigen Frieden vor; am 9. Dezember beginnen Verhandlungen, denen die Alliierten jedoch fernbleiben. Als das Deutsche Reich Ende Februar 1918 seine Offensive auf russischem Boden wieder aufnimmt, unterzeichnen die Bolschewiken notgedrungen den Frieden von Brest-Litowsk, dessen katastrophale Bedingungen jedoch den russischen Nationalstolz hart treffen, angefangen mit einem gewaltigen Gebietsverlust. Deutschland annektiert unter anderem die Ukraine, Weißrussland, die baltischen Staaten und Polen – alles in allem 800 000 Quadratkilometer, gegenüber dem Stand von 1914 also ein Viertel der Bevölkerung und der Industrieproduktion, ein Drittel der Agrarproduktion, drei Viertel der Kohle- und Stahlindustrie. Außerdem muss Russland als Reparation 94 Tonnen Gold liefern.

In den Wirren des Bürgerkriegs

Der Bürgerkrieg entflammt an mehreren Stellen in den Kosakengebieten am Don und am Kuban; zugleich spalten sich die Regionen am Rand des russischen Reichs ab. Zu allem Überfluss kämpfen die Bolschewiken gegen katastrophale Nahrungsengpässe und ein Kommunikationschaos. In einem Land, das sich ihrer Kontrolle mehr und mehr entzieht, sind sie fast völlig isoliert, denn die Weltrevolution lässt auf sich warten. Wie die Französische Revolution auf den *Terreur* zurückgriff, führen auch sie ein Terrorregime, das selbst in ihren eigenen Reihen umstritten ist. Die im Dezember 1917 gegründete »Außerordentliche Kommission für den Kampf gegen Konterrevolution und Sabotage« (Tscheka) zerschlägt politischen Widerstand und soziale Agitation jeder Art. Die Bolschewiken sehen sich vor allem militärisch bedroht, und das gleich an mehreren Fronten. Trotzkis »Rotes« Arbeiter- und Bauernheer wird unter pausenloser Überwachung durch politische Kommissare von zahlreichen zaristischen Offizieren ausgebildet und gewinnt zusehends an Stärke und Disziplin. Es tritt sogar gegen die Weißen Armeen an, die mit ausländischer Unterstützung vor allem der Briten und Franzosen überall im ehemaligen Zarenreich entstehen.

Die Zusammenstöße zwischen Weißer und Roter Armee erstrecken sich vom Sommer 1918 bis zum Jahresanfang 1920. Die Ukraine, die bereits im November 1917 unter Federführung der Zentralrada zum autonomen Staat »Ukrainische Volksrepublik« erklärt worden war, steht jetzt im Zentrum des Konflikts. Die Marionettenregierung des Ataman Skoropadski nimmt mit deutscher Unterstützung im Frühjahr 1918 ihre Tätigkeit auf, wird aber im Zuge der deutschen Niederlage von den Nationalisten unter Symon Petljura gestürzt. Das im Dezember 1917 in Südrussland von General Denikin aufgestellte Freiwilligenheer bemüht sich um eine Ankopplung an die

СЫНЪ МОЙ! ИДИ и СПАСАЙ РОДИНУ!

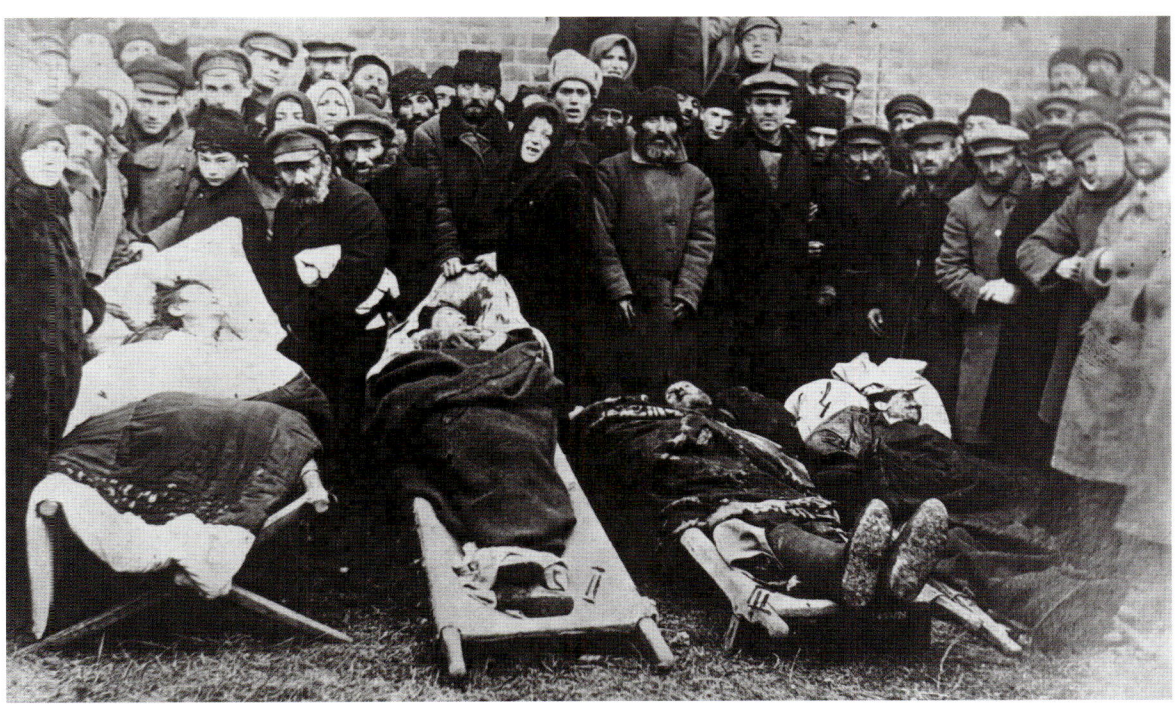

ukrainischen Streitkräfte. Der Anarcho-Kommunist Nestor Machno hetzt mehrere Zehntausend
Bauern zunächst gegen die Weißen, dann die Petljuristen und schließlich die Roten auf. In der
Ukraine, die von zahllosen rivalisierenden Truppen verwüstet wird, zahlen vor allem die jüdischen Gemeinden einen hohen Blutzoll. Die Pogrome kulminieren im Sommer 1919 und fordern
insgesamt schätzungsweise 150 000 Opfer. Von früheren Schüben antisemitischer Ausschreitungen unterscheiden sie sich durch die extreme Rohheit der Soldateska und die Haltung der Zivil-

La séance plénière de la conférence

EXCELSIOR

CONTRE L'INVASION DU BOLCHEVISME

bevölkerung, die das Blutbad unter ihren jüdischen Nachbarn aktiv unterstützt. In Sibirien tobt der Bürgerkrieg besonders heftig. Admiral Koltschak regiert dort das Jahr 1919 über als Diktator und wird schließlich von Bauern, die das alte Regime nicht zurückhaben wollen, und Soldaten der Roten Armee vertrieben und am 7. Februar 1920 hingerichtet.

Darüber hinaus sind die Gegner der Bolschewiken auch auf dem politischen Parkett aktiv und bemühen sich um eine gewisse Kontinuität des Staates. Das gilt gleichermaßen für politische Gruppierungen, die für die Rückkehr zur alten Ordnung kämpfen, sowie für die Sozialrevolutionäre, die durch die Verfassunggebende Versammlung legitimiert sind. Ihre gerade erst in Samara und Omsk gebildeten Regierungen, die anfangs von der Anwesenheit tschechischer Legionen profitierten, werden von Koltschaks Militärcoup überrannt. Überall entstehen Zivilbehörden und versuchen, dem in Entstehung begriffenen bolschewistischen Staat Konkurrenz zu machen, darunter viele konstitutionelle Demokraten, die jedoch nach und nach ihre liberalen Grundsätze einbüßen und zu einer Diktatur umschwenken. Die Regionalregierung der Krim hingegen wird von aufgeklärten Mitgliedern der Konstitutionell-Demokratischen Partei wie dem Juristen und ab 1918 Justizminister Wladimir Nabokow geprägt. Sie streben eine verfassungsgemäße parlamentarische Regierung an, die alle bürgerlichen Freiheiten schützt, alle verschiedenen Nationen respektieren und sogar eine vorsichtige Bodenreform in Angriff nehmen soll.

Die allmähliche Befriedung Russlands

Einen nach dem anderen schalten die Bolschewiken ihre Widersacher aus. General Wrangel als Nachfolger Denikins sieht sich nach blutigen Kämpfen gegen die Rote Armee im November 1920 gezwungen, seine Truppen von der Krim abzuziehen. 150 000 Menschen werden mit Hilfe der französischen, amerikanischen und britischen Marine in die Türkei evakuiert und vergrößern dort das ohnehin riesige Heer der Revolutions- und Bürgerkriegsflüchtlinge. Konstantinopel, Belgrad, Prag, Paris und Berlin sind die Hauptziele der Exilrussen, die von den ersten Monaten der Revolution bis in die frühen 1920er-Jahre hinein in mehreren Wellen aus Russland emigrieren.

Doch auch nach der Niederlage der Weißen Armee haben die Bolschewiken noch lange keinen Frieden im ganzen Land geschaffen. Beim Kronstädter Aufstand im März 1921 kämpfen Matrosen und Arbeiter Seite an Seite für anarchistisch gefärbte Ziele (Meinungsfreiheit für sämtliche Befürworter der Revolution, Freiheit für Handel und Produktion der Bauern und Handwerker); sie spiegeln die Hoffnungen der ausgebluteten Bevölkerung, die mit immer wieder aufflackernden Streiks fruchtlos gegen die »Diktatur der Kommissare« protestiert. Unter Trotzkis Federführung schlägt General Tuchatschewski die Aufstände nieder. Die blutigen Gefechte um den

Marinestützpunkt Kronstadt gehen in die Geschichte ein, doch auch die Unterdrückung in den folgenden Monaten fordert unzählige weitere Opfer. Die zur gleichen Zeit verkündete Neue Ökonomische Politik (NEP) markiert trotz des letzten Aufbäumens des Bürgerkriegs das Ende des Kriegskommunismus.

Auch die Bauernaufstände spielen eine wesentliche Rolle für den Verlauf des Bürgerkriegs. Sie richten sich teils gegen die rücksichtslosen Requisitionen im Zuge des Kriegskommunismus, teils gegen die Einberufung in Armeen mit ungewissem Schicksal, teils gegen die Rückkehr der früheren Landbesitzer und ihre Versuche, wieder zarentreue Regimes einzurichten und das »Dekret über den Boden« vom Oktober 1917 rückgängig zu machen, wie es allen voran Koltschak in Sibirien vorhatte. Diese Partisanen schwächen erheblich die Weißen, stellen aber auch für die Bolschewiken eine Bedrohung dar. Die wichtigste dieser »grünen Armeen« versetzt unter dem Sozialrevolutionär Antonow die Region Tambow in Angst und Schrecken und wird erst im Sommer 1921 von General Tuchatschewski mit brutalsten Mitteln endgültig zerschlagen. Entscheidend für das definitive Ende des Widerstands ist jedoch sicherlich die Hungersnot von 1921/1922, der eine Million Menschen zum Opfer fallen.

Auch in der Peripherie des ehemaligen Zarenreichs setzen sich die Bolschewiken letztlich durch. In der Ukraine besiegelt der russisch-polnische Krieg 1920 das Schicksal der Republik. In Transkaukasien werden die ersten eigenständigen Gehversuche Georgiens, Aserbaidschans und Armeniens im Schutz der Briten und Türken von internen politischen Streitereien und bewaffneten Konflikten behindert, bevor sie die Rote Armee endgültig zunichtemacht. Die offizielle Geburtsstunde der Union der Sozialistischen Sowjetrepubliken im Dezember 1922 bildet den krönenden Abschluss des Gewaltfriedens.

Unten
Bürgerkrieg, Elend und endlose Verfolgungswellen von 1918 bis zum Ende des Bürgerkriegs treiben Flüchtlingsströme auf die Straßen und Meere (links im August 1918 die Ausreise von Baku nach Persien). Nach den Entbehrungen der langen Kriegsjahre werden die Bevölkerungen im Bürgerkrieg nochmals schwer geprüft und vielerorts dezimiert: 1921 und 1922 fordert die Hungersnot eine Million Opfer, die meisten in der Ukraine.

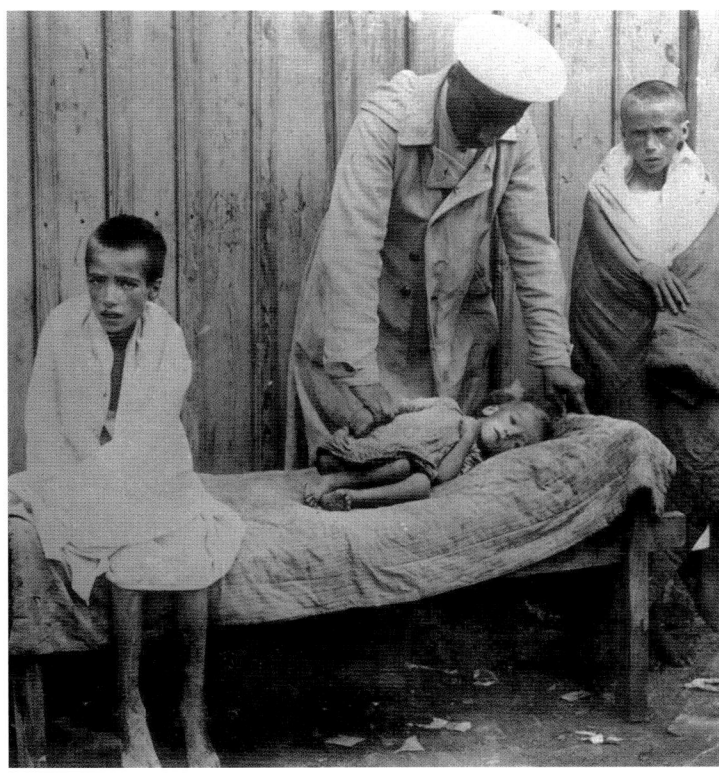

14 Punkte für die Zeit nach dem Krieg

8. Januar 1918 In einer Rede vor dem US-Kongress erläutert Präsident Woodrow Wilson die 14 Kriegsziele der USA: »Unser Wunsch und unser Ziel ist es, dass der Friedensprozess, einmal in Gang gekommen, in aller Offenheit erfolgt und keinerlei geheimen Vereinbarungen irgendwelcher Art dabei zum Zuge kommen oder zugelassen werden. Eroberungen und Expansion gehören ebenso der Vergangenheit an wie Geheimpakte im Interesse gewisser Regierungen, die im falschen Moment den Weltfrieden gefährden könnten. Dieser glückliche Umstand wird künftig jedem Mann des öffentlichen Lebens klar sein, dessen Gedanken sich nicht mehr mit einer unwiederbringlich vergangenen Epoche aufhalten; er gestattet es jeder Nation, deren Absichten mit Recht und Frieden in der Welt vereinbar sind, von nun an jederzeit ihre eigenen Zielsetzungen offen auszusprechen.«

■ Neun Monate nach seinem Aufruf an den Kongress, für die Kriegserklärung an die Adresse Deutschlands zu stimmen, erläutert US-Präsident Woodrow Wilson vor demselben Staatsorgan die Kriegsziele der USA. Wilson ist der einzige Hochschullehrer, der je ins Weiße Haus einzog; mehr noch als allen seinen Vorgängern ist ihm daran gelegen, seine Politik auf große Ideen zu gründen. Zuvor hat der renommierte Experte für die politischen Institutionen der USA als Präsident der Universität Princeton eine tief greifende Erneuerung der Hochschulbildung in Gang gesetzt. Als Anhänger der vom schottisch-amerikanischen Calvinismus geprägten Presbyterianischen Kirche ist Wilson überzeugt, mit einem richtig ausgelegten *covenant* (Bündnispakt) die

Nachkriegswelt gestalten zu können. Der Begriff *covenant* spielte weder vor noch nach Wilson in der Geschichte der US-Diplomatie eine große Rolle, doch aus seiner Sicht schließen einen solchen Pakt freie, aufrichtige, verantwortungsbewusste Menschen als heilige, unwiderrufliche Verpflichtung gegenüber einander und gegenüber Gott. Der Begriff spiegelt den Stellenwert der Gemeinschaft für die Calvinisten. Die biblischen Israeliten beispielsweise wurden erst durch einen solchen Pakt mit Gott – den Bund mit Jahwe – zu einem Volk. Auch die Pilgerväter schlossen 1620 in Massachusetts feierlich den ersten einer langen Reihe von Pakten, aus denen letztlich die US-Verfassung hervorging. Nach Wilsons Überzeugung hatten illegitime Pakte die europäischen Nationen selbstsüchtigen Interessen unterjocht und in letzter Konsequenz 1914 den Krieg ausgelöst. Man brauchte deshalb nur einen neuen, diesmal jedoch legitimen, allgemeingültigen Pakt zu schließen, um nicht nur den Weltkrieg zu beenden, sondern den Krieg als solchen, und zwar ein für allemal.

»Vierzehn Punkte? Selbst der liebe Gott braucht nur zehn!«

Wilson beeinflusst die Außenpolitik der USA weit mehr als die meisten seiner Amtsvorgänger im Weißen Haus. Jedes Wort seiner Kongressrede hat er persönlich geschrieben und genehmigt. Legendär ist der trockene Kommentar Georges Clemenceaus: »Vierzehn Punkte? Selbst der liebe Gott braucht nur zehn!«, eine der wenigen biblischen Anspielungen des »antiklerikalen Tigers«. Mehr als einmal äußerte er, mit Wilson zu reden sei wie ein Gespräch mit Jesus. Allerdings weiß

Linke Seite und oben
Die Kriegsziele, die US-Präsident Wilson am 8. Januar 1918 in einer Rede vor dem US-Kongress in 14 Punkten vorstellt (oben), werden in Frankreich begeistert begrüßt. Vor allem die französische Linke ist für den »wilsonisme« sehr empfänglich und sieht im US-Präsidenten einen neuen Friedensapostel (auf der Seite links eine Postkarte von 1918).

Clemenceau sehr genau, dass die »Vierzehn Punkte« keine frommen Wünsche sind. Einige davon sind knallhart: Die Deutschen müssen Belgien räumen und seine Souveränität wiederherstellen (Punkt 7). Außerdem müssen sie aus dem besetzten Frankreich abziehen – einschließlich Elsass-Lothringen, dessen Schicksal »den Weltfrieden nahezu 50 Jahre erschüttert hat« (Punkt 8). Einige allgemeine Grundsätze sind offensichtlich und zumindest in der Öffentlichkeit unbestreitbar. Im ersten Punkt beispielsweise zitiert Wilson praktisch wörtlich das bolschewistische Dekret über den Frieden von November 1917 mit seiner berühmten Forderung nach »offenen, öffentlich abgeschlossenen Friedensverträgen«. Punkt 3 strebt die Beseitigung »wirtschaftlicher Schranken« an, also die Wiederaufnahme des Freihandels nach dem Vorbild des goldenen Zeitalters des Wirtschaftsliberalismus im 19. Jahrhundert.

Andere Punkte hingegen sind Widersprüche in sich. Punkt 5 etwa fordert einen »freien, unbefangenen und völlig unparteiischen Ausgleich aller kolonialen Ansprüche«, bei dem die Interessen der Kolonisatoren ebenso viel Gewicht haben sollen wie die der kolonisierten Völker. Doch was tun, wenn diese Interessen unvereinbar sind, was 1918 keineswegs undenkbar ist? In Punkt 4 geht es um die Rüstungskontrolle: Die »Rüstungen der Nationen [sind] auf das niedrigste, mit der Sicherheit im Innern vereinbare Maß« zu beschränken. Doch welche Großmacht hätte im August 1914 eingeräumt, auch nur eine einzige Waffe mehr zu besitzen als absolut erforderlich? Schon die »Sicherheit im Innern« einer Nation stellt zuweilen für eine andere eine unmittelbare Bedrohung dar. Laut Punkt 11 sollen die Balkanstaaten »nach den bestehenden geschichtlichen Richtlinien der Zugehörigkeit und der Nationalität geregelt werden«, obwohl gerade der Unterschied zwischen dem »politischen« und dem »ethnischen« Serbien im Juni 1914 im Attentat auf Erzherzog Franz Ferdinand gipfelte.

Andere Punkte widersprechen langjährigen Kriegszielen und strategischen Interessen der Entente-Mächte. So kann Großbritannien wohl kaum eine »uneingeschränkte Freiheit auf den Meeren« gemäß Punkt 2 gutheißen, die seine jahrhundertealte Vormachtstellung auf den Weltmeeren in Frage stellt. Punkt 9 wiederum sieht eine »Berichtigung der Grenzen Italiens nach den genau erkennbaren Abgrenzungen der Nationen« vor und torpediert damit die Versprechungen der Briten und Franzosen, die Italien 1915 mit der Aussicht auf Gebiete der Habsburger und des Osmanischen Reichs zum Kriegseintritt bewogen.

In Bezug auf Russland kommt Wilson schließlich auf seine ursprünglichen Absichten zurück. Dem Land, das so viele Opfer für einen Krieg erbringen musste, von dem es selbst am wenigsten hat, soll gemäß Punkt 6 »eine ungehemmte Gelegenheit zur unabhängigen Bestimmung seiner eigenen politischen Entwicklung und nationalen Politik« zugestanden werden. Zugleich genehmigt Wilson jedoch im Juli 1918 die Entsendung einer kleinen US-Streitmacht nach Sibirien, die dort gemeinsam mit britischen, japanischen und tschechischen Truppen Deutschland soweit möglich davon abhalten soll, sich das Bürgerkriegschaos nach der Oktoberrevolution zunutze zu machen. Die Bolschewiken argwöhnen jedoch nicht ohne Grund, dass die eigentliche Mission dieser Soldaten lautet, der neuen sowjetischen Regierung Hindernisse in den Weg zu legen.

Die Zukunft der Besiegten im Kreuzfeuer widersprüchlicher Ziele

Das Wilson so oft zugeschriebene Selbstbestimmungsrecht der Völker taucht allerdings nirgends in seiner Rede auf. Lediglich »den Völkern Österreich-Ungarns […] sollte die freieste Gelegenheit zu autonomer Entwicklung zugestanden werden«, so die schwammige Formulierung. Zugleich soll jedoch auch der Platz der Doppelmonarchie »unter den Nationen […] geschützt und gesichert« sein (Punkt 10). Auch den nichttürkischen Bevölkerungsteilen im Osmanischen Reich soll »eine zuverlässige Sicherheit des Lebens und eine völlig ungestörte Gelegenheit zur selbständigen Entwicklung gegeben werden«, obwohl gleichzeitig die »türkischen Teile des jetzigen Osmanischen Reiches […] eine unbedingte Selbständigkeit« behalten sollen (Punkt 12). Es soll erstmals seit dem 18. Jahrhundert »ein unabhängiger polnischer Staat […] errichtet werden, der alle Gebiete einzubegreifen hätte, die von unbestritten polnischer Bevölkerung bewohnt sind« (Punkt 13); diesem neuen Polen soll »ein freier und sicherer Zugang zur See geöffnet werden«. Offen bleibt dabei jedoch, was mit der großen deutschen Minderheit geschehen soll, die zwischen dem »ethnischen« polnischen Kernland und dem Meer ansässig ist.

Am verblüffendsten, jedenfalls für Großbritannien und Frankreich, sind die amerikanischen Kriegsziele in Bezug auf Deutschland. Einerseits lässt Wilson keinen Zweifel daran, dass Deutschland den Krieg im August 1914 verschuldet und ab April 1917 auch die USA zum Kriegseintritt provoziert hat. Die Frage der Reparationen lässt er dennoch außen vor und erklärt stattdessen: »Wir sind nicht eifersüchtig auf Deutschlands Größe.« Damit beunruhigt er seine Verbündeten. Deutschland hat gesündigt, nun soll es dafür büßen, aber wie? Aus Wilsons Sicht sollten die USA Deutschland jedoch nicht bestrafen, sondern rehabilitieren: »Wir wünschen nur, dass es statt eines Herrscherplatzes unter den Völkern der Welt – der neuen Welt, in der wir jetzt leben – einen Platz der Gleichheit annehmen möge.« Was der US-Präsident eigentlich anstrebt, ist die Eingliederung Deutschlands in die neue Weltordnung.

Die Illusionen zerplatzen

Ohne den Begriff »Völkerbund« explizit zu verwenden, fordert Punkt 14 einen »allgemeine[n] Verband der Nationen […] mit besonderen Verträgen zum Zweck gegenseitiger Bürgschaften für die politische Unabhängigkeit und die territoriale Unverletzbarkeit der kleinen sowohl wie der großen Staaten«. Die Nationen sollen durch einen umfassenden Pakt aneinander gebunden werden und sich in seinem Rahmen wechselseitig (und implizit Gott gegenüber) zu Schutz und Sicherheit verpflichten. Differenzen legen sie friedlich bei, so wie die amerikanischen Bundesstaaten es nach dem Sezessionskrieg letztlich lernten; die Erinnerung an den Bürgerkrieg traumatisiert bis heute den Süden der USA, aus dem auch Wilson stammt. Der US-Präsident besteht darauf, das Thema Völkerbund als ersten Punkt auf die Tagesordnung der Pariser Friedenskonferenz zu setzen und an den Beginn des endgültigen Vertrags seine Satzung für einen solchen Bund zu stellen. Weder für die Befürworter noch für die Gegner des Pakts besteht der leiseste Zweifel daran, dass Präsident Wilson aufrichtig bestrebt ist, die Weltordnung zu ändern.

In der moralischen Verunsicherung nach Kriegsende finden die meisten US-Bürger und Europäer in der Wilson-Doktrin zumindest anfangs das, was sie sich erhofften. Als erster US-Präsident auf Auslandsbesuch wird Wilson bei seiner Ankunft in Europa im Dezember 1918

Oben

Wilson machte die von ihm angestrebte Gesellschaft der freien Nationen zu seinem persönlichen Kreuzzug. Im November 1919 forderte er die demokratischen Senatoren auf, gegen die Verabschiedung des Vertragstexts zu stimmen, weil darin einige Veränderungen vorgenommen worden waren … Diese amerikanische Karikatur von 1919 amüsiert sich über Wilsons störrische Haltung, was sein geistiges Kind angeht: Sie setzt ihn als Glucke auf das Riesenei »Völkerbund«.

stürmisch gefeiert, doch als die Pariser Friedenskonferenz einen Monat später ihre Arbeit aufnimmt, treten die Konsequenzen und Widersprüche seiner neuen Weltordnung offen zu Tage.
Die Realität macht mit den hehren Idealen des Friedenspropheten kurzen Prozess. Wilson kann
die Interessen Großbritanniens und Frankreichs nicht einfach vom Tisch wischen, allein schon
deshalb, weil deren Waffen bei der Bezwingung der Mittelmächte eine weit wichtigere Rolle
spielten als die amerikanischen. Frankreich will gegen eine eventuelle erneute Bedrohung durch
seinen deutschen Nachbarn abgesichert sein. Großbritannien will ein echtes Kräftegleichgewicht
auf dem europäischen Kontinent wiederhergestellt sehen, damit es nicht mehr durch irgendwelche Garantien gebunden ist, sondern dank seines gewaltigen internationalen Imperiums wieder
als Weltmacht anstelle einer europäischen Macht unter vielen agieren kann. Während Wilsons
persönliches Ansehen beim amerikanischen Volk ungebrochen ist, verliert seine Demokratische
Partei bei der Wahl im November 1918 die Senatsmehrheit. Den endgültigen Friedensvertrag
soll nun ein republikanischer Senat ratifizieren, in dem viele strikte Gegner von Wilsons neuer
Weltordnung sitzen.

Universelle demokratische Werte für die Neugestaltung der Welt

Wilsons Ideale und »Vierzehn Punkte« sind im kollektiven Gedächtnis der US-Bürger das herausragende und dauerhafteste Ergebnis des Ersten Weltkriegs. Diese Tatsache wirkt sich auf die
Außenpolitik der USA bis zum heutigen Tag aus. Seit Langem sahen die Amerikaner sich selbst
als »auserwähltes Volk« in einer Art »gelobtem Land«. Wilson vertrat erstmals auf der Weltbühne
im Guten wie im Schlechten seine calvinistische Einstellung, seine persönliche Vision Amerikas
als auserwähltem Land. Abgesehen von einer isolationistischen Phase zwischen den Weltkriegen fühlen sich die USA seit Wilson ausdrücklich dazu berufen, die Welt nach universell gülti-
gen demokratischen Werten neu zu gestalten. Franklin D. Roosevelt, der in Wilsons Regierung
Unterstaatssekretär der Marine war, verarbeitete dessen Erbe nach dem Zweiten Weltkrieg in
seinen eigenen moderneren Vorstellungen zu einer Weltordnung, vermied dabei jedoch den Begriff *covenant* (»Pakt«) nach Kräften. Weitaus offener als Wilson zeigte er sich auch für die Idee
der Vormachtstellung der Briten und Amerikaner in der Nachkriegswelt als »überlegene«, jedoch
wohlwollende Rasse.

Allerdings hatte Roosevelt mit den gleichen Sorgen zu kämpfen, was kollektive Sicherheit,
Demokratie und Freihandel betraf, und legte es implizit ebenso wie Wilson darauf an, der eu-
ropäischen Hegemonie ein Ende zu setzen. Er hatte es mit einem geschwächten Europa zu tun
und war umso weniger bereit, dessen Großmächten Zugeständnisse zu machen. Vor allem aber
setzte sich Roosevelt selbst ein Denkmal in Form einer internationalen Organisation, in der die
Weltbevölkerung Konflikte ohne Waffengewalt beilegen sollte. In diesem Sinne verdanken die
Vereinten Nationen Woodrow Wilson ebenso viel wie Franklin D. Roosevelt. Noch vor wenigen
Jahren rechtfertigte die Regierung George W. Bush den Irakkrieg unter anderem damit, sie wolle
den Nahen Osten Demokratie lehren. Wilson wäre über diese Aussage bestürzt gewesen, denn
er glaubte nicht daran, dass die USA die Demokratie ausgerechnet mit Feuer und Schwert in die
Welt tragen sollten. Auf die eine oder andere Weise dient jedoch Wilsons Moral und vielleicht
auch das Quäntchen Arroganz, das ihr innewohnt, den meisten seiner Nachfolger als Vorbild.

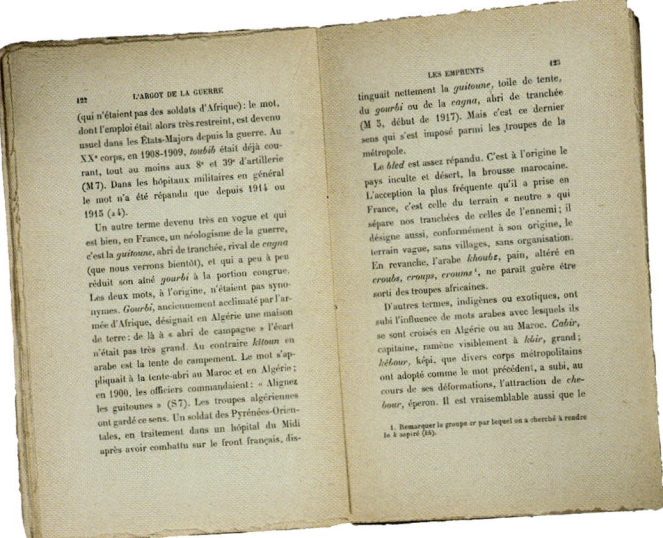

Der Jargon
der Schützengräben

Februar 1918 »Uns bietet sich die einmalige Gelegenheit, die mittelbaren Auswirkungen des furchtbarsten Kriegs der Geschichte auf die Sprache mitzuerleben, spontane Neuschöpfungen und Redewendungen direkt dem Leben abzulauschen, abzuschauen und nachzuprüfen, wie sie in Schützengräben, Quartieren und Lazaretten in einem Gewirr von Jahrgängen, Waffengattungen und Rassen spontan aufblitzen. Sollten wir diesen günstigen Augenblick ungenutzt verstreichen lassen?« Mit diesen Zeilen umreißt der französische Sprachwissenschaftler Albert Dauzat seine Untersuchung des Soldatenjargons, die er im Februar 1918 veröffentlicht. Die Sammlung von Redewendungen aus dem Ersten Weltkrieg bietet zugleich tiefschürfenden Einblick in kulturelle Gepflogenheiten in Kriegszeiten.

■ Seit dem Beginn der Neuzeit bildet sich in den Heeren Europas allmählich ein Militärjargon heraus, der als eine Art Initiationsritus dient. Jeder Soldat distanziert sich damit von seiner Herkunftsgemeinschaft und beweist seine Zugehörigkeit zur Welt der Kämpfer. Der Erste Weltkrieg bildet in diesem Kontinuum eine Zäsur. In seinen vier Jahren steigt die Zahl typischer Soldatenbegriffe sprunghaft an.

Schon in den ersten Kriegsmonaten berichten in Frankreich viel gelesene Zeitungen wie *L'Opinion* oder *Le Temps* regelmäßig über die neuen Wörter. In Deutschland erhalten die Berliner *Lustigen Blätter* auf eine große Umfrage von eingezogenen Lesern offenbar knapp 10 000 Einsendungen. Einige Autoren gehen die Frage wissenschaftlich an, etwa der Australier Walter H. Downing in *Digger Dialects* oder der britische Slang-Forscher Eric Partridge in *Songs and Slang of the British Soldier.*

Vorangehende Seite
Von Beginn des Kriegs an
sammeln Philologen den Jargon der Schützengräben in
ganzen Wörterbüchern. 1917
widmet sich Theodor Imme
dem Studium der *Deutsche[n]
Soldatensprache der Gegenwart und ihr[em] Humor*
(rechts). Ein Jahr später verarbeitet der französische
Sprachforscher Albert Dauzat
unmittelbare Zeugnisse seiner
Informanten zu seinem Buch
L'Argot de la guerre (1918;
links).

Rechte Seite
Mit einer Mischung von Begriffen aus dem Militärjargon
der Vorkriegszeit und der
damals aktuellen Soldatensprache wirft diese Postkarte
einen humorvollen Blick auf
den als schlichten Mann
dargestellten *Poilu*, der von
üppigen Mahlzeiten träumt,
sich aber mit Büchsenfleisch
(*singe*, eigentlich »Affe«) und
billigem Wein (*pinard*) zufrie-
dengeben muss. Karikaturen
von 1914 bis 1918 stellen den
Weltkrieg zuweilen als eine
Art Spiel und die Gewalt auf
dem Schlachtfeld als läppisch
dar, um sie erträglicher zu
machen. Der Historiker George
Mosse spricht von der »Trivialisierung« des Kriegserlebnisses. Diese 1914 erschienene
Lithographie von Jean Veber
(unten) wirft einen ironischen
Blick auf französische Soldaten im Schützengraben, denen
statt deutscher Granaten alle
möglichen Gegenstände um
die Ohren fliegen, mit denen
die Soldatensprache die Geschosse vergleicht, darunter
Kessel (*marmites*), Blumen-
töpfe (*pots de fleur*) und
Dörrpflaumen (*pruneaux*).

Ab 1916 sammelt die Wörterbuchkommission der Bayrischen Akademie der Wissenschaften Soldatenjargon; ein Jahr später geht Otto Maußer unter dem Titel *Deutsche Soldatensprache – ihr Aufbau und ihre Probleme* ausführlich auf regionale (vor allem bayrische und sächsische) Varianten deutscher Soldatenausdrücke ein. Seine erklärte Absicht ist es, im Namen des krieg-führenden Volkes der »Soldatenseele« ein Denkmal zu setzen.

In Frankreich machen sich mehrere Philologen ans Werk, meist Experten für die Randge-biete ihrer Disziplin. Als Erster meldet sich Lazare Sainéan zu Wort. Der Autor eines Univer-sallexikons der rumänischen Sprache studiert nun das alte französische Argot, zieht sich damit jedoch den Zorn seines Lehrers Gaston Paris zu, dem ein solches Thema eines wahren Wissen-schaftlers unwürdig erscheint. Auf schriftliche Zeugnisse gestützt, studiert Sainéan ab Früh-jahr 1915 soldatische Wendungen und veröffentlicht im selben Jahr ein Buch über den »Jargon der Schützengräben anhand von Soldatenbriefen und Frontzeitungen«, überzeugt damit jedoch nicht recht, weil er nicht genügend Material auswertet. Seine Kollegen wie Gaston Esnault mit *Le Poilu tel qu'il se parle* (1919; Der wahre Jargon der *Poilus*) oder Albert Dauzat bevorzugen unmittelbare Zeugnisse. »In Gesprächen unter Soldaten, direkt an der Quelle, muss man das Ar-got des Militärs studieren, nicht nach mehr oder weniger authentischen Briefen, die in Zeitungen veröffentlicht werden und denen geschickte Redakteure zumindest ein bunteres Kolorit verliehen haben«, betont Dauzat. »Im Übrigen ist der Soldatenjargon grundsätzlich eine gesprochene Spra-che, und nicht alles, was man sagt, würde man auch schreiben.«

Albert Dauzats »großes Herbarium«

Nach seiner Promotion über romanische Mundarten wird Dauzat am 2. August 1914 als Sanitä-ter eingezogen und im Januar 1915 wegen Krankheit ausgemustert. Zwei Jahre später, im März 1917, veröffentlicht er in der Presse, vor allem im *Bulletin des armées de la République*, sei-ne »Aufrufe zu sprachwissenschaftlichen Zeugnissen«. Er bittet Soldaten, ihm neue Ausdrücke schriftlich mitzuteilen, jedoch unbedingt nur solche, die sie persönlich gehört haben. Auch wenn noch keine erschöpfende Untersuchung möglich ist, weil der Jargon sich ständig wandelt, ver-sucht er zumindest eine Klassifizierung wie in einem »großen nationalen Herbarium«, so Dauzat. Im Juli 1917 hat er von 195 Informanten fast 2000 Begriffe gesammelt – eine wahre Fundgrube, an deren Auswertung er sich nun macht.

Als Linguist unterscheidet er zwischen Neuschöpfungen, die rund ein Drittel aller Begriffe ausmachen, und vorhandenen Wörtern, deren Herkunft und Bedeutungswandel er erläutert. Die erste Gruppe bezeichnet überwiegend neue Gegenstände, die sich mit geläufigen Ausdrücken nur unzureichend oder nichtssagend benennen lassen. Wenn der Stahlhelm bei den *Poilus* zum »Blumentopf« (*pot de fleurs*), zur Suppenterrine (*soupière*) oder zur »Salatschüssel« (*saladier*), bei den Bayern zum »Zylinder« wird, verharmlosen diese Wortschöpfungen die Gewalt des Kriegs als etwas Alltägliches und machen sie damit erträglicher. Die Gasmaske nennen die Franzosen wegen ihres lächerlichen Aussehens »Pappnase« (*faux-nez*) oder »Schweinsrüssel« (*museau de cochon*), die 75er-Kanone »Beller« (*aboyeur*) oder verniedlichend »Kläffer« (*roquet*); bei den Deut-schen heißt sie entsprechend »Wauwau«. Bei ihnen wird das MG auch zur »Kaffeemühle« und die Tellermine zum »Nürnberger Lebkuchen«.

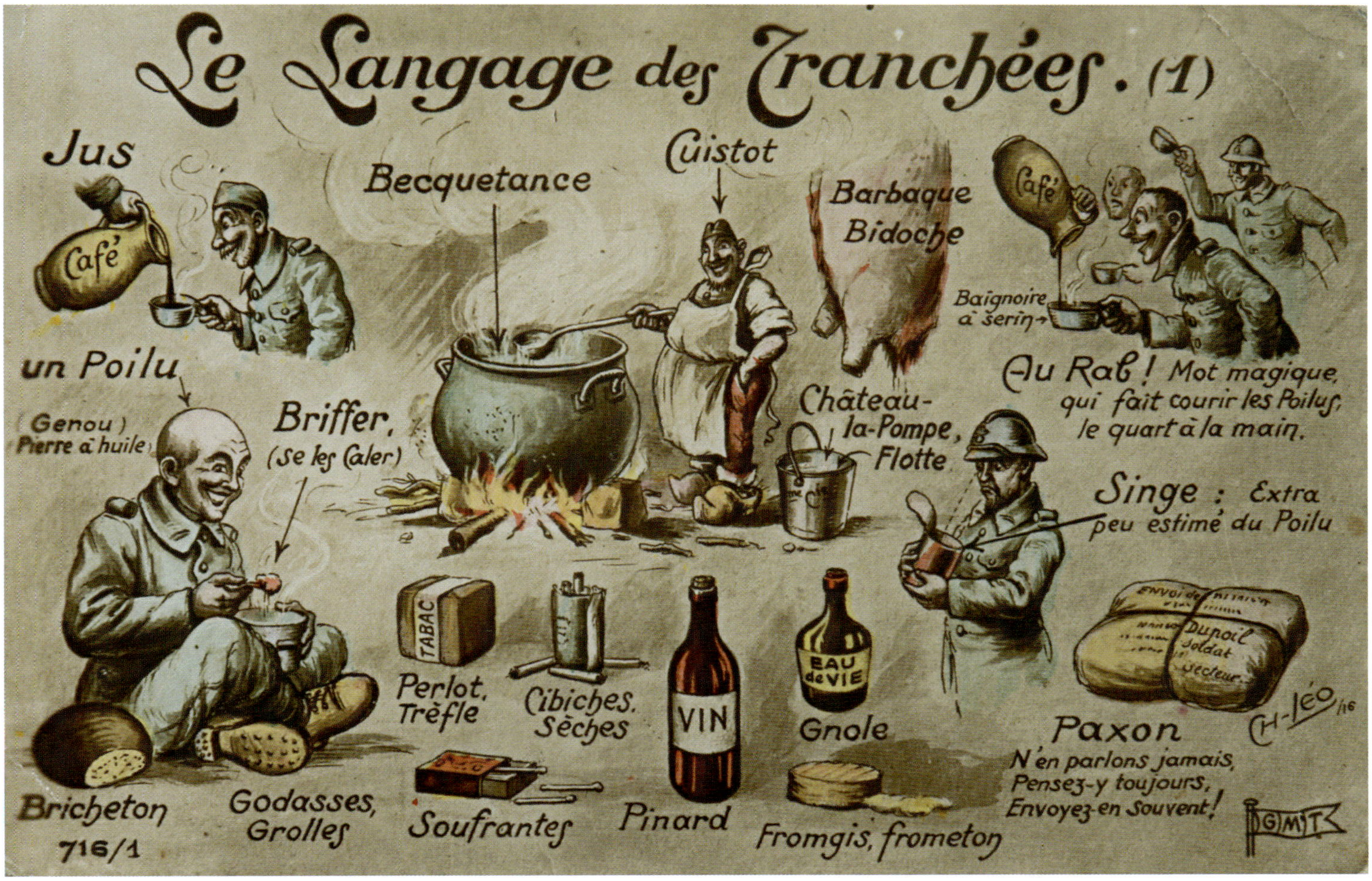
Le Langage des Tranchées. (1)
Jus
Café
Becquetance
Cuistot
Barbaque
Bidoche
Café
Baignoire à serin
un Poilu
(Genou) Pierre à huile
Briffer, (se les Caler)
Château-la-Pompe, Flotte
Au Rab! Mot magique, qui fait courir les Poilus, le quart à la main.
Singe : Extra peu estimé du Poilu
TABAC
Perlot, Trèfle
Cibiches. Sèches
VIN
EAU de VIE
Gnole
Paxon
Dupoil Soldat
N'en parlons jamais, Pensez-y toujours, Envoyez-en souvent!
CH-LÉO 16
Bricheton
716/1
Godasses, Grolles
Soufrantes
Pinard
Fromgis, frometon
GMT

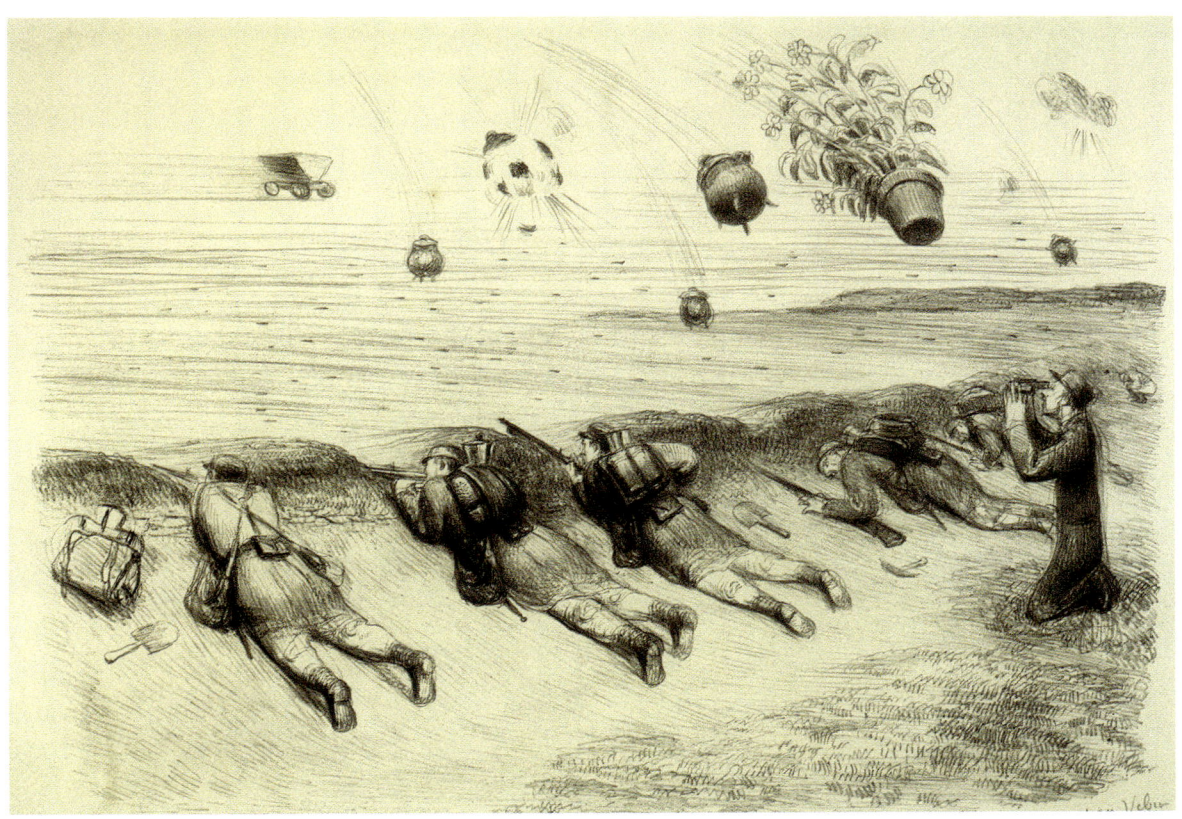

Doch bei Weitem nicht alle Begriffe aus dem Schützengraben sind neu. Der oft noch aus dem 19. Jahrhundert stammende Kasernenjargon vermengt sich mit der Arbeitersprache und regionalen Mundarten zu einem gemeinsamen Vokabular, das die unterschiedliche Herkunft der Frontsoldaten spiegelt. Der geläufigste Ausdruck der *Poilus* für Schnaps, *gnôle*, stammt aus Lyon; *tambouille* (Essen) leitet sich von einem Wort für Ragout aus dem Anjou ab. *Zigouiller* ist der Sprache der *apaches* entlehnt: Bei den Großstadtganoven des ausgehenden 19. Jahrhunderts bedeutete es »abmurksen«, bei den Soldaten »im Nahkampf von Sturmtruppen mit der Blankwaffe getötet werden«, im Gegensatz zu *bousiller*, »anonym verrecken«, etwa wenn ein Granattreffer eine ganze Abteilung in den Tod reißt. Auf der einen Seite also die direkte interpersonelle Gewalt, auf der anderen die anonyme Gewalt der industriellen Stahlgewitter – auf den Schlachtfeldern des Ersten Weltkriegs erlebt man beide. Dauzat weist auch den sprachlichen Einfluss der Kolonialtruppen nach, von *caoua* (Kaffee), das französische Soldaten schon in den 1860er-Jahren in Algerien übernahmen, über *guitoune* (Baracke), das ursprünglich in Nordafrika ein Zelt aus Einzelbahnen bezeichnete, bis hin zu *cagna* (Unterstand), das bei den Annamiten »Strohhütte« hieß und bei der Eroberung und Besetzung Indochinas in die französische Militärsprache überging. Die Historikerin Odile Roynette stellte allerdings fest, dass sich Dauzats Wörterbuch über einen gewissen Teil des Soldatenwortschatzes ebenso ausschweigt wie alle vergleichbaren Nachschlagewerke. Was fehlt, sind Schimpfwörter und alle Begriffe, die sexuelle Handlungen oder Ausscheidungen betreffen. Die deftige »lebendige« Sprache (Paul Fussell) wurde 1914–1918 von den Linguisten gewissenhaft zensiert.

Die Mobilmachung der Sprache

Bilden all diese Kriegsbegriffe eigentlich ein kohärentes Ganzes? Wie zu erwarten, entzweit diese Frage die Sprachforscher schon während des Kriegs. Für François Déchelette, Autor einer humo-

Rechts

Trotz knapper Rationen und fehlendem Komfort hatten die gemeinsamen Mahlzeiten für die Soldaten einen hohen Stellenwert. Es waren Augenblicke, in denen sie über ihre Erfahrungen, Erinnerungen und Gefühle reden konnten und wehmütig von der guten Vorkriegsküche schwärmten. Für die Primärgruppen im Feld – hier deutsche Soldaten um 1915/1916 an der Westfront – waren die Mahlzeiten Verschnaufpause und Galgenfrist bis zum nächsten Gefecht.

Mit Ausnahme der Saiten, die aus der Heimat stammten, besteht dieses Cello (oben links) komplett aus Altmaterial wie Brettern, Rosshaar und einer Bajonettklinge. Daneben eine Mandoline von 1916 (oben rechts). Mit Handwerksarbeiten wie dieser, ergänzt durch einfache, von zu Hause mitgebrachte Instrumente, begleitete man die Truppe beim Singen oder verbreitete an der Front einen Hauch von städtischer Kultur mit Konzerten und Variétévorstellungen. Auf dem Foto oben posieren französische Soldaten neben ihrem Kameraden, der mit Cellomusik für Geselligkeit im Feld sorgt.

Links: Auch ohne Damen schwingen Soldaten 1915 auf einem Bauernhof das Tanzbein.

ristisch-sprachwissenschaftlichen Studie über die Soldatensprache (1918), steht die Einheitlichkeit des Jargons außer Frage: »Man sollte dabei bedenken, dass die Soldaten vor allem in den ersten Kriegsmonaten ebenso isoliert vom Rest der Welt lebten – und starben – wie Mönche im Kloster; deshalb darf man sich über die Herausbildung eines eigenständigen Jargons nicht wundern.«

Diese Ansicht hat eindeutig ideologische Hintergründe: Zum einen präsentiert sie die Welt der Soldaten als homogene Solidargemeinschaft, in der angeblich die Anfang des 20. Jahrhunderts noch geltenden Klassenunterschiede eingeebnet waren. Unter der Devise »einig wie an der Front« greifen dies etwa die Veteranenverbände auf, als sie nach dem Krieg das politische Leben ohne nutzlose Streitereien wiederbeleben wollen. Natürlich basiert diese Sicht weitgehend auf einem Mythos und lässt die extremen Unterschiede innerhalb der kämpfenden Truppen außer Acht. Die meisten Linguisten, die sich mit der Soldatensprache des Ersten Weltkriegs befassen, betonen die Distanz zwischen Frontkämpfern und Zivilisten. Erstere zeichnen sich durch ganz besondere Kriegserfahrungen aus, deren Unsagbarkeit sich im Gebrauch von Wörtern niederschlägt, für die es zu Hause keine Entsprechung gibt. Die Zivilisten können jedoch mit Hilfe von Wörterbüchern und anderen Nachschlagewerken vorgeben, sich in der ihnen fremden Welt ein wenig auszukennen. Der Sprachforscher Robert Gauthiot spottet darüber in einem bitterbösen Verriss der Arbeiten von Lazare Sainéan: »Dank eifriger Literaten, die Geld damit verdienen, dass sie gefühlvoll über jene schreiben, die für sie kämpfen und ihre kleine Kriegsindustrie beschützen, und dank einiger Journalisten, über die ich nichts sagen werde, um auch künftig mit ihnen auf freundschaftlichem Fuße zu stehen, haben die Leute in der Heimat sich eine gewisse Kenntnis dieser Sprache der Schützengräben angeeignet und machen sich damit gnadenlos wichtig. Distinguierte Herren erzählen mir etwas von *marmites, cagnas* und *gnôle,* feine Damen bitten mich fast unverblümt um Aufklärung, was für *mectons* [Kerle] man an der Front so trifft, wie unsere Helden sich ›durchwursteln‹ und wie die Nacheiferer der Jungfrau von Orléans ›Dummköpfe verarschen, die ihnen auf den Sack gehen‹. Dabei stellte ich zu meinem Entzücken fest, dass ich die Sprache der Schützengräben beherrsche (noch eine!), und habe ihnen davon aufgetischt, so viel sie wollten.«

Mit dem Erscheinen der ersten linguistischen Arbeiten wird der Soldatenjargon eindeutig zum Machtinstrument. Schriftsteller setzen ihn ein, um den Realismus ihrer Werke und damit ihre Legitimität zu unterstreichen. Norton Cru führt einen Kreuzzug gegen alle, die mangels eigener Fronterfahrung ein verzerrtes Bild vom Krieg vermitteln, und weist ihnen peinlich genau jedes falsch verwendete Soldatenwort nach. Das bekommt auch Henri Barbusse zu spüren: Er habe »ganz offensichtlich in einem Heft diverse Formen notiert, die ein Witzbold ihm als gängigen Jargon verkauft hat, sie in seinem Roman angehäuft und dann zwei oder drei Soldaten all die Schimpfwörter in den Mund gelegt, die in Wahrheit von vielen verschiedenen Einzelpersonen stammten.«

Dennoch überbieten sich die Linguisten bis Kriegsende und auch danach wechselseitig mit verblüffenden Behauptungen. Im Zuge der Mobilmachung des Wissens wird die Soldatensprache zum Aushängeschild für patriotischen Eifer, Bewunderung der Frontkämpfer und Hass auf den Feind. Lange vor der Veröffentlichung seines berühmten lateinisch-französischen Wörterbuchs nimmt Félix Gaffiot, der im Krieg als Offizier verwundet wurde, 1918 seine Hochschulkarriere als Dozent an der Pariser Sorbonne auf. In einem Brief an einen Kollegen regt er an, »*Boches* durch *Bochiens* zu ersetzen«, und begründet den seltsamen Vorschlag damit, *Bochiens* klinge für ihn verächtlicher als *Boches,* was seiner Meinung nach dem Gegenstand angemessener sei …

Die Michael-Offensive: das letzte Aufgebot der Deutschen

21. März 1918 Zwischen Arras und der Oise startet Ludendorff die – wie er hofft – entscheidende Offensive. 1917 wurden die Karten der kriegsbeteiligten Armeen neu gemischt. Im Frühjahr 1918 bietet sich Deutschland nach dem Zusammenbruch der Ostfront ein enges strategisches Fenster für einen Sieg über die Entente, bevor die US-Truppen das Kräftegleichgewicht wieder verschieben. Ludendorff nutzt die Chance. Geht seine Rechnung nur nicht auf oder ist das Unterfangen von vornherein zum Scheitern verurteilt?

■ Ende 1917 sind die Mittelmächte im Vorteil: Die französische Armee erholt sich zwar von der Meutereikrise, ist jedoch weiterhin für Offensiven nicht gut gerüstet. Die Italienfront ist nach Caporetto geschwächt und die britische Armee trotz der Terraingewinne bei Cambrai ausgeblutet. Beunruhigend ist vor allem der Wegfall der Ostfront, denn nach dem Waffenstillstand mit der bolschewistischen Regierung im Dezember 1917 und dem Frieden von Brest-Litowsk vom 3. März 1918 stehen 33 deutsche Divisionen für die Verschiebung an die Westfront bereit. Die sorgfältig vorbereitete Operation Michael wird begleitet von einer weiteren massiven Mobilmachung Deutschlands: Militär wie Zivilbevölkerung setzen nun alles auf eine Karte, um doch noch Sieg und Frieden zu erringen.

Rückkehr zum Bewegungskrieg: der deutsche Durchbruch

Am 21. März 1918 um 4 Uhr 40 erfolgt in einem 70 Kilometer langen Frontabschnitt zwischen Scarpe und Oise eine ebenso kurze wie heftige Artillerievorbereitung; die dicke Nebelschicht, die über dem ganzen Gebiet liegt, wird durch Giftgas noch undurchdringlicher. Innerhalb weniger Stunden erobern die hervorragend ausgebildeten Sturmtruppen die vorgeschobenen britischen Stellungen. Sie überrennen die Somme und den Crozat-Kanal und erobern Péronne zurück. Die 18. Armee unter Oskar von Hutier bedrängt die britische 5. Armee, die den 43 deutschen Divisionen lediglich zwölf eigene entgegenzusetzen hat.

Doch anstatt die Richtung zu wechseln und die Engländer nach Norden abzudrängen, greift Ludendorff nach Süden/Südwesten an und schlägt eine Bresche zwischen die feindlichen Armeen. Am 24. März bricht die Verbindung zwischen der 5. britischen und der 3. französischen Armee ab, die Kooperation zwischen den alliierten Truppen gerät ins Wanken: Haig will den Zugang zum Ärmelkanal sichern, Pétain jedoch vor allem die französischen Truppen zusammenhalten. Um die militärische Führung an der Westfront unbedingt in einer Hand zu belassen, wird Foch am 26. März bei der Konferenz in Doullens damit betraut.

Zu Recht wählte Ludendorff 1918 für seine erste große Offensive die Picardie, denn sie bot sich dazu an. Die weitläufigen Hochebenen bei Santerre südlich von Arras sind relativ offen und im frühen Frühjahr einigermaßen trocken; sie liegen nahe an den britischen Marinestützpunkten, aber auch an der Schnittstelle zwischen den britischen und französischen Truppen, sodass von hier aus Vorstöße sowohl nach Nordwesten als auch nach Südwesten möglich sind. Männer, Zugtiere und Munition werden mit aller Macht vorangetrieben, denn die Deutschen hoffen, endlich den Durchbruch zu schaffen, doch das Fehlen von Artillerie und motorisierten Transportmitteln bringt das eigentlich perfekt vorbereitete Unternehmen rasch ins Stocken. Links deutsche Artilleristen auf dem Marsch nach Saint-Quentin. Unten der Durchstich des Oise-Aisne-Kanals an der Oise-Überführung.

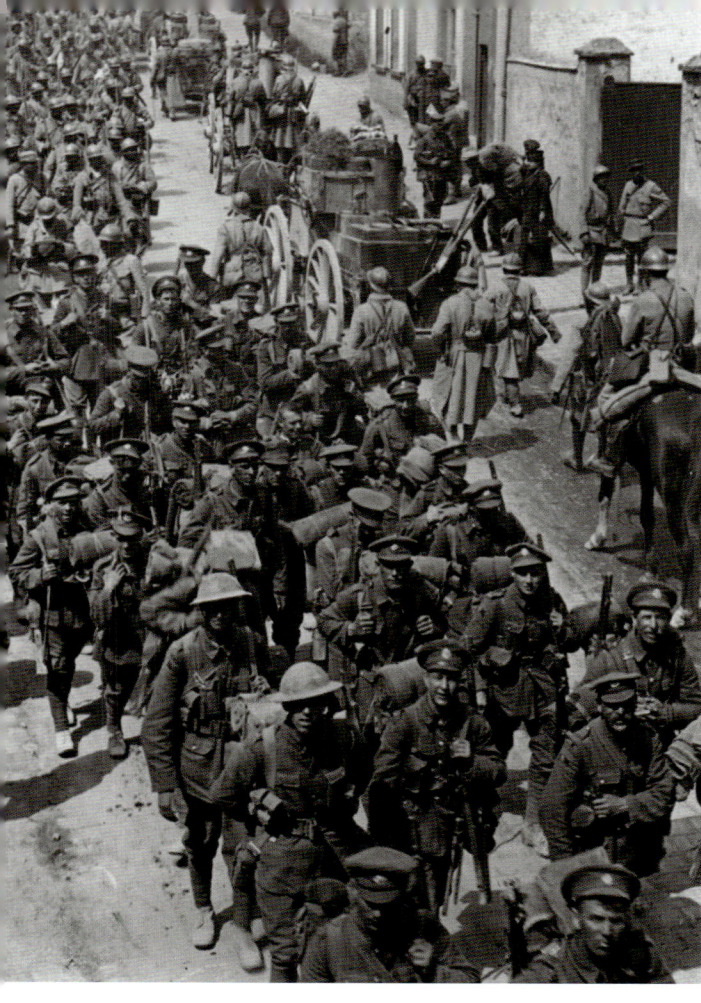

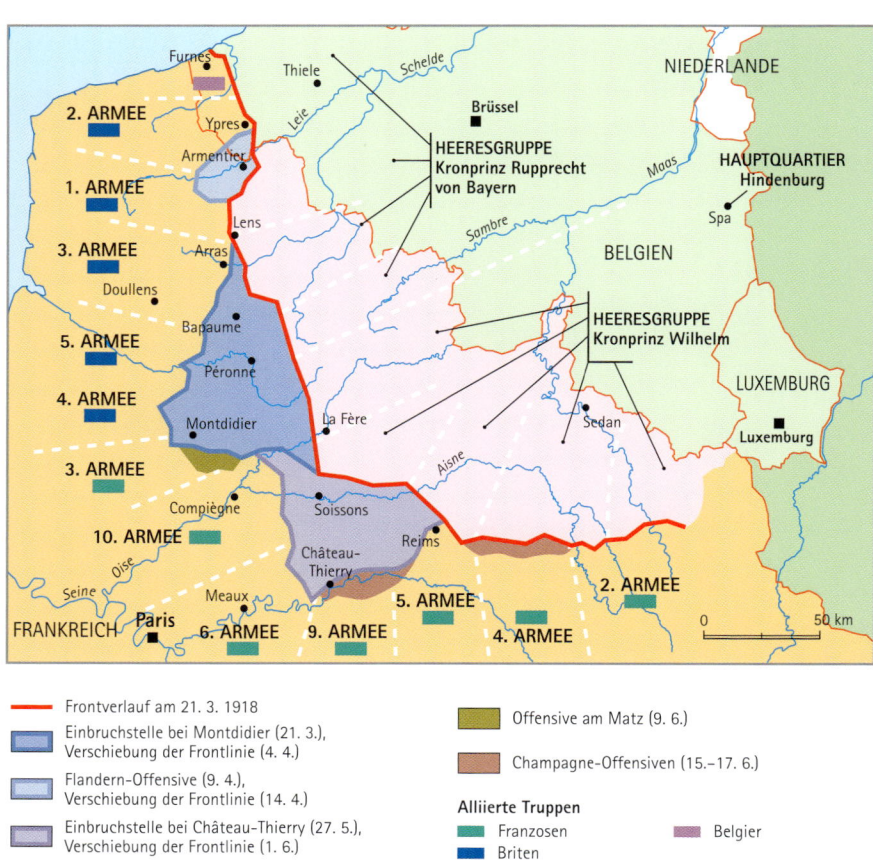

Furnes
Thiele
Schelde
NIEDERLANDE
Brüssel
2. ARMEE
Ypres
Leie
Armentières
HEERESGRUPPE
Kronprinz Rupprecht
von Bayern
Maas
HAUPTQUARTIER
Hindenburg
Spa
1. ARMEE
Lens
Sambre
3. ARMEE
Arras
BELGIEN
Doullens
HEERESGRUPPE
Kronprinz Wilhelm
Bapaume
5. ARMEE
Péronne
4. ARMEE
LUXEMBURG
Montdidier
La Fère
Sedan
Luxemburg
3. ARMEE
Aisne
Compiègne
Soissons
10. ARMEE
Château-Thierry
Reims
Oise
Seine
Meaux
5. ARMEE
2. ARMEE
FRANKREICH
Paris
6. ARMEE
9. ARMEE
4. ARMEE
0
50 km
Frontverlauf am 21. 3. 1918
Einbruchstelle bei Montdidier (21. 3.), Verschiebung der Frontlinie (4. 4.)
Flandern-Offensive (9. 4.), Verschiebung der Frontlinie (14. 4.)
Einbruchstelle bei Château-Thierry (27. 5.), Verschiebung der Frontlinie (1. 6.)
Offensive am Matz (9. 6.)
Champagne-Offensiven (15.–17. 6.)
Alliierte Truppen
Franzosen
Briten
Belgier

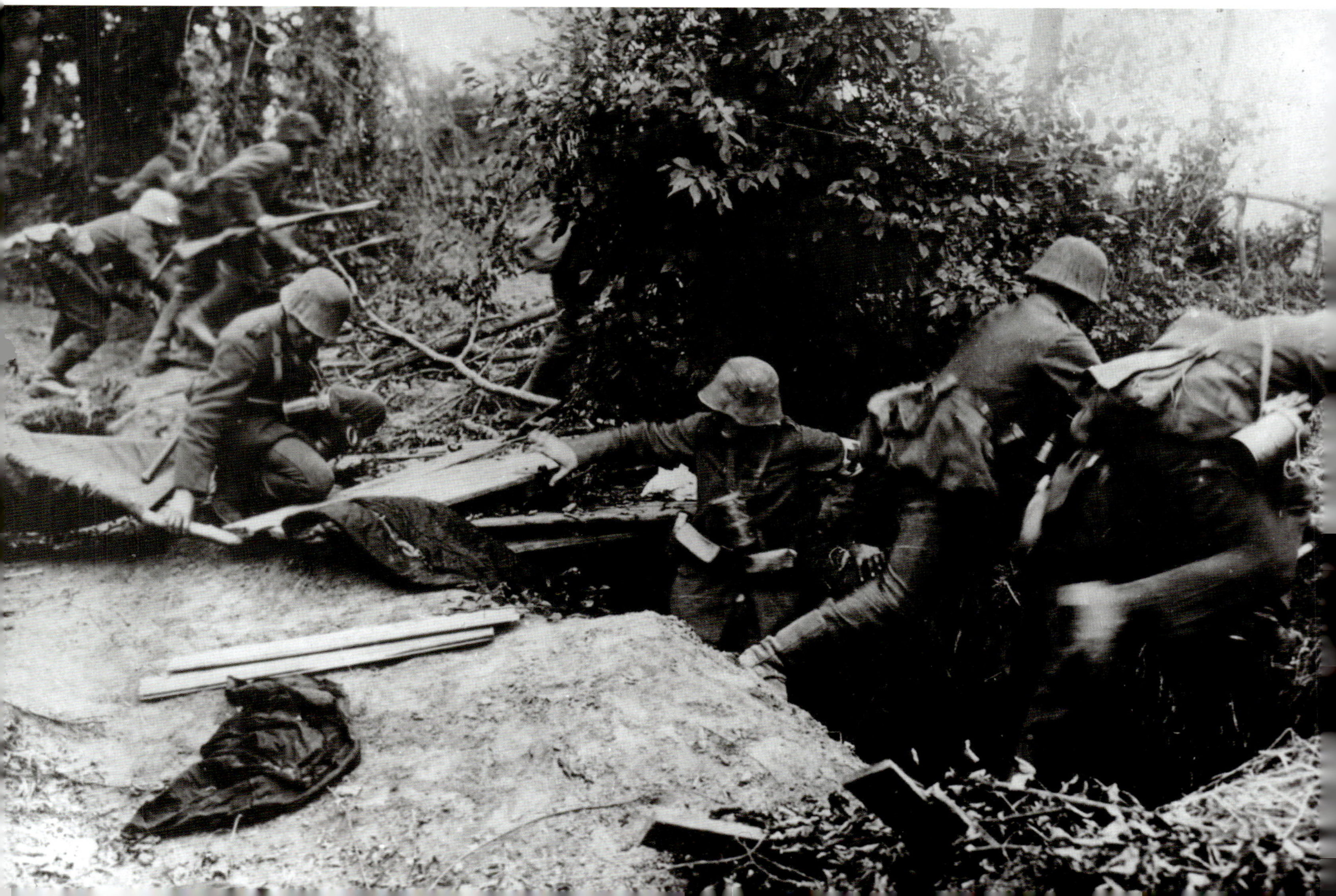

Im Sektor der 18. Armee kommen die Deutschen bis zu 60 Kilometer voran, doch trotz aller verblüffenden Erfolge erlahmt die Michael-Offensive am 5. April, ohne ihr strategisches Ziel erreicht zu haben, denn mitten im Schlachtfeld von 1916 stecken die Truppen fest, die Logistik versagt. Für die Soldaten ist die Wiederaufnahme des Bewegungskriegs in Gebieten, die noch von früheren Schlachten und dem verheerenden Unternehmen Alberich in Schutt und Asche liegen, eine grausige Erfahrung. »Es sieht alles furchtbar verwüstet aus«, schreibt der deutsche Frontkämpfer Paul Knoch: »Trichter neben Trichter, manche Dörfer, zum Beispiel Bouchavesnes, bis auf einen Meter hohe Steinmauern von der Bildfläche verschwunden, von Bäumen stehen nur noch zersplitterte Stümpfe. An den Straßen liegen überall tote Pferde, Leichen von Deutschen, Engländern und Franzosen, Ausrüstungsstücke, Gewehre, Munition, hier und da mal eine zerschossene oder zurückgelassene englische Kanone.« Ein anderer Soldat schreibt, seit seinem letzten Brief vom 1. April sei er ständig anderswohin gekommen. Mehrfach habe er in den Sümpfen an der Oise im strömenden Regen Wache stehen müssen, dann sei man weitermarschiert: Angriffsreserve, Lager im Freien, Schüsse, Unterstützung eines Regiments beim Angriff auf einen Brückenkopf, Regen, immer wieder Regen, ein neues Zeltlager, diesmal im Wald rings um ein zerstörtes Dorf, feindlicher Gasangriff.

Schon am 9. April greifen die deutschen Divisionen erneut an, diesmal in Flandern. Zwischen Armentières und La Bassée durchbrechen sie die britische Front; die 2. britische Armee gibt das im Vorjahr so mühsam eroberte Passchendaele preis. Allerdings gelingt es der deutschen Offensive nicht, den rechten Flügel der Engländer in Richtung Meer abzudrängen; sie bleibt ihrerseits stecken. Foch, der nun den Oberbefehl auch über die Reservetruppen der Alliierten hat, bemüht sich nach Kräften, die Engländer zu entlasten; daraufhin muss Ludendorff die Franzosen an der Rückkehr nach Flandern hindern, wo er gerade eine dritte Offensive (Deckname Hagen) vorbereitet. Dies ist das anfängliche Ziel des Blücher-Angriffs ab 27. Mai im Sektor am Chemin des Dames, doch als die Truppen 15–25 Kilometer vorgerückt sind, beschließt Ludendorff, in Richtung auf den Ourcq, die Marne und Paris weiterzumarschieren. Innerhalb von drei Tagen legen die Truppen 65 Kilometer zurück, erreichen die äußersten Linien von September 1914 und stehen damit nicht mehr weit von Paris. Dennoch wird die Offensive am 4. Juni abgebrochen. Eine französisch-amerikanische Gegenoffensive bremst derweil das am 9. Juni zwischen Montdidier und Noyon gestartete Unternehmen Gneisenau wirksam aus. Am 15. Juli nimmt Ludendorff einen letzten Anlauf zwischen Reims und den Argonnen sowie an der Marnefront, doch Mangins Gegenoffensive zwingt die Deutschen, die eroberten Gebiete im Wesentlichen wieder aufzugeben. Eine entscheidende Rolle spielt dabei der Einsatz von 225 Panzern, aber auch die Kampfkraft vor allem der 1. und 2. US-Divisionen. Jedem weitsichtigen Menschen muss spätestens jetzt klar sein, dass ein deutscher Sieg definitiv ausgeschlossen ist. Die Initiative geht nun wieder von den Alliierten aus, und das endgültig.

Taktisch ein Erfolg, strategisch ein Schlag ins Wasser

Wäre Ludendorffs Fehlschlag vermeidbar gewesen? Hätte er ihn angesichts der wachsenden Diskrepanz zwischen den wirtschaftlichen, industriellen und menschlichen Ressourcen beider Lager nicht vorhersehen müssen? Diese Fragen darf man nicht aus der Rückschau beantworten. Anfang 1918 halten die Verantwortlichen der Entente-Mächte nämlich einen Sieg vor 1919 noch

Siegfriedstellung

Zweite befestigte deutsche Stellung

Frontverlauf am 18. 7.

Gegenoffensiven zur Entsatzung (18. 7.–8. 8.) und Verschiebung der Frontlinie (15. 8.)

Schub auf die Siegfriedstellung (21. 8.) und Verschiebung der Frontlinie (24. 9.)

Erweiterung der alliierten Offensive vom 26. 9.–15.10. und Verschiebung der Frontlinie (15. 10.)

Siegreiche Offensive (17. 10./1.11.)

Frontverlauf am 11. 11. 1918

Alliierte Truppen:

Franzosen Briten

Amerikaner Belgier

Linke Seite, oben und links General Fochs siegreiche Offensiven. Am 18. Juli übernehmen die Alliierten auf Fochs Befehl bei Villers-Cotterêts wieder die Initiative. Die Einbruchstelle bei Château-Thierry wird nach und nach wieder geschlossen. Im August starten die Briten eine Offensive an der Somme, im September die Amerikaner im Sektor Saint-Mihiel. Um ein Desaster zu verhüten, müssen die deutschen Truppen jedes Mal Terrain aufgeben. Als am 11. November der Waffenstillstand unterzeichnet wird, ist das französische Staatsgebiet fast komplett befreit. Mehr und mehr profitieren die Alliierten von ihrer klaren Überlegenheit an Truppen und Waffen (Panzern und Flugzeugen). Oben 34 Tonnen schwere, 9,88 Meter lange britische Mark-5-Tanks. Die schweren Panzer erleben ihre Premiere am 8. August in der Picardie und erweisen sich als entscheidend für die Einnahme der deutschen Stellungen. Auf der Seite links der Triumph der britischen 136. Brigade

am 2. Oktober 1918: Die sorgfältige Vorbereitung durch Pioniereinheiten ermöglicht es der Einheit, den als praktisch unüberwindbar geltenden Kanal von Saint-Quentin zu überqueren und bis zur Siegfried-Stellung vorzudringen. Ein paar Mann durchschwimmen den Kanal und spannen Drähte (hier im Vordergrund sichtbar), an dem sich ihre Kameraden mit Schwimmwesten einhaken und sicher ans andere Ufer gelangen!

1

2

Sturmpanzer

Die ersten »Tanks« kommen am 15. September 1916 an der Somme auf britischer Seite zum Einsatz (1: Typ Mark 1, am 25. September 1916 in der Nähe von Thiepval). Die Franzosen holen schnell auf: Nach dem allzu schweren und anfälligen »Char Schneider« (5: hier 1917 im Manöver bei Marly-le-Roi) entwickelt Renault einen nur sieben Tonnen »leichten« Panzertyp (4: 1918 in Neuilly-Saint-Front im Departement Aisne). Panzer werden am 20. November 1917 bei einem Überraschungsangriff vor Cambrai mit Erfolg eingesetzt und 1918 regelmäßig mit einbezogen (3: britischer Tank »Edward« an der Front bei Passchendaele im Februar 1918; 7: ein anderer, leichterer britischer Tank 1918 im Einsatz gegen deutsche Flammenwerfer). Aufgrund ihrer entscheidenden Rolle beim Angriff am 18. Juli 1918 titulierte man Panzer als *chars de la victoire*, »Streitwagen des Sieges«. Die Deutschen hingegen glaubten nicht an die Schlagkraft von Panzern. Dieses Modell

3

A 7 V (2: 1918 an der Westfront) wurde lediglich zum Transport von Verpflegung und Munition sowie zum Schleppen von Artilleriegeschützen eingesetzt. Die Panzerbesatzungen trugen eine spezielle Schutzkleidung, weniger gegen Granatsplitter als gegen die glühend heißen Innenwände ihrer Gefährte (6: Gesichtsschutz eines britischen Panzerfahrers).

4

5

6

7

für unmöglich, da zunächst das amerikanische Kontingent in seine Rolle hineinwachsen muss. Andererseits bezweifeln sie angesichts der hohen Verluste und der zunehmenden Zahl der Gefallenen, der beruflichen Strapazen und Entbehrungen, dass die französische und britische Gesellschaft so lange bei der Stange bleiben wird. In Paris wie in London spielen sich im Frühjahr 1918 dramatische Szenen ab, sogar eine Niederlage wird nicht mehr ausgeschlossen. Haigs Tagesbefehl vom 11. April lässt diese Sorge durchblicken: »Viele von uns sind inzwischen erschöpft. Ihnen möchte ich sagen: Der Sieg wird dem Lager gehören, das am längsten durchhält. [...] Jede Stellung muss bis zum letzten Mann gehalten werden. Es darf keinen Rückzug geben. Mit dem Rücken zur Wand und in der festen Überzeugung, dass wir für eine gerechte Sache kämpfen, muss jeder von uns bis zum bitteren Ende kämpfen. Die Sicherheit unseres Vaterlands und die Freiheit der Menschheit hängen davon ab, wie sich jeder Einzelne von uns in diesem kritischen Augenblick verhält.«

Trotz der eindrucksvollen Wiederaufnahme des Bewegungskriegs gelingt es den deutschen Offensiven nicht, die alliierte Front zu zerschlagen. Um den Durchbruch auszubauen, fehlt es den Einheiten an Lastwagen (ebenso wie an Treibstoff und Kautschuk für Reifen) und Pferden (sowie an Futter). Artillerieeinheiten über ein aufgewühltes Schlachtfeld zu bewegen ist eine heikle Sache. Weil nicht genügend schwere Geschütze vorhanden sind, müssen sie von einem Sektor zum anderen befördert werden, doch bleiben die Stahlreifen der Gefährte im Schlamm stecken. Die Abstände zwischen den Offensiven sind so lang, dass der Feind Zeit hat, seine Reserven zu mobilisieren. Der Einsatz an Menschen und Material ist dennoch enorm. Die Verluste der kämpfenden Truppen sind zwischen März und Juli 1918 vergleichbar mit den schlimmsten Kriegsphasen: 226 232 Gefallene sind angesichts der ohnehin schon stark dezimierten Truppen ein dramatischer Verlust. Für das letzte Aufgebot müssen die Deutschen deshalb maximale Risiken eingehen und um jeden Preis Erfolg haben. Selbst ein teilweises Scheitern würde die Schwachstellen der bis zum Zerreißen gespannten Kriegsmaschinerie bloßlegen.

Die Kriegsmaschinerie bricht zusammen

Zum endgültigen Zusammenbruch kommt es am 8. August, als die 4. britische Armee östlich von Amiens angreift. Für die Deutschen ist es nach den Worten Ludendorffs ein »schwarzer Tag«, denn er verliert 27 000 Mann. Dass viele von ihnen in Gefangenschaft kommen, spricht Bände über den Mangel an Zusammenhalt in seinem Heer. Ab Sommer 1918 häuften sich Fälle von Urlaubsüberschreitung, Zwischenfällen bei Truppenverschiebungen, Fahnenflucht und andere Formen der Insubordination: Zwischen 750 000 und einer Million Soldaten entziehen sich dem Kriegsdienst. Die Offensive wird nicht nur von großen Hoffnungen begleitet, sondern auch von einem immensen physischen und psychischen Druck auf die Truppen. In einem Brief vom 20. August 1918 schreibt der Soldat Otto Schiel, zu Beginn der Märzoffensive und sogar noch beim raschen Vormarsch an die Marne sei er voller Hoffnung auf Frieden gewesen, doch nun frage er sich, was man überhaupt erreicht habe. Die Feinde seien schon vorher nicht bereit gewesen, Frieden zu schließen, und jetzt nach ihrem Sieg erst recht nicht: »Ich habe keine Hoffnung mehr.«

Am 14. August gelangt die Oberste Heeresleitung im Stabsquartier im belgischen Spa zum Schluss, dass sie den Krieg nicht mehr gewinnen kann. Die Deutschen geben die im Frühling eroberten Stellungen auf und ziehen die Truppen hinter die befestigte Linie zurück, die im Süden an die Somme, den Nord-Kanal und die Linie Drocourt – Quéant angelehnt ist, doch unverzüglich hindern die Alliierten sie mit einem doppelten Vorstoß, sich dort auf Dauer einzurichten: Am 31. August treibt das australische Expeditionskorps sie über die Somme zurück, am 2. September durchbrechen die Kanadier südöstlich von Arras die Linie Drocourt – Quéant. Am selben Tag befiehlt Ludendorff den Rückzug in die Siegfried-Stellung: In nur vier Wochen räumen die Deutschen das im Frühjahr eroberte Gebiet komplett.

In »Hundert Tagen« zum alliierten Sieg

Anstelle eines strategischen Durchbruchs einigen sich Foch und Haig auf ein allmähliches Zurückdrängen des Feinds. Die engmaschige Abfolge der Gefechte darf ihm keine Zeit lassen, neue Verteidigungslinien aufzubauen, sondern soll ihn auslaugen und zu wiederholten Rückzugsbewegungen zwingen, bis er kapituliert. Vom 26. bis zum 29. September greifen die Briten und Belgier im Norden, die Franzosen und Amerikaner im Süden an praktisch der gesamten Frontlinie an. Nun macht sich voll und ganz bezahlt, dass die Entente mehr Truppen und Waffen besitzt und sie einzusetzen weiß.

Mitte September 1918 sind bereits 1,5 Millionen US-Soldaten in Europa stationiert, kurz vor dem Waffenstillstand fast zwei Millionen. Nur wenige Einheiten sind schon einsatzbereit, und ihr operationeller Beitrag zum Sieg 1918 ist auch nicht entscheidend. Allerdings schaffen sie nach Einschätzung des Historikers André Kaspi den »entscheidenden Spielraum«, denn erst die zusätzlichen Truppenreserven gestatteten überhaupt eine Offensive, die immer mörderischer ist als die Defensive. In Folge der 1916 angelaufenen Programme verfügen die Franzosen über mehr Panzer und Flugzeuge, und auch an Artilleriegeschützen und -munition herrscht kein Mangel mehr: An einem einzigen Tag, dem 26. September 1918, werden 1,4 Millionen Granaten verschossen, also ein Viertel der gesamten 75-mm-Munitionsvorräte, die 1914 zur Verfügung

standen! Da Deutschland zur gleichen Zeit mit der Produktion nicht mehr nachkommt, klafft die Schere immer weiter auseinander. Panzer und Flugzeuge bieten den Alliierten den Ausweg aus dem strategischen Patt. Ebenso wichtig jedoch ist die souveräne Beherrschung der Waffensysteme, vor allem dank der Perfektionierung der Artillerie, der Weiterentwicklung der Infanteriewaffen und der besseren Koordination zwischen den beiden Waffengattungen.

Ende September 1918 erkennt die Oberste Heeresleitung, dass sie in einer gravierenden Krise steckt. Am 29. September fordern Ludendorff und Hindenburg die Zivilregierung auf, Friedensverhandlungen einzuleiten und um einen Waffenstillstand zu ersuchen.

Unten
Ein Konvoi der US-Armee quält sich durch das Hinterland der Front in den Argonnen. In den letzten Kriegsmonaten sind die Amerikaner unmittelbar am Kampfgeschehen an der Maas und in den Argonnen beteiligt. Am 26. September kommen neun US-Divisionen zum Einsatz. Dass in den folgenden sieben Wochen von den rund 1,2 Millionen kämpfenden GIs 120 000 getötet oder verwundet werden, beruht auf mangelnder Kampferfahrung der Truppen, vor allem aber auf der Bereitschaft ihrer Befehlshaber, notfalls hohe Verluste hinzunehmen.

Hunderttausende Feldpostbriefe am Tag

September 1918 Nach dem Band *Kriegsbriefe deutscher Studenten* (1916) erscheint eine neue Anthologie *Kriegsbriefe gefallener Studenten* 1914–1918. Dass sie im Handumdrehen ein Bestseller wird, beruht vor allem auf den darin ausgedrückten Gefühlen. Einer der Schreiber ist Otto Heinebach: »Vor Verdun, Freitag, den 18. Februar 1916, abends. [...] Ich nehme Abschied von Euch, Ihr geliebten Eltern und Bruder, aus tiefstem, übervollem Herzen; Dank, innigen Dank für alles, was Ihr an mir getan. – Sollte ich bleiben, so tragt es, ich bitte Euch herzlich, mit Fassung. – Bedenkt, dass ich wohl nie zu einem vollen Glück und Zufriedenheit gelangt wäre ...«

■ Heinebach studiert Philosophie an der Universität Berlin. Im September 1918 steht er mit unzähligen weiteren Infanteristen vor Verdun und wartet auf den Angriff, der Mitte Februar stattfinden soll. Sein Abschiedsbrief (er stirbt wenige Monate später mit 24 Jahren an den Folgen seiner Verwundungen) geht 1918 in eine Sammlung des Literaturwissenschaftlers Philipp Witkop ein, der Professor an der Universität Freiburg und ein Freund Thomas Manns ist. Die erste Ausgabe seiner *Kriegsbriefe gefallener Studenten* hatte er bereits 1916 veröffentlicht und u. a. 1918 und 1928 mehrfach erweitert und überarbeitet. In der Zwischenkriegszeit war das Buch mit knapp 200 000 verkauften Exemplaren ein Bestseller, doch unumstritten ist es nicht. Witkop redigierte die Briefe mit Bedacht und wählte von vornherein nur diejenigen von jungen Intellektuellen aus, die sich durch glühenden Patriotismus auszeichneten. Sein Buch verfolgt eindeutig politische Ziele. Es zeichnet ein vereinfachtes Bild der Wirklichkeit, übertüncht soziale und regionale Unterschiede. Genau wie viele ähnliche Sammlungen dieser Zeit vereinnahmt sie die Briefe für den Mythos der deutschen Kriegsbegeisterung.

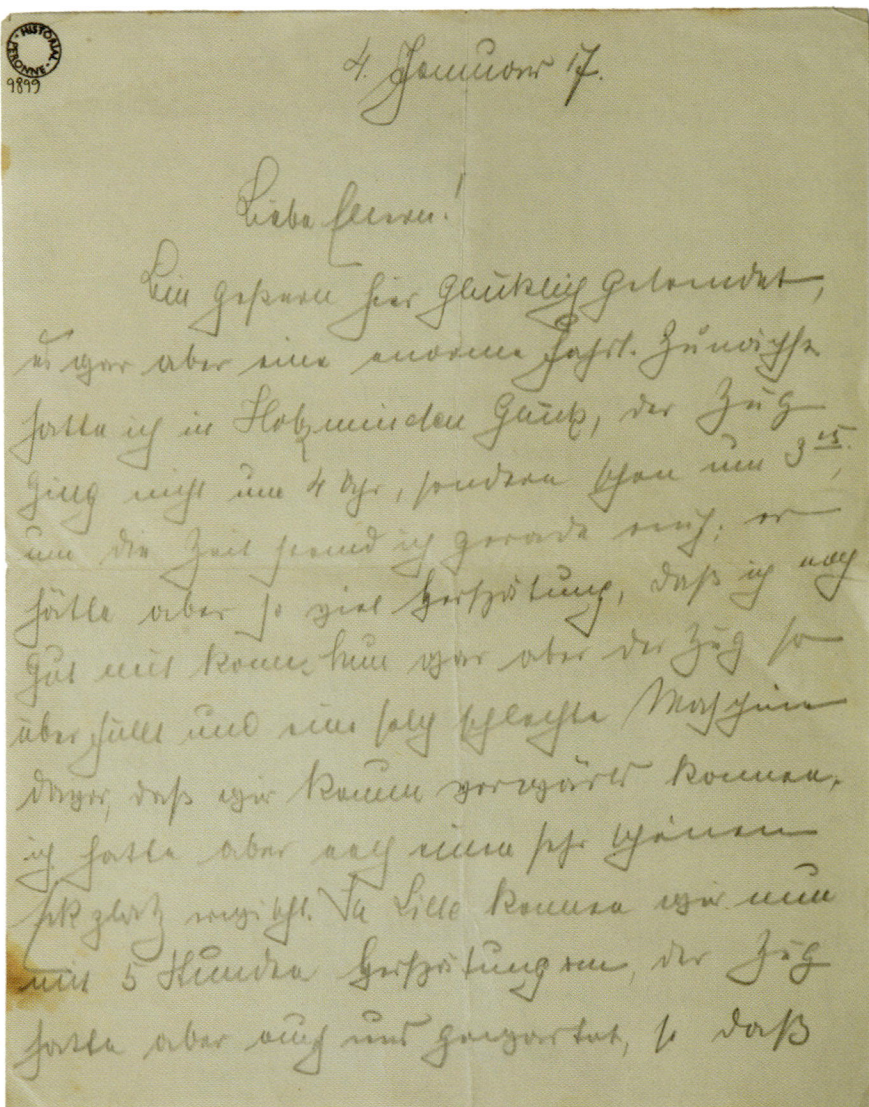

Vorangehende Seiten
Briefe zu schreiben gewährt
den Soldaten kurzfristig
Ablenkung von der Monotonie
und den Entbehrungen des
Frontalltags, den Gefahren auf
dem Schlachtfeld; all dies
spiegelt sich in den oft sehr
emotionalen Mitteilungen.
Der kleine hölzerne Briefkasten der britischen Armee fungiert als unerlässliches Bindeglied zwischen Front und Heimat. Hier nutzt ein deutscher
Soldat einen ruhigen Moment
im Oktober 1914 für einen
Brief an seine Familie.

Schwindelerregende Massen an Feldpost

Das Buch verdeutlicht zugleich die phänomenale Zunahme der Feldpost während des Ersten Weltkriegs und ihren entscheidenden Stellenwert für die Aufrechterhaltung der Verbindung zwischen Front und Heimat. Nie zuvor hatte sich eine kollektive Erfahrung in einer so gewaltigen Flut von Briefen niedergeschlagen. Die Zahlen schwanken und sind nur im Ausnahmefall verlässlich. Die zentrale französische Feldpoststelle in Paris beförderte während des Kriegs Tag für Tag schätzungsweise knapp vier Millionen Sendungen, der Postdienst des britischen Heers ab Oktober 1914 wöchentlich 650 000 Briefe. Die zwischen der Front und der Heimat hin und her verschickten Päckchen sind dabei nicht einmal berücksichtigt: Man schätzt, dass es in der französischen Armee im Schnitt täglich 200 000 waren, kurz vor Silvester 1915 sogar 590 000. Vor allem in den ersten Kriegsmonaten kam es gelegentlich zu Engpässen. In Frankreich besserte sich die Lage erst dauerhaft, als Berufspostboten ab November 1914 in den Postdienst der Armee einberufen und im Dezember 1914 »Postsektoren« eingerichtet wurden.

Briefe von der Front

In ruhigen Phasen schreiben die Soldaten manchmal täglich einen Brief. Während des Kriegs werden Milliarden Sendungen ausgetauscht – ein solcher Umfang war in der Geschichte Europas bis dahin unerreicht (Beispiele sind eine Postkarte mit dem Foto eines französischen Soldaten des Jahrgangs 1917 [1] und ein Feldpostbrief eines deutschen Soldaten [2]). Die Männer halten sich über das Familienleben daheim auf dem Laufenden, erledigen aus der Ferne Geschäfte oder knüpfen zarte Bande. Die grausigsten Details ihrer Realität an der Front blenden sie dabei meist aus und erzählen ihren Angehörigen lieber von ihrem Alltag, oft unterstützt durch Zeichnungen und Skizzen wie die des Franzosen Laurent Médus 1915 (3, 4 und 5).

An der Front: »Man schreibt und wird wieder der, der man einmal war …«

Die Ankunft eines Briefs stellt im Leben an der Front ein herausragendes Ereignis dar. Die Postverteilung erfolgt nach einem festen Ritual, das die Untätigkeit und Monotonie des Soldatenlebens auflockert. »Wer kann, hilft beim Sortieren des Briefstapels, den der Postbote bringt, und da alle den Vorgang zu langsam finden, versucht jeder, auf den ersten Blick ein kleines Viereck aus vertrautem Papier mit seinem Namen zu entdecken«, berichtet die Schützengrabenzeitung *L'Écho du boyau* im Juli 1915. »Wer nichts bekommen hatte, ging entmutigt fort, und um sich über ihre ohnmächtige Wut hingwegzutrösten, sahen sie den Fourier mit böser Miene an, als hätten sie ihn wirklich in Verdacht, ihre Briefe in die Latrine zu werfen«, ergänzt Roland Dorgelès.

Die Briefe werden mit Spannung erwartet, verschlungen und erneut gelesen, manchmal auswendig gelernt und wie Kleinodien ganz dicht am Körper aufbewahrt, wie Reliquien aus einem früheren Leben oder wie Glücksbringer. Sie besitzen eine eigenständige materielle Qualität: Sie verströmen einen bestimmten Geruch, sind mit Schlamm, Tinte oder Blut befleckt. Mitten im Kriegschaos sind sie für die Soldaten magische Objekte, sie öffnen die Tür zu einer anderen Existenz, einem anderen Ort, einer anderen Zeit. Im Gegenzug nutzen sie selbst jeden ruhigen Augenblick, um ihren Angehörigen zu antworten. »Man schreibt, man sondert sich ab, hört den ringsum herrschenden Lärm nicht mehr, selbst die Kanonen und die Scherze der Kameraden sind weit weg. Man schreibt und wird wieder der, der man einmal war«, erzählt ein französischer Soldat im Frühjahr 1916.

Was für jeden Krieg gilt, trifft erst recht für den Ersten Weltkrieg zu: Die allmähliche Verhärtung des Stellungskriegs Ende 1914 an der Westfront und kurze Zeit später an der Ostfront macht die Feldpost zum elementaren Faktor für die Moral der Truppen. In einer Welt, in der man sich nur noch unter äußersten Gefahren fortbewegt, genießt der für die Postverteilung zuständige Unteroffizier ebensolches Ansehen wie derjenige, der die Verpflegung beschafft. Auch das anfängliche Verbot von Heimaturlauben macht die Feldpost zum zentralen Vehikel für die Verbindung zwischen Front und Heimat. Die französischen Soldaten sind im Sommer 1914 ins Feld aufgebrochen, doch erst im Juni 1915 erhalten sie im Rotationsprinzip jeweils acht Tage Urlaub. Den Kolonialtruppen und den amerikanischen, australischen, kanadischen und neuseeländischen Soldaten, die fern der Heimat im Feld stehen, nützt auch das herzlich wenig. Für sie bietet die Feldpost eine Möglichkeit, Entfernungen wenigstens im Geist zu überwinden.

In der Heimat: »Es ist, als sitze man an einem Krankenbett«

Daheim bilden die Feldpostbriefe ein dünnes, brüchiges Band zur Welt der Frontkämpfer. In jedem Haus wartet man voller Sorge auf den Briefträger, und jede Verzögerung lässt gleich das Schlimmste befürchten. »Ich warte und weiß gar nicht mehr, worauf ich warte, denn der Briefträger ist längst vorbeigegangen und hat mir keine Post gebracht«, vertraut Marie Escholier aus Mirepoix (Ariège) ihrem Kriegstagebuch an. »Es gibt Tage voller Angst, Tage, an denen man eine klare Vorstellung von den Gefahren hat, die unsere Liebsten da hinten eingehen; Tage, an denen man zittert, und Tage, an denen die Sorge einschläft. Es ist, als sitze man an einem Krankenbett.« In ihrem Buch *Testament of Youth* schildert Vera Brittain dieselbe Angst. Sie musste lernen, mit ihr zu leben: »Selbst wenn man Briefe erhielt, waren sie vier Tage alt und ihr Schreiber hatte noch und noch Zeit gehabt, inzwischen zu sterben …

In den trauernden Familien rankte sich ein regelrechter Kult um solche Briefe. Oft fügte man in die Todesanzeigen schwarz umrandete Zitate aus dem »letzten Brief« ein, aus dem man die Geisteshaltung des Gefallenen und manchmal die Bereitschaft herauslas, sein Leben für das Vaterland zu opfern. Die Familie Gallé, deren einziger Sohn Maurice am 25. September 1916 an der Somme fiel, schnitt rund 30 Feldpostbriefe andächtig aus und klebte die Teile in ein Fotoalbum. Die Angehörigen von André Bouvet, der als Soldat des 173. Infanterieregiments am 30. Juni 1916 mit 19 Jahren fiel, veröffentlichten seine Briefe im folgenden Jahr bei einem kleinen Verlag. Die öffentliche Heroisierung der Gefallenen half ihnen offenbar, die Trauer zu verarbeiten. Als Philipp Witkop für die zweite Auflage seiner *Kriegsbriefe gefallener Studenten* Beiträge sammelt, erhält er im September 1918 von trauernden Familien knapp 20 000 Briefe von der Front; nach der Veröffentlichung sprechen ihm viele Familien ihren Dank aus. Darunter auch die Eltern des Leipziger Theologiestudenten Friedrich Steinbrecher, der am 19. April 1917 in der Champagne fiel: Sie danken Witkop dafür, dass er ihrem Sohn »ein Denkmal gesetzt« habe, und fügen hinzu, sie hätten ja nicht einmal sein Grab mit Blumen schmücken können, weil der Ort unbekannt sei. Mit der Liste der rund hundert Namen mit Geburts- und Sterbedatum sowie dem Studienort ähnelte Witkops Anthologie genau wie ihr britisches Gegenstück, die 1930 von Laurence Housman publizierten *War Letters of Fallen Englishmen*, einem Soldatenfriedhof, einer Gedenkstätte. Jede Neuauflage wurde vom NS-Regime übrigens eilends arisiert, sodass nach und nach alle Namen jüdischer Studenten daraus verschwanden.

Engmaschige Kontrollen

Angesichts der starken Gefühle in Soldatenbriefen ist die Versuchung groß, sie als Dokumente aufzufassen, die uns praktisch unmittelbar die Realität des Krieges vermitteln können. Man sollte jedoch nicht glauben, darin kämen die subjektiven Meinungen der Soldaten und ihrer Briefpartner frei zum Ausdruck. In allen Heeren sorgten Zensurstellen dafür, dass nicht allzu viele subversive Gedanken und Indiskretionen weitergegeben werden. Die Heeresleitungen standen vor der doppelten, in sich widersprüchlichen Herausforderung, die für die Moral der Truppe unverzichtbare Feldpost möglichst reibungslos zu ermöglichen, sie zugleich aber engmaschig zu überwachen und allzu große Postmengen sogar zu begrenzen. In Frankreich schickte das *Grand Quartier Général* am 26. Januar 1915 Nachrichtendienstoffiziere in die Büros der Zahlmeisterei und der Feldpost; sie achteten besonders auf Verstöße gegen die Vorschrift, im Schriftverkehr keinesfalls ihren genauen Aufenthaltsort zu nennen, um dem Feind keine Anhaltspunkte für die Truppenbewegungen zu liefern. Ab 1916 wurde in jedem Regiment mindestens einmal monatlich eine Stichprobe von mindestens 500 Briefen geprüft; noch engmaschiger wurden die Kontrollen während der Krise im Frühling 1917, ergänzt durch wöchentliche Berichte über die Stimmung in der Truppe anhand der durchgesehenen Feldpost. In Großbritannien wurden mehr und mehr vorformulierte Postkarten verteilt; um möglichst wenige Informationen preiszugeben, konnten die Soldaten einfach die Vorgaben zu Gesundheit, Wetter etc. ankreuzen und die Karte unterschreiben. Da den Männern völlig klar war, dass ihre Briefe von der Zensurstelle geöffnet und gelesen wurden, übten sie eine Selbstzensur aus. »Wenn ich Dir dies nicht schon früher gesagt habe«, schreibt der französische Ethnologe Robert Hertz an seine Frau Alice, »dann deshalb, weil im Prinzip alle unsere Briefe gelesen und nicht versiegelt werden; es ist unangenehm, quasi in der Öffentlichkeit über private Dinge zu sprechen.«

Die Regeln des »Briefwechselpakts«

Vor allem aber sollte man Kriegsbriefe unter dem Aspekt eines »Briefwechselpakts« sehen, in dessen Kontext jeder im Verhältnis zum anderen Rollen spielt. Die Soldaten offenbaren ihren Angehörigen in der Regel nur so viel wie eben nötig, um sie nicht zu beunruhigen. Die mit dem Krieg verbundene Gewalt wird dabei meist nicht oder nur bruchstückhaft geschildert. »Man kann sich das nicht vorstellen, man muss das selbst erlebt haben« schreibt Marcel Papillon seinen Eltern. Ausgeblendet wird vor allem die Gewalt, die man selbst anderen zufügt. All das bewirkt zugleich ein starkes Gefühl der Entfremdung von der Welt der Zivilisten und damit verbunden oftmals Bitterkeit. Diese Vertrauenskrisen sind zwischen den Zeilen deutlich zu lesen: Unübersehbar enthält jeder Brief auch Unausgesprochenes. Dabei können Themen wie Untreue und Ehebruch zur regelrechten Obsession werden wie etwa in den Liebesbriefen zwischen Roland Dorgelès und Madeleine bis zum endgültigen Bruch 1917. Andersherum stärken gerade die Entfernung und die Abwesenheit manche Liebesbeziehung, weil sie das Paar zwingen, Gefühle, Sehnsüchte, Frustrationen auszudrücken, die vor allem »echte Männer« im Rahmen der gesellschaftlichen Konventionen zuvor meist nicht ausgesprochen hätten.

Mit seiner Sammlung verschiebt Philipp Witkop zum einen die Bedeutung der Kriegsbriefe gefallener Studenten, indem er sie einer politischen Agenda unterordnet. Zugleich wählt er Auszüge aus und präsentiert sie als bruchstückhafte Version des Schriftwechsels. Bei jeder Veröffentlichung von Kriegsbriefen bis hin zum heutigen Tag läuft man Gefahr zu vergessen, dass diese Schreiben für bestimmte Adressaten verfasst wurden, dass sie aus der Konfrontation unterschiedlicher Kriegserfahrungen entstanden und männliche und weibliche Stimmen sich abwechseln. Sofern man die Soldatenbriefe nur als anschauliche Schilderungen der Realität des Fronteinsatzes auffasst, vergisst man leicht, sie im Kontext des Schriftwechsels zu sehen, der sie hervorgebracht hat.

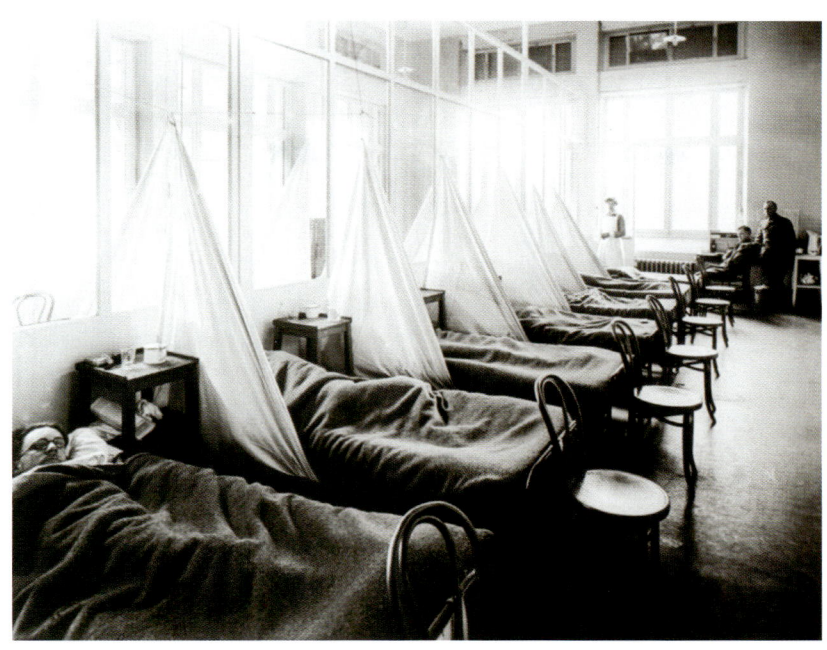

Jahrhundertpandemie Spanische Grippe

Oktober 1918 Zweifellos zum ersten Mal seit Kriegsausbruch stehen keine militärischen Themen im Mittelpunkt aller Gespräche. Nach der ersten Grippewelle im Frühjahr bricht im August eine zweite aus, die ihren Höhepunkt im Oktober erreicht. Dem statistischem Wochenblatt der Pariser Stadtverwaltung zufolge fallen der Epidemie in der dritten Septemberwoche 64 Menschen zum Opfer. 14 Tage später sind es 616, Ende Oktober über tausend pro Woche. In Lyon oder Dijon begräbt man die Toten nachts, weil tagsüber nicht für alle Zeit bleibt. Krankenhäusern, Apotheken und Bestattungsunternehmen fehlt es an Personal. In New York arbeiten die Angestellten der Stadtverwaltung nur noch mit Mundschutz. Ein Arzt aus Philadelphia berichtet besorgt: »Fast alles Leben in unserer Stadt steht still.«

◼ Wie viele Opfer die Spanische Grippe Anfang des 20. Jahrhunderts insgesamt forderte, ist nicht leicht zu beziffern, weil die Epidemie so enorm weit verbreitet war, darunter auch in vielen Ländern ohne zuverlässige demographische Zahlen. Die höchsten Schätzungen gehen von 20 bis 30 Millionen Toten aus – zwei- bis dreimal mehr, als Soldaten im Ersten Weltkrieg fielen. Allein in Europa zählte man 2,3 Millionen Todesfälle, davon 250 000 in Deutschland, 210 900 in Frankreich und 200 000 in Großbritannien; in Nordamerika tötete die Seuche 675 000 US-Amerikaner und rund 50 000 Kanadier. In Afrika, Asien und Ozeanien sah die Bilanz noch katastrophaler aus: Vorsichtigsten Schätzungen zufolge starben in Indien mindestens sieben Millionen Menschen, in Indonesien 1,5 Millionen und auf den Pazifikinseln vermutlich ein Viertel der Bevölkerung.

Damit dürfte die Spanische Grippe seit der Schwarzen Pest, die Mitte des 14. Jahrhunderts in Asien und Europa wütete, die mörderischste Pandemie der Weltgeschichte gewesen sein.

Auf dem Höhepunkt der Epidemie schreibt Roger Martin du Gard in sein Tagebuch: »Die Frauen und Kinder rings um mich sterben innerhalb von drei Tagen an der Grippe.« Tatsächlich infizieren sich vorwiegend junge Erwachsene zwischen 20 und 40. Die Krankheit beginnt mit Kopfschmerzen, hohem Fieber und Schüttelfrost, dann erscheinen braune oder violette Flecken im Gesicht, die sich bald schwarz färben. Die Erkrankten leiden an Atemnot und Erstickungsanfällen und husten blutiges Sekret aus. Nach zwei bis vier Tagen greift die Infektion auf die Lunge über, die Erkrankten ersticken. Der französische Dichter Guillaume Apollinaire stirbt mit 38 Jahren unter dramatischen Umständen. Als er am 3. November mit Blaise Cendrars in einer Brasserie am Boulevard Montparnasse isst, dreht sich auch bei ihnen das Gespräch um die Grippeepidemie und ihre vielen Opfer. Fünf Tage darauf erfährt Cendrars, dass auch sein Freund erkrankt ist. Am 9. November stirbt Apollinaire, am 13. wird er auf dem Montparnasse-Friedhof beerdigt. Cendrars kommt zu spät und sucht vergeblich sein Grab. »Sie müssen verstehen – wegen der Grippe und des Kriegs sagt man uns nicht immer die Namen desjenigen, den wir in die Grube runterlassen«, erklären ihm die Totengräber. »Es sind einfach zu viele. Fragen Sie bei der Verwaltung nach, wir haben keine Zeit. Wir sind restlos geschafft.«

Eine »nordamerikanische« Grippe

Schon die Zeitgenossen der weltweiten Seuche forschten eingehend nach ihrem geographischen Ursprung. Wie schon der Begriff »Spanische« Grippe belegt, vermutete man lange Zeit, sie habe sich von der Iberischen Halbinsel aus verbreitet, weil dort viele Schiffe aus dem Fernen Osten anlegten. Derzeit halten die meisten Forscher Nordamerika als Ursprungsregion für wahrscheinlicher. Die erste Welle gelangte demnach offenbar im März/April 1918 über den Atlantik und breitete sich rasend schnell in dem vom Krieg geschwächten Europa aus, sprang von dort nach Asien und Nordafrika über und erreichte im Juli Australien. Die noch aggressivere zweite Welle wütete ab Ende August 1918 und erreichte ihren Höhepunkt im Herbst. In weniger virulenter Form flackerte die Pandemie 1919 nochmals auf.

Zur damaligen Zeit begünstigte die Unsicherheit über die Verbreitungswege und Ansteckungsmechanismen der Krankheit eine Massenhysterie, die sich weitenteils mit der panischen Angst vor inneren Feinden deckte. In den Ländern der Entente verdächtigte man primär Deutschland als Verursacher der Grippe und deshalb alle möglichen Leute als potenzielle Agenten, Spione, Verräter und Saboteure. Wie man aus der alliierten Propaganda wusste, nahm der Feind schließlich seit Kriegsausbruch gegen jedes Gesetz Zivilisten ins Visier. Hatte er nicht mit dem Gaskrieg ab April 1915 die Haager Landkriegsordnung von 1899 absichtlich mit Füßen getreten?

In den Vereinigten Staaten ist der 1918 für die Gesundheit der US-Flotte zuständige Oberstleutnant Philip Doane davon überzeugt, deutsche U-Boote hätten die Grippe in die USA eingeschleppt: »Sie haben die Epidemie in Europa verbreitet. Ich sehe keinen Grund, warum sie den Amerikanern gegenüber Gnade walten lassen sollten«, schreibt er. Gerüchte wie diese finden sich auch in Berichten an den Pariser Polizeipräfekten: »Nach Einschätzung von Militärärzten soll die sogenannte ›spanische‹ Grippe-Epidemie ihren Ursprung im Verzehr von Konserven aus Spanien haben, die jemand mit Bazillen infiziert haben soll. Es heißt weiter, viele Konservenfabriken befänden sich in deutscher Hand. Auch Orangen sollen auf ähnliche Weise mit Injektionen infiziert worden sein.« Verseuchte Veranstaltungssäle, vergiftete Brunnen, Anschläge gegen Versammlungen zur Auflage von Kriegsanleihen – alles wird in der Fantasie zur akuten Gefahr. Auch das deutsche Pharmaunternehmen Bayer wird beschuldigt, es habe Aspirintabletten mit Grippeviren beimpft und das Arzneimittel damit in todbringendes Gift verwandelt.

»Nicht genug, dass Krieg herrscht, es muss noch eine Seuche dazukommen«

Die Spanische Grippe befällt gleichermaßen Zivilisten und Soldaten, Männer und Frauen. Obwohl nicht unmittelbar durch die Kriegsgewalt bedingt, verwischt sie in der kollektiven Vorstellung eine noch relativ starre Grenze zwischen Frontkämpfern, die hauptsächlich dem Ersten Weltkrieg zum Opfer fielen, und Nichtkämpfern, die erst im Zweiten Weltkrieg vom Kriegsgeschehen selbst massiv betroffen waren. Wie die Soldatenbriefe aus dem Jahr 1918 erkennen lassen, beeinträchtigt die Nachricht vom Ausbruch der Seuche in der Heimat die Moral der Truppe ganz erheblich. »Wir haben schlechte Neuigkeiten aus dem Inland«, schreibt ein Soldat der französischen 8. Armee. »Überall Kranke, ziemlich viele Tote. Selbst die Heimaturlaube wurden für manche Regionen gestrichen. Wir alle warten jetzt auf Nachrichten von unseren Familien; jetzt sind wir diejenigen, die sich Sorgen machen.« In diesem Krieg, der in erster Linie als Verteidigung (der Heimat, der Familie, des Zuhauses) empfunden wird, leiden die Kämpfer unter dem quälenden Gefühl der Ohnmacht, das sie mit guten Ratschlägen aus der Ferne zu lindern versuchen. »Das ist ein richtiger Orkan, der da durch das Land fegt. Mich macht das ganz fertig – nicht genug, dass Krieg herrscht, es muss noch eine Seuche dazukommen«, schreibt ein Artillerist. »Ich bin sehr in Sorge und habe düstere Vorahnungen; pass gut auf und reise so schnell wie möglich ab.«

Doch an der Front und in den Kasernen im Etappengebiet ist die Situation nicht weniger kritisch. Im Mai und Juni 1918, dann erneut im Herbst desselben Jahres, grassiert die Grippe auch unter den Frontsoldaten. In Frankreich sind die Hälfte aller Grippetoten Soldaten. Das Massensterben durch die Epidemie wirft die abendländischen Heere fast fünfzig Jahre zurück, denn im 19. Jahrhundert starben die meisten Kämpfer an Infektionskrankheiten, die sie sich durch Kontakt mit Leichen auf den Schlachtfeldern oder in den Lagern zuzogen. Vor allem Typhus und Cholera forderten zahllose Opfer und wirkten sich verheerender aus als Verwundungen. Im Krimkrieg starben zwei Drittel der gefallenen Franzosen und Engländer nicht auf dem Schlachtfeld, sondern an einer Krankheit. Aufgrund neuartiger Waffen und der Tatsache, dass Verwundete nur mit Verzögerung oder gar nicht geborgen werden konnten, änderte sich die Situation im Ersten Weltkrieg zunächst: Acht von zehn Toten starben an Verwundungen. Erst in den letzten Kriegsmonaten kehrte die Grippe-Epidemie das Verhältnis wieder um.

Lächerliche Schutzvorkehrungen

Die Gesundheitsbehörden stehen der Pandemie hilflos gegenüber. Es gibt weder ein wirksames Medikament noch genügend Ärzte, weil die meisten eingezogen sind. Die Krankheit verläuft so fulminant, dass sich eine Krankenhauseinweisung meist erübrigt. Eine Möglichkeit ist die Verhängung einer Quarantäne. Gelegentlich umfasst sie eine ganze Region, etwa als Südaustralien seine Grenzen schließt und Schiffen verbietet, Passagiere oder Waren abzuladen. Anderswo

La Grippe Espagnole

SE TRAITE PAR

L'Aspirine

"USINES du RHÔNE"

LE TUBE DE 20 COMPRIMÉS : 1 fr. 50
En Vente dans toutes les Pharmacies.

bleibt die Seuchensperre lokal begrenzt wie in Fairbanks (Alaska), wo jeder Neuankömmling fünf Tage isoliert wird. Die Schweiz kontrolliert jeden Reisenden, für jede Bahnfahrt braucht man einen »Berechtigungsschein«. Der umfangreiche Warenaustausch und Personenverkehr in Kriegszeiten (Truppenverschiebungen, Heimaturlaube, Flüchtlinge etc.) schränkt die Wirksamkeit solcher Maßnahmen allerdings stark ein. Meist muss man sich mit Prophylaxemaßnahmen begnügen, deren Wirksamkeit bestenfalls fragwürdig ist, von Schutzmasken, die mit Antiseptika getränkt sind, bis zum Versprühen von Desinfektionsmitteln auf den Straßen. An den Wänden amerikanischer Städte liest man Empfehlungen wie »Schlafzimmerfenster geöffnet lassen« oder »Ausspucken heißt den Tod verbreiten«. Tag für Tag empfiehlt die Pariser Presse Medikamente von zweifelhafter Wirksamkeit: »Die Spanische Grippe behandelt man mit Aspirin der Marke ›Usines du Rhône‹!« Chinin, Rizinusöl und Rum sind praktisch nirgends mehr zu bekommen.

Dieses Gefühl der Ohnmacht wurzelt in uralten überkommenen Ängsten. »Herr, erlöse uns von der Pest, von Hungersnot und Krieg«, lautet eine der Fürbitten in der Litanei der Heiligen. Für viele Zeitgenossen ruft die Spanische Grippe ein Zeitalter in Erinnerung, als Krieg und Seuchen fast unausweichlich zusammengehörten. Ob die Grippe-Epidemie von 1918 tatsächlich eine direkte Folge des Kriegs war, ist nicht einmal gesichert, auch wenn die weiträumigen Truppenverschiebungen zweifellos ihre Ausbreitung begünstigten. Allerdings waren Amerika und Asien noch stärker betroffen als Europa, wo im Wesentlichen die Schlachten stattfanden. In Gebieten mit blühender Wirtschaft wie dem Mittleren Westen der USA wütete die Pandemie genauso wie

in Ländern wie den Mittelmächten, die aufgrund der Seeblockade und kriegsbedingter Einschränkungen Mangel litten. 1919 ließ die Grippewelle nach und klang schließlich aus demselben Grund ab, aus dem sie begonnen hatte, nämlich wegen einer weiteren Mutation des Virus, nur diesmal zu einem weniger aggressiven Stamm.

Heute ist es H5N1

Die Erinnerung an die Toten der Spanischen Grippe verblasste mit der Zeit. Die Trauer um die vielen im Weltkrieg gefallenen Soldaten blendete die demographische Katastrophe aus, obwohl sie vor allem außerhalb Europas eigentlich noch weit mehr Todesopfer forderte. Im September 1988 wurde auf einem Friedhof in Auckland ein Denkmal für die Opfer enthüllt, das den Tod von über 8500 Neuseeländern und den Einsatz zahlreicher Ärzte und Krankenschwestern würdigt, aber es ist nur eines von wenigen. Vor gar nicht langer Zeit erhielt die Spanische Grippe neue Aktualität durch das Auftauchen einer erneuten Bedrohung durch das Vogelgrippevirus H5N1, das nach Meinung einiger Forscher mit dem der Pandemie von 1918/1919 verwandt ist. Anhand von Lungengewebe einiger in Alaska bestatteter Opfer der Pandemie dechiffrierte eine Forschergruppe am Pathologischen Institut der US-Streitkräfte in Rockville (Maryland) im Oktober 2005 die Gensequenz des Virus H1N1, das damals Auslöser der Spanischen Grippe war. Ihren Befunden zufolge beruhte die extrem tödliche Wirkung dieser Virusmutation offenbar auf einem bestimmten Eiweiß (Hämagglutinin). Das rekonstruierte Virus wird im Center for Disease Control (CDC) in Atlanta sorgfältig gehütet.

Das Kaiserreich Österreich-Ungarn in Trümmern

28. Oktober 1918 An diesem Tag kommt es in Prag zu Massendemonstrationen. Der »Nationalrat« der tschechischen Abgeordneten ruft den unabhängigen tschechoslowakischen Staat aus. Obwohl eher politischer Akt als echte Volksrevolution, wird die Gründung des neuen Staats vom Volk euphorisch unterstützt. In den Prager Straßen feiern die Menschen und zerschlagen die Symbole der alten Staatsmacht. Der nationalistische Enthusiasmus übertönt vorübergehend die sozialen Forderungen, die dennoch einen hohen Stellenwert haben. Ende Oktober 1918 kommt ein Prozess in Gang, der innerhalb weniger Tage den Zusammenbruch der Doppelmonarchie Österreich-Ungarn herbeiführt.

■ Am 29. Oktober proklamieren die Südslawen ihre Unabhängigkeit. Die serbische Regierung, der Nationalrat der Slowenen, Kroaten und Serben sowie der Jugoslawische Exilrat nehmen Verhandlungen auf und rufen am 1. Dezember das Königreich der Serben, Kroaten und Slowenen aus. Am 30. Oktober ergreift der ungarische Nationalrat die Macht. Die Deutschösterreicher hatten ihr Recht auf Selbstbestimmung bereits geltend gemacht und bilden nun eine Übergangsregierung, auf die Heinrich Lammasch als letzter Ministerpräsident des Vielvölkerstaats auf Anweisung des Monarchen am Tag darauf die Regierungsgeschäfte überträgt (Lammasch war Mitglied der Carnegie-Stiftung und Verfechter des Verständigungsfriedens; 1917 veröffentlichte er *Das Völkerrecht nach dem Kriege*). Am 12. November ruft die provisorische Nationalversammlung die demokratische Republik Deutschösterreich aus und erklärt deren Anschluss an Deutschland. Fortan liegt die Exekutive in den beanspruchten Staatsgebieten in der Hand nationaler Staatsorgane. Am 1. November entbindet der Kaiser die Beamten von ihrem Treueid und beauftragt das k. u. k. Militär, die neu gegründeten Nationalarmeen einzugliedern.

Vorangehende Seite

Am 12. November 1918 wird die Republik Deutschösterreich ausgerufen. Karl I. als letzter Habsburger Kaiser verzichtet auf seine Macht, weigert sich aber, offiziell abzudanken. Er zieht sich nach Niederösterreich zurück und geht im März 1919 ins Schweizer Exil (oben seine Abreise im ehemaligen Kaiserwaggon). Nach einem gescheiterten Versuch, 1921 die Monarchie in Ungarn wiederherzustellen, wird er mit seiner Frau Zita von Bourbon-Parma nach Madeira verbannt, wo er im Jahr darauf stirbt. Seine Seligsprechung 2004 war von heftigen Kontroversen begleitet.

Rechte Seite

Oben die Demonstration am 28. Oktober auf dem Prager Wenzelsplatz. Die Geburt der Tschechoslowakei war zwar nicht Folge einer Revolution (nach Bekanntwerden der Annahme des Waffenstillstands durch die Doppelmonarchie rief der Nationalrat einen unabhängigen Staat aus), fand jedoch begeisterten Rückhalt im Volk. Der 28. Oktober ist bis heute tschechischer Nationalfeiertag. Unten: Der am 14. November 1918 designierte Präsident der Republik, Tomáš Garrigue Masaryk, wird bei seiner Rückkehr aus dem Exil am 21. Dezember 1918 mit allen Ehren empfangen. Der im Volk überaus beliebte »Vater« des tschechischen Staates wird noch dreimal wiedergewählt (1920, 1927 und 1934).

Tschechen, Jugoslawen ... die Nationalisten organisieren sich

Nachdem die Völker der Donaumonarchie ihrem Herrscher gegenüber in den ersten Kriegsmonaten loyal geblieben waren, unterminierte der Krieg nach und nach die Glaubwürdigkeit der Habsburger und verschärfte die bestehenden Probleme des Vielvölkerstaats. Seit der Besetzung Bosnien-Herzegowinas 1878 lebten in Österreich-Ungarn Dutzende Volksgruppen. Dennoch konnte sich die Regierung in Wien weder zu einer Modernisierung der Staatsstrukturen noch zur Aufgabe des seit 1867 bestehenden dualen Systems durchringen, das den Deutschösterreichern und Ungarn die Vorherrschaft vor den übrigen Völkern in seinen Grenzen einräumte.

Während des Kriegs schränkt die massive Repression innerhalb der k. u. k. Monarchie die Möglichkeiten für heimliche Agitation stark ein, angefangen mit der Verhaftung zahlreicher Politiker und dem Verbot kultureller Aktivitäten. »Sein Sohn war tot. Sein Amt war beendet. Seine Welt war untergegangen«, zieht Joseph Roth in seinem Roman *Radetzkymarsch* Bilanz: Carl Joseph von Trotta, Sohn des slowenischen Infanterieleutnants, der dem Kaiser in Solferino das Leben rettete, kann Franz Joseph nur noch in den Tod folgen und die ganze Donaumonarchie mit ins Grab nehmen – für Roth hörte das einmalige Staatskonstrukt mit seinen zwölf Nationalitäten schon mit dem Tod des alten Kaisers 1916 auf zu existieren. Im Ausland tun sich Emigranten zum Kampf für ihre jeweiligen nationalen Anliegen zusammen. Im April 1915 erfolgt die Gründung des Jugoslawischen Komitees. Im Herbst 1915 bekräftigt das Tschechische Auslandskomitee als sein Ziel die Bildung eines tschechoslowakischen Staats. Im Februar 1916 bildet es den Tschechischen Nationalrat und stellt die »Tschechoslowakischen Legionen« auf, die außer Emigranten vor allem ehemalige Soldaten aus russischer Kriegsgefangenschaft rekrutieren; sie demonstrieren die Bereitschaft, sich notfalls mit Waffengewalt gegen die Doppelmonarchie durchzusetzen. Im Dezember genehmigt Frankreich die Aufstellung einer tschechoslowakischen Armee auf französischem Boden. Als diese Einheiten im Frühjahr 1918 an die Ostfront verlegt werden sollen, kommt es zu Konflikten zwischen ihnen und den Bolschewiken. Der tschechoslowakische Abgeordnete Masaryk reist von Moskau nach Wladiwostok, weiter nach Japan und von dort in die USA, wo er sich im ganzen Land mit tschechischen und slowakischen Emigrantenkomitees trifft. In Pittsburgh schließt er im Mai 1918 eine Übereinkunft, die den Slowaken im künftigen Staat eine gewisse Autonomie zusagt, hält dieses Versprechen später jedoch nicht ein.

Österreich-Ungarn im Krieg

Da die Entente bis Anfang 1918 in Deutschland ihren Hauptfeind sieht, erhebt sie keinen Widerspruch gegen das Weiterbestehen der Doppelmonarchie Österreich-Ungarn; sofern diese demokratische Strukturen einführe und ihren diversen Völkern mehr Eigenständigkeit zugestehe, könne sie durchaus ihren Platz im Nachkriegseuropa finden. Der 10. Punkt in Wilsons Programm vom 8. Januar 1918 fordert lediglich: »Den Völkern Österreich-Ungarns [...] sollte die freieste Gelegenheit zu autonomer Entwicklung zugestanden werden.« Unmittelbares Ziel der Entente ist ein Sonderfrieden mit Wien. Auf den hofft auch Karl I., der Kaiser Franz Joseph am 21. November 1916 nachfolgt. Er beauftragt umgehend den Bruder seiner Frau Zita, Prinz Sixtus von Bourbon-Parma, als Gesandter seines Vertrauens (vorsichtige) Gespräche mit der französischen Regierung aufzunehmen. Im Frühjahr 1918 jedoch wendet sich durch die Unterzeichnung der Friedensverträge von Brest-Litowsk und Bukarest das Blatt zugunsten der Mittelmächte:

Deutschland schöpft wieder Hoffnung auf einen Siegfrieden. In Wien ermahnt Außenminister Graf von Czernin den Kaiser zur Vorsicht. Am 2. April höhnt er in einer Rede vor dem Wiener Stadtrat über Clemenceaus Forderungen für Friedensverhandlungen mit Österreich-Ungarn. Erbost veröffentlicht der französische Ministerpräsident daraufhin den ersten der »Sixtusbriefe« des Kaisers, in dem dieser einen möglichen Bruch mit Deutschland in Aussicht stellt. Letzten Endes sieht sich Karl I. am 12. Mai 1918 gezwungen, einen neuen Bündnisvertrag zu unterzeichnen, der Österreich-Ungarn zum Vasallenstaat Deutschlands herabwürdigt.

In den Augen der Entente büßt die Doppelmonarchie damit jede politische Eigenständigkeit ein. Da sie zugleich unfähig zu innenpolitischen Reformen ist, sehen die Alliierten fortan die Zerschlagung der Donaumonarchie als sicheren Weg zum Sieg, zumal sie auch die slawische Forderung nach Autonomie in greifbare Nähe rücken würde. Der französischen Politik würden diese Nationen zudem als Bollwerk gegen den deutschen Einfluss dienen. Am 28. Juni 1918 sagt der US-Außenminister die Unterstützung der USA für die Unabhängigkeitsbestrebungen der slawischen Völker zu. Die Regierung Clemenceau erkennt den Nationalrat (im Exil) als Grundlage für die künftige provisorische tschechische Regierung an; im August zieht die britische Regierung nach. Am 3. September erkennen die USA die künftige Tschechische Republik als Verbündete an.

Zusammenbruch und Zerschlagung des Kaiserreichs

Nach dem Scheitern der österreichisch-ungarischen Offensive am Piave im Juni 1918 und der Zurückdrängung der deutschen Truppen an der Westfront spitzt sich die militärische Lage für die Doppelmonarchie immer mehr zu. Im Heeresverband, der die Piavefront noch hält, erkranken Tag für Tag 700 Soldaten an Malaria; die Männer sind unterernährt, ihre Uniformen in Fetzen. Am 14. September ersucht Österreich-Ungarn die Alliierten im Alleingang um Friedensverhandlungen, doch der französische Außenminister Pichon zitiert in seiner ablehnenden Antwort Clemenceau: »Weiterkämpfen bis zum Sieg, bis der Feind begreift, dass Recht und Verbrechen unvereinbar sind.« Zur selben Zeit bricht die Balkanfront zusammen, Bulgarien unterzeichnet am 4. Oktober einen Waffenstillstand mit den Alliierten. Am Tag darauf akzeptiert die Donaumonarchie in einem Friedensangebot an die Adresse der USA grundsätzlich die Selbstständigkeit der Völker innerhalb ihrer Staatsgrenzen. Angesichts dieser Ereignisse wandelt Edvard Beneš am 14. Oktober 1918 den Nationalrat in eine tschechoslowakische Übergangsregierung um, die unverzüglich von Frankreich anerkannt wird. Vier Tage später ruft Masaryk die unabhängige Tschechoslowakei aus. Das »Völkermanifest« vom 16. Oktober 1918 verkündet die Überführung der Monarchie in einen föderativen Staat und beschleunigt damit den Zerfall des alten k. u. k. Reichs. In den letzten Oktobertagen kommt es in der Armee, in der zu 60 Prozent Slawen dienen, zu zahlreichen Fällen von Ungehorsam. Der Unabhängigkeit folgt am 3. November die Unterzeichnung des Waffenstillstands in der Villa Giusti bei Padua.

Die Gründung der Nachfolgestaaten mündet dennoch in eine paradoxe Situation, denn sie verschärft die Völkerfrage noch, anstatt sie zu regeln. Von Anfang an ist das Verhältnis zwischen den neu gebildeten Staaten angespannt. Böhmen, Schlesien und Mähren mit ihren deutschen Bevölkerungen, die sich für einen Anschluss an Deutschösterreich entschieden haben, werden von Truppen besetzt und vom jungen tschechischen Staat annektiert, der ein wirtschaftlich lebensfähiges Staatsgebiet anstrebt. Das serbische Heer dringt in die Gebiete der Südslawen vor und

richtet mit Gewalt eine serbisch dominierte zentralistische Monarchie ein, die die Rechte der Kroaten und Slowenen ignoriert.

Oben
Viele im besiegten, zerstückelten Österreich hielten 1919 den Anschluss an Deutschland für die einzige Chance gegen den Verlust von Macht und Bedeutung (oben eine Demonstration in Wien im März 1919). Selbst die Sozialdemokraten träumten vom Triumph des Sozialismus in einer großdeutschen Republik, doch die Verträge von Saint-Germain-en-Laye und Versailles untersagten den Anschluss. Als Hitler sich 1938 über das Verbot hinwegsetzte, stieß er in Wien weitenteils auf Zustimmung.

Die Neuordnung Europas

Der Vertrag von Saint-Germain-en-Laye vom 10. September 1919 bewirkt tief greifende territoriale Umschichtungen. Während die Donaumonarchie auf 625 000 Quadratkilometern rund 50 Millionen Einwohner beherbergte, bildet Wien nun mit zwei Millionen Einwohnern einen Wasserkopf in dem auf 84 000 Quadratkilometer und 6,5 Millionen Einwohner geschrumpften Deutschösterreich, das keinen Zugang zum Meer mehr besitzt und auf die lukrativen Industriegebiete Böhmens verzichten muss. Die Alliierten verbieten den Anschluss Österreichs an Deutschland; es muss das Trentino und Südtirol bis zum Brennerpass an Italien abtreten und die Bukowina an Rumänien zurückgeben; Galizien wird in das neu gebildete Polen eingegliedert. Die von Slowenen bevölkerten Gebiete im Südosten, Dalmatien, Bosnien und Herzegowina, fallen an das Königreich der Serben, Kroaten und Slowenen. Auch für Ungarn sieht der Vertrag von Trianon umfangreiche territoriale Einbußen vor. Es muss das Königreich Kroatien und Slawonien abgeben. Der ungarische Teil Ruteniens und die Slowakei fallen an die Tschechische Republik, deren territoriale Forderungen einschließlich des Sudetenlands als Verbündete der Entente für diese Vorrang haben. Von 1918 bis 1924 wandern 400 000 Ungarn aus Rumänien, der Tschechoslowakei und Jugoslawien aus, während über fünf Millionen Deutsche (davon fast drei Millionen Sudetendeutsche) künftig nicht mehr die Bevölkerungsmehrheit, sondern eine Minderheit bilden.

Die Rekonstruktion Europas von 1919 basiert auf diversen Widersprüchen. Während sie das Selbstbestimmungsrecht der Völker anerkennt, ignoriert sie deren Grenzen oft zugunsten strategischer Überlegungen. Das gilt vor allem für Frankreich, das hinter dem Rücken Deutschlands Bündnisse schmiedet, die als »Ostbarriere« dienen sollen. Die neue Ordnung erkennt Unabhängigkeit und Souveränität der Staaten an, schränkt sie aber zum Schutz von Minderheiten zugleich wieder ein. Zudem soll die internationale Neuordnung auf demokratischen Grundsätzen basieren, doch mit Ausnahme der Tschechoslowakei ist dieser Ansatz kurzlebig, da er nicht auf einer echten liberalen Kultur fußt und nationale Belange rasch wieder in den Vordergrund rücken.

Der Kaiser hat abgedankt!

9. November 1918 Die seit Tagen in Deutschland grassierende Revolution erfasst Berlin. Gegen Mittag steht die Bildhauerin Käthe Kollwitz am Brandenburger Tor mitten in den Massen, die sich vor dem Reichstag drängen: »Von einem Fenster herab rief Scheidemann die Republik aus. Dann sprach von der Rampe ein Soldat, konfus und aufgeregt. Neben ihm ein Matrose und ein Arbeiter. Dann trat ein junger Offizier hinzu, schüttelte dem Soldaten die Hand, wandte sich an die Masse, sagte, dass die vier Jahre Krieg nicht so schlimm gewesen wären wie der Kampf mit Vorurteilen und Überlebtem. Er schwenkte seine Mütze und rief: ›Hoch das freie Deutschland!‹«

■ Am Morgen des 9. November rufen die Arbeiter den Streik aus. Durch die Straßen der Hauptstadt ziehen Hunderttausende Demonstranten; die Soldaten der drei in Berlin stationierten Jägerbataillone schließen sich ihnen an. Der Strom wälzt sich ins Stadtzentrum; Flugblätter fordern die Abschaffung der Monarchie. Prinz Max von Baden versucht letztmals vergeblich, den Kaiser und den Kronprinzen zur Überlassung des Throns an einen Regenten zu bewegen. Im Laufe des Vormittags wird General Groener, seit 26. Oktober Nachfolger Ludendorffs, bei der Befragung von rund 40 Offizieren klar, dass das Heer nicht gegen das eigene Volk antreten wird. Gegen halb zwölf ergreift der Reichskanzler die Initiative und verkündet die Abdankung Wilhelms II. und des Kronprinzen. In Begleitung mehrer SPD-Mitglieder erscheint Ebert im Kanzleramt; Max von Baden übergibt ihm mit sofortiger Wirkung die Geschäfte des Reichskanzlers. Ebert lässt unverzüglich Erklärungen veröffentlichen, in denen er die Bildung einer Volksregierung (nach seiner Vorstellung einer Koalitionsregierung), Frieden und Freiheit verspricht und zu Ruhe und

Linke Seite, links und oben
Ende Oktober 1918 widersetzen sich Matrosen in Kiel dem Befehl zu einem letzten Vorstoß der Hochseeflotte. Anschließend revoltiert die Garnison, die Arbeiter streiken. Als Gustav Noske als Abgesandter der deutschen Regierung am 5. November zu den U-Boot-Besatzungen spricht (oben), ist es bereits zu spät: Schon bilden sich Arbeiter- und Matrosenräte nach dem Vorbild der russischen Sowjets. Am 9. November ruft der Sozialdemokrat Scheidemann vom Balkon des Reichstags die Republik aus: »Hoch das freie Deutschland« (links). Noch am selben Tag dankt Wilhelm II. ab. Deutschland wird Republik. Die Sonderausgabe des *Vorwärts* meldet das Ereignis in riesigen Lettern und veröffentlicht das Dekret von Reichskanzler Max von Baden (linke Seite). Wilhelm II. hatte die Flotte stets für seinen größten Trumpf gehalten, doch gerade sie gab letztlich den Anstoß zu seinem Sturz.

Besonnenheit aufruft. Am frühen Nachmittag geht Philipp Scheidemann noch einen Schritt weiter und ruft die Deutsche Republik aus – zwei Stunden, bevor Karl Liebknecht vom Balkon des Berliner Schlosses die »Freie Sozialistische Republik Deutschland« ausruft. Am Tag darauf flieht Wilhelm II. im Morgengrauen nach Holland.

Der Matrosenaufstand in Kiel als revolutionärer Funke

Seit dem 29. Oktober wird Deutschland von schweren Unruhen erschüttert. Auslöser ist der Befehl der Admiralität zu einem letzten Vorstoß der Hochseeflotte, der keinen strategischen Sinn mehr hat, sondern nur der Ehrenrettung des Offizierskorps dienen soll. Am 29. und 30. Oktober löschen die Heizer die Feuer unter den Schiffskesseln des in Wilhelmshaven stationierten 3. Geschwaders, die Matrosen weigern sich, die Anker zu lichten. Sie protestieren damit gegen eine sinnlose, illoyale Offensive, die den Friedensbemühungen Max von Badens zuwiderläuft.

Seit August 1918 verschlechtert sich die militärische Lage rasant. Bei der Besprechung am 29. September im Hauptquartier in Spa zeichnet Ludendorff ein dramatisches Bild: Seiner Meinung nach steht die deutsche Front kurz vor dem Zusammenbruch. Er fordert deshalb die Bildung einer parlamentarischen Regierung, die der Entente einen Waffenstillstand anbieten soll. In den folgenden Tagen enthüllt er einem Stabsoffizier seine Hintergedanken: »Ich habe aber Seine

Majestät gebeten, jetzt auch diejenigen Kreise an die Regierung zu bringen, denen wir es in der Hauptsache zu verdanken haben, dass wir so weit gekommen sind. [...] Die sollen nun den Frieden schließen, der jetzt geschlossen werden muss. Sie sollen die Suppe jetzt essen, die sie uns eingebrockt haben.« Im Klartext: Die Verantwortung für die Niederlage sollten diejenigen übernehmen, die seit Juli 1917 Demokratisierung und Verständigungsfrieden anstelle von Expansionskrieg forderten (also die Sozialdemokraten, Katholiken und Linksliberalen). Hierin sind bereits Anklänge an die spätere »Dolchstoßlegende« erkennbar – des Mythos, die Armee sei unbesiegt geblieben und die Niederlage beruhe allein auf Verrat in der Heimat. Am 3. Oktober 1918 bildet Max von Baden die erste parlamentarische Regierung des deutschen Kaiserreichs und ersucht Wilson um Friedensverhandlungen.

Am 1. November 1918 werden die meuternden Matrosen in Kiel interniert. Um ihre Freilassung zu erzwingen, wenden sich ihre Kameraden an die Gewerkschaften. Zwei Tage später kommt es unter dem Schlachtruf »Frieden und Brot« zu einer Demonstration. Am 4. November wird ein Soldatenrat gegründet, der die Offiziere entwaffnet und strategische Punkte in der Stadt besetzt. Die aus Hamburg herbeigerufenen Truppen fraternisieren mit den Aufständischen, anstatt die Unruhen niederzuschlagen, und die Arbeiter rufen zu ihrer Unterstützung zum Streik auf. Der SPD-Abgeordnete Gustav Noske reist eilig nach Berlin und wird an die Spitze des Arbeiter- und Soldatenrats gewählt. Er ruft zur Besonnenheit auf, doch die Revolution breitet sich wie ein Lauffeuer aus. In vielen Städten ergreifen Arbeiter- und Soldatenräte das Ruder.

In München schlägt eine Demonstration am 7. November in eine Revolte um. Kurt Eisner, Publizist und Gründungsmitglied der Unabhängigen Sozialdemokratischen Partei Deutschlands (USPD), übernimmt den Vorsitz eines bayerischen Arbeiter- und Soldatenrats und ruft in der folgenden Nacht den »Freistaat Bayern« aus. Am Tag darauf entbindet König Ludwig III. von Bayern seine Beamten von ihrem Treueid, ohne allerdings formell abzudanken.

Nach dem Zusammenbruch des Deutschen Reichs: Reformen oder Revolution?

In Berlin hofft Ebert noch immer, die Unruhen eindämmen zu können, sofern der Kaiser abdankt, denn er gilt nun als Hemmschuh für den Frieden. Andernfalls sei eine soziale Revolution »unvermeidlich«, prophezeit er Max von Baden, auch wenn er selbst sie keinesfalls wünsche: »Ich aber will sie nicht, ja ich hasse sie wie die Sünde.« Am 9. November will Ebert die Lage wieder unter Kontrolle bringen, denn durch alle Köpfe spukt das Gespenst einer Revolution nach dem Vorbild Russlands, sprich eines Bürgerkriegs, aus dem die Bolschewiken als Sieger hervorgehen. Am 10. November bilden SPD und USPD den Rat der Volksbeauftragten; die USPD verzichtet auf die umgehende Umsetzung der »Diktatur des Proletariats«.

FERDY HORRMEYER / WAHLPLAKAT 1919
DRUCK UND WIEDERGABE A.MOLLING & COMP. HANNOVER.

Oben

Mit der nüchternen Aufforderung »Denkt daran! Wählt sozialistisch!« appelliert dieses Wahlplakat der SPD an ein Volk, das sich nach vier Jahren Krieg und Entbehrungen nach Frieden sehnt. Vor seinen kämpfenden Kameraden, von denen einer bereits tot am Boden liegt, sieht man einen Soldaten fallen, eine Hand vor das Gesicht geschlagen. Wurde auch er von einer Kugel oder einem Granatsplitter getroffen, oder hält er es einfach nicht mehr aus, all dem Leid und Sterben rings um ihn zuzuschauen?

Rechte Seite und oben
Der Spartakusbund, ursprünglich der linke Flügel der Sozialdemokraten, ist gegen den
von der Parteimehrheit ge-
tragenen Burgfrieden (oben
das sternförmige Abzeichen
der Spartakisten). Im Januar
1919, wenige Tage vor dem
blutigen »Spartakusaufstand«,
versorgen die Anwohner die
Spartakisten mit Kaffee, doch
die anheimelnde Szene trügt,
denn beide Männer tragen
Gewehre, der Mann links hat
zudem eine Stielhandgranate
am Gürtel. Die Gewalt des
Kriegs hat sich in die Straßen
Berlins verlagert. Der Eigen-
tümer der Feldmütze aus der
Zeit der Novemberrevolution
verbarg die obere Kokarde
unter einem Stoffstreifen,
denn die Nationalfarben
galten nun als Abzeichen
des verhassten Kaiserreichs.
Die offene Kokarde darunter
dagegen bezeugt seine
ungebrochene Treue zur
Herkunftsregion.

Während die Alliierten Deutschland in den folgenden Wochen drastische Bedingungen eines Waffenstillstands aufzwingen, der je-derzeit widerrufen werden kann, stützt sich die neue Regierung aus Angst vor einer völligen Zersetzung des Staats auf die Eliten des untergegangenen Kaiserreichs. Am 10. November schließt Ebert ein Abkommen mit Groener: Der Generalstabschef bekräftigt seine Loyalität gegenüber der neuen Regierung; im Gegenzug garantiert Ebert die Be-fehlsgewalt der Offiziere, Hindenburgs Rolle bleibt unverändert: Die Rück-führung der Truppen soll geordnet erfolgen. In den westdeutschen Städten bereiten die Menschen den heimkehrenden Soldaten einen begeisterten Empfang und bestärken damit den Mythos von der »im Felde unbesiegten Armee«. In der komplexen deutschen Gesell-schaft von 1918 setzt sich die Kontinuität des Verwaltungsapparats gegen die Dynamik der Re-volution durch. Die Staatsverwaltung unterstellt sich der neuen Regierung und füllt die Lücken aus, die der Untergang des Kaiserreichs und auf regionaler Ebene der Sturz der herrschenden Dynastien hinterlassen haben. Die Arbeiter- und Soldatenräte sind letztlich eher auf Reformen erpicht als auf eine Revolution und rufen nicht zur Agitation auf, sondern zu Ruhe und Ordnung.

Anstatt »Alle Macht den Räten« fordert die sozialistische Zeitung *Vorwärts* am 14. Novem-ber »Die ganze Macht dem ganzen Volk«. Wichtige Entscheidungen über die politische und so-ziale Staatsform, vor allem über die Frage des Eigentums, sollen durch eine gewählte National-versammlung getroffen werden anstatt von Räten, die nicht demokratisch legitimiert sind. Diese Linie setzt sich beim ersten »Reichskongress der Arbeiter- und Soldatenräte« durch, der vom 16. bis 21. Dezember 500 gewählte Abgeordnete aus ganz Deutschland vereint. Da die Anführer der Linksextremen, Rosa Luxemburg und Karl Liebknecht, mangels Mandat nicht dabei sind, behält die Mehrheits-SPD (MSPD) die Oberhand.

Politische Radikalisierung und Bürgerkrieg

Eberts Politik enttäuscht das Volk und heizt seine Radikalisierung noch an, denn sie verspielt offensichtlich die Gelegenheit zur Demokratisierung von Militär und Verwaltung und begüns-tigt obendrein republikfeindliche Einflüsse. Ende Dezember 1918 kommt es zu ersten Ausschrei-tungen, als eine Division der Kieler Volksmarine in Berlin den Stadtkommandanten als Geisel nimmt, um dem Protest gegen geplanten Truppenabbau und der Forderung nach mehr Sold Nach-druck zu verleihen. Ebert lässt Feldtruppen gegen die Volksmarine antreten. Am Weihnachts-abend kommt es zu blutigen Straßenkämpfen mit rund 60 Toten. Die ganze Aktion gerät zum Fiasko. Als die Matrosen Unterstützung durch Berliner Arbeiter erhalten, gibt Ebert schließlich nach. Über diese Zusammenstöße zerbricht die politische Einheit im Rat der Volksbeauftragten; die USPD tritt aus.

Damit beginnt die gewalttätige, radikale zweite Phase der Revolution. Offiziere des ehemals kaiserlichen Heers gründen Freikorps, die eigentlich die Grenzen im Osten und das Baltikum ge-gen die Bolschewiken sichern sollen. Am 1. Januar 1919 wird die KPD gegründet. Sie entscheidet sich jedoch für eine politische Randstellung und boykottiert die Wahlen zur Verfassunggeben-den Versammlung. Als der Berliner Polizeichef entlassen wird, weil er sich am Weihnachtstag 1918 geweigert hatte, seine Männer gegen die Aufständischen antreten zu lassen, rufen die

USPD und die Linksextremen am 4. Januar zur Demonstration auf. Am folgenden Tag werden die Gebäude der Zeitung *Vorwärts* und anderer Berliner Verlage wie Ullstein und Mosse besetzt. Liebknecht ergreift die Gunst der Stunde, stürzt die Regierung Ebert/Scheidemann, verhindert die Wahl zur Verfassunggebenden Versammlung, ruft die Diktatur des Proletariats aus und gibt damit den Startschuss für den Bürgerkrieg. Nach heftigem Beschuss ergeben sich die Besetzer der *Vorwärts*-Redaktion am 11. Januar nach dem Einmarsch der Freikorps (die im Wesentlichen für die »Brutalisierung« der Politik verantwortlich sind). Die Schilderung der Vorgänge im Tagebuch eines Berliners stimmt mit den offiziellen Berichten erschreckend genau überein: »Die Abendblätter bringen ausführliche Beschreibungen des Kampfes, der an den Kolonnaden des Belleallianceplatzes begann, dann gegen die auf den Dächern der Häuser verborgenen Schützen vordrang bis zur stark verbarrikadierten Fabrik des ›Vorwärts‹ mit seinen hintereinander gelegenen Höfen. Schwerste Bomben und Flammenwerfer waren in Tätigkeit, mit Handgranaten wurden die Tore gesprengt, und erst den vordringenden Sturmtruppen ergaben sich die Verteidiger. 300 Gefangene wurden gemacht und 100 Maschinengewehre erbeutet.« Vier Tage später werden Rosa Luxemburg und Karl Liebknecht auf barbarische Weise ermordet.

Die Wahlen finden wie geplant am 19. Januar 1919 statt. Aus Angst vor erneuten Unruhen in der Hauptstadt tritt die Verfassunggebende Versammlung in Weimar zusammen. Ebert wird zum Präsidenten der Republik gewählt; Scheidemann soll als Ministerpräsident einer Koalitionsregierung aus SPD, Zentrum und Deutscher Demokratischer Partei (DDP) vorstehen. Eine Streikwelle legt das ganze Land lahm, bei blutigen Zusammenstößen in Berlin kommen im März 1919 rund tausend Menschen ums Leben. In München wird kurz nach der Ermordung Kurt Eisners durch Graf Arco-Valley die Münchner Räterepublik gegründet, jedoch bereits am 3. Mai 1919 von Freikorps wieder zerschlagen; bei den Gefechten sterben über 600 Menschen. Vier Tage später setzen die Alliierten die Regierung Ebert / Scheidemann über die Friedensbedingungen in Kenntnis, die ohne Deutschland bei der Pariser Konferenz festgelegt wurden. Der Zentrumspolitiker und Präsident der Weimarer Nationalversammlung Konstantin Fehrenbach warnt die Siegermächte: *»Memores estote, inimici, ex ossibus ultor«* (Seid eingedenk, ihr Feinde, aus den Gebeinen [der Gefallenen] wird ein Rächer erstehen). Während über die Institutionen der Weimarer Republik weiter gestritten wird, herrscht in einem Punkt Einigkeit: in der Ablehnung des Versailler Vertrags und derer, die ihn unterzeichneten.

Rechts

Zwei Medaillons mit Porträts von Rosa Luxemburg und Karl Liebknecht. Die beiden Revolutionäre waren Anführer des Spartakusbunds, der zum 1. Januar 1919 in der Kommunistischen Partei Deutschlands (KPD) aufging. Über die Vorgehensweise gab es zwischen beiden Diskrepanzen. Während Rosa Luxemburg die Zeit noch nicht für reif hielt, wollte Liebknecht sofort zur Tat schreiten; als er vorpreschte, folgte sie ihm. Nach viertägigen Straßenkämpfen war der Aufstand beendet. Liebknecht und Luxemburg wurden am 15. Januar festgenommen und im Hotel Eden von einem Freikorps mit Gewehrkolben niedergeschlagen und mit Kopfschüssen ermordet.

»Dieser auf ewig denkwürdige Tag«

11. November 1918 Um elf Uhr morgens werden an der gesamten Front die Gefechte eingestellt. »Wenn es wahr ist, dass der Morgen des 11. November 1918 unser einziger Glückstag war, wenn es wahr ist, dass mit dem Verstummen der Kanonen die Morgendämmerung des Heils über unserem Vaterland anzubrechen schien, wenn es wahr ist, dass wir in unserem Innern eine bessere Menschheit sich regen spürten, dann wollen wir uns Jahr für Jahr bemühen, die Erinnerung wachzuhalten und den kommenden Generationen den glühenden Atem einzuhauchen, der uns damals beseelte. Genau um elf Uhr werden wir uns vor dem Kriegerdenkmal ehrfürchtig verneigen und im Gedenken an diesen auf ewig denkwürdigen Tag eine Minute lang schweigen.« Mit diesem Appell an seine Leser verkündet *Le Combattant*, die Zeitung der Veteranen aus dem Departement Hautes-Pyrénées, 1922 begeistert die Einführung des 11. November als Nationalfeiertag in Frankreich und versucht vier Jahre nach dem Waffenstillstand, an die Gefühle anzuknüpfen, die das Ende des Kriegs begleiteten: die plötzliche Stille auf den Schlachtfeldern, die bewegte Trauer und die innige Hoffnung auf den Anbruch eines neuen Zeitalters.

■ Der intensiv wahrgenommene Waffenstillstand wird zu einem festen Datum, das die damaligen Alliierten zwischen den beiden Weltkriegen als Wendepunkt feiern: In Großbritannien begeht man den Tag seit 1919 mit zwei Schweigeminuten. Bis heute steht das ganze Land still. In Frankreich pilgern Veteranen, ihre Angehörigen und Schulkinder zu den Kriegerdenkmalen und begehen den Tag nach derselben Liturgie: Auf jeden der laut verlesenen Gefallennamen antworten die Anwesenden *mort pour la patrie* (für das Vaterland gestorben); es folgt das

Oben

Als Foch am 11. November
vormittags in Paris eintrifft,
hat er das Original des
Waffenstillstandsvertrags
bei sich, der morgens um
5 Uhr 40 unterzeichnet
wurde. Ihn begleiten Admiral
Wester Wemyss, Erster Lord
der britischen Admiralität
(rechts), und General Maxime
Weygand. Letzterer verlas
den Deutschen im Eisenbahnwaggon im Wald von Com-
piègne die Bedingungen für
den Waffenstillstand.

Vorangehende Seite

Am 11. November 1918 teilt
sich die Menge auf den
Pariser Boulevards, um eine
Abteilung britischer Soldaten
durchzulassen.

Totengeläut, die gemeinsam gesungene *Marseillaise*. In jeder Gemeinde laufen die Feiern Jahr für Jahr nach demselben Ritual ab und verleihen dem Datum eine weihevolle Aura.

Fast einmonatige Verhandlungen

Die Waffenstillstandsverhandlungen dauern fast einen Monat. Den Auftakt gab am 5. Oktober 1918 der neue Reichskanzler mit einer Note via die Schweiz, in der er US-Präsident Wilson ersucht, »die Herstellung des Friedens in die Hand zu nehmen«. Eigentlich ist Max von Baden, ein Verwandter des Kaiserhauses, strikt gegen ein Waffenstillstandsangebot, das sein Land benachteiligen würde, doch die große Gegenoffensive der Alliierten ab dem 26. September 1918 versetzt sogar die Oberste Heeresleitung in Panik: Ludendorff hält in diesem Moment ein umgehendes Gesuch für unumgänglich, um eine Kapitulation des Heers, eine Invasion und eine Revolution nach russischem Vorbild zu verhüten. Die Verantwortung für die Verhandlungen soll allerdings nach dem Willen der OHL die erste parlamentarische Regierung Deutschlands übernehmen, also Zivilisten statt Militärs. Wilson hatte bereits am 8. Januar 1918 vor dem US-Kongress in seinem Friedensprogramm betont, die USA seien »nicht eifersüchtig auf Deutschlands Größe« und strebten keinen von Rache geprägten Frieden an. Deshalb ist er derjenige, an den sich die deutschen Behörden wenden, unter vorsichtiger Übergehung der übrigen Entente-Mächte, deren Staatschefs (Lloyd George, Orlando und Clemenceau) in Paris tagen.

In jedem der Länder sind die Meinungen über die Vorgehensweise geteilt: In den Vereinigten Staaten ist Außenminister Robert Lansing für eine kategorische Ablehnung des Waffenstillstands-

gesuchs, doch ein Großteil der US-Presse sieht als vorrangiges Kriegsziel die Ausrottung des »deutschen Militarismus«. In Großbritannien überwiegt das Misstrauen. In Frankreich lehnen manche den Waffenstillstand ab, weil er die Besetzung Deutschlands behindert, die in ihren Augen für einen dauerhaften Frieden unverzichtbar ist. Der Präsident der Republik Poincaré meint, ein Waffenstillstand würde den französischen Truppen »die Achillessehnen durchschneiden«, sie handlungsunfähig machen. Ministerpräsident Clemenceau und andere halten dagegen, man dürfe den mörderischen Krieg keinen Tag länger dauern lassen. In abgewandelter Form zieht sich diese Debatte bis in die 1920er-Jahre: Wurde der Waffenstillstand verfrüht geschlossen?

Die deutsche Durchhaltepolitik

Innerhalb eines Monats tauschen Berlin und Washington viermal diplomatische Noten aus, in denen die Deutschen nach und nach ihre Absichten klarstellen und Wilsons Haltung sich mehr und mehr verhärtet. Den Anstoß zur Aufnahme der Verhandlungen gab zwar Ludendorff selbst, doch besinnt er sich Mitte Oktober anders, denn der Ende September befürchtete militärische Zusammenbruch blieb aus. Falls das deutsche Heer bis zum Frühjahr durchhalte, sei eine erneute Offensive denkbar. In den letzten Kriegswochen erwägt der Generalstab eine Politik der verbrannten Erde und eine »Verteidigung in der Tiefe«, also im eigenen Staatsgebiet. Kulturgüter sollten mit Sprengfallen versehen und die alliierten Truppen in Straßenkämpfe verwickelt werden – in genau den »Franktireur-Krieg«, vor denen sich die deutschen Truppen beim Einmarsch in Belgien im Sommer 1914 so fürchteten. Nach Einschätzung des Historikers Michael Geyer

Oben
Die Züge der Bevollmächtigten am 11. November 1918. In seinem Buch *11 novembre* 1932 erläutert General Weygand warum man damals das Waldstück in der Gemeinde Rethondes bei Compiègne für die Unterzeichnung des Waffenstillstands wählte: »Während des Kriegs hatte er [General Foch] oft in seinem Zug seinen Befehlsposten eingerichtet. [...] In eben diesem Befehlsposten sollten ihn die Abgeordneten aufsuchen. Die Einsamkeit des Ortes sollte Ruhe, Stille, Abgeschiedenheit und den Respekt des Feindes gewährleisten [...].«

entfaltet sich dabei ein Katastrophenszenario, in dem die Bürger sterben müssen, damit die Nation als Ganzes überlebt. Es gibt einen Vorgeschmack auf den »Endkampf« Deutschlands 1945.

Diese Strategie des Widerstands bis zum Letzten scheitert, weil Deutschlands Verbündete einer nach dem anderen wegbrechen: Bulgarien kapituliert am 29. September 1918; die neue türkische Regierung unter Ahmed Izzet Pascha schließt am 30. Oktober 1918 einen Waffenstillstand mit der Entente, Österreich-Ungarn am 3. November 1918 mit Italien. Ohne Unterstützung von außen ist Deutschland nun konfrontiert mit wachsendem Unmut der Zivilbevölkerung und einem »verdeckten Militärstreik« an der Front (so der Historiker Wilhelm Deist).

Annehmbare Konditionen finden

Die Alliierten besprechen derweil hinter verschlossenen Türen die Waffenstillstandsbedingungen. Während man sich über die militärischen Klauseln relativ schnell einig ist, entspannt sich um die politischen eine hitzige Diskussion bis hin zum Streit. Als Grundlage für die Friedensverhandlungen dient Wilsons 14-Punkte-Programm, dem die Entente-Mächte im Prinzip zugestimmt haben. Uneins sind sie jedoch in der Auslegung mehrerer Klauseln. Während Punkt 8 lediglich davon spricht, dass »die besetzten Teile wiederhergestellt werden«, erhält Clemenceau von Colonel House (Wilsons Hauptstellvertreter gegenüber der Entente) die Zusage, dass die Formulierung ausdrücklich die »Behebung der Schäden« fordern soll, einer der wichtigsten Streitpunkte in den internationalen Beziehungen der 1920er- und 1930er-Jahre. Die Diskussionen verlaufen völlig chaotisch und unter Zeitdruck, denn die Amerikaner mahnen, jeder weitere Tag koste weitere Opfer. Zudem würde man die deutschen Behörden mit allzu harten Auflagen nur dazu

Unten

Nach der Unterzeichnung des Waffenstillstands machen sich die deutschen Truppen auf den Rückweg zu ihren Garnisonen. Links Autokolonnen auf der Rheinbrücke in Bonn. In Frankreich feiern die Menschen den Frieden; vielerorts kommt es auch zu Feindseligkeiten gegenüber den Besiegten, vor allem in Elsass-Lothringen, wo General Pétain am 17. November feierlich ins befreite Metz einzieht. Zwei Tage später stürzten die Einwohner das Denkmal Kaiser Wilhelms II. (rechts).

treiben, die Verhandlungen abzubrechen und weiterzukämpfen. »Zum Zeitpunkt des Waffenstillstands wussten wir nichts Genaues über den Zustand der deutschen
Streitkräfte, und wir akzeptierten den Waffenstillstand,
weil wir dachten, die Gelegenheit dazu könnte schon
morgen verpasst sein«, räumt Clemenceau am 5. Februar 1919 vor der Kommission für Auswärtige Angelegenheiten ein: »Wären wir besser informiert gewesen,
hätten wir die Bedingungen verschärft.«

Die letzten Tage in Compiègne

In der ersten Novemberwoche verschlechtert sich die
Lage für die deutschen Truppen drastisch. Angesichts
einer erneuten Offensive der Entente am 31. Oktober
ziehen sie sich auf Befehl von General Groener am 6.
November komplett in die Antwerpen-Maas-Stellung
zurück. Auch an der Heimatfront spitzt sich die Situation zu. Am 7. November steht vor den französischen
Linien die deutsche Waffenstillstandskommission unter
Leitung eines Zivilisten, des Staatssekretärs Matthias
Erzberger (Zentrumspartei). Am Heck des vordersten
Wagens weht eine große weiße Fahne, ein Trompeter
kündigt die Delegation mit kurzen Signalen an. In
mehrstündiger Fahrt werden die vier Parlamentarier im
Wald von Compiègne nahe der Ortschaft Rethondes zu
einer Lichtung geführt. Dort beginnen am Morgen des
8. November in Marschall Fochs Salonwagen die Verhandlungen. Ein Vertreter der Entente liest
den Deutschen die Bedingungen vor. »Die Köpfe sind erhoben, die Mienen undurchdringlich;
das Gesicht des deutschen Generals [von Winterfeldt] ist sehr blass und hat einen schmerzlichen
Ausdruck. Beim Vorlesen des Artikels, der die Besetzung des Rheinlands und die Einrichtung
von Brückenköpfen vorsieht, rollen Tränen über die Wangen des jungen Kapitäns [Vanselow]«,
schildert General Weygand die Szene.

Als am 9. November die Nachricht von der Abdankung Kaiser Wilhelms II. und der Ablösung
des Reichskanzlers Max von Baden durch den Sozialisten Friedrich Ebert eintrifft, macht sich
der französische Ministerrat Sorgen. Man fordert von den Unterhändlern die Bestätigung, dass
sie von der neuen Regierung bevollmächtigt sind und diese sich den Waffenstillstandsbedingungen beugen wird. Doch was zählen solche Zusicherungen schon von Männern, die im Grunde
keine Ahnung haben, was in ihrem Land vor sich geht? Man schickt ein Mitglied der deutschen
Delegation zurück nach Berlin und verschiebt den Angriff der Alliierten in Lothringen auf den
14. November. Die deutsche Regierung weist Erzberger an, den Vertrag unter allen Umständen
zu unterzeichnen, sich aber um eine Abmilderung zu bemühen. »Die müssen immer etwas zu
nörgeln haben«, ärgert sich Foch, billigt aber mit Blick auf die bolschewistische Gefahr eine

Oben

Am Tag nach dem Waffen-
stillstand beherrscht das
denkwürdige Ereignis sämtliche Schlagzeilen. Die illustrierte Zeitung L'Excelsior
brachte eine Karte, auf der
die Grenzverschiebungen
erkennbar sind. Der Kasten
»Ils doivent nous livrer«
[Das müssen sie uns liefern]
bezeugt den Rachedurst
der Sieger.

Verringerung des Kriegsmaterials, das die Deutschen zurücklassen sollen (Artikel 4), eine Verlängerung der Frist für den Abzug des deutschen Heers über den Rhein auf 31 Tage und die Begrenzung der linksrheinischen neutralen Zone von 30 auf zehn Kilometer.

Der zunächst für 36 Tage geschlossene Waffenstillstandsvertrag wird mehrmals verlängert. Seine 34 Klauseln zielen primär darauf ab, Deutschland außerstande zu setzen, weiter Krieg zu führen, doch entsprechend den seit vier Jahren Krieg geltenden ideologischen Mustern gehen sie darüber hinaus: Das linksrheinische Gebiet und drei Brückenköpfe auf dem rechten Rheinufer (Mainz, Koblenz und Köln) sollen besetzt werden (Artikel 5). Die Frage des Schadenersatzes (Artikel 19) wird ebenso angesprochen wie die Diskriminierung der deutschen Kriegsgefangenen, die im Gegensatz zu den alliierten Gefangenen erst nach Abschluss der Friedensvorbereitungen freigelassen werden sollen (Artikel 10). Insgesamt handelt es sich eher um eine Kapitulation als um einen Waffenstillstand. Artikel 15 schreibt zudem die Aufhebung der Friedensverträge von Brest-Litowsk (mit Russland) und von Bukarest (mit Rumänien) vor.

Zwischen Freude, Bestürzung und Rachegelüsten

Am 11. November um elf Uhr schweigen die Waffen. Die Nachricht von der Unterzeichnung des Vertrags breitet sich in den Staaten der Entente wie ein Lauffeuer aus. Die Menschen strömen auf die Straßen und feiern. General Pershing erlebt eine Welle »unbeschreiblicher Begeisterung«, als sein Auto zwei Stunden braucht, um die brechend volle Place de la Concorde zu überqueren. Im Parlament heißt Clemenceau feierlich Elsass und Lothringen willkommen und erklärt: »Gestern Soldat Gottes, heute Soldat der Menschheit, wird Frankreich immer für seine Ideale kämpfen!« Die Soldaten sind erst einmal von der geradezu gespenstischen Stille an der Front überwältigt. Auf deutscher Seite machen sich viele schon auf eigene Faust auf den Heimweg. Die Gefühle der französischen Soldaten sind dank Postzensur gut bekannt. In den Feldpostbriefen vom 12. November gehört der Sieg in erster Linie den Gefallenen. Die Freude wird zu tief empfunden, um laut hinausgeschrien zu werden, und ist mit Trauer vermischt. Ein erstaunlicher Energieschub treibt die vom Krieg ausgelaugten Männer unvermittelt an. Niemand will einen unsicheren Frieden, alle sind bereit, notfalls bis zum bitteren Ende zu kämpfen. Wie die Zensur beweist, lechzen sehr viele zudem nach Vergeltung. Die Besatzungstruppen sollen es dem Feind endlich zeigen; dem Schwächling, dessen Grenzen bisher unberührt blieben, wollen sie beibringen, was Krieg bedeutet: »Unsere zerstörten Städte schreien nach Rache. Wir werden zu ihnen nach Hause gehen und ihnen Auge um Auge, Zahn um Zahn alles vergelten. Ich bin sicher, wir werden keine Gnade kennen«, schreibt ein französischer Soldat. Ausdrückliche Ziele sind die Körper deutscher Frauen, Wohnhäuser und historische Bauwerke. Der Hass übertönt jeglichen Wunsch nach Versöhnung.

— Papa sait-il qu'on est vainqueurs? (Echo de Paris du 2 novembre 1918.)

DESSINS DE GUERRE D'ABEL FAIVRE

Die deutschen Frauen
dürfen wählen

12. November 1918 Wenige Tage nach dem Zusammenbruch des Deutschen Reichs gibt der Rat der Volksbeauftragten im Namen der ersten sozialdemokratischen Übergangsregierung die Einführung des aktiven und passiven Frauenwahlrechts bekannt. Bei der ersten freien allgemeinen Wahl zur Nationalversammlung am 19. Januar 1919 sind erstmals alle deutschen Frauen ab 20 Jahren mit von der Partie. Auch in Österreich verkündet die Provisorische Nationalversammlung am 18. Dezember 1918 das allgemeine Wahlrecht für alle Bürger unabhängig vom Geschlecht. Am 1. Oktober 1920 wird es in die erste Bundesverfassung aufgenommen.

■ Krieg und Niederlage ziehen vor allem in Deutschland und Österreich gewaltige politische und soziale Umwälzungen nach sich. Von allen kriegführenden Nationen gestehen ausgerechnet diese besiegten Länder als Erste ihren Bürgerinnen demokratische Grundrechte zu. In Frankreich verabschiedet die Abgeordnetenkammer im Mai 1919 einen Gesetzentwurf, der die Einführung des Frauenwahlrechts vorsieht, doch nach langwierigen Debatten und Verzögerungen wird das Vorhaben im November 1922 verworfen; die Französinnen kommen erst 1944 zum Zuge. Die Britinnen hingegen besitzen das Wahlrecht schon seit Anfang 1918, doch gilt es dort erst ab dem 30. Lebensjahr und schließt so im Dezember 1918 ausgerechnet viele derjenigen aus, die während des Kriegs in der Rüstungsindustrie, in den Freiwilligenkorps an der Front oder in der Krankenpflege gearbeitet und damit erheblich zur Stabilisierung der britischen Front beigetragen haben.

Oft heißt es, die Emanzipation der Frau habe durch den Ersten Weltkrieg massiven Auftrieb erhalten. Doch änderte sich das Kräfteverhältnis zwischen den Geschlechtern wirklich nachhaltig?

Die Frauen an der Heimatfront

Der Krieg und seine neuartigen Herausforderungen stellten die traditionelle Rollenverteilung der Arbeitswelt zweifellos auf den Kopf. In allen kriegführenden Nationen war die Mitwirkung der Frauen eine Notwendigkeit, vor allem weil sie in vielen Wirtschaftssektoren die Schlüsselfunktionen aufrechterhielten. Überall in Europa bewährten sie sich in »Männerberufen«, die bis dahin ausdrücklich als »maskulin« galten. Allerdings durften sie in Deutschland ebenso wie in Großbritannien solche Stellen nur dann besetzen, wenn sie sich schriftlich verpflichteten, sie nach Kriegsende wieder zu räumen. Straßenbahnfahrerinnen, Kassenbeamtinnen, Lokomotivführerinnen, Schuhmacherinnen waren ein alltäglicher Anblick. Auch Berufe wie Verkäuferin, Telefonistin oder Sekretärin, die heute als »typisch weiblich« angesehen werden, bis Anfang der 1920er-Jahre jedoch noch als rein männliche Ressorts galten, wurden Frauen ab 1914 zugänglich. Sie übten qualifizierte Tätigkeiten aus und bekleideten leitende Posten in der nationalen oder lokalen Verwaltung und im öffentlichen Dienst; sie arbeiteten als Fabrikinspektorinnen, bei der Post und bei der Polizei, sie trugen zum ersten Mal eine Uniform. Je mehr wehrtaugliche Männer an die Front geschickt wurden, desto mehr Frauen spielten eine entscheidende Rolle in den Betrieben vor allem der Rüstungsindustrie. Doch obwohl sie die gleiche Arbeit leisteten wie Männer – nicht selten bis zu 14 Stunden am Tag, manchmal in Nachtschicht –, wurden sie meist schlechter bezahlt als ihre männlichen Kollegen und von den qualifizierten Posten ausgeschlossen. Der gesetzliche Schutz Schwangerer und stillender Mütter existierte in der Regel nur auf dem Papier. Auf dem Land in Frankreich wie in Deutschland bewirtschafteten viele Bäuerinnen ganz allein den Hof. Per Feldpost erhielten sie von ihren Männern an der Front Ratschläge für Aussaat, Ernte und Viehhaltung. Da auch die Zugtiere oft beschlagnahmt waren, mussten sie häufig sogar die fehlenden Pferdestärken mit ihrer Körperkraft ersetzen.

Für viele Frauen der Arbeiter- und Mittelschicht war der Arbeitslohn ohnehin eine Notwendigkeit. Steigende Lebenshaltungskosten und die verschwindend geringe staatliche Unterstützung für »Kriegerfamilien« zwangen den Frauen die Rolle des Ernährers auf. In Deutschland und Österreich mussten sie in den Hungerwintern 1915/1916 und 1916/1917 stundenlang vor den Läden Schlange stehen und auf dem Land Grundnahrungsmittel hamstern. Betroffen waren vor allem die zahlreichen Kriegerwitwen mit minderjährigen Kindern, denn ihre Witwenrente reichte nicht zum Leben. Sie trugen die doppelte Last der Alleinerziehung und der Einsamkeit.

Bürgerfrauen dienen dem Vaterland

Auch die gemeinnützige Tätigkeit von Frauen spielt während des Kriegs eine sehr wichtige Rolle. Vor allem im Bürgertum entscheiden sich viele Frauen für ein ehrenamtliches Engagement. Nur wenige sind gegen den Krieg – in Frankreich Marcelle Capy, in Österreich Bertha von Suttner oder einige Vertreterinnen der sozialdemokratischen Frauenbewegung. In vielen Ländern mutieren bürgerliche Frauenrechtlerinnen wie Gertrud Bäumer sogar zu Nationalistinnen und setzen sich aktiv für die Mobilisierung ihres Volkes ein. In der Zeitschrift *La Française* vom 19. Dezember 1914 schreibt Jane Misme: »Solange der Krieg anhält, sind auch die Frauen der

Oben

Bei den Wahlen am 19. Januar 1919 gehen erstmals 17,7
Millionen deutsche Frauen
zur Wahlurne; mit 52 Prozent
bilden sie die Mehrheit der
Wählerschaft. In der Schlange
vor dem Wahlbüro in einer

Gaststätte gewährt man einer
Gruppe uniformierter Offiziere
offenbar den Vortritt. 310
Frauen kandidieren, 37 (von
insgesamt 423 Abgeordneten)
ziehen in das erste Parlament
der Weimarer Republik ein.
Das endlich anerkannte Recht

auf politische Teilhabe darf
nicht oberflächlich als Belohnung für die Leistungen der
Frauen im Krieg gedeutet
werden. In Bezug auf die Ge-
schlechterrollen förderte der
Krieg sogar eher konservative
Haltungen bis hin zur Re-

gression. Ein Teil der Deutschen war sogar der Meinung,
das Wahlrecht stehe den
Frauen schon deshalb nicht
zu, weil sie aus der von ihnen
verschuldeten Niederlage und
dem dadurch entstandenen
neuen System Vorteile zogen.

Links und oben

Am 2. August 1914 appelliert
Premierminister René Viviani
an die französischen Bäuerinnen, auf den Feldern ihre
auf dem Schlachtfeld stehenden Männer zu ersetzen.
Ihnen kommt die elementare
Funktion zu, das ganze
Land zu ernähren. In den
Munitionsfabriken (hier 1917
in Deutschland) verkörpern

Arbeiterinnen die Mobil-
machung des ganzen Volkes.
In den USA, die erst 1917
dem Krieg beitreten, demonstrieren die Feministinnen weiter für die Rechte der Frauen
(auf dem Foto Suffragetten
in New York), während ihre
Kampfgenossinnen in Frankreich, Großbritannien und
Deutschland ihre Forderungen
pflichtbewusst zurückstellen.

Feinde unsere Feinde«. In Österreich schließen sich Frauenorganisationen gleich zu Kriegsbeginn über alle politischen Gräben hinweg zur »Kriegshilfe« zusammen, die im ganzen Land karitative Projekte betreut. Auch in Großbritannien kümmern sich Frauen um Notleidende, vor allem um Kinder, beispielsweise mit dem *Save the Children Fund*, den Eglantyne Jebb und ihre Schwester Dorothy Buxton im Mai 1919 gründen. Wie sie bemühen sich viele bürgerliche Britinnen, mit Wohlfahrtseinrichtungen die Not der Arbeiterfamilien zu lindern. In Deutschland und Frankreich leisten Frauenorganisationen im Nationalen Frauendienst und dem *Conseil national des femmes françaises* Dienst am Vaterland. Ihre Tätigkeit lehnt sich zwar an traditionelle Formen der Wohltätigkeit an, doch übernehmen sie nun leitende und organisatorische Funktionen und spielen erstmals eine öffentliche Rolle, die ihnen einen neuen Status, mehr Selbstvertrauen und damit auch mehr Einfluss verschafft.

Frauen an der Front

In fast allen europäischen Staaten nahmen Frauen auch aktiv am Krieg teil. Als Rotkreuzhelferinnen, Krankenschwestern oder Ärztinnen (in Deutschland und Österreich), Angehörige diverser Armeekorps (Marine, Bodentruppen und Luftwaffe), vor allem aber als Sanitäterinnen (in England) arbeiten sie direkt hinter der Front und geraten selbst oft unter Beschuss. Vera Brittain, die sich 1915 als Krankenschwester betätigte, schildert in ihren Memoiren *Testament of Youth* die Bombardierung des Feldlazaretts in Étaples im April 1918: »Eine junge Krankenschwester, die im Notdienst schon einmal einen Granatangriff erlebt hatte, verlor den Kopf und stürzte schreiend in die Offiziersmesse; zwei andere Schwestern packten sie, drückten sie auf eines der Betten und hielten sie während des ganzen Luftangriffs dort fest, damit sie keine Panik auslösen konnte.« Für militärische Verdienste werden die Frauen ebenso ausgezeichnet wie ihre männlichen Kameraden, sei es mit der Tapferkeitsmedaille oder sogar mit dem Eisernen Kreuz. Im Fall einer Invalidität erhalten sie eine Kriegsversehrtenrente. Frauen, die aktiven Dienst an der Waffe leisteten, sind allerdings die Ausnahme, etwa in den ukrainischen und russischen Streitkräften.

Rückkehr zum Frieden und zur gewohnten Ordnung

Der Krieg öffnet Frauen neue Berufssparten. Die traditionelle Rollenverteilung der Geschlechter scheint abgeschafft und die erwerbstätige Frau gesellschaftlich akzeptiert. Die Frauen erwerben größere Kompetenzen in vielen sozialen und wirtschaftlichen Bereichen, werden unabhängiger und überwinden die bis dahin bestehende Kluft zwischen Mann und Frau. Am Ende des Ersten Weltkriegs jedoch kehren Siegermächte wie Besiegte im Großen und Ganzen zur überkommenen patriarchalischen Ordnung zurück. Eine Ausnahme bilden lediglich Frauen, denen gar nichts anderes übrig bleibt, als ihre Familie weiterhin allein durchzubringen.

Paradoxerweise streben die Gesellschaften nicht die Gleichberechtigung der Geschlechter an, sondern ihr Gegenteil: Nach den kriegsbedingten Wirren will man nun die alte Ordnung möglichst noch straffer wiederherstellen, um zumindest symbolisch an die relative Stabilität der Vorkriegszeit anzuknüpfen. Die Stärkung der traditionellen weiblichen Rolle als Hausfrau und Mutter soll die Autorität der Männer in Familie und Gesellschaft sicherstellen und festigen. Konservativen Politikern ist das Frauenwahlrecht ein Dorn im Auge, denn man dürfe schließlich nicht zulassen, dass sich Frauen »mit Politik die Hände schmutzig machen«. Selbst in der Lokal-

politik bemüht man sich, Frauen in die Bereiche abzudrängen, die man ihnen seit jeher zubilligt: Wohlfahrtspflege, Familie, Sozialarbeit und Kultur.

Ausgeschlossen sind die Frauen hingegen aus den modernen Zweigen von Industrie, Handel und Transport. In vielen Ländern werden Doppelverdiener unter dem Vorwand angefeindet, Frauen arbeiteten weniger effizient als Männer und müssten ihre Stellen deshalb den Kriegsheimkehrern überlassen. Im Zuge der Umstrukturierung des Arbeitsmarkts müssen sich die Frauen nach Kriegsende wieder als schlecht bezahlte ungelernte Arbeitskräfte in Industrie, Land- oder Hauswirtschaft begnügen. Damit soll verhindert werden, dass ein tiefgreifender Modernisierungsprozess in der Gesellschaft Fuß fasst. Der nach Kriegsende in Österreich gegründete »Bund für Männerrechte« will die »Exzesse« der Frauenrechtsbewegung bekämpfen und vor allem Frauen jegliche Berufstätigkeit verbieten. Sein Programm orientiert sich an dem des deutschen »Bunds zur Bekämpfung der Frauenemanzipation«, der bereits zur Kaiserzeit aktiv war.

Comment les Belges punissent les traitres

Belgien macht Jagd auf Kollaborateure

Mitte November 1918 Unmittelbar nach dem Waffenstillstand kommt es praktisch überall in Belgien zu Racheakten: Frauen werden kahl geschoren, Männer verprügelt, Fensterscheiben eingeschlagen. Am 22. November 1918 war in der Zeitung *Le Peuple* zu lesen: »In der Umgebung von Brüssel trieben Soldaten etwa 15 Kreaturen zusammen, die für ihre unmoralischen Beziehungen zu *Boches* bekannt sind. Sie schnitten ihnen die Haare ab, zogen sie bis aufs Hemd aus und fuhren sie auf Karren durchs Dorf. In der Nähe von Schaerbeek ließ man sie absteigen und mit Pickelhauben auf dem Kopf den ganzen Rückweg laufen.«

■ In Nordfrankreich blieben solche Exzesse aus, obwohl die deutsche Besatzung auch dort nicht grundlegend anders empfunden wurde. Das übrige Frankreich verdächtigte die nördlichen Departements ohnehin mehr oder weniger explizit, sie hätten sich allzu leicht mit den Besatzern arrangiert und nicht so viel gelitten wie der Rest der Nation. Das besetzte Belgien hingegen blieb während des ganzen Kriegs und auch danach Inbegriff des kollektiven Martyriums. Während die Strafverfolgung der Verräter nach Kriegsende von der Öffentlichkeit in Belgien leidenschaftlich betrieben wurde, hatte sie in Frankreich über ein paar wichtige Prozesse hinaus nur auf lokaler Ebene einen gewissen Stellenwert.

LES 10 COMMANDEMENTS DE L'ACCAPAREUR

par J. Mas.

I. Un seul dieu tu adoreras
Et aimeras: le dieu-Argent.

II. Pour le posséder commettras
Tous méfaits indistinctement.

III. Le vol, la fraude, et cœtera
Y compris l'accaparement.

IV. De tous produits trafiqueras
Même et surtout des aliments.

V. Tes semblables affameras:
Hommes, femmes, vieillards, enfants.

VI. De tes larcins tu jouiras
Jusqu'au jour de leur châtiment.

VII. Nul remords ne t'assaillira
A quoi bon faire du sentiment?

VIII. Le bon peuple patientera
Peut-être encor mais plus longtemps.

IX. Un jour il se révoltera
Contre l'infâme trafiquant-

X. Dies iroe, dies illa
A son tour de rire à présent.

Unter der Besatzung leben

Die Menschen in den besetzten Gebieten stellt die vierjährige ständige Anwesenheit des Feinds vor ein kaum lösbares Dilemma: Wie bleibt man am Leben und trotzdem Patriot? Als die Westfront unversehens erstarrt, muss Deutschland in den eroberten Gebieten eine Besatzungspolitik aus dem Hut zaubern. Die Zonen in Frontnähe, also Nordfrankreich und ein Teil Belgiens, unterstehen weiterhin der OHL, deren Ziel die Ausbeutung der vorhandenen Ressourcen ist. Die übrigen Teile Belgiens dagegen werden Generalgouvernement, dessen Verwaltung eine längerfristige Politik verfolgt.

Von Anfang an machen sich die Besatzer nach Möglichkeit die vorhandenen Verwaltungsorgane zunutze. Die Behörden der Provinzen, Departements und Kommunen bleiben im Amt und sind somit tagtäglich mit den Invasoren konfrontiert. Die heikle Entscheidung, wie sie sich verhalten sollen, wird noch erschwert durch das rüde Besatzungsregime mit zahlreichen Kontrollen, Demütigungen, Verhaftungen, Deportationen etc. Viele Industrielle stellt darüber hinaus allein schon die Dauer des Kriegs vor eine schwierige Gewissensfrage, denn da die besetzten Gebiete unmittelbar von der Seeblockade der Entente betroffen sind, verschlimmert sich die Wirtschaftslage rapide. Um sich möglichst viele Ressourcen für seine Kriegsführung zu beschaffen, saugt Deutschland die besetzten Gebiete systematisch aus. Während des ganzen Kriegs wird der Alltag der Zivilbevölkerung permanent durch Probleme bei der Nahrungsbeschaffung und die Angst vor einer Hungersnot überschattet. Auf dem florierenden Schwarzmarkt und mit regem Schmuggel schlachten einige wenige den allgemeinen Mangel skrupellos aus, um sich zu bereichern.

Die Wirklichkeit ist allerdings oft differenzierter. Einige Fabriken produzieren weiter, um ihre Belegschaft nicht in die Arbeitslosigkeit zu treiben und um zu verhüten, dass die Bevölkerung hungern und frieren muss. De facto müssen sie dazu jedoch akzeptieren, dass die Deutschen einen Teil ihrer Erzeugnisse und deren Folgeprodukte beschlagnahmen. Die Bevölkerung versucht dagegen anfangs, den Besatzern gegenüber »patriotische Distanz« zu wahren. Diese Haltung gibt den Zivilisten das Gefühl, ebenso heldenhaft wie die belgischen Soldaten zu handeln. Ab 1916 jedoch macht sich die Dauer des Kriegs bemerkbar, die Menschen werden defätistisch. Durch die Deportation von Arbeitskräften ab Herbst 1916 verschärfen sich die sozialen Diskrepanzen, die patriotische Fassade bröckelt. Die ärmsten Arbeiter melden sich – meist aus blanker Not – »freiwillig« zum Arbeitsdienst und werden dafür vom Bürgertum postwendend verteufelt.

Den Kriegsgewinnlern das Handwerk legen

Wer gehamstert, sich bereichert und vom Krieg profitiert hat, wird nach Kriegsende öffentlich an den Pranger gestellt. Aus der Sicht der Öffentlichkeit verrieten Kriegsgewinnler die Solidarität des belgischen Volks im notgedrungenen gemeinsamen Erleiden der Besatzung: Sie verkörpern die Verweigerung, Opfer zu bringen, und vaterländische Verderbtheit. Nach vier schlimmen Besatzungsjahren empfindet die Bevölkerung schon ihren Anblick als unerträglich. Von der Presse angefacht, verlangt die öffentliche Meinung mit aller Schärfe nach Vergeltung für die eigene Ohnmacht, die Zweifel und die zahllosen faulen Kompromisse der Kriegszeit. Die übersteigerten Erwartungen an die Justizbehörden münden zwangsläufig in Enttäuschung und Verbitterung, doch zum einen verstößt unmoralisches Verhalten nicht unbedingt gegen das Gesetz, und zum anderen war die Lage für viele Wirtschaftsakteure äußerst kompliziert.

Vorangehende Seite
Rache an belgischen Kollaborateuren im Spiegel der französischen Presse (»Wie die Belgier Verräter strafen«, *Le Petit Journal*, 13. Februar 1916).

Linke Seite
Wie der Drückeberger und der Kriegsgewinnler ist auch der »Hamsterer« eine typische Hassfigur für die Frontsoldaten in den Schützengräben, die sie in ihren improvisierten Zeitungen verhöhnen. Unter einer feindlichen Besatzung, wie sie die Belgier erleben, richtet sich die Wut gegen alle, die aus der Situation Profit ziehen. In den Augen der Patrioten schließen sie sich durch ihr schändliches Verhalten selbst aus der Opfergemeinschaft aus, die im Krieg den Zusammenhalt des Volks sichert. Der dicke Mann, der gemütlich in seinem Sessel sitzt, Zigarre raucht und sich ins Fäustchen lacht, verkörpert gleich mehrere Klischees, die man mit Kriegsprofiteuren verbindet.

Ein dramatisches Beispiel ist der Fall der belgischen Barone Coppée. Als Bergwerksbesitzer im Hennegau und in Limburg hatte Évence Coppée mit Zustimmung des Chefs der belgischen Exilregierung, Charles de Broqueville, auch während des Kriegs weiter Steinkohle gefördert und verarbeitet. Die schon vor 1914 vorhandenen Ressentiments wuchsen im Krieg weiter. In dem von Denunziationen und Rachegelüsten geprägten Klima der Nachkriegszeit wird der Industrielle nun zum Inbegriff des Mächtigen, der sich an der Besatzung bereichert. Aufsehen erregt die Affäre, weil der Beschuldigte allseits bekannt ist und der Fall in Presse und Öffentlichkeit eine hitzige Debatte über die Regierungspolitik entfacht. Im April 1919 wird eine gerichtliche Untersuchung eingeleitet. 1920 werden Vater und Sohn Coppée verhaftet, aber vorläufig wieder auf freien Fuß gesetzt. Doch bei einer Hausdurchsuchung entdecken die Ermittlungsbeamten ein Unterstützungsschreiben von Broqueville. Was eigentlich nur unsoziales Verhalten ist, blähen dessen Gegner zur politischen Affäre auf, die in der Presse hohe Wellen schlägt. In den Augen seiner Kritiker fehlt es dem früheren Regierungschef nicht nur an Bürgersinn, sondern an Patriotismus. Das Verfahren gegen ihn wird dennoch eingestellt, kocht dann aber erneut hoch und richtet sich nun gegen Vater und Sohn Coppée. Ihnen wirft man vor, ihre Benzollieferungen an den Feind seien für deutsche U-Boote bestimmt gewesen. Auch dieses Verfahren wird zur Verärgerung ihrer Widersacher 1921 eingestellt, aber nur wenige Monate später wieder aufgerollt. 1924 kommt es zum Prozess, der die Coppées von jeder Schuld reinwäscht, doch hat die Gesundheit des Vaters mittlerweile so gelitten, dass er im Jahr darauf stirbt. Die öffentliche Meinung bleibt dabei, die beiden Unternehmer seien trotz allem schuldig und das Ganze beweise wieder einmal, dass die Justiz gegen die Mächtigen nichts ausrichten könne.

Die Jagd auf Spione und Denunzianten – das Volk will Blut sehen

Kriegsgewinnlern begegnet das ganz Volk mit Hass und Verachtung, doch noch größer ist die Abscheu gegen Spitzel. Die Zahl derjenigen, die für die Besatzungsmacht spionierten, ist relativ gering, und die meisten bleiben bis zur offiziellen Anklage unerkannt, doch verfolgt werden sie in Frankreich wie in Belgien. Der Franzose Gaston Quien, der Edith Cavell ans Messer geliefert haben soll, muss sich 1919 vor dem Pariser Militärgericht verantworten und erlangt mit knapper Not einen Freispruch. Die Belgier dagegen kennen kein Pardon: Denunzianten sind die Einzigen, für die sie die Todesstrafe fordern, die seit einem halben Jahrhundert nicht mehr vollstreckt worden war. Ein Beispiel hierfür ist der Fall Joseph Douhard, der für die deutsche Polizei als Agent gearbeitet und durch Denunziation zur Tötung von rund 20 Personen beigetragen hatte. Im Verfahren vor dem Lütticher Schwurgericht verurteilen ihn die Geschworenen 1921 zum Tode und verlangen seine Hinrichtung. Umgehend fordern Belgier aus allen Teilen seines Landes König Albert auf, den Mann auf keinen Fall zu begnadigen. Der König ist zwar in diesem Fall einer Vollstreckung nicht abgeneigt, entschließt sich aber zur Begnadigung, weil er den Konflikt mit dem Justizminister scheut. Douhard bleibt bis zu seinem Tod 1935 in Haft.

Die flämischen Aktivisten

Auch die »Aktivisten« werden von der öffentlichen Meinung geächtet und von den Justizbehörden als Verräter am belgischen Staat verfolgt. Anfang 1915 begann der deutsche Generalgouverneur von Bissing, zur Stützung seiner Annexionspolitik die Frustration der Flamen über die Diskriminierung ihrer Sprache und Kultur zu instrumentalisieren. Während die exponierten Vertreter der Flamenbewegung sich offiziell dieser Besatzungspolitik verweigerten, sahen apolitische flämische Kreise die ausgestreckte Hand der Deutschen als Chance, endlich den seit 1914 gesetzlich vorgeschriebenen Grundschulunterricht auf Flämisch einzuführen und möglichst zu erreichen, dass Flämisch auch an der Universität Gent zur Amtssprache erhoben wird. Das galt jedoch nur für gut 15 000 flämische Aktivisten, während die überwältigende Mehrheit der Bewegung ebenso wie der Rest Belgiens loyal blieb und jedes Paktieren mit der Besatzungsmacht verurteilte. Dennoch versuchte von Bissing bei der Wiedereröffnung der Universität Gent im Oktober 1916, die Flamen davon zu überzeugen, ihre Zukunft sei eng mit Deutschland verknüpft.

Doch das reicht der Flämischen Bewegung nicht, denn ihr Ziel ist letztendlich die Unabhängigkeit Flanderns. Am 2. Februar 1917 bewirkt sie die verwaltungstechnische Teilung Belgiens und die Gründung des Rates von Flandern. Ihr Traum ist eine Sprachgrenze zwischen Flandern mit Brüssel und Wallonien mit Namur als Hauptstadt. Im Gegenzug verweigern die Besatzer allerdings die Freilassung der flämischen Kriegsgefangenen. Obwohl sie behaupten, das ganze »flämische Volk« und seine Hoffnungen zu repräsentieren, wissen die flämischen Aktivisten und ihre Galionsfigur Auguste Borms ganz genau, dass bei Weitem nicht alle Flamen auf ihrer Seite sind. Mit Unterstützung der Besatzer intensivieren sie ihre Propaganda, infiltrieren den Bildungssektor und bemühen sich um die Legitimierung ihrer eigenen Institutionen. Am 22. Januar 1918 rufen sie das unabhängige Flandern aus, doch die Wahlen zum Rat von Flandern am 3. Februar 1918 geraten für sämtliche Aktivisten zur schallenden Ohrfeige. Fortan träumen sie von starken Männern und einem autoritären Regime, stellen eine eigene Polizei und bewaffnete Einheiten auf. In den letzten Kriegsmonaten können sie ohnehin nicht mehr auf die Besatzer zählen; auf Zusicherungen für die Zukunft warten sie vergeblich, der Rat ist kaltgestellt. Als die Bevölkerung nach dem Waffenstillstand ihre Häuser attackiert, flüchten viele von ihnen nach Deutschland. Umgehend beginnt auch die strafrechtliche Verfolgung. Borms wird 1919 vom Schwurgericht in Brüssel zum Tode verurteilt, das Urteil jedoch in eine lebenslängliche Haftstrafe umgewandelt. Dass niemand seine Hinrichtung fordert und er nach zehn Jahren Gefängnis unbehelligt wieder auf freien Fuß kommt, hängt damit zusammen, dass die Aktivisten zwar unmittelbar nach Kriegsende einhellig verfolgt wurden, die Stimmung aber schon in den 1920er-Jahren umschlug. In einer völligen Umkehrung der Erinnerung wurden sie in den Augen des radikalen Flügels der Flamen zu Märtyrern der flämischen Sache. Für die frankophonen Belgier haftete ihnen allerdings als Einzigen weiterhin das Stigma des Verrats an.

Abgesehen von der Flämischen Bewegung haben die Verräter des Ersten Weltkriegs im offiziellen Gedächtnis beider besetzten Länder kaum Spuren hinterlassen. Im Gegensatz zu Frankreich blieb in Belgien allerdings noch lange Zeit eine stillschweigende Verbitterung zurück. Anspielungen auf diese Themen in der flämischen wie französischen Untergrundpresse der Jahre 1940 bis 1945 und die brutale Säuberung Belgiens nach dem Zweiten Weltkrieg bezeugen jedoch, dass die offizielle Amnesie keineswegs auch die Erinnerung in den Herzen der Menschen tilgte.

Oben

Diese Karikatur aus der satirischen Wochenzeitung *La Cravache* von Dezember 1918 brandmarkt die flämischen Aktivisten als Hauptverantwortliche für die systematische Kollaboration. Vor ihren Augen schneidet Kaiser Wilhelm II. mit Pickelhaube den Kuchen Belgien in zwei Hälften – eine Anspielung auf die Gründung des Rats von Flandern 1917 und die von den Besatzern betriebene Flamenpolitik.

Oben und rechts

Paul von Lettow-Vorbeck hoch zu Ross an der Spitze seiner Askaris. Bei seinem Werbeplakat für Geldspenden zugunsten der Kolonialtruppen setzte Fritz Grotemeyer auf die Faszination, die der Gedanke an eine Expansion des Kolonialreichs auf die Deutschen ausübte, und auf die Sehnsucht nach einem Krieg der weiten Schlachtfelder und individuellen Heldentaten, die der Stellungskrieg zunichte gemacht hatte. In Afrika kämpften einheimische Soldaten wie die *Nigerian Brigade*, die 1917 in Lindi an der Küste Tangan-jikas landete, damals Teil von Deutsch-Ostafrika (Foto rechts). Im Kaiserreich trug das Interesse an schwarzen Truppen stark rassistische Züge, wie diese Rauchergarnitur aus Elfenbein und Ebenholz belegt: Unter der deutschen Kokarde deutet ein Wegweiser nach Kamerun und Namibia (Angra Pequena ist ein anderer Name der »Lüderitzbucht«, in der Adolf Lüderitz 1884 gelandet war); von dort stammt der schwarze Soldat, der zwar mit Pickelhaube und Gewehr ausgestattet ist, jedoch als infantil und primitiv dargestellt wird.

Deutsch-Ostafrika kapituliert

25. November 1918 Im rhodesischen Abercorn kapituliert General Paul von Lettow-Vorbeck, nachdem er vier Jahre lang selbst die erbittertsten Gefechte gegen die Alliierten unbesiegt überstanden hat. Der Befehlshaber der deutschen Schutztruppen in Ostafrika kämpft zwei Wochen länger als seine Landsleute in Europa, wo der Waffenstillstand bereits am 11. November in Kraft getreten ist.

■ An der Spitze der kolonialen »Schutztruppen«, die zu Kriegsbeginn aus rund 218 Europäern und 2542 schwarzen Soldaten bestanden, zieht er sich nach einem mobilen Feldzug in die portugiesische Kolonie Mosambik zurück. Anfangs unterstützt ihn die *Königsberg* mit Bombardements von See aus, doch am 11. Juli 1915 fällt der Kreuzer nach langer Verfolgungsjagd britischen Kriegsschiffen zum Opfer. Wohin sie kommen, plündern Lettow-Vorbecks Männer das Land aus; der für die Armee zuständige Feldarzt Ludwig Deppe beklagt, anstatt »Missionare der Kultur« zu sein, sei ihr Weg von Tod, Plünderung und entvölkerten Dörfern begleitet. Als Lettow-Vorbeck kapituliert, befehligt er neben rund 155 europäischen 1156 schwarzafrikanische Soldaten. Diese »Askaris« sind eine erstaunlich loyale Truppe, in der Europäer und Afrikaner Seite an Seite dienen. Um sie zu besiegen, setzen die Entente-Mächte ein gewaltiges Aufgebot ein, insgesamt rund 160 000 Mann, die meisten davon aus Indien, Zentral- und Südafrika, dazu beim alliierten Ostafrikafeldzug eine Million afrikanischer Träger. Aufgrund seiner militärischen Leistungen wird Lettow-Vorbeck in Deutschland als Held verehrt.

Das Ende des deutschen Kolonialreichs

Seine späte Kapitulation wird zwar in der Heimat als Sieg gefeiert, kennzeichnet jedoch das definitive Ende des deutschen Kolonialreichs. Um deutsche Schiffe von afrikanischen Häfen fernzuhalten, erobert die Entente nach Kriegsausbruch nacheinander die kaiserlichen Kolonien Togo, Kamerun, Deutsch-Ostafrika und Deutsch-Südwestafrika. Als erstes Land fällt Togo. Die kleine Kolonie leistet wenig Widerstand gegen die Alliierten, die es vor allem auf die Funkposten abgesehen haben. Am 12. August 1914 gibt Sergeant Major Alhaji Grunshi von der *Royal West African Frontier Force* (Rwaff) den ersten britischen Schuss im Ersten Weltkrieg ab; nur 13 Tage später, am 25. August, kapituliert der deutsche Gouverneur von Togo.

Am 9. Juli 1915 ergibt sich auch Deutsch-Südwestafrika nach der großflächigen Eroberung durch südafrikanische Truppen, die mit den Briten verbündet sind. Auf Drängen der Briten billigen der südafrikanische Premierminister Louis Botha und Kriegsminister Jan Smuts den Einmarsch in Südwestafrika in der Hoffnung auf ein *Greater South Africa*, ein »Groß-Südafrika«. Die burischen Soldaten im südafrikanischen Heer weigern sich, den Briten zu Hilfe zu kommen, mit denen sie sich erst gut zehn Jahre zuvor im Burenkrieg blutige Gefechte geliefert hatten. Ihr Aufstand scheitert jedoch, und am 13. Mai 1915 fällt Windhuk, die Hauptstadt von Deutsch-Südwestafrika. Während die Südafrikaner nur 250 Soldaten verlieren, büßen die Schutztruppen bei der Verteidigung der Kolonie 1300 Mann ein.

Kamerun kapituliert als dritte deutsche Kolonie. Douala wird im September 1914 erobert, der Rest des Landes am 20. Februar 1916. Deutsch-Ostafrika streckt als letzte Kolonie des Kaiserreichs die Waffen. Kaum ein Jahr später unterstellt der Versailler Vertrag die alten deutschen Kolonien als Völkerbundmandate der Verwaltung Großbritanniens, Frankreichs und Belgiens.

Den deutschen Kolonien in China und im Pazifikraum ergeht es nicht besser. Das Pachtgebiet Tsingtau (Kiautschou) in China wird im August 1914 vom Entente-Verbündeten Japan belagert, das seit Langem ein Auge auf dieses Gebiet geworfen hat, und kapituliert am 7. November. Rund 5000 deutsche Soldaten und Zivilisten geraten in japanische Gefangenschaft, werden aber korrekt behandelt. Japan bemächtigt sich auch der unter deutscher Herrschaft stehenden Mikronesischen Inseln. Der Westteil der Samoa-Inseln, Deutsch-Neuguinea und der Bismarck-Archipel werden im August und November 1914 auf Betreiben der Briten von australischen und neuseeländischen Truppen erobert. All diese Kolonien werden nach Kriegsende als Völkerbundmandate den Siegermächten unterstellt, mit Ausnahme von Tsingtau, das 1922 wieder an China fällt.

Der Krieg in Afrika

Wie der Fall Lettow-Vorbeck zeigt, weist der Krieg in Afrika ganz andere chronologische und demographische Muster auf als in Europa. Auf dem Schwarzen Kontinent stellen die autochthonen Bevölkerungen der Kolonien den größten Teil der Soldaten. Bei Kriegsausbruch verfügen die Kolonialmächte nur über wenige Führungskräfte für die Einheimischen, denn die Truppen bestehen üblicherweise aus schwarzen Soldaten und weißen Offizieren. 1913 umfasst beispielsweise das Verteidigungsheer Kameruns 1650 schwarze Soldaten, die von 205 weißen deutschen

Mittelmächte

| | Stand 1914 |
| | Deutsche Besitzungen |

Entente-Staaten

	Stand 1914
	Französische Besitzungen
	Commonwealth und britische Besitzungen
	Belgische Besitzungen

Neutrale Staaten

| | Stand 1914 |
| | Nach Abbruch der diplomatischen Beziehungen zu den Mittelmächten im Kriegsverlauf |

Neutrale Staaten, später Kriegseintritt

| • | Mittelmächte |
| • | Alliierte |

– – – Von der Seeblockade durch deutsche U-Boote 1914–1918 betroffene Zone

Deutsch-Ostafrika kapituliert – 25. November 1918 **395**

Offizieren und Unteroffizieren befehligt werden. Im Zuge der Massenrekrutierung ab Kriegsbeginn werden jedoch immer mehr schwarze Soldaten angeworben. Auch militärisch unterscheidet sich der Krieg in Afrika von der Situation in Europa. Zum einen sind die riesigen Weiten mit den Schützengräben absolut nicht vergleichbar, zum anderen gibt es so gut wie keine Artillerie, da sie nur mit enormem Aufwand über große Entfernungen zu transportieren wäre und auch der Munitionsnachschub sich sehr schwierig gestalten würde. In Afrika kommen vorrangig mobile Infanterieeinheiten und Maschinengewehre zum Einsatz. Im Gegensatz zu Europa fallen die meisten Soldaten in Afrika nicht feindlichen Waffen, sondern Krankheiten zum Opfer. Von den 3156 Weißen, die beim Ostafrikafeldzug ihr Leben für Großbritannien lassen, sterben 2225 an Krankheiten. Den Schwarzen ergeht es nicht besser: In Ostafrika sterben 1377 afrikanische Soldaten in britischem Dienst auf dem Schlachtfeld, 2923 an Krankheiten. Die meisten Todesfälle unter den Soldaten fordert die Malaria.

Um in Afrika Krieg zu führen, benötigt man zudem Hunderttausende afrikanische Träger, die alles transportieren, was die Kämpfer brauchen. Bei der Eroberung Kameruns sind auf Seiten der Alliierten 19 000 britische, französische und belgische Soldaten sowie rund 30 000 Träger im Einsatz. Die britischen Kolonien in Westafrika stellen mit über 57 500 Mann doppelt so viele Träger wie Soldaten. Nur im Ausnahmefall ziehen die Träger freiwillig in den Krieg: Die meisten werden von ihren Stammeshäuptlingen gezwungen, für das Heer zu arbeiten. In seinen ostafrikanischen Kolonien führt Großbritannien 1915 sogar die Wehrpflicht ein. Die Träger werden unzureichend versorgt und müssen sich oftmals mit ungewohnter Nahrung begnügen; viele leiden an der Ruhr und anderen Magen-Darm-Erkrankungen. In Ostafrika erhalten Träger in britischen Diensten 1917 weniger als 1000 Kalorien pro Tag. Bei den als Träger beschäftigten Ost- und Westafrikanern liegt die Sterblichkeit schätzungsweise bei rund 20 Prozent. Die Massenrekrutierung erwachsener Männer wirkt sich zudem fatal auf die Landwirtschaft aus und führt in einigen Regionen zu Hungersnöten. In Tanganjika, so der Bericht eines Bezirksamts, war mehr als ein Drittel der steuerpflichtigen männlichen Bevölkerung zum Militärdienst in verschiedenen Armeen eingezogen.

Farbige Kämpfer in Europa

Alles in allem nehmen über zwei Millionen Afrikaner als Soldaten oder Arbeiter am Ersten Weltkrieg teil; über 200 000 von ihnen kommen darin um. Doch nicht alle Kolonialtruppen kämpfen in Afrika, einige auch auf den Schlachtfeldern Europas. Anfang November 1914 weist das britische Heer einen erstaunlich hohen Anteil Inder auf, allein ein Drittel der Männer an der Westfront. Es sind Angehörige der *Indian Army*, in der Briten und Inder dienen. Aufgrund der hohen Verluste des Britischen Expeditionskorps in den ersten Kriegsmonaten sind die frischen Truppen sehr willkommen. Nach Ansicht des Historikers George Morton Jack stammen die meisten aus dem Norden des Subkontinents und sind aus ihrer Heimat strenge Winter gewohnt, sodass ihnen das europäische Klima nicht, wie oft behauptet, gänzlich fremd ist. Die indischen Soldaten sind tapfere Kämpfer und erleiden hohe Verluste. Nach der zweiten Flandernschlacht ist das indische Armeekorps auf 39 Prozent des Anfangskontingents geschrumpft. Im Juni 1915 besteht es zu 80 Prozent aus Briten, da die gefallenen Inder durch britische Soldaten ersetzt werden müssen. 1915 wird das Korps nochmals stark dezimiert und schließlich aufgelöst. Die restlichen indischen

Linke Seite
Frankreich und Großbritannien rekrutierten zahlreiche Soldaten in ihren Kolonien. 1918 kämpften knapp 870 000 Mann als reguläre und 560 000 Mann als Hilfstruppen in der *British Indian Army* in diversen Operationsgebieten vorwiegend im Nahen Osten. Über ein Drittel der Soldaten waren Sikhs (oben eine Gruppe Sikh-Kämpfer in Frankreich) und Pandschabi. Anders als Frankreich, das rund 600 000 Mann in seinem Kolonialreich aushob, setzte Großbritannien seine schwarzen Truppen nicht in Europa ein. Die rund 135 000 Mann starke »schwarze Streitmacht« (*Force noire*) kämpfte dagegen an der Westfront (unten eine Einheit Senegalschützen).

Truppen werden in den Nahen Osten verlegt, während in Europa mittlerweile Kitcheners Freiwilligenheer nachrückt.

Die Aufstockung auch der französischen Truppenkontingente in den Kolonien empfahl schon 1910 der spätere General Charles Mangin in seinem bekannten Werk *La Force noire*. Darin behauptet er, man könne in Französisch-Westafrika rund 40 000 Mann mobilmachen. Bis zum Ende des Kriegs kämpfen 200 000 Soldaten aus den Kolonien für Frankreich. Sie bilden die Basis der »Senegalschützen« (*Tirailleurs sénégalais*). Der Historiker Joe Lunn fand heraus, dass manche dieser Männer in den ländlichen Regionen Senegals zwangsrekrutiert wurden, während die Städter – die sogenannten »*originaires*« – den Militärdienst als Chance sehen, die Bürgerrechte zu erwerben.

Auch in seinen drei nordafrikanischen Kolonien Algerien, Tunesien und Marokko sowie auf Madagaskar rekrutiert Frankreich Soldaten. Die Aushebung in Nordafrika erfolgt durch die Einberufung von Wehrpflichtigen, die Anwerbung von Freiwilligen und Zwangsrekrutierungen. Im Laufe des Kriegs werden rund 173 000 »*indigènes*« (Eingeborene) in Algerien, 60 000 in Tunesien, 12 500 in Marokko mobilgemacht, parallel dazu 73 000 französische Kolonisten in Algerien. Da die Lage in Marokko weiterhin instabil ist, weigert sich General Lyautey als Generalresident des französischen Protektorats, die französischen Nachschubtruppen zurückzuführen. Insgesamt fallen rund 36 000 maghrebinische Rekruten und 22 000 Algerienfranzosen, die meisten als Angehörige der Infanterieeinheiten, Spahis oder Zuaven in der *Armée d'Afrique*. Die französischen Soldaten aus Westafrika und Madagaskar dienen in den Kolonialtruppen. Auch wirtschaftlich erhält Frankreich wertvolle Unterstützung durch sein Kolonialreich: In den Kolonien werden Kriegsanleihen in Höhe von über 600 Millionen Francs aufgelegt, zudem beliefern sie den französischen und britischen Markt mit Getreide und Fleisch. Auch das britische Empire liefert Geldmittel und Waren, etwa Rum von den britischen Antillen und Getreide aus Kanada.

Arbeitskräfte für jeden Zweck

Auch die im Grabenkrieg zahlreich benötigten Arbeitskräfte holen Großbritannien und Frankreich aus ihren Kolonien. Die Franzosen werben zu diesem Zweck rund 75 000 Algerier an, außerdem Indochinesen, in erster Linie Annamiten. Im Rahmen eines Abkommens mit China rekrutiert Großbritannien rund 100 000, Frankreich 35 000 Chinesen. Auch in Ägypten hebt das Vereinigte Königreich Arbeitskräfte aus. Im Gegensatz zu Frankreich setzen die Briten ihre schwarzen Soldaten in Europa nicht als Frontkämpfer ein, sondern für diverse andere Aufgaben. Viele stammen aus Südafrika. Rekruten von den britischen Antillen kämpfen außerhalb Europas oder arbeiten in Frankreich. Der Einsatz von Arbeitskräften aus den Kolonien ist ein bisher kaum erforschter Aspekt des Ersten Weltkriegs. Die vorhandenen Belege lassen auf lange Arbeitstage und schwierige Lebensbedingungen schließen.

Neue Horizonte, neue Begegnungen

So gut wie allen Angehörigen der Kolonialtruppen bietet der Weltkrieg erstmals Gelegenheit, ins Ausland zu reisen. Heimweh ist weit verbreitet, doch finden viele in der Religion Trost und Kraft. Der muslimische senegalesische Soldat Aliou Diakhate erinnert sich, dass er wegen einer schweren Verwundung nicht stehen konnte: »Ich habe ein wenig Erde in die Hand genommen und an meine Stirn geführt. So habe ich dann gebetet.« Sowohl die französische wie die britische Armee bemühen sich, die religiösen Praktiken der Muslime, Sikhs und Hindus zu respektieren. Kriegsbedingt kommt es auch zu ungewohnten Begegnungen mit Europäern, die sich über die kolonialen Rassenhierarchien hinwegsetzen. Ein indischer Soldat, der drei Monate lang bei einer Französin untergebracht war, erinnert sich: »Als wir das Dorf verließen, hat die alte Dame an meiner Schulter Tränen vergossen und mir fünf Francs geschenkt.«

Kontroversen der Nachkriegszeit

Die Deutschen empfinden den Einsatz farbiger Kolonialtruppen in Europa als Affront. Sie werfen der Entente vor, es handle sich um einen Verstoß gegen das Kriegsrecht, und monieren mit stark rassistisch gefärbten Formulierungen, schwarze und indische Soldaten verstümmelten die Toten und machten keine Gefangenen. So entsteht schon im Ersten Weltkrieg das Schlagwort der »Schwarzen Schmach«, das 1923 erneut an Boden gewinnt, als die deutsche Propaganda sich lautstark gegen den Einsatz französischer Kolonialtruppen bei der Ruhrbesetzung ereifert. Im Gegenzug prangert die alliierte Propaganda den deutschen Völkermord an den Hereros 1904–1906 in Deutsch-Südwestafrika an. Doch auch innerhalb der Entente stößt der Einsatz der Kolonialtruppen auf Kritik, vor allem in der Nachkriegszeit im Zuge der langwierigen Kontroverse darüber, ob sie als Kanonenfutter missbraucht wurden. Joe Lunn zufolge wurden die senegalesischen Soldaten als Stoßtrupps eingesetzt; ihre Verluste 1916 an der Front hätten dreimal so hoch gelegen wie bei ihren französischen Kameraden. Marc Michel dagegen geht davon aus, dass die Verluste bei weißen und farbigen französischen Soldaten etwa gleich hoch waren, nämlich 21,5 Prozent bei den schwarzen Truppen, 15,1 Prozent bei den Algeriern und 22,9 Prozent bei den Infanteristen aus dem französischen Mutterland.

Der Krieg zeigte den Kolonialvölkern, dass die Europäer nicht unbesiegbar sind. Nicht zufällig beraten daher 1919 in Paris bei einem panafrikanischen Kongress afrikanische und afroamerikanische Delegierte über das Selbstverwaltungsrecht der Afrikaner. Für die europäischen Kolonialambitionen erweisen sich der Erste Weltkrieg und Versailles letztlich als zweischneidiges Schwert, denn sie erweitern zwar auf spektakuläre Weise die Dominanz Europas, wecken jedoch zugleich neue Forderungen nach Selbstbestimmung.

Oben und rechts
Gegenstände wie diese bezeugen den Beitrag schwarzer Truppen zu den Kriegsanstrengungen Frankreichs (unten zwei geschnitzte Spazierstöcke, der eine mit der Inschrift »Somme 1916« und der andere mit einem Senegalschützen). Oben eine Dose mit dem Werbeslogan Y'a bon Banania, dem die Kakaopulvermarke ihren Kultstatus verdankte; 1915 löste der Tirailleur sénégalais die Westinderin ab, die ursprünglich die Dosen zierte.

J'accuse – Ich klage an

März 1919 Im Pariser Lichtspielhaus »Gaumont Palace« läuft ein Film von einer Suggestivkraft, die ihn von allen anderen unterscheidet. Schon der Titel *J'accuse (Ich klage an)* klingt wie ein Peitschenknall, wie eine Tirade gegen den kurz zuvor beendeten Krieg. Regie führte der 30-jährige Abel Gance, der sich bereits mit Stummfilmen einen Namen gemacht hatte. Der internationale Erfolg übersteigt alle Erwartungen. In London hat der Film im Mai 1920 Premiere, in New York im Mai 1921. Mit ihm beginnt ein neues Kapitel in der Geschichte der Filmindustrie und in der Darstellung des Ersten Weltkriegs auf der Kinoleinwand.

■ Das Publikum ist von *J'accuse* deshalb begeistert, weil es ihm gelingt, die Gewalt der Kämpfe so zu zeigen, wie sie war, dem Zuschauer jedoch über diesen Realismus hinaus eine visionäre, positive Sicht des Kriegs zu vermitteln. Realistisch ist der Film aufgrund der zahllosen sachlichen Details, auf die Gance großen Wert legt. Für den Filmemacher, der eigentlich vom Theater kommt, muss die Ausstattung so getreu wie möglich die materiellen Verhältnisse auf dem Schlachtfeld wiedergeben. Die Schauspieler müssen in echte Schützengräben steigen, die echte Kriegsveteranen angelegt haben. In dieser Hinsicht unterscheidet sich Gance nicht von den übrigen Filmschaffenden der Zwischenkriegszeit; sie alle sind davon besessen, die Situation an der Front möglichst getreu wiederzugeben. Bei der Verfilmung von Roland Dorgelès' *Die hölzernen Kreuze* rekrutiert Raymond Bernard 1932 ausschließlich Veteranen und lässt für das Set Erde und verkohlte Bäume von ehemaligen Schlachtfeldern herbeischaffen. Abel Gance setzt in der Schlussszene von *J'accuse* Kiefer- und Gesichtsverletzte ein, die man in Frankreich *gueules cassées* nennt (wörtlich »zerschlagene Visagen«). Selbst kriegsversehrter Veteran der Fremdenlegion, erinnert sich der Dichter Blaise Cendrars: »Bei *J'accuse* war ich Mädchen für alles: Requisiteur, Elektriker, Kostümbildner, Bühnenbildner, Produzent, Kameramann, Regieassistent, Chauffeur, Buchhalter. Bei der Auferstehung der Toten in der letzten Szene spielte ich eine Leiche. Ich wurde mit Pferdeblut vollgeschmiert, denn ich musste meinen Arm zum zweiten Mal verlieren …«

Schon in den letzten Kriegsmonaten beginnt Abel Gance
mit den Dreharbeiten zu
J'accuse. Als Darsteller setzt
er u. a. Kriegsversehrte ein,
darunter auch den Dichter
Blaise Cendrars. Eine der
gespenstischsten Szenen ist
die »Auferstehung der Toten«
(unten), die aus ihren Gräbern
auf den Schlachtfeldern steigen, um einen neuen Krieg
zu verhüten. Auch die zweite,
eher pazifistische Version des
Films von 1938 (rechts) greift
die Szene nochmals auf.
Gance macht sichtbar, was
viele Überlebende bewegt: die
Pflicht, im Namen der Toten
zu sprechen, damit die Schrecken des Krieges nicht in
Vergessenheit geraten.

Rechts
Die Verfilmung von Roland Dorgelès' Roman *Die hölzernen Kreuze* lässt 1932 eine pazifistische Haltung erkennen, die in dieser Zeit weit verbreitet ist. Mit einem Bemühen um Authentizität, das an Fetischismus grenzt, verwendet der Regisseur Raymond Bernard am Set verkohlte Bäume von den realen Schlachtfeldern. Viele seiner Schauspieler haben den Krieg selbst miterlebt wie die Veteranen Charles Vanel und Pierre Blanchar.

Diese Sequenz illustriert eine andere, eher lyrische als realistische Dimension des Films. Am Schluss verliert der Protagonist Jean Diaz allmählich den Verstand, denn seit seiner Rückkehr aus dem Krieg lässt ihn die Erinnerung an seine Kameraden nicht mehr los. Im Traum sieht er die Gefallenen des Ersten Weltkriegs aus ihren Gräbern steigen und in ihre Heimatdörfer zurückkehren. Dort müssen sie erkennen, dass sie sich vergebens geopfert haben. Die Auferstehung der zerlumpten, mit Erde bedeckten Gespenster inszenierte Abel Gance mit eindrucksvollen Spezialeffekten. Die Lebenden reagieren mit Entsetzen und begreifen, dass diese Männer sie mit ihrem Opfer in die Pflicht nehmen. Jetzt erst finden die Spukerscheinungen Ruhe und die Nachkriegswelt Frieden. Das ist die Botschaft von *J'accuse.* In der zweiten Version des Films von 1938 ist Jean Diaz der einzige Überlebende einer Patrouille, die wenige Tage vor dem Waffenstillstand an der Höhenstellung »Toter Mann« bei Verdun aufgerieben wird. Aus Schuldgefühlen gegenüber seinen Kameraden und moralischem Pflichtgefühl gegenüber seinen Zeitgenossen entwickelt er nach dem Krieg eine Rüstung, die so undurchdringlich sein soll, dass sie die Kämpfer unverwundbar und – so meint er – jeglichen Krieg künftig überflüssig macht. Doch seine Geheimwaffe wird gestohlen und für völlig andere Zwecke missbraucht, bis sie am Ende in einem Militärarsenal neben Zerstörungsmaschinen landet. Da ein Krieg offensichtlich unmittelbar bevorsteht, bleibt Diaz nur die Rückkehr nach Verdun. In einer sturmgepeitschten Mondlandschaft voller Gräber ruft er die Toten zu sich, die »Millionen Freunde, die im Krieg umkamen«. Einer nach dem anderen erheben sich die toten Soldaten langsam aus der Erde und erschrecken die Lebenden, um den Krieg ein für allemal zu bannen. Der Historiker Jay Winter sieht darin eine subtile Mischung neuartiger filmischer Stilmittel und biblischer Anspielungen: Die unfassbare Trauer, in die der Erste Weltkrieg die Menschheit stürzte, lässt sich nur noch durch den Verweis auf uralte, vor allem religiöse Bilder ausdrücken. Bei Abel Gance wird die Nachkriegszeit damit zu einer Art Apokalypse, die er jedoch mit modernsten technischen Verfahren heraufbeschwört.

»Das Leben da draußen kommt als Lichtprojektion zu uns«

Bei der Wiedergabe der realen Verhältnisse an der Front stoßen viele Filmemacher schon während des Kriegs an ihre Grenzen. Theoretisch eröffnet das noch junge Medium Film eine Vielzahl neuartiger Perspektiven, denn es kann die Wirklichkeit weitaus unmittelbarer zeigen als jede andere Kunst. In der Heimat strömen die Menschen massenhaft in die Kinosäle, um die gefilmte Wochenschau zu sehen, die oft von einem Orchester musikalisch untermalt und von einem Moderator kommentiert wird. »[Bilder] sprechen eine Sprache, die jedem vertraut ist. Sie regen die Fantasie an, die sich an Klischees orientiert«, schreibt ein Journalist der Zeitung *La Petite Gironde* im Dezember 1914. »Das Leben da draußen kommt als Lichtprojektion zu uns; es ist ein Traum, nicht selten ein Albtraum, den wir hellwach miterleben. [Die Filme] kurbeln die alltäglichen Gedanken [der Zuschauer] an und wecken die Fantasie wie eine echte Stippvisite beim Heer.« Dabei hält das Publikum durchaus nicht den Mund.

In der aufgeheizten Stimmung der Kinosäle lösen die Filme Kommentare, Pfiffe und Bravorufe aus. In Arcachon kommt es im April 1916 bei einer Vorführung des Films *Héroïsme de Française* sogar zu Unruhen, weil die Deutschen darin nach Ansicht der Zuschauer zu gut wegkommen. Auf Anordnung des Polizeichefs der Stadt muss der Kinobetreiber die Vorstellung abbrechen. Wie die Feldpostzensur zeigt, waren Filme die beliebteste Zerstreuung auch der Frontsoldaten, obwohl sie bemängelten, die Wochenschauen gäben ihre Erfahrungen im Kriegsalltag nicht getreu wieder. Das französische Heer veranstaltete ab Sommer 1917 in großem Umfang Vorstellungen in den Quartieren im Etappengebiet. Mehr

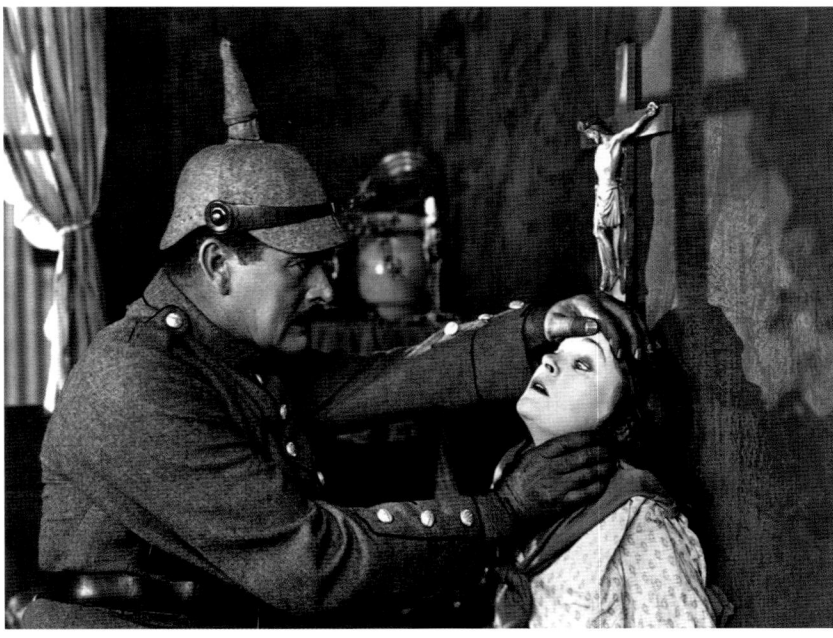

Unten

Diese Szene aus dem 1918 gedrehten Film *Stake Uncle Sam to Play Your Hand* entstammt einer Welle kultureller Remobilisierung bei Kriegsende. Die Szene lebt von der Ausdruckskraft der Gesichter und der symbolhaften Polarisierung der Figuren (der Brutalität des deutschen Soldaten mit der Pickelhaube und dem Entsetzen der jungen Belgierin, deren Schicksal auf die Passion Christi anspielt).

Zulauf als die Wochenschauen hatten in der Regel die Komödien von Max Linder oder Charlie Chaplin. Schon ab 1914 nutzte die staatliche Propaganda das Medium Film ausgiebig, um den Heroismus der Frontkämpfer zu verherrlichen, aber auch um einer Panikmache zuvorzukommen.

Kriegsreportagen … ohne Gefechte

Das Filmen unmittelbar während einer Schlacht erweist sich allerdings wegen der Gefahren in den erbitterten Gefechten schon früh als unmöglich. Bis zum Frühjahr 1916 ist Kameramännern der

Zutritt zur Kampfzone untersagt, doch ihre Ausrüstung ist ohnehin zu schwer und zu sperrig. Die ersten Filmreportagen entstehen im Juli 1916 im Laufe der Schlacht an der Somme, darunter die des Franzosen Émile Pierre für die *Section cinématographique de l'armée française* (S. C. A.), das Filmamt der französischen Armee. Die noch bekanntere Dokumentation der britischen Kameramänner G. H. Malins und J. B. MacDowell löste 1916 unter dem schlichten Titel *The Battle of the Somme* (Die Schlacht an der Somme) in England einen regelrechten Kulturschock aus: Zum ersten Mal wurde die Bevölkerung in der Heimat mit dem Anblick der zerbombten Landschaften unmittelbar konfrontiert, auch wenn die bekannteste Szene (der Angriff) nachgestellt wurde, da kein Kamerateam sich zwischen den Linien bewegen durfte. »Das ist hier ein Vergnügungslokal und kein Gruselkabinett«, begründet ein Kinobesitzer seine Weigerung, den Dokumentarfilm zu zeigen. Dafür locken 30 andere Kinos in London mit *The Battle of the Somme* in sechs Wochen fast 20 Millionen Zuschauer an!

Die Gefechte selbst finden jedoch sozusagen im Off statt, außer Reichweite der Filmemacher und Fotografen. Da es ausgeschlossen ist, Kämpfe direkt vom Niemandsland aus zu filmen, findet das französische Filmamt die Arbeit seiner Kameraleute gelegentlich zu unspektakulär. »Sie müssen zeigen, wie die Infanteristen aus dem Schützengraben springen und angreifen, und die Szenen notfalls durch geschickte Wiederholung strecken – das ist es, was die Leute sehen wollen«, rät ein französischer Offizier im November 1916. »Scheuen Sie sich nicht, Tote im Feld zu lassen [...] Die stumpfsinnigen Kriegsgefangenenkolonnen sollten Sie gnadenlos zusammenstreichen [...]« Scheinbar während eines Angriffs gemachte Aufnahmen sind alle mehr oder weniger sachkundig inszeniert und nachgestellt, etwa die berühmte Nahaufnahme eines französischen Soldaten, der von einer Kugel getroffen wird, während seine Kameraden im Hintergrund im Niemandsland weiter vorrücken. Die oft als authentisches Foto eines deutschen Kameramanns von 1916 präsentierte Aufnahme, die angeblich im Augenblick des Todes gemacht wurde, ist in Wahrheit ein Einzelbild aus dem Spielfilm *Verdun, visions d'histoire* (1928) von Léon Poirier, das in einer Werbebroschüre zum Filmstart abgedruckt wurde.

Täuschend echte Gefechte überall ... in Spielfilmen

Zu zeigen, wie es im Krieg zuging, ist auch das Anliegen zahlreicher Spielfilme, die während des Ersten Weltkriegs entstanden. Ende 1916 dreht der legendäre amerikanische Regisseur David Wark Griffith an der Westfront Außenaufnahmen für seinen nächsten Film *Hearts of the World* (*Herzen der Welt*, 1918), die Geschichte einer französischen Familie unter der deutschen Besatzung. Im Frühling 1917 kehrt er in Begleitung seiner Stars Lillian und Dorothy Gish nach Frankreich zurück und dreht unter extrem gefährlichen Bedingungen fast zweieinhalb Stunden Film. Letztlich ist der Krieg jedoch nach seinem eigenen Bekenntnis unfilmbar und das Material praktisch nicht zu gebrauchen. Er beschließt deshalb, die Schlachtfelder des Ersten Weltkriegs im Hollywoodstudio nachzubauen. Am Set wird der Krieg schließlich in seiner ganzen Brutalität darstellbar. Gefechte, die in den Dokumentarfilmen nicht zu sehen sind, stehen im Spielfilm im Vordergrund. Griffith scheut sich nicht, hass- oder schmerzverzerrte Gesichter in Großaufnahme zu präsentieren oder von Bajonetten durchbohrte Leichen zu zeigen. Die abgehackte Schnitttechnik, Kamerafahrten und unterschiedliche Kameraeinstellungen verleihen dem Film einen fesselnden Rhythmus. Diese Art der realistischen Darstellung von Kriegsgewalt wird auch in den

Rechte Seite
Als einer von wenigen Filmemachern erwirkte D. W. Griffith die Erlaubnis, an der Front zu drehen. Als er erkannte, dass man den Krieg gar nicht direkt filmen konnte, entschied er sich, seinen Film *Hearts of the World* (Premiere 1918) doch im Studio zu produzieren (oben links Innenaufnahmen am Set). Wegen der Gefahren auf dem Schlachtfeld und den eingeschränkten technischen Möglichkeiten konnten Fotografen und Dokumentarfilmer lediglich vom Rand der Kampfhandlungen berichten. Oben rechts ein amerikanischer Kriegsfotograf in einem Schützengraben an der Westfront. Erst 1927 drehte Léon Poirier seinen Dokumentarfilm *Verdun, visions d'histoire* direkt auf dem ehemaligen Schlachtfeld.

D.W. GRIFFITH'S
"HEARTS OF THE WORLD"

Mit den Feldkinos bewiesen die Militärbehörden, dass sie die Rolle der neuen Kunstgattung für die Moral der Truppe begriffen hatten. Eine der beliebtesten Filmfiguren war der von Charlie Chaplin gespielte Vagabund (auf Französisch *Charlot*). In *Gewehr über* (*Shoulder Arms/Charlot Soldat*) macht sich der Tramp mit grotesken Situationen in den Schützengräben über militärische Autorität lustig.

1920er- und 1930er-Jahren häufig eingesetzt. Bei der Verfilmung von Remarques *Im Westen nichts Neues* (1930) setzt Lewis Milestone beispielsweise zahlreiche Spezialeffekte für die Feuertaufe der jungen Männer ein, die zunächst voller Enthusiasmus in den Krieg ziehen. In der berühmtesten Szene des Films ist der Protagonist Paul Bäumer gemeinsam mit dem französischen Soldaten, den er gerade getötet hat, in einem Granattrichter gefangen.

Der kleine Vagabund bringt auch die Soldaten zum Lachen

Actionfilme sind jedoch nicht die einzigen Kinoproduktionen, die während des Kriegs entstehen. In manchen dient der Krieg nur als Hintergrund für ein Rührstück, in anderen wird er lediglich angedeutet, etwa in *Joan the Woman* (1916), in dem Cecil B. De Mille Parallelen zwischen dem Heroismus der Jungfrau von Orléans und dem Patriotismus der Frontkämpfer zieht. Die berühmteste fiktive Figur des Kriegskinos ist zweifellos der »Tramp«, den Charlie Chaplin im Oktober 1918 in *Gewehr über* (im Original *Shoulder Arms*) in den Schützengraben schickt. Der britische Schauspieler entzieht sich darin als namenloser Soldat jeglicher Autorität und macht die Exzesse des Militarismus lächerlich. »In diesen Zeiten ist es gefährlich, sich über den Krieg lustig zu machen«, warnte Cecil B. De Mille, doch gibt der große Erfolg vor allem bei den Soldaten selbst Chaplin Recht. Im *little fellow*, dem kleinen Vagabunden, finden sie sich selbst wieder. Feldbriefe und Grabenzeitungen belegen seine sagenhafte Popularität. Filme sollen in den kriegführenden Nationen nicht nur den Patriotismus fördern. Auch für die Stimmung in der Truppe haben sie eine entscheidende Funktion, denn sie bieten den Soldaten Zerstreuung, dienen aber vor allem als eine Art Exorzismus gegenüber der Gewalt, der sie ausgesetzt sind und die sie anderen zufügen.

Der Wiederaufbau

17. April 1919 In Frankreich wird die *charte des sinistrés* erlassen; die »Geschädigten-Charta« ermöglicht erstmals eine weitgehende Entschädigung der materiellen Kriegsschäden. Schon im Dezember 1914 stehen die Reparationsforderungen und die nationale Solidarität grundsätzlich fest. Nach dem Waffenstillstand kehren die Einwohner in ihre verwüsteten Wohngebiete zurück und beginnen mit dem Wiederaufbau. Es ist ein gewaltiges Unterfangen. In wenigen Jahren erstehen aus den Ruinen wieder Städte, Dörfer und Denkmäler.

■ Der Umfang der Zerstörungen weckt die vorübergehende, aber aufschlussreiche Versuchung, die Städte, Dörfer und Denkmäler als Zeugen der Barbarei des Feindes und des eigenen Verlusts bis in alle Ewigkeit in Trümmern zu belassen. Schon 1914 gilt die Beschießung der Kathedrale von Reims als Symbol für die gezielte Vernichtung des französischen Kultur- und Geschichtserbes durch die Deutschen, verkörpert durch den *lächelnden Engel*, eine der Säulenfiguren, die beim Brand im September 1914 vernichtet wurden. Der eigens eingerichtete Fotografische Dienst der Armee soll die Schäden dokumentieren. Die Bilder dienen der an neutrale Staaten gerichteten Propaganda; außerdem verwendet sie die Kunst- und Altertümerverwaltung zur minutiösen Erfassung der beschädigten oder bedrohten Bauwerke, die von der *Commission des vestiges et souvenirs de guerre* aufgelistet werden. Letztlich steht doch die Wiederherstellung der Überreste im Vordergrund. Die Ausstellung *La cité reconstituée* zeigt 1916 in den Tuilerien Pläne für den Wiederaufbau der Städte. Nach dem Rückzug der Deutschen in die Siegfried-Stellung im Frühjahr 1917 gründet die Regierung ein »ministeriumsübergreifendes Komitee für den Wiederaufbau« der besetzten Gebiete und stellt Geldmittel bereit. Der erste Anlauf entpuppt sich jedoch als verfrüht, denn die Bewohner müssen im Frühjahr 1918 erneut vor den Deutschen flüchten.

Vorangehende Seite
Das Rathaus von Blérancourt
1921 während des Wieder-
aufbaus. Das Dorf im Departe-
ment Aisne wurde mit Hilfe
von Freiwilligen des US-Hilfs-
komitees für die zerstörten
Gebiete wiederhergestellt.
Dessen Gründerinnen waren
die Bankierstochter Anne
Morgan und ihre Freundin
Anne Murray Dike. Die beiden
Amerikanerinnen schufen ein
Hilfsprojekt, das in materiel-
ler, sozialer und moralischer
Hinsicht einmalig war.

Oben und rechts
In Crouy im Departement
Aisne hausen die 1919 zu-
rückgekehrten Flüchtlinge in
Behelfsunterkünften, hier in
einem alten Eisenbahnwag-
gon; andere leben in den
zahlreichen Steinbrüchen der
Region. Das Aisne-Gebiet liegt
zu 90 Prozent in Schutt und
Asche, überall findet man nur
Ruinen. Mondlandschaften
wie diese werden schon während des Kriegs zu Propa-
gandazwecken immer wieder
gezeigt (rechts die Trümmer

von La Targette an der Straße
von Béthune nach Arras,
1916). Aber sie faszinieren
auch. Nach 1918 werden Bilder wie dieses zu Zeugnissen
der unwiederbringlichen materiellen Güter, deren Verlust
die Geschädigten so bitter
traf.

Die Rückkehr der Flüchtlinge

Als die besetzten Gebiete im Herbst 1918 aufs Neue befreit werden und die Waffen schließlich verstummen, drängt die Zeit. Überall muss improvisiert werden, nicht nur wegen der enormen Schäden, sondern auch weil es die Flüchtlinge kaum abwarten können. Sie haben nur einen Gedanken: möglichst schnell wieder in die Heimat zu kommen. Die vollständig dem Erdboden gleichgemachte Bergarbeiterstadt Liévin zählt schon im Oktober 1919 wieder 7000 Einwohner. Die Flüchtlinge kommen in der Hoffnung, ihr Zuhause wiederzufinden, und stehen entsetzt vor den Trümmern: »Es ist ein trübsinniger Anblick. Man sieht nur noch die Mauerecken und die Häuserfassaden, die nicht mehr stabil sind und einzustürzen drohen; die menschliche Stimme, die eigenen Schritte hallen wie in einer Gruft«, schreibt ein Priester, der aus dem Departement Aisne stammt. In ihren Behelfsunterkünften sind die Heimkehrer Wind und Wetter ausgesetzt. Ihnen fehlt es an allem, von Möbeln über Geschirr bis Werkzeug. Die Brunnen sind zerstört oder verseucht, sie haben kaum zu essen. Karitative Einrichtungen können die Not kaum lindern.

Das große Aufräumen

Entlang der gesamten Front müssen Geschosse (vor allem Giftgasgranaten) eingesammelt und entsorgt werden; Stacheldrahtverhaue müssen demontiert, die Böden dekontaminiert und die Schützengräben aufgefüllt werden. Allein im Departement Somme sind 451 000 Hektar zu entminen. Vor allem aber stehen die Gemeinden vor dem Problem, wie sie die ganze Munition entsorgen sollen, ohne dass die Druckwelle einer gezielten Sprengung die wackligen Notunterkünfte

Rechts und rechte Seite
In Erwartung der deutschen Reparationen nimmt die französische Regierung rasch alles Notwendige in Angriff, um dem Land wieder auf die Beine zu helfen. Dazu legt sie zunächst Anleihen auf. Plakate verdeutlichen die in den Wiederaufbau gesetzten Hoffnungen: Links steigt Frankreich aus den düsteren Schützengräben empor (der Helm auf dem Boden symbolisiert die Gefallenen) und wendet sich dem Sonnenaufgang zu, der die Landschaft durchflutet. Man sieht zwar noch Ruinen, doch der Wiederaufbau ist schon in vollem Gang.
Rechts: Ebenso wie das wieder aufgebaute Haus verspricht das Kind, über das sich Bauer und Bäuerin schützend beugen, eine Zukunft voller Frieden und Wohlstand. Auch auf die Solidarität ihrer britischen Nachbarn können die verwüsteten Gebiete zählen (rechte Seite).

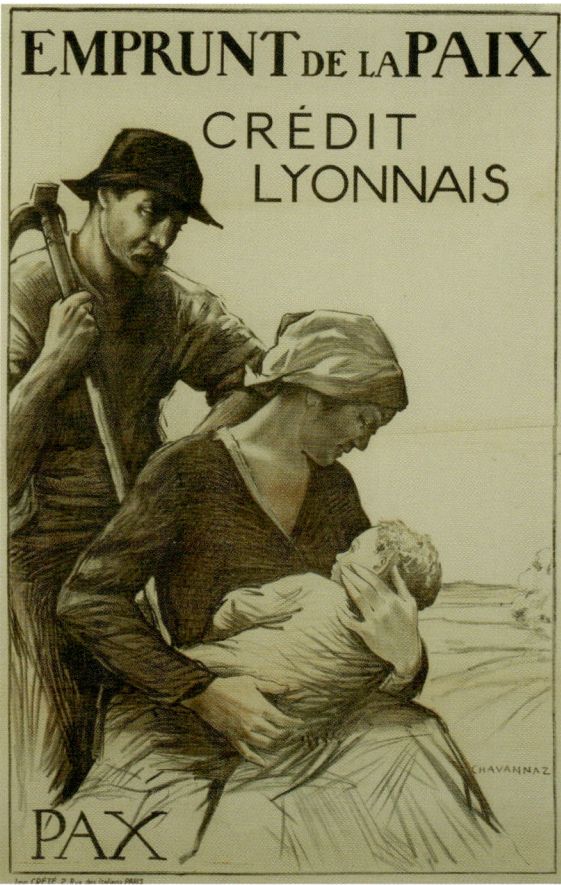

in den Dörfern wegfegt. Vielfach lagert man die Geschosse einfach an improvisierten Sammelstellen; Unfälle sind an der Tagesordnung. In allen bombardierten Gebieten gibt das Erdreich bis heute seine »Stahlernte« (*moisson de fer*) preis. Beim Bau der A 29 von 1993 bis 2001 kamen 63 Tonnen Altmunition zutage.

Da gemäß Artikel 10 des Waffenstillstands die Freilassung der alliierten Kriegsgefangenen »ohne Recht auf Gegenseitigkeit« stattfindet, müssen rund 300 000 Deutsche die gefährlichen Aufräumarbeiten erledigen. Die dabei gefundenen Leichen alliierter Soldaten dürfen sie jedoch nicht bergen, denn sie würden deren sterbliche Überreste beflecken. Weil es vor Ort nicht genügend Arbeitskräfte gibt, holt man sie aus dem Ausland. In der Nachkriegszeit steht Frankreich als Einwanderungsland hinter den USA weltweit an zweiter Stelle, in Relation zur Einwohnerzahl sogar an erster. In den zehn verwüsteten Departements verdoppelt sich die Zahl ausländischer Einwohner von 1911 bis 1931.

Die Herausbildung staatlicher Interventionen

Zahlreiche private und öffentliche wohltätige Organisationen setzen sich für die geschädigten Gemeinden ein. Es entstehen Städtepartnerschaften mit anderen Ortschaften im In- und Ausland, die den Betroffenen mit Geld- und Sachspenden unter die Arme greifen. Die Stadtverwaltung von Le Havre zum Beispiel gründet ein Hilfskomitee für die verwüsteten Regionen, das die Patenschaft für drei Dörfer zwischen Amiens und Péronne übernimmt. Im Pas-de-Calais veröffentlicht ein französisch-britischer Verein im Dezember 1920 einen Spendenaufruf mit den Unterschriften zahlreicher britischer Prominenter, darunter auch Rudyard Kipling. Der Wiederaufbau begründet eine dauerhafte Solidarität zwischen den Entente-Mächten hinsichtlich der gemeinsam erbrachten Opfer.

Den größten Teil der Wiederaufbaukosten bringt allerdings die französische Allgemeinheit auf, wie es die mit dem Gesetz vom 17. April 1919 noch im Krieg eingegangene Verpflichtung zur Solidarität fordert. Dass von nun an der Staat für Kriegsfolgen verantwortlich ist, stellt einen massiven Umbruch dar. Neben anderen Maßnahmen zugunsten der Kriegsopfer markiert die *charte des sinistrés* – die »Geschädigten-Charta« – den Beginn der staatlichen Fürsorge. Die Entschädigung deckt den Geldwert der erlittenen Schäden ab; entschließt sich der Geschädigte zum Wiederaufbau in derselben Gemeinde oder im Umkreis von 50 Kilometern innerhalb der verwüsteten Zone, erhält er zudem weitere Mittel, die den Verlust teilweise um das Sechsfache übersteigen.

Allerdings sind die Schäden beträchtlich. Sie sind das Ergebnis von Gefechten, aber auch von Plünderungen, der Zerstörung der industriellen Infrastrukturen und der systematischen Verwüstung der besetzten Gebiete vor allem in den letzten Kriegswochen. Die zehn Departements, die nun »verwüstete Regionen« darstellen, bildeten 1914 Frankreichs industrielles Herz, spielten zugleich aber auch in der Landwirtschaft eine herausragende Rolle. 350 000 Wohnhäuser, 11 000 öffentliche Gebäude, 62 000 Kilometer Eisenbahnschienen sind vernichtet. Fachleute erstellen Karten mit mehreren Zonen entsprechend dem Ausmaß der Zerstörungen: Von den drei Millionen Hektar verwüstetem Ackerland erfordert fast die Hälfte – die »gelbe Zone« – einen erheblichen Wiederherstellungsaufwand. Bei weiteren 116 000 Hektar – der »roten Zone« – übersteigen die Kosten den Bodenwert, sodass die Äcker vom Staat angekauft und aufgeforstet werden sollen. 18 Dörfer sind »für Frankreich gestorben« und besitzen zwar keine Einwohner mehr, wohl aber bis zum heutigen Tag einen vom Präfekten ernannten Gemeinderat: Die Gemeinschaft der Bürger besteht trotz allem fort.

»Bis Deutschland zahlt …«

Der Historiker Gabriel Hanotaux war Ehrenpräsident des *Comité de l'Aisne* in seiner Heimatregion. Im Oktober 1918 fragte er sich: »Wie soll man wieder zu leben anfangen? Das ist im Moment die einzige Frage. Zunächst einmal muss man leben – leben, damit die da unten erfahren, dass es nicht vorbei ist, dass sie dafür bezahlen werden … Wir hier fordern, dass alle, die künftig die Friedensverträge unterschreiben, ihnen zustimmen oder darüber abstimmen sollen, hierherkommen und sich umsehen. Die Männer, die in eurem Namen sprechen – sie sollen herkommen! … Hier gibt es etwas zu sehen, meine Herren, das Sie nie wieder zu sehen bekommen. Kommen Sie! Unsere Toten werden reden, unsere Erde wird reden. Ihnen obliegt es, die ersten ›Beweggründe‹ des Friedens zu diktieren.« Immer wieder heißt es: »Dafür wird Deutschland bezahlen.«

Angesichts der Not müssen jedoch sofort Mittel bereitgestellt werden, damit die Arbeiten beginnen können, noch bevor die im Versailler Vertrag festgesetzten Reparationen geflossen sind. Die Regierung hat Angst, die Einwohner könnten den verheerten Gebieten für immer den Rücken kehren, und will zudem verhüten, dass Deutschland dank der Schwächung Frankreichs seine wirtschaftliche Position stärkt. Der »Wirtschaftskrieg« ist dabei keine leere Metapher, sondern wird als neue Modalität im Konflikt zwischen den beiden Nationen gesehen. Obwohl Sieger, ist Frankreich vom Verlust an Menschen und Sachwerten schwer gezeichnet und muss dennoch auf anderer Ebene den Kampf aufnehmen. »Bis Deutschland zahlt – und es muss zu den vereinbarten Terminen zahlen –, sind schon heute erhebliche Mittel erforderlich, um auf den Schlachtfeldern die Ruinen wieder aufzurichten und unser Land im Frieden wieder so großartig zu machen, wie es im Krieg war«, bekräftigt Finanzminister Frédéric François-Marsal am 28. Februar 1920 bei der Auflage der »Friedensanleihe«, der kurz darauf die »Wiederaufbauanleihe« folgt. Aufgabe des 1919 gegründeten *Crédit national* ist die Finanzierung und Ausschüttung der Kriegsentschädigungen. In den folgenden Jahren legt er mehrere Anleihen auf und bezieht Vorschüsse aus der Staatskasse.

Unterschiedliche Ergebnisse

Die Tragweite des Vorhabens, der schleppende Fortgang und vor allem die Kosten des Wiederaufbaus sorgen anfangs für böses Blut: Die Bevölkerung der verwüsteten Gebiete fühlt sich im Stich gelassen und ihr Opfer nicht genügend gewürdigt. Schon früh beginnen die Bauern wieder, ihre Felder zu bestellen, bis 1922 sind drei Viertel der Agrarflächen wieder nutzbar. Die Industriellen bringen ihre Betriebe aus eigenen Mitteln wieder in Gang. Der Wiederaufbau der Wohnhäuser hingegen schleppt sich dahin, sodass die Menschen noch lange in Behelfsunterkünften leben müssen. Anfang der 1930er-Jahre ist der Wiederaufbau praktisch abgeschlossen – schneller, als man bei Kriegsende gedacht hatte. Die Industrie nutzt die Gelegenheit zur Modernisierung der Produktionsabläufe und zur Rationalisierung der Wirtschaftsstrukturen. Im Zuge des Aufschwungs reduziert sich die »rote Zone« auf wenige Hundert Hektar, doch ist der Wiederaufbau in den ländlichen Gebieten ein zweischneidiges Schwert. Die Dörfer werden an das Stromnetz angeschlossen, die Bauernhäuser modernisiert, auch wenn viele die ortstypischen Bauweisen beibehalten, doch eine Flurbereinigung findet praktisch nicht statt. Nach den kriegsbedingten Belastungen steht die Sehnsucht nach Wiederherstellung dessen, was der Krieg zerstört hat, eindeutig im Vordergrund. Auch in den Städten fällt die Bilanz des Wiederaufbaus nicht durchweg positiv aus. Gemäß Gesetz vom 24. März 1919 (*loi Cornudet*) müssen Städte mit mehr als 10 000 Einwohnern einen Raumordnungsplan haben, was aber nur selten der Fall ist. Immerhin gibt der Wiederaufbau den zerstörten Städten ihre Identität, ihre historischen Bauwerke zurück, als wären sie für die Einwohner ein Unterpfand für die Zugehörigkeit zu ihrer Heimatstadt. In Arras, in dem 56 Prozent der Wohnhäuser zerstört und 39 Prozent beschädigt waren, baut man Plätze und Häuser, das Rathaus und den Belfried originalgetreu wieder auf. Dass sich hinter den historischen Fassaden Stahlbetonarmierungen verbergen, spiegelt eine Form des Urbanismus, den Dominique Mons eine »geregelte Stadtplanung« nennt, »die relativ behutsam eingreift und nicht zerstört«. Gemessen an Theorien, die seit Ende des 19. Jahrhunderts zu definieren versuchen, was die ideale Stadt ausmacht, schmähen Architekten und Städteplaner die Entscheidungen als zu zaghaft. Als kaum 15 Jahre später andere Städte dem Erdboden gleichgemacht werden, etwa Le Havre im September 1944, erhalten sie nochmals eine Chance für Experimente, die sie sich diesmal nicht entgehen lassen. Ob zu Recht oder Unrecht, bleibt dahingestellt.

Unten
1914 nimmt das »Martyrium von Arras« in der Presse viel Raum ein. »Reims, du bist nicht mehr allein: auch Arras liegt in Trümmern«, schreibt Albert Londres am 21. September 1914 in *Le Matin*. Die Zerstörung der Städte mit reichem Kulturerbe empfinden die Franzosen als bewussten Angriff auf ihre nationale Identität, selbst wenn es Kollateralschäden sind. Der Wiederaufbau gibt den Städten ihre Bauwerke zurück, doch die Pläne für eine komplette Neugestaltung des Stadtbilds bleiben weitgehend auf dem Papier.

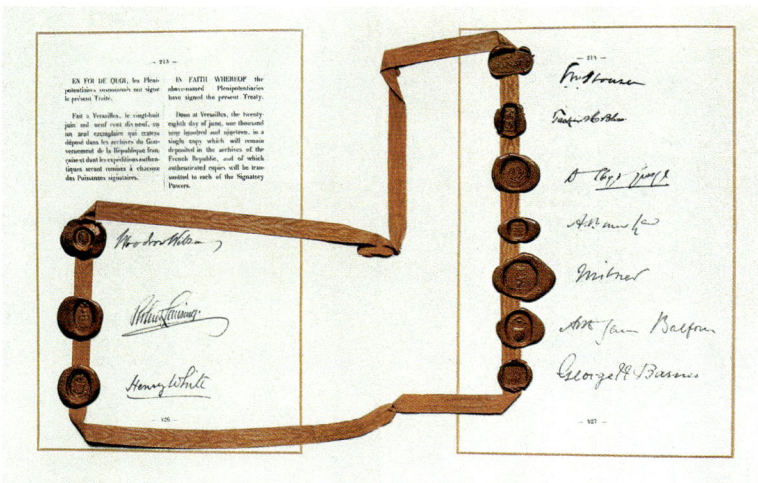

Versailles:
Triumph und Bitterkeit

28. Juni 1919 Im ersten Halbjahr 1919 treffen sich Diplomaten – ausschließlich Vertreter der Siegermächte – in Paris zu Verhandlungen, die das Ende des Großen Kriegs besiegeln sollen. Am 28. Juni wird als Erster der Friedensvertrag mit Deutschland unterzeichnet, gefolgt von vier weiteren mit Österreich am 10. September 1919, Bulgarien am 27. November 1919, Ungarn am 4. Juni 1920 und der Türkei am 10. August 1920. Den 28. Juni wählen die Sieger mit Bedacht, denn an diesem Datum fand fünf Jahre zuvor das Attentat von Sarajevo statt. Auch der Spiegelsaal im Schloss Versailles ist nicht zufällig Ort für die Unterzeichnung, sondern erinnert an die dortige Proklamation des Deutschen Reichs 1871.

■ »Es handelte sich um eine ausgeklügelte Inszenierung, die den Feind aufs Äußerste demütigen sollte«, argwöhnt Colonel House. Die von Clemenceau ersonnene Zeremonie vergleicht er mit einem altrömischen Triumph. Die Unterhändler der Entente sitzen hinter einem riesigen Tisch. Im Saal befindet sich eine Abordnung von fünf französischen Gesichtsverletzten, *»gueules cassées«*, als lebender Vorwurf für die Kriegsgräuel der besiegten Staaten. Der neue deutsche Außenminister Hermann Müller und Verkehrsminister Johannes Bell treten vor den Tisch, eskortiert von einer Garde der Alliierten. »Sie gingen an mir vorüber«, erinnert sich ein britischer Diplomat, »wie Häftlinge auf dem Weg zur Urteilsverkündung.« Kaum haben sie den Vertrag unterzeichnet, ertönen Kanonenschüsse. Dann erst unterzeichnen die Vertreter der Entente-Mächte und ihre Verbündeten den Vertrag; Müller und Bell sitzen derweil abseits. Noch am selben Abend reisen sie wieder ab, während Paris feiert: Auf den großen Boulevards sieht man Automobile, die erbeutete Kanonen hinter sich herziehen.

Linke Seite, links und unten
Am 28. Juni 1919 wird der
Frieden von Versailles unter-
zeichnet. Er enthält die Be-
dingungen für den Frieden
zwischen Deutschland und
den Alliierten (linke Seite: das
Dokument mit den Unter-
schriften und Siegeln; unten:
Offiziere der Entente-Mächte
verfolgen auf Tischen und
Stühlen den historischen
Moment im Spiegelsaal). Der
französische Ministerpräsident
Clemenceau, US-Präsident
Woodrow Wilson und der bri-
tische Premierminister Lloyd
George demonstrieren beim
Verlassen des Schlosses eine
Einigkeit, die schon bald auf
die Probe gestellt wird.

Oben

Der Versailler Vertrag kostet Deutschland 8800 Quadratkilometer von seinem Staatsgebiet, denn Posen und Ostpreußen werden Polen zugeschlagen, und der »Danziger Korridor« als Zugang Polens zum Meer zerschneidet Deutschland in zwei Teile. Oben die Demarkation der neuen deutsch-polnischen Grenze. Der Grenzstein ist auf Französisch beschriftet, eine der beiden offiziellen Vertragssprachen.

Eine Friedenskonferenz nur für die Sieger

Begonnen hatten die Friedensverhandlungen sechs Monate zuvor am 18. Januar 1919. Dass Wilhelm I. 1871 an diesem Tag sein Kronjubiläum gefeiert hatte, ist kein Zufall, denn auch mit diesem Datum will Clemenceau die Deutschen verhöhnen. Im prunkvoll mit Rot und Gold dekorierten *Salon de l'Horloge* in seinem Amtssitz am Quai d'Orsay scharen sich Abgesandte der 27 Siegermächte um den französischen Ministerpräsidenten und den amerikanischen Präsidenten, den einzigen Staatschef der Runde. Die Russen sind nicht eingeladen; der offizielle Grund ist die heikle politische Lage des Lands, doch kreidet ihnen Clemenceau zudem an, sie hätten im Krieg die Sache der Entente verraten. Auch die besiegten Länder fehlen. In diesem Punkt zeigte sich Clemenceau unnachgiebig. Seine vordergründige Begründung: Er wolle endlose Diskussionen verhüten. Entgegen den sonstigen diplomatischen Gepflogenheiten sind die als Völkerkonferenz ausgewiesenen Friedensverhandlungen den Siegern vorbehalten, im Grunde sogar nur einigen wenigen unter ihnen. Schon bald finden die Gespräche nämlich im engen Kreis statt, zunächst im »Rat der Zehn« (je zwei Vertreter Frankreichs, der USA, Großbritanniens, Italiens und Japans), später im »Rat der Vier« (US-Präsident Wilson, Premierminister Lloyd George und die beiden Ministerpräsidenten Clemenceau [Frankreich] und Orlando [Italien]).

Deutschland auf der Anklagebank

Im Mittelpunkt der Gespräche steht das Schicksal Deutschlands. Auslöser des Kriegs ist nach Überzeugung der Alliierten die von Berlin betriebene Mobilisierung Österreich-Ungarns gewesen. Der Hauptverantwortliche ist nach einhelliger Meinung Wilhelm II., der in den Augen Lloyd Georges die Schuld am »schlimmsten Verbrechen der Geschichte« trägt. Hierauf bezieht sich eine Reihe strafrechtlicher Klauseln, die u. a. die Anklage des abgesetzten Kaisers vor einem internationalen Gerichtshof vorsehen (Artikel 227). Hochrangige Kriegsverbrecher sollen vor Kriegsgerichte der Alliierten gestellt werden (Artikel 228 und 229). Zum Urteil gegen den Kaiser kommt es nicht. Er bleibt bis zu seinem Tod am 5. Juli 1941 im niederländischen Exil. Der Leipziger Prozess im Mai 1921 ist eher eine Posse, denn er betrifft nur rund 40 zweitrangige Offiziere und endet mit milden Strafen.

Die umstrittensten Klauseln des Versailler Vertrags sind der »Kriegsschuldartikel« 231 und Artikel 232. In ihnen kommt der moralische Druck auf die unterlegenen Mächte am deutlichsten zum Ausdruck: »Die alliierten und assoziierten Regierungen erklären, und Deutschland erkennt an, dass Deutschland und seine Verbündeten als Urheber für alle Verluste und Schäden verantwortlich sind, die die alliierten und assoziierten Regierungen und ihre Staatsangehörigen infolge des ihnen durch den Angriff Deutschlands und seiner Verbündeten aufgezwungenen Krieges erlitten haben« (Artikel 231). Hieraus ergibt sich die Verpflichtung zur Wiedergutmachung der Schäden der Zivilbevölkerungen in den eroberten und besetzten Gebieten, der alliierten Kriegsgefangenen und der militärischen Kriegsopfer (Artikel 232). Gerade gegen diese beiden Artikel wehren sich die deutschen Politiker und ein Großteil des Volks vehement. Deutschland weigert sich, die alleinige moralische Schuld für den Krieg anzunehmen. Am 7. Mai 1919 erhält es die Vertragsbedingungen zur schriftlichen Stellungnahme innerhalb von 14 Tagen. Die Einwände werden zurückgewiesen und der Vertrag am 16. Juni der deutschen Regierung zur Unterschrift innerhalb von fünf Tagen übermittelt. »Welche Hand müsste nicht verdorren, die sich und uns in solche Fesseln legte?« Mit der Unterzeichnung dieses Vertrags läge nicht nur der Leichnam Deutschlands auf dem Schlachtfeld von Versailles, wettert Reichskanzler Scheidemann und erklärt seinen Rücktritt. Sein Nachfolger Gustav Bauer ist zur Annahme des Vertrags gezwungen, um die angedrohte Wiederaufnahme der Kämpfe zu verhüten.

Viele Deutsche sehen den Weltkrieg auch im Nachhinein als Verteidigungskrieg, den ihnen die Einkreisung durch die Entente-Mächte aufzwang. Das versucht auch der Soziologe Max Weber zu beweisen. Er verlangt eine Untersuchung der Kriegsursachen durch eine neutrale Kommission. In der Zwischenkriegszeit bemühen sich auch Historiker wie der Franzose Pierre Renouvin, Licht in die diplomatische Krise vom Sommer 1914 zu bringen, um die Klauseln des Friedensvertrags entweder zu bestätigen oder zu widerlegen. Die Finanzexperten, die als Berater die Friedensverhandlungen begleiten, diskutieren über die finanziellen Belastungen durch die Verträge für die besiegten Staaten. John Maynard Keynes beispielsweise ist Mitglied der britischen Delegation, reist jedoch noch vor Unterzeichnung des Versailler Vertrags erbost aus Paris ab und geißelt im selben Sommer in seinem Buch *Die wirtschaftlichen Folgen des Vertrags von Versailles* die »blindwütigen Ressentiments gegen Deutschland« und die damit verbundenen Gefahren.

Unten

Europa nach dem Versailler Vertrag. Wie in Wilsons »14 Punkten« vorgesehen, wird der Kontinent entsprechend den Nationalitäten aufgeschlüsselt, doch auch mit der territorialen Neueinteilung und der Entstehung neuer Staaten ist die Minderheitenfrage nicht gelöst.

Die Zerschlagung der Großmacht Deutschland

US-Präsident Wilsons 14 Punkte lehnten einen von Rache geprägten Frieden ab, doch obwohl sich die Alliierten verpflichten, die Friedensverhandlungen auf eben dieses Dokument zu stützen, beinhaltet der Versailler Vertrag eine systematische Zerschlagung der einstigen Großmacht. Deutschland büßt fast 70 000 Quadratkilometer Boden ein, vor allem Elsass-Lothringen und einen Teil Schleswigs sowie sämtliche Kolonien (Artikel 119). Im Südteil von Ostpreußen und in Oberschlesien sollen Plebiszite entscheiden. Um für Polen einen Zugang zum Meer zu schaffen, wird das deutsche Staatsgebiet durch den »Danziger Korridor« zweigeteilt. Damit ist Deutschland immer noch nicht so zerstückelt, wie Clemenceau es sich wünscht, doch dazu findet er weder die Unterstützung der Amerikaner, die sich auf Wilsons Konzepte berufen, noch der Briten, die sich um eine französische Vormacht auf dem europäischen Kontinent sorgen. Militärisch existiert das Deutsche Reich nicht mehr: Zugestanden wird ein 100 000 Mann umfassendes Landheer ohne Generalstab, ohne schwere Artillerie, Luftwaffe und Panzer. Das linksrheinische Gebiet und mehrere Brückenköpfe auf der rechten Rheinseite werden von Entente-Truppen besetzt. Die Höhe der Reparationszahlungen wird vorerst nur teilweise beziffert. Der endgültige Betrag steht erst am 1. Mai 1921 fest: 132 Milliarden Goldmark.

Oben

Karikatur von Th. Th. Heine aus der satirischen Wochenschrift *Simplicissimus*. Mit der sarkastischen Frage: »Auch Sie haben noch ein Selbstbestimmungsrecht – wünschen Sie, dass Ihnen die Taschen vor oder nach dem Tode ausgeleert werden?«, zwingen Wilson, Clemenceau und Lloyd George Deutschland den Versailler Vertrag auf, sprich die Guillotine.

»Ein fadenscheiniger Deckmantel für enttäuschte Ambitionen«

Die 440 Artikel des Vertrags von Versailles beschränken sich im Übrigen nicht auf eine Definition des neuen Status, den Deutschland haben soll. Im Geist von Wilsons 14 Punkten will der Vertrag auch den nach dem Krieg laut werdenden Bestrebungen nach einer Wiederherstellung ehemaliger oder der Gründung neuer Staaten entgegenkommen und damit eine Einkreisung Deutschlands unterstützen. Die Grenzen Europas und im Nahen Osten werden neu gezogen. Aus den Trümmern von vier Imperien – Deutschland, Österreich-Ungarn, Russland und Osmanisches Reich – erstehen neue Staaten, alte werden wiedergeboren: die Tschechoslowakei und Polen, das Königreich der Serben, Kroaten und Slowenen (das künftige Jugoslawien). Doch die jungen Staaten sind von vornherein dadurch behindert, dass auch die neuen Grenzen den vielen sprachlichen und ethnischen Minderheiten nicht gerecht werden. Darunter auch drei Millionen Deutsche im tschechischen Sudetenland, deren Frustration schon den Keim für künftige Probleme in sich trägt. Italien hadert mit dem seiner Meinung nach »verstümmelten« Sieg, der ihm Fiume und Dalmatien vorenthält. In Asien ist die Türkei als Nachfolgerin des Osmanischen Reichs auf das Anatolische Hochland begrenzt. Der Irak, Syrien, der Libanon, Palästina und Transjordanien werden aus der Taufe gehoben. Unvermittelt senden gänzlich Unbekannte Petitionen an den Rat der Vier und fordern die Unabhängigkeit ihres Landes, darunter ein vietnamesischer Hilfskoch des Pariser Ritz namens Ho Chi Minh.

Der Vertrag von Versailles brandmarkte das Deutsche Reich als alleinigen Schuldigen am Ersten Weltkrieg und verhängte territoriale ebenso wie wirtschaftliche und militärische Sanktionen. Die Deutschen empfanden ihn als »Diktat« und Affront, der zum Wiedererwachen des Nationalismus beitrug (links Demonstrationen gegen den Vertrag um 1920 in Berlin).

Auf oberster Ebene verkörpern zwei auf Dauer angelegte Strukturen – der Völkerbund und das Internationale Arbeitsamt – Wilsons Bestreben, eine neue Weltordnung zu schaffen und künftigen Kriegen vorzubeugen. »Wir wollten nicht nur den Frieden vorbereiten, sondern den ewigen Frieden«, schwärmte der junge britische Diplomat Harold Nicolson. Wilson hätte dieser Sicht wohl zugestimmt. Von Anfang an ist der Spielraum für den Völkerbund jedoch begrenzt: Gemäß seiner Geschäftsordnung müssen praktisch alle Entscheidungen einstimmig getroffen werden, zudem verfügt er über keine Streitmacht. Vor allem aber stimmt der US-Kongress gegen die Gründung des Völkerbunds und weigert sich am 19. März 1920, den Versailler Vertrag zu ratifizieren. Obwohl selbst Initiatoren des Friedens, werfen ihm ausgerechnet die USA schließlich Steine in den Weg. Zwischen den Weltkriegen spielte der Völkerbund dennoch eine ebenso entscheidende Rolle für den humanitären Wiederaufbau wie die Internationale Arbeitsorganisation für die wirtschaftliche und soziale Zusammenarbeit.

Die Pariser Vorortverträge besiegelten das Ende des Großen Kriegs, ernteten aber auch massive Kritik. Bestenfalls kreidete man ihnen an, sie hätten den Zweiten Weltkrieg nicht verhütet, schlimmstenfalls, sie hätten ihn erst verursacht. Maynard Keynes nannte den Versailler Vertrag einen »karthagischen Frieden«, die deutsche Propaganda ein »Diktat«. Der junge de Gaulle erkennt schon im Oktober 1918 die Gefahren für den künftigen Frieden: »Wird Frankreich 1 500 000 Tote, eine Million Verstümmelte, Lille, Dünkirchen, Cambrai, Douai, Arras, Saint-Quentin, Laon, Soissons, Reims, Verdun in Schutt und Asche so rasch vergessen – sofern es all das je vergessen kann? Werden die weinenden Mütter auf einmal ihre Tränen trocknen? Werden die Waisen keine Waisen mehr sein, die Witwen keine Witwen? […] Jeder weiß es, jeder fühlt es: Dieser Frieden ist lediglich ein fadenscheiniger Deckmantel für enttäuschte Ambitionen, stärker denn je lodernden Hass und den nach wie vor brennenden Zorn der Nationen.« Neun Monate später gibt ihm die Unterzeichnung des Versailler Vertrags Recht. Doch wie hätte es angesichts der Remobilisierung am Ende des Kriegs, als die ganze Welt in Trauer versinkt, auch anders sein können?

Die Siegesparaden

14. Juli 1919 Mit der Siegesparade über die Champs-Élysées schließt sich der Kreis. Seit der Unterzeichnung des Versailler Vertrags zwei Wochen zuvor herrscht wieder Frieden mit Deutschland. Die militärische Demobilisierung Frankreichs hat begonnen. Nun heißt es an die Nachkriegszeit denken. Dennoch gelingt es den Feierlichkeiten nicht recht, die gewaltigen Lücken zu übertünchen, die all die Toten hinterlassen haben, oder die Last der Trauer in den kriegführenden Nationen zu lindern. In Paris, kurz darauf aber auch in London (19. Juli), Brüssel (22. Juli) und New York (10. September) stehen die Siegesfeiern im Zeichen des Todes, der sich nicht verdrängen lässt. Sosehr man die heimkehrenden Soldaten umjubelt – stets schwingt das bittere Andenken an alle diejenigen mit, die im Krieg geblieben sind.

■ In der nationalen Erinnerung Frankreichs ist der 14. Juli 1919 eine der wichtigsten Demonstrationen patriotischer Gefühle der Nachkriegszeit. Über zwei Millionen Besucher strömen nach Paris, das sich mit zigtausend Flaggen schmückt. Die glanzvolle Parade zieht sich vom Pont de Neuilly fast zehn Kilometer bis zur Place de la République. Die Führung übernehmen Joffre und Foch hoch zu Ross, den Marschallstab in der Hand, gefolgt von General Pershing und Abordnungen der diversen alliierten Streitkräfte und schließlich der französischen Armee: »Ein Heldenzug!«, titelt begeistert die Zeitung *La Croix* voller Genugtuung.

Die meisten Ex-Kämpfer empfänden es jedoch als pietätlos, den Sieg zu feiern, ohne der Gefallenen zu gedenken. Wo eine Totenehrung nicht erwünscht ist, boykottieren die Veteranen-

Linke Seite

Von der Porte Maillot aus
marschiert die Parade am
14. Juli 1919 bis zur Place
de l'Étoile und unter dem Triumphbogen her. Rechts davon
steht das Kenotaph. An dessen
Fuß haben die Marschälle
Joffre, Foch und Pétain Krän-
ze für diejenigen niedergelegt,
die auf dem Feld der Ehre ihr
Leben gelassen haben.

Links

Dieses Infanterieregiment aus
der Kolonie Marokko erhielt
von allen französischen Regimentern 1918 die meisten
Auszeichnungen (Ehrenlegion,
Croix de Guerre, zehn Belo-
bigungen). Seine Fahne illustriert den hohen Stellenwert,
den vor allem kollektive
Ehrungen im Rahmen der
»moralischen Ökonomie der
Dankbarkeit« besitzen. Selbst
wenn die Kämpfer ihnen gegenüber Gleichgültigkeit zur
Schau tragen, sind sie doch
empfänglich für die Wert-
schätzung, die sie bei Kriegsende erfahren. In ihren Augen
werden damit wenigstens die
erbrachten Opfer anerkannt,
auch wenn die materiellen
und psychischen Schäden aus
vier Jahren Krieg durch nichts
wiedergutzumachen sind. Nur
so können die Veteranen ihren
Platz in der Welt der Zivilisten
wieder einnehmen.

verbände die Paraden: In Marseille und Toulon versammeln sie sich abseits der offiziellen Feiern auf Friedhöfen oder Kriegerdenkmälern. Paris dagegen hält die ganze Nacht vom 13. auf den 14. Juli über Totenwache. Der Triumphbogen auf der Place de l'Étoile wird zur kerzengeschmückten Trauerhalle um ein gewaltiges Kenotaph des Bildhauers Antoine Sartario. Auf allen vier Seiten entfaltet die Siegesgöttin ihre Flügel; eine huldigt mit der schlichten Inschrift »Aux morts de la patrie« denen, die für ihr Vaterland gestorben sind. Am 14. Juli 1919 rückt man das Kenotaph zur Seite, um unter dem Bogen Platz für die Truppen zu schaffen. Tausend Schwerversehrte eröffnen den Zug. Symbolisch überwiegt noch immer der unfassbare Schmerz des Kriegs den Jubel über den Sieg. Jean Galtier-Boissière verewigte die schreckliche »Versehrtenparade« in einem Gemälde: Ein blinder Veteran wird von einem Einbeinigen geführt, ein anderer im Rollstuhl geschoben. In New York nehmen Tausende Kriegsverwundete der 1. US-Division am 10. September 1919 in Automobilen an der Siegesparade teil. Vorneweg tragen Reiter Schilder mit Aufschriften wie »Erste Division. Gefallen: 4899; verwundet: 21 433«. Auch hier ist der Tod allgegenwärtig: Ein pazifistisches Plakat der 1930er-Jahre greift die Siegesparade von 1919 nochmals auf, doch diesmal ist sie ein endloser Zug von Gespenstern. Der Untertitel erläutert: »Verglichen mit der Zeit, in der die alliierten Truppen die Champs-Élysées entlangdefilierten, hätten sämtliche Toten des Großen Kriegs unter denselben Bedingungen hinsichtlich Geschwindigkeit, Schritt und Truppenformation dafür nicht weniger als elf Tage und elf Nächte gebraucht.«

Der in Romanen und Filmen der Zwischenkriegszeit so beliebte Topos der »Rückkehr der Toten« greift auf seine Weise auf, wie schwer vielen Ex-Soldaten die Rückkehr ins Zivilleben fällt – die Erinnerung an gefallene Kameraden lässt sie nicht los und sie leiden an Schuldgefühlen, weil sie selbst überlebt haben. Wie in der berühmten Szene von Abel Gances Film J'accuse steigen in vielen Werken der 1920er- und 1930er-Jahre die Toten auf den Feldern der Ehre aus ihren Gräbern, um sich zu vergewissern, dass die Überlebenden sie nicht vergessen haben und sich mit einem anständigen Leben ihres Opfers würdig erweisen.

Die Entlassung der Truppen

Im Schatten der Gefallenen steht auch das gewaltige Unterfangen, nach Kriegsende die Truppen wieder auf ihr Friedenskontingent zurückzuführen. In Frankreich beispielsweise müssen fünf Millionen Soldaten entlassen werden, in Deutschland sechs Millionen – weit mehr also als die 3,6 Millionen Franzosen und vier Millionen Deutschen, die im Sommer 1914 mobilgemacht wurden. Eine gigantische Herausforderung, zumal die Rückführung der Kämpfer begleitet wird von einer Umverteilung der im Feld eingesetzten Materialien und Tiere. Allein im französischen Heer müssen 10 000 Meldehunde »ins Zivilleben wiedereingegliedert« werden, wie es damals hieß, das heißt, sie werden an Privatpersonen verkauft oder müssen in Bahnhöfen Gepäckkarren ziehen. Eine Demobilmachung ist immer mehr als die Rückabwicklung der Mobilmachung.

Die Umstände der Heimkehr der Soldaten unterscheiden sich von Land zu Land ebenso spürbar wie die Strategien für die Demobilisierung. Ein Sonderfall ist Deutschland, wo zur Bitterkeit über die Niederlage noch das Chaos des politischen Umsturzes kommt. Die dadurch bedingte »Selbstdemobilisierung« trug nach Ansicht des Historikers Richard Bessel erheblich dazu bei, die schlimmsten Unruhen zu verhüten, denn sie nahm den Militärbehörden einen Teil der Verantwortung aus der Hand.

Von den 50 000 in Kiel stationierten Soldaten verlässt ein Drittel in den Wochen nach der Meuterei vom 3. bis 9. November 1918 die Kasernen auf eigene Faust. An der Westfront lösen sich viele Regimenter nach der Rheinüberquerung sang- und klanglos auf; unterwegs verkaufen sie Fahrzeuge, Pferde und Waffen. 1920 sind nach Schätzungen der deutschen Regierung fast

Rechts
Das Stickbild fertigte ein französischer Kriegsgefangener im sächsischen Lager Mumsdorf an. Wéllèle zeigt sich selbst als »Exilanten« (fern von Familie und Vaterland im Krieg). Die endlose Zeit der Gefangenschaft – unterstrichen durch die Jahreszahlen »1914. 15. 16. 17. 18« – endet in seiner Vorstellung mit der freudestrahlenden Heimkehr nach Nordfrankreich (nach der Mühle rechts im Bild zu urteilen). In seiner alten Uniform von 1914 wird er von seiner Frau und der kleinen Tochter begeistert empfangen. Selbst die Kleine erkennt ihn nach über vierjähriger Abwesenheit sofort wieder. Glücksfantasien wie diese zerbrachen nicht selten an der bitteren Realität der Heimkehr.

1,8 Millionen Gewehre illegal im Umlauf, viele davon in Händen von Freikorps. Die alliierten Generalstäbe können unter mehreren Optionen wählen: Entlassung nach Einheit wie die Amerikaner, nach wirtschaftlichem Bedarf wie die Briten, nach Jahrgang wie die Franzosen. Je nach Anzahl der Soldaten, der Haltung des Generalstabs und den Anforderungen des Wiederaufbaus und wirtschaftlichen Wiederaufschwungs ist die Situation völlig unterschiedlich.

Seinen Platz im Leben wiederfinden

Natürlich gab es bei der Rückkehr zur Normalität auch Gemeinsamkeiten. Auf Anhieb ins Auge springt zumindest eine, die für die meisten Staaten mit Ausnahme der Mittelmächte gilt: Sie zieht sich in einem Klima von Verdruss, Frustration und Erwartung in die Länge. Einige alliierte Regimenter marschieren nach Elsass-Lothringen ein oder besetzen das Rheinland. Doch was geschieht mit den übrigen? In der Phase zwischen Krieg und Frieden hängen die verdrossenen, vom jahrelangen Krieg ausgelaugten Männer in der Luft. Frankreich braucht für die Demobilmachung zwei Jahre. Die Jahrgänge 1912 und 1913 leisteten bei Kriegsausbruch 1914 gerade ihren Wehrdienst. Bei ihrer Entlassung im Sommer 1919 haben sie zwischen fünf und acht Jahre ohne Unterbrechung gedient. Auch der Briefwechsel mit den Angehörigen verrät die gleiche Niedergeschlagenheit, die gleichen Sorgen angesichts der ungewissen Zukunft. Mit der Demobilisierung geht die Dekonstruktion der militärischen Identität einher, verbunden mit der Rekonstruktion einer neuen zivilen Identität. Die Männer müssen die sichere Solidarität der Kameradengruppe aufgeben, lange vernachlässigte Gepflogenheiten neu einüben und versuchen, ihren Platz in einer Gesellschaft zu finden, die sich in der Zwischenzeit ohne sie weiterentwickelt hat.

Die zur Entlassung anstehenden Soldaten prüfen sorgfältig jede Botschaft aus der zivilen Welt, etwa Briefe ihrer Familien, in denen sie misstrauisch die Veränderung der traditionellen Frauenrolle wittern – die neue Unabhängigkeit, die nicht wenige als »unmoralisch« empfinden und die ihnen aus der Ferne bedrohlich erscheint. Neuigkeiten von bereits entlassenen Kameraden werden ebenso zur Kenntnis genommen wie alles im Zusammenhang mit der »moralischen Ökonomie der Dankbarkeit«, also alles, was im Zuge der Heimkehr mit Anerkennung und Wiedergutmachung zu tun hat. Seit Langem sind sich die Soldaten einig, dass die Daheimgebliebenen, die sie gleichermaßen beneiden und verunglimpfen, vom Elend des Kriegs keine Ahnung haben. Als die Soldaten sich bereit machen, nach Hause zu gehen, steigen auch ihre Ansprüche: Sind die Zivilisten überhaupt der Opfer und des Sieges würdig?

Ein scheinbar so simpler Gegenstand wie der Gedenkhelm, den alle französischen Soldaten per Dekret vom 8. Dezember 1918 bei ihrer Entlassung erhalten, besitzt für viele einen hohen emotionalen Wert. Durch die Plakette, die den Inhaber als »Soldat de la Grande Guerre« ausweist, ist der Helm ein materielles Wahrzeichen für die Gefahren der Front, denen sein Träger nachweislich ausgesetzt war. Ganz gleich, ob er seinen Helm individuell bemalt, gut sichtbar an die Wand hängt oder auf dem Dachboden vergisst – banal ist dieses Gedenkstück für keinen Veteranen.

Der Regierungsbeschluss, jedem Soldaten zum Abschied einen zivilen Anzug zu schenken, wird hingegen ein Reinfall, denn in der Eile färbt man einfach Uniformen ein und arbeitet sie grob um. Noch Jahre später mussten sich weniger begüterte Veteranen, die diesen Anzug tatsächlich zu den Gedenkfeiern am 11. November trugen, von ihren Kameraden spöttische Bemerkungen anhören: »Na, trägst du heute wieder deinen Clemenceau?«

Rechts

Bei einem Siegesumzug im
Mai 1919 in New York prä-
sentieren diese GIs auf ihrem
Anhänger stolz ihre Kriegs-
beute: deutsche Brieftauben.
Ein unmittelbares Problem
nach Kriegsende ist der
Arbeitsmarkt. Während die
Bauern meist problemlos ihre
Höfe wieder bewirtschaften
können, sind Arbeiter und
Angestellte vor allem in
Kleinbetrieben in der Regel
längst ersetzt worden. Vor
diesem Hintergrund rühmt
sich der Inhaber eines Pariser
Bouillon (einfachen Restau-
rants) als Veteran und
»Überlebender« des Großen
Kriegs.

Unterschiedlicher Empfang

Für die deutschen Soldaten ist der Empfang, den man ihnen in der Heimat bereitet, logischerweise besonders wichtig, denn er prägt die kollektive Erinnerung an das Kriegsende. Im Gegensatz zur »Dolchstoßlegende«, die das NS-Regime in den 1930er-Jahren verbreitet, werden die deutschen Soldaten bei ihrer Heimkehr weder gleichgültig noch feindselig aufgenommen. Auf lokaler Ebene wird ihre Rückkehr sogar oft gefeiert. Als die Regimenter am 11. Dezember 1918 in Berlin eintreffen, begrüßt sie Reichskanzler Ebert als diejenigen, die »unbesiegt« von den Schlachtfeldern heimkehren. Die Leugnung der militärischen Niederlage und ihr Gegenstück, die Beschuldigung der Daheimgebliebenen und die wahnhaften Verschwörungstheorien, belasten die politische Kultur Deutschlands in der Zwischenkriegszeit.

Diese moralische Ökonomie der Dankbarkeit schwankt im Übrigen erheblich, je nachdem, was die entlassenen Soldaten erlebt haben. Wer von den Schlachtfeldern zurückkehrt, wird üblicherweise mit Paraden, Feierlichkeiten und Medaillen geehrt. Ganz anders ergeht es den Kriegsgefangenen, den »vom Sieg Vergessenen«, denn ihr Weg ist komplexer und bitterer. Dass fast 100 000 Italiener in der Kriegsgefangenschaft starben oder verschwanden, wird offiziell nicht erwähnt. In Frankreich erfolgt die Rückkehr der Gefangenen vergleichsweise chaotisch, und auch ihnen begegnet man in der Heimat mit Misstrauen bezüglich ihrer Haftbedingungen und ohne Verständnis für ihr Leid. Auch ihnen verweigert man eine offizielle Würdigung.

Die letzte Etappe: die Rückkehr zur Normalität

Der schwierigste Teil ihrer Demobilisierung ist für die Soldaten sicherlich die letzte Etappe, die Rückkehr zur Normalität. Doch gerade diese Phase entzieht sich den Historikern meist, weil sie im privaten Bereich stattfindet. Das Kriegsgeschehen bringt die biologischen Rhythmen der Kämpfer durcheinander: Sie nehmen unregelmäßige Mahlzeiten ein und leiden an Schlafmangel, fallen dafür am helllichten Tag vor Erschöpfung um. Zudem haben Soldaten in der Regel kein Dach über dem Kopf, das ihnen Schutz, Komfort und Geborgenheit böte. Die mangelnde Hygiene empfinden viele als entwürdigend. Feste Bezugsgrößen des Soziallebens wie die Unterscheidung von Tag und Nacht, drinnen und draußen oder die Körperpflege sind im Feld außer Kraft. Die Rückkehr führt über diese Normalisierung des Alltags. Ihre für manche quälende Kehrseite ist das Gefühl der Banalität und Langeweile.

Die Rückkehr zu den moralischen Normen beschäftigt in der Zwischenkriegszeit zahlreiche literarische Werke; viele stellen Veteranen als Menschen dar, die der Krieg abgestumpft hat, wie den brutalen Hauptmann Conan in Roger Vercels gleichnamigem Roman oder die Figuren in Ernst von Salomons *Die Geächteten*. Es ist allerdings keineswegs gesichert, ob ehemalige Frontkämpfer generell wirklich vermehrt zur Gewalt neigten. Mit dieser Annahme würde man die pathologische Dimension der Heimkehr überbewerten. Bei den gewöhnlichen Männern, die offenbar mühelos ihre Lebensfreude wiederfinden, lässt die Heimkehr jedenfalls keine Narben zurück. Will sagen: Über Glück oder Triviales zu schreiben ist viel mühsamer als über Leid.

Oben
Die bunte Fahne heißt britische Kriegsheimkehrer zu Hause willkommen. Ihrer scheinbaren Banalität zum Trotz bestätigen die beiden Wörter *Welcome home*, dass man sie daheim nicht vergessen hat und sie ihren Platz wiederfinden werden. Die Demobilmachung der britischen Soldaten erfolgte nicht nach Jahrgang wie bei den Franzosen oder nach Einheit wie bei den Amerikanern, sondern nach Berufen, denn im Vordergrund stand die Wiederankurbelung der Wirtschaft.

Verstümmelt, blind, entstellt

12. Mai 1920 Die erste sozialdemokratische Regierung der Weimarer Republik stellt im Parlament das Reichsversorgungsgesetz vor, mit dem das Rentensystem für die 1,5 Millionen deutschen Kriegsbeschädigten und 1,7 Millionen Kriegerwitwen und Kriegswaisen reformiert wird. Hauptanliegen der Politiker ist die Behebung der Ungerechtigkeit durch das alte Gesetz aus der Kaiserzeit, denn es gestand Offizieren unabhängig von der Schwere der Verwundung allein aufgrund ihres militärischen Rangs per se eine höhere Versehrtenrente zu; Amputierte waren besser gestellt als diejenigen, die wegen einer an der Front zugezogenen Krankheit dienstunfähig wurden.

■ Die Bemühungen um eine gerechtere Verteilung der Kriegsrenten und bessere Lebensbedingungen für Kriegsinvaliden scheitern im Nachkriegsdeutschland allein schon an der ökonomischen und finanziellen Situation. Um trotz der schwierigen Wirtschaftslage die Reparationszahlungen aufzubringen, muss der deutsche Staat sparen und dazu die kriegsbedingten finanziellen Belastungen im eigenen Staatsgebiet möglichst gering halten. Neben den Ausgaben für die medizinische Behandlung und prothetische Versorgung der Kriegsversehrten betrifft das auch die Kriegsrenten, die fast ein Drittel des Staatshaushalts ausmachen. Das neue Reichsversorgungsgesetz streicht die Kriterien für die Anerkennung als Kriegsversehrter radikal zusammen. Kriegsrenten sieht es fortan nur noch befristet anstatt auf Lebenszeit vor und nimmt den Veteranen damit ihren Rechtsanspruch. Bei den regelmäßigen militärärztlichen Nachuntersuchungen müssen sie zudem jedes Mal unter Beweis stellen, dass ihr Gesundheitszustand direkt mit ihrer Teilnahme am Krieg zusammenhängt. Dabei gehen die Ärzte allerdings von vornherein davon aus, dass viele Kriegsversehrte, allen voran diejenigen mit psychischen Störungen, lediglich Simulanten sind, die zu Unrecht in den Genuss staatlicher Hilfen gelangen wollen.

In diesem Punkt sind die sonst so zerstrittenen politischen Parteien der Weimarer Republik ausnahmsweise einer Meinung: Das Reichsversorgungsgesetz nehmen sie ebenso einstimmig an wie wenige Wochen zuvor das Schwerbeschädigtengesetz, das die Schaffung von Arbeitsplätzen

für Schwerbeschädigte (Grad der Behinderung über 50 Prozent) in der Verwaltung und Industrie vorsieht. Erklärtes Ziel beider Gesetze ist es, moralischen Druck auf die Betroffenen auszuüben, damit sie sich schneller wieder eingliedern und, wie man hofft, die Überführung »vom Almosenempfänger zum Steuerzahler« zu erreichen.

Wider das Vergessen

In den folgenden Wochen demonstrieren Kriegsversehrte in vielen deutschen Städten. Am 29. Mai 1920 etwa organisieren die Veteranen, Kriegerwitwen und Waisen des 750 000 Mitglieder zählenden, der SPD nahestehenden Reichsbunds der Kriegsbeschädigten in Berlin einen spektakulären »Kriegsopfermarsch«. Der lange Schweigemarsch kriegsversehrter Soldaten in schmutzigen, abgetragenen feldgrauen Uniformen bietet nach Darstellung der damaligen Zeitungen einen »ergreifenden Anblick«. An der Spitze marschieren Männer mit grauenhaft entstellten Gesichtern, hinter ihnen humpeln Amputierte auf Krücken oder an Stöcken, manche zeigen offen ihre Prothesen. Mütter und Ehefrauen schieben rund 50 Verkrüppelte in Rollstühlen, andere führen Blinde. Auch die Witwen und Eltern gefallener Soldaten marschieren bei den riesigen Umzügen mit. Ihr vorrangiges Ziel ist der »Kampf wider das Vergessen«. Um ihrer Forderung nach mehr Kriegsrente Nachdruck zu verleihen, stellt der Reichsbund der Kriegsbeschädigten ihren Opferstatus als Mahnung an die Schuld des ganzen Volkes gegenüber denen gezielt heraus, die für das Vaterland ihre Gesundheit geopfert haben: Auch in der Nachkriegszeit sollen die Deutschen sich mit den Kriegsopfern solidarisch erklären, anstatt sie links liegen zu lassen.

Die Wunden des modernen Kriegs

»Seid gewiss: Das Vaterland wird es euch danken!« Im August 1914 treiben solche Versprechungen die Soldaten ebenso an die Front wie die Überzeugung, Deutschland führe nur deshalb Krieg, weil die Feinde es dazu zwingen. In allen Gesellschaftsschichten von Militärs über Künstler, Ärzte und Psychologen bis zu Politikern glaubt man an die reinigende, kräftigende Wirkung des Kriegs als ein »mit fast allmächtiger Heilkraft ausgerüstetes Stahlbad« für den modernen Menschen, der von langen Friedensjahren »nervenschlapp« geworden ist. Das Ideal eines Kriegs als heroisches Männlichkeitsritual erweist sich jedoch als genauso irrig wie die Prognose der deutschen Militärs, die neuen Feuerwaffen würden nur leichte, einfach zu behandelnde Verwundungen verursachen.

Die Annahme, der moderne Krieg werde nur wenige Schwerverwundete fordern, löst sich bald in Luft auf. Dank der medizinischen Fortschritte und unzähliger technischer Experimente der Ärzte überleben viele Soldaten selbst schwerste Verwundungen. Die Überlebensrate ist deutlich höher als im Deutsch-Französischen Krieg von 1870/71. Die Feldärzte probieren neue Operations- und Amputationsverfahren aus. Neurologen bietet die hohe Überlebensrate auch bei schweren Kopfverletzungen die einmalige Chance zu ausführlichen Forschungsarbeiten, außerdem testet man die Möglichkeiten und Grenzen von Blutübertragungen. Da dank neuer bakteriologischer Erkenntnisse zudem der Auslöser des Gasbrands ermittelt werden konnte, kann man Infektionen nun durch bessere Hygiene in den Lazaretten vorbeugen. Erstmals entwickeln Chirurgen, allen voran Ferdinand Sauerbruch, in Zusammenarbeit mit Ingenieuren völlig neuartige orthopädische Hilfsmittel für amputierte Kriegsversehrte, um sie wieder als Arbeitskräfte in der

Vorangehende Seite
Oben: verwundete britische und französische Soldaten während der Zweiten Marne-Schlacht 1918. In Frankreich machte der Krieg über eine Million Soldaten blind, gasgeschädigt, amputiert, entstellt oder sonstwie verwundet auf Dauer zu Invaliden. Gegen die Verletzungen durch moderne Geschosse konnte die Chirurgie noch relativ wenig ausrichten, zumal die Ärzte über die Vorgehensweisen zerstritten waren: Sollte man die Integrität des Körpers um jeden Preis bewahren oder doch lieber amputieren? 1914 versuchte man eher, zerfetzte Glieder zu erhalten, musste aber aufgrund der Häufung von Komplikationen, allen voran des gefürchteten Gasbrands, bald davon abrücken. Durch die bessere Versorgung und die Weiterentwicklung der Operationsmethoden konnten viele Amputationen vermieden werden (unten rechts Chirurgen 1918 bei einer Operation im Feldlazarett).
Unten links posiert ein Offizier für den Fotografen. Die martialische Haltung unterstreicht die mannhafte Würde selbst angesichts des ambivalenten symbolischen Status, den Amputierte in den besiegten Staaten besaßen.

Industrie unterzubringen. Der Krieg liefert den Medizinern zahlreiche »Probanden« für Studien und bringt damit die Medizintechnik erheblich voran. Den Berliner Arzt Carl Ludwig Schleich begeistert an der Situation von 1916, dass es vorangeht: Noch nie übten Mediziner ihren Beruf mit so viel Eifer aus!

Nachkriegsgesellschaften und Invalidität: Solidargemeinschaften im Zwiespalt

Neben dem Tod auf dem Schlachtfeld zählen psychische und mehr noch physische Schäden und vor allem eine dauerhafte Invalidität zu den schlimmsten Erfahrungen, die Soldaten aller Nationen im Krieg machen müssen. In der Nachkriegszeit muss die jeweilige Gesellschaft die sozialen und kulturellen Folgen dieser Traumata bewältigen. Von den 20 Millionen Verwundeten in Europa bleiben acht Millionen auf Dauer behindert.

Als erster Materialkrieg großen Umfangs macht der Erste Weltkrieg die kriegsbedingte Invalidität zu einem Massenphänomen, das im öffentlichen Raum in Gestalt Amputierter, von Prothesenträgern, psychisch Kranker und Deformierter unübersehbar ist. Allein in Deutschland kehren anderthalb Millionen Männer aller Altersgruppen und sozialen Schichten als hilfsbedürftige Wracks aus dem Krieg zurück: Bei manchen sieht man die Invalidität auf den ersten Blick, bei anderen nicht, manche sind körperlich, andere psychisch angeschlagen, manche emotional aus

Unten

Die »gueules cassées« – die Kiefer- und Gesichtsverletzten – müssen zur Rekonstruktion ihres Gesichts zahlreiche äußerst schmerzhafte Operationen über sich ergehen lassen. Da die noch rudimentären Verfahren oft scheitern, müssen sich viele mit einer Prothese behelfen (hier 1918 die Vorbereitung eines Abdrucks für eine Gesichtsmaske). Bronzeköpfe wie dieser wurden auf den Kühlerverschluss von Automobilen geschraubt. Der Verkaufserlös floss der *Union des blessés de la face et de la tête* zu, dem Verband der Gesichts- und Kopfverletzten. Die Binde symbolisiert die Verstümmelung von Nase und Kiefer.

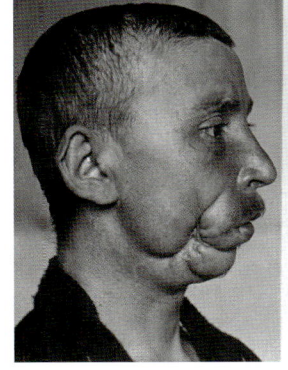
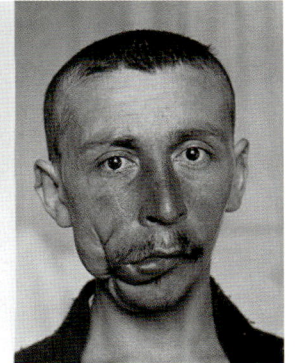
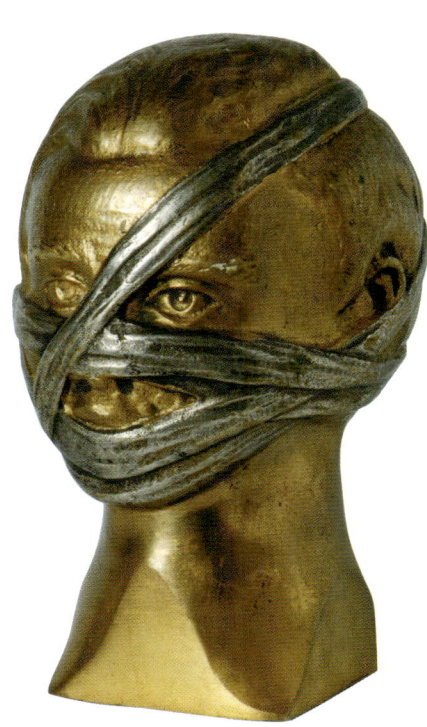
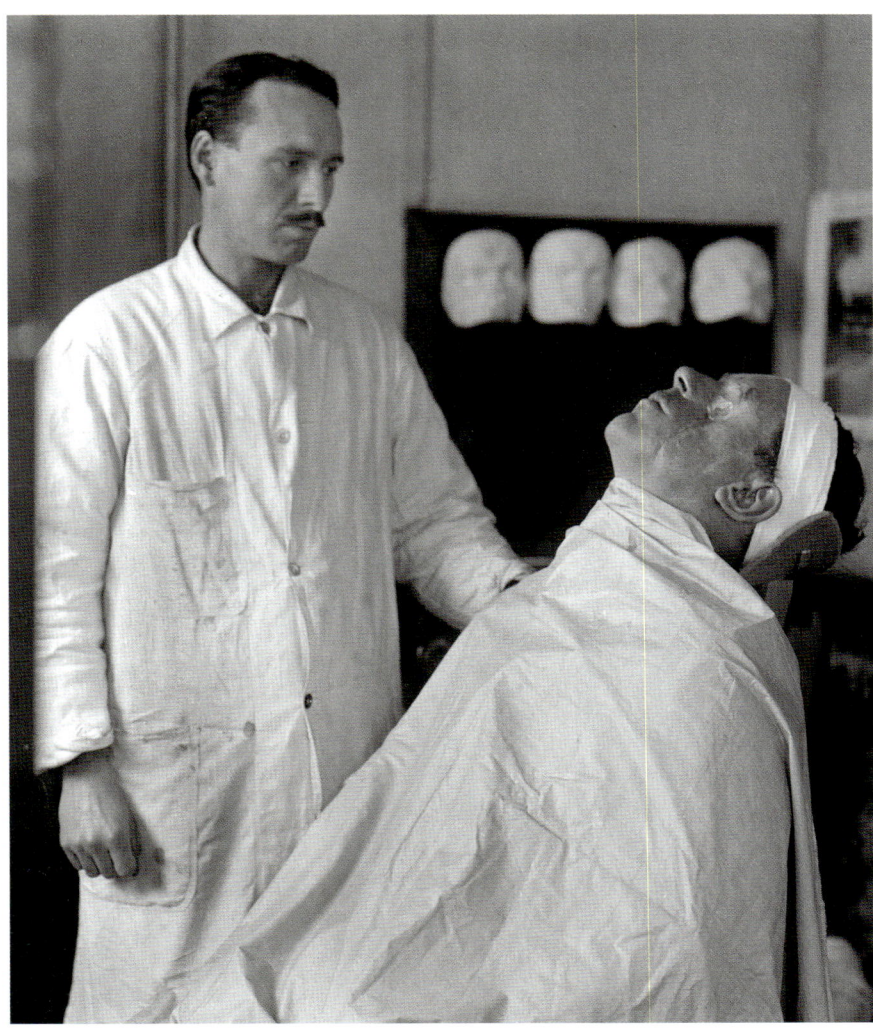

Rechts und rechte Seite
Ärzte, Ergonomiefachleute
und Orthopädiemechaniker
präsentieren stolz ihre mit
Prothesen ausgestatteten,
angeblich umgeschulten
Patienten als Sinnbild für den
Triumph der Technik und
die Rückkehr zur Normalität
(rechts ein französischer
Veteran mit Arm- und Bein-
prothese, ganz rechts ein
»Kriegskrüppel« mit seinem
Hund in den 1920er-Jahren).
Die sichtbare Behinderung
war eine zusätzliche Stigmatisierung der vielen, denen es
weder in der Arbeitswelt noch
im Privatleben gelang, ihren
Platz wieder einzunehmen.

dem Tritt, blind, amputiert oder entstellt. Der Krieg bricht mitten in die Gesellschaft ein und stellt
das Leben vieler Familien auf den Kopf. Ein »Kriegskrüppel« zu sein, bedeutet für viele Männer
den Verlust ihrer Rolle als Ernährer und Familienoberhaupt, den sie als symbolische Kastration
erleben. Zeitgenössische Leitfäden für den Alltag mahnen die Ehefrauen Versehrter, die Ehe um
jeden Preis aufrechtzuerhalten und ihren Mann aufzuheitern. Die Zunahme der Scheidungsrate
in den 1920er-Jahren lässt allerdings vermuten, dass der Krieg viele Ehen zerstört und nicht alle Frauen bereit sind, sich für die Pflege ihres kriegsversehrten Mannes aufzuopfern. Die deut-

sche Zivilbevölkerung ist mit der Vielzahl Schwerbeschädigter völlig überfordert und kann sich auch an ihren verstörenden Anblick nicht gewöhnen, denn die verstümmelten Überlebenden passen nicht zu ihrem Stereotyp des strahlenden Nationalhelden als Vorbild für moralische Kraft.

Auch die Siegermächte stehen vor den gleichen Problemen. Dabei geht es nicht nur um die Würdigung von Verlust und Leid der Kriegsopfer, sondern auch um die Schaffung einer rechtlichen Grundlage für ihre Entschädigung. In Frankreich sind 300 000 Veteranen schwerbeschädigt; über zwei Millionen Invaliden mit einer Erwerbsfähigkeit von mindestens zehn Prozent müssen in die Nachkriegsgesellschaft integriert werden. Das Gesetz vom 31. März 1919 begründet einen »Entschädigungsanspruch«: Wer im Krieg für Frankreich gekämpft hat und infolge einer Verwundung erwerbsunfähig ist, gilt nun automatisch als Kriegsopfer. Problematischer ist allerdings die Wiedereingliederung der Kriegsversehrten in den Arbeitsmarkt; erst 1923 wird ihnen in Frankreich ein Arbeitsplatz gesetzlich garantiert. In Großbritannien übernehmen private Institutionen die finanzielle und materielle Versorgung von 750 000 schwerbeschädigten Veteranen. Nach dem landesweiten Jubel über den Sieg müssen die Kriegsversehrten in allen Ländern, für die sie ins Feld gezogen waren, nicht nur um eine dauerhafte symbolische und finanzielle Anerkennung kämpfen, sondern auch um einen Arbeitsplatz gegen die Konkurrenz durch unversehrte ehemalige Kriegsteilnehmer, nicht mobilgemachte Männer und Frauen.

Verkörperung der Niederlage

Nach einer kurzen Phase der Dankbarkeit und Anerkennung der geleisteten Dienste wird es den Deutschen allmählich lästig, dass die Kriegsversehrten wieder und wieder den versprochenen »Dank des Vaterlands« einfordern. Wer infolge einer Verwundung im Dienst der Nation während des Kriegs zum Invaliden wurde, gilt in den 1920er-Jahren im Handumdrehen als unverbesserlicher Nörgler. Entsprechend gereizt reagiert die Gesellschaft auf die Not und den körperlichen Verfall ehemals gesunder, kräftiger junger Männer und die vielen bettelnden Amputierten. Im Gegensatz zu den Toten, denen man einfach Denkmäler setzen kann, pochen die Kriegsversehrten – diese »lebenden Kriegerdenkmäler«, wie sie Joseph Roth nannte – unbeirrbar darauf, wahrgenommen zu werden. Der kriegsversehrte

Körper wird so zum Politikum: Die Invaliden machen sich aggressiv und organisiert bemerkbar, präsentieren ihre Wunden und erinnern die deutsche Gesellschaft ständig an ihre sozialpolitischen Forderungen. Die Schuldgefühle gegenüber den Kriegsopfern weichen jedoch mehr und mehr einer reflexhaften Abwehrhaltung gegenüber den Massen beschädigter Körper, die in aller Öffentlichkeit vorgezeigt werden. Nach Kriegsende empfindet man diese Zurschaustellung als ungehörig und empörend: Die durch Berlin ziehenden Kriegsversehrten erinnern fatal an die eigene Verblendung zu Kriegsbeginn 1914, als man die Soldaten bedenkenlos an die Front schickte. Nach dem verlorenen Krieg verkörpern dieselben Männer – nun als Invaliden – in erster Linie die kollektive Erfahrung von Tod, Zerstörung und Niederlage.

Georg V. eröffnet das *Imperial War Museum*

9. Juni 1920 Die erste große öffentliche Ausstellung des 1917 in London gegründeten *Imperial War Museum* öffnet ihre Pforten in Gegenwart von König Georg V. und seiner Gattin. Zeitgenössische Fotos zeigen wieder und wieder die ausgestellten Überreste des gerade zu Ende gegangenen Kriegs bis hin zu ganzen Reihen von Panzern und Kanonen, die für den Kristallpalast zu schwer sind. Die Eröffnung des *Imperial War Museum* bildet den Endpunkt einer mehrjährigen dokumentarischen Vorbereitung und spiegelt neuartige Formen der Gedenkpolitik. Praktisch überall auf der Welt entstehen neue Museen zur Erinnerung an den Ersten Weltkrieg und diejenigen, die in ihm kämpften. Viele solche Sammlungen wurden schon während des Krieges gegründet, oft auf private Initiative. Eine der Besonderheiten des Ersten Weltkriegs ist zweifellos, dass er sich schon mit der Bewahrung seines eigenen Andenkens beschäftigte, bevor er überhaupt zu Ende war.

■ Der französische Industrielle Henri Leblanc und seine Frau legen den Grundstein für ihre Sammlung schon im Sommer 1914. In ihrem Wohnhaus am Boulevard Malakoff präsentieren sie einen Wirrwarr von Modellen, Propagandaplakaten, Fotos und Gegenständen aller Art. 1917 stiften sie die Sammlung dem Staat für eine Kriegsbibliothek, die 1925 im Château de Vincennes eingerichtet wird. Unter der Leitung der Historiker Camille Bloch (in den 1920er-Jahren) und Pierre Renouvin (in den 1930er-Jahren) wird die *Bibliothèque et musée de la Guerre* im Laufe der Zeit zu einem wertvollen Fundus für die Forschung. Ihr Anliegen war, wie der Museums-

Drei Bilder, drei Phasen der Präsentation von Kriegsmaterial: Auf der Seite links ein Plakat von 1917, das für eine Kriegsausstellung in Metz wirbt: Mit der zum Himmel gerichteten Kanone und der Flugzeugsilhouette in der Ferne verherrlicht es während des Kriegs die militärische Schlagkraft des Deutschen Reichs. Unten: In der Champagne erbeutete deutsche Kanonen als Trophäen im Ehrenhof des Invalidendoms. Links: Der Stich von 1928 zeigt das *Imperial War Museum* in London zehn Jahre nach dem Waffenstillstand. Im Vordergrund sieht man eine Frau mit ihrem Sohn, aber nur wenige Soldaten.

1

Schützengrabenkunst.
Begriffe wie *Trench Art, Artisanat de tranchée* oder Schützengrabenkunst für während des Kriegs von Soldaten angefertigtes Kunsthandwerk verschleiern die enorme Vielfalt der materiellen Erzeugnisse. Zahlreiche Gegenstände wurden gezielt für den Verkauf in der Heimat angefertigt wie die ziselierten Granathülsen (von einem Soldaten des 78. Infanterieregiments verzierte deutsche Granate

[2] und ein französisches Pendant [3] mit einer Abbildung der im Krieg bombardierten Basilika Notre-Dame de Brebière in Albert [Somme]). Andere Stücke waren als Liebespfand für die Angehörigen gedacht wie dieses bestickte herzförmige Kissen (1), das ein britischer Soldat seiner Verlobten *»with best wishes«* und der Bitte *»Forget me not«* schickte. Das vermutlich aus einer Granathülse gefertigte Benzinfeuerzeug (4)

gehörte offenbar einem französischen Soldaten, der darauf die Feldzüge festhielt, an denen er teilnahm: »1914–Belgique-1918«, »Italie«, »Souvenir Champagne 1915«, »1916–1917«. Allein wegen dieser Daten ist das Stück historisch wie emotional etwas Besonderes. Das Foto (5) zeigt Soldaten im Unterstand bei der Anfertigung von Ringen aus Geschosshülsen.

2

3

4

5

führer von 1927 erläutert, ein Beitrag gleichermaßen zur »Volksbildung« und zur »gehobenen Geschichtswissenschaft«. Im Zweiten Weltkrieg wurde die einmalige Sammlung teilweise vernichtet; die Reste befinden sich heute teils in der *Bibliothèque de documentation internationale contemporaine* (BDIC), teils im Besitz der Universität Nanterre und teils im Pariser Museum für Zeitgeschichte.

In Berlin investierte der wohlhabende Kaffeehändler Richard Franck schon 1915 erhebliche Summen in den Aufbau einer Kriegsbibliothek. Die Werke dafür beschaffte er teils in Deutschland, dank seiner beruflichen Kontakte aber auch in feindlichen und neutralen Staaten. 1917 ist die Sammlung bereits so umfangreich, dass er vier Wohnungen dafür anmieten und rund 20 Archivare und Bibliothekare einstellen muss. Nach dem Krieg wird Francks »Weltkriegsbücherei« nach Stuttgart verlegt und 1921 der Öffentlichkeit zugänglich gemacht. Mit ca. 360 000 Bänden besitzt die heutige »Bibliothek für Zeitgeschichte« das umfangreichste Korpus zur Geschichte des 20. Jahrhunderts. Andernorts legen Stadtverwaltungen eigene Archive an, so etwa Frankfurt am Main, das schon im August 1914 die Bevölkerung aufruft, private Dokumente über den noch andauernden Krieg einzureichen. Die Stadtverwaltung von Birmingham eröffnet 1917 ein Museum zu Ehren seiner Einwohner und seiner Gefallenen.

Die Suche nach dem Sinn

Wie erklärt sich das ausgeprägte Bedürfnis, das Andenken an den Krieg zu bewahren? Ganz offensichtlich haben die Menschen dieser Zeit schon früh den Eindruck, dass es sich um einen besonderen Krieg handelt, der schon 1915 in allen kriegführenden Staaten der »Große« heißt. Die materiellen Spuren eines so ungeheuerlichen Konflikts gilt es sorgfältig zu bewahren. Zugleich geht es bei der Präsentation in einem musealen Rahmen auch darum, im Geschehen einen Sinn zu entdecken, indem man die damit verbundenen Gegenstände sammelt und ausstellt.

Die Gründung von Museen ist von der Herausbildung dieser neuen materiellen Kultur untrennbar. Der Anthropologe Nicholas Saunders weist in seinen Arbeiten über *Trench Art* (Schützengrabenkunst) nach, dass der erste moderne Krieg wie kein anderer vor ihm Materie transformierte: Mit industriell gefertigten Waffen vernichtete er Körper, Landschaften, Städte; zugleich regte er im großen Stil zur Wiederverwertung an: Aus zerstörten Waffen wurden wieder neue, oder man fertigte daraus Gegenstände, die zwischen Kunsthandwerk und Kunst angesiedelt sind. Plastisch verzierte Geschosshülsen, aus Patronen zusammengesetzte Kruzifixe und bemalte Knochenstücke, Rinde oder Blätter spiegeln die Kreativität der Soldaten in den Schützengräben; sie »recy-

Unten
Der Schriftsteller Yves Gibeau (1916–1994), Autor von *Allons z'enfants* (1952) und *La Guerre, c'est la guerre* (1961) häufte auf dem Dachboden seines Pfarrhauses in Roucy in der Nähe des Chemin des Dames eine private Sammlung mit Stücken aus dem Ersten Weltkrieg an.

celten« das materielle Universum des Kriegs auf ihre Weise und unterminierten damit seinen ursprünglichen Sinn, denn die umgearbeiteten, verzierten Waffen drücken Dinge aus wie die Sehnsucht nach der Vorkriegszeit, der Heimat oder einer geliebten Frau, Angst vor dem Verlassenwerden, Trennungsschmerz oder sexuelle Not. Manche dieser Gegenstände wurden an Eltern und Freunde geschickt und tragen den Krieg in deren Wohnungen hinein; die meisten jedoch verkaufte man als authentisches Kriegsmaterial an Zivilisten, als Reliquien an Pilger und als Sammlerstücke an Museen.

Den Zivilisten den Krieg »veranschaulichen«

Neben Waffen, Uniformen und Fahnen von Freund und Feind findet man in den Sammlungen viele von Soldaten angefertigte Gegenstände. In einer Vitrine angestrahlt, wird ein Feuerzeug mit Gravur oder eine verzierte Granathülse zum Kunstwerk. In diesen Museen sollen die Zivilisten schon während des Kriegs mit den Soldaten kommunizieren. Am 1. Juli 1916 öffnet in Wien die größte 1914–1918 veranstaltete Kriegsausstellung ihre Tore: Auf knapp 50 Hektar sind rund 30 erbeutete russische Kanonen zu bewundern, die als Trophäen die eigene Überlegenheit demonstrieren; zwei Abteilungen huldigen der k. u. k. Feldmedizin; ein Saal widmet sich Kriegerdenkmälern. Die Verherrlichung der kaiserlichen Macht und das vom Krieg erzeugte menschliche Leid sind friedlich unter einem Dach vereint.

Zwei Monate lang schieben sich 500 000 Wiener von einer Abteilung zur nächsten. Museum oder Ausstellung geben vor, die Zivilisten mit der Wirklichkeit des Kriegs vertraut zu machen, wenn auch zugegebenermaßen auf eine weitgehend unwirkliche Weise. In Deutschland baut man aufgrund dieses museumspädagogischen Ansatzes »Musterschützengraben« nach, um der Zivilbevölkerung die »Erfahrungen« an der Front zu »veranschaulichen«. Nach demselben Muster präsentieren auch heute Museen wie das *In Flanders Fields Museum* in Ypern das reale Leben der Soldaten in spektakulären, interaktiven Inszenierungen.

Zweifellos hoffte man auch, mit solchen Museen den Zusammenhalt an der Heimatfront zu stärken. In Deutschland etwa drückt sich dieses Bemühen vor allem in den beliebten »Nagelfiguren« aus: Man stellt eine hölzerne Plastik auf – U-Boot, Schild, Kreuz, Adler oder dergleichen – und bietet Nägel zum Kauf an, die der Erwerber dann einschlagen darf. Der Preis richtet sich nach dem Metall – Gold und Silber sind am teuersten. Das Geld fließt an das Rote Kreuz. Ab 1916 wird die Praxis durch große Wanderausstellungen allseits bekannt und beliebt. In Düsseldorf weiht man im Januar 1916 einen riesigen Löwen ein; er ist im Handumdrehen mit Nägeln bedeckt und bringt knapp 800 000 Mark ein. In Berlin wird am 4. September 1915 ein zwölf Meter hoher »Eiserner Hindenburg« errichtet. Die mit Nägeln gespickten Kriegswahrzeichen demonstrieren die Rückendeckung der Soldaten in der Heimat. Nach Ansicht der Historikerin Susanne Brandt stärkt das deutsche Volk mit den Nagelungen konkret und symbolisch die Holzfigur und zeigt damit seine Entschlossenheit, bis zum Endsieg weiterzukämpfen. Bezeichnenderweise verlieren Nagelungen und vergleichbare Praktiken ab 1917 merklich an Popularität.

Den Zusammenhalt der Heimatfront fördert auch die bessere Kenntnis der »Verbrechen« des Feindes, die sich einige Sammlungen auf die Fahne schreiben. »Noch in Jahrhunderten wird man zu uns kommen, um sich Glanz und Elend dieses gewaltigen Kriegs ins Gedächtnis zu rufen«, schreibt Henri Leblanc 1916. »Man wird sich informieren und zugleich seine Seele mit der Lie-

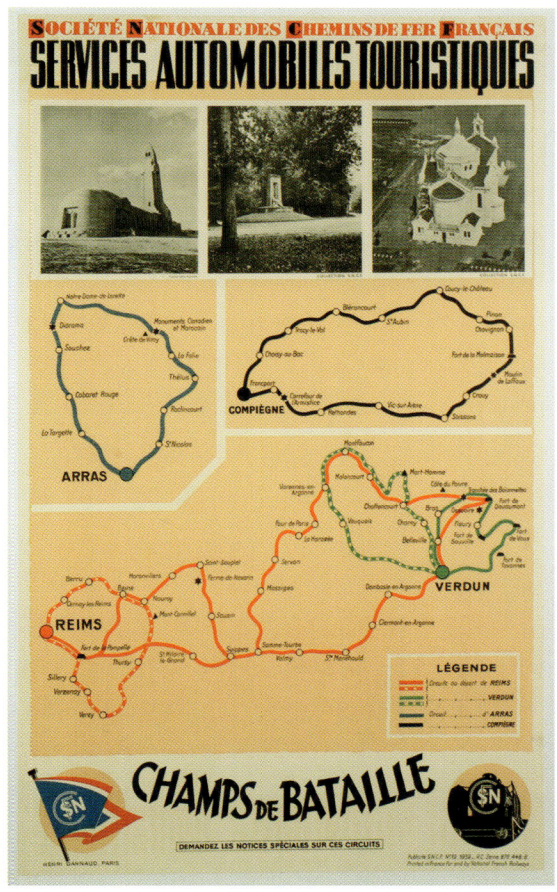

be zu Frankreich und dem Abscheu gegen Deutschland und die Deutschen füllen.« Andere Museen gehen ausführlich auf die »Kriegsgräuel« ein, mit denen die Deutschen im Sommer 1914 die Kriegsgewalt einläuteten und auf die während des ganzen Kriegs immer wieder verwiesen wird. Oft sind die Darstellungen der Ausschreitungen von Trauer überlagert, denn die Museen bilden nicht nur das Bindeglied zwischen Front und Heimat, sondern auch zwischen Lebenden und Toten. In einigen gehören zu den Ausstellungsstücken sogar Kriegerdenkmäler, andere bitten Familien um Bilder von ihren gefallenen Verwandten.

Gegenstände des Gedenkens in der Nachkriegszeit

Die drei 1914–1918 eingeführten Dimensionen Dokumentation, Bildung und Gedenken treten in der Zwischenkriegszeit noch verstärkt in den Vordergrund. In Deutschland verändern die Niederlage von 1918 und der Versailler Vertrag spürbar die Gegenstände der Gedenkpolitik. Das Berliner Zeughaus ist seinerzeit die größte Einrichtung des Landes, vergleichbar mit dem *Imperial War Museum*. Als es einen Teil seiner Sammlungen zurückgeben muss, allen voran die erbeuteten Waffen und Fahnen, konzentriert es sich auf die Regimentsgeschichte, verherrlicht die Leistungen deutscher Soldaten und lässt die militärische Niederlage von 1918 einfach unter den Tisch fallen. Im Gegenzug eröffnet Ernst Friedrich, Vorreiter des pazifistischen Gegen-Gedenkens, 1923 sein »Anti-Kriegs-Museum«, in dem er als Anklage gegen den Krieg Fotos grauenhaft entstellter Gesichtsverwundeter zeigt. In anderen Ländern wirkt die Erinnerung an den Großen Krieg identitätsstiftend. In randständigen Regionen wie dem Trentino, das 1919

Oben

Schon vor dem Ende des Kriegs reisen Zivilisten zu den Schlachtfeldern, doch in den 1920er- und 1930er-Jahren kommen solche »Pilgerfahrten« regelrecht in Mode. Manche Familien hoffen, dort den Leichnam eines vermissten Angehörigen zu finden, andere wollen einen Sinn im Blutvergießen erkennen und diejenigen ehren, die ihr Leben geopfert haben. Reisen zu den ehemaligen Kriegsschauplätzen sind auch kommerziell attraktiv: Verlage bringen Reiseführer auf den Markt, Reisebüros bieten Rundfahrten an, und fast unmerklich verwandeln sich Erinnerungsorte in Touristenattraktionen.

Italien zugeschlagen wurde, betonen die Kriegsmuseen vor allem den italienischen Charakter des Landstrichs. In Canberra verkörpert das *Australian War Memorial* die neue Nationalidentität der Australier. Überall wird der Erinnerung an den Ersten Weltkrieg ein auffallend hoher Wert beigemessen, sei es als Ursprung des Nationalbewusstseins (Türkei, Australien) oder als kollektives Opfer einer ganzen Generation (wie beim 1963 eröffneten *Mémorial de Verdun*).

Erst in den 1990er-Jahren entsteht im Zuge der Umbrüche in der Geschichtsschreibung seit den 1970er-Jahren auch ein neues Museumskonzept mit breiter gefassten Interessengebieten. Die Geschehnisse an der Heimatfront und an der Front nehmen dabei gleich viel Raum ein. Anstatt die militärischen Ereignisse lediglich chronologisch zu präsentieren, stellt man sie nun in den Kontext gesellschaftlicher Entwicklungen. Auf visueller Ebene wird die Anhäufung von Gegenständen, die während des Kriegs und in der Zwischenkriegszeit gang und gäbe war (und gelegentlich eher an eine Trophäensammlung erinnerte) abgelöst durch einige wenige außergewöhnliche Ausstellungsstücke.

In dieser neuen Landschaft nimmt das 1992 eingeweihte *Historial de la Grande Guerre* in Péronne (Somme) eine zentrale Stellung ein. Es umfasst sowohl ein Forschungszentrum als auch ein Museum. In der langen Tradition der Kriegsmuseen will es gleichermaßen wissenschaftliche Debatten anstoßen und Wissen vermitteln. Die kühne museale Inszenierung spiegelt einen neuartigen Blickwinkel auf den Krieg; Uniformen beispielsweise werden nicht mehr wie früher an stehenden Wachsfiguren präsentiert, sondern liegen in Vertiefungen und dienen so weniger dem Heldenkult als der konkreten Erfahrung des Massensterbens. Vor allem aber bemüht sich das *Historial* sowohl im Forschungszentrum als auch in den Ausstellungen, die Trennwände zwischen den Nationalgeschichten des Ersten Weltkriegs einzureißen, nicht zugunsten einer einheitlichen, sondern einer vergleichenden Geschichte: In den einzelnen Themenbereichen werden die Stücke in horizontalen Ausstellungsflächen nach Herkunftsland geordnet präsentiert. Nachdem Museen früher die Geschichte des Großen Kriegs lediglich aus der jeweiligen nationalen Perspektive erzählten, verfolgen sie heute ein ganz anderes Ziel: zu einer erschöpfend vergleichenden Gesamtgeschichte eines Krieges zu gelangen, dessen Nachwirkungen weltweit zu spüren waren.

Rechts
Aus der Perspektive der vergleichenden Geschichtsforschung wirft das *Historial de la Grande Guerre* in Péronne (Somme) einen neuartigen Blick auf den Ersten Weltkrieg, der lange Zeit nur aus dem jeweiligen nationalen Blickwinkel betrachtet wurde. Mit neuartigen Präsentationen wie diesen liegenden Uniformen leitet es zudem eine Wende in der musealen Inszenierung des Ersten Weltkriegs ein.

Tausende Soldaten
ohne letzte Ruhestätte

11. November 1920 Schon im Morgengrauen strömt trotz dichten Nebels eine Menschenmenge auf die Pariser Place Denfert-Rochereau. Obwohl sich Zigtausende auf dem Platz drängen, ist es so still, dass man eine Stecknadel fallen hören könnte. Viele tragen Trauerkleidung. Am Vorabend wurde der Unbekannte Soldat in einem der früheren Zollhäuser der Stadt Paris aufgebahrt. Auch in London herrscht zur gleichen Zeit eine sehr ähnliche Stimmung. Rings um Victoria Station, von wo aus der Trauerzug den Unbekannten Soldaten zur Westminster Abbey geleiten wird, stehen die Menschen von den gleichen Gefühlen erfüllt genauso schweigend da, nur die Salutschüsse vom Hyde Park durchbrechen die Stille. Beide Hauptstädte begehen an diesem Tag erstmals eine Zeremonie, die in der Gedenkkultur seit dem Ersten Weltkrieg einen festen Platz einnehmen sollte: die Beisetzung eines unbekannten Soldaten stellvertretend für alle Gefallenen, besonders die Vermissten, denen sogar die letzte Ruhestätte versagt blieb.

◼ Thukydides berichtet, nach dem Peloponnesischen Krieg hätten die Athener einen leeren Sarkophag für all die Krieger aufgestellt, deren Leichen nicht mehr auffindbar waren. Das Grab des Unbekannten Soldaten von 1920 ist jedoch kein Scheingrab, denn darin soll ein nicht identifizierbarer Leichnam ruhen, den man erst Stunden zuvor exhumiert. Wichtig ist seine Anonymität, denn der Unbekannte soll symbolisch für alle stehen, die von so vielen Familien betrauert

Vorangehende Seite
Diese französische Erken-
nungsmarke nennt auf einer
Seite den Namen, Vornamen
und Jahrgang des Soldaten,
auf der anderen den Ort
seiner Einberufung und seine
Kennziffer. Ab 1915 trug jeder
französische Soldat um den
Hals und am Handgelenk je
eine solche Marke; Gefallenen
beließ man eine davon zur
Identifizierung. Allerdings
blieben zahlreiche Leichen
vermisst – bei den französischen Soldaten etwa die
Hälfte aller Gefallenen.

Rechte Seite
Das Massensterben und das
Verschwinden zahlreicher
Leichname gefallener Soldaten zwang die Gesellschaften
der kriegführenden Staaten
zur Herausbildung neuer Ge-
denkrituale. Die Beisetzung
eines Unbekannten Soldaten
war eine Erfindung des Ersten
Weltkriegs. Sie erfolgte am
selben Tag, dem 11. November
1920, in Frankreich (oben die
Auswahl des Sargs in Verdun)
und in Großbritannien (unten
die Versiegelung des Grabs
im Fußboden der Westminster
Abbey am 18. November
1920).

werden. Die Franzosen wählen nach langwierigen, streng geheimen Vorbereitungen acht Leichen von den großen Schlachtfeldern der Westfront aus. Roland Dorgelès, Autor von *Die hölzernen Kreuze,* ist als Zeuge zugegen: »Am Samstagabend wurde in Verdun der Unbekannte
exhumiert. Vielleicht wird er es sein, der nach Paris kommt. Der ranghöchste Offizier, der die
Suche leitete, hatte zuvor zehn Leichen ausgraben lassen, aber jedes Mal kamen ihm Zweifel. Aus
Angst, ein Uniformdetail, ein noch sichtbarer Wappenschild könnte doch noch eine Waffengattung, ein Regiment erkennen lassen. Auf diese Weise schieden zwei leicht identifizierbare eingeborene Schützen aus, dann ein Soldat, der ein Feuerzeug bei sich hatte – ein schlichter Hinweis,
der Raum für Spekulationen ließ. Dann holte man zwei aus dem Massengrab, deren Marken sie
als Infanteristen auswiesen. Schließlich öffnete man noch ein elftes Grab; darin lag ein Soldat,
der durch nichts identifizierbar war, außer dass man sah, er war Franzose. Kurze Gamaschen,
horizontblauer Kapuzenmantel: wahrscheinlich einer von denen, die 1916 umkamen.«

Später stehen die acht Särge aufgereiht in einem Stollen der Zitadelle von Verdun im Licht
einfacher Kerzen in Granathülsen und elektrischer Lampen, die mit blasslila Schleiern verhängt
sind. Bei einer kurzen Zeremonie am Nachmittag des 10. November drückt Pensionsminister André Maginot einem Soldaten des 132. Infanterieregiments einen Strauß Blumen vom Schlachtfeld in Verdun in die Hand. Auguste Thin, so heißt der junge Mann, meldete sich mit 19 Jahren
freiwillig; ein älterer Bruder ist im Krieg schwer verwundet worden, sein Vater gilt als vermisst.
Er selbst ist ein vorbildlicher Soldat; bei der Gegenoffensive im Sommer 1918 in der Champagne wurde er durch Gas verletzt, und auch bei den Kämpfen im Elsass war er dabei. Nun geht er
zweimal um die acht Särge herum und legt die Blumen schließlich auf den dritten in der linken
Reihe. Maginots Silhouette überragt die Kriegerwitwen, Verstümmelten, Veteranen, die dem Geschehen zusehen. Es ertönt Trommelwirbel, dann das Totengeläut. »Vor mir sah ich die Gesichter
der verstorbenen Freunde, der im Kampf gefallenen Kameraden. Vielleicht lag ja einer von ihnen
da drin ...«, erzählt René Le Gentil, der als Vertreter der *Association des écrivains combattants*
dabei ist.

Eine neue Form des Gedenkens

Der Zufall spielt auch anderswo bei ähnlichen Zeremonien eine Rolle. Die sechs in Frankreich
und Belgien exhumierten Leichen britischer Soldaten werden bei Ypern aufgebahrt. Dort deutet
ein Offizier mit verbundenen Augen auf einen der Särge. In Italien ist es eine trauernde Mutter,
die einen Strauß weißer Rosen auf den Sarg des Unbekannten Soldaten legt, in Rumänien zeigt
ein Waisenkind mit dem Finger auf einen der Särge und ruft: »Das ist mein Vater!«

Ähnlich demokratische und zugleich sentimentale Auswahlrituale nach französischem und
britischem Vorbild häufen sich in den Nachkriegsjahren. Die USA, Italien, Belgien und Portu-
gal setzen 1921 ihren Unbekannten Soldaten bei, die Tschechoslowakei und Jugoslawien 1922,
Rumänien 1923. Ausnahmen bilden das bolschewistische Russland, wo ausschließlich Lenin im
Herzen Moskaus bestattet werden darf, und Deutschland, denn das 1927 errichtete Tannenberg-
Denkmal beherbergt zwar die Leichen von 20 unbekannten Soldaten, ist ihnen jedoch nicht ei-
gens gewidmet. In erster Linie verherrlicht es Hindenburgs Sieg über Russland im August 1914.
Der Vorschlag des Kölner Oberbürgermeisters Konrad Adenauer, dem Unbekannten Soldaten am
Rheinufer ein Denkmal zu setzen, wird 1926 verworfen.

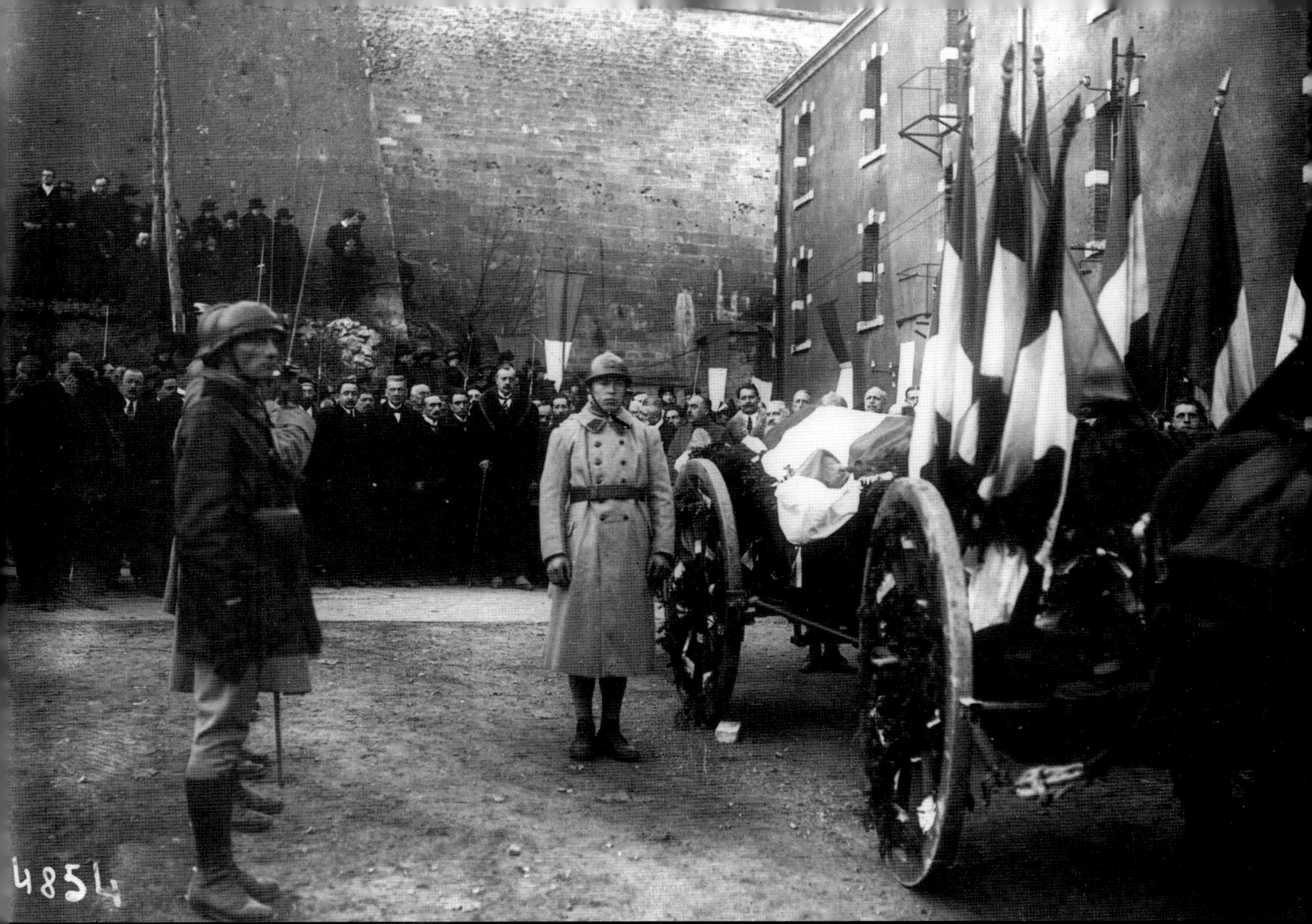
4854

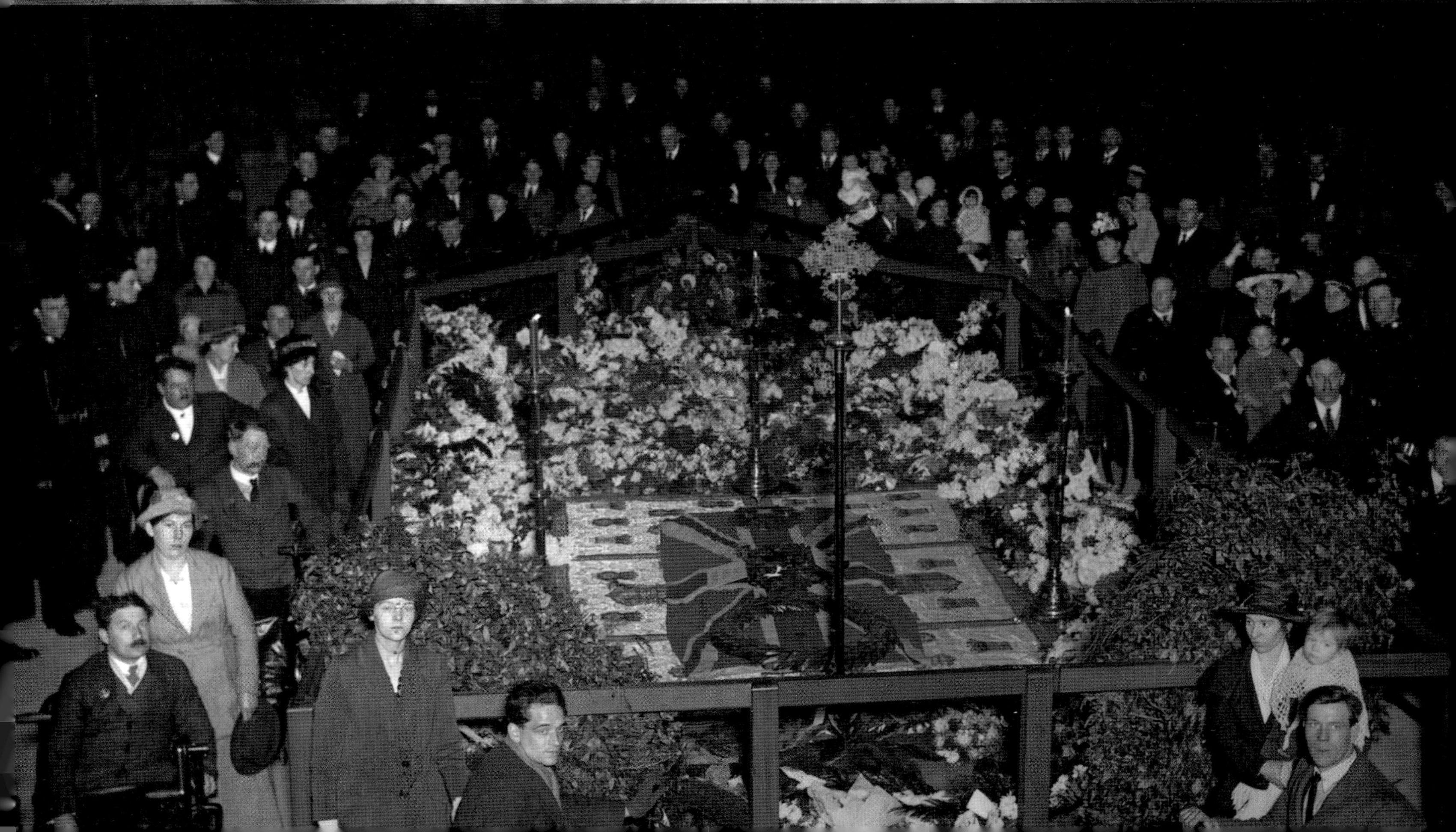

Erinnerungsorte für einen namenlosen Leichnam

Private Trauer äußerte sich je nach Religion und Land unterschiedlich. Beim britischen Votivbild (links) steht in der Inschrift die Pflichterfüllung im Vordergrund; ein Engel bekränzt den Gefallenen mit Palmwedeln als Zeichen seines Martyriums. Die Stickerei (rechts) einer deutschen Kriegerwitwe vermengt religiösen und patriotischen Glauben, denn für den 1916 verstorbenen Ehemann, dessen Foto in der Mitte zu sehen ist, erbittet sie den Schutz Gottes, aber auch den der Kaiser Franz Joseph und Wilhelm II.

Nach den Auswahlzeremonien in Verdun und Ypern bringen Sonderzüge die Leichname des französischen und britischen Unbekannten Soldaten zu ihren letzten Ruhestätten. In Großbritannien steht die Entscheidung für die Westminster Abbey schnell fest. Im Juli 1919 wurde in Whitehall bereits das von Sir Edwin Lutyens gestaltete Kenotaph errichtet, wenn auch zunächst als Provisorium aus Holz und Stuck. Die Einweihung des fertigen Denkmals ist für den 11. November 1920 vorgesehen. Die Behörden schlagen Georg V. deshalb vor, die Beisetzung in der Abtei am selben Tag vorzunehmen, um so eine Verbindung herzustellen zwischen Lutyens' laizistischem Scheingrab und dem nach anglikanischem Ritus gefeierten Staatsbegräbnis eines namenlosen Leichnams neben einem knappen Dutzend britischer Monarchen.

In Frankreich fällt die Entscheidung für die letzte Ruhestätte des Unbekannten erst spät und nach ausgiebiger Polemik. Im September 1919 regt Maurice Maunoury als Abgeordneter des Departements Eure-et-Loir an, einen *soldat obscur* (unbestimmten Soldaten) im Panthéon beizusetzen, doch im Jahr darauf ist noch immer alles offen. Die Regierung will zur Feier des 50. Jahrestags der Republik und des Waffenstillstands vom 11. November 1918 das Herz Gambettas und gleichzeitig die Asche des Unbekannten Soldaten im Panthéon beisetzen, doch die konservative Presse, allen voran *L'Intransigeant*, ist vehement dagegen. Maurice Pujo wettert in *L'Action française*: »Das Panthéon ist ein noch junges Heiligtum, und die darin ruhenden ›Berühmtheiten‹

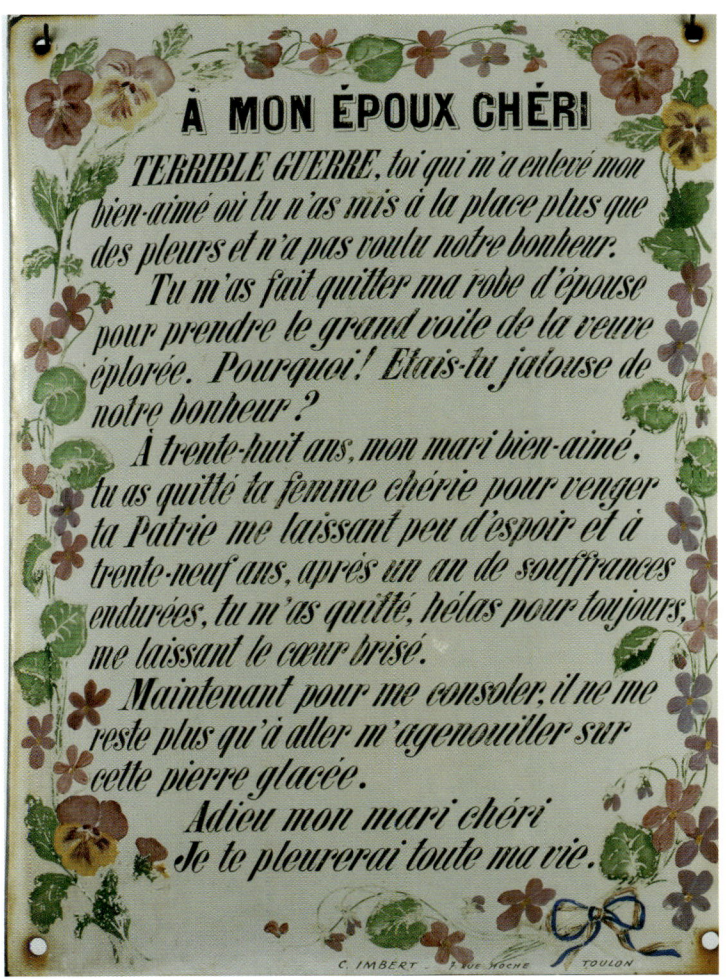

À MON ÉPOUX CHÉRI

TERRIBLE GUERRE, toi qui m'a enlevé mon bien-aimé où tu n'as mis à la place plus que des pleurs et n'a pas voulu notre bonheur.

Tu m'as fait quitter ma robe d'épouse pour prendre le grand voile de la veuve éplorée. Pourquoi! Étais-tu jalouse de notre bonheur?

À trente-huit ans, mon mari bien-aimé, tu as quitté ta femme chérie pour venger ta Patrie me laissant peu d'espoir et à trente-neuf ans, après un an de souffrances endurées, tu m'as quitté, hélas pour toujours, me laissant le cœur brisé.

Maintenant pour me consoler, il ne me reste plus qu'à aller m'agenouiller sur cette pierre glacée.

Adieu mon mari chéri Je te pleurerai toute ma vie.

C. IMBERT - 7 RUE HOCHE TOULON

vom unseligen Genfer Rousseau bis zum widerwärtigen Zola wären für den Helden Frankreichs eine üble Gesellschaft. Für mein Verständnis hat der erhabene Soldat des Großen Kriegs neben dem Autor von *Der Zusammenbruch* nichts zu suchen.« In den Augen vieler überragt der Unbekannte Soldat die anderen großen Männer, weil er Sinnbild aller ist, die ihr Leben für das Vaterland geopfert haben. »Sperrt ihn nicht in dieses einsame Denkmal ein, das Besucher nur zögernd betreten. Tragt ihn zum Scheitelpunkt der Triumphstraße und bettet ihn mitten zwischen die vier zum Himmel offenen Bögen«, mahnt Henry de Jouvenel des Ursins in *le Matin*. »Bedenken Sie: Er, der Unbekannte, der Anonyme, der einfache Soldat – er ist derjenige, der dem Triumphbogen erst seinen Sinn verleiht.« Durch die Bedeutungsverschiebung wird der von Kaiser Napoleon 1806 erbaute *Arc de triomphe de l'Étoile* zum Wahrzeichen für den Triumph der Republik unmittelbar nach dem Großen Krieg.

Von der Place Denfert-Rochereau aus begleitet der Unbekannte Soldat das Herz Gambettas (eines glühenden Vertreters des Revanchismus) ins Panthéon zu dessen feierlicher Beisetzung, aber er bleibt dort nicht. Am Vormittag bildet sich der Begleitzug aufs Neue, durchquert ganz Paris bis zur Avenue des Champs-Élysées und endet schließlich am Triumphbogen. Die Gefühle vieler reichen an diesem Tag genauso tief wie die kollektive Trauer, die auf allen vom Krieg betroffenen Völkern lastet.

Oben

Das als Grabinschrift gedachte Emailleschild (links) ist eine Trauerklage mit pazifistischen Anklängen, auch wenn sich die Anprangerung des Krieges mit Anerkennung für die Pflichterfüllung dem Vaterland gegenüber vermischt. Friedhofsbesuche vor allem am 11. November gehören zu den wichtigsten Vehikeln für die Weitergabe der Erinnerung an den Weltkrieg innerhalb der Familien. Rechts eine Witwe am Grab ihres Mannes 1919 bei Verdun.

Trauer ohne Leichnam

Dieser Krieg, der fast zehn Millionen Menschenleben forderte, bedingt auch einschneidende Veränderungen der Trauerpraktiken, denn er stellt die Generationenfolge auf den Kopf und lässt die Jüngeren vor den Älteren sterben. Während die Menschen im 19. Jahrhundert üblicherweise zu Hause im Kreis ihrer Lieben starben, gehen die Weltkriegssoldaten ohne den Beistand ihrer Angehörigen in den Tod. Der Trauerfall trifft die Lebenden unvorbereitet; es entfallen auch die üblichen kleinen Rituale in den ersten Momenten nach dem Tod eines Angehörigen: das Anhalten des Uhrpendels, das Schließen der Fensterläden, die Totenwache. Das eigentliche Problem für Millionen Trauernde ist der abwesende Leichnam an sich. Die britischen Behörden verbieten kurzerhand die Rückführung der Toten: Auf Staatskosten wäre sie zu teuer; überließe man sie aber Privatunternehmen, schüfe man ein Ungleichgewicht zwischen Reich und Arm, das für die trauernden Familien unerträglich wäre. In Frankreich ist die Umbettung in Familiengruften erst nach der Einführung des Gesetzes vom 31. Juli 1920 und der Regierungsverordnung vom 28. September gestattet; dennoch kehren die ersten Toten erst 1922 zurück, und auch dann nur ein Drittel der insgesamt 700 000 identifizierten Leichname. Viele Leichen (fast die Hälfte der gefallenen Franzosen) blieben auf den Schlachtfeldern verschwunden, wurden von Granaten zerfetzt, versanken im Schlamm oder verwesten im Niemandsland.

Rechts
Eines der bekanntesten Symbole des Ersten Weltkriegs sind Holzkreuze wie dieses für den am 14. Oktober 1918 gefallenen Hauptmann D. L. H. Baynes (links). Sie markierten die Behelfsgräber, die man nach den Gefechten oft in großer Hast aushob und bis auf einen Helm oder eine Kokarde schmucklos ließ. Erst als Anfang der 1920er-Jahre die großen Soldatenfriedhöfe angelegt wurden, konnten die Toten ihre endgültigen Ruhestätten finden. Zu dieser Zeit begann man in einigen Ländern auch mit der Rückholung der Leichname und ihrer Bestattung im Kreis der Familie. Für die fern der Heimat gefallenen Soldaten der Kolonialtruppen richtete man auf den Soldatenfriedhöfen separate Felder ein wie hier das muslimische auf dem Soldatenfriedhof von Ivry-sur-Seine (rechts).

Die Identifizierung von Sergeant David A. Kitto.
Noch Jahrzehnte nach dem Krieg gab der Boden jedes Jahr Leichen gefallener Soldaten frei. Einige konnten anhand der in der Nähe gefundenen Gegenstände identifiziert werden wie im Fall vom Sergeant David A. Kitto vom 37th Field Ambulance Royal Army Medical Corps, der seit der Schlacht um Cambrai am 30. November 1917 vermisst war. Als sein Leichnam im Oktober 1989 wiederauftauchte, fand man auch sein Rasierzeug (1), sein Abzeichen (3), seine Trillerpfeife (2) und ein Taschenmesser mit eingraviertem Namen (4).

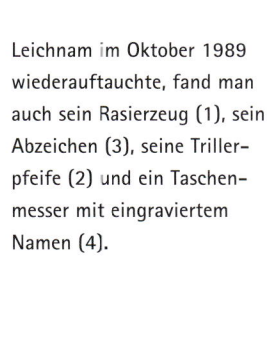

Private Trauer, öffentliche Trauer

Frankreich und Großbritannien müssen in Abwesenheit der Leichname um ihre Gefallenen trau-
ern. Die Beisetzung des Unbekannten Soldaten schließt diese Lücke. Die Feierlichkeiten am 11.
November 1920 stellen den Trauernden quasi einen Leichnam zur Verfügung, um die schreckliche Vorstellung auszutreiben, dem Leichnam eines geliebten Menschen sei nicht einmal eine
letzte Ruhestätte vergönnt. Die kollektive Trauer lässt neue Formen des Gedenkens entstehen,
von Soldatenfriedhöfen über Beinhäuser bis zu Ehrenmalen für jede Gemeinde. Von all diesen
Orten ist das Grab des Unbekannten Soldaten zweifellos am stärksten emotional besetzt, denn als
letzte Ruhestätte eines Einzelnen und zugleich der Gesamtheit aller Toten ist es ein symbolisches,
aber auch grauenhaft konkretes Denkmal. In der nationalen Vorstellung ist es ein »Erinnerungs-
ort«, an dem auch aller individueller Schmerz zum Ausdruck kommt.

Dass bei den Feierlichkeiten am 11. November persönliche und kollektive Trauer miteinander verschmelzen, bezeugt die in Tränen aufgelöste Menschenmenge. Geduldig steht sie in den
Straßen Londons Schlange, um dem Unbekannten Soldaten mit einer Inbrunst die letzte Ehre zu
erweisen, die selbst die Beisetzung von Queen Victoria 1901 übertrifft. In Paris stellt man den
Sarg des Unbekannten Soldaten zunächst in einem Raum oben im Triumphbogen auf, denn die
Entscheidung für seine letzte Ruhestätte fiel so kurzfristig, dass man noch kein Grab ausheben
konnte. Die eigentliche Beisetzung findet deshalb bei einer weiteren Feier am 21. Januar 1921
statt. Am 11. November 1923 schließlich wird erstmals die Ewige Flamme der Erinnerung ent-
zündet, die seither Tag und Nacht für die Gefallenen leuchtet. Gestiftet hat sie ein Veteranen-
verein. Zum Ausdruck ihrer unverbrüchlichen Treue gegenüber den gefallenen Kameraden, aber
auch der nie versiegenden Trauer, verpflichten sie sich, die Flamme jeweils zu mehreren tagein,
tagaus in der Abenddämmerung zu warten. Roland Dorgelès stellt sich in seinem späten Werk
Bleu horizon vor, wie die Gefallenen am Triumphbogen umherirren: »Weil wir eure Körper nicht
mit nach Hause bringen konnten, müsst ihr nun durch das Dunkel streifen … Ja, vielleicht sind
es die Toten ohne letzte Ruhestätte, die sich nachts an diesem Lagerfeuer wärmen.«

Millionen Heimatlose

5. Juli 1922 Ein internationales Abkommen unter der Schirmherrschaft des Genfer Völkerbunds führt ein neues Ausweispapier als Reisedokument für staatenlose russische Flüchtlinge ein: den »Nansen-Pass«. Sein Urheber, der norwegische Forscher und Entdecker Fridtjof Nansen, ist als Hochkommissar des Flüchtlingswesens vom Völkerbund mit der Rückführung von Kriegsgefangenen in ihre Heimatländer beauftragt, denen der Bürgerkrieg in Russland den Rückweg abschneidet. Für diese wichtige Aufgabe erhält er 1922 den Friedensnobelpreis. Anschließend setzt er sich für die Hunderttausende Männer, Frauen und Kinder ein, die der Krieg, die Oktoberrevolution und schließlich die Friedensverträge aus ihrer Heimat, ihrem Vaterland vertrieben haben.

■ Schon im Sommer 1914 lösen Gefechte und blutige Invasionen überall in Europa gewaltige Bevölkerungsverschiebungen aus: Die gewaltsame Vertreibung auf Befehl der Militärbehörden und vor allem die Flucht aus Angst vor Übergriffen machen Hunderttausende Belgier, Franzosen, Deutsche, Österreicher und Ungarn heimatlos. Die Bewohner der besetzten Gebiete Belgiens und Nordfrankreichs fliehen aus den Kampfzonen und vor der Gewaltherrschaft der Besatzer und schüren unterwegs mit Berichten von Übergriffen überall Ängste. Rund ein Fünftel der Bevölkerung Belgiens verlässt das eigene Staatsgebiet in Richtung Niederlande und von da aus weiter nach England oder Frankreich. Die ausufernden Kampfhandlungen beispielsweise im Zuge der Offensive bei Verdun oder im Frühjahr 1918, Vertreibungen und Zwangsumsiedlungen aus den besetzten Gebieten lassen den Flüchtlingsstrom weiter anschwellen. Insgesamt suchen mindestens zwei, vielleicht auch drei Millionen Franzosen während des Kriegs Zuflucht im Landesinnern, doch die Bedingungen, die sie dort vorfinden, sind oftmals schwieriger, als man angesichts der patriotischen Einigkeit im Krieg annehmen sollte. Neben dem Verlust ihrer Heimat müssen sie eine soziale Herabstufung und in gewissem Umfang sogar eine Ausgrenzung hinnehmen.

Die Bevölkerungsverschiebungen von 1915

An der Ostfront finden 1915 Völkerverschiebungen in großem Umfang statt. Auf die zeitgleichen Offensiven der österreichischen, deutschen und bulgarischen Truppen und das militärische Fiasko der serbischen Armee folgt ein dramatischer Massenrückzug serbischer Soldaten und Zivilisten. Knapp 500 000 Menschen flüchten über die Albaner Berge; insgesamt suchen eine Million Serben Zuflucht im Ausland. Aus den östlichen Regionen Russlands werden Juden und Deutschstämmige schon 1914 vertrieben, weil man sie der Kollaboration mit dem Feind verdächtigt. 1915 beschleunigt die Besetzung von Litauen, Galizien und den ehemals polnischen Gebieten die Massenflucht weiter, da die russische Armee eine sehr gründliche Politik der Verbrannten Erde praktiziert. An den Südgrenzen des Zarenreichs folgt ein Teil der armenischen Bevölkerung dem Abzug der russischen Armee und entgeht so Deportation und Völkermord. 100 000 Armenier finden in Eriwan Aufnahme.

Auf dem Weg zu einer humanitären Diplomatie

Das Flüchtlingsproblem ist eng verknüpft mit der fortschreitenden Totalisierung des Kriegs als solchem, die den Ersten Weltkrieg kennzeichnet. Typisch hierfür ist die Verwischung der Unterscheidung zwischen Militär und Zivilisten sowie die Hilflosigkeit des Internationalen Völkerrechts. Doch auch nach dem Ende des Weltkriegs sind die Verschiebungen und das damit verbundene Leid längst nicht vorüber. An den ehemaligen Grenzen des zerfallenden Zarenreichs kommt es immer wieder zu blutigen Zusammenstößen, die vor allem zwischen Russland, Weißrussland und Polen Massenfluchten auslösen. Die Zerschlagung des Kaiserreichs Österreich-Ungarn führt zur Gründung neuer Staaten, deren Grenzen eigentlich mit denen zwischen Volks- und Sprachgruppen übereinstimmen sollten. Aufgrund der komplexen Bevölkerungsgeographie und der strategischen Interessen bei der Gründung der Nachfolgestaaten erweist sich dieser Ansatz jedoch als undurchführbar. Gleichzeitig bemühen sich die Friedensverträge, den vom Völkerbund zugesagten Schutz der Minderheiten zu gewähren. Mit dem generalisierten Optionsprinzip zwingen sie den Einzelnen, seinen Wohnsitz in das Land zu verlegen, dessen Staatsangehörigkeit er annimmt. Ab 1917 flüchteten 120 000 Russlanddeutsche ins Deutsche Reich, und nach 1918 verließen fast eine Million Deutsche die zurückgegebenen Gebiete, davon allein rund 120 000 aus Frankreich, aber auch aus Dänemark und dem nun polnischen Posen und Ostpreußen. Im Juli 1921 schließt Ungarn nach der Aufnahme von 350 000 Umsiedlern seine Grenzen für Flüchtlinge aus Rumänien, der Tschechoslowakei und Jugoslawien. Insgesamt verlassen rund zehn Millionen Menschen die Drittländern unterstellten Gebiete.

Obwohl er kein spezifisches Mandat für eine humanitäre Diplomatie besitzt, entwickelt sich der Völkerbund de facto zu einem wichtigen Akteur in diesem Feld. Nach Einschätzung der Historikerin Dzovinar Kévonian wirken Staaten, internationale Organisationen und private Einrichtungen bei einer »Institutionalisierung im Bereich des humanitären Völkerrechts« mit. 1920 erhält Fridtjof Nansen den Auftrag, in enger Zusammenarbeit mit dem Internationalen Komitee vom Roten Kreuz (IKRK) die Rückführung von Kriegsgefangenen und Zivilisten auszuhandeln und zu organisieren. Dabei geht es vor allem um Deutsche und Österreicher, die in den Wirren der Revolution in Russland gefangen sind, und um russische Kriegsgefangene, die seit der Aussetzung ihrer Rückführung im Januar 1919 in Mitteleuropa festsitzen. Insgesamt handelt es sich um fast 430 000 Angehörige

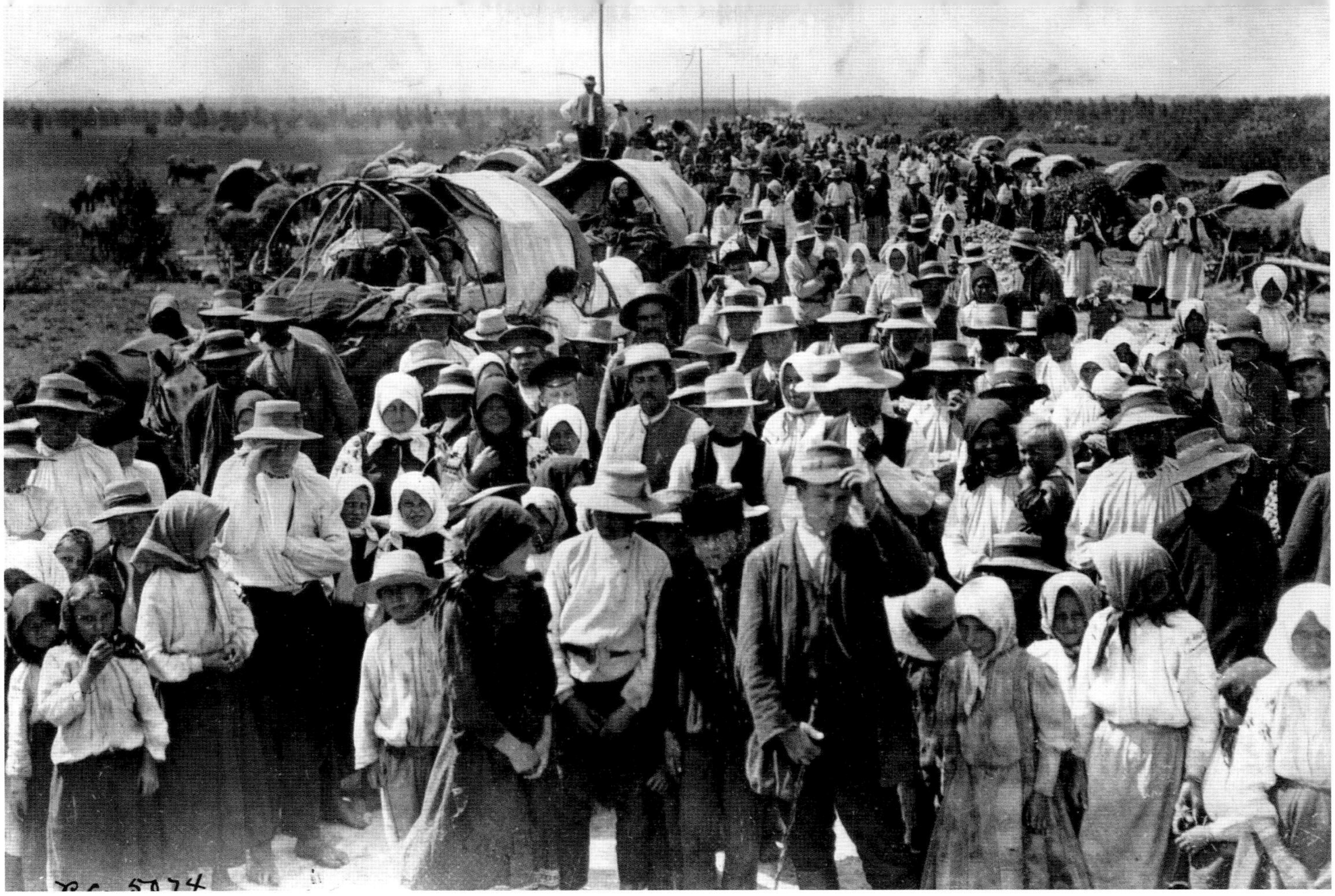

Ausgabe von Ausweisen
zur Stadt.
אויסגאבע
פאן אויסווייזע צור
שטאדט

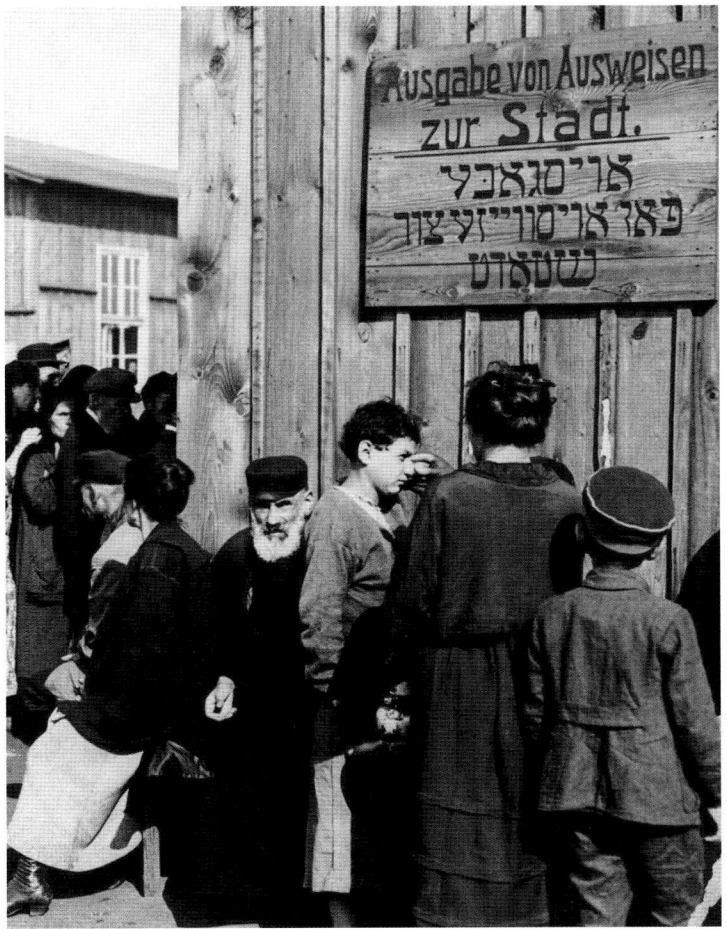

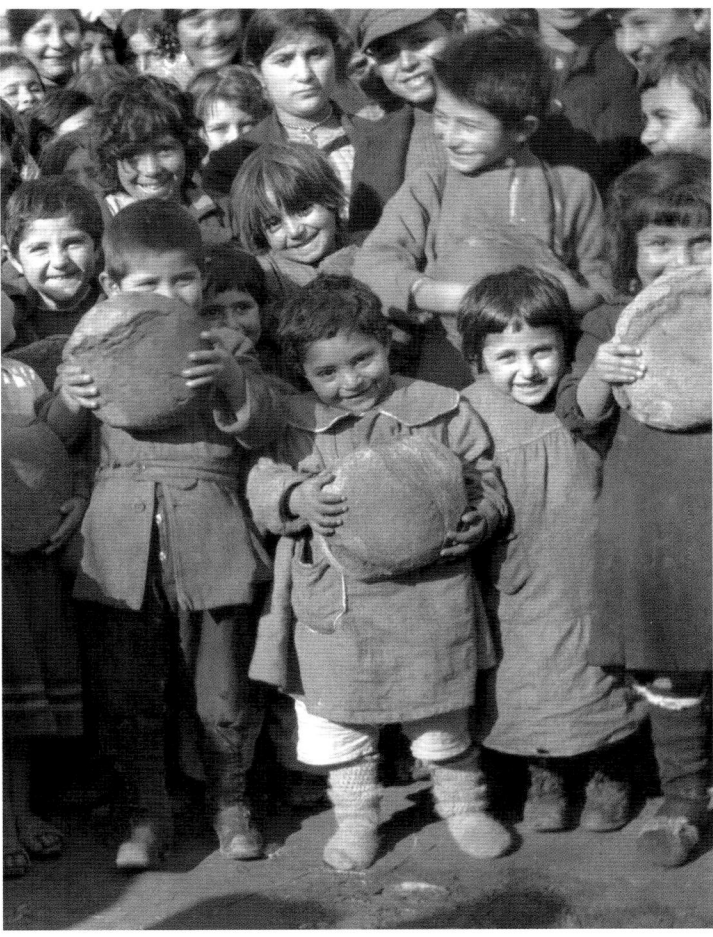

von 26 Staaten. Nach der Erforschung des Nordpolarmeers ging Nansen als Botschafter des noch jungen Norwegen nach London und setzte sich später für die Gründung des Völkerbunds ein. Als Bürger eines neutralen Staats und hervorragender Kenner der russischen Kultur wird er zur Schlüsselfigur – und zum Aushängeschild – der gerade entstehenden humanitären Diplomatie.

Nach der Niederlage der Weißen Armee steigt die Zahl russischer Emigranten Ende 1920 rapide an. Fast 135 000 Personen werden von der Krim nach Konstantinopel evakuiert und dort in behelfsmäßigen Lagern untergebracht. Massenhaft strömen Flüchtlinge in die Länder Mitteleuropas und in die Türkei – nach Angaben des Amerikanischen Roten Kreuzes sind es fast zwei Millionen. Ab Juni 1921 koordiniert Nansen als Hochkommissar des Flüchtlingswesens die zu ihren Gunsten anlaufenden Hilfsprojekte.

Ein Pass für die Staatenlosen

Als diese Flüchtlinge wenige Monate später, im Dezember 1921, ihre Staatsangehörigkeit verlieren, wird der im Ersten Weltkrieg eingeführte internationale Reisepass für sie zum Problem. Frankreich beispielsweise fordert ihn seit dem 3. August 1914 von allen Ausländern, und als in den 1920er-Jahren diskutiert wird, ihn wieder abzuschaffen, weigern sich die Staaten, diese Möglichkeit zur Beschränkung der Personenfreizügigkeit und Migrationskontrolle aufzugeben. Für die Staatenlosen, die alle Rechte aus ihrer früheren Staatsangehörigkeit verloren haben, hat das gravierende Konsequenzen. Ohne Ausweispapiere können sie keine Grenzen mehr überqueren: Sie sitzen fest. Im Zuge der modernen Verwaltung der Staatsgebiete und der zwangsläufigen Neudefinition des Verhältnisses zwischen Bevölkerung, Staatsgebiet und Nationalität entsteht die völlig neue Personengruppe der »Sans-papiers«, der Ausländer ohne gültige Aufenthaltspapiere. Da Staatenlose aber andersherum auch die Staaten und die internationale Gemeinschaft vor rechtliche und konkrete Probleme stellen, findet im Juli 1922 in Genf eine Konferenz statt. Sie beschließt die Einführung eines Ausweisdokuments. Es gilt anfangs nur für russische Flüchtlinge, wird jedoch 1924 auch den Massen von Armeniern ausgestellt, denen inzwischen die Staatsbürgerschaft entzogen wurde. Der »Nansen-Pass« ist damit fester Bestandteil der neu entwickelten Maßnahmen zum Schutz aller Flüchtlinge.

Zugleich nämlich kümmert sich der Völkerbund auch um diejenigen, die aus der Türkei fliehen müssen, darunter Armenier, Assyro-Chaldäer und Griechen. 1920 gibt Frankreich sein Mandat über Kilikien unter dem Druck der türkisch-nationalistischen Streitkräfte auf, die das Gebiet daraufhin zurückerobern. Obwohl der Friedens- und Freundschaftsvertrag von Angora ihre Sicherheit garantieren sollte, strömen die Armenier und diversen christlichen Gemeinschaften beim Abzug der französischen Truppen zu Zigtausenden zurück nach Syrien und in den Libanon: 1923 sind es fast 35 000.

Die Legalisierung der Zwangsumsiedlung von Minderheiten

Der neue Krieg, der im Mai 1919 zwischen der Türkei und Griechenland ausbricht, stellt einen weiteren Wendepunkt dar. Bei der Eroberung von Smyrna brennen die Türken im September 1922 die Wohnviertel der Armenier und der Christen nieder, 30 000 kommen bei den Massakern ums Leben. Nach ihrem Sieg beginnen die Kemalisten mit der Vertreibung der griechischen Einwohner. Von 1916 bis 1923 kommen 350 000 der einst 750 000 Angehörigen der pontisch-griechischen Bevölkerung auf den Gewaltmärschen um; ihre Vertreibung ist Teil der zielgerichteten Ausrottung christlicher Minderheiten, die bereits im Völkermord an den Armeniern zum Tragen kam. Seit den Balkankriegen hatte sich die ethnische Homogenisierung in der Praxis durchgesetzt. Bereits die Abkommen von 1913 und 1914 hatten einen Bevölkerungsaustausch zwischen der Türkei, Bulgarien und Griechenland sanktioniert. Nach wiederholten Deportationen von Griechen zwingt das jungtürkische Regime im Juni 1914 Griechenland ein Abkommen auf, das die Ausweisung von 200 000 Griechen aus Kleinasien und Thrakien vorsieht. Diesen Maßnahmen gehen jeweils Ausschreitungen gegen die Zivilbevölkerung voraus, um zumindest den Anschein zu wecken, es handle sich um eine freiwillige Auswanderung.

Als unter der Schirmherrschaft des Völkerbunds 1923 die Zwangsumsiedlung legalisiert wird, ist dies ein historischer Wendepunkt, denn damit wird eine ethnisierende Definition von Staatsgebieten für legal erklärt. Diese Entscheidung dient später als Präzedenzfall: Die Alliierten berufen sich darauf 1945 bei den von ihnen angeordneten Massenumsiedlungen, vor allem bei der Aussiedlung der Deutschen aus Mittel- und Osteuropa. Integraler Teil des Vertrags, den die Türkische Republik und die Alliierten am 24. Juli 1923 in Lausanne unterzeichnen, ist das griechisch-türkische Abkommen vom 30. Januar 1923. Ihm zufolge müssen 1,5 Millionen griechisch-orthodoxer Türken Ionien, den Pontos, Kappadokien und Ostthrakien verlassen. Viele von ihnen sind schon vor den Massakern geflohen, andere brechen unter oft dramatischen Umständen aus ihrer Heimat auf. In den Häfen pfercht man die Vertriebenen zusammen und überlässt sie ohne Verpflegung sich selbst. Zigtausende sterben schon in Piräus oder Saloniki in den Behelfslagern. Die Einwohnerzahl von Athen steigt abrupt von 300 000 auf 700 000. Umgekehrt siedelt man 400 000 griechische Muslime überwiegend aus Makedonien zwangsweise in der Türkei an. Ohne Rücksicht auf Sprache oder Nationalität beruft sich das Abkommen einzig und allein auf die religiöse Komponente der ethnischen Zugehörigkeit.

1994 räumte der griechische Staat offiziell den »Völkermord an den Pontos-Griechen« ein. Seit 1998 begeht man jeweils am 14. September – dem Tag der Abdankung König Konstantins und des großen Brands von Smyrna – den »nationalen Tag des Gedenkens an den Völkermord an den Griechen Kleinasiens durch den türkischen Staat«. Die Pontos-Griechen pflegen bis heute eine eigenständige Kultur; originalgetreu bauten sie in ihrer neuen Heimat die pontischen Klöster wieder auf, die teils zerstört wurden, teils heute unzugänglich sind. Durch die Verherrlichung der »unvergesslichen Heimatländer« verschmelzen die Pontos-Griechen die kollektive mit der persönlichen Erfahrung, die sie mit Millionen Europäern des 20. Jahrhunderts teilen und deren Auslöser der Erste Weltkrieg war: das Exil.

Unten

Das Griechenland zugeschlagene Smyrna (heute Izmir) wird 1919 von der griechischen Armee besetzt. Zur Zeit des Truppenabzugs 1922 leben über 200 000 osmanische Griechen in der Stadt. Atatürks Streitkräfte marschieren am 9. September ein und terrorisieren die griechische und armenische Bevölkerung der Stadt mit Plünderungen und Morden. Im Hafen ankernde ausländische Schiffe weigern sich, Flüchtlinge aufzunehmen. Am 13. September brennt der gesamte europäische Teil der Stadt nieder. Wie viele im Feuer umkamen, ist nicht bekannt.

Die Ruhrbesetzung

11. Januar 1923 Beim Einmarsch ins Ruhrgebiet hängen die belgischen und französischen Besatzer überall Proklamationen aus. Es sind die gleichen, mit denen das deutsche Militär 1914–1918 Zivilisten Repressalien und Sanktionen angedroht hatte, nur ergänzt durch den Satz: »So gingen die Deutschen in Belgien und Frankreich vor!« Für die Franzosen ist die Besetzung des Ruhrgebiets die logische Konsequenz der Kriegsereignisse, für die Deutschen aber ein Willkürakt, der nahtlos an die Tradition Ludwigs XIV. oder Bonapartes anknüpft. Noch immer wollen sie weder das Ausmaß der Verwüstungen in den von ihnen besetzten Gebieten noch die Bedeutung der geforderten Reparationen wahrhaben.

■ Der Friedensvertrag von Versailles bestätigt die im Waffenstillstandsvertrag vorgesehene Besetzung des Rheinlands: 130 000 alliierte Soldaten, darunter 94 000 Franzosen, werden für fünf bis 15 Jahre in den linksrheinischen Gebieten sowie Köln, Koblenz und Mainz stationiert. Auf die Bildung von Pufferstaaten hatte Clemenceau in der Friedenskonferenz gegen vertragliche Garantien der Amerikaner und Briten verzichtet. Diese werden jedoch hinfällig, als der Vertrag im US-Senat durchfällt.

Deutschland soll bluten

Die Alliierten nutzen die Ausweitung der militärischen Besatzung deshalb, um die Reparationszahlungen zu erzwingen. Deren Höhe blieb zunächst offen und war Gegenstand zäher Verhandlungen. Anfangs soll Deutschland bis zum 1. Mai 1921 20 Milliarden Goldmark zahlen. Als es die Entscheidungen der Londoner Konferenz von März 1921 ablehnt, besetzten die Alliierten Düsseldorf und Duisburg-Ruhrort. Im Mai 1921 verpflichtet sich die Regierung zur Zahlung von 132 Milliarden Goldmark; mit der von Finanzminister Rathenau eingeleiteten »Erfüllungspolitik« zeichnet sich eine Wende ab. Gemeinsam mit dem Minister für die befreiten Regionen, Loucheur, unterzeichnet er am 6. Oktober 1921 das Wiesbadener Abkommen über Sachlieferungen.

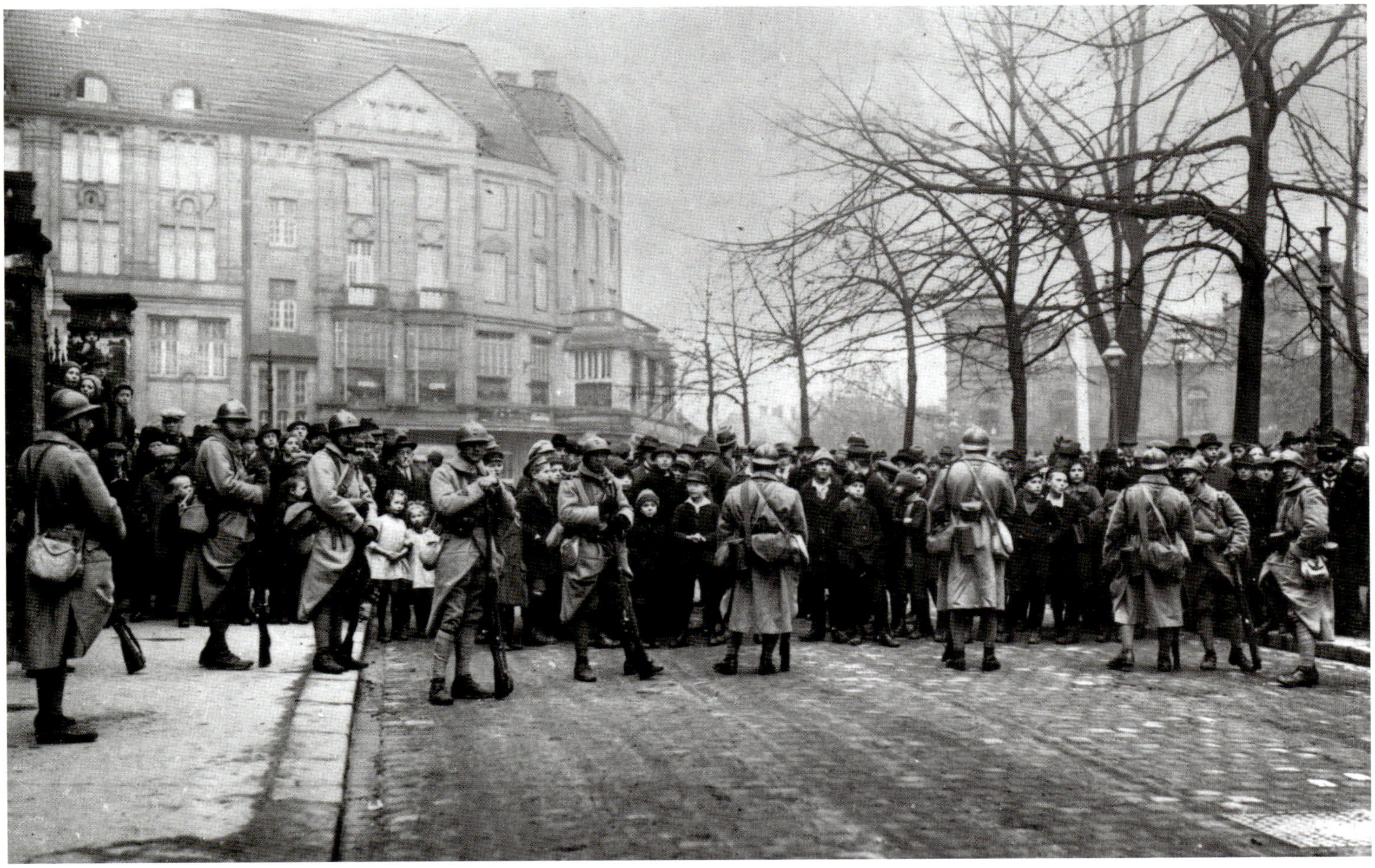

Hände weg vom Ruhrgebiet!
Kultur Liga

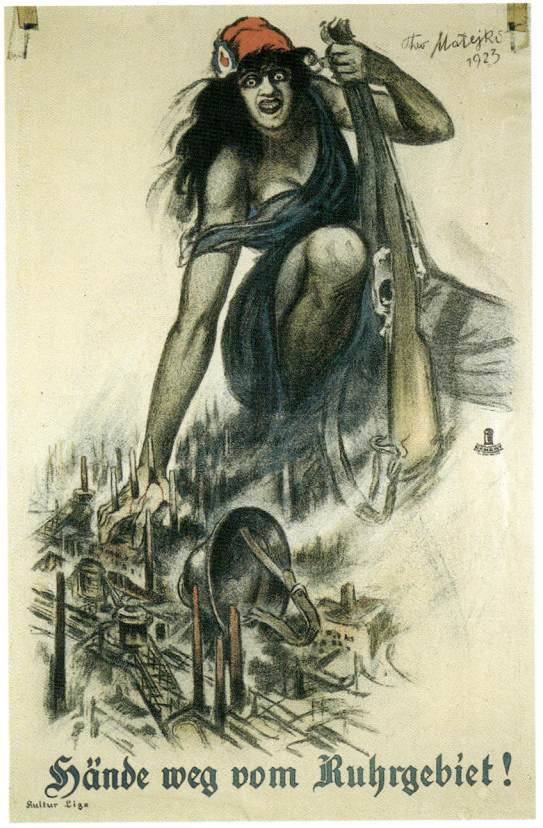

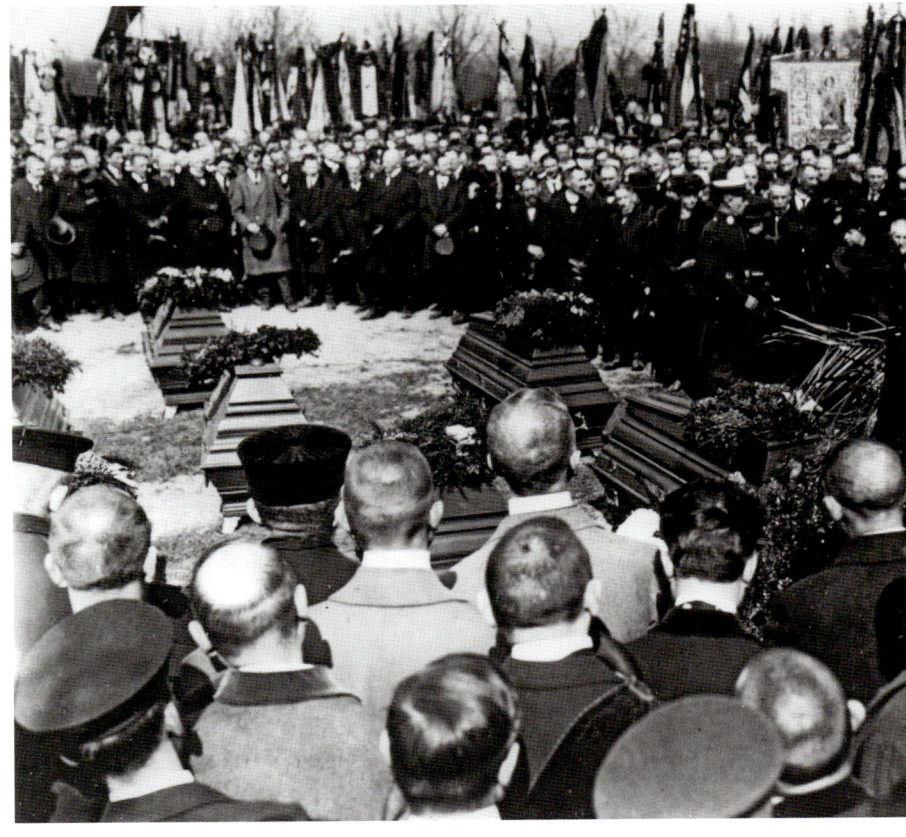

Frankreich erwägt sogar, seine Forderungen etwas zu senken, doch die realistische Politik ist zum Scheitern verurteilt.

Zur Verärgerung Frankreichs unterzeichneten Deutschland und die UdSSR nämlich am 16. April 1922 am Rand der Finanz- und Wirtschaftskonferenz von Genua den Rapallo-Vertrag. Am 24. Juni 1922 wird Rathenau in Berlin von der rechtsextremen »Organisation Consul« ermordet. Am 12. Juli 1922 erklärt die Regierung Cuno sich außerstande, die Reparationsforderungen zu erfüllen. Poincaré, seit Januar 1922 Ministerpräsident, bewilligt einen Aufschub, fordert aber im Gegenzug »produktive Pfänder«. Deutschland hat bis dahin nicht einmal die Hälfte der für diesen Termin vorgesehenen Zahlungen geleistet. Nach Meinung der Alliierten will das besiegte Land nicht zahlen, obwohl seine Wirtschaft intakt ist, während Frankreich nur mühsam wieder auf die Beine kommt. Sie werfen Deutschland vor, die Inflation bewusst anzuheizen. Bei der Konferenz vom 7. bis 14. August in London widersetzt sich Großbritannien den französischen Forderungen, weil es will, dass Deutschland seinen Platz in der europäischen Wirtschaft und im Handel wieder einnimmt. Am 13. November 1922 besteht Deutschland auf einem zwei- bis dreijährigen Zahlungsaufschub. Zwei Wochen später steht auf französischer Seite der Entschluss fest, die wirtschaftlichen und politischen Ziele mit der Besetzung des Ruhrgebiets abzusichern. Über die Wiedergutmachung hinaus hat man für das Rheinland weitergehende politische Pläne.

Der Ruhrkampf

Unter dem Vorwand, die Sicherheit der Inspektoren der *Mission interalliée de contrôle des usines et des mines* gewährleisten zu müssen, marschieren am 11. Januar 1923 schwerbewaffnete belgische und französische Truppen ins Ruhrgebiet ein und verhängen den Belagerungszustand. 47 000 Mann besetzen eine Region, die 3,5 Millionen Einwohner zählt und 74 Prozent der deutschen Kohle und 87 Prozent des Stahls produziert. Die Erzeugnisse der Montanindustrie unterliegen einer Handelssperre: Der Export wird engmaschig überwacht, jede Belieferung innerhalb Deutschlands ist untersagt. Systematische strikte Zollkontrollen schotten die besetzten Gebiete gegen den Rest des Landes ab.

Zu militärischem Gegendruck ist die deutsche Regierung in keiner Weise fähig. Am 13. Januar ruft sie die Bevölkerung deshalb zum passiven Widerstand auf. Sie hofft auf Unterstützung aus dem Ausland, denn Großbritannien beteiligt sich nicht an der Ruhrbesetzung und setzt im Inland auf eine Wiederbelebung des Burgfriedens. Die Beamten sollen Anordnungen der Besatzer missachten, Eisenbahner den für Kohlentransporte benötigten Zugverkehr lahmlegen. Die Gewerkschaften rufen Streiks aus, denen sich viele anschließen, zumal der Staat für die Lohneinbußen aufkommt. Wer den Besatzern gehorcht, muss mit Sanktionen oder Strafverfolgung rechnen, ganz zu schweigen vom sozialen Druck bis hin zur Gewaltanwendung.

Anfang Februar verhärten sich die Fronten. Frankreich beutet trotz allem weiter systematisch die Ressourcen im Ruhrgebiet aus, lässt Kohlen direkt von den Halden abtransportieren, beschlagnahmt Bargeld zur Begleichung der Reparationen und Besatzungskosten und belegt Einzelpersonen und Gemeinden mit Geldstrafen. Von Januar bis Oktober 1923 werden die Beamten und einige Industrielle samt Familien (alles in allem 135 000 Personen) von Rhein und Ruhr vertrieben. Während der Beschlagnahmung von Fahrzeugen gibt es beim Zusammenprall zwischen Arbeitern und Besatzungssoldaten am 31. März bei Krupp in Essen 13 Tote. Eine Flut von Publikationen pran-

Vorangehende Seite
Am 11. Januar 1923 besetzten belgische und französische Truppen das Ruhrgebiet (oben französische Straßenblockade am 12. Januar 1923 in Essen). Das von Theo Matejko im Auftrag der Kultur-Liga gezeichnete Plakat ist ein Beispiel für die giftige antifranzösische Propaganda dieser Phase: Eine riesige grinsende »Marianne« mit Jakobinermütze und Gewehr greift mit ausgestreckter Hand nach dem Ruhrgebiet. Vor ihr liegt ein *casque Adrian* als Hinweis darauf, dass die diabolische Feindin in Wahrheit längst besiegt ist und nur noch verscheucht werden muss. Die deutsche Regierung organisiert den passiven Widerstand, die Gewerkschaften rufen zum Streik auf. Die Trauerfeier für die am 10. April 1923 getöteten Krupp-Arbeiter (unten rechts) bekräftigt den unter der Besatzung wiedergefundenen Burgfrieden.

gert die Brutalität der Besatzer an. Das Münchner Satireblatt *Simplicissimus* widmet zwei Sonderausgaben den französischen »Gräueltaten«. Schon bei der Besetzung des Rheinlands 1919 war es zu einer Welle der Empörung über die »Schwarze Schmach«, sprich die Untaten der Kolonialtruppen gekommen, denen man Massenvergewaltigungen und Kannibalismus unterstellte. Obwohl im Ruhrgebiet keine schwarzen Soldaten eingesetzt werden, ist das Schreckbild des Senegalschützen, der eine junge Frau (die Verkörperung Deutschlands) vergewaltigt, in Deutschland allgegenwärtig. Nach offiziellen deutschen Zahlen, die französische Quellen bestätigen, kommen insgesamt 141 Menschen ums Leben.

Mit finanzieller Unterstützung der deutschen Regierung verüben die Freikorps Sabotageakte, die zwar eher Randerscheinungen sind, aber an Brutalität zunehmen. Zum Märtyrer des aktiven Widerstands wird Albert Leo Schlageter, der als Anführer eines Sabotagekommandos von den Besatzern zum Tode verurteilt und trotz der Intervention des schwedischen Königs und des Papstes am 26. Mai 1923 in Düsseldorf hingerichtet wird. Die Rechte baut den ehemaligen Artillerieoffizier, der bei Verdun verwundet worden war und 1920 im Baltikum gekämpft hatte, zum Symbol des Widerstands gegen das »Diktat« von Versailles auf: Zu seinen Ehren errichtet man Denkmäler, ihm widmet man schwärmerische Schriften und Gedichte. Auf Seite zwei von *Mein Kampf* verherrlicht Adolf Hitler sein Wirken; ab 1933 instrumentalisiert das NS-Regime den Schlageter-Kult: Er war »der erste Soldat des Dritten Reichs«, erklärt eine Figur des bekannten NS-Dichters Hanns Johst in dem nach Schlageter benannten Stück, das an Führers Geburtstag am 20. April 1933 uraufgeführt wurde.

Oben

In der Vorstellung der französischen Soldaten kompensiert der Einmarsch ins Rheinland die Schmach der deutschen Invasion, auch wenn auf diesem Souvenirbogen eher die touristischen Attraktionen des Rheintals abgebildet sind. Von den beiden Gedenkmünzen des Medailleurs Karl Goetz zeigt die eine das affenähnliche Profil eines schwarzen Soldaten und auf der Rückseite eine vergewaltigte nackte Frau, vermutlich das geschundene Deutschland. Rassismus und Obszönität belegen, dass die kulturelle Demobilmachung unmittelbar nach Kriegsende noch aussteht.

Um den passiven Widerstand zu finanzieren, opfert Deutschland seine Goldreserven und rutscht immer tiefer in die Hyperinflation: Ein Kilo Roggenbrot, für das man 1913 noch 60 Pfennig bezahlt hatte, kostet im November 1923 schon 50 Milliarden Mark. Die Not der Ruhrgebietsbevölkerung wird unübersehbar. Fast 300 000 kranke oder unterernährte Kinder werden in die nicht besetzten Gebiete verschickt. Die Politik des passiven Widerstands ist immer klarer zum Scheitern verurteilt. Auch die von der Regierung Cuno versuchte Stabilisierung der Mark misslingt; zu guter Letzt streiken am 9. August 1923 in Düsseldorf die für das Drucken von Banknoten zuständigen Angestellten der Reichsbank. Am 26. September 1923 ruft Gustav Stresemann als Reichskanzler und Außenminister der Koalitionsregierung das Ende des passiven Widerstands aus: »Um unser Leben zu erhalten, stehen wir heute vor der harten Notwendigkeit, den Abwehrkampf einzustellen.«

Hyperinflation und politisches Chaos

Poincaré jedoch verweigert jeden Kontakt zu Stresemann und wartet auf den Zusammenbruch des Deutschen Reichs. Im Rheinland unternehmen Separatisten mit Unterstützung der französischen Behörden einen Putschversuch. Am 21. Oktober wird die Rheinische Republik ausgerufen, am 12. November die Autonome Pfalz. Zur gleichen Zeit treibt die UdSSR mit Finanzspritzen den bewaffneten Umsturz voran. Im »Deutschen Oktober« bewaffnet die KPD »proletarische Hundertschaften«; in Sachsen und Thüringen zieht sie in den Landtag ein. Da sie das Waffenverbot unterlaufen, fordern die Zusammenstöße Dutzende Menschenleben. Die Gewalt zeigt erneut die »Brutalisierung« der deutschen Politik, wie der Historiker George L. Mosse belegt. In München, inzwischen eine Hochburg der Agitation gegen die Weimarer Republik, polemisiert Adolf Hitler, ihre Vertreter setzten das Werk der »Novemberverbrecher« fort. Die bayerische Regierung verhängt den Ausnahmezustand – eigentlich ein Vorrecht der Reichsregierung – und ernennt Gustav von Kahr zum »Generalstaatskommissar«. Der konservative Monarchist und ehemalige Ministerpräsident fordert umfassende Autonomie für Bayern, das er als »Ordnungszelle« innerhalb der Republik sieht, die von marxistischem Chaos, Parlamentarismus und Krisen geschüttelt wird. Auf die klare Provokation in Richtung Berlin erwidert Ebert mit der Verhängung des Ausnahmezustands in ganz Deutschland; die Exekutivmacht überträgt er auf Reichswehrminister Gessler. Von Kahr erklärt die Autorität Berlins für nichtig und bereitet den Umsturz der Republik vor. Aus seiner Sicht sind jetzt nicht mehr spontane Aktionen gefordert, sondern eine militärisch gestützte »Revolution von oben«.

Am 8. November stürmt Hitler jedoch den Bürgerbräukeller, wo Kahr gerade sein Programm vorstellt, und erklärt gemeinsam mit Ludendorff die Regierung für abgesetzt. Als Kahr eine neue Nationalregierung unter Hitler unterstützt, ruft dieser in Anlehnung an Mussolinis Marsch auf Rom zum Marsch nach Berlin auf. Schon am folgenden Tag wird der »Hitlerputsch« von der Reichswehr gestoppt, Hitler verhaftet und später zu fünf Jahren Festungshaft verurteilt, Ludendorff dagegen wegen seiner Verdienste im Ersten Weltkrieg nicht belangt. Hitler zieht Konsequenzen aus dem Scheitern seines Putschversuchs: Um an die Macht zu gelangen, setzt er von nun an auf legale Mittel.

Oben
Deutschland erlebt eine dramatische Hyperinflation. Die Goldmark war 1919 noch zwei Papiermark wert gewesen; Ende 1923 entspricht sie 1000 Milliarden Papiermark (oben eine Banknote von 1923 über zehn Milliarden Mark).

Links

Die Opposition der Weimarer
Republik macht sich die wirtschaftlich extrem schwierige
Lage zunutze. Am 8. November 1923 unternehmen Hitler
und Ludendorff einen Putschversuch, der jedoch rasch
scheitert. Links die »Alte Garde« der Nationalsozialisten
1923: Der Dritte von links in
der zweiten Reihe ist Alfred
Rosenberg, der Chefideologe
der Partei.

Die französische Politik in der Sackgasse

Großbritannien widersetzt sich immer offener dieser chaotischen Politik. Frankreich steht letztlich isoliert da, während Deutschland beginnt, das Heft wieder in die Hand zu nehmen: Die von
Dr. Schacht zur finanziellen Stabilisierung angeregte Einführung der Rentenmark beendet die
Hyperinflation. Am 4. Dezember 1923 wird der Rheinländer Wilhelm Marx nach dem Sturz Stre-
semanns Regierungschef: Mit fester Hand vereitelt er separatistische Ansätze. Die Rheinland-
politik Frankreichs ist damit gescheitert. Anfang 1924 verliert der Franc rapide an Wert und
macht die finanzielle Belastung durch die Ruhrbesetzung immer gravierender. Finanziell verfügt
Frankreich gar nicht mehr über die Mittel für eine solche Machtpolitik.

Bei der Londoner Konferenz vom 16. Juli bis 16. August 1924 akzeptiert die französische
Regierung den Dawes-Plan und willigt in den Abzug seiner Truppen aus dem Ruhrgebiet innerhalb eines Jahres ein. Der Radikalenführer Édouard Herriot, seit Juni 1924 Regierungschef, hofft
im Gegenzug auf die Unterstützung der Labour-Regierung für die von ihm angestrebte Reform
des Völkerbunds, doch die Tories, die bei den britischen Wahlen im November 1924 ans Ruder
kommen, lehnen die Genfer Protokolle ab. Frankreich hat also weder in Sachen Sicherheit
noch der interalliierten Kriegsschulden etwas gewonnen. Als die Verträge von Locarno
1925 Deutschland die Rückkehr in die Staatengemeinschaft gestatten, bewirken sie
nach den Worten des Historikers John Horne die »Demontage der Denkweisen und
Werte« der Kriegskulturen von 1914–1918. Zugleich zeigt jedoch die Wahl von
32 Nationalsozialisten in den Reichstag die Grenzen des Prozesses auf. In
Locarno geht es im Übrigen nur um die Westgrenzen Deutschlands: In
den Köpfen ist der Krieg noch lange nicht vorbei.

Unten

Der französische Außenminister Aristide Briand versucht,
mit den Verträgen von Locarno die Kanonen zum Schweigen zu bringen (hier eine
1925 erschienene Karikatur
von Jean Sennep). Die Annäherung zwischen Frankreich
und Deutschland weckt Hoffnungen auf Frieden, doch die
Ruhrbesetzung leistet der
Kriegskultur erneut Vorschub.

Acte de foi.

Den Großen Krieg
hinter sich lassen

1927–1928 Zehn Jahre sind vergangen. Längst sind die letzten demobilisierten Soldaten wieder ins Zivilleben eingegliedert. Die zerstörten Städte erhielten beim Wiederaufbau ein neues Gesicht, die verwüsteten Landschaften haben sich erholt. Der französische Kriegsveteran René de la Porte berichtet 1928 in einem Buch: »Wie es in unserer frühen Jugend vor dem Krieg zuging, können wir uns heute kaum noch vorstellen. Das Gedächtnis des Menschen ist kurz, kürzer noch als seine Fantasie. Beide tasten sich vorsichtig durch die Jahre, denn die Vergangenheit ist ebenso ein Produkt der Fantasie wie die Zukunft. Laut Kalender vergingen 14 Jahre von 1914 bis 1928. Anders aber für uns! Wir suchen uns jenseits dieser 14 Jahre und finden uns nicht […]. Das erste Leben, das wir einst führten, treibt orientierungslos durch die Zeit, denn alle Leinen, die es mit der Gegenwart verbanden, sind durchgehauen; was wir einmal waren, ist uns Wiedergeborenen fremd.«

■ Zehn Jahre sind offenbar die Zeitspanne, die es braucht, bis die Trauer abklingt, bis eine neue Welle Kriegserinnerungen publiziert wird, bis die Veteranenverbände neuen Auftrieb erhalten. Ganz allmählich lässt die Welt den Großen Krieg hinter sich.

In den Erinnerungen vieler Veteranen fällt auf, dass die unmittelbare Nachkriegszeit von Frustration geprägt war. Nach Hause zurückgekehrt, prallen demobilisierte Soldaten nicht selten gegen eine Mauer der Gleichgültigkeit. Nach Ansicht des Historikers Antoine Prost sind die Erinnerungen einfach zu überwältigend, als dass man sie anderen mitteilen könnte. Jeder behält sie für sich und selbst bei den Veteranentreffen kommen sie kaum zur Sprache. Zehn Jahre später rollt dann jedoch eine zweite Welle von Kriegserinnerungen an, nachdem die erste bereits während des Kriegs veröffentlicht wurde. Remarques *Im Westen nichts Neues* etwa ist im deutschen Original (1928), in der französischen Übersetzung und in Lewis Milestones Verfilmung von 1930 ein Riesenerfolg. Zahlreiche Verlage bringen zeitgleich Schilderungen und Romane über den Krieg heraus, während die Veteranen ihre Schriften Anfang der 1920er-Jahre noch auf eigene Kosten veröffentlichen mussten. Nach und nach stellt sich eine gemeinsame Identität ein: die der *génération du feu* oder *Lost generation,* wie sie die militante Feministin und Pazifistin Vera Brittain 1933 in ihrer Autobiographie *Testament of Youth* schildert.

Anstelle der Toten Zeugnis ablegen

Jahre nach Kriegsende fühlen sich die ehemaligen Frontkämpfer in erster Linie als Überlebende. »Die Menge sieht nicht rings um uns diese ungreifbare Schar von Freunden, Kameraden, deren Namen und Gesichter wir kennen und die uns überallhin begleiten, uns führen und festhalten«, gesteht der ehemalige Kriegsgefangene Émile Moussat in einem Text von 1935. Demographisch schlug der Erste Weltkrieg eine Bresche in die Bevölkerung Europas, die sich nie wieder ganz schloss: zwischen neun und zehn Millionen Gefallene, drei Millionen Kriegerwitwen und sicher an die sechs Millionen Kriegswaisen. Über die relativ abstrakten Zahlen hinaus ist die Trauer eine allgegenwärtige konkrete Realität, die in der Nachkriegszeit alle Gesellschaften schwer belastet. Der Historiker Raoul Girardet war 1927 zehn Jahre alt. Er erinnert sich: »Meine Kindheit fiel in die Zeit, als die Kriegerdenkmäler noch neu waren.« Wie viele Babys wurden nach einem gefallenen Onkel oder Bruder getauft? Wie viele Ehefrauen, Brüder und Schwestern trugen jahrelang Trauer, zunächst Schwarz, später dann allmählich Grautöne? Wie lange bildeten die Gedenkfeiern an den Denkmälern ein unentwirrbares Konglomerat von privater Trauer und offiziellem Ritual?

Für viele Veteranen ist ihre Identität als Überlebende unweigerlich mit Schuldgefühlen verbunden. Das heute bei der überwiegenden Mehrheit der Überlebenden kollektiver Katastrophen diagnostizierte »Überlebenden-Syndrom« war allerdings Ende der 1920er-Jahre keine private Befindlichkeit. Schriftsteller, die an der Front gestanden hatten, empfanden es als ihre moralische Pflicht zu schreiben, um Zeugnis abzulegen anstelle der »wirklichen Zeugen«, die auf dem Schlachtfeld starben. Deshalb finden sich in so vielen Büchern Widmungen, die eigentlich Denkmäler setzen: »Für Louis David (Elsass 1915)«, schrieb beispielsweise Jean Giono. »Dieses Buch muss dir gewidmet sein, mein armer Freund, der du für dieses Luftgespinst so teuer bezahlen musstest.« Der Historiker Jay Winter nannte die 1920er-Jahre die Geburtsstunde des »moralischen Zeugen«: Dieser große Protagonist der Weltliteratur taucht erstmals bei Barbusse und später bei Primo Levi, Elie Wiesel oder Alexander Solschenizyn auf. Die Mahnung, vom Krieg zu erzählen, wird noch verschärft durch die Pflicht, ihn richtig wiederzugeben, ohne die Toten zu hintergehen. Ebenfalls Ende der 1920er-Jahre publiziert Jean Norton Cru, Veteran und Professor für französische Literatur in den USA, sein berühmtes Werk *Témoins* (»Zeugen«, 1929), in dem er die von 1915 bis 1928 erschienenen Kriegsschilderungen untersuchte und nach ihrem Wahrheitsgehalt klassifizierte, je nachdem, wie stark sie von seinen eigenen Kriegserfahrungen abwichen.

Vereine und Verbände

Parallel zu den Augenzeugen, die sich in immer größerer Zahl zu Wort melden, steigen auch die Mitgliederzahlen der Veteranenverbände merklich an. In den meisten Ländern unterscheiden sich Vereinigungen Kriegsversehrter und Veteranenvereine dadurch, dass Erstere von der öffentlichen Hand eine Entschädigung erwarten, die zwangsläufig symbolisch und deshalb oft enttäuschend ist. In Frankreich schließen sich Versehrte und Ausgemusterte schon sehr früh zusammen, etwa 1915 zur *Association générale des mutilés de guerre* (AGMG), oder zur *Union fédérale des mutilés* (UF), die Anfang der 1930er-Jahre bis zu 900 000 Mitglieder zählt. Einige dieser Organisationen spezialisieren sich; so gibt es beispielsweise Verbände Amputierter, Kriegsblinder

Vorangehende Seite
Unmittelbar nach Kriegsende entstanden zahllose Gedenkstätten, je nach Land Kriegerdenkmäler, *war memorials* und *monuments aux morts*. Bis 1922 stand in den meisten Gemeinden Frankreichs am Rathaus oder an der Kirche ein solches Denkmal, oft ein schlichter Stein mit den Namen der Gefallenen und nationalen Symbolen (Hahn, Flagge). Jedes Jahr am 11. November kamen dort Veteranen, trauernde Familien und Schulkinder zu einem oft sehr bewegenden patriotischen Gedenkgottesdienst zusammen. Das ausgesprochen realistisch gestaltete Denkmal in Meymac (Limousin) glorifiziert den siegreichen *Poilu*, erinnert dabei aber zugleich an die geopferten Menschenleben, denen der überlebende Kamerad mit Lorbeerkränzen seinen Tribut zollt.

oder Gesichtsverletzter. In Deutschland vertritt der 1917 gegründete Reichsbund der Kriegsbeschädigten, Kriegsteilnehmer und Kriegshinterbliebenen die Interessen von 640 000 Kriegsversehrten. 1919 spalten sich die Kommunisten davon ab und bilden mit rund 25 000 Mitgliedern den Bund der Opfer des Krieges und der Arbeit.

Während der zweiten Welle von Vereinsgründungen kurz nach dem Waffenstillstand kristallisiert sich eine starke Politisierung heraus. Im Rahmen der extremen politischen Polarisierung in der Weimarer Republik treten den Vereinen neben den Weltkriegsveteranen auch Nichtkämpfer bei, insbesondere junge Leute und Studenten, die gegen den Versailler Vertrag und die revolutionären Kräfte agitieren. Es entstehen paramilitärische Organisationen, deren blutjunge Mitglieder einen Ersatz für die verpassten Fronterlebnisse suchen. Der 1918 gegründete Stahlhelm, Bund der Frontsoldaten etwa vertritt eine antirepublikanische Haltung und rekrutiert vorwiegend in der protestantischen Mittelschicht. Als Reaktion auf seinen zunehmenden Einfluss entsteht 1924 das Reichsbanner Schwarz-Rot-Gold, Bund republikanischer Kriegsteilnehmer: Dessen zwei Millionen Mitglieder aus sozialdemokratischen Arbeiterkreisen pflegen ein pazifistisches Andenken an den Krieg und streben aktiv nach Versöhnung und Frieden in Europa.

In Frankreich ist die Vereinslandschaft extrem komplex. Es gibt mehrere Tausend unterschiedlich großer Organisationen. Die Politik spielt eine entscheidende Rolle. Am äußersten linken Ende sind die von Henri Barbusse (dem Autor von *Das Feuer*) gegründete kommunistische *Association républicaine des anciens combattants* (ARAC) und die *Fédération ouvrière et paysanne des mutilés et anciens combattants* (FOP) angesiedelt. Der Radikalen Partei nahe steht die fast 100 000 Mitglieder starke *Fédération nationale des combattants républicains* (FNCR). Ebenfalls links steht ein Zusammenschluss lokaler Vereine namens UF. Mehr nach rechts tendiert die stärker zentralisierte *Union nationale des combattants* (UNC) mit 800 000 Mitgliedern, die offiziell von der Armee unterstützt wird. Ganz rechts stehen die »Feuerkreuzler« der *Croix-de-Feu*, ab 1931 unter der Führung von Oberstleutnant de La Rocque; dort sind die meist nicht auf militärischen Drill erpichten Veteranen sogar in der Minderzahl. Im Gegensatz dazu gibt es in den angelsächsischen Ländern nur jeweils eine Organisation für sämtliche Weltkriegsveteranen: die unter der Schirmherrschaft des ehemaligen Oberbefehlshabers Douglas Haig gegründete *British Legion* mit 300 000 bis 400 000 Mitgliedern und die mächtigere, aber auch anspruchsvollere *American Legion* mit über einer Million Mitglieder (1931).

Die Forderungen sind in allen Ländern gleich: höhere Pensionen, Renten, materielle Zulagen für ehemalige Frontkämpfer. Kurz nach dem Waffenstillstand bereiten die französischen Verbände aktiv das umfassende Pensionsgesetz vom 31. März 1919 vor. Die Veteranen erhalten danach vergleichsweise großzügige materielle Beihilfen, zum einen, weil diese von Staat und Verbänden gemeinsam verwaltet werden, aber auch dank des Einflusses der Veteranenbewegung, denn sie ist lokal sehr stark. In fast zwei Dritteln der französischen Gemeinden ist sie direkt an demokratischen Entscheidungen beteiligt. In den USA erhalten die Veteranen 1924 nach erbittertem Kampf einen *bonus* (eine Zulage). Aufgrund mehrfacher Zahlungsrückstände marschieren 30 000 Veteranen im Sommer 1932 nach Washington; zwei von ihnen kommen bei der Niederschlagung der Bewegung durch die US Army ums Leben.

Politisch üben die Veteranenverbände erheblichen Druck aus. In den USA und in Frankreich ist darin jeder zweite ehemalige Soldat organisiert. Unabhängig von ihrer jeweiligen politischen

Ausrichtung verbreiten sie die aus dem Krieg stammenden großen Diskurse in der Öffentlichkeit. In Frankreich sind dies der Antiparlamentarismus auf Basis des legendären Gegensatzes zwischen Politik und Militär, die Ablehnung von Zwietracht und müßigen Debatten, anders herum aber auch das Versprechen einer politischen Erneuerung durch die »génération du feu«. Der Begriff hat nichts gemein mit dem Klischee, das allzu lange mit faschistischen Veteranen oder dem Nationalismus in Verbindung gebracht wurde. »Kämpfer in Großstädten und Dörfern, es ist unsere Pflicht, unablässig den Zusammenhalt der Herzen zu predigen und selbst mit gutem Beispiel voranzugehen, indem wir ein rechtschaffenes Leben führen, wie es der Kampfgeist bei allem, was wir tun, gebietet«, schrieb UNC-Chef Georges Pineau anlässlich des 11. November 1927.

»Nie wieder Krieg«, »La der des ders«

Dabei geht es jedoch nicht allein um die Erneuerung der Innenpolitik, sondern darum, mit dem Krieg als solchem ein für allemal Schluss zu machen. Der Pazifismus ist eines der Hauptthemen im Diskurs der Veteranen. Das gilt vor allem für Frankreich, wo er aus verschiedenen Quellen gespeist wird: dem schon im Krieg entstandenen Messianismus, der den Weltkrieg als »der des ders« sieht – den »letzten der letzten« Kriege, der gerade wegen seiner unvorstellbaren Gewalt alle Kriege beenden wird; dem Glauben an einen wiedererwachten Patriotismus, in dem sich die Liebe zu Frankreich mit der Liebe zur ganzen Menschheit vermischt; dem Kampf gegen den Militarismus als eine der Hauptursachen für den Kriegsausbruch im Sommer 1914. Diese philosophische und moralische Haltung hat ihre Helden (Aristide Briand), ihre Verteidiger (die Grundschullehrer) und ihre Rituale (die Totenmesse am 11. November, die Bildungsreisen zu den Schlachtfeldern). Auf internationaler Ebene fördert sie die Entstehung des organisierten Pazifismus, der seinen Höhepunkt Ende der 1920er-Jahre erreicht, bevor er auf brutalste Weise desillusioniert wird.

In Deutschland dagegen werden die Anhänger der Maxime »Nie wieder Krieg« rasch ausgegrenzt. Die alten Kämpfer teilen sich auf in diejenigen, die der Friedensbewegung Argumente liefern, und diejenigen, die im Ersten Weltkrieg eine reinigende, erneuernde Erfahrung sehen. »Der Mannesmut ist doch das Köstlichste. [...] Was könnte auch heiliger sein, als der kämpfende Mensch?«, fragt sich beispielsweise Ernst Jünger 1922 in *Der Kampf als inneres Erlebnis*. Wie der Historiker George Mosse nachwies, bildet der »Mythos des Kriegserlebnisses« in den 1930er-Jahren einen der Grundpfeiler der NS-Ideologie, die ja auch den Versailler Vertrag zutiefst ablehnte. In Deutschland, Italien und Russland sicher eher als in Frankreich, Großbritannien oder den USA kommt es infolge des Ersten Weltkriegs zur Brutalisierung der ehemaligen Soldaten ebenso wie der Politik und generell der Sitten. Überall jedoch haben die auf den Schlachtfeldern gemachten Erfahrungen die Menschen verändert, wenn auch in unterschiedlichem Maße. Sie haben diese Männer von der Welt der Lebenden abgeschnitten. Schon unmittelbar nach dem Krieg schrieb der Historiker Jules Isaac: »Wenn nicht aus dem Jenseits, so kehren wir doch aus weiter Ferne zurück, von den beängstigenden Grenzbereichen von Leben und Tod, wohin sich vor uns nur wenige Menschen je wagten. Ihr glaubt, uns zu kennen, liebe Leute? Ihr irrt euch: Ihr kennt uns nicht mehr und ihr werdet uns niemals mehr kennen. So tief wie der Abgrund zwischen den Toten und den Lebenden, so tief ist auch der Abgrund zwischen uns und euch.«

Bibliographie

Enzyklopädien

Audoin-Rouzeau, Stéphane und Becker, Jean-Jacques (Hrsg.), *Encyclopédie de la Grande Guerre 1914–1918*, Paris 2004.

Hirschfeld, Gerhard/Krumeich, Gerd/Renz, Irina (Hrsg.), *Enzyklopädie Erster Weltkrieg*, Paderborn 2003.

Überblickswerke

Audoin-Rouzeau, Stéphane und Becker, Annette, *14–18. Retrouver la guerre*, Paris 2003.

Becker, Jean-Jacques u. a., *Guerre et cultures, 1914–1918*, Paris 1994.

Becker, Jean-Jacques und Krumeich, Gerd, *Der Große Krieg. Deutschland und Frankreich im Ersten Weltkrieg 1914–1918*, Essen 2010.

Berghahn, Volker R., *Der Erste Weltkrieg*, München 2003.

Duménil, Anne/Beaupré, Nicolas/Ingrao, Christian (Hrsg.), *1914–1945. L'ère de la guerre*, Bd. 1: 1914–1918, Paris 2004.

Julien, Elise, *Der Erste Weltkrieg. Kontroversen um die Geschichte*, Darmstadt 2013.

Keegan, John, *Der Erste Weltkrieg. Eine europäische Tragödie*, Reinbek 2001.

Kruse, Wolfgang, *Der Erste Weltkrieg*, Darmstadt 2009.

Mommsen, Wolfgang J., *Der Erste Weltkrieg. Anfang vom Ende des bürgerlichen Zeitalters*, Frankfurt 2004.

Mosse, George, *De la Grande Guerre au totalitarisme. La brutalisation des sociétés européennes*, Paris 2003.

Mosse, George, *Der Erste Weltkrieg und die Brutalisierung der Politik. Betrachtungen über die politische Rechte, den Rassismus und den deutschen Sonderweg*, in: Funke, Manfred/Jacobsen, Hans-Adolf/Knütter, Hans-Helmuth/Schwarz, Hans-Peter (Hrsg.): *Demokratie und Diktatur. Geist und Gestalt politischer Herrschaft in Deutschland und Europa*, Bonn 1987, 127–140.

Rother, Rainer (Hrsg.), *Der Weltkrieg 1914–1918. Ereignis und Erinnerung*, Wolfratshausen 2004.

Segesser, Daniel Marc, *Der Erste Weltkrieg in globaler Perspektive*, Wiesbaden 2010.

Strachan, Hew, *Der Erste Weltkrieg. Eine neue illustrierte Geschichte*, München 2004.

Winter, Jay und Baggett, Blaine, *14–18. Le grand bouleversement*, Paris 1997.

Einzelthemen

Kampfgeschehen

Audoin-Rouzeau, Stéphane, *14–18, Les combattants des tranchées*, Paris 1986.

Balakian, Peter, *The Burning Tigris. The American Genocide and America's Response*, New York 2003.

Chickering, Roger/Förster, Stig (Hrsg.), *Great War, Total War. Combat and Mobilization on the Western Front, 1914–1918*, Cambridge 2000.

Chickering, Roger, *Das Deutsche Reich und der Erste Weltkrieg*, München 2002.

Delaporte, Sophie, *Les Gueules cassées. Les blessés de la face de la Grande Guerre*, Paris 2004.

Groß, Gerhard P., *Die vergessene Front – Der Osten 1914/15. Ereignis, Wirkung, Nachwirkung*, Paderborn u. a. 2006.

Holquist, Peter, *Making War, Forging Revolution: Russia's Continuum of Crisis 1914–1921*, Cambridge (Mass.) 2002.

Holzer, Anton, *Die andere Front. Fotografie und Propaganda im Ersten Weltkrieg*, Darmstadt 2012.

Keegan, John, *Anatomie de la bataille*, Paris 1999.

Keegan, John, *Das Antlitz des Krieges*, Düsseldorf 1978.

Lepick, Olivier, *La Grande Guerre chimique 1914–1918*, Paris 1998.

Liulevicius, Vejas Gabriel, *Kriegsland im Osten. Eroberung, Kolonisierung und Militärherrschaft im Ersten Weltkrieg*, Hamburg 2002.

Prost, Antoine, *Verdun*, in: Nora, Pierre (Hrsg.), *Les Lieux de Mémoire*, II, La nation, 3, Paris 1986.

Smith, Leonard V., *Between Mutiny and Obedience, The Case of the French Fifth Infantry Division during World War I*, Princeton 1994.

Innere Fronten

Becker, Jean-Jacques, *1914: Comment les Français sont entrés dans la guerre*, Paris 1977.

Becker, Jean-Jacques, *La France en guerre 1914–1918. La grande mutation*, Brüssel 1988.

Becker, Jean-Jacques, *1917 en Europe. L'année impossible*, Brüssel 1997.

Grayzel, Susan R., *Women's Identities at War*, Chapel Hill/London 1999.

Hinz, Uta, *Gefangen im Großen Krieg. Kriegs-gefangenschaft in Deutschland 1914–1921*, Essen 2006.

Horne, John (Hrsg.), *State, Society and Mobilization in Europe during the First World War*, Cambridge 1997.

Horne, John, *Labour at War: France and Britain 1914–1918*, Oxford 1991.

Winter, Jay, Robert, Jean-Louis (Hrsg.), *Capital Cities at War: Paris, London, Berlin, 1914–1919*, Cambridge 1997 und 2007.

Kultur des Krieges

Audoin-Rouzeau, Stéphane, *La Guerre des enfants*, Paris 2004.

Audoin-Rouzeau, Stéphane, *L'Enfant de l'ennemi, 1914–1918*, Paris 1995.

Beaupré, Nicolas, *Écrire en guerre, écrire la guerre. France, Allemagne 1914–1920*, Paris 2006.

Becker, Annette, *La Guerre et la foi. De la mort à la mémoire, 1914–1930*, Paris 1994.

Becker, Annette, *Oubliés de la Grande Guerre*, Paris 2003.

Beßlich, Barbara, *Wege in den „Kulturkrieg". Zivilisationskritik in Deutschland 1890–1914*, Darmstadt 2000.

Cork, Richard, *A Bitter Truth. Avant-Garde Art and the Great War*, New Haven/London 1994.

Horne, John und Kramer, Alan, *Deutsche Kriegs-greuel 1914. Die umstrittene Wahrheit*, Hamburg 2004.

Korte, Barbara u. a. (Hrsg.), *Der Erste Weltkrieg in der populären Erinnerungskultur*, Essen 2008.

Pignot, Manon, *La Guerre des crayons. Quand les petits Parisiens dessinaient la Grande Guerre*, Paris 2004.

Prochasson, Christophe und Rasmussen, Anne (Hrsg.), *Au nom de la patrie. Les intellectuels et la Première Guerre mondiale (1910–1919)*, Paris 1996.

Prochasson, Christophe und Rasmussen, Anne (Hrsg.), *Vrai et faux dans la Grande Guerre*, Paris 2004.

Shell-Shock, *Journal of Contemporary History*, vol. 35, n°1, 2000.

Smith, Leonard V., *The Embattled Self, French Soldier's Testimony of the Great War*, Ithaca/London 2007.

Ausgang des Krieges

Audoin-Rouzeau, Stéphane, *Cinq Deuils de guerre 1914–1918*, Paris 2001.

Beaupré, Nicolas, *Das Trauma des großen Krieges, Deutsch-Französische Geschichte 1918–1932/33*, Darmstadt 2009.

Cabanes, Bruno, *La Victoire endeuillée. La sortie de guerre des soldats français (1918–1920)*, Paris 2004.

Duppler, Jörg und Groß, Gerhard P. (Hrsg.), *Kriegsende 1918. Ereignis, Wirkung, Nachwirkung*, München 1999.

Faron, Olivier, *Les Enfants du deuil: orphelins et pupilles de la nation de la Première Guerre mondiale*, Paris 2001.

Prost, Antoine, *Les Anciens Combattants et la société française*, Paris 1977.

Renouvin, Pierre, *L'Armistice de Rethondes. 11 novembre 1918*, Paris 2006.

Renouvin, Pierre, *Reconstructions en Picardie après 1918*, Paris 2000.

Trévisan, Carine, *Les Fables du deuil. La Grande Guerre: Mort et écriture*, Paris 2001.

Winter, Jay, *Sites of Memory, Sites of Mourning. The Great War in European Cultural History*, Cambridge 1995.

Winter, Jay, *Remembering War. The Great War between Historical Memory and History in the 20th Century*, New Haven/London 2006.

Internationale Beziehungen	Politik

1914

28. Juni Attentat in Sarajevo: Gavrilo Princip ermordet Erzherzog Franz Ferdinand, Thronfolger von Österreich-Ungarn, und seine Frau.

23. Juli Österreich-Ungarn stellt Serbien ein Ultimatum.

28. Juli Österreich-Ungarn erklärt Serbien den Krieg.

29. Juli Treffen des Internationalen Sozialistischen Büros (ISB) in Brüssel

30. Juli Generalmobilmachung in Russland

30./31. Juli In der Nacht ordnet Österreich-Ungarn die General-mobilmachung an.

1. August Generalmobilmachung in Frankreich und Deutschland. Deutschland erklärt Russland den Krieg.

3. August Deutschland erklärt Frankreich den Krieg; Italien bleibt neutral.

4. August Als Reaktion auf die Verletzung der Neutralität Belgiens erklärt Großbritannien Deutschland den Krieg.

6. August Österreich-Ungarn erklärt Russland den Krieg. Serbien erklärt Deutschland den Krieg.

11. August Frankreich, gefolgt von Großbritannien, erklärt Österreich-Ungarn den Krieg.

23. August Japan erklärt Deutschland den Krieg in der Hoffnung, die deutschen Konzessionen in China in seinen Besitz zu bringen.

1. November Das Osmanische Reich tritt dem Krieg auf Seiten der Mittelmächte bei.

14. November Als Kalif der islamischen Welt verhängt der Sultan den *Dschihad* (»heiligen Krieg«) gegen die Entente.

---

25. Juli Die SPD als stärkste Partei im Reichstag ruft zu Protesten gegen den Krieg auf.

29. Juli Staatspräsident Raymond Poincaré und Ministerpräsident René Viviani kehren nach einer 14-tägigen Russland- und Skandi-navienreise nach Frankreich zurück.

31. Juli Ermordung Jean Jaurès' im Pariser Café du Croissant durch den Rechtsextremen Raoul Villain

4. August In einer Verlautbarung an das franz. Parlament prägt Raymond Poincaré das Konzept der *Union sacrée*. Frankreich und Deutschland bewilligen jeweils einstimmig die Kriegskredite.

7. August In Großbritannien rekrutiert General Kitchener in großem Maßstab Freiwillige.

26. August In Frankreich nimmt die Regierung im Sinne der *Union sacrée* (des Burgfriedens) die Arbeit auf. General Gallieni wird Gouverneur von Paris.

2. September Die französische Regierung übersiedelt von Paris nach Bordeaux.

9. September Reichskanzler von Bethmann Hollweg enthüllt in einem Aktionsprogramm die deutschen Kriegsziele.

18. September Die irische Selbstverwaltung (*Home Rule*) wird be-schlossen, jedoch am 14. Oktober bis nach Kriegsende ausgesetzt.

21. Oktober Enver Pascha, Kriegsminister des Osmanischen Reichs, wird Stellvertretender Oberbefehlshaber.

2. Dezember Der Sozialist Karl Liebknecht widerspricht als einziger Reichstagsabgeordneter der Bewilligung weiterer Kriegskredite.

1915

23. Mai Italien tritt dem Krieg auf Seiten der Alliierten bei.

---

25. Januar General Januschkewitsch gestattet in einem Rundschreiben an alle Befehlshaber der russischen Armee in der Kriegszone die Ver-treibung sämtlicher Juden und verdächtigen Personen aus den front-nahen Gebieten.

15.–18. April Ermordung von 24 000 Armeniern in den Dörfern nörd-lich des Van-Sees

24. April Der osmanische Innenminister ordnet die Verhaftung arme-nischer Honoratioren wegen Verrats an: 2300 Personen, darunter viele Intellektuelle, werden in Konstantinopel hingerichtet.

| Westfront | Ostfront und andere Kriegsschauplätze | Wirtschaft, Gesellschaft und Kultur |

1914

Westfront

2. August Deutsche Truppen fallen in Luxemburg und Belgien ein.

19.–23. August Die französische Offensive in Lothringen scheitert.

20. August Die Deutschen marschieren in Brüssel ein.

23. August In Dinant (Belgien) richten deutsche Truppen ein unfassbares Blutbad unter der Zivilbevölkerung an, das schlimmste an der Westfront. Allein 674 Zivilisten werden standrechtlich erschossen.

24.–25. August Französische und britische Truppen werden bei Charleroi und Mons vernichtend geschlagen.

25. August Deutsche Soldaten brennen die Bibliothek in Löwen nieder.

6.–9. September Marne-Schlacht

17. September Das deutsche und französische Oberkommando versuchen, sich bei einem »Überholmanöver zum Nordflügel der feindlichen Armee« (Foch) wechselseitig zu schlagen. Beginn des »Wettlaufs zum Meer«.

18.–20. September Deutsche Artillerie bombardiert die Kathedrale von Reims.

20. Oktober Erste Flandernschlacht: Beginn der deutschen Offensive

3. November General Helmuth von Moltke, Oberbefehlshaber des deutschen Heeres, wird für die Niederlage an der Marne verantwortlich gemacht und von General Erich von Falkenhayn abgelöst.

17. November Der »Wettlauf zum Meer« endet mit der deutschen Niederlage in Ypern. Die Front bildet nun eine durchgehende Linie von der Schweiz bis zur Nordsee. Beginn des Stellungskriegs

16.–19. Dezember Scheitern der ersten französischen Offensive mit dem Ziel, die deutschen Linien im Artois zu »durchbrechen«

Ostfront und andere Kriegsschauplätze

15. August Die Russen marschieren in Ostpreußen ein.

19./20. August Russischer Sieg in der Schlacht bei Gumbinnen. Die 8. deutsche Armee zieht sich zurück.

26.–30. August Überwältigender deutscher Sieg über die Russen bei Tannenberg

26. August Französische und britische Truppen besetzen die deutsche Kolonie Togo.

1.–10. September Schlacht um Lemberg, russische Besetzung von Galizien

6. Oktober Die Japaner besetzen im Pazifik die deutschen Marshall-Inseln, Marianen und Karolinen.

15. September An den Masurischen Seen in Ostpreußen zwingen deutsche Truppen die russische Armee zum Rückzug an die russische Grenze.

1. November Marschall Hindenburg, der »Held von Tannenberg« und Sieger an den Masurischen Seen, wird zum Oberbefehlshaber des deutschen Heers an der Ostfront ernannt.

2. November Großbritannien erklärt die Nordsee zur Kriegszone und errichtet eine Seeblockade.

7. November Die Japaner nehmen die deutsche Konzession Tsingtau (Kiautschou) in China ein.

22. November Einnahme von Basra durch die Briten im Zuge ihres Feldzugs in Mesopotamien

8. Dezember Niederlage der deutschen Marine vor den Falklandinseln; Vernichtung der deutschen Flotte

15. Dezember Österreich-Ungarn verliert erneut die serbische Hauptstadt.

Dezember–April 1915 Karpatenfeldzug

Wirtschaft, Gesellschaft und Kultur

1. April Einstein wird Direktor des Kaiser-Wilhelm-Instituts für Physik.

3. September Nachfolger Papst Pius' X. wird Giacomo della Chiesa unter dem Namen Benedikt XV.

5. September Charles Péguy fällt in Villeroy (Seine-et-Marne).

22./23. September Romain Rolland veröffentlich im *Journal de Genève* den Artikel »Au dessus de la mêlée« [Über dem Getümmel].

22. September Alain-Fournier, Autor von *Le Grand Meaulnes* (1916 [*Der Große Meaulnes*]), fällt an der Maas.

4. Oktober 93 deutsche Intellektuelle sprechen sich im »Aufruf an die Kulturwelt« für den Krieg aus.

7. Oktober Die von Georges Clemenceau geleitete, am 29. September verbotene Zeitung *l'Homme libre* erscheint erneut unter dem Titel *l'Homme enchaîné*.

22. Oktober Gründung der *Commission for Relief in Belgium*

1915

Westfront

19. Januar Erster deutscher Luftangriff auf Großbritannien: Zwei Zeppeline bombardieren Yarmouth und King's Lynn. Vier Zivilisten sterben.

15. Februar–18. März Ein französischer Durchbruchsversuch in der Champagne scheitert.

22. April Im belgischen Langemarck (Zweite Flandernschlacht) setzen die deutschen Truppen erstmals Giftgas ein.

Ostfront und andere Kriegsschauplätze

9. Januar Deutschland nimmt den »uneingeschränkten U-Boot-Krieg« auf.

4.–22. Februar Schlacht an den Masurischen Seen

5. Februar Deutschland ordnet die Blockade der Küsten der alliierten Staaten an.

19. Februar Beginn der Dardanellen-Operation

22. März Nach langer Belagerung erobern die Russen die k. u. k. Festung Przemyśl in Galizien.

Wirtschaft, Gesellschaft und Kultur

März Der »*Appel des intellectuels français*« trägt die Unterschriften französischer Prominenter wie Georges Clemenceau, Maurice Barrès, Anatole France, Claude Debussy, Henri Matisse, Claude Monet und Camille Saint-Saëns.

Chronik

Internationale Beziehungen

Politik

24. Mai Erstmals prangern die Alliierten in einer Deklaration die Verantwortung der osmanischen Regierung für die Massaker an den Armeniern an und bezeichnen den Völkermord als »Verbrechen gegen die Menschlichkeit«.

27. Mai Das »provisorische« Deportationsgesetz markiert den Beginn des Völkermords an den Armeniern.

5.–8. September Das von 38 europäischen Sozialisten in Zimmerwald (Schweiz) verfasste Zimmerwalder Manifest ruft zum Frieden zwischen den Nationen ohne Annexionen oder Entschädigungen auf.

5. Oktober Bulgarien tritt dem Krieg auf Seiten der Mittelmächte bei.

14. Oktober Bulgarien erklärt Serbien den Krieg.

September Die Kosaken vertreiben die Juden aus Traschkin (Litauen).

5. September Zar Nikolaus II. übernimmt den Oberbefehl über die russischen Streitkräfte.

29. Oktober Nach der Entlassung der Regierung Viviani wird Aristide Briand französischer Ministerpräsident.

1916

9. März Deutschland erklärt Portugal den Krieg.

20.–24. April Zweite pazifistische Konferenz in Kienthal (Schweiz)

15./16. Mai Gemäß Sykes-Picot-Abkommen teilen sich Frankreich und Großbritannien die arabischen Gebiete des Osmanischen Reichs. Offizielle Bestätigung der Teilung durch einen Austausch diplomatischer Noten zwischen den beiden Staaten

20. August Rumänien tritt dem Krieg auf Seiten der Entente bei.

Januar Karl Liebknecht beginnt mit der Publikation seiner illegalen »Spartakusbriefe«.

27. Januar Einführung des obligatorischen Kriegsdienstes für ledige Briten (im Mai Erweiterung auf verheiratete Männer)

24. April Dublin versinkt im blutigen »Osteraufstand«.

1. Mai Antikriegsdemonstration in Berlin unter Federführung Karl Liebknechts

29. August 1916 Ablösung Falkenhayns durch Hindenburg und Ludendorff und Bildung der 3. Obersten Heeresleitung

21. November Kaiser Franz Joseph von Österreich-Ungarn stirbt mit 86 Jahren. Nachfolger wird sein Neffe Karl I.

3. Dezember Lloyd George wird britischer Premierminister.

12. Dezember Deutschland unterbreitet den Alliierten eine »Friedensnote«.

20. Dezember US-Präsident Woodrow Wilson richtet eine »Friedensnote« an die kriegführenden Staaten.

Westfront

9. Mai–18. Juni Scheitern eines zweiten französischen Durchbruchsversuchs im Artois

15. Juni Erster alliierter Luftangriff auf Deutschland mit 30 zivilen Toten in Karlsruhe

25. September Zweiter französischer Durchbruchsversuch in der Champagne (endet am 6. Oktober) und zweiter Anlauf im Artois (endet am 11. Oktober)

6.–8. Dezember Interalliierte Militärkonferenz im Generalhauptquartier von General Joffre in Chantilly. Beschluss, 1916 zeitgleich Offensiven an allen Fronten durchzuführen

19. Dezember General French wird von General Haig an der Spitze des Britischen Expeditionskorps (BEF) abgelöst.

1916

21. Februar Beginn der zehn Monate andauernden Schlacht um Verdun

2. März Hauptmann de Gaulle kommt in Douaumont in deutsche Kriegsgefangenschaft.

22. April General von Graevenitz ordnet als Gouverneur von Lille die Evakuierung der Stadt an: Zigtausende Arbeiter, darunter 30 000 Frauen und junge Mädchen aus Lille, werden nach Deutschland verschleppt.

1. Juli–18. November Schlacht an der Somme

15. September Die britischen Streitkräfte setzen in Flers (Somme) erstmals Angriffspanzer ein.

25. Dezember Joffre wird von General Nivelle als Oberbefehlshaber des französischen Heers abgelöst.

Ostfront und andere Kriegsschauplätze

25. April Landung alliierter Truppen (Briten, ANZAC und Franzosen) in Gallipoli. Die Eroberung der osmanischen Stellungen misslingt jedoch.

2. Mai Beginn der Schlacht von Gorlice-Tarnów; Abzug der Russen aus Galizien und der Bukowina.

7. Mai Ein deutsches U-Boot torpediert den britischen Passagierdampfer *Lusitania*; unter den 1257 Todesopfern des Schiffsuntergangs sind 128 US-Bürger.

4. Juni Österreichische und deutsche Truppen erobern die Festung Przemyśl zurück.

23. Juni Beginn der vier Isonzoschlachten zwischen Österreich und Italien

9. Juli Südafrikaner unter dem Kommando von General Botha erobern Deutsch-Südwestafrika.

5. August Einmarsch deutscher Truppen in Warschau

9. Oktober Deutsch-österreichische Offensive gegen Serbien, das sich letztlich an die Adria zurückziehen muss.

18./19. Januar In der Nacht verlassen die letzten alliierten Truppen die Dardanellen.

16. Februar Die Russen erobern Erzurum in der armenischen Türkei.

18. Februar Franzosen und Briten besetzen die deutsche Kolonie Kamerun.

31. Mai/1. Juni Die britische und deutsche Marine liefern sich in der Nordsee vor Jütland die einzige Seeschlacht des Ersten Weltkriegs; die Schlacht geht unentschieden aus.

4. Juni General Brussilow startet eine gewaltige Offensive in Galizien und in der Bukowina und erringt überwältigende Siege.

7. Juni Beginn des arabischen Aufstands gegen die Türken

6. August Sechste Isonzoschlacht zwischen Italien und Österreich-Ungarn Am 8. August erobern die Italiener Görz.

September–Oktober Siebte und Achte Isonzoschlacht

3. September Die Mittelmächte greifen Rumänien an.

6. Dezember Die deutschen Truppen schlagen die rumänische Armee vernichtend und erobern Bukarest.

Wirtschaft, Gesellschaft und Kultur

10. September Die erste Ausgabe des *Canard enchaîné* erscheint.

12. Oktober Die in Belgien ansässige britische Krankenschwester Edith Cavell wird in Brüssel wegen Verrats hingerichtet.

16. November Auflegung der ersten Kriegsanleihe in Frankreich

7. Januar In Berlin zeigt eine Kriegsausstellung Trophäen von diversen Schlachtfeldern.

Februar Hugo Ball und Emmy Hennings eröffnen in Zürich das Cabaret Voltaire.

4. März Franz Marc fällt vor Verdun.

1. April Hinrichtung von Gabrielle Petit als Spionin des britischen Geheimdiensts.

20. Juni Die »Kaiserglocke«, die größte Glocke des Kölner Doms, wird eingeschmolzen.

11. Juli Der Mathematiker und Philosoph Bertrand Russell verliert wegen eines Friedensappells seinen Lehrstuhl in Cambridge.

14. Juli Dada-Manifest

3. August Henri Barbusses Buch *Le Feu [Das Feuer]* erscheint in Fortsetzungen.

Dezember In Großbritannien erscheint der Dokumentarfilm *Battle of the Somme* von G. H. Malins und J. B. MacDowell.

5. Dezember Verabschiedung des »Hilfsdienstgesetzes« zur Unterstützung des Hindenburg-Programms; es soll die »totale Mobilisierung« der deutschen Wirtschaft ermöglichen.

Chronik

Internationale Beziehungen	Politik

1917

5. Februar Die USA brechen die diplomatischen Beziehungen zu Deutschland ab.

1. März Die US-Öffentlichkeit empört sich über die »Zimmermann-Depesche«; die USA geben ihre Neutralität auf.

23. März Die Prinzen Sixtus und Xaver von Bourbon-Parma bemühen sich als Abgesandte Kaiser Karls I. von Österreich bei der französischen Regierung um die Einleitung von Friedensgesprächen.

2. April In einer Rede vor dem US-Kongress gibt Präsident Wilson den Kriegseintritt der USA als »Verbündete« der Alliierten bekannt.

29. Juni Griechenland tritt auf Seiten der Entente dem Krieg bei.

1. August Papst Benedikt XV. richtet eine »Friedensnote« an die Staats- und Regierungschefs der kriegführenden Nationen.

14. August China erklärt Deutschland den Krieg.

9. September Die nach monatelanger Vorbereitung in Stockholm anberaumte Sitzung der Sozialistischen Internationale, die einen Weg aus dem Krieg weisen sollte, scheitert endgültig.

8. November (26. Oktober) Die bolschewistische Regierung fordert in einem »Dekret über den Frieden« den sofortigen dreimonatigen Waffenstillstand »ohne Annexion und Kontributionen«.

2. November In der »Balfour-Deklaration« stellt der britische Außenminister eine »nationale Heimstätte für das jüdische Volk« in Palästina in Aussicht.

3. Dezember Verhandlungen in Brest-Litowsk zwischen Abgesandten der bolschewistischen Regierung und Vertretern Deutschlands und der Doppelmonarchie

6. Dezember Russland erklärt die Unabhängigkeit Finnlands.

9. Dezember Rumänien unterzeichnet einen Waffenstillstand mit den Mittelmächten.

15. Dezember Deutschland, Österreich-Ungarn und Russland unterzeichnen einen jeweils für vier Wochen verlängerbaren Waffenstillstand.

1918

8. Januar US-Präsident Wilson gibt in einer Rede seine »Vierzehn Punkte« bekannt.

3. März Unterzeichnung des Friedensvertrags von Brest-Litowsk zwischen Russland und den Mittelmächten. Deutschland verlegt einen Teil seiner Truppen an die Westfront zurück.

7. Mai Frieden von Bukarest zwischen Rumänien und den Mittelmächten

29. September Ludendorff und Hindenburg fordern die deutsche Regierung zur Aufnahme von Waffenstillstandsverhandlungen auf.

29. September Waffenstillstand mit Bulgarien

4.–5. Oktober Die deutsche Regierung ersucht US-Präsident Wilson um einen Waffenstillstand. Vom 4. bis 27. Oktober führt ein Austausch diplomatischer Noten zwischen Wilson und der deutschen Regierung dazu, dass diese die Alliierten zur Festlegung der Bedingungen für den Waffenstillstand auffordert.

---

2. Februar Die flämischen Aktivisten erwirken die administrative Abtrennung Flanderns von Belgien. Gründung des Rates von Flandern

23.–27. Februar (jul. Kalender) Beginn der russischen »Februarrevolution« (8.–12. März nach greg. Kal.) in Petrograd

2. März (15. März nach greg. Kal.) Zar Nikolaus II. dankt ab, sein Bruder Großfürst Michail am Tag darauf. Bildung einer Übergangsregierung unter Fürst Lwow.

30. März In Frankreich löst die Regierung Ribot diejenige Briands ab.

6.–11. April Spaltung der deutschen SPD. In Gotha gründen Kautsky, Bernstein, Haase u. a. eine eigenständige sozialistische Partei.

4. April (16. April nach greg. Kal.) Lenin kehrt aus dem Schweizer Exil nach Russland zurück. Unterwegs darf er in einem Eisenbahnwaggon mit exterritorialem Status mit Erlaubnis der deutschen Behörden Deutschland durchqueren.

13. Juli Reichskanzler Bethmann Hollweg tritt zurück und wird von Georg Michaelis abgelöst.

3.–5. Juli (16.–18. Juli nach greg. Kal.) Krawalle in Petrograd

19. Juli Die Mehrheit im Reichstag stimmt für ein Friedensangebot.

11. Juli (24. Juli nach greg. Kal.) Der Sozialist Alexander Kerenski wird Chef der russischen Übergangsregierung.

20.–25. August Massive Antikriegsdemonstrationen in Turin

7. September In Frankreich wird die Regierung Ribot durch die Regierung Painlevé abgelöst.

30. Oktober Vittorio Orlando wird Ministerpräsident von Italien.

6. November (24. Oktober nach jul. Kal.) Machtergreifung Lenins und der Bolschewiken im Zuge der Russischen Oktoberrevolution

16. November In Frankreich wird Georges Clemenceau Ministerpräsident (nach dem Sturz Painlevés am 13. November).

3. Oktober Ein Prinz aus der Kaiserfamilie, Max von Baden, soll als Reichskanzler die erste parlamentarische Regierung Deutschlands bilden. Die Oberste Heeresleitung zwingt ihn umgehend, die Alliierten um einen Waffenstillstand zu ersuchen.

Westfront	Ostfront und andere Kriegsschauplätze	Wirtschaft, Gesellschaft und Kultur

1917

16.–19. März Nach Abschluss der Operation Alberich ziehen sich die deutschen Truppen in die Siegfriedstellung zurück.

9. April Beginn einer britischen Offensive im Artois

16. April Beginn einer französischen Offensive am Chemin des Dames

15. Mai General Nivelle wird als Oberkommandeur des französischen Heers im Norden und Nordosten von General Pétain abgelöst.

20. Mai Meutereien im französischen Heer

7. Juni Erneute britische Offensive in Flandern, die sich bis November hinzieht

28. Juni Landung der ersten US-Soldaten in Saint-Nazaire

7. Juli Deutsche Gotha-Bomber werfen Bomben auf London ab.

12. Juli In Ypern setzten die deutschen Truppen erstmals Senfgas ein, das deshalb auch Yperit heißt.

31. Juli– 10. November Schlacht bei Passchendaele (Dritte Flandernschlacht).

20. November Beginn der Schlacht um Cambrai, die von britischen Panzern entschieden wird

---

30. Januar Deutschland kündigt den USA in einer diplomatischen Note den uneingeschränkten U-Boot-Krieg an und bestätigt dies am nächsten Tag.

11. März Die Briten erobern Bagdad.

3. Juni General Brussilow versucht nochmals eine Offensive in Galizien, doch seine Soldaten meutern.

6. Juli Mit Unterstützung durch Lawrence von Arabien nehmen arabische Rebellen Akaba ein.

29. Juli General Kornilow wird Oberbefehlshaber des russischen Heers.

3. September Die Deutschen erobern Riga.

24. Oktober Im Zuge der deutsch-österreichischen Offensive wird die Italienfront in Caporetto durchbrochen. Überstürzter Rückzug des italienischen Heers an den Piave

31. Oktober Gaza-Beerscheba-Schlacht und britischer Durchbruch an der Sinaifront

7. November Der Oberbefehlshaber des italienischen Heers, General Cadorna, wird durch General Diaz abgelöst.

---

8. Januar Ein Streik in der Pariser Haute Couture gibt den Startschuss für die erste große soziale Bewegung seit Kriegsbeginn.

9. Januar 186 000 russische Arbeiter streiken, überwiegend in Petrograd.

11. Mai Streik der *midinettes* [Nähmädchen]: Die zweite Streikwelle in der Haute Couture löst eine gewaltige soziale Bewegung aus, die auf die Kriegsindustrie übergreift.

18. Mai Pariser Premiere des Balletts *Parade* von Diaghilev, Picasso, Cocteau und Satie.

25. Juni Die vom Chirurgen Ferdinand Sauerbruch entwickelte Operationsmethode und Prothese verbessern die Mobilität Handamputierter.

23. Juli Einweisung des britischen Dichters Siegfried Sassoon nach Craiglockhart wegen *Shell shock*

21.–25. August Zerschlagung der Massenproteste in Turin durch die Armee

15. Oktober Mata Hari wird wegen Spionage zum Tode verurteilt und hingerichtet.

15. November In Paris stirbt der Soziologe Émile Durkheim.

18. Dezember Gründung des Filmstudios Universum-Film-AG (UFA) in Berlin

1918

21. März–5. April Beginn der deutschen »Michael-Offensive«

23. März Die »Dicke Bertha«, eine Kanone mit enormer Reichweite, beschießt Paris vom Wald bei Saint-Gobain aus.

9.–29. April Zweite deutsche Offensive in Flandern (Vierte Flandernschlacht)

14. April Die Alliierten richten ein gemeinsames Oberkommando unter General Foch ein.

27. Mai Deutsche Offensive an der Aisne; deutsche Truppen rücken bis zur Marne vor.

15. Juli Die als Entscheidungsschlacht geplante vierte deutsche Offensive in der Champagne zwischen Reims und dem Argonner Wald scheitert.

März/April Deutsche Truppen erobern den Kaukasus und die Krim.

22./23. April Die britische Flotte greift den deutschen U-Boot-Stützpunkt Zeebrügge an.

15.–25. Juni Die letzte österreichische Offensive in Asiago und am Piave scheitert.

15. September Die französische »Ostarmee« unter General Franchet d'Esperey greift an und durchbricht die bulgarische Front.

30. September General Allenbys Kavallerie erobert Damaskus.

24. Oktober Das italienische Heer siegt in Vittorio Veneto.

---

28. Januar Massenstreiks in Berlin und mehreren deutschen Großstädten (in praktisch allen kriegführenden Ländern entstehen mächtige soziale Bewegungen)

Februar Albert Dauzat veröffentlicht bei Armand Colin seine Studie zum Kriegsjargon, *Argot de la guerre*.

Mai–Juni Eine Streikwelle erfasst die Rüstungsfabriken im Raum Paris und Saint-Etienne.

September Philipp Witkop veröffentlicht die ersten *Kriegsbriefe gefallener Studenten*.

Oktober Die grassierende »Spanische Grippe« erreicht ihren Höhepunkt. Chaplin bringt *Gewehr über* heraus.

1. November Matrosenaufstand in Kiel

Chronik

Internationale Beziehungen	Politik

27. Oktober Österreich-Ungarn ersucht die Alliierten um einen »Separatfrieden«.
31. Oktober Das Osmanische Reich unterzeichnet vor Mudros einen Waffenstillstand.

3. November Österreich-Ungarn unterzeichnet in der Villa Giusti (Italien) einen Waffenstillstand.
11. November Deutschland schließt bei Rethondes im Wald von Compiègne einen Waffenstillstand mit Frankreich und Großbritannien.
13. Dezember US-Präsident Wilson trifft zur Friedenskonferenz in Frankreich ein.
22. Dezember Die bolschewistische Regierung erkennt die Unabhängigkeit Litauens und Lettlands an.

16. Oktober »Völkermanifest« Kaiser Karls I.
28. Oktober Ausrufung der unabhängigen Tschechoslowakei, am
12. November gefolgt von der Ausrufung der Republik. Beginn des Zerfalls des Kaiserreichs Österreich-Ungarn zugunsten neuer Staatengebilde
9. November Nach der Ausrufung der Deutschen Republik dankt Kaiser Wilhelm II. ab und geht ins niederländische Exil.
11. November Kaiser Karl I. von Österreich-Ungarn legt die Regierungsgeschäfte nieder, ohne jedoch offiziell abzudanken.
12. November Ausrufung der Republik Österreich
17. November Ausrufung der Republik Ungarn

1919

18. Januar Eröffnung der Pariser Friedenskonferenz
7. Mai Bekanntgabe der Friedensbedingungen an die Vertreter Deutschlands
16. Juni Beginn des alliierten Ultimatums für die Unterzeichnung des Friedensvertrags
28. Juni Vertrag von Versailles
10. September Vertrag von Saint-Germain-en-Laye mit Österreich
27. November Vertrag von Neuilly-sur-Seine mit Bulgarien

5.–11. Januar Spartakistenaufstand in Berlin
15. Januar Rosa Luxemburg und Karl Liebknecht werden ermordet.
19. Januar Bei der Wahl zur Verfassunggebenden Versammlung siegen die republikanischen Parteien.

1920–1929

1920, 16. Januar Der Völkerbund nimmt seine Tätigkeit auf.
19. März Der US-Senat verweigert die Ratifizierung des Versailler Vertrags und lehnt demzufolge entgegen Wilsons ausdrücklichem Wunsch die Beteiligung der USA am Völkerbund ab.
4. Juni Vertrag von Trianon mit Ungarn
10. August Vertrag von Sèvres mit dem Osmanischen Reich; 1923 abgelöst durch den Vertrag von Lausanne
1921, 29. April–5. Mai Nach der ersten Konferenz in London Anfang März 1921 legt die zweite Londoner Konferenz die Höhe der von Deutschland zu leistenden Reparationen fest.
1922, 16. April Im Vertrag von Rapallo verzichten Deutschland und Russland wechselseitig auf kriegsbedingte Reparationen und nehmen erneut diplomatische und Handelsbeziehungen auf.
5. Juli Für russischstämmige Staatenlose wird der »Nansen-Pass« eingeführt.
1923, 11. Januar Frankreich besetzt das Ruhrgebiet.
24. Juli Der Vertrag von Lausanne erkennt die türkische Souveränität über Anatolien, den europäischen Teil der Türkei, Konstantinopel und die Dardanellen an.
1924, 16. Juli–16. August Bei der Londoner Konferenz akzeptiert Édouard Herriot den Dawes-Plan und ordnet die Entsatzung des Ruhrgebiets innerhalb eines Jahres an.
1925, 16. Oktober Die Unterzeichnung der Verträge von Locarno gestattet Deutschland die Rückkehr in die Staatengemeinschaft.

1920, April Der Franzose Joseph Caillaux verliert wegen seiner Beziehungen zu deutschfreundlichen Pazifisten für zehn Jahre seine bürgerlichen Ehrenrechte.
Dezember Beim Kongress in Tours kommt es zur Spaltung zwischen französischen Sozialisten und Kommunisten.

Westfront	Ostfront und andere Kriegsschauplätze	Wirtschaft, Gesellschaft und Kultur
18. Juli Französisch-amerikanische Gegenoffensive. Zweiter Sieg an der Marne. Angriffspanzer spielen in den Kämpfen zunehmend eine entscheidende Rolle. **8. August** Vernichtende Niederlage des deutschen Heers in der Schlacht um Amiens **12.–15. September** Französisch-amerikanischer Angriff auf den Saint-Mihiel-Bogen in Lothringen **26.–29. September** Beginn der gemeinsamen Gegenoffensive der Alliierten an der Westfront **26. Oktober** Rücktritt General Ludendorffs	**25. November** General Lettow-Vorbeck, Befehlshaber der deutschen Schutztruppen in Ostafrika, kapituliert.	**12. November** Die deutschen Frauen erhalten das Wahlrecht. **13. November** Gründung des Bunds der Frontsoldaten, Stahlhelm **Mitte November** Jagd auf Kollaborateure in Belgien **22. November** In Frankreich müssen Arbeitgeber per Gesetz demobilisierte Soldaten wieder einstellen. **10. Dezember** Max Planck erhält für seine Arbeiten über die Quantenphysik den Nobelpreis. Fritz Haber erhält den Nobelpreis für Chemie. **18. Dezember** in Österreich verkündet die vorläufige Nationalversammlung das Frauenwahlrecht.

1919

		März Abel Gance' Film *J'accuse* kommt in die Kinos. **17. April** In Frankreich wird die *»Charte des sinistrés«* erlassen. Sie ermöglicht erstmals eine Entschädigung für materielle Kriegsschäden. **14. Juli–10. September** Siegesparaden in Paris, London, Brüssel und New York.

1920–1929

		1920, 12. Mai Die deutsche SPD-Regierung reformiert per Reichsversorgungsgesetz das Rentensystem für Kriegsversehrte, Kriegerwitwen und Kriegswaisen. **9. Juni** König Georg V. weiht das *Imperial War Museum* ein. **28. September** Ein Gesetz ermöglicht die Umbettung von 300 000 französischen Gefallenen auf zivile Friedhöfe. **11. November** Frankreich und Großbritannien setzen unter dem Triumphbogen bzw. in der Westminster Abbey ihre Unbekannten Soldaten bei. **1922** Der **11. November** wird in Frankreich zum Gedenktag erklärt. *Der Kampf als inneres Erlebnis* von Ernst Jünger **1923** stirbt der tschechische Schriftsteller Jaroslav Hašek und hinterlässt einen unvollendeten Roman: *Der brave Soldat Schwejk*. **1924** veröffentlicht André Breton das erste *Manifest des Surrealismus*. **1928** hat E. M. Remarque mit seinem Roman *Im Westen nichts Neues* Riesenerfolg in Frankreich. **1929** Jean Norton Crus *Témoins* erscheint.

Bildnachweis

• 11 Ph. © Ullstein Bild/Photo12.com • 13 Ph. © Photo12.com • 14 et 15 : Phe © The Granger Collection NYC/Rue des Archives • 16 ht Ph. © Photo12.com • 16 bas Ph. © M. Branger/Roger-Viollet • 17 Ph. © Photo12.com • 18 ht g Historial de la Grande Guerre, Péronne. Ph. O. Ploton © Archives Larousse • 18 ht d Historial de la Grande Guerre, Péronne. Ph. O. Ploton © Archives Larousse • 19 ht Musée de l'armée, Paris. Ph. Coll. Archives Larousse • 19 bas Ph. © Akgimages • 20 Historial de la Grande Guerre, Péronne. 3 Ph. O. Ploton © Archives Larousse • 21 Historial de la Grande Guerre, Péronne. 5 Ph. O. Ploton © Archives Larousse • 22 Ph. © M. Branger/Roger-Viollet • 23 Ph. Coll. Archives Larousse • 25 Ph. Coll. Archives Larousse • 27 ht Ph. © Collection Roger-Viollet • 27 bas g Ph. J.-L. Charmet © Archives Larbor • 27 bas d Heeresgeschichtliches Museum, Vienne. Ph. © Erich Lessing/Akg-images • 28 Historial de la Grande Guerre, Péronne. Ph. O. Ploton © Archives Larousse • 28 et 29 : Ph. © Branger/Roger-Viollet • 29 Ph. Prolyphean Verlag - DR • 31 Historial de la Grande Guerre, Péronne. Ph. O. Ploton © Archives Larousse • 32 Deutsches Historisches Museum, Berlin. Ph. © DHM • 34 Ph. © Akg-images • 35 ht Ph. © Hulton-Deutsch Collection/Corbis • 35 bas Ph. Moreau © Archives Larousse • 36 Ph. Moreau © Archives Larousse • 36 et 37 : Ph. Moreau © Archives Larousse • 38 Ph. Moreau © Archives Larousse • 39 affiche d'Alfred Leete. Ph. © Eileen Tweedy/Imperial War Museum/The Art Archive - DR • 40 ht g Ph. Frobin/Coll. Archives Larousse • 40 ht d Ph. © Hulton-Deutsch Collection/Corbis • 40 bas Ph. Coll. Archives Larousse • 43 Ph. Chusseau-Flaviens/Coll. Archives Larousse • 45 gravure d'après une peinture de H. Margetson. Ph. © Eileen Tweedy/The Art Archive - DR • 47 Musée royal de l'armée, Bruxelles. Ph. Coll. Archives Larousse • 49 Ph. © Underwood § Underwood/Corbis • 50 Deutsches Historisches Museum, Berlin. Ph. © DHM • 51 Ph. Rol/Coll. Archives Larousse • 52 Historial de la Grande Guerre, Péronne. Ph. O. Ploton © Archives Larousse • 53 Ph. © Ullstein Bild/Akgimages • 55 Ph. Chusseau-Flaviens/Coll. Archives Larousse • 57 ht Ph. © Culver Pictures/The Art Archive • 57 bas Deutsches Historisches Museum, Berlin. Ph. © DHM • 58 Historial de la Grande Guerre, Péronne. Ph. O. Ploton © Archives Larousse • 59 Ph. Louis Danton © P. Segrette/Musée de l'armée, Paris - Dist. RMN • 60 Deutsches Historisches Museum, Berlin. Ph. © DHM • 61 Ph. Moreau © Archives Larousse • 61 m Ph. Coll. Archives Larousse • 61 bas Ph. Moreau © Archives Larousse • 62 Ph. Coll. Archives Larousse- DR • 63 Bibliothèque nationale de France, Paris. Ph. Rol/ Coll. Archives Larousse • 64 Ph. Moreau © Archives Larousse • 65 Ph. Coll. Archives Larousse • 66 et 67 ht : Ph. © Collection Roger-Viollet • 66 bas Ph. Coll. Archives Larousse - DR • 67 bas Ph. © Roger-Viollet • 68 Ph. Hirschauer/Coll. Archives Larousse • 69 ht Ph. © P. Segrette/ Musée de l'Armée, Paris - Dist. RMN • 69 bas Ph. © Roger-Viollet • 70 ht Historial de la Grande Guerre, Péronne. Ph. O. Ploton © Archives Larousse • 70 bas Ph. Moreau © Archives Larousse • 72 bas g Historial de la Grande Guerre, Péronne. Ph. O. Ploton © Archives Larousse • 72 bas d Ph. © Hulton-Deutsch Collection/Corbis • 73 bas g Ph. Dornac © Archives Larbor • 73 bas d Ph. Olivier Ploton © Archives Larousse • 75 m ht Ph. © Imagno/Roger-Viollet • 75 ht d Ph. © Bettmann/ Corbis • 77 ht Ph. Moreau © Archives Larousse • 77 bas Ph. Coll. Archives Larousse • 78 Ph. © Ullstein bild/Akg-images • 80 Ph. © Collection Roger-Viollet • 81 Ph. Wyndham Coll. Archives Larousse • 82 bas g Ph. Moreau © Archives Larbor • 82 bas d Historial de la Grande Guerre, Péronne. Ph. O. Ploton © Archives Larousse • 83 Historial de la Grande Guerre, Péronne. 5 Ph. O. Ploton © Archives Larousse • 84 Ph. © US National Archives/Roger-Viollet • 85 Ph. Moreau © Archives Larousse • 87 ht g Ph. © Photo12.com • 87 bas g Ph. Coll. Archives Larousse • 87 d Ph. © Ullstein Bild/Akg-images • 89 bas g Ph. Coll. Archives Larousse • 89 bas d Ph. © Collection IM/Kharbine- Tapabor • 90 Ph. © Selva/Leemage • 91 Historial de la Grande Guerre, Péronne. 5 Ph. O. Ploton © Archives Larousse • 92 Ph. Moreau © Archives Larousse • 93 Ph. © P. Segrette/Musée de l'armée, Paris, Dist. RMN • 94 Bibliothèque historique de la ville de Paris. Ph. J.-L. Charmet © Archives Larbor • 95 ht Ph. Rol Coll. Archives Larousse • 95 bas Imperial War Museum, Londres. Ph. Coll. Archives Larousse • 96 et 97 : Ph. © Corbis • 99 Ph. Coll. Archives Larousse • 101 Historial de la Grande Guerre, Péronne. Ph. O. Ploton © Archives Larousse • 102 Historial de la Grande Guerre, Péronne. Ph. O. Ploton © Archives Larousse © ADAGP, Paris 2013 • 105 ht Ph. © Pascal Segrette/Musée de l'Armée, Paris, Dist. RMN • 105 bas Historial de la Grande Guerre, Péronne. Ph. O. Ploton © Archives Larousse • 106 ht Ph. Moreau © Archives Larousse • 106 bas Musée de Montmartre, Paris. Ph. © du Musée • 107 ht Historial de la Grande Guerre, Péronne. Ph. O. Ploton © Archives Larousse • 107

bas g «Bécassine mobilisée», dessin de Pinchon, Joseph Porphyre. Historial de la Grande Guerre, Péronne. Ph. O. Ploton © Archives Larousse - DR • 107 bas d Historial de la Grande Guerre, Péronne. Ph. O. Ploton © Archives Larousse • 109 Ph. Coll. Archives Larousse - DR • 111 bas g Ph. © M. Branger/Roger-Viollet • 111 bas d Historial de la Grande Guerre, Péronne. Ph. O. Ploton © Archives Larousse • 112 ht g Ph. Moreau © Archives Larousse • 112 ht d Historial de la Grande Guerre, Péronne. Ph. O. Ploton © Archives Larousse • 112 bas g Ph. © Akg-images • 112 bas d Historial de la Grande Guerre, Péronne. Ph. O. Ploton © Archives Larousse • 113 bas g Historial de la Grande Guerre, Péronne. Ph. O. Ploton © Archives Larousse • 113 bas d Ph. Moreau © Archives Larousse • 115 Historial de la Grande Guerre, Péronne. Ph. O. Ploton © Archives Larousse • 116 Ph. © Bettmann/Corbis • 117 Ph. © Hulton-Deutsch Collection/Corbis • 119 ht g Ph. Jeanbor © Archives Larbor • 119 ht d Ph. © D. Pollack/Corbis • 120 Historial de la Grande Guerre, Péronne. Ph. O. Ploton © Archives Larousse • 121 Ph. © AFP • 122 extrait du livre de maria Jacobsen, Diary (Oragrutjun 1907-1919, Kharput-turkey, Antélias, 1979 © D.R. • 123 ht Ph. © Ullstein Bild/Akg-images • 123 bas Ph. © Centre de recherches sur la diaspora arménienne • 125 ht Ph. © Ullstein bild/Akgimages • 125 bas Historial de la Grande Guerre, Péronne. Ph. O. Ploton © Archives Larousse • 126 Ph. Coll. Archives Larousse - DR • 129 ht Ph. © Hulton-Deutsch Collection/Corbis • 129 bas g Ph. © Akg-images • 129 m d Ph. © Hulton-Deutsch Collection/Corbis • 129 bas d Ph. © Ullstein Bild/Akgimages • 131 Ph. © Akg-images • 133 ht extrait du catalogue «illustrations et affi ches populaires de la période 1914-1918», musée central d'État d'histoire · contemporaine de Russie, 2004 © DR • 133 bas Ph ; © A. Harlingue/Roger-Viollet • 134 Bibliothèque russe d'État, Moscou. 2 Ph. Ministry of Culture of the Russian Federation, Moscou (affi che de A.A. • Levenson et I.N. Kushnerev) • 136 Ph. © Akg-images • 137 Ph. © Hulton-Deutsch Collection/Corbis • 139 Ph. © Fototeca/Leemage • 140 Ph. © Culver Pictures/The Art Archive • 143 ht g Bibliothèque nationale de France, Paris. Ph. Michel Didier © Archives Larbor - DR • 143 ht d Ph. © Collection Kharbine-Tapabor • 143 bas Ph. Moreau © Archives Larousse • 144 Historial de la Grande Guerre, Péronne. Ph. O. Ploton © Archives Larousse • 145 Ph. © Roger-Viollet • 146 Musée de la Guerre, Vincennes. Ph. Coll. Archives Larousse • 147 Ph. © Archives Nathan • 148 Ph. © Roger-Viollet • 149 ht Ph. © Ullstein Bild/Akgimages • 149 bas Ph. Moreau © Archives Larousse • 150 Ph. © M. Branger/Roger-Viollet • 151 Ph. © M. Branger/Roger-Viollet • 152 ht Historial de la Grande Guerre, Péronne. 3 Ph. © Yazid Medmoun • 152 bas Ph. Moreau © Archives Larousse • 153 ht g Musée royal de l'armée, Bruxelles. Ph. Coll. Archives Larousse • 153 ht d Ph. Moreau © Archives Larousse • 153 bas Ph. © Yazid Medmoun • 155 Ph. © Roger-Viollet • 156 Ph. © Bettmann/Corbis • 158 Ph. © Stapleton Collection/ Corbis - DR • 159 ht g Ph. © Roger-Viollet • 159 ht d Imperial War Museum, Londres. Ph. Coll. Archives Larousse • 159 bas d Musée de Montmartre, Paris. Ph. © du Musée • 160 Deutsches Historisches Museum, Berlin. Ph. © DHM • 161 Ph. © Coll. Archives Larousse • 162 bas g Historial de la Grande Guerre, Péronne. Ph. O. Ploton © Archives Larousse • 162 bas d Ph. Piccolati/Coll. Archives Larousse • 163 Ph. J.-J. Hautefeuille © Archives Larbor - DR • 165 ht g Ph. Hubert Josse © Archives Larbor • 165 ht d Ph. Jeanbor © Archives Larbor • 165 bas Ph. © Swim Ink 2, LLC/Corbis • 166 Ph. © Bettmann/Corbis • 168 Historial de la Grande Guerre, Péronne. Ph. O. Ploton © Archives Larousse • 169 ht Ph. © Musée de l'armée, Paris, Dist. RMN • 169 bas Ph. Coll. Archives Larousse • 170 ht Ph. Coll. Archives Larousse - DR • 170 bas Ph. Coll. Archives Larousse • 173 Ph. Coll. Archives Larousse • 174 Historial de la Grande Guerre, Péronne. 5 Ph. O. Ploton © Archives Larousse • 175 Historial de la Grande Guerre, Péronne. 5 Ph. O. Ploton © Archives Larousse • 176 Ph. © Pascal Segrette/Musée de l'Armée, Paris, Dist. RMN • 177 ht Ph. Coll. Archives Larousse • 177 bas Ph. © P. Segrette/Musée de l'armée, Paris, dist. RMN • 179 ht Ph. © Musée de l'armée, Paris, dist. RMN • 180 et 181/Ph. © Archives de Gaulle/The Bridgeman Art Library • 181 bas Bibliothek für Zeigeschichte, Stuttgart. Ph. Coll. Archives Larousse • 182 bas et 183 : Ph. Coll. Archives Larousse • 183 ht Imperial War Museum, Londres. Ph. Coll. Archives Larousse • 183 bas Historial de la Grande Guerre, Péronne. Ph. O. Ploton © Archives Larousse • 184 Ph. © Swim Ink 2, LLC/Corbis • 185 ht Historial de la Grande Guerre, Péronne. Ph. O. Ploton © Archives Larousse • 185 bas Ph. Coll. Archives Larousse • 186 Imperial War Museum, Londres. Ph. Coll. Archives Larousse • 187 Musée d'histoire contemporaine, BDIC, paris. Ph. © Archives Larbor • 189 Historial de la Grande Guerre, Péronne. 3 Ph. O. Ploton ©

Archives Larousse • 191 ht d Ph. Coll. Archives Larousse © ADAGP, Paris 2013 • 191 bas Historial de la Grande Guerre, Péronne. Ph. O. Ploton © Archives Larousse • 192 ht d Musée du Petit Palais, Genève. Ph. © Studio Monique Bernaz, Genève/Association des Amis du Petit Palais, Genève • 193 bas g Bibliothek für Zeitgeschichte, Stuttgart. Ph. Coll. Archives Larousse • 193 bas d Historial de la Grande Guerre, Péronne. Ph. O. Ploton © Archives Larousse • 195 Ph. © Bettmann/Corbis • 196 bas g Ph. © E. Tweedy/ Imperial War Museum/The Art Archive • 196 bas d Ph. © A. Harlingue/Roger- Viollet • 197 Ph. © Photo12.com • 198 Ph. © Bettmann/Corbis • 199 Historial de la Grande Guerre, Péronne. Ph. O. Ploton © Archives Larousse • 201 Ph. © Corbis • 203 Ph. © Akg-images • 205 ht g Imperial War Museum, Londres. Ph. Coll. Archives Larousse • 205 ht d Imperial War Museum, Londres. Ph. Coll. Archives Larousse • 205 bas Imperial War Museum, Londres. Ph. Coll. Archives Larousse • 206 Ph. © A. Harlingue/ Roger-Viollet • 207 Ph. © Imperial War Museum/The Art Archive • 208 Ph. Chusseau-Flaviens Coll. Archives Larousse • 209 Historial de la Grande Guerre, Péronne. Ph. O. Ploton © Archives Larousse • 210 Historial de la Grande Guerre, Péronne. 5 Ph. O. Ploton © Archives Larousse • 212 Ph. Coll. Archives Larbor • 213 ht Ph. Moreau © Archives Larousse • 213 bas Ph. Collection Kahn/Archives Larousse • 214 ht Ph. Coll. Archives Larousse • 214 bas Ph. © Imperial War Museum/The Art Archive • 215 Historial de la Grande Guerre, Péronne. Ph. O. Ploton © Archives Larousse • 216 ht g Historial de la Grande Guerre, Péronne. Ph. O. Ploton © Archives Larousse • 216 ht d Historial de la Grande Guerre, Péronne. Ph. O. Ploton © Archives Larousse • 217 Ph. © Akg-images © ADAGP, Paris 2013 • 218 ht g Musée national d'art moderne, Centre Georges Pompidou, Paris. Ph. © P. Migeat/CNAC/MNAM Dist. RMN © ADAGP, Paris • 2013 • 218 ht d Bibliothèque nationale de France, Paris. Ph. Coll. Archives Larbor • 220 ht g Ph. © Ullstein Bild/Akg-images • 220 et 221 : Musée d'histoire contemporaine, BDIC, Paris. Ph. © Archives Larbor • 220 bas Musée de l'armée, Paris. Ph. © Archives Larbor • 221 ht d Ph. © P. Sprut/ Stapleton Collection/Corbis - DR • 221 bas Museum Ludwig, Cologne. Ph. © Akg-images © ADAGP, Paris 2013 • 222 Historial de la Grande Guerre, Péronne. Ph. O. Ploton © Archives Larousse © ADAGP, Paris 2013 • 223 Ph. © Archives Larbor © Succession Picasso • 224 ht g Historial de la Grande Guerre, Péronne. Ph. O. Ploton © Archives Larousse • 224 ht d Historial de la Grande Guerre, Péronne. Ph. O. Ploton © Archives Larousse • 225 ht d Ph. © The Art Archive • 225 ht d Ph. © Akg-images • 227 Historial de la Grande Guerre, Péronne. 5 Ph. O. Ploton © Archives Larousse • 227 m g Historial de la Grande Guerre, Péronne. Ph. O. Ploton © Archives Larousse © ADAGP, Paris 2013 • 229 Bibliothèque nationale de France, Paris. Ph. Coll. Archives Larbor • 231 Historial de la Grande Guerre, Péronne. 2 Ph. © Yazid Medmoun • 232 Ph. Coll. Archives Larousse • 233 Historial de la Grande Guerre, Péronne. Ph. © Yazid Medmoun • 235 Historial de la Grande Guerre, Péronne. Ph. O. Ploton © Archives Larousse • 236 Ph. © The Art Archive • 237 Historial de la Grande Guerre, Péronne. Ph. O. Ploton © Archives Larousse • 239 ht Ph. © Collection privée/Marc Charmet/The Art Archive • 239 bas Ph. Coll. Archives Larousse • 240 Ph. © Archives Larbor • 241 Ph. Coll. Archives Larousse • 243 Ph. © Akg-images • 245 ht g Ph. © Akg-images • 245 ht d Ph Moreau © Archives Larousse • 245 bas Imperial War Museum, Londres. Ph. Coll. Archives Larousse • 246 Historial de la Grande Guerre, Péronne. Ph. O. Ploton © Archives Larousse • 247 Ph. Coll. Archives Larousse • 248 ht Ph. Moreau © Archives Larousse • 248 bas Bibliothek für Zeitgeschichte, Stuttgart. Ph. Coll. Archives Larousse • 250 Ph. Coll. Archives Larousse • 251 Ph. © The Granger Collection, NY/Rue des Archives • 253 Ph. © Bettmann/ Corbis • 254 Musée d'histoire contemporaine, BDIC, paris. Ph. Jeanbor © Archives Larbor - DR • 257 Ph. © Roger-Viollet • 258 Musée e la Guerre, Vincennes. Ph. Coll. Archives Larousse • 259 Ph. Moreau Coll. Archives Larousse • 260 Ph. Moreau © Archives Larousse • 263 ht g Historial de la Grande Guerre, Péronne. Ph. O. Ploton © Archives Larousse • 263 ht d Ph. © H. Schaller/Coll. Archives Larousse • 265 ht g Ph. Flavières Coll. Archives Larousse • 265 ht d Ph. Coll. Archives Larousse • 267 Ph. Moreau © Archives Larousse • 268 ht Ph. © TopFoto/Roger-Viollet • 268 bas Ph. Coll. Archives Larousse - DR • 271 Ph. Coll. Archives Larousse • 273 Ph. © M. Branger/Roger- Viollet • 275 Imperial War Museum, Londres. Ph. Coll. Archives Larousse • 276 Ph. © Rue des Archives • 278 Ph. © The Art Archive • 279 Ph. © Underwood § Underwood/Corbis • 281 Ph. © Bettmann/Corbis • 282 Ph. © Imperial War Museum/The Art Archive • 283 Ph. © Hulton-detsch Collection/Corbis • 284 et 285 : Ph. © Bettmann/Corbis • 285 ht d Ph. Coll. Archives Larousse • 285 bas g Ph. Moreau © Archives Larousse • 285 bas d Ph. © Marc Charmet/Private Collection/The Art Archive • 286 ht Imperial War Museum, Londres. Ph. Coll. Archives Larousse • 286 m g Ph. Coll. Archives Larousse • 286 bas Ph. Coll. Archives Larousse • 286 bas d ph. Coll. Archives Larousse • 288 et 289 : Ph. Coll. Archives Larousse • 289 Ph. Coll. Archives Larousse • 291 ht g Ph. © Hulton-Deutsch Collection/ Corbis • 291 ht d Ph. © Wilfrid Owen Collection, English Faculty Library, Oxford - DR • 292 bas Imperial War Museum, Londres. Ph. Coll. Archives Larousse • 293 ht g Historial de la Grande Guerre, Péronne. Ph. O. Ploton © Archives Larousse © ADAGP, Paris 2013 • 293 ht d Ph. © Wellcome Library, Londres • 294 et 295 : Ph. © Moving Image and Sound/ Wellcome Trust, Londres • 296 Ph. © Moving Image and Sound/Wellcome Trust, Londres • 297 Ph. © John Warwick Brooke/Stringer/Hulton Archive/Getty Images • 298 et 299 : Ph. © The Art Archive • 300 ht Ph. © Imperial War Museum/The Art Archive • 300 bas Ph. © Bettmann/ Corbis • 301 ht Ph. © Hulton-Deutsch Collection/Corbis • 301 bas Bibliothek für Zeitgeschichte, Stuttgart. Ph. Coll. Archives Larousse • 302 Imperial War Museum, Londres. Ph. Coll. Archives Larousse • 303 Imperial War Museum, Londres. Ph. Coll. Archives Larousse • 305 ht Ph. © Corbis • 305 bas Ph. © Imperial War Museum, Londres/The Art Archive • 307 Historial de la Grande Guerre, Péronne. Ph. O. Ploton © Archives Larousse • 308 Bibliothèque nationale de France, Paris. Ph. Coll. Archives Larousse • 309 bas g Ph. © Akg-images • 309 bas d Ph. Coll. Archives Larousse © Adagp, Paris 2013 • 311 Ph. © Private Collection/Dagli Orti/The Art Archive • 313 ht g Ph. © M. Branger/Roger-Viollet • 313 ht d Ph. © Collection IM/Kharbine-Tapabor • 313 bas Ph. © Sirot- Angel/Dagli Orti/The Art Archive • 314 Historial de la Grande Guerre, Péronne. Ph. O. Ploton © Archives Larousse • 317 ht g Ph. © Ullstein Bild/Akg-images • 317 ht d Ph. © Bettmann/Corbis • 317 bas Ph. © Hulton-Deutsch Collection/ Corbis • 319 Ph. © Ullstein Bild/Akg-images • 321 Bibliothek für Zeitgeschichte, Stuttgart. Ph. Coll. Archives Larousse • 322 ht Ph. © B. F. Rastrelli/Bettmann/ Corbis • 322 bas Ph. © Roger-Viollet • 325 ht Bibliothèque russe d'État, Moscou. Ph. Ministry of Culture of the Russian Federation, Moscou • 325 bas Ph. © Bettmann/Corbis • 326 Ph. Coll. Archives Larousse • 327 bas g Imperial War Museum, Londres. Ph. Coll. Archives Larousse • 327 bas d Ph. © Bettmann/Corbis • 328 Ph. Coll. Archives Larousse • 329 Ph. © Hulton-Deutsch Collection/ Corbis • 331 Ph. © The Granger Collection, N.Y./ Rue des Archives • 333 ht g Historial de la Grande Guerre, Péronne. Ph. O. Ploton © Archives Larousse • 333 ht d Historial de la Grande Guerre, Péronne. Ph. O. Ploton © Archives Larousse • 335 ht Historial de la Grande Guerre, Péronne. Ph. O. Ploton © Archives Larousse • 335 bas Ph. © J.-P. Verney/Akg-images • 336 Ph. © Ullstein Bild/ Akg-images • 337 ht Ph. © ND/Roger-Viollet • 337 m d Historial de la Grande Guerre, Péronne. Ph. O. Ploton © Archives Larousse • 337 bas Ph. © Pascal Segrette/Musée de l'Armée, paris, Dist. RMN • 339 Ph. © Collection Kharbine-Tapabor - DR • 341 ht Bibliothek für Zeitgeschichte, Stuttgart. Ph. Coll. Archives Larousse • 341 bas Bibliothek für Zeitgeschichte, Stuttgart. Ph. Coll. Archives Larousse • 342 ht Imperial War Museum, Londres. Ph. Coll. Archives Larousse • 342 bas Bibliothek für Zeitgeschichte, Stuttgart. Ph. Coll. Archives Larousse • 344 Ph. © Imperial War Museum/The Art Archive • 345 Imperial War Museum, Londres. Ph. Coll. Archives Larousse • 346 ht g Imperial War Museum, Londres. Ph Coll. Archives Larbor • 346 ht d Ph. © Akg-images • 346 m Imperial War Museum, Londres. Ph. Archives Larousse • 346 bas Musée d'histoire contemporaine, BDIC, Paris. Ph. Coll. Archives Larousse • 347 ht g Ph. J. J. Moreau © Archives Larousse • 347 ht d Historial de la Grande Guerre, Péronne. Ph. O. Ploton © Archives Larousse • 347 bas Ph. © Akg-images • 349 Ph. Chusseau-Flaviens/Archives Larousse • 350 Historial de la Grande Guerre, Péronne. Ph. O. Ploton © Archives Larousse • 351 Ph. © Akg-images • 352 ht Ph. Olivier Ploton © Archives Larousse • 352 d Historial de la Grande Guerre, Péronne. Ph. O. Ploton © Archives Larousse • 353 Historial de la Grande Guerre, Péronne. 3 Ph. O. Ploton © Archives Larousse • 355 ht g Ph. Coll. Archives Larousse • 355 ht d Historial de la Grande Guerre, Péronne. Ph. O. Ploton © Archives Larousse • 357 Ph. © Corbis • 358 ht Ph. © Culver Pictures/The Art Archive • 358 bas g Ph. © Hulton-Deutsch Collection/Corbis • 358 bas d Ph. © Underwood § Underwood/ Corbis • 361 ht Ph. © Bettmann/ Corbis • 361 m Ph. © Coll. Jonas/Kharbine-Tapabor • 363 Ph. © A. Harlingue/Roger-Viollet • 365 ht Ph. © TopFoto/Roger-Viollet • 365 bas Ph. © Scheufl er Collection/ Corbis • 367 Ph. © Photo12. com • 368 Ph. © Akg-images • 369 ht Ph. © Akg-images • 369 bas Ph. © Bettmann/ Corbis • 370 Ph. Coll. Archives Larousse - DR • 371 Ph. © Akg-images • 372 Historial de la Grande Guerre, Péronne. 2 Ph. O. Ploton © Archives Larousse • 373 Ph. Coll. Archives Larousse • 374 Historial de la Grande Guerre, Péronne. Ph. O. Ploton © Archives Larousse • 375 Ph. Moreau © Archives Larousse • 376 ht Ph. Coll. Archives Larousse • 376 ht g Ph. Coll. Archives Larousse • 376 et 377 : Ph. Coll. Archives Larousse • 378 bas g Ph. © Akg-images • 378 bas d Ph. Moreau © Archives Larousse • 379 Ph. O. Ploton © Archives Larousse • 380 Ph. Coll. Archives Larbor © Adagp, Paris 2013 • 383 Ph. © Akg-images • 384 ht Ph. © Culver Pictures/The Art Archive • 384 bas g Historial de la Grande Guerre, Péronne. Ph. O. Ploton © Archives Larousse • 384 bas d Ph. Coll. Archives Larousse • 386 ht g Historial de la Grande Guerre, Péronne. Ph. O. Ploton © Archives Larousse • 386 ht d Bibliothèque nationale de France, Paris. Ph. Coll. Archives Larbor • 387 Ph. © Collection Kharbine-Tapabor • 388 Collection Keym/ Archives de la Ville de Bruxelles • 391 © Droits réservés • 392 ht g Ph. © Akg-images • 392 et 393 : Imperial War Museum, Londres. Ph. Coll. Archives Larousse • 392 bas Historial de la Grande Guerre, Péronne. Ph. O. Ploton © Archives Larousse • 395 Ph. Coll. Archives Larousse • 396 ht Ph. © P. Segrette/ Musée de l'armée, Paris, Dist. RMN • 396 bas Ph. © Selva/Leemage • 398 Ph. © A. Harlingue/Roger-Viollet • 399 Historial de la Grande Guerre, Péronne. 3 Ph. O. Ploton © Archives Larousse • 401 ht Ph. © Forrester-Parant/The Kobal Collection • 401 bas Ph. BIFI/Coll. Archives Larousse • 402 Ph. BIFI/Coll. Archives Larousse • 403 Ph. © Corbis • 405 ht g Ph. BIFI/Coll. Archives Larousse • 405 ht d Ph. © Hulton-Deutsch Collection/Corbis • 405 bas Ph. BIFI/Coll. Archives Larousse • 406 ht g Historial de la Grande Guerre, Péronne. Ph. O. Ploton © Archives Larousse • 406 ht d Ph. BIFI/Collection Archives Larousse © Raoul Artez - DR • 407 Musée national de la Coopération franco-américaine, Blérancourt. Ph. © Jean-Gilles Berizzi/RMN • 408 ht g Musée national de la Coopération franco-américaine, Blérancourt. Ph. © Gérard Blot/RMN • 408 et 409 : Ph. Coll. Archives Larousse - DR • 410 Historial de la Grande Guerre, Péronne. 2 Ph. O. Ploton © Archives Larousse • 411 Historial de la Grande Guerre, Péronne. Ph. O. Ploton © Archives Larousse • 413 Ph. © CAP/Roger-Viollet • 414 Ph. © Aisa/Leemage • 415 ht Ph. © BPK, Berlin, Dist RMN • 415 bas Ph. © Hulton-Deutsch Collection/ Corbis • 416 Ph. © Akg-images • 418 Ph. © Dietmar Katz/BPK, Berlin, Dist RMN © ADAGP, Paris 2013 • 419 Ph. © Roger-Viollet • 420 Ph. © Roger-Viollet • 421 Ph. Moreau © Archives Larousse • 422 Ph. © Underwood § Underwood/Corbis • 423 Ph. © Bettmann/Corbis • 424 Historial de la Grande Guerre, Péronne. Ph. O. Ploton © Archives Larousse • 425 ht Ph. © Hulton Archive/ Getty Images • 425 bas Ph. Moreau © Archives Larousse • 426 Historial de la Grande Guerre, Péronne. Ph. O. Ploton © Archives Larousse • 429 ht Imperial War Museum, Londres. Ph. Coll. Archives Larbor • 429 bas g Historial de la Grande Guerre, Péronne. Ph. O. Ploton © Archives Larousse • 429 bas d Ph. Moreau © Archives Larousse • 431 m g Historial de la Grande Guerre, Péronne. 2 Ph. © Yazid Medmoun • 431 bas g Historial de la Grande Guerre, Péronne. Ph. O. Ploton © Archives Larousse • 431 bas d Ph. Jacques Boyer/Roger-Viollet • 432 Ph. © Bettmann/Corbis • 433 Bibliothèque nationale de France, Paris. Ph. Meurisse Coll. Archives Larousse • 434 Ph. © Archives Larbor • 435 ht Historial de la Grande Guerre, Péronne. Ph. O. Ploton © Archives Larousse • 435 bas Ph. J.-J. Moreau © Archives Larousse • 436 Historial de la Grande Guerre, Péronne. 4 Ph. O. Ploton © Archives Larousse • 437 Historial de la Grande Guerre, Péronne. Ph. O. Ploton © Archives Larousse • 438 Historial de la Grande Guerre, Péronne. Ph. O. Ploton © Archives Larousse • 439 ht g Historial de la Grande Guerre, Péronne. Ph. O. Ploton © Archives Larousse • 439 ht d Ph. Moreau © Archives Larbor • 440 Historial de la Grande Guerre, Péronne. Ph. O. Ploton © Archives Larousse • 441 Historial de la Grande Guerre, Péronne. Ph. O. Ploton © Archives Larousse • 443 ht Bibliothèque nationale de France, Paris. Ph. Meurisse/Coll. Archives Larousse • 443 bas Ph. © Hulton-Deutsch Collection/Corbis • 444 Historial de la Grande Guerre, Péronne. 2 Ph. O. Ploton © Archives Larousse • 445 ht g Historial de la Grande Guerre, Péronne. Ph. O. Ploton © Archives Larousse • 445 ht d Ph. © P. Segrette/Musée de l'armée, Paris, Dist. RMN • 446 g Historial de la Grande Guerre, Péronne. Ph. O. Ploton © Archives Larousse • 446 d Ph. © Roger- Viollet • 447 Historial de la Grande Guerre, Péronne. 4 Ph. O. Ploton © Archives Larousse • 448 Ph. © LL/Roger-Viollet • 449 Ph. © Corbis • 451 ht Ph. © Corbis • 451 bas g Ph. © Bettmann/ Corbis • 451 bas d Ph. © Bettmann/Corbis • 453 m Ph. © Bettmann/Corbis • 453 bas Ph. © Hulton- Deutsch Collection/Corbis • 455 ht Ph. Rol/Coll. Archives Larousse • 455 bas g Ph. © Archives Larbor - DR • 455 bas d Ph. Coll. Archives Larousse • 457 ht g Historial de la Grande Guerre, Péronne. Ph. O. Ploton © Archives Larousse • 457 ht d Historial de la Grande Guerre, Péronne. Ph. O. Ploton © Archives Larousse • 458 Ph. Coll. Archives Larousse • 459 ht Ph. © Bettmann/Corbis • 459 bas Ph. Coll. Archives Larousse © Adagp, Paris 2013 • 461 Ph. © P. Gleizes/REA • 465 ht g Ph. © F. Hebrard/ Le Dauphiné Libéré/ PHOTOPQR/MAXPPP • 465 ht d et bd : Ph. ©MLHK/L'Alsace/PHOTOPQR/ MAXPPP • 465 bas g Ph. © F. Hebrard/Le Dauphiné Libéré/PHOTOPQR/MAXPPP Imprimé en Espagne par Graficas Estella (Estella) dépôt légal : octobre 2007 300943/01 – 11004458 – octobre 2007